KB274670

한국어 문법 연구

한국어 문법 연구

성 기 철

　　석사 학위 논문의 일부를 정리하여 연포 선생 회갑 기념 논문집에 게재한 것이 필자 최초의 논문인 것 같다. 이후 약 40년의 세월이 흘렀고, 2003년 8월 정년으로 대학을 떠난 지도 5년째가 되는 지금, 다시 한번 뒤를 돌아다보는 시간을 가지게 되었다. 글누림 출판사 최종숙 사장이 필자의 논문을 모아 출판해 보겠다는 뜻을 전해 온 것이 작년의 일이다. 다시없이 고마운 일이었다. 그러나 논문이라야 몇 편 되지도 않거니와, 이런 책의 출판이 출판사에게 공연한 부담만 줄 것 같아 많이 망설였지만, 출판사 최 사장의 호의의 권유가 고맙고, 혹 참고할 사람들에게는 편의도 줄 수 있겠다는 생각이 사사로운 욕심과 합해져서, 결국 출판하는 데 의견을 모았다.

　　그러나 막상 돌아보면 한국어 문법에 평생 매달려 오기는 했지만, 연구라고 한 것은 쥐꼬리만도 못하고, 연구되어야 할 것은 망망대해만 같다. 재주도 없는 사람이 게으르기까지 했으니 내 놓을 만한 것이 별로 없다. 지금까지 대학원 학생들을 지도하면서, 세간의 문법 관련 논문이나 저서에서, 교수들의 적지 않은 오류를 보게 되는데, 막상 내 글을 모아 세상에 다시 내 놓으려 하니 두렵고 부끄러운 마음이 앞선다. 그러면서도 역사란 것이 흔히 시행착오를 거치면서 발달되는 것이라는 생각에서, 억지나마 변명의 틈을 찾고, 여기서 다시 얼마간의 위로를 얻고자 한다.

　　이번 논문집은 두 권으로 나누었다. 내용은 크게 세 부분으로 되어 있다. 하나는 한국어 문법 일반이고, 다른 하나는 한국어 대우법이며, 마지막은 한국어 교육과 관련된다. 문법 관련 내용을 한 권에 묶고, 나머지를 또 한 권에 묶었다. 한국어 대우법 부분에, 이미 출판되었던 '현대국어대우법'을 다시 넣은 것은, 이 책의 출판사가 오래 전에 문을 닫으면서 책이 절판된 데다가, 더러 찾는 이가 있었던 점도 고려되었기 때문이다.

필자는 지난 세기 90년대 이후 외국어로서의 한국어 교육에 직접, 간접으로 관심을 가지게 되면서, 한국어 교육 관련 논문을 몇 편 내게 되었고, 여기 연유되어 한국 언어문화에 새로운 관심을 가지게 된 것이, 드디어는 국제한국언어문화학회의 설립과 학회지 '한국언어문화학'의 출간에까지 이르게 되었다. 내 나름으로는 언어문화학이라고 하는 새로운 영역의 구축을 마음에 두고 있었다. 이런 배경에서 관련된 몇 편의 글을 쓰게 되었지만, 서당 개 삼 년도 못 되는 수준일 수밖에 없었다. 무식의 용감함이 부끄러움을 크게 한 바도 있는 줄 안다.

이 책에 수록된 논문은 모두 원래의 원고대로 싣는 것을 원칙으로 하였다. 다만 오자 등 일부 표현상의 오류만 바로 잡았고, 번호 표기 등을 통일하였으며, 그 사이에 바뀐 새로운 표기법을 반영하였고, 이전에 한자로 표기되었던 것을 대부분 한글로 바꾸었다. 어떤 논문은 인용 자료의 약호만 표시하고 원명이 제시되지 않았는데, 부득이 그대로 두었다. 차제에 그동안 발표되었던 필자 발표 논문의 목록을 두 권의 논문집 끝에 첨부하였으며, 그 동안 학회에서 발표된 글의 목록도 여기에 덧붙였다. 시간에 쫓겨 당장 손에 있는 것으로 목록을 작성하였기에 얼마간 누락된 것도 있을 것 같다. 아울러 필자가 국제한국어교육학회장과 국제한국언어문화학회장 재임 때의 주요 활동도 첨부하였다. 이 시기 이들 활동에 학회장의 특별한 집념이 배어 있다고 생각되어서이다.

보잘것없는 책을 만드느라 출판사에서 고생을 많이 하였다. 여러 편의 글이 오래 전에 원고지에 쓰였던 것이어서, 다시 입력을 해야 했고, 그 동안에 표기법도 달라진 점이 있어서 입력과 교정에 특별히 시간과 노력이 많이 걸린 줄 안다. 거기에다가 필자는 전편을 꼼꼼히 읽어 볼 시간을 갖지 못하였다. 그러나 잘못되고 부족한 것은 모두 필자의 책임이다.

이 책이 세상에 나오게 된 것은 전적으로 두 분의 고마운 배려 때문이다. 처음 출판사에 본서의 출판을 권고해 주신 분은 학문과 인품으로 늘 존경해 온 학형 고영근 교수였고, 온 세상이 힘들어 하는 어려운 여건에서 글누림 출판사 최종숙 사장님이 앞뒤를 돌보지 않고 출판의 결단을 해 주었다. 이 자리를 빌려 두 분께 거듭 심심한 감사를 드린다. 출판사의 청탁에 따른 것이기는 했지만, 여러 편의 원고를 다시 입력해 준 분, 그리고 전체 원고를 살펴 봐 준 이 용 선생의 노고에도 깊은 고마움을 표한다. 아울러 이 책을 제작하는 데 직접 수고를 담당해 주신 출판사 전현직 편집부장 이태곤 님과 권분옥 님께도 감사와 위로의 말씀을 드린다.

2007. 11. 25.

성 기 철

:: **차 례**

■ 머리말 _ 5

제 1 부 형태론

국어 접미사 편고 ·· 3
　　― 몇 개의 접미사 체계를 중심으로 ―

명사의 형태론적 구조 ··· 63

동사류어의 어간 구조와 접사 ······································ 107

경험의 형태 {−었−}에 대하여 ······································ 135

경험과 추정 ·· 173
　　―'−겠−'과 '−을 것이−'를 중심으로 ―

어미 '−고'와 '−어'에 대하여 ·· 197

어미 '−기에'에 대하여 ·· 217

어미 '−어서'와 '−니까'의 변별적 특성 ·························· 241

조사 '−는'에 대하여 ··· 269

주격조사 '−가'의 의미 ·· 293

격조사 '−를'의 의미 ··· 321

보조조사 '−까지, −조차, −마저'의 의미 특성 ·············· 345

제 2 부 문법 일반

국어의 주제 문제 …………………………………………………………… 377

문 서술어 복합문 …………………………………………………………… 403

국어 어순 연구 ……………………………………………………………… 421

방송 언어의 문법 변천 ……………………………………………………… 457

한글·문법 파동 ……………………………………………………………… 509

발표 논문 목록 _ 534

학술 회의 발표 논문·특별 강의 목록 _ 536

학회 주요 활동 내용 – 학회장 재임시 개최 국제 회의 _ 539

제1부 형 태 론

국어 접미사 편고
―몇 개의 접미사 체계를 중심으로―

명사의 형태론적 구조

동사류어의 어간 구조와 접사

경험의 형태 {−었−}에 대하여

경험과 추정
―'−겠−'과 '−을 것이−'를 중심으로―

어미 '−고'와 '−어'에 대하여

어미 '−기에'에 대하여

어미 '−어서'와 '−니까'의 변별적 특성

조사 '−는'에 대하여

주격조사 '−가'의 의미

격조사 '−를'의 의미

보조조사 '−까지, −조차, −마저'의 의미 특성

국어 접미사 편고
-몇 개의 접미사 체계를 중심으로-

1. 서

접미사(suffix)라 하면 굴절접미사(inflectional suffix)와 파생접미사(derivational suffix)를 다 포함하여 지칭하기도 하나, 여기서는 편의상 양자를 구별하여 전자를 어미(ending)라 하고 후자만을 접미사(suffix)라 부르기로 한다.

부착어(附着語, agglutinative language)인 국어이고 보면 이들 접미사가 상당히 복잡하게 발달되었을 것은 거의 의심의 여지가 없는 바로 실제 우리가 주지하는 바다. 그러나 수십 년의 연구를 쌓아 온 국어학계에서 이들에 대한 체계적 연구가 아직 그 시도조차 보이지 못하고 있다는 것은 비단 조어론(word-formation)뿐만 아니라 국어학 연구의 큰 빈곤을 의미한다 아니할 수 없다. 그간 몇몇 학자들에 의해 조어론의 연구가 부분적으로나마 개척은 되었다고 하더라도 아직 그 출발점의 영역을 벗어나지 못했음을 부인할 수 없으며, 기왕에 연구되었다고 하는 것도 단편적인 것이 많고, 또 독단적인 것도 많아 실로 반성의 여지가 많다고 생각된다.

나는 여기서 조어론 전반을 살피려 함이 아니요, 다만 ㄹ, ㅁ, ㄴ, ㅅ 등 그 체계화의 시도가 가능한 몇 접미사의 유형을 중심으로 고찰하고자 하며, 자료(data)는 표준어뿐만 아니라, 선초(鮮初) 이후의 문헌어(文獻語) 및 가능한 범위의 방언을 망라하였다. 여기서는 어원적인 것이나 타 언어와의 비교는 일체 시도하지 않았다.

　여기 예시하는 자료들은 주로 큰사전(한글학회, 1947), 고어사전(南廣祐, 1960), 조선 방언の研究(小倉進平, 1944), 조선고어방언사전(정표은, 김환제, 1948) 등을 중심으로 했으며, 기타 고문헌이나 여러 방언집을 참고로 하였다. 방언의 경우 특별한 것을 제외하고는 출전은 생략했으며, 고어의 경우 출전은 학계에서 일반적으로 사용되는 약호를 사용하였다.

　자료의 분석에 있어서는 편의상 내 자의로 정한 기호를 사용하였는 바, 이것은 음가와는 무관한 것이다.

1.1. 모음표기

ㅏ	ㅑ	ㅓ	ㅕ	ㅗ	ㅛ	ㅜ	ㅠ
a	ja	ə	jə	o	jo	u	ju
ㅡ	ㅣ	ㅐ	ㅔ	ㅚ	ㅟ	ㅘ	ㅝ
ɨ	i	ɛ	e	ö	ü	wa	wə
·	·ㅣ	ㅐ	ㅔ	ㅚ	ㅟ	ㅘ	ㅝ
ă	ăi	ai	əi	oi	ui	oa	uə

1.2. 자음표기

ㄱ	ㄴ	ㄷ	ㄹ	ㅁ	ㅂ	ㅅ	ㅇ	ㅈ	ㅊ
k	n	t	l	m	p	s	ŋ	c	c'
ㅋ	ㅌ	ㅍ	ㅎ	ㄲ	ㄸ	ㅃ	ㅆ	ㅉ	
k'	t'	p'	h	'k	't	'p	's	'c	
ㅸ	ㅿ	ㅺ	ㅼ	ㅽ	ㅵ	ㅳ ………………			
ß	z	sk	st	sp	psk	pst ………………			

　({ } 안은 고어의 표기)

2. ㄹ계 접미사

국어의 많은 접미사 가운데 국어학계에서 아직도 거의 의식 못하고 있는 것의 하나가 ㄹ(l)계 접미사다. 일찍이 G. J. Ramstedt가 그의 역저인 Korean Grammar에서 '우그러지다, 부스러지다, 으스러지다' 등 용언에서 접미사 'l(ㄹ)'을 추출했던 바,[1] 이것은 실로 큰 업적이었다. 그럼에도 불구하고 학계에서는 전혀 외면만 해왔을 뿐이었고, 다만 남광우 씨가 '가을(秋), 구들(抗), 가롤……' 등 수개 명사 어휘를 중심으로 이 접미사 'l'에 대한 어원적 고증을 시도한 바 있으나[2] 빈약한 자료에 가설의 한계를 크게 넘지 못한 느낌이며, 그것도 반성할 점이 많은 줄 안다. 이 접미사는 동사나 부사 및 용언의 어간 형성(stem-formation)에 널리 쓰인 것으로서, 현대어에서는 다만 방언에서 약간 그 흔적을 보일뿐이지만, 결코 적지 않은 자료(資料)에서 그 체계화가 어느 정도 가능한 것을 보면 과거에는 많이 쓰였던 것으로 보인다.

2.1. −1형 접미사

−1형 접미사란 'l' 말음(final)으로 된 접미사의 유형을 가리킨다.

2.1.1. 명사의 어간 형성

(1) 동사 파생 명사(deverbal noun)의 형성

앞으로 동사라는 술어는 특별한 설명이 없는 한 형용사까지 포함시킨다.

---

1) Korean Grammar(1939 Helsinki), p.138.
2) 남광우, 고대국어조어법의 한 고찰, 한글 121호 1951, p.25.

① nip(服)+i̯l>ni−pi̯l　　　　　　　　衾
　　니블와 벼개왜　　　　　　　　　　　　(金剛, 下 : 4)
　　禮服 니브시고　　　　　　　　　　　　(月釋, 8 : 90)

이와 같이 '니블'은 동사 '닙다'에서 파생된 명사로 생각되는데, 남광우 씨가 '니블' 및 다음에 보일 '구들' '아들' 등을 명사의 대격형으로 본것은[3] 불찬(不贊)으로 뒤에 세론(細論)하겠다. 만약 '니블'이 대격형이라고 한다면 '니블'의 고형이 '닙'이었음을 먼저 밝혀야 될 것이다.

② kăz(kăs)+ăl>kă−zăl(săl)　　　　　秋
　　ᄀᆞ술 거두우미오(秋穫)　　　　　秋　　　(楞, 1 : 19)

이것은 남광우 씨가 어원적으로 고찰한 것인데,[4] 이재 황윤석이 'ᄀᆞ을'을 '裁也, 收也'라 한 것이 어느 정도 밝혀진다면, 국어 조어법으로 보아서도 예시와 같은 분석이 가능할 듯하기 여기 넣었다.

(2) 명사 파생 명사의 어간 형성

③ 'ki̇t'(末, 端)+i̯l>'ki̇−t'i̇l

'끄틀'은 충남에서 널리 쓰이고 있는 방언으로 표준어 '끄트러기'와 유사하다 하겠으나, 현재 사전에 풀이된 '끄트러기'의 의미와는 다소 차이가 있다. '끄틀'은 흔히 가는 나무(대나무, 싸리 등)를 베고 남은 뾰족한 등걸을 의미하는데, 이 말은 분명 명사 '끝(귿)'에서 파생된 것이겠다.

　　이 소리는 혓 그티 웃닛 머리예 다ᄂᆞ니라　　　　(訓正 註)

'끄트러기'도 결국은 이 '끄틀'에서 접미사 'ə−ki'에 의해 파생된 것에

---

3) Ibid., p.29.
4) Ibid., pp.23～25.

불과한 바, 그 어근(root)은 역시 '끝(긑)'이겠다. 그리고 '끄트러기'의 고어라 생각되는 '그트렁이'가 있는데 (블그트렁이 신 爐, 類合, 하, 52), 이것은 접미사 'ə(a)k‐i'와 'ə(a)ŋ‐i'의 차에 불과한 것이다. 이것을 유창돈 씨가 '끝+으렁이'로 보아 접미사 '렁'을 추출(抽出)해 냈는데,[5] '끝+으+머리>끄트머리'같은 예로 보아 이해가 안 가는 것은 아니나 너무 안이한 방법이요, 궁여지책이라 하겠다. 국어에서 파생명사를 형성하는 데 있어 접미사 'ək‐i', 'əŋ‐i'는 서로 'k～ŋ'의 對應을 보이면서 널리 쓰이었고, 그 어간으로 '끄틀' 이 엄연히 사용되고 있는 터에 구태어 귀한 접미사 '렁'을 분석해 낼 필요가 없다. 내가 알기에는 이 접미사 '렁'은 그 예를 보기도 힘든 형편이다. 더구나 '렁'을 추출해 내고 보면 '끄터렁이'와 '끄트러기'와의 관계를 접미사 '렁～럭'의 대응으로 설명해야 될텐데, 이 '럭'이 또한 '렁'과 마찬가지로 명사의 어간 형성에 쓰이는 예를 보기 어려운 것이다.

그러면, 여기 참고로 명사의 어간 형성에 널리 쓰이는 접미사 'ək‐i' 'əŋ‐i'의 예를 몇 개만 보이겠다.

<&(a)ŋ‐i>
cip'+aŋ‐i>ci‐p'aŋ‐i
sɛ‐pi+aŋ‐i>sɛ‐pɛŋ‐i
kut+əŋ‐i>ku‐təŋ‐i
기타 가생이(邊), 가쟁이(枝), 고뺑이, 누렁이, 빨갱이 등
<&(a)k‐i>
kəm(黑)+ə‐ki>kə‐mə‐ki
ol+a‐ki>o‐la‐ki
kɛ‐ku‐li+a‐ki>kɛ‐ku‐la‐ki
기타 쓰레기, 부스러기, 터러기(髮), 뿌러기(根) 등
④ kut(坑)+il>ku‐til　　　坑
　　민 흙 구들에 (精土坑上)　　　(老解, 上, 23)
　　굳깅 坑　　　　　　　　　(訓蒙下, 17)

---

5) 유창돈, 이조국어사연구(1964), p.371.

기어(基語, underlyng form)와 파생어 사이에 의미상의 변이를 지금으로서는 의식하기 힘들다.

⑤ həm(陷)+il>he－mil   過
    허므를 모르더시니   (龍, 119)
    허므리 업고   (釋, 9：4)
⑥ mjəc'(幾)+il>mjə－c'il   며칠
    며츠를 설웝 흐리러뇨   (初杜, 上：75)
    어즈러운 고즌 몃 맛 삑니오   (杜, 7：14)

'며칠'은 '몇＋일(日)'로 기원을 생각하는 것보다는 위와 같은 파생으로 봄이 더 타당할 듯싶다.

⑦ kjət'(側)+al>kjə－t'al>cə－t'al

'저탈'은 충남에서 사용되는데, '큰사전'이나 여타의 방언사전에서도 보기 힘든 방언으로, 산골짜기에 연해 있는 논이나 밭 중 곁 즉 양 산 쪽으로 연한 부분이나 또는 산의 측면을 의미한다. 이 '저탈'은 '겨탈'이 구개음화된 것일 것이며, '겨탈'은 '곁(側)'에서 파생된 것이 분명하다.

겨트로 미츠샤 (傍及)   (楞, 6：44)

⑧ kjət(側)+ăl+aŋ>kjə－tă－laŋ>kjə－ti－laŋ
    겨드랑의 암내 나느니며   (痘瘡集, 下, 43)
    두 겨드랑에 눌재 낫다 흐다 흐야   (三譯, 4：9)

'겨드랑(>겨드랑)'을 위와 같이 분석한 것이 하나의 독단이요, 모험이 될지도 모르나, 예 ⑦에서 'kjət＋al'과 같은 형식이 가능했던 것을 고려하면 이와 같은 구조도 가능하지 않을까 한다.

'aŋ'은 역시 접미사로 국어에서 가장 흔한 것의 하나다. '겨드랑'을 만약

유창돈 씨가 분석한 바[6]와 같이 '곁＋으랑'으로 보아 '랑'을 접미사로 추출해 낸다면 간단하고 안이하기는 하나, 앞에서도 말했듯이 '랑'이란 접미사가 명사 어간을 형성하는 예를 별로 볼 수 없음을 생각할 때, 예의 분석이 가능하지 않을까 생각된다.

⑨ $^*at+\breve{a}l>a-t\breve{a}l$　　　　　　子
　어비 <u>아드</u>리 사르시리잇가 (父子其生)　　　　　(龍, 52)

어원적인 것까지는 취급하지 않으려 하나, 남광우 씨가 어간을 '앋'으로 분석한 바[7] 동감이 가기 여기 참고로 넣었다. '앋'이 대체로 '小, 少, 幼, …' 등의 뜻을 가진 것으로 생각되며, 접미사 '아지'도 여기서 파생된 것이겠다.

⑩ $k\breve{a}l(粉,派)+\breve{a}l>k\breve{a}-l\breve{a}l$　　江
　<u>ᄀᆞᄅᆞᆯ</u> 蒲　　　　　　江蒲　　　　　(初杜, 15 : 21)
　沉香 <u>ᄀᆞᆯ</u>ᄋᆞ로　　　　　　　　　　　（月釋, 2 : 29)

더 이상의 예가 필요하지 않을 줄 안다. 'ᄀᆞᆯ'이 원형이냐 'ᄀᆞᄅᆞ'가 원형이냐에 대하여는 지금도 학계에서 크게 논란(論難)되고 있는 과제로 여기 함부로 속단할 것은 아니나, 국어의 일반적 조어법, 문헌의 표기 등을 고려할 때, 'ᄀᆞᆯ'을 더 고형으로 보아 예의 분석을 한 것이다. 이 점에 대하여는 여기 지면이 제한됐기에 세론(細論)을 약(略)하며 후일의 기회로 미루려 하나, 'ᄀᆞᄅᆞ(派), 가롤(派, 脚), ᄀᆞ롤(江), 가락(指), 밧ᄀᆞ락(瓜), 가래(派), ᄀᆞᆯ희다(擇), ᄀᆞᄅᆞ다(分), ᄀᆞᆯ이다(磨)' 등 일련의 어휘의 형성 발달을 고려할 때, 이들은 한 어근, 즉 'ᄀᆞᆯ(갈)'에서 여러 종류의 접미사 '$\breve{a}, \breve{a}l, \breve{a}k, \varepsilon$…' 등에 의해 파생된 것으로 아는데, 이 어근 'ᄀᆞᆯ(갈)'은 '냇갈(川), 머리칼(頭髮), 갈개(分岐)' 등에서 그 자취를 보이고 있는 것이다.

---

6) Ibid., p.371.
7) 남광우, op. cit., pp.23~25.

⑪ kwa‒ca(菓子)+ḷ>kwa‒cal   과자   (古方辭)

한자어인 '과자'에 접미되었는데 의미상 변이는 의식하기 힘든 것 같다. 이 파생은 근대의 일이겠다. '과자'란 단어가 근대에 생긴 것이기 때문이다.

⑫ ke‒ta(下駄)+ḷ>ke‒tal

이것은 일본어에 접미사가 붙은 귀한 예로 왜정하(倭政下)에서 형성된 말이다.

⑬ pi‒nu(석감)+ḷ>pi‒nul   비누
  '비눌'도 역시 근대에 派生된 것이다.
⑭ kə‒u(鵝鳥)+ḷ>kə‒ul   거위   (朝方硏)
  '거울'은 '거위'의 방언이다.
⑮ 'puk‒sa(霞)+ḷ>'puk‒sal   霞   (朝方硏)
  '놀'의 방언으로 '북새' '뿍살' 등이 쓰이는데, 후자는 전자에서 파생된 것이겠다.
⑯ jə‒sɨs(六)+ḷ>jə‒sɨl
  '여슷'이 접미사 'l'을 취할 때 末音 'ㅅ'이 탈락된 것이다. 이런 현상은 흔히 볼 수 있는 바다.
  육도논 여슷 길히라   (月釋序, 4)

나는 이상에서 살펴본 바, 접미사 'l'에 의한 어간 형성으로 비추어 보아, 학계에서 아직 이견의 과제로 남아있는 '바롤~바르(海), 가롤~가르(派), 거우룰~거우루(鏡), 겨를~겨르(暇)' 등 소위 변형을 가진 어휘들을 역시 접미사 'l'에 의한 파생으로 조어론적 해석을 하는 것이 어떨까 한다.

⑰ ka‒lă(派)+l>ka‒lăl   派, 脚
  그 보비……열 네 가르리니 가르마다 칠보 비치오 (月釋 8 : 13)
  드러 내 자리를 보니 가르리 네히로 새라   (處容歌, 樂節)

이와 같이 같은 글 바로 전후에도 '가르, 가롤'이 차용된 것을 볼 수 있는데, '가르, 가롤, 가랑이' 등을 종합 고찰할 때, 예와 같이 분석되지 않을까? 분석에 있어 혹 'kal+ăl'로 볼 수도 있겠는데, 이것이야 어떻게 보든 접미사 'l'의 추출에는 결과적으로 변함이 없다. 이숭녕 교수는 원형을 '가롤'로 보아 이 '가롤>가르'와 같이 어간 말음 'l'의 탈락으로 보아 이 계열의 어휘들을 다 이렇게 보았고[8] 이기문 교수도 같은 견해인데,[9] 다 아직 명백한 고증이 된 것 같지는 않다. 예와 같이 분석하기는 과거에 양주동 씨, 남광우 씨 등이 있었으나[10] 막연한 것이었고, 접미사 'l'을 목적격 조사로 본 견해는 필자와 전혀 다른 것이다.

⑱ kə–u–lu(鏡)+l̩>kə–u–lul   鏡
　　물곤 <u>거우루레</u>   (杜 3 : 18)
　　두려운 <u>거우루</u>는   (楞, 7 : 14)
⑲ pa–lă(海)+l>pa–lăl   海
　　<u>바르롤</u> 건너싫 제 (爰涉于海)   (龍, 18)
　　노피 <u>바르</u> 우흿 들구를 좃놋다   (初杜, 15 : 52)
⑳ kjə–lɨa(暇)+l>kjə–lɨl   暇
　　閑暇는 <u>겨르리라</u>   (月釋序, 17)
　　굴와 이슬 <u>겨릐</u> 없도다   (初杜, 24 : 40)

생각하건대 '겨를, 겨르'의 어근은 다 '결'이라 보는데, '잠<u>결</u>, 꿈<u>결</u>, 얼떨<u>결</u>, 지난<u>결</u>, 말<u>결</u>' 등에 보이는 '결'이 이와 같은 것으로, '~는 동안, 暇'의 뜻을 가졌다고 하겠다.

혹, 직접 'kjəl+ɨl>kjə–lɨl'로 볼 수도 있겠는데, 그렇게 보더라도 결과적으로 접미사 'l'의 추출에는 변함이 없다.

---

8) 이숭녕(1961), 중세국어문법, p.62.
9) 이기문(1961), 한국사개설, p.133.
10) 양주동(1965), 증보 고가연구, p.290.
　　남광우, op. cit., p.12, (1), p.29.

㉑ hă‒lă+l>hă‒lăl(ha‒ləl)　　　　　　一日

  <u>호롯</u> 아츠미　　　　　　　　　　　　(釋, 6 : 2)

  <u>홀론</u> 아츠미 서늘ᄒ고　　　　　　　(月釋 2 : 51)

  <u>하럴</u>, <u>하를</u>　　　　　　　　　　　　(濟州, 咸北)

이들 단어의 어근은 'hăl(hal)'과 같은 것으로 보는바, 방언의 '하럴, 하를'은 'ᄒᄅ'나 '홀'에서 파생된 줄 안다.

이상으로 명사의 어간을 형성하는 ‒l형 접미사의 고찰을 마치는 바, 이것은 다음에 보이는 동사 및 조사의 어간을 형성하는 데도 널리 쓰이므로 앞에서 분석한 견해를 더욱 확실히 방증해 주리라 본다.

2.1.2. 동사의 어간 형성

(1) 동사 파생 동사의 어간 형성

① uk+ɨl+ta>u‒kɨl‒ta

'욱다'에서 접미사 'l'에 의해 파생 동사 '우글다'가 형성되었다. '오글다'는 '우글다'와 ablaut적 차이밖에 없는 동궤의 것이다. 명사 '오그랑이'는 동사 '오글다'에서 파생된 것이다. 이것은 즉 'o‒kɨl+aŋ‒i'의 구조로, 'aŋ‒i'는 용언이나 체언에 붙는 접미사임을 고려할 때, '오그랑이'의 어간으로 볼 수 있는 'o‒kɨl‒'은 곧 동사 '오글다'의 어간으로 보아야 할 것이다.

② cuk+ɨl+ta>*,cu‒kɨl‒ta

현재 동사로 '쭈글다'는 표준어로 사용되지 않으나, 사람에 따라서는 사용하기도 하여 방언적 자취는 보일 뿐만 아니라, 동사 '쭈그러지다'에서 동사 '쭈글다'의 재구가 특히 가능하다. 또한 '<u>쭈그러지다</u>'나 '우그러지다'나 다 유사한 뜻에, 그 구조도 완전히 일치하는 것이라든지, '쭈그렁이'에서 추출되는 접미사 'əŋ−i'가 명사나 동사에 붙는 것임을 고려할 때 '쭈글 다'의 재구(再構)는 의문의 여지가 없다. 그리고 고어에서 그 사동형 '주굴 위다'가 쓰였음도 볼 수 있다.

充實은 <u>주굴위디</u> 아니홀 씨라   (月, 2 : 41)

그래서 이 '쭈글다(주글다)'는 '죽다'에서 파생된 것이라 보는 바, '죽다' 는 어떤 물체의 표면이 정상보다 안으로 들어간 것을 뜻하는 것이다.

③ kop(曲)+ɨl+ta>*'ko−pul−ta

동사 '<u>꼬부라</u>지다, <u>꼬부리</u>다' 등에서 재구되는 '꼬불다'는 '곱다(曲)'에서 파생된 것이다. 현재 '곱다'는 동사, 형용사로 다 사용되고 있다.

④ sak+ɨl+ta>*sa−kɨl−ta

'사글다'가 현재 사용되지는 않으나, 동사 '<u>사그러</u>지다, 사그랑이' 등에 서 '사글다'의 재구가 가능한 바, 이것은 '삭다'에서 파생된 것이다.

⑤ tot+ɨl+ta>*to−tɨl−ta

'<u>두드러</u>지다, 두드러기' 등에서 '두들다'가 재구된다. '두드러기'는 'tu+ tɨl+ə−ki'의 구조로, 접미사 'ə−ki'는 'əŋ−i'와 마찬가지로 명사나 동사 에서 파생 명사를 형성할 때 사용되는 것이다. '*두둘다'는 '돋다'에서 파 생된 '*도들다'와 ablout적 차이를 가진 것이다.

⑥ kut(固)+ɨl+ta>*ku−tɨl−ta

'<u>구두러</u>지다. <u>꼬드라</u>지다' 등에서 '구들다'가 재구(再構)된다. 이것은 '굳 다(固)'에서의 파생이다.

⑦ suk＋ɨl＋ta＞*su－kɨl－ta

　동사 '<u>수그러</u>지다, 수그리다' 등에서 재구되는 '수글다'는 '숙다'에서의
파생이다.

⑧ *pus(碎)＋ɨl＋ta＞*pu－sɨl－ta

　'<u>부스러</u>지다, 부스러기' 등에서 '부슬다'가 재구되는데, 그 어간은 '붓'
또는 '브스(〉브스)'라 생각되는바, 현대어 '부수다'가 바로 그것이겠다. '부
수다'의 고어로는 '<u>브스다</u>'가 쓰였다.

　　제 뼈를 <u>브스뎌</u> 골슈 내며 (打骨出髓)　　　　　　　(恩重, 21)

⑨ pis(斜)＋ɨl＋ta＞*pi－sɨl－ta

　'<u>비스러지다</u>'에서 '비슬다'가 재구되는데, 이는 '빗다'에서의 파생이다.

　　바ᄅ디 아니ᄒ며 <u>빗디</u> 아니ᄒ며 (不縱不橫)　　　　(圓覺上一之二, 117)

⑩ əp'(倒)＋ɨl＋ta＞ə－pɨl－ta

　'<u>어프러</u>지다'에서 '엎을다(어플다)'가 가능한 바, '엎다'에서의 파생이다.

⑪ hɨt(散)＋ɨl＋ta＞*hɨ－t'ɨl－ta

　'<u>흐트러</u>지다'에서 '흐틀다'가 재구되는 바, '흩다'에서의 파생이다.

⑫ *'pək＋ɨl＋ta＞*'pə－kɨl－ta

　'<u>뻐그러</u>지다'에서 '뻐글다'가 재구되는데, 그 어간은 '*pək－'이라 생각
한다. 이것은 '뻐개다'가 'pək＋ɛ＋ta'의 구조로서, 여기의 '*'pək'은 같은

것이다. '뻐개다'의 구조는 마치 '없애다'의 구조와 같은 것이다. 이것은 'əps(無)+ɛ+ta'다. 이렇게 볼 때 '뻐그러지다. 뻐개다' 등의 공통 어근 '*'pək'은 형용사인지도 모른다.

    ⑬ nok(融)+ɨl+ta>*no‑kɨl‑ta

'누그러지다'에서 '누글다'가 가능한데, 이것은 '녹다'에서 파생되는 '*노글다'와 ablaut적 차이에 불과한 것이다.

    ⑭ sik+ɨl+ta>*si‑kɨl‑ta

'시그러지다'에서 '시글다'가 재구되는데 이것은 '식다'에서 파생된 것이 아닌가 한다. 그런데 그 '시그러지다'가 혹시 '식다'에서 파생된 '사그러지다'와 ablaut적 차이를 가진 것에 불과한지도 몰라, 어느 하나로 속단하기는 어려울 것이나 예시와 같이 봄이 더 타당할 듯하다.

    ⑮ *kap(輕)+ɨl+ta>'ka‑pul‑ta

'까불다'는 언행이 가벼운 것이다. 그리고 '가볍다(<*kap+əp+ta), 가분가분(<kap+un kap+un)' 등에서 공통된 어간 'kap'을 추출할 수 있다. 그 의미는 '경(輕)'과 같은 것이었겠다. '가분가분'의 분석은 n계접미사 장에서 세론될 것이다.

이상으로 동사파생동사의 어간형성 고찰을 마치면서 한 가지 석연하지 못한 것이 있기 이를 잠깐 살펴보고자 한다.

위에서 '우글다, *쭈글다. *부슬다. *구들다. *비슬다 *도들다……' 등 재구형은 ('우글다'는 표준어) 각각 '욱다, 죽다, *붓다(또는 *부스다), 굳다, 빗다, 돋다……' 등에서 파생된 것으로 보았는데, 이들과 직접 관계있는 부사 '우굴우굴, 쭈굴쭈굴, 부슬부슬, 꾸들꾸들, 비슬비슬(비실비실, 도돌도

돌……) 등이 있어 문제점이 생긴다. 즉, 내가 앞에서 설명해 온 대로 이 일련의 어휘의 파생 관계가 '욱다>우글다>우글우글, 죽다>*쭈글다>쭈글쭈글, *붓다(또는 브스다, 브스다)>*부슬다>부슬부슬……' 등과 같은 순서로 파생되었는가, 아니면, 혹 '욱다>우글우글>우글다, 죽다>쭈글쭈글>쭈글다. *붓다(또는 브스다, 브스다)>부슬부슬>*부슬다……' 등과 같은 순서로 파생을 했는가 하는 의문점이 생긴다. 여기서는 더 이상의 설명은 않고, 다만 확실한 접미사 'l'의 추출에서 그치려 하지만, 이제 말한 그런 문제에 대하여는 좀 더 자세한 고찰을 요하는바, 쉽게 증명되지 않아 얼른 속단할 수 없다. 필자는 여기서 전자의 순서에 의한 파생으로 보았지만, 이의 고증에는 몇 가지 난점이 없지 않은 것이다.

(2) 명사 파생 동사의 어간 형성

⑩ ko(鼻)+l̩+ta>kol－ta(鼾)

　　鼻는 고히라　　　　　　　　　　　　　　　　（釋, 19：9）
　　코 고으다 (打鼾呼鼾)　　　　　　　　　　　（同文, 上, 19）

'골다'가 본래 '고'에서 파생되었으리라는 것은 별로 의문이 없을 것 같다.

이와 같이 l접미사는 체언에도 붙어 파생 동사를 만들기도 한다.

⑪ sit(楓)+il̩+ta>si－더－ta

　　長常 丙ᄒ야 시드러 옴담 몯ᄒ고　　　　　（釋, 9：29）
　　싣 爲楓　　　　　　　　　　　　　　　　　（訓正解例, 用字例）

빈약한 자료로 속단할 것은 아니나, 의미, 형태 양면으로 보아 가능할 것 같다. '단풍'이란 어떤 면으로 보아서는 결국 '시든' 것을 의미함일 것이다.

2.1.3. 부사의 어간 형성

부사의 어간을 형성하는 l계 접미사도 그 예가 일반적일 만큼 많은 것은 아니나, 한 경향을 살펴보기에는 충분하며, 앞으로의 연구에 따라 더 많은 자료가 발견될 것에 의문의 여지가 없다.

① 'sɨp – 'sɨ(苦)+1+ha – ta>'sɨp – 'sɨl – ha – ta>

'씁쓸하다'에서 1접미사가 추출되는데, 그 어간이 된 '씁쓸'은 본래 '쓰다(苦)'의 어간 '쓰'의 중첩에 1접미사가 연접된 것이다.

<u>쓰며</u> 단 거시　　　　　　　　　　　　　　　(楞, 3：9)

따라서 받침의 p은 원래 음운론적 현상인 것이며, 조어론적 현상은 아닌 것이다. 이것을 최현배 교수가 접사로 보는 견해는[11] 불찬(不贊)이다.

그런데 '씁쓸하다'에서 '씁쓸'을 부사형으로 보아 '1'을 부사 형성 접미사로 본 까닭은, '씁쓸하다'가 '씁쓸'과 '하다'의 복합인데, 그 복합 관계가 부사적 한정과 피한정의 관계이기 때문이다. '1'이 품사 전성(轉成) 어미가 될 수 없음을 고려해 보면 쉽사리 이해되리라고 본다.

② kuc(凶)+il　kuc+il>ku – cil ku – cil
　　<u>구즐</u> 흉 凶　　　　　　　　　　　　　(類合, 下, 57)

즉, '구질구질'은 '궂다'에서 파생된 품사 '궂일>구질'의 중첩이다. 이것이 혹 'kuc+il+ta>*ku – cil – ta'가 형성되고 이 '구질다'의 어간이 중첩되어 '구질구질'이 형성된지도 모르나, '구질다'의 재구(再構)가 어려운 지금으로서는 무어라 속단할 수 없다.

---

11) 최현배(1959), 우리말본, p.638 '씨가지'.

③ *sən(凉)+il+ha－ta>sə－nil－ha－ta

‘서늘’을 ‘sən+il’로 분석한 것은 ‘선득선득, 선선하다’ 등에서 공통된 어근(어간) ‘sən’을 추출할 수 있기 때문이다.

④ *um(動)+il *um+il>u－mil u－mil

이것은 ‘(입으로)우물거리다. 우물우물(씹다)’ 등에서 보이는 ‘우물’을 분석한 것으로, 여기 어근으로 생각되는 ‘um－’은 ‘움직이다, 움직움직, 움질움질’ 등에서 보는 ‘움－’과 같은 것이기 ‘um－’은 분리될 수 있는 것이다. 그것은 아마도 ‘동(動)’의 뜻일 것이다.

⑤ *kum+il *kum+il>ˈku－mul ˈku－mul

‘꾸물꾸물’에서 분석한 어간 ‘kum’은 ‘꿈틀꿈틀, 꿈질꿈질’ 등과의 대조에서 분석될 수 있다. 그 의미는 앞 ④에서 본 ‘움’과 본래 같은 것이 아니었나 생각된다.

⑥ nək(充・足)+il *nək+il>nə－kil nə－kil

‘(마음이) 너그럽다(<너글업다)’ ‘너글너글(하다)’에서 ‘너글’이 보이는데 이것은 예시와 같은 구조로 그 어간 ‘nək’은 ‘넉넉하다, 넉하다(족하다 충남방언)’ 등에 보이는 ‘넉’과 똑같은 것이기 분석이 가능하다. ‘nək’은 ‘충, 족’의 뜻이다.

그런데 여기서 한 가지 크게 의문을 품게 하는 것은, 예시에서 ‘l’이 과연 부사형성 접미사냐 하는 점이다. 현대어 ‘미덥다. 기껍다(방언), 졸립다(방언)’ 등에서 볼 때, 접미사 ‘əp－ta’가 붙은 어간은 대개 용언인 듯한데 이렇게 보면 ‘너글업다’에서 어간 ‘nə－kil’은 부사형이 아니라 동사(또는 형용어)가 될 것이니, 결과적으로 ‘nək－il’에서 ‘l’은 용언 형성의 접미사일 것이라는 결론이 나오게 된다. 사실상 앞에서 보아 온 이들 부사 형성 접미사 'l'을 동사 형성 접미사로 볼 수 있는 것도 있다. 이렇게 보면 '<u>너글너글(하다)</u>'와 같은 '너글'은 용언의 어간 '*너글'이 그대로 부사로 쓰였다고 보게 된다. 그러나 그렇게 되면 더 복잡하기도 하고, 또 지금으로서는 그들 단어의 어원도 확실하지 못하기 때문에, 지금 있는 현상대로 분석하여 부사형 접미사로 보았으나, 의문이 완전히 해소된 것은 아니며, 앞으로 더 연구의 여지가 많음을 말해 둔다.

⑦ 'sip(嚼)+i̯l 'sip+i̯l>'si−pul 'si−pul

'씨불씨불'은 충남에서 많이 쓰이는 방언인데, 표준어 '씨부렁씨부렁'은 이 방언에서 다시 파생된 것으로, 이들의 어근은 다 같이 '씹다'의 어근 'sip'으로 생각한다.

사전에는 주책없이 떠들어대는 것으로 뜻풀이를 했지만, 본래는 충남 방언에서의 의미와 같이 남에게 잘들리지 않게 입만 움직일 뿐, 잘 안 들리게 작은 소리로 중얼거리듯 하는 것을 말했을 것 같다. 음식을 씹는 입의 동작과 <u>씨불거리</u>는 입의 동작이 아주 비슷하기 때문에 이런 파생어가 생기지 않았나 한다. 이 외에 또 한가지 가능한 해석은 본래 '씨불씨불'이 음식을 씹는 모양을 말하는 의태어이었는지도 모른다고 볼 수 있는 것이다. 어쨌든 여기서 접미사 'l'의 추출은 가능하다고 본다.

⑧ man−ci+l̯ man−ci+l̯>man−cil man−cil

'만지다'에서 '만질만질'이 파생되었다. '큰사전'에는 '만질만질'의 뜻을 보드라와 만지기 좋다는 뜻으로 풀이했지만, 충남 방언으로는 물건을 자꾸 만져서 수택이 생겨 윤이 나고 보드라운 감촉을 주는 것을 말하는데, 이것이 원래의 뜻이었을 줄로 생각한다.

⑨ həp+i̯l+əŋ−ha−ta>hə−pu−ləŋ−ha−ta

‘허부렁하다’는 ‘시부렁하다’의 방언으로 되었는데, 충남을 비롯한 여러 지방에 쓰이고 있고, 또 ‘허부룩하다’도 쓰인다. 이 두 방언은 접미사 ‘k‐ŋ’의 차이에 불과한 것이다. 결국 이들 방언에서 분석되는 ‘허불’을 나는 다시 예시와 같이 분석해 보았는데, 이것은 ‘허분허분’이나 충남 등지의 방언 ‘헙헙하다’에서 추출되는 ‘həp’이 위에서 본 어간과 같기 때문이다. ‘허분허분’을 ‘həp＋un həp＋un’으로 분석할 수 있는데, 이것은 뒤에 접미사 n계에서 설명된다.

이상으로 ‐1형 접미사에 대한 고찰을 마치려 하는 바, 자료가 충분하지 못한 점은 있었다고 하더라도, 한 경향을 파악하기에는 충분하리라고 생각된다. 이 ‐1형을 마치면서 본항 중 명사 형성의 접미사 ㄹ(l)에 대한 몇 분 학자들의 주장에 좀 수긍하기 곤란한 점을 간단히 말해 두려 한다.

남광우 씨는 ‘수개어휘의 파생을 중심으로’라는 부제를 붙인 논문 ‘고대국어조어법의 한 고찰’12)에서 ‘ᄀᆞ술(秋), 가롤(粉, 岐, 派, 脚), 아들(子), 수풀(林藪), 니블(衾)……’ 등에 대하여 명사의 대격형이 명사단독화한 것이라 보았는데, 설명이 불충분하여 석연하지 못한 점이 있다. 이런 견해는 비단 대격형의 명사 단독화뿐만 아니라, 주격형이나 처격형의 명사 단독화를 포함하여, 결국 명사의 각 격형의 명사 단독화가 되겠는데, 그 ‘단독화’라는 말의 뜻과 그 이론적 근거가 어떤 것인지 이해가 안가는 것이다. 대체로 이런 견해를 가진 분들의 단편적인 설명을 보면, 소위 ‘단독화’라는 것도 결국은 파생으로 본 듯하다. 만약 이를 파생으로 보지 않게 되면, 조어론에서 양자 사이에 생긴 의미 변이를 설명하기 어렵게 되기 때문이며, 또 실제 파생어에서 이것들을 다루어 온 것이다. 각 격형의 단독화를 파생이라하면, 이것은 접미사의 첨가가 없이 파생된 것인 바, 필자는 이런 파생을 영(零)접미사(zero suffix)에 의한 파생이라 부르려 한다. 그런데 국어에서 광범하게 쓰이고 있는 영접미사는 원칙적으로 의미부 어간에 첨가되는 것이지 격조사와 같은 허사 다음에는 별로 첨가되지 않으며, 또한 이것은 대개 기

---

12) 한글 통권 제121호(1957).

어의 의미를 변이시키는 것이 아니라, 다만 그 문법적 직능－품사－을 변
이시키는 것으로 생각된다.

　그러면 참고로 여기 영접미사에 의한 파생을 몇 보이기로 한다.

　㉠ 동사파생부사의 형성
　　① ko－c'o ＋ø>ko－c'o　　　　　　곤추, 곤게
　　　고초 드리여　　　　　　　　　　　　　　(月, 1 : 52)
　　　손 고초숩고　　　　　　　　　　　　　　(月, 7 : 37)
　　② kă－c'o(備)＋ø>kă－c'o
　　　詮은 ㄱ초 니롤 씨라　　　　　　　　　(月序, 21)
　　　되 征伐호물 ㄱ초아 ᄒ놋다　　　　　　(杜, 7 : 25)
　　③ pi－lis(始)＋ø>pi－lis　　　　　비로소
　　　이제ᅀᅡ 비릇 도라오니　　　　　　　　(初杜, 18 : 14)
　　　처섬 비릇ᄂ 거시 因이오.　　　　　　(釋, 13 : 41)
　　④ 'ko－pul＋ø　'ko－pul＋ø>'ko－pul' ko－pul

　첩어(疊語)로 쓰이는 '꼬불꼬불'은 동사 '꼬불다'에서의 파생이다. '꼬불
어지다, 꼬부랑이' 등에서 동사 '꼬불다'가 가능한 것을 이미 앞에서 말한
바 있다.

　　⑤ u－kɨl＋ø　u－kɨl＋ø>u－kɨl　u－kɨl

　㉡ 형용사 파생 부사의 형성
　　⑥ pa－lă(直)＋ø>pa－lă
　　　바ᄅ 自性을 ᄉᄆᆺ 아ᄅ샤　　　　直了自性
　　　直ᄋᆫ 바룰 씨라　　　　　　　　　　(月序, 18)
　　⑦ kăt'(始)＋ø>kăt　　　　　　　같이
　　　눈 ᄀᆮ 디니ᅙᅵ다　　　　　　　　　　(月釋, 1 : 42)
　　　시혹 ᄀᆮᄒᆞ며 ᄀᆮ디 아니ᄒᆞ며　　　(釋, 3 : 95)
　　⑧ tuŋ－kɨl(圓)＋ø tuŋ－kɨl＋ø>tuŋ－kɨl　tuŋ－kɨl

ⓒ 명사파생동사의 형성

⑨ stɨi＋(帶)ø＞stɨi－ta

寶玉帶 <u>씌샤</u>　　　　　　　　　　　　　　　(龍, 112)

<u>씌더</u>　帶　　　　　　　　　　　　　　　　(訓蒙, 中, 23)

⑩ po－mɨi＋ø＞po－mɨi－ta

朝天露 <u>보믜닷</u> 말가　　　　　　　　　　　(古時, 孝宗)

<u>보믜</u>가 나단 말가　　　　　　　　　　　　(古時, 金振泰)

ⓓ 명사파생 형용사의 형성

⑪ hăi(日)＋ø ＞ hăi－ta　　　　　희다

일월은 <u>희</u>드리라　　　　　　　　　　　　(釋, 9：4)

<u>힌</u> 므지게　　　　　　　　　　　　　　　(童, 50)

이상에서 살펴본 바와 같이 격조사와 같은 허사(虛辭)의 바로 뒤에 영접미사(零接尾辭)의 첨가가 어렵다는 것은 결국 문제의 'ᄀᆞ술, 가롤, 아돌' 등을 파생에 의해 형성된 어휘로 보는 한 말음의 'ㄹ'은 격조사가 아님을 알 수 있었을 것이다. 물론 이것은 그 기어와는 상이한 의미리라 생각되니, 이를 보더라도 'ㄹ'은 격조사가 될 수 없는 것 같다. 이 'ㄹ'은 파생접미사인 줄 안다.

그런데 명상의 대격형이 명사 단독화하였다고 보는 분들은 흔히 '체언＋에(애)' 등 파생명사에 붙는 '이, 애' 등도 각각 주격조사, 처격조사로 보아 상호 방증을 삼으려 하나, 이것도 역시 근거가 희미하다. '굼벙이, 부헝이' 등이 15세기에는 '굼벙(訓正解, 合字解), 부헝(訓正解, 用字例)이었음은 주지의 사실로, 전자를 후자의 주격형이라 하여, 이것은 학계 일반의 견해로, 이에 대표적인 분들로는 양주동, 남광우, 이기문 등 諸교수님들이 되겠다.[13] 이 분들은 물론 체언에 붙는 '이'만을 주격조사로 보았고, 부사나 동

---

13) 양주동, op. cit., p.106, 249, 268, 365.
　　남광우, op. cit., p.29.
　　이기문, op. cit., p.135.

사에 붙어 파생 명사를 만드는 '이'와는 전혀 무관한 것같이 보는 것 같은데, 나는 이것들은 서로 유관한 것인 줄 안다. 뒤에 예를 보이는 모음계 접미사들이 명사, 동사 부사의 어간 형성에 공통으로 사용됨이 일반인데, 하필 체언에 붙은 '이', '애'만을 그 형태가 격조사와 일치된다고 하여 이들을 격조사로 보아 넘기는 것은 너무 안이한 견해라 하겠다. 또 한 가지 중요한 사실은 여기 '이'가 붙은 명사는 대개 '굼벵이, 파리, 짝짝이' 등과 같은 유형의 생물체나 동물의 명사에 한하지 '마음이, 생각이, 사랑이' 등과 같은 추상명사가 없다는 것은 결코 우연이 아니라 생각한다. 여기 '이'가 주격조사라고 한다면 위와 같은 유의 추상명사가 없을 리 없을 것이다. 이것은 '이'가 본래 어떤 물체나 생물체와 같은 명사를 만드는 접미사였던 것이기 때문이 아닌가 한다. 다음 '안해(妻)'를 '안ㅎ(內)'의 처격형이라 보는 것도 마찬가지로 이해가 곤란한 것이다. 이 양자엔 너무도 뚜렷한 의미의 변화가 생겼는데 이를 어떻게 보았는지 궁금하다. 이 의미 변이의 기능을 담당한 것이 무엇인가? 영접미사인가, 아니면 격조사 '애'인가? 앞에서 길게 말했듯이 이것이 영접미사일 수 없으며, 그렇다고 격조사가 될 수는 더욱 없는 것이겠다. 이 '애'는 종래 학계의 견해와 같은 격조사가 아니라 파생접미사로 이것도 국어에서 널리 쓰이는 것이다. 그러면, 여기 참고로 국어에서 접미사 체계의 근간을 이룬다고 볼 수 있는 모음계 접미사의 예를 몇만 보이겠다.

a(ă, ɨ) ······ 노릇, ᄀ로, 더으다, 푸르다 등
ɛ(e) ······ 안해, 방고래, 며개(頸), 두께, 구메(穴), 부체, 두퇴 등
o(u) ······ 가로(粉), 자조, 도로, 너무, 구무, 다루(髻)
i ······ 홀쭉이, 넓이, 굼벵이, 짝짝이 등

이와 같이 국어 모음계 접미사들로 'a(ă, ɨ), ɛ(e), o(u), i' 등이 정연한 체계를 형성하고 있을뿐만 아니라, 이것들은 또 다른 접미사의 기간을 이룬다고 할만한 것들인데, 이들 중 'ɛ, i'만, 그것도 체언에 붙은 것만을 분리

시켜 격조사로 봄은 아전인수격의 안이한 견해가 아닐까?

　이와 같이 볼 때 각 격형의 명사 단독화라는 견해는 결국 동감이 되지 않는다.

2.2. lv형 접미사

　lv형이란 l(ㄹ)이 종성의 모음에 선행된 유형의 것을 말하는데 여기엔 'la, lɛ, le, lo, li' 등이 있다.

(1) lɑ

　① o(來)＋la＋kka(往)＋la＋k＞o‑lak ka‑lak

　'오락가락'에서 '락'이 지금은 한 개의 접미사같이 되었지만, 본래는 부사형 접미사 '－la'에 다시 접미사 'k'가 접미된 것으로 생각한다. 이 '락'은 '알락알락' '팔락팔락' 등에 보이는 '락'과는 다소 성질이 다를 것이다. 다음에 열거하겠지만 '이럭저럭'이 때로 '이러 저러'로도 쓰이는 바 '럭'은 본항의 '락'과 동궤의 것이다. 즉, 여기 '럭'이 'lə＋k'으로 분석되는 바와 같이 위의 '락'도 'la＋k'로 분석된다. 여기 분석해 낸 'k'도 국어에서 명사 부사에 널리 쓰이는 접미사로 다음 수례(數例)만 보기로 한다.

　　※ 명사의 어간 형성에서
　　　'tɨl(庭)＋ak＞'tɨ‑lak
　　　pcok(片)＋ak＞pco＋kak
　　　kəm(黑)＋ək＞kə‑mək
　　　cjuk(杓)＋ək＞cu‑kək
　　　기타, 가죽, 구석, 아낙, 꺼럭, 담벼락 등
　　※ 부사의 어간 형성에서
　　　năc(低)＋ăk(＋ha‑ta)＞－nă‑căk(－ha‑ta)
　　　tü‑ci(索)＋ək＞tü‑cək　　　　　('뒤적뒤적'의 '뒤적')

　　ta－ti＋<u>ok</u>　ta－ti＋ok＞ta－tok　ta－tok
　　tə(盒, 加)＋<u>ok</u>＞tə－ok(＞tə－uk)

기타 도도록하다, 어즈ᄒ다(茫然), 시드럭시드럭, 느럭느럭 등. 이 'k'계
접미사에 대하여는 일찍이 이숭녕 교수가 연구 발표한 바 있다.[14]

　　② sai(新)＋la＞sai－la
　　새<u>라</u> 흐드리 사호노소니 (新酣戰)　　　　　　　　(初杜, 8 : 35)

'새(新)'는 고어에서 명사, 부사, 관형어로 다 쓰였다.

　　다시 새를 비허 (更雨新者)　　　　　　　　　　(法, 3 : 94)
　　<u>새</u>외 <u>새</u>외 니러나미라 (新新而起)　　　　　　(圓覺, 上, 二之三)

현대어 '새로'의 뜻으로 고어에서 '새로, 새려, 새라'로도 쓰였는데, 이들
에서 보이는 '로, 려, 라' 등은 다 부사형성 접미사다.(각 해당항 참조)

　　③ a－mɨ＋<u>la</u>＋hă－ta＞a－mɨ＋lah－ta
　　천만 이외예 사시 나오니 경통 참절 ᄒ오미 아므<u>라</u>타 업수온듕
　　<u>아므</u>나 이 놈을 드려다가 백년 동주ᄒ고 (古時, 얽고 검고)

'아무러하다'는 현재도 흔히 사용되고 있는 말이다.

　　④ kulk－ta＋<u>la</u>＋ha－ta＞kulk－ta－lah－ta

'굵다랗다'에서 '다랗'이 한 개의 접미사 같이 보이지만, 이것은 본래 위
와 같이 분석될 수 있던 것이 분명하다. '라'에 선행된 '다'는 여기서 무어
라 속단하기 곤란하다.

　　⑤ cop－ta(峽)＋<u>la</u>＋ha－ta＞cop－ta－lah－ta

---

14) 이숭녕, 국어조어논고(1961).

예 ④와 同軌의 것이다.

⑥ kil(長)－ta＋<u>la</u>＋ha－ta＞ki－ta－lah－ta
⑦ nəl(廣)－ta＋<u>la</u>＋ha－ta＞nə－'ta－lah－ta
⑧ a－ză＋<u>la</u>＋hă－ta＞a－ză－la－ha－ta

消息은 둘이 다 아<u>ᅀ</u>라 ᄒ더라 (消息兩茫然)　　(初杜, 23 : 23)

‘아ᅀ라ᄒ다’가 그 어간은 불분명하나 이렇게 분석될 줄 안다.

⑨ jal－ta＋<u>la</u>＋ha－ta＞jal－'ta－lah－ta
⑩ k'ɨ(大)－ta＋<u>la</u>＋ha－ta＞kə－ta－lah－ta

(2) lɛ

⑪ mo－lɨ＋<u>lɛ</u>＞mol－lɛ

‘몰래’는 ‘모르다’에서 파생된 것이겠는데, 기원적으로 보면 ‘mo－lɨ＋l
ɛ＞mol－lɛ’의 변천 과정을 거친지도 모른다.

⑫ nal(飛)＋<u>lɛ</u>＞nal－lɛ

‘날래’는 ‘날다’에서 파생된 듯한데 그 조어현상은 예 ⑪과 똑같다. 그런
데 형용사 ‘날래다’가 쓰이고 있기 때문에 그 어간이 그대로 부사로 쓰인
지도 모른다. 어느 하나로 단정하기는 어렵다.

(3) le

⑬ nɨlk(老)＋suk＋ɨ＋<u>le</u>＋ha＋ta＞nɨlk－su－k－le－ha－ta

‘늙수그레하다’를 위와 같이 분석해 보았다. 이렇게 본 중요한 이유는

국어에서 접미사 'suk'이 널리 쓰이는 바, 여기의 'suk'은 여타의 것들과
일치되는 것이기 때문이다. 그러면 다음에 'suk'이 쓰인 예를 몇 개만 예시
하기로 한다.

$$t{ɨ}l(入) + \underline{suk} \quad nal - \underline{suk}$$
$$kip'(深) + \underline{suk} + ha - ta$$
$$ə - li(愚, 幼) + \underline{suk} + ha - ta$$
$$pul - '\underline{suk} \quad pul - '\underline{suk}$$

⑭ mulk(淡) $- ɨ + \underline{le} + ha - ta > mulk - kɨ - le - ha - ta$

'물그레—'는 '묽다'에서 접미사 'le'에 의한 파생어다.

⑮ pulk(赤, 紅) $- ɨ + \underline{le} + ha - ta > pul - kɨ - le - ha - ta$
⑯ no $- lɨ$(黃) $- mɨ + \underline{le} + ha - ta > no - lɨ - mɨ - le - ha - ta$

'노름(하다)'가 쓰이고 있으니 '노르므레(하다)'의 위와 같은 분석은 무리
가 없다. 이 때 '노름'은 명사형이 아니요, 부사와 같다.(뒤에 세론함)

⑰ hɨi(白) $- 'kɨ - mɨ + \underline{le} - ha + ta > hɨi - 'kɨ - mɨ - le - ha - ta$

'희끄므레(하다)'를 위와 같이 분석하여 'le'를 추출하였는데 이 때 또 추
출될 수 있는 ''kɨm'은 역시 접미사로서 '말끔(하다)'에서도 보이는 것이다.
이상에서 보아 온 접미사 'le'는 용언이나 부사 어간에 접미되어 파생어
를 형성한다.

(4) lə

⑱ i(此) $+ \underline{lə} > i - lə$ 如此

체언 – 대명사 – 에 붙어 부사형을 만들었다.

   ⑲ cə(彼)＋lə＞cə＋lə   如彼
   ⑳ kɨ(其)＋lə＞kɨ－lə   如其
   ㉑ a－mu＋lə＞a－mu－lə

‘아무러면, 아무러하면’ 등에 쓰인 것을 보였다.

   ㉒ sai(新)＋ljə＞sai－ljə   새로
   비록 새려 더 補修호미 업스나 (雖無新增修)   (杜, 6 : 3)

‘새려’는 ‘새로이’의 뜻으로 고어에서는 ‘새로’ 새려, 새로, 새라, 등으로
쓰였다. (例㉒㉔참조)

   ㉓ ə－tɨ(何)＋lə＞ə－tɨ－lə

‘어떠－’의 방언으로 ‘어드러’가 많이 쓰이고 있다.

   (예) 어드렇게 (어드러하게) 생겼니?

(5) lo

   ㉔ sai(新)＋lo＞sai＋lo
   새로 스믈 여듧 글자롤 밍ᄀᆞ노니(訓正註)(예 ㉒㉒ 참조)
   ㉕ nal(日)＋lo＞nal－lo
   虐政이 날로 더을씨   (龍, 12)
   ㉖ pon－tăi(元來)＋lo＞pon－tăi－lo
   내 얼굴은 본딕로 훍과 나모 ᄀᆞ토니 (形體元土木)   (杜, 2 : 15)
   ‘본딕로’는 ‘본딕’ 그대로 널리 쓰였다.
   귀 미틧 터리는 본딕 절로 셰오 (鬢毛元自白)   (杜, 10 : 10)
   ㉗ pjəl(別)＋lo＞pjəl－lo

기타 ‘달로, 절로(月印, 80) 싀싀로(釋, 11 : 40)’ 등 많은 예가 있겠으나 이
만 줄인다.

이와 같이 'lo'는 체언, 관형사 등의 어간에 접미되었다.

(6) li

  ㉘ i(此)+<u>li</u>>i－li   如此, 이쪽으로

    六師 <u>이리</u> 니르노니   (釋, 6 : 26)

'이리'는 '이렇게, 이쪽으로'의 양의를 가지고 있다.

  ㉙ ki(其)+li>ki－li   如其, 그쪽으로

  ㉚ cə(彼)+<u>li</u>>cə－li   如彼, 저쪽으로

  ㉛ a－mo+<u>li</u>>a－mo－li

경모궁 겨우셔 겁만 너셔 <u>아모리</u> 홀 줄 모르시니

                   (閑中漫錄 : 1961. 民衆書舘刊 其2. p.146)

<u>아모</u> 爲ㅎ라 ㅎ시니 (日爲焉)   (龍, 39)

'리'는 현대어에서도 '<u>빨리</u>, <u>널리</u>……' 등 많이 쓰인다.

2.3. cvl형 접미사

cvl형이란 '자음＋모음＋ㄹ'의 자형으로된 접미사의 유형을 뜻한다.

(1) kvl형('kvl형, k'vl형 포함)

  ① ke－<u>kəl</u> ke－<u>kəl</u>

  ② piŋ－<u>kɨl</u> piŋ－<u>kɨl</u>

'piŋ－'은 '<u>빙빙</u>돌다'에서 보이는 것과 동일하다.

  ③ siŋ－<u>kɨl</u> siŋ－<u>kɨl</u>

  ④ ci－'<u>kəl</u> ci－'<u>kəl</u>

⑤ muŋ‒k'ɨl muŋ‒k'ɨl

'muŋ‒'은 '뭉치다. 뭉터기' 등에 보이는 것과 동궤의 것이다.

⑥ pu‒kɨl pu‒kɨl
⑦ 'tɛ‒kul 'tɛ‒kul

(2) tvl형('tvl형, t'vl형 포함)

⑧ sok‒tal sok‒tal
⑨ hɨn‒tɨl hɨn'‒tɨl

'hɨn'은 '흔덩흔덩, 흔들다' 등에서도 추출된다.

⑩ pi(斜)‒t'ɨl pi‒t'ɨl
⑪ pi(斜)‒'tul pi(斜)‒'tul
⑫ pan‒tɨl pan‒tɨl

'pan‒'은 '반짝반짝, 반질반질' 등에 보이는 'pan'과 같겠다.

(3) mvl형

⑬ hɨ‒mul hɨ‒mul
⑭ sɨ‒mul sɨ‒mul
⑮ a‒mul a‒mul
⑯ ka‒mul ka‒mul

(4) cvl형('cvl, c'vl형, 포함)

⑰ pan‒cil pan‒cil

'pan‒'은 '반들반들' '반짝반짝' 등에서 보이는 것과 같다.

⑱ cu‒cəl cu‒cəl
⑲ kan‒cil kan‒cil

⑳ a－'cil a－'cil
㉑ 'kom－cil 'kom－cil
㉒ nə－cəl nə－cəl

(5) svl형

㉓ kəm(黑)－sil kəm－sil
㉔ kup(曲)－sil kup－sil
㉕ ə－sɨl ə－sɨl
㉖ sok－sal sok－sal
㉗ t'o－sil t'o－sil

(6) pvl형('pvl형, p'vl형 포함)

㉘ na－pul na－pul
㉙ na－p'ul na－p'ul
㉚ ja－pul ja－pul
㉛ nə－p'ul nə－p'ul

3. ㅁ계 접미사

국어에서 용언의 활용어미(inflectional ending)로서 명사형 전성어미에 'm'이 쓰이고 있음은 주지의 것이니, '공부함, 먹음, 일함' 등이 곧 그것이다. 그러나 이 외에 형태상으로는 이와 똑같으면서도 성격이 다소 다른, 완전한 전성명사로서의 '잠, 꿈, 걸음' 등과 부사형성 접미사로 쓰이는 '기엄 기엄 주엄 주엄 허름하다' 등에 보이는 'm'이 있다.

이들 중 명사형 어미와 명사형성 접미사 'm'은 현재 그 형태상 차이(formal difference)가 전혀 없지마는, 고어에서는 이 양자가 구별 사용되었던 때가 있음은 다 아는 사실이다. 이에 대하여 이숭녕 교수가 '전성 명사의 어간 형성에서 그 '(－오/우)－'의 개재한 명사는 본래의 동사의 의미를 그

대로 보존하고, 본래의 동사와 같은 목적어를 지배할 수 있는 구실을 유지하고 있다. 전성명사의 어간형성에서 '-(-오/우)-'를 개재하지 않은 명사는 본래의 동사의 의미에서 변모되어 '어느 행동'의 목적어인 대상, 결과적, 산물, 매개물로서 존재하게 된다'고 하였고,[15] 이기문 교수님도 역시 같은 말을 하였다.[16] 그리하여 '거룸~거름, 헤윰~헴, 여룸~여름' 등을 서로 구별할 수 있는데, 이 때 후자의 예가 곧 파생이 되겠다. 그런데 우리의 주목을 크게 끄는 것은 '-m'이 부사 형성 접미사로 널리 쓰이고 있다는 사실이다. 이것이 학계에서 아직 논의되지 않고 있다는 것은 실로 기이한 일이 아닐 수 없는 것이다. 이 'm'이 어떤 것은 명사 형성 접미사 'm'과 그 형태가 동일하기 때문에 같은 것으로 알고 있는 것이 학계에 일반적임은 크게 반성해야 될 일이겠다. 설혹 그 기원은 동일하다 하더라도 현재로서는 엄연히 구별되어야 할 것이다. 그러면 다음에 하나씩 이를 살펴보기로 한다.

3.1. 명사의 어간 형성에서

3.1.1. -m형 접미사

① kɨ-li̱+m>kɨ-lim   畫
그림 보시더라   (初杜, 상, 64)
불상을 그리ᅀᆞᆸ뎌   (釋, 3 : 52)
② cǎ+m>cǎm   睡眠
平床애 좀자디 아니ᄒᆞ면   (金三, 4 p.2)
좀 드로미 ᄒᆞ마 기프니 (寢已熱)   (初杜, 8 : 28)
③ sku+m>skum   夢

---

15) 이숭녕, 어간 형성과 활용어미에서의 「-오/우-」의 개재에 대하여(서울대학교 인문사회과학논문집 제8집).
16) 이기문, op. cit., p.125.

      꾸므로 뵈아시니   (龍1, 3)

      내 어저끠 다섯 가짓 꾸믈 꾸우니   (月釋, 1：17)

④ jəl＋im>jə－lɨm   實

      곳 우희 여르미 여느니   (月釋, 8：12)

      蓮 고지 고즈로셔 여름 여루미 곧홀씨   (月釋, 13：33)

⑤ əl＋im>ə－lɨm   永

      열본 어르믈 하눌히 구티시니   (龍, 30)

      언 시믠 ㄱ는 돌해 브텟고 (凍泉衣細石)   (杜, 9：25)

⑥ kis(畵)＋im>ki－zɨm   限

      본래 그슴 마고미 업스니 : (本無限碍)   (法, 6：31)

      소느로 三軍∧ 양즈롤 궂어 뵈놋다 (手畫三軍勢) (杜, 22：33)

생각하건대 금을 "긋는다"는 것은 어떤 면에서 보면 어떤 한계를 짓는 것이 아닐까? 이렇게 보아 위와 같이 생각해 보았다.

⑦ kət(步)＋im>kə－lɨm   步

      닐굽 거르믈 거르샤   (月釋, 6：17)

      나눈 官中에 이싫제 두어 거르메서 너무 아니 걷ᄂ니 (月釋, 9：94)

⑧ kis(茂)＋im>ki－zɨm   기음

      노내 기스미 기서 나돌 ᄒ야 브리돗 ᄒ니라 (月釋, 10：19)

      기슴맬 운 耘   (訓, 下, 5)

⑨ hjəi(計)＋m>hjəim   헴

      다 妄ᄒᆫ 혜몰 니ᄅ와다 (皆 妄計)   (月釋, 10：11)

      無量온 몯내 혤 씨라   (釋序, 1)

      그듸의 이 혜요미 (君此計)   (杜, 9：8)

      '혜욤'은 名詞形이다.

[ăm, am]

⑩ sal(生)＋ăm>sa－lăm   人

      네 사롬 드리샤 (遂率四人)   (龍, 58)

      幽谷애 사르샤   (龍, 3)

'사롬'은 '살옴(正俗, 7), 사룸(馬解, 下, 67), 살음(地藏, 15) 등으로도 보이는

바, 이는 접미사의 혼란에 불과하다.

⑪ an(抱)+ăm>a – lăm　　　　　아람
　허리 너르기 세 <u>아롬</u>이니 ᄒᆞ니　　　　　(朴解, 下, 1)
　하ᄂᆞᆯ 기ᄇᆞ로 <u>안ᅀᆞᄫᅡ</u>　　　　　(月, 釋 2 : 39)

語幹은 'n>l'의 音韻變化를 일으켰다.

⑫ păl+ăm>pă – lăm　　　　　風
　<u>ᄇᆞᄅᆞ미</u> 하ᄂᆞᆯ 계우니　　　　　(龍, 9)

'păl –'은 '불다(吹)'와 같은 어간이 변화된 것이 아닌가 생각된다.

　<u>ᄇᆞᄅᆞ미</u> 슬피 불오　　　　　(杜, 5 : 33)

⑬ ku – cit(叱)+am>ku – ci – lam　　　꾸지람
　샹녜 <u>구지라몰</u> 니부디 (常被罵詈)　　　　　(法, 6 : 80)
　무렛 衆을 <u>구지드며</u> (罵詈徒衆)　　　　　(楞, 9 : 108)
　語幹 末音은 't>l'의 音韻變化를 일으켰다.

[əm]
⑭ ku – cit(叱)+əm>ku – ci – ləm　　　꾸지람
　<u>구지럼</u> 드로디 怒혼 ᄠᅳ들 아니 내야　　　　　(釋, 19 : 30)

'구지람'과는 모음상의 차이로, 모음조화 현상을 고려할 때 '구지람'이
더 후차적일 듯싶다.

⑮ mut(埋)+əm>mu – təm　　　　　墓
　<u>무더멧</u> 神靈　　　　　(釋, 9 : 11)
　홀ᄀᆞ로 <u>무든</u> 지븨　　　　　(杜, 9 : 14)
⑯ cuk(死)+əm>cu – kəm　　　　　屍
　어즈러운 삼ᄀᆞ튼 <u>주거믄</u> 衛州에 사핫고 (亂麻屍積衛)　　　(初杜, 20 : 16)
　<u>죽다가</u> 살언 百姓이　　　　　(龍, 25)

⑰ pat－nil＋əm>pat－i－ləm　　　밭이랑
　받이러미 東西ㅣ 업게 가랫도다. (隴畝無東西)　　　(杜, 4：2)
　받닐와돌 긴 壟　　　(類合 下, 41)
⑱ kan－cil＋əm>kan－i－ləm

'kan－cil'은 '간질이다, 간지럽다' 등에서 볼 수 있다.

⑲ c'əs(初)＋əm>c'ə－zəm　　　처음
　亦心으로 처섬 보샤　　　(龍, 78)
　첫나래 讒訴를 드러　　　(龍, 12)

[om]

⑳ kɨ－mɨl＋om>kɨ－mom　　　그믐
　이 달 그몸 씌　　　(老解 上, 1)
　그 히 그모도록　　　(瘟疫, 4)
　燈盞불 그므러 갈 제　　　(古時, 類聚)
　語幹末音 'l'은 縮約되었다.
㉑ cjok(少)＋om>cjo－kom　　　조금
　佛法이사 내 이어긔도 죠곰마치 잇다 ᄒᆞ야시놀　　　(南明, 上, 14)
　語幹 'cjok'은 '젹다(少)'와 ablout的 差異를 가진 것에 不外하다.
　하며 져구믈 묻디 아니 ᄒᆞ야　　　(月釋, 21：144)

[um]

㉒ kul(轉)＋um>ku－lum　　　雲
　구루미 비취여늘　　　(龍, 42)

'kul－'은 동사 '구르다'와 같은 어간이겠다.

㉓ cul(縮)＋um>cu－lum　　　주름
　주룸젹 績　　　(訓, 中, 23)
　'cul'은 '줄다(縮減)'의 語幹이다.
㉔ ul(哭)＋um>u－lum
　우루믈 우러　　　(月釋, 8：14)

이상에서 용언 파생 명사 형성을 보았는데, 이들 중 '암, 엄' 등에서 보이는 'a, ə에 대해 이기문 교수가 과거의 뜻을 가진 것이라 말하였지만,[17] 지금으로서는 의식되지 않는다.'

3.1.2. 기타의 접미사

[v – mi형]
① kuis – tol + a – mi > kuis – tol – a – mi
  귓돌아미 中堂애 갓가이와 (蟋近中堂)   (杜, 7 : 36)

이 말은 '귓돌와미'(杜, 21 : 23), '귓도라미(訓, 上, 23)', '귓도리(古時, 귓도리…)' 등으로도 쓰였는데, 모두 의성어 '귓돌'에서 파생된 것이다.

② olk + a – mi > ol – ka – mi

'올가미'는 동사 '옭다'에서의 파생이다.

③ to – kɨl(圓) + a – mi > to – kɨ – la – mi
④ ko – co – li + ə + mi > ko – co – lə – mi   고드름

방언의 '고조리, 고조름, 고조러미' 등을 고려할 때 위의 분석이 가능하다.

⑤ əlk(構) + ə – mi > əl – kə – mi   얼거미
  '얼거미'는 動詞 '얽다'에서의 派生이 아닌가 한다.

[mv型]
① ən(何) + ma > ən – ma
  쏘 아디 몯게라 언마오 (又不知幾何)   (牧牛訣, 43)

---

17) Ibid., p.127.

‘ən’은 ‘어느’의 축적형이든가 또는 그 원형 [어간]이든가 일 것이다.

妙道는 <u>어느고</u>(妙道者何)   (永嘉, 下, 122)

이 접미사 ‘ma’는 ‘양(量)’을 의미하는 것 같다.

  ② ə – ti(何處) + <u>mai</u> > ə – ti – mai   어디
     挑源은 <u>어드매오</u>, 武陵이 여긔로다   (松江, 星山別曲)
     이짜히 <u>어드메잇고</u>   (月釋, 8 : 94)
     濟州는 <u>어드메잇느니오</u>   (杜, 8 : 37)

여기 ‘어드’는 ‘어드러(杜, 1 : 18), 어드러로(老解上, 1)’ 등에서 볼 수 있다.

  ③ mol – kε(沙) + <u>mi</u> > mol – kε – mi   모래   (朝方硏)

방언 ‘몰개미’는 역시 방언 ‘몰개’를 어간으로 하여 형성된 것이다.

  ④ nal – kε(翼) + <u>mi</u> > nal – kε – mi   날개

‘날개미’는 충남에서 쓰이는 방언이다.

  ⑤ cε – c’ε – <u>mi</u>   재채기

‘재채미’는 ‘재채기’의 방언으로 이 양자간에 보이는 ‘m~k’의 교체는
단순한 음운현상이 아니라, 접미사상의 차이로 조어론적 현상인 줄 안다.

  ⑥ sol – kε – <u>mi</u>

‘솔개미’는 다른 방언에서 ‘솔뱅이, 솔갱이’로도 쓰임을 보면 예시의
‘ – mi’는 접미사인 것으로 생각된다.

⑦ kaŋ – nɛ – <u>mi</u>   강냉이

'강냉이'와 방언의 '강내미'는 접미사 'mi' 'ŋ – i'의 차에 불과하다.
이상으로 명사형성 접미사 'm'에 대한 고찰을 마친다.

3.2. 부사의 어간 형성에서

3.2.1. ―m형 접미사

① həl + <u>im</u> + ha + ta > hə – l<u>i</u>m – ha – ta

어간 'həl'은 '헐하다'에서 보이는 바, '허름하다'는 값이 완전히 헐한 것
이 아니고, '얼마간 헐한 것'을 의미하는 것이니, '<u>허름</u>하다'는 그 기어가
되는 '헐하다'에 대하여 그 정도가 '미급(未及)'함을 나타낸다.
　여기서 '―m'을 전성어미로 보아 '허름'을 명사형으로 볼 사람은 없을
것이다. 'həl'이 현재 용언의 어간으로 쓰이지도 못하거니와, '헐하다'가
'헐＋하다'의 구조로서 부사적 한정과 피한정의 관계인 것같이, '허름하다'
도 '허름＋하다'의 구조로서 부사적 한정과 피한정의 관계에 있고 보면
'허름'을 명사형이라 볼 수는 없을 것이다. 이것은 엄연한 부사 형태로 여
기서 '―m'은 '미급'을 나타내는 접미사임을 알 수 있다.

② 'sip – 'sɨl + <u>im</u> + ha – ta > 'sip – 'sɨ + l<u>i</u>m – ha – ta

'씁쓸(하다)'에서 '씁쓰름(하다)'이 파생된 바, 미감의 정도에 있어 후자는
전자에 '미급'한 것이다. 역시 이 '씁쓰름'을 명사형이라 볼 사람은 없을
것이다.

③ kil(長) + <u>im</u> + ha – ta > ki – l<u>i</u>m – ha – ta

'길다'고 하기에는 좀 지나치나 얼마간 길 때 '기름하다'고 쓴다. 즉, 후
자는 전자에 비해 긴 정도가 '미급'한 것이다. 이 '기름-'의 구조는 예 ①
②와 똑같은 것이다. 여기서 어간 'kil-'의 용어의 어간으로 쓰인다고 하
여 여기 '기름'을 명사형이라 볼 수는 없는 것이다.

④ jət'(淡)+im+ha-ta>jə-t'+im-ha-ta

'아주 엷은 것'이 아니고 얼마간 엷을 때 '여틈하다'고 한다.

⑤ p'aŋ-p'a-ciïm+ha-ta>p'aŋ-p'a-ciïm+ha-ta

'팡파짐-'은 완전히 팡파진 정도가 아니다.

⑥ mu-li̇(軟)+im+ha-ta>mu-li̇m-ha-ta

'무름하다'는 '무르다'보다는 덜한 상태다. 즉, 미급, 미협, 미완의 상태
다.

⑦ ni(繼)+əm ni+əm>ni-əm ni-əm
   다욄 업슨 ᄀᆞᄅᆞᆷ 니엄니엄 오놋다.
        (不盡長江 袞袞來)   (重杜, 10 : 35)

'ni-'은 '닛다(續, 繼)'의 어간이다.

   聖人이 니ᅀᆞ샤도   (聖繼)   (龍, 123)

얼핏 생각하기에는 '니엄니엄'이 계속의 뜻을 가진 듯이 보이며, 실제
이기문 교수나 양주동 교수 등이 이와 같은 부사형에서 '-m' 접미사는
'계속, 반복'의 뜻을 표시하는 것으로 말한바 있고[18] '애애(哀哀)'가 때로
'계속'의 뜻으로 쓰일 때도 있어 어느 정도 이해가 안 가는 것은 아니다.

그러나 이상의 여러 예를 통해 보았 듯이 이들 '-m'은 '미급, 미완, 미달' 등의 뜻을 가진 것을 고려할 때 '니엄니엄'도 '계속'의 뜻이 있는 게 아니라, '계속' '연속'에는 다소 미급한 상태니, 이 미급한 상태는 중간 중간에서 '끊어'진 상태다.

또한 '니엄니엄'을 '닛다(繼)'의 명사형 '니엄'의 중첩인 것이다. '니엄'이 단독 부사로 쓰인 예가 이를 증명하고도 남는다.

善을 積ᄒ야 니엄 公侯를 난놋다   (杜, 8 : 24)
諸公은 니엄 臺省에 오르거늘 (諸公 哀哀登臺省)   (重杜, 15 : 36)

국어에서 체언이 부사어의 역할을 하는 예는 있어도 용언의 명사형이 부사어의 역할을 하는 예는 귀한 것으로 안다. 그리고 명사가 첩어로서 부사로 되려면 다시 접미사 'i'를 접미시킴이 보통이다.

예 : 집집이, 나날이, 다달이 등

⑧ ki(匍)+ə̱m ki+ə̱m>ki-əm ki-əm

'기엄기엄'도 기는 동작의 계속이 아니라 중간 중간에서 건너뛰며 기는 것이다. 즉 '기엄기엄'은 계속 기는 것이 아니라 계속되는 상태에 미급함을 말한다. 이 단어의 구조는 예 ⑦과 똑같다.

⑨ cus(拾)+ə̱m cus+ə̱m>cu+səm cu+səm

지금 방언에서 '줍다'를 '줏다'로 쓰는 바, 그것은 고어의 자취다.

그 穀食을 주ᅀᅥ 어ᅀᅵ를 머기거늘   (月釋, 2 : 12)
⑩ cu(拾)+ə̱m cu+ə̱m>cu-əm cu-əm

---

18) Ibid, p.126.
  양주동, op. cit., p.686.

예 ⑨와 같은 것이나 다만 어간 말음 's'이 약화 탈락되었다.

⑪ 'tɨt+əm 'tɨt+əm >'tɨ-təm 'tɨ-təm

'뜯다'에서 파생된 부사다.

⑫ hɨl.-ki+m hɨl-ki+m>hɨl-kɨm-hɨl-kɨm

어간 분석에 다소 이견이 있을지도 모르겠으나 '흘금흘금'은 '흘기다'에서 파생되었을 줄 안다.

⑬ 'tɨ('tɨi)(隔)+əm 'tɨ('tɨi)+əm>'tɨ-əm 'tɨ-əm

'띠엄띠엄'은 '뜨다(隔), 띄다'에서의 파생이다.

⑭ 'tɨ(隔)+m-ha-ta>'tɨm-ha-ta

계속되던 동작이 좀 줄어 들거나, 잠시 멈췄을 때 '뜸하다'는 말을 쓴다. 완전히 중단되었을 때는 이 말을 쓰지 않는다. 즉 완전 중단에는 미급된 상태라 하겠다.

큰사전에 '뜸하다'는 '뜨음하다'의 준말로 되어 있다. 조어 현상에 어둔 소치라 하겠다. '뜸-'의 어간이 '뜨-'로 여기에 접미사 'ㅁ'이 붙은 것이다. '뜨음-'은 '뜸-'의 장음이 아니면 '어간+음'의 조어에 불과하다.

⑮ 'kə-li+m+ha-ta>'kə-lim-ha-ta>'kə-lɨm-ha-ta

'께름하다'는 필경 '꺼리다'에서 파생되었을 것으로 안다.

⑯ tɨ-li(垂)+əm>tɨ-li-jəm
  ᄀᆞᄅᆞᆷ ᄀᆞᇇ ᄒᆞᆫ 남기 드리엽 펫ᄂᆞ니 (江邊一樹哀哀發) (杜, 18 : 4)

‘드리염’이 ‘드리다’의 부사임은 물론이다.

垂는 <u>드릴</u> 씨니 (月釋, 10 : 56)

‘드리염’이 ‘수수(<u>垂垂</u>)’의 대역이고 보면, 이것도 ‘니엄니엄, 기엄기엄’ 등과 동궤의 것이라 생각한다.

⑰ kăl(更)+<u>am</u>>kă – lam 번갈아
사ᄅ미 서르 <u>ᄀ람</u> 더운 소ᄂ로 ᄇᆡᆯ 눌러
(令人更迭以熱手按腹) (救急簡方, 1 : 66)
서르 <u>ᄀ람</u> 부러 (救急簡方, 1 : 46)

여기서도 ‘ᄀ람’이 명사일 수는 없다.

⑱ olm(移, 徙)+<u>am</u>>ol – mam 옮겨
올맘 비겨서 王室을 보고 (杜, 23 : 16)
漢陽애 <u>올ᄆ니</u>이다. (漢陽是遷) (龍, 14)

‘올맘’은 ‘옮겨’ 정도의 뜻이 아닐까 한다.

⑲ tol(回)+<u>am</u>>to – lam 돌아가며
아소 님하 <u>도람</u> 드르샤 괴오쇼셔 (鄭瓜亭曲)

‘도람’의 의미에 대하여는 ‘잔사설’이니 하여 애매한 해석을 해왔던 것인데, 이기문 교수가 위와 같이 본 것은[19] 크게 평가해서 좋으리라고 본다. 즉 이것은 ‘돌다’에서 파생된 부사다.

⑳ no – lɨ(黃)+<u>m</u>+ɨ – le – ha – ta>no – lɨ – mu – le – ha – ta

---

19) 이기문, op. cit., p.126.

‘노르무레(하다)’는 ‘노름(하다)’에 다시 접미사 ‘le’가 붙은 것에 불과하다. ‘le’는 용언이나 부사 어간에 붙는 접미사로 이미 앞에서 설명한 바다.

    ㉑ pi－sɨs(t)(斜貌)＋ɨm＋ha－ta＞pi－sɨ－tɨm－ha－ta

‘비스듬(하다)’는 ‘비슷(하다)’에서의 파생이다. 이 둘은 다 표준어다. 여기서 ‘비스듬’은 본래 ‘pis(斜)＋ɨs＋ɨm’의 구조로 ‘ɨs’은 역시 부사 어간 형성의 접미사로(S계접미사는 뒤에 설명), ‘비스듬’의 어간 ‘비슷’이 ‘빗(斜)’에서 파생된 부사인 것이다. 여기서 ‘비스듬’이 접미사 ‘m’을 가졌다고 해서 이것을 명사형이라 할 수는 없을 것이다.

    ㉒ ki－us(t)(傾貌)＋ɨm＋ha－ta＞ki－u－tɨm－ha－ta

‘기우듬(하다)’는 ‘기웃(하다)’에서 파생된 것으로, 이들은 본래 ‘ki－ul(傾)＋is(t)＋im－’의 구조로 예 ㉑의 구조와 똑같은 것이다. 이와 같이 ‘m’은 용언이나 부사어간에 붙어 파생부사를 만든다. 의미상으로 보더라도 앞 예들과 다를 바 없이 미급의 상태를 표시한다.

    ㉓ ’ke－lɨm＋cik－ha－ta＞’ke－lɨm－cik－ha－ta

‘<u>께름</u>(하다)’가 ‘꺼리다’에서 파생되었으리라는 것은 앞 예 ⑮에서 말한 바다. 여기 ‘께름직하다’를 위와 같이 분석해 본 자, 결국 ‘께름직－’은 ‘께름－’에 다시 접미사 ‘m’이 붙은 것에 불과한 것이니 ‘께름직’의 어간 ‘께름’도 부사임이 분명하다.

    ㉔ po(見)＋am＋cik－hă－ta＞po－am－cik－ha－ta
    자조 <u>보암직</u>ᄒ니   (初杜, 22：50)

이 ‘－직하다(－찍하다)’에 대하여 이희승 교수는 형용사의 어간이나 형명

사 또는 동명사에 붙어서 형용사를 만드는 일이 있다고 하고 다음과 예를
들었다.

   형명사＋직하다 : 큼직하다＞큼직하다
       달음＋직하다＞달음직하다 ……
   동사형＋직하다 : 먹음＋직하다＞먹음직하다
       들음＋직하다＞들음직하다 …… 20)

 그러나 이 ‘－(a)m’은 명사형을 만드는 어간이 아니요, 부사를 만드는
접미사로 앞에서 거듭 보아온 부사 형성 접미사 ‘m’과 다를 것이 없다. 의
미상으로 보더라도 이 ‘보암직하다’는 말은 꼭 볼만한 것이아니라. ‘얼마간
볼 만한’ 것을 말하는 것이니, 이 역시 ‘미급, 미완, 미흡, 불충’ 등의 뜻을
가진 것으로, 이러한 의미는 접미사 ‘－m’에 내재된 것이며, 결코 ‘－cik’
에 내재된 것은 아니다. 접미사 ‘－cik’은 상당히 광범위하게 쓰이는 접미
사로 이것은 반드시 용언이나 부사 어간에 붙지 명사 어간에 붙는 일은
없는 것이다. 현재 학계 일반에서 생각하고 있는 바와 같이 ‘－m＋cik－’
유형에서 ‘－m’을 명사형 어미로 보는 일은 크게 반성해야 되리라고 생각
한다.
 다음에도 계속 예시할 부사 형성 접미사 ‘－m’을 다 이해하고 나면 본
항의 내 견해는 절로 수긍되리라 생각한다.

 ㉕ məl(遠)－’cik＋<u>am</u>＋i＞məl－’ci－ka－mi   멀찌기

 ‘멀찌기’의 유의어로 ‘멀찌가미’가 쓰이는데, 어근 ‘məl－’에 부사 형성
접미사 ‘’cik, am, i’가 순차적으로 접미된 것이다. ‘멀찌가미’는 의미상으로
볼 때 ‘멀리’와는 다소 다른 점이 있는 바, 전자는 후자에 비해 ‘미달, 미
흡, 불충’의 뜻을 가졌으니 이것은 ‘m’의 의미에 의한 것이다. ‘멀찌가미’

---

20) 이희승, 국어학개설(1961), p.275.

와 '멀찌기' 사이에는 의미상의 차이를 거의 변별하기 어려울 만큼 되어 버렸다. 방언의 '멀찌감치'도 동궤의 것이다.

㉖ il－'cik(早)＋<u>am－i</u>(c'i)>il－'ci－ka－mi(il－'ci－kam－c'i)

'일찌가미, 일찌감치'도 예 ㉕와 똑같은 구조다.

㉗ nop'－'cik(高)＋<u>am</u>＋c'i(i)>nop'－'ci－kam－c'i(nop－ci－ka－mi)
㉘ nɨ－cik(遲)＋<u>am－i</u>(c'i)>nɨ－ci－kam－c'i

위에서 적지 않은 예를 통해 부사의 어간을 형성하는 접미사 '－m'형을 살펴본 바, 이것은 주로 '미급, 미완, 미달, 미흡, 불충' 등의 뜻을 가진 것이니, 한마디로 '미급'의 의미를 가졌다 하겠다.

3.2.2. cvm형 접미사

여기 cvm형은 타에 비해 수가 적기에 종합적으로 예시해 두기로 한다.

① hɨi(白)＋<u>'kɨm</u>＋ɨ－le－ha－ta>hɨ'－kɨ－mu－le－ha－ta

'희끄무레(하다)'는 예와 같이 접미사 ''kɨm'을 내재하고 있다.

② sɨl－<u>kɨm</u> sɨl－<u>kɨm</u>

'슬슬'의 'sɨl'에서 '슬금슬금'이 파생되었다.

③ 'kal－<u>'kɨm</u>－ha－ta
④ 'pə－<u>'kɨm</u> 'pə－<u>'kɨm</u>
⑤ 'ta－<u>'kɨm</u> 'ta－<u>'kɨm</u>
⑥ ka－<u>'kɨm</u>

⑦ i – 'ta – k<u>i</u>m
⑧ cəl – l<u>i</u>m cəl – l<u>i</u>m
⑨ c'al – l<u>i</u>m c'al – l<u>i</u>m

'찰름찰름'은 '차다(滿)'에서의 파생이겠다.

⑩ si – l<u>i</u>m si – l<u>i</u>m
⑪ nal(出) – l<u>i</u>m nal – l<u>i</u>m
⑫ pəl(裂) – l<u>i</u>m pəl – l<u>i</u>m
⑬ c'a – c'<u>i</u>m c'a – c'<u>i</u>m

'차츰차츰'은 '차차'의 'c'a'를 어간으로 하고 있다.

4. ㄴ계 접미사

ㄴ(n)계 접미사는 용언이나 명사의 어간을 형성하는 예를 구하기 힘든데, 부사 어간을 형성하는 데 쓰인 예는 결코 드물지 않다. 이 접미사는 학계에서 전혀 관심을 가지지 않았던 것 같아 필자가 알기에는 이에 대해 언급한 분은 한 사람도 없지 않았나 한다. 이 접미사는 대개 어간에 밀착되어 있기 때문에 일견 분석이 힘들거니와, 그 의미 내지 직능을 찾아 내기가 힘들 때가 많다. 대개 용언을 부사로 전성시키면서 때로 내적 속성을 의미함이 많이 보이는 듯하다.

그런데 이기문 교수는 이 n계가 古代土耳基語에서는 물론 동사 파생 명사를 만들 때에도 쓰였고, 국어에서도 그 자취를 찾아 볼 수 있다고 하였는데,[21] 연구에 따라서는 어느 정도 이를 고증할 만한 어휘들이 있을 것 같다.

---

21) 이기문, op. cit., p.40.

4.1. −n계 접미사

① kop(曲)+in kop(曲)+in >ko‒pun ko‒pun   고분고분

성격이 강직하지 않고, 부드러운 사람을 말할 때 흔히 사용되는 말로 '곱다(曲)'에서 파생되었다.

曲온 고볼 씨라   (釋, 11 : 6)

② tɨ‒mɨl(稀)+n tɨ‒mɨl+n>tɨ‒mun+ɨ‒mun
    稀ᄂ 드믈 씨라   (金剛, 上7)

접미사가 접미될 때 어간 말음 'l'이 축약되었다.

③ mi‒'kɨl+n mi‒'kɨl+n> mi‒'kɨn mi‒'kɨn

'미끈미끈'은 '*미끌다'에서의 파생인데, '*미끌다'는 '미끄럽다, 미끄러지다'에서 재구될 수 있다.

④ *kap(輕)+in kap+in >ka‒pun ka‒pun

'가분가분'은 '가볍다(<*kap+əp+ta)', 가붓하다(<*kap+ɨs+ha‒ta)' 등을 대조시켜 볼 때 예의 분석은 의문의 여지가 없다. 이들의 공통 어근은 '*kap'이며 'in, ‒əp‒, ‒ɨs' 등은 모두 접미사들이다.

⑤ nal(紲)+an+ha‒ta>na‒lan‒ha‒ta   평행하다

어간 'nal'은 '날다(紲)'의 어간이다.

뵈ᄂᆞᆯ쉼 紲   (訓, 下, 19)
經온 ᄂᆞᆯ히라   (楞, 7 : 69)

이 말은 결국 베를 날 때의 날(經)의 상태가 평행인 데서 '나란'이란 부사가 파생되었다. 이들 어휘들은 '날(經)(명사)＞날다(紝)(동)＞나란(평행)(부사)'의 파생 경위를 거친 것이다.

⑥ muk(重)＋in＋ha－ta＞mu－kin－ha－ta

'묵직하다, 무겁다, 무근하다'에서 공통된 어근 'muk－'을 추출할 수 있다. 여기서 잠시 생각되는 것은, '묵직(하다)'과 '무근(하다)'과의 비교에서 생각되는 접미사 '직'과 'ㄴ'과의 차이다. 물론 현재 접미사 'cik' 'n'이 의식적으로 구별 사용되는 것은 아니나, 생각하건대 전자는 후자에 비해 외적 상태나 속성을 표시함에 비해 후자는 내적 상태나 속성을 표시하지 않았나 생각된다. 그러므로, 물건을 들어보지 않고서 겉모양만 보아도 무겁게 보이면 '묵직하다'는 말을 사용할 수 있음에 비해 '무근하다'는 물건을 실제로 들어 본 후에야 사용할 수 있는 것이 아닌가 한다. 이런 견해는 앞으로 보다 많은 자료를 검토해 본 후에 정리될 것이지, 여기서 함부로 속단할 수는 없는 일이겠다.

⑦ nil(延)＋in＋ha－ta＞ni－lin－ha－ta

몸이 피곤하여 늘어질 때 '느른하다'고 한다. 여기 '느른'은 '늘다'에서의 파생이다.

⑧ nok(融·解)＋in＋ha－ta＞no－kon－ha－ta

현재 '노곤(하다)'를 '노곤(勞困)'으로 쓰는 데 대해서 이의는 고사하고 의문을 가지는 사람조차도 보지 못하였다. 그러나 필자는 이에 대해 의견을 달리한다. 이 말은 예 ⑦의 '느른하다'와 똑같은 구조인데, 이 말은 몸이 피곤하여 느른한 정도를 더 지나쳤을 때 사용된다. 몸이 피곤해 쓰러졌을 때 '녹았다' '녹초가 됐다'고 하는데, 여기 보이는 '녹다'의 어간이 되는

‘녹’이 곧 ‘노곤’의 어간이 되는 것이다. 위와 같이 분석했을 경우 ‘노근’이 왜 ‘노곤’이 되느냐고 반문할지도 모르나, 이는 모음조화현상에서 보아 충분히 가능한 것이며, 그렇지 않더라도 직접 ‘nok+on’으로 분석할 수도 있는 것이다. 물론 한자어 ‘노곤(勞困)’이라 씀을 절대 부당하다고 고집하지는 않지만, 그보다는 순수한 우리 말로 봄이 훨씬 타당성이 있고 떳떳하다는 말이다. 우리 고유어에 엄연히 있는 말이니 앞으로의 시정을 바란다.

⑨ *əl(迷)+in əl+in>ə-lin ə-lin

‘어른어른’의 어간으로 분석한 ‘əl’은 ‘어리다(迷)’의 어근일 줄 안다.

이 <u>어린</u> 갓근 사ᄅ미라 (是爲迷倒之人)(牧牛訣, 7)

⑩ tol(廻)+an tol+an>to-lan to-lan

사람들이 <u>돌아다니면서</u> 작은 목소리로 지껄이는 것이 ‘도란도란’의 원래의 뜻이 아닐까 한다. 이것이 충남어에서 분명하게 적용된다.

⑪ *həp(疏, 不固?)+un həp+un<hə-pun hə-pun

앞에서 ‘<u>허부렁</u>(하다)’ ‘<u>허부룩</u>(하다)’의 어근을 ‘həp’으로 보았던 바(ivid p.213, ⑨), 여기 ‘허분허분’도 여기서 접미사 ‘n’에 의해 파생된 것이다.

⑫ muk-cik(重貌)+in+ha-ta>muk-ci-kin-ha-ta

‘묵직하다’가 있으니 ‘무지근하다’의 위와 같은 분석은 자연스럽다. 앞 장에서 본 접미사 ‘m’은 접미사 ‘cik’에 선행했는데, 이것은 후행하는 것이 특징이라 하겠다.

⑬ hu-t’əp+un+ha-ta>hu-t’ə-pun-ha-ta

‘후터분(하다)’, ‘후텁지근(하다)’에서 공통된 어간 ‘hu‑t’əp’의 분석이 가능하다.

⑭ hu‑t’əp‑cik+in+ha‑ta>hu‑t’əp‑ci‑kin‑ha‑ta

‘후텁지근(하다)에서 ‘hu‑t’əp’은 예 ⑬에서 분석된 바며, ’cik’은 역시 널리 쓰이는 접미사로 분리되어 결국 ‘n’의 분석은 간단히 된다.

⑮ tɨl(甘)‑c’ik+in+ha‑ta>tɨl‑c’i‑kin‑ha‑ta

‘tɨl’은 ‘tal‑’과 ablaut적 차이요, ‘c’ik은 ‘cik’과 동류의 접미사로 가끔 혼용되기도 한다. (다음 예⑯ 참조) 결국 ‘c’i‑kin’은 ‘ci‑kin’과 같은 것으로 ‘c’ik+in’이다. 실제 어간이 되는 ‘들칙하다’를 쓰는 사람도 더러 보인다.

⑯ sü‑c’ik+in+ha‑ta>sü‑c’i‑kin‑ha‑ta

방언의 ‘새지근하다, 쉬치근하다’나 표준어의 ‘새척지근하다. 쉬지근하다, 쉬척지근하다’가, 다 같은 계열의 어휘로서 유사한 구조다. 모두 ‘(음식이)쉬다’에서의 파생이다.

⑰ kəl‑’cək‑cik+in+ha‑ta> kəl‑’cək‑ci‑kin‑ha‑ta

어근은 ‘kəl‑’로 ‘(입이)걸다’가 이것이다. ‘걸찍(하다)’만으로도 쓰이는 바 분석에 보이는 ’’cək’은 ‘넓적하다, 미적미적 구기적구기적’ 등에 보이는 ‘cək’과 똑같은 접미사다.

⑱ nɨl‑’cək‑cik+in+ha‑ta>nɨl‑’cək‑ci‑kin‑ha

이것은 예 ⑦의 ‘느른(하다)’에서 본 어간 ‘nɨl‑’과 접미사 ‘in’ 사이에 두 접미사 ''cək' 'cik'이 더 들어가 있는 것에 불과하다.

   ⑲ ten－tək－ctik＋<u>in</u>＋ha－ta＞ten－tək－ci－kɨn－ha－ta

'덴덕스럽다'와의 대조에서 'ten－tək'이 분석되어 'n'의 추출이 자연스럽게 된다.

   ⑳ mi－cək－cik－＋<u>in</u>＋ha－ta＞mi－cək－ci－k－ɨn－ha－ta

'cək', 'cik' 모두 접미사로 'n'이 추출되는 바, 다음 '미지근하다'보다는 접미사 'cək'을 하나 더 가진 것이다.

   ㉑ mi－cik＋<u>in</u>＋ha－ta＞mi－ci－kɨn－ha－ta

예 ⑳ 참조

   ㉒ ke－cəp＋<u>un</u>＋ha－ta＞ke－cə－pun－ha－ta

'게접스럽다'와의 대조에서 'ke－cəp'이 분석된다.

   ㉓ nɨ－li(徐)－t'əp＋<u>un</u>＋ha－ta＞nɨ－li－t'ə－pun－ha－ta

't'əp은 '후터분하다'(예⑬ 참조)에서도 분석된 접미사다.

   ㉔ ku－cəp＋<u>un</u>＋ha－ta＞ku－cə－pun－ha－ta

'구접스럽다'와의 대조에서 'ku－cəp'이 분석되는 바 예 ㉒의 구조와 동일하다.

   ㉕ nop'－cik(高貌)＋<u>ən</u>＋i＞nop'－ci－kə－ni

'높지거니'는 '높직—' '높직이'와 대조해 볼 때 위의 분석은 아주 자연스럽다. 앞 장에서 본 '높지가미'와는 단순히 접미사 'm' 'n'의 차이다.(Ivid, p.239, 예 ㉗)

㉖ il—'cik(早)+ən+i>il—'ci—kə—ni

예 ㉕의 구조와 같다. 앞 장에서 본 '일찌가미'와는 접미사 'm' 'n'의 차이다.(ivid, p.239, 예 ㉖)

㉗ məl—'cik(遠)+ən+i>məl—'ci—kə—ni

'멀찌가미'와는 접미사 'm' 'n'의 차이다.

㉘ nɨ—cik(遲)+ən+i>nɨ—ci—kə—ni

결국 ㉕~㉘은 다 같은 구조다.
다음엔 좀 특이한 예를 몇 보기로 한다.

㉙ p'uk+ɨn+ha—ta>p'u—kɨn—ha—ta

날씨가 좀 누그러져 덜 추울 때 '푹하다'는 말을 쓴다.
여기 어간 'p'uk—'은 '푸근(하다)의 어간이 된다.

㉚ 'suk+in 'suk+in>'su—kɨn 'su—kɨn

'쑥덕쑥덕, 쑥덜쑥덜' 등에서 같은 어근 ''suk'의 추출이 가능해진다.

㉛ 'pək+ɨn+ha—ta>'pə—kɨn—ha—ta

'몸이 뻐근하다'는 '기계가 뻑뻑하다, 몸이 뻑뻑하다' 등에서 보이는 '뻑뻑하다'와 유의어로, 이들에서 공통된 어간 'pək'을 추출할 수 있다.

㉜ c'ap+un+ha‒ta>c'a‒pun+ha‒ta

어간 'c'ap‒'은 '찹찹하다'의 어근으로 쓰인 것을 알 수 있다.

4.2. nv형 접미사

nv형은 그리 발달되지 못한 듯한데, 연구에 따라 더 밝혀지리라 생각한다.

[nai, ne]

① nai‒cjoŋ+nai>nai‒cjoŋ‒nai

　내죵내 實훈 證 업수믈 가줄비니라 (終無實證也)　　　(法, 2 : 191)

　酒終내 赤心이시니(終亦赤心)　　　　　　　　　　(龍, 78)

② mă‒c'ăm+nai>mă‒c'ăm‒nai

　ᄆᆞᄎᆞᆷ내 제ᄠᅳ들 시러 펴대 몯홇 노미 하니라 (訓正註)

③ mot+nai>mot‒nai

　無量은 몯내 헬 씨라.　　　　　　　　　　　　(釋, 序, 1)

④ mak+nɛ>mak‒nɛ

어간 'mak‒'은 '막둥이'에서도 어간이 되고 있다.

⑤ a‒că‒pa‒nim+nai>a‒că‒pa‒nim‒nai

　아ᄎᆞ바님내ᄭᅴ 다 安否ᄒᆞᅀᆞᆸ고　　　　　　　(釋, 6 : 20)

⑥ 즉자히 나랏어비 몯내를 모도아니 ᄅᆞ샤디　　　(釋, 6 : 9)

⑦ 네 아ᄃᆞ리 各各 아마님내 뫼ᅀᆞᆸ고 누의님내 더브러 月釋 2 : 6 ⑤~⑦의 'nai'는 現代에 오면서 'ne'로 變하였다.

　(例) 우리네, 그네들, 자네 등

[ni]

⑧ 언니

⑨ 엄니 ('어머니'의 忠南方言)

‘엄니’를 ‘어머니’의 축약형으로 볼 수도 있는 것은 물론이나, 그대로 ‘əm＋ni’로 보아 ‘어머니’의 고형의 자취라. 볼 수도 있을 줄 안다.

4.3. cvn형 접미사

4.3.1. kvn형(kvn형, ’kvn형 포함)

   ① siɨl－kɨn siɨl－kɨn
   ② tu－kɨn tu－kɨn
   ③ cu－kɨn cu－kɨn
   ④ pul－’kɨn pul－’kɨn
   ⑤ tal(甘)－kɨn tal－kɨn
   ⑥ ca－’kɨn ca－’kɨn
   ⑦ si(酸)－kɨn si－kɨn
   ⑧ ’te－’kɨn－ha－ta

4.3.2. svn형

   ⑨ nok－sin nok－*sin*

‘nok－’은 ‘녹다’의 어간이 되겠다.

   ⑩ p’uk－sin p’uk－sin
   ⑪ kup(曲)－sin kup－sin
   ⑫ uk－sin uk－sin
   ⑬ ok－sin kak－sin

4.3.3. 기타

⑭ kə – 'ti̯n – ha – ta
⑮ na – pun na – pun
⑯ ca – pun ca – pun
⑰ nok – sin nok – sin
⑱ c'i – lən c'i – lən

이상으로 n계 접미사의 고찰을 대략 마치거니와, 앞으로 더 체계적인 연구가 기대된다.

5. ㅅ계 접미사

ㅅ계 접미사 역시 학계에서 거의 관심을 기울이지 않고 있는 것인데, 이것은 명사의 어간 형성에는 별로 쓰인 것 같지 않고 다만 용언 파생 부사의 어간 형성에 널리 쓰인 것으로 보인다. 그리고 이것은 고어, 현대어를 막론하고 널리 쓰인 접미사로 비교적 간단한 것이라 하겠다.

5.1. –s형 접미사

① kup(曲)＋i̯s＋hă – ta＞ku – pi̯s – hă – ta
　구브홀 궁 쪙　　　　　　　　　　　　　　　　(訓, 下, 1)

'kup –'은 물론 '굽다(曲)'의 어간이다.

　굽고 서린 남그란 기피 입노라. (況哈屈蟠樹)　　(杜, 9 : 14)
② mălk(淸, 明)＋ăs mălk＋ăs＞măl – kăs măl – kăs

이 想 일찍이 낫나치 보물 ㄱ장 <u>몰ㄱ몰ㄱ시</u> ᄒ야   (月釋, 8 : 8)
<u>몰ㄱ몰ㄱ시</u> 보물 다시 엇뎨 니르리오   (南明, 下, 67)
몰ㄱ 거우루   (月釋, 1 : 34)

③ hɨ-lɨs+i>hɨ-li-si   흐릿하게
비록 해 <u>흐리시</u> 가ᄉ며나 (雖然多獨富)   (金三, 4 : 31)
<u>흐릴</u> 혼, 混 <u>흐릴</u>탁   (訓, 下, 1)
분석된 'i'도 부사 접미사임은 물론이다.

④ năc(低, 卑)+ăs+hă-ta>nă-căs-hă-ta   나직하다
미ᄒ량의 <u>ᄂ즛ᄒ</u> 은을 드틔우면 훈돈씩 나니라
(每一兩傾白臉銀子出一錢出裏)   (初杜, 上 : 33)
<u>ᄂ줄비</u> 卑

⑤ nəp(廣)+jəs+hă-ta>nə-pjəs-hă-ta
<u>넙엿ᄒ자</u> ᄒ니 모난 듸 ㄱ일셰라   (古時)
ᄉ랑이 엇더터니 두렷더냐 <u>넙엿</u>더냐   (古時)
廣은 <u>너블</u> 씨오   (月序, 7)

⑥ nu-lɨ(黃)+s nu-lɨ+s>nu-lɨs nu-lɨs
黃은 <u>ᄂ를</u> 씨라   (月釋, 1 : 22)

⑦ p'u-lɨ(靑)+s   p'u-<u>lɨs</u>>p'u-lɨs p'u-lɨs
瑠璃ᄂ <u>프른</u> 비쳇 보비라   (月釋, 1 : 22)

⑧ pulk(赤)+ɨs pul-kɨ+s>pul-kɨs pul-kɨs 불긋불긋
손과 발왜 <u>븕고</u> 희샤미 漣고지 ㄱ트시며   (月釋, 2 : 57)

⑨ cil-ki+s cil-ki+s>cil-kis cil-kis
'질기다'에서의 파생이다.

⑩ ci-kɨ+s ci-kɨ+s>ci-kɨs ci-kɨs

'지긋지긋'은 '지겹다'와 같은 어근이다. '지겹다'에서 용언어간 형성 접미사 '-əp'을 빼면 남는 부분 'ci-k'(또는 'ci-kɨ')이 결국 예어의 어간 'ci-kɨ'와 같은 것이 된다.

⑪ mə-mɨl(停)+s mə mɨl+s> mə-mis mə-mis
逡巡은 <u>머못ᄒ로</u> 싀오   (金三, 4 : 10)
停은 <u>머믈</u> 씨라   (月序, 4)

어간 말음 1은 접미사가 붙게 될 때 탈락되었다. 이런 음운 변화는 흔히 볼 수 있는 것이다.

⑫ ki－ul(傾)＋s＋i＞ki－u－si
　　나비 놀내 ᄃᆞ로몰 <u>기우시</u> 놀라(側驚猿猱)　　　　　(杜, 1：58)
　　<u>기옷한</u> ᄂᆞ솟는 믌겨를 소다 디어 흘러 가놋다.　　　(重杜, 2：7)
　　갠구루미 이페 ᄀᆞ독ᄒᆞ야 <u>기우린</u> 蓋예 도련ᄒᆞ고　　(杜, 7：31)
⑬ săl(消)＋<u>is</u>＞sa－<u>l</u>is 사라지게, 죽도록
　　고ᄫᆞᆫ 님 몯 보아 <u>슬읏</u> 우니다니　　　　　　　　　(月釋, 8：87)
　　고ᄫᅵ니 몯 보아 <u>슬읏</u> 우니다니　　　　　　　　　(月釋, 8：102)
　　'săl－'은 '슬다'의 어간이다.
　　도ᄅᆞ혀 江漢앳 客이 넉스로 ᄒᆞ여 <u>슬</u>에 ᄒᆞᄂᆞ다.
　　　　　　(却敎江漢客魂銷)　　　　　　　　　　　　　　(杜, 5：22)

그러나 여기엔 다소의 의문이 남아 있다. 그것은 정과별곡 중에 나오는 '슬읏브뎌'의 '슬읏'은 위의 예의 것과 거의 똑같은 것인데, '슬읏브뎌'에서는 '슬읏다'라는 동사의 재구가 어느 정도 가능할 법 하기 때문에('－브－'는 대개 동사파생 형용사를 만드는 접미사임, 예 믿다＞믿브다＞미쁘다, 깃다＞깃브다＞기쁘다 등) 그렇게 되면 접미사 '<u>is</u>'은 여기서 동사의 어간을 형성하는 접미사가 되는 것이다. 이런 유형의 예는 또 발견된다.

　　시름ᄒᆞ며 애와텨 ᄆᆞᅀᆞ미 <u>눌읏</u>ᄂᆞ다.

이들 '눌읏다'나 앞의 '슬읏다'는 다 동사다. 따라서 예시의 '슬읏'은 동사의 어간이 부사로 쓰인 것인지도 모른다. 즉, 기어(base)를 어떻게 보느냐가 문제되는 것이다. 어쨌든 접미사 's'의 추출이 가능함은 의문의 여지가 없는 바이기 더 이상은 여기 논하지 않기로 한다.

⑭ pu－p'ul＋<u>is</u>＋ha－ta＞pu－p'us－ha－ta

'부풋(하다)'는 '부풀다'에서 파생된 것이다.

⑮ ku‒ki+s̲ ku‒ki+s̲>ku‒kis ku‒kis

'구깃(구깃)'은 물론 '구기다'에서의 파생이다.

⑯ pi‒pi+s̲ pi‒pi+s̲>pi‒pis pi‒pis

'pi‒pi'는 '비비다'의 어간이다. 그런데 '큰사전'을 비롯한 현행 국어사전들엔 '비빗비빗'이라 표기하고서는 '비비적비비적'의 '준말'이라 풀이했다. 그럴듯하기도 하다. 그러면, 왜 '구깃구깃'은 '구기적구기적'의 준말로 보아 '구깃구깃'이라 표기하지 않았는가? 일국의 국어학자들이 총망라되어 만들어낸 사전이 이렇게 기준 없이 풀이된 채 이 때까지 방임되고 있는 것은 크게 유감스러운 일이다. 예어는 마땅히 '비빗비빗'이어야 한다. 'cək'은 광범하게 사용되는 부사 형성 접미사다. 대개 국어사전의 유의(類意), 유형어(類形語) 설명에서 짧은 것은 긴 것의 준말이라 풀이하고 있는 예를 상당수 발견하고는 웃지 못할 사실에 놀랐다. 너무도 조어 현상에 어둔 소치였다고 생각한다. 이와 같은 과오를 한 가지만 더 들면, '가들가들'을 '가드락가드락'의 준말이라 풀이한 것과 같은 것이다. 지면 관계로 더 이상의 시비를 논하지 않겠으나 후자는 분명 전자에서의 파생이다.

⑰ ok+i̲s+ha‒ta>o‒ki̲s‒ha‒ta

'옥다'에서의 파생이다.

⑱ suk+i̲s+ha‒ta>su‒kus+ha‒ta
⑲ *kap(輕)+i̲s+ha‒ta>ka‒pus‒ha‒ta

'가분가분, 가볍다, 까불다, 까불까불, 가붓하다' 등에서 공통 어간 'kap‒'

을 추출할 수 있는 바, 이것은 생각하건대 '輕'의 뜻일 듯하다.

대략 이상으로 '−s'형 접미사의 예를 마치려 하는데, 우리가 지금 그 어간을 분석하기는 어려워도 접미사 's'의 추출이 가능할 것 같은 것들이 많다.

예, 쑈쑈시(杜, 2 : 8), 뽀롯ᄒ다(譯語, 19 : 39), 번드시(楞, 3 : 86) 등

5.2. sv형 접미사

sv형 접미사로는 그 예가 적어 전모를 알 수는 없지만, 조사에 따라 분명해질 것을 의심하지 않는다.

다음에 몇 예를 들어 둔다.

① 잎<u>새</u>　　② 냄<u>새</u>
③ 푸<u>새</u>　　④ 먹<u>새</u>
⑤ 생김<u>새</u>　　⑥ 손수

5.3. cvs형 접미사

5.3.1. kvs형

① paŋ−<u>kɨs</u> paŋ−<u>kɨs</u>

어간 'paŋ'은 '<u>방글</u>방글' '<u>방실</u>방실' 등에서 나타난다.

② hɨi(白)+'<u>kɨs</u> hɨi+'<u>kɨs</u>>hɨi−'kɨs hɨi−'kɨs
③ sɛŋ−<u>kɨs</u> sɛŋ−<u>kɨs</u>

'sɛŋ'은 '생글생글'에서 나타난다.

    ④ 'coŋ － k̲i̲s̲ 'coŋ － k̲i̲s̲
    ⑤ piŋ＋k̲i̲s̲＋i＞piŋ － k̲i̲ － si

'piŋ －'은 '빙글빙글(웃다)'에서 보이며 'i'는 부사형성접미사다.

5.3.2. tvs형

    ⑥ pan － t̲i̲s̲ － ha － ta
    ⑦ kən － t̲i̲s̲
       바람이 건듯 불었다.
    ⑧ 'pa － t̲i̲s̲＋i＞pa － t̲i̲ － si

5.3.3. pvs형

    ⑨ na － p̲u̲s̲ na － p̲u̲s̲
    ⑩ sə － p̲u̲s̲ sə － p̲u̲s̲
       sə － '̲p̲u̲s̲ sə － '̲p̲u̲s̲

5.3.4. mvs형

    ⑪ il － m̲i̲s̲ il － m̲i̲s̲
    ⑫ m̲i̲s̲ － m̲i̲s̲ － ha － ta

5.3.5. cvs형

    ⑬ nam(餘)＋c̲ă̲s̲＋ha －＋ta＞nam － căs － ha － ta
      附子 무긔 닐굽돈 남ᄌᆞ호닐 炮ᄒᆞ야 니겨   (救急方上, 38)

나모 치위 (餘寒) (杜, 1 : 12)

⑭ $məl(遠)+c_is+i>məl-c_i-si$ (飜老解, 34)

쯰워 멀즈시

어듸 머러 威불급 흐리잇고 (龍, 47)

⑮ $il(早)+c_is>il-c_is$

일즉 바미 강도 스므나므니 (飜小學, 9 : 81)

돌 우희 믈 잇는 더로 일 녀고　(조행석상수) (杜, 1 : 12)

6. 결어

　이상에서 나는 넉넉지 못한 자료나마 이를 분석하고 접미사 ㄹ, ㅁ, ㄴ, ㅅ 등 유형을 추출함과 동시에 나아가 이의 체계화가 가능함을 느끼게 됐다. 어떤 이유에서인지는 모르나, 학계에서 전혀(?) 주의를 기울이지 못했기 이 때까지 방임되어 왔던 것이 사실이지만, 이것은 결코 가벼이 넘길 것이 아니겠다. 여기 지면의 제한으로 좀 더 넓은 고찰을 불가능하게 했으나, 전 접미사를 체계적으로 고찰할 때, 새로운 현상의 발견과 아울러 지금까지의 부분적인 연구에도 크게 반성이 될 것을 의심하지 않는다.

　졸고를 냄에 있어 천식인데다가, 기존 연구나 참고될 만한 것이 별로 없어 때로 독단과 무리가 많을 것을 자인하면서, 후일 이를 보완하기로 하며 동시에 학계의 체계적 연구를 기대한다.

－ 연포이하윤선생 화갑기념논문집, 1966. 5.

※ 이 글은 필자의 석사학위 논문 '국어 조어론 연구'(서울대학교 대학원 국어국문학과, 1966. 2)에서 일부 수정, 전재하면서 인용 원전 목록을 빠뜨렸던 것임.

명사의 형태론적 구조

1. 서언

　형태론적 구조(morphological structure)는 통사론적 구조(syntactic structure) 또는 구 구조(phrase structure)에 상대되는 말로, 쉽게 말하면 단어(word)[1]의 구성을 뜻하는 바, 일반적으로, 합성어(compound)나 복합어(complex) 또는 파생어(derivative)를 구성하는 형태론적 방법을 지칭하게 된다.

　이 논문은 국어 형태론(morphology)의 일부로 명사의 형태론적 구성 방법을 기술하려는 데 그 의미가 있다. 형태론 연구의 짧지 않은 역사와 성과에도 불구하고 이 방면의 연구는 얼마간 경시되어 왔음이 사실이다.

　국어 명사의 실제 문제에 있어 이를 체계적으로 밝혀 보는 일은 그리 간단한 것만도 아니다. 많은 한자 어휘는 이것을 매우 곤란하게 하고 있다. 여기서는 한자어를 원칙적으로 대상에서 제외하고 고유어를 주로 하였으며, 그 중에서도 표준어에서 주된 자료를 택하였다. 형태론적 구성 방법에서 표준어와 방언간에 눈에 띄는 차이가 없으나, 형태 배합상에 나타나는 음운 배합상의 변동 즉 형태음운(morphophoneme)의 변동에서 상당한 차를 보이기 때문이다. '형태음운의 변동' 장에서 방언의 경우는 완전히 대상에

---

1) 단어는 학자에 따라 여러 이견을 보이나, 여기서는 우리 학계에서 일반적으로 인정되는 통설에 따라 부른 것일 뿐이다.

서 제외되었다.

무릇 형태론적 구조의 파악은 직접 구성 성분(immediate constituent, 이하 직접성분 또는 IC로 약칭)2)의 분석과 이해 위에서 가능하다. 형태론적 구성이란 형태소의 단순한 결합만을 의미하지 않는다. 복합 구조는 대부분 이분적인 계층적 구조로 된다. 그리하여 이 글에서는 직접 성분 분석을 먼저 개관하고 형태론적 구성, 형태음운의 변동 순으로 전개한다.

2. 명사의 직접 성분 분석

2.1. 분석의 개관—직접 성분

형태 구조의 참된 이해는 그 형태의 IC분석의 작업에서 비롯된다. 물론 형태소의 식별은 불가결한 것이나, 이것만으로 구조가 이해되지는 않는다. 즉 내포된 형태소의 분석과 그 목록만으로는 그 구조에 대해 아무것도 말해주지 않는다. IC분석에 의해서 한 구조내 성분의 구조 순위(structural order)를 바르게 이해할 수 있는 바, 이것은 성분이 결합되어 있는 표면상의 순위(actual order)와 반드시 일치되지는 않는다.

이러한 분석에 의해서 단어는 일반적으로 합성어(compound)3)와 복합어

---

2) IC성분은 일반적으로 통사론적 구성에서 통용되나 형태론적 구성에도 통용된다. IC에 대하여는 다음을 참고함.

Chales F. Hockett : A course in Modern Linguistics, 1966. p.147.

H.A. Gleason : An Introduction to Descriptive Linguistics, 1956, p.133.

Leonard Bloomfield : Language, 1961, p.161 기타.

Eugene A. Nida : Morphology, 1963, p.86.

Norman C. Stageberg : An Introductory English Grammar, 1966, p.97, 262.

3) compound에 대하여는 학자간에 차이를 보여 Bloomfield나 Block 또는 Trager와 Hockett간 얼마간 다르다. 여기는 대체로 전자의 입장을 따랐다. 다음이 참조됨.

Bernard Block, 김선기 옮김, 언어 분석론, p.79.

(complex)로 분류되는데, 이의 오분석은 이들 단어의 유를 달리하게 한다. /본보기/는 /본-보기/인 경우 합성명사며, /본보-기/인 경우 파생명사다.

IC분석은 실제에 있어 그렇게 간단한 것만은 아니어서 사람에 따라 이견을 보이기도 한다. /귀머거리/는 동사 /귀먹다/를 고려할 때 /귀먹-어리/로 분석될 법한데 큰사전(한글학회 편)과 같이 /귀-머거리/는 어떤가? /개밥통/의 경우도 두 방법이 가능하여 어느 하나가 다른 것을 부정할 결정적인 근거를 찾기 힘들다.

우리는 여기에 IC 분석을 위한 객관적 기준 또는 원리의 필요성이 요구된다. 다음에 Eugene A. Nida[4])의 말을 근거로 살펴보고 한두 가지 보충하기로 한다.

2.1.1. 의미의 관련성

IC분석은 무엇보다도 먼저 의미의 관련성(meaningful relationship)에 의해야된다.

둘 또는 그 이상의 성분을 IC로 가진 단어는 곧 각각 의미를 가진 IC의 유기적 결합체로서 비로소 생명을 가지는 것이기 때문이다. /짠물고기/는 의미를 고려하지 않을 때 /짠-물고기/, /짠물-고기/가 다 가능하나 이 단어의 의미를 고려할 때 후자가 옳다. 전자는 구로서 가능할 뿐이다. 이런 경우 표면적 구조 단위(structural unit)보다도 의미 단위(meaningful unit)에 더 큰 비중을 두고 있음을 알 수 있다.

Chales F. Hockett op. cit., p.240.

Leonard Bloomfield, p.227.

4) Eugene A. Nida, op. cit., p.90.

2.1.2. 대치성

대치성(substitutability)은, 같은 혹은 상이한 외적분포류(external distribution class)에 속하는 보다 작은 단위에 의해서 보다 큰 단위를 대치함에 의함이다. 한 IC가 형태소의 결합체일 때 이것이 다른 단일 형태에 의해 대치가 가능한가를 이름이다. 이때 반드시 단일 형태만에 의하는 것은 아니나 이것이 이상적이며, 대치되는 두 형태는 외적 분포가 동일한 것이 이상적이며 일반적이나 상이할 수도 있다. /설늙은이/는 사전들에 /설-늙은이/로 분석되었다. 이런 분석은 뒤 IC /-늙은이/가 보다 작은 다른 형태에 의한 대치가 불가능하다. 그러나 이것을 /설늙은-이/로 분석하면 /설늙은-/은 /늙은-/에 의해 쉽게 대치될 수 있다. 여기 교체되는 두 형태는 외적 분포가 동일하다. /애꾸눈이/는 의미로도 /애꾸눈-이/가 옳겠는데, 이렇게 하면 /애꾸눈-/은 /부엉-이/에서 /부엉-/에 의해 대치될 수 있을 것으로 보이는데, 이때 교체되는 두 형태는 외적 분포가 상이하다. 이상적은 아니나 이것도 IC 분석에 한 도움은 된다. naturalism은 snobbism과의 대조에서 대치가 가능하여 natural과 -ism으로 분석되는데, natural과 snob은 그 외적 분포가 상이하다.

2.1.3. 양분성

IC 분석은 가능한 한 양분(two devision)을 이상으로 한다. 모든 복합형태는 이분적 복합형태(bi-partite composite form)로 되어 있음이 일반적 구조 경향이다. 이것은 구에서보다도 단어에서 더욱 현저한 특징인바, 특별한 이유가 없는 한 이분법에 의한다.

/동서남북/은 네 형태소가 대등하게 결합되어 있으나, /동서-남북/의 이분법을 취하고 /동-서-남-북/의 방법을 취하지 않는다. /두서넛/도 위와 유사하나 /두-서-넛/보다 /두-서넛/을 택한다. 그러나 /가위바위보/와 같

은 예는 불가불 /가위 – 바위 – 보/로 분석한다.

2.1.4. 전 구조에 의한 지원도

IC 분석은 그 언어의 전체적 구조(total structure)에 의해서 뒷받침되어야 한다. 전체적 구조란 결국 구조적 특징을 공통으로 하고 있기 때문에, 이러한 공통된 구조적 특징을 외면한 분석은 오를 범하기 쉽다.

/되새김/은 국어대사전(이희승 편)에 /되 – 새김/으로 분석됐다. 그러나 /되 –/는 명사와의 형태론적 특성을 보이는 예를 찾기 힘들다. /되+동사/가 일반적이다(되 – 놓다, 되 – 돌다 등). 즉 /되+동사/가 구조적 특징이다. 따라서 이것은 /되새기 – ㅁ/으로 분석돼야 한다.

2.1.5. 연속성

IC는 중간에 차단되지 않음이 일반적 경향이다. 특별한 이유가 없는 한 IC는 연속되는 방법으로 분석할 것이다. 불연속 IC 또는 불연속형태(dis – continous form)는 되도록 지양됨이 좋다.

/수캐/는 두 가지 분석이 가능하다 ㉠su…h – k – …ɛ ㉡/su – khɛ/. ㉠에서는 형태 배합상에 첨가되는 /h/을 선행 성분에 귀속시킨 것으로, 이런 분석은 역사성이 고려된 것이다. 이것은 이형태로 /su∞su…h/, /kɛ∞kh…ɛ/와 같은 결과를 낳는다. ㉡은 /h/를 뒤 성분으로 처리한 방법으로 /kɛ∞khɛ/를 낳는다. 이때 /kh/는 /k/와 대립되는 결과를 보인다. ㉠, ㉡ 어느 하나를 취하기 곤란하나 불연속형태를 피해서 ㉡을 택한다.[5] 이것은 역사성이 무시되었으나, 공시적 기술은 현재 언어 구조의 효과적 기술을 이상과 목표로 하는 것이며, 통시성에 구속되지는 않는다.

---

5) ㉠을 택하는 학자도 있다. 김중석, 「형태소의 변의형태로의 분석」, 한글 129, p.20.

이상은 Nida에 힘입은 것으로 다음에 국어 명사의 IC 분석을 위한 것을 얼마간 보충하기로 한다.

2.1.6. 어두 자음군 기피

분석의 결과 어두 자음군을 형성하는 방법은 피한다. 어두 자음군의 불허는 국어의 중요한 음운론적 특징이다. 어두의 경음이나 유기음은 자음군으로 처리하지 않는다.[6]

㉠/물엿/, ㉡/좁쌀/ 등에서 첨가 되는 /1/, /p/은 어느 성분에도 포함시킬 수 있다. 선행 성분으로 보면 /물 ~물 ㄹ리/, 조∞좁-/이 되며, 후행 분석으로 보면 /엿~ㄹ렷/, /쌀∞-ㅂ쌀/이 된다. 둘 다 어두 자음군이 형성된다. 고로 ㉠은 후자의 방법으로, ㉡은 전자의 방법으로 분석한다.

/물-렷, /좁-쌀/ 등

2.1.7. 합성 접사의 기피

IC 중 어느 하나가 파생 접사일 때 그것은 단일한 접사로 분석되는 것이 좋다. /몸뚱어리/, /귀퉁배기/ 등은 큰사전에 /몸-뚱어리/, /귀-퉁배기/로 분석되고 있다. 그러나 이들의 의미를 /몸뚱이/, /귀퉁이/와 대조해 볼 때, 또 이들 단어 중에 보이는 /-뚱-/, /-퉁-/ 등이 /-뚱이/, /-퉁이/와 이형태가 된다는 점을 고려할 때, 이들은 /몽뚱-어리/, /귀퉁-배기/로 분석된다. /-어리/, /-배기/ 등은 비칭의 접미사들로 이차적으로 결합된 것이다. IC에 파생 접사가 복합형태로 나타나는 예를 발견하기 어려운 점은 파생어 구조의 한 특징이 된다.

---

6) 허웅 씨는 단음소로, 김석득 씨는 복음소로 처리하고 있다. 허웅, 국어음운학, p.168. 박창해, 한국어구조론연구, p.3.

2.1.8. 자립형태

IC는 가능한 한 하나 또는 전부가 자립형태(free form)로 분석되기를 기대한다. /바로쓰기/는 ㉠/바로 – 쓰기/, ㉡/바로쓰 – 기/가 다 가능하다. 이런 경우 ㉡과 같이하여 IC를 모두 의존형태(bound form)로 분석하는 것보다는 ㉠과 같이 자립형태로 분석함이 낫겠다. 이것이 언중의 언어 반응에도 더 부합되는 것이겠다. 언어 분석자들은 토박이(native speaker)들의 반응을 전혀 외면할 수 없다. 물론 타의 타당성을 외면한 자립형태 위주의 분석은 허다한 오를 낳을 것이기 본항은 각별 유의하여 취급되어야 한다. 파생어에서는 '용언 어간＋접사'의 분석이 물론 둘 다 의존형태로 분석되는바, 이 경우 본항의 저촉을 받지 않는다.

2.2. 분석의 실제

앞에서 IC 분석상의 원리가 될 만한 것을 대략 살펴보았다. 그러나 이것은 어디까지나 원리일 뿐 전부는 아니다. 구체 언어, 구체적 문제에 따라 이것만으로 해결되지 않는 잡다한 문제들이 남아 그때 그때에 적응하는 방법이 검토 취급되어야 할 것이다.

다음에선 명사 IC분석상 문제점이 제기될 수 있는 예 또는 유형의 것들을 얼마간 실제 분석해 본다. 기술의 편의상 필요에 따라 다음 약호를 사용한다.

☑ A : 부사, B : 의존형태, D : 관형어, F : 자립형태, N : 명사 또는 명사기능어,
P : 조사, Px : 접두사, R : 어근, Rb : 의존어근, St : 어간, Stb : 의존어간,
S_{xd} : 파생접미사, V : 동사 또는 동사기능어(형용사 포함).

1. $A + V_{st} + S_{xd}$
    (A) $A + V_{st} \fallingdotseq V_{st}$, $Vst + S_{xd} =$ 명사

예 : ① 바로쓰기 ② 따로풀이

이 예는 ⓐ/바로-쓰기/, ⓑ/바로쓰-기/가 가능하다. ⓑ에서는 /바로쓰다/라는 동사가 없는 난점이 있으나 구로 가능하다는 점과 $V_{st}+S_{xd}$(예 : 놀이)에 의해 구조적 지원이 가능한 점이 있다. ⓐ는 두 IC가 자립형태란 점과 비록 수는 적으나 A+N(예 : 마주-나무)에 의해 지원이 가능하고, 구와 접사로의 분석보다는 단어와 단어로의 분석이 낫다는 점을 고려하여 ⓐ의 방법을 택한다.

(B) A+Vst ≒ Vst, Vst+Sxd ≒ 명사
　　　예 : 바로꽂이, 마구잡이

ⓐ/바로-꽂이/, ⓑ/바로꽂-이/ 어느 것도 타를 부정할 만한 결정적 근거가 없다.

ⓐ에서는 /꽂이/가 비록 자립형태는 못되나 이러한 명사형은 합성명사나 복합명사에서 흔히 IC가 되는 점을 고려하여 ⓑ보다 우선하는 것으로 한다. ⓐ는 하나는 자립형태가 되며 또한 (A)와도 일치됨은 일고할 만하다. ⓑ를 취하는 사람도 있다.[7)]

2. $D+N+S_{xd}$
　　예 : 삼발이, 육손이, 네눈이

의미상으로 보아 /삼발-이/여야 한다. 큰사전의 /삼-발이/식 분석은 불가능하다.

3. $N_1+N_2+S_{xd}$
　(A) N_1+N_2＝명사, N_2+S_{xd} ≒ 명사
　　　예 : 애꾸눈이, 곰배팔이

---

7) 이익섭, 국어 합성명사의 IC분석, 국어국문학 30, p.127.

이상은 큰사전에 한결같이 /애꾸−눈이/, /곰배−팔이/로 분석했으나, 의미상 /애꾸눈−이/여야 한다.

(B) $N_1 + N_2 \neq$ 명사, $N_2 + S_{xd} \neq$ 명사
　　예 : 쥐엄발이, 넙치눈이

‘쥐엄발이’는 ‘큰사전’에 ①발끝이 오그라져서 디디어도 잘 펴지지 않는 발, ②또는 그 사람으로 정의했다. ①, ②는 별개의 단어여야 한다. ①에서는 말음절 /−이/는 형태소가 되기 힘들며, ②에서는 형태소다. ①은 /쥐엄발/만으로도 그 뜻을 추양하게 한다. ①은/쥐엄−발이/로, ②는 /쥐엄발−이/로 분석한다.

4. $N + V_{st} + S_{xd}$
　(A) $N + V_{st} \neq$ 명사, $N_2 + S_{xd} =$ 명사
　　예 : ㉠ 밭갈이, 돈벌이, 참새구이
　　예 : ㉡ 물놀이, 꽃놀이, 눈웃음

㉠은 N+V가 통사론적 sequence이나 ㉡은 그렇지 않은 예다. /밭갈−이/식으로 분석할 하등의 근거가 없다. 뿐만 아니라 ㉡에서 N+V가 구로도 불가능함은 ㉡을 /물놀−이/식으로 분석함을 불허한다. ㉠, ㉡이 동일 방식으로 분석되기를 기대하는 한 /물−놀이/, /밭−갈이/ 방법 밖에 없다.

　(B) $N + V_{st} \neq V_{st}$, $V_{st} + S_{xd} \neq$ 명사
　　예 : ㉠ 고기잡이, 코머거리, 재떨이[8]
　　예 : ㉡ 덧니박이, 왼손잡이, 개구멍받이

㉠은 ‘N+V’가 통사론적sequence이고 ㉡은 그렇지 않은 예다. ㉠만의 경우라면 ⓐ/고기−잡이/, ⓑ/고기잡−이/ 어느 방법도 가능하나. ㉠, ㉡이 동

---

8) 김중석 씨는 재떨이를 이심적 구조로 보았는데, 이것은 /재털−이/로 분석한 결과인 듯싶다. 김중득, 국어형태론, 연세론집 제4집, p.7.

일한 방법으로 분석되기를 기대한다면 ⓑ는 취할 수 없다. ㉡은 도저히 ⓐ 식으로 분석될 수 없기 때문이다. 똑같은 방식으로 분석되기를 기대하는 두 그룹(또는 단어)의 각 구조가 syntactic sequence의 것과 nonsyntactic se-quence의 차이를 보일 때, nonsyntactic sequence를 보이는 그룹의 분석 방법을 우선함이 당연하다.

(C) $N + V_{st} \neq V_{st}$, $V_{st} + S_{xd} =$ 명사
　　예 : 본보기, 윷놀이

ⓐ/본－보기/, ⓑ/본보－기/ 다 충분한 근거를 가질 수 있다. 명사의 전체적 구조 경향을 참조할 수 있으나, 실상 '$N_1 + N_2$'의 '$V_{st} + S_{xd}$'다 일반적이어서 큰 도움을 얻을 수 없다. 다만 전자가 후자보다 더 우세한 점, 그리고 '$N + V_{st} > + V_{st}$'은 근래의 경향 내지 처리 방법이란 점이 고려될 수 있다. 그리고 '$N + V_{st} + S_{xd}$'가 대체로 '$N + (V_{st} + S_{xd})$'로 분석된 (A), (B)에 보조를 같이할 수 있는 점을 고려하여 ⓐ의 방법을 취한다.

(D) $N + V_{st} = V_{st}$, $V_{st} + S_{xd} \neq$ 명사
　　예 : 품앗이, 귀머거리, 곁꾸림

본항만을 생각하면 ⓐ/품앗－이/라야지 ⓑ/품－앗이/는 곤란하다. 그러나 (A)~(C)에서 분석한 방법과의 균형을 생각하여 ⓑ로 분석함이 좋겠다. /코머거리/, /귀머거리/를 다르게 분석하는 것도 자연스럽지 못하다.

5. $P_x + N + S_{xd}$
　(A) $P_x + N =$ 명사, $N + S_{xd} \neq$ 명사
　　　예 : 막벌잇군

의미상으로 보나 제시된 조건에서 보나 /막벌잇－군/이어야 한다.

　(B) $P_x + N =$ 명사, $N + S_{xd} =$ 명사

　　　예 : ㉠ 막일군, 막대패질
　　　예 : ㉡ 헛발질, 헛총질

　㉠은 의미에 의해서 /막일 – 군/의 방법만이 가능할 뿐인데, ㉡은 ⓐ/헛발 – 질/, ⓑ/헛 – 발질/이 가능하다. 이런 경우 ⓐ를 취한다. 동일 구조의 두 그룹(또는 단어) 중 한 그룹은 한 방법만이 가능하고, 다른 그룹은 전자의 방법을 포함하여 두 방법이 가능할 때, 의미상의 상충이 없는 한 전자의 방법을 취하여 통일을 기한다.

　　　(C) $P_x + N \neq$ 명사, $N + S_{xd} =$ 명사
　　　　예 : 헛손질, 맞바느질

　'큰사전'에 '헛손질'은 '①앓는 사람이 정신 없이 손을 휘젓는 것 ②쓸데없이 손을 대어 매만지는 일'로 풀이됐다. ①과 ②는 별개의 단어로서 ②라면 /헛 – 손질/로, ①이면 /헛손 – 질/로 분석되어야 한다. 모두 /헛손 – 질/의 방법으로 분석되어야 한다.

　　　(D) $P_x + N \neq$ 명사, $N + S_{xd} \neq$ 명사
　　　　예 : 헛손질(전항 ②)

전항(C) 참조

　6. $P_x + V_{st} + S_{xd}$
　　(A) $P_x + V_{st} \neq V_{st}$, $V_{st} + S_{xd} =$ 명사
　　　예 : 맞벌이

/맞 – 벌이/로 분석된다. /벌이/가 명사일 뿐만 아니라, /맞 – /은 '맞 + N' (예 : 맞적수)이 '맞 + V'(예 : 맞보다)보다 수에서 얼마간 우세한 점이 참고된다.

　　(B) $P_x + V_{st} = V_{st}$, $V_{st} + S_{xd} =$ 명사
　　　예 : 막벌이

ⓐ/막－벌이/나 ⓑ/막벌－이/가 되겠는데, /막－/은 '/막＋N/(예 : 막－말)'
이 '막＋V(예 : 막놓다)'보다 훨씬 일반적이기에 ⓐ로 분석한다. ⓑ로 분석하
는 학자도 있음을 말해 둔다.

  (C) $P_x + V_{st} = V_{st}$, $V_{st} + S_{xd} \neq$ 명사
   예 : ㉠ 맞붙이, 막살이, 덧붙이기
   예 : ㉡ 되깎이, 되새김

㉠부터 보자. ⓐ/맞－붙이/보다 ⓑ/맞붙－이/방법이 타당해 보인다. 그러
나 접사/맞－/, /막－/, /덧－/ 등은 '$P_x + V$'보다 '$P_x + N$'가 일반적인 구조적
경향인 점과 (A), (B)의 분석 방법과의 균형을 위해 ⓑ의 타당성에도 불구
하고 ⓐ를 취한다.

㉡은 사정이 다르다. /되－/는 '되＋V'가 절대적이며, '되＋N'을 찾기 어
렵다. 의미상 저촉이 없는 한 구조적 특징에 의존 분석한다. /되깎－이/식
으로 분석된다. 사전의 /되－새김/, /되－깎이/는 잘못이다.

  (D) $P_x + V_{st} \neq V_{st}$, $V_{st} + S_{xd} \neq$ 명사
   예 : 막잡이, 맞잡이

 (A)~(C)의 분석에 맞춰 /맞－잡이/, /막－잡이/로 분석한다.

 7. $N + S_{xd1} + S_{xd2}$
  (A) $N + S_{xd1} =$ 명사
   예 : 대패질군

의미로 보아 /대패질－군/이다.

  (B) $N + Sx_{d1} \neq$ 명사
   예 : ㉠ 몸뚱어리, 귀퉁배기, 거짓부렁이
   예 : ㉡ 뒤꾸머리

㉠은 사실에 있어 'N＋S$_{xd1}$'이 명사의 의존이형태(bound allomorph)로 (A)에 포함될 수 있다(2.1.7 참조). ㉡은 /뒤＋꿈＋어리/로 분석되는 바 /－꿈－/은 /뒤－꿈－치/에서 보인다. ㉠과의 균형도 참작하여 /뒤꿈－어리/로 분석한다.

   8. V$_{st1}$＋V$_{st2}$＋S$_{xd}$(이)
      예 : ㉠ 미닫이, 죽살이
      예 : ㉡ 꺾꽂이, 돌팔이

V$_{st1}$＋V$_{st}$≠V$_{st}$으로서 사전에 일반적으로 ㉠/미－닫이/식 분석을 했는데 ㉡/미닫－이/는 어떤가? ㉠과 ㉡은 V$_{st1}$과 V$_{st2}$의 상호 관계(functional relationship)에서 상이하다. ㉡부터 보자. 의미상 각각 '꺾어 꽂는' 것이고, '돌아다니며 파는'것이기 때문에 ㉠의 방법은 불가능하다. ㉠의 방법으로 하면 'V$_{st1}$＋N(깎－낫)'에 의해 지원이 되나, 양자에서 IC간의 관계는 상이하다. 'V$_{st}$＋N'는 대체로 종속적 동심구조(subordinate endocentric structure)로서 N은 중심부(head), V$_{st}$은 부속부(attribute)가 된다. 그러나 /꺾꽂이/, /돌팔이/에서는 이와 같지 않다. ㉠은 의미에 의한 분석은 어렵다. 그러나 여기서도 /미닫이/는 '밀고 닫게(미닫－) 된 물건(－이)'으로 보아 /미닫－이/가 타당해 보인다. ㉠과 ㉡이 동일 방법으로 분석되기를 기대한다. 그것은 /미닫－이/, /꺾꽂－이/ 방법만이 가능하다.

   9. V$_a$＋V$_{st}$＋S$_{xd}$(Va는 용언의 부사형 활용형)
      예 : 띄어쓰기, 받아쓰기

/쓰기/가 자립형태이기는 하나 '띄어쓰다. 받아쓰다'로 동사가 되므로 /띄어쓰－기/의 방법으로 분석한다. 특별한 이유가 없는 한 'V$_{st}$＋S$_{xd}$'의 방법이 선행된다. /띄어－쓰기/는 구조적 지원도 충분하지 않다. '풀쳐－생각, 비켜－덩이, 살아－생전' 등이 있을 뿐이다.

이상 얼마간 분석을 시도해 보았으나, 실제 문제점이 불소하여, IC분석상의 제 문제는 세부적인 연구 검토가 따라야 될 것이다.

3. 형태론적 구조

3.1. 구조의 유형

형태론적 구조(morphological structure)란 형태소 및 형태소의 결합에 의한 단어 구성을 가리킨다. 대체로 합성어나 복합어의 구성을 가리키게 되며, 이것은 곧 IC에 의해 바르게 이해됨을 앞에서 말한 바 있다.

형태론적 구조는 단일구조(simple structure)와 복합구조(complex structure)로 나눠지나, 단일구조는 단일형태소를 지칭하기 매우 간단하다. 복합구조는 둘 이상의 행태소에 의한 구성을 말하는 것으로, 이의 기술은 곧 전 구조의 기술이 될 수 있다.

명사의 복합 형태론적 구조는 다음 2 유형으로 구별된다.

(1) $St_1 + St_2$
(2) $St + S_{xd}$ 혹은 $P_x + St$

(1)은 어간과 어간의 구성으로 IC 중에 접사(affix)를 포함하지 않은 유형으로, 이 유형을 합성명사(compound noun)라 부른다. (2)는 IC 중에 하나의 접사를 포함하고 있는 유형으로 이것을 복합명사(complex noun)라 한다. 복합어는 파생법(derivation)에 의해 구성되므로 곧 파생어(derivative)로 어간과 접사와의 구성이다. 그런데 명사에는 IC 중에 어간을 포함하고 있지 않은 구성이 있다. 즉, 접사만으로 구성된 유형이다.

예 : 풋-나기, 핫-통이, 맵-씨, 찰-짜 등

형태상 '$P_x + S_{xd}$'의 유형으로 이것은 위의 합성어나 파생어와 유별된다. 따라서 이 유형은 상기 유형과 구별하여 접사 합성어(affix compound)[9]라 할

---

9) 이것은 필자가 가칭한 말임.

만하다. 그런데 그 내용을 보면 Px가 의미의 중심이고 Sxd가 부속적이다. 의미상으로 보아서는 'S$_t$+S$_{xd}$'의 구조에 유사하기 이 유형은 파생어에 포함시키기로 한다. 이 유형은 수에서도 매우 빈약하여 예로 보인 것 정도에서 크게 넘지 못한다.

위의 두 유형은 또 IC의 자립성 여부에 의해 다음과 같이 구분될 수도 있다.

(1) 자립어간(어근포함)＋자립어간
　　예 : 책－상, 손－발, 마주－나무, 요－즈음, 큰－일, 살아－생전 등
(2) 자립어간과 의존어간
　　㉠ 자립어간＋의존어간
　　　예 : 겉－똑똑이, 마주－잡이, 콩－볶은이, 밭－날갈이, 심－돋우개 등
　　㉡ 접사＋자립어간
　　　예 : 막－일, 헛－일, 들－깨, 참－외 등
(4) 의존어간과 접사
　　㉠ 의존어간＋접사
　　　예 : 손－짓, 넋－두리, 덴－둥이, 늙은－이, 못난－이 등
　　㉡ 접사＋의존어간
　　　예 : 덧－니, 가랑－니

이상에서 본 바를 결합하여 IC의 sequence에 근거해서 다시 분류 설명하기로 한다.

편의상 먼저 이들 유형을 제시하고 순서에 의해 설명한다.

A. 합성명사
　1. N$_1$＋N$_2$: 손－발
　2. N$_1$＋P＋N$_2$: 쇠－고기
　3. D＋N : 요－즈음
　4. A＋N : 마주－나무
　5. V＋N :
　　① 큰－집
　　② 죽을－병

③ 풀쳐 - 생각
④ 든난 - 별
6. R_b + N :
① 닿 - 소리
② 부슬 - 비

B. 파생명사
1. N + S_{xd} : 손 - 짓
2. V + S_{xd} : 덴 - 둥이
3. S_{tb} + S_{xd} :
① 놀 - 이
② 부엉 - 이
4. P_x + N : 막 - 일
5. P_x + S_{xd} : 헛 - 탕
※S_{tb} = 의존어간(bound stem)

위의 합성어 구조 유형은 다음과 같이 간소화가 가능하다.

Ⅰ형 N_1 + N_2 : 손 - 짓
Ⅱ형 D + N : ① 요 - 즈음
② 쇠 - 고기
③ 큰 - 집
④ 죽을 - 병
※D = 관형사 및 관형어
Ⅲ형 A + N : ① 마주 - 나무
② 풀쳐 - 생각
※A = 부사 및 부사어
Ⅳ형 R_b + N : ① 닿 - 소리
② 부슬 - 비

그러나 전자에 따라 설명하기로 한다.

3.2. 합성명사의 구조

합성어의 형태론적 구조 유형을 6가지로 유별해 보았는데, 이들은 IC 사이의 sequence로 보아 syntactic sequence와 non-syntactic sequence로 나눠진다.

syntactic sequence로 구성된 compound를 syntactic compound, 그렇지 않은 것을 asyntactic compound라 하여 구별하기도 한다.[10]

3.2.1. 통사론적 sequence

1. $N_1 + N_2$

   A. N_1, N_2 모두 단일형태(simple form)

   예 : ① 손-발, 책-상, 가래-엿, 뒤-끝, 건너-편, 누구-누구
   예 : ② 팔-심
   예 : ③ 가위-바위-보

①은 N_1, N_2 모두 자립형태이며, ②는 N_1, N_2가 다 자립형태이나 N_2가 표준어가 아니라는 점에서 상이하다. ②는 ①에 포함될 것이다. ③은 'N_1 $+N_2+N_3$'의 구조로서 N_1+N_2와 다를 것이 없다.

'$N_1 \cdots +N_n$'으로 대표되는 이들 유형은 n=3에 한정된다. 즉, n는 4이상이 올 수 없다. '동서남북'도 $N_1+N_2+N_3+N_4$'가 아니라 'N_1+N_2'로 분석됨을 앞에서 밝힌 바 있다. N_1, N_2는 예에 보인 바와 같이 모두 자립형태 내지 자립형태의 의존변이형태로 되며, 이것이 본래 의존형태인 예는 찾기 어렵다. '뱁-새'와 같은 구조는 'IC_1+IC_2'이나 /뱁-/이 N인지 Px인지 구별되기 곤란한 유일형태소(unique morpheme)이다.

'참-새', '산-새' 등 어느 것에 의한 지원도 가능하다. 이런 경우에는

---

10) Leonard Bloomfield, op. cit., p.233.

접사로 처리함이 편리할 것이다.

  B. N_1은 단일형태, N_2는 복합형태(composite form)

  여기서 N_2는 비단일형태로서 곧 'IC_1+IC_2'의 구조다. N_2의 형태론적 구조는 곧 합성명사나 복합명사(파생명사)의 전체 구조에 일치되는 바로, N_2의 구조를 따라 기술할 필요는 없으나, N_1이나 N_2가 복합형태인 경우에 N_1, N_2에 합성명사나 복합명사(파생명사)에 나타나는 전구조 유형 – 앞에 제시한 유형 – 이 그대로 다 나타나는 것은 결코 아니므로, N_2의 구조도 다음에 간단히 이를 보인다.

  N_2가 합성명사의 구조로 된 것.(N_2는 후자)

  (1) $N_2=N_1+N_2$
    (a) $N_2=$명사　예 : 두 – 서넛(N_2는 후자)
    (b) $N_2=$명사　예 : 밭 – 날갈이, 담배 – 재떨이, 가슴 – 숨쉬기
    (c) $N_2=$구(phrase)　예 : 개 – 보름쇠기
  (2) $N_2=V+N$　예 : 젖 – 비린내

  N_2가 복합명사의 형태로 된 것.

  (3) $N_2=N+S_{xd}$　예 : 골 – 배질, 가로 – 글씨
  (4) $N_2=V+S_{xd}$　예 : 콩 – 볶은이 ($N_2=$명사형)
  (5) $N_2=S_{tb}+S_{xd}$
    (a) S_{tb}가 V_{st}인 경우.
      ① $N_2=$명사　예 : 밭 – 갈이, 불 – 놀이, 뒷 – 바침, 본 – 보기
      ② $N_2=$명사형　예 : 코 – 뚜레, 심 – 돋우개, 샀메기, 시집 – 살이[11]
    (b) S_{tb}가 V_{st}이 아닌 경우.
      예 : 겉 – 똑똑이 ($N_2=$명사형)
  (6) $N_2=P_x+N$　예 : 콩 – 찰떡
  (7) $N_2=P_x+S_{xd}$　예 : 눈 – 맵시

---

11) ' – 살이'는 '큰사전'에서와 같이 접사로 처리할 수도 있겠다.

C. N_1은 복합형태, N_2는 단일형태

N_1이 복합형태 즉 'N_1=IC_1+IC_2'의 구조로서 'B'항과 대가 된다. 여기서도 N_1에는 이론상 합성명사, 복합명사의 전구조 유형이 기대될 수 있으나 실제로는 다 나타나지 않는다.

N_1이 합성명사의 구조인 경우

(1) N_1=N_1+N_2
　(a) N_1, N_2 모두 명사 예 : 등짐－장수, 개밥－통, 개발－코, 봇짐－장수, 달맞이－꽃, 놀음놀이－판, 배추꼬랑잇－국
　(b) N_1=명사형 예 : 붙음살이－벌
(2) N_1=N_1+P+N_2 예 : 쇠죽－가마, 쇠똥－찜, 쇠꼬리－채
(3) N_1=D+N 예 : 한솥－밥
※ N_1은 구로 이 예는 명사구+N의 구조다.
(4) N_1=V+N
　(a) N_1=명사 예 : 큰말－표
　(b) N_1=명사형 예 : 선술－집
※ (b)에서 /선술－/은 명사로서도 구로서도 존재하지 않는다. 명사형이라 하겠는데 '서서 먹는 술'이란 뜻이다.
(5) N_1=R_b+N 예 : 넓잎－나무(R_b=V_{st})

N_1이 복합어의 구조인 경우

(6) N_1=N+S_{xd} 예 : 흙탕－물, 과녁배기－집, 뜨개질－바늘
(7) N_1=S_{tb}+N
　(a) S_{tb}가 V_{st}인 경우
　　① N_1, N_2 모두 명사 예 : 파랑－새, 놀이－터, 얼음－집, 되새김－위, 되넘기－장사, 베갯－잇.
　　② N_1=명사형 예 : 박이－옷, 절이－김치, 쥐엄－떡, 벌림－줄, 마름－자
　(b) S_{tb}가 V_{st}이 아닌 경우 예 : 꿍꿍잇－속
(8) N_1=P_x+N 예 : 첫날－밤, 초닷샛－날, 초사흘－날
(9) N_1=P_x+S_{xd} 예 : 맵시－벌

D. N_1, N_2가 합성명사 구조인 경우

(1) N_1=N_1+N_2, N_2=N_1+N_2

(a) N₂, N₂ 모두 명사 예 : 동서 – 남북, 형제 – 자매, 귀머리장군 – 긴코박이
(b) N₁, N₂ 모두 명사형 예 : 개소리 – 괴소리
(c) N₁은 구, N₂=명사 예 : 참꽃나무 – 겨우살이
(2) $N_1=D+S_{xd}$, $N_2=N_1+N_2$ 예 : 둘째 – 손가락
(3) $N_1=D+N$ $N_2=D+N$
(a) N₁, N₂ 모두 명사 예 : 이쪽 – 저쪽
(b) N₂=구 예 : 이날 – 저날.

N₁은 합성명사의 구조, N₂는 복합명사인 경우

(4) $N_1=N_1+N_2$ $N_2=S_{tb}+S_{xd}$ 예 : 칡점 – 부엉이

'칡점'은 명사, 구 어느 것으로도 가능하지 않다. 명사형으로 처리된다.

(5) $N_1=N_1+N_2$, $N_2=P_x+N$ 예 : 짚신 – 할아범
(6) $N_1=N_1+N_2$, $N_2=S_{tb}+S_{xd}$ 예 : 너나 – 들이 (N₁=구)
(7) $N_1=N+P+N_2$, $N_2=S_{tb}+S_{xd}$ 예 : 남의집 – 살이 (N₁=구)
(8) $N_1=N_1+N_2$, $N2=S_{tb}+S_{xd}$
(a) N₁, N₂ 모두 명사 예 : 담배통 – 받침
(b) N₁=명사, N₂(후자)=명사형 예 : 곁방 – 살이, 쥐불 – 놓이, 개구멍 – 받이
(9) $N_1=D+N$, $N_2=S_{tb}+S_{xd}$
(a) N₁, N₂ 모두 명사, 예 : 두벌 – 갈이
(b) N₁=구, N₂=명사형 예 : 한손 – 잡이
(10) $N_1=V+N$, $N_2=Stb+Sxd$ 예 : 큰상 – 물림
(11) $N_1=N_1+P+N_2$, $N2=P_x+N$ 예 : 쇠뿔 – 참외
(12) $N2=R_b+N$, $N_2=S_{tb}+S_{xd}$ 예 : 꺾쇠 – 묶음($R_b=V_{st}$)
(13) $N_1=R_b+N$, $N_2=P_x+N$ 예 : 너덜코 – 박쥐

N₁은 복합명사 구조, N₂는 합성명사의 구조인 경우

(14) $N_1=N+S_{xd}$, $N_2=N_1+N_2$ 예 : 눈깔 – 귀머리장군
(15) $N_1=Stb+Sxd$, $N_2=N_1+N_2$ 예 : 되새김 – 밥통, 돌팔이 – 글방
(16) $N_1=P_x+N$, $N_2=N_1+N_2$ 예 : 호래비 – 꽃대, 잔털 – 오랑캐꽃

N₁, N₂ 모두 복합명사의 구조인 경우

(17) $N_1=S_{tb}+S_{xd}$, $N_2=P_x+N$ 예 : 개구리 – 참외, 꾀꼬리 – 참외

(18) $N_1=S_{tb}+S_{xd}$, $N_2=S+S_{xd}$ 예 : 얼음 – 찜질

(19) $N_1=S_{tb}+S_{xd}$, $N_2=S_{tb}+S_{xd}$

  (a) N_1, N_2 모두 명사 예 : 놀음 – 놀이, 개구리 – 헤엄, 검정 – 귀뚜라미

  (b) N_1=명사, N_2=명사형 예 : 걸음 – 걸이, 얼음 – 지치기

  (c) N_1, N_2 모두 명사형 예 : 차림 – 차림.

(20) $N_1=P_x+N$, $N_2=S_{tb}+S_{xd}$: 찹쌀 – 막걸리, 애벌 – 빨래, 외쪽 – 미닫이

(21) $N_1=P_x+N$, $N_2=N+S_{xd}$ 예 : 참외 – 지짐이

2. $(N_1+P)+N_2$

(1) N_1, N_2 모두 단일형태 예 : 옷엣 – 니, 쇠 – 고기, 닭의 – 장

(2) N_1=단일형태, N_1=복합형태

  예 : 쇠 – 코뚜레, 너도 – 밤나무, 쇠 – 짚신, 쇠 – 마굿간

(3) N_1, N_2 모두 복합명사 예 : 도둑놈의 – 지팡이

3. $D+N$

(1) D, N 모두 단일형태 예 : 요 – 즈음, 그 – 다음, 한 – 벌, 어느 – 것

(2) D=단일형태, N=복합명사 예 : 한 – 걸음 $N=S_{tb}+S_{xd}$

(3) D=복합형태, N=단일형태 예 : 외딴 – 집

4. $V+N$

(a) V=동사(형용사 포함)

  (1) N=단일형태 예 : 큰 – 일, 작은 – 집, 막다른 – 골, 돛단 – 배

  (2) N=복합형태

    ① $N=N_1+N_2$ 예 : 단 – 팥죽

    ② $N=V+N$ 예 : 갓난 – 어린애

    ③ $N=N+S_{xd}$ 예 : 큰 – 글씨, 깎은 – 서방님

    ④ $N=S_{tb}+S_{xd}$ 예 : 진 – 갈이, 앉은 – 헤엄

(b) V=구

  (1) N=단일형태 예 : 해질 – 녘

  (2) N=복합형태

    ① $N=N_1+N_2$ 예 : 못갖춘 – 탈바꿈.

    ② $N=N+S_{xd}$ 예 : 몸바꾼 – 매김씨

3.2.2. 비통사론적 sequence

1. N_1+N_2

   (1) N_1, N_2 모두 단일형태
      예 : ① 품－소, 나흘－날, 좁－쌀, 엉덩－춤
            ② 예－니레

①은 N_1이 ②은 N_1, N_2가 각각 의존형태임을 보인 것이다. 'N_1+N_2'가 syntactic sequence인 경우에는 위와 같은 음운변동은 일어나지 않는다.

2. $V+N$

   (1) V=관형사형 예 : 쥘－손, 죽을－병, 디딜－방아, 앉을－자리, 아닌－밤중

얼핏 보아 syntactic sequence와 같이 보이나 그렇지 않다. syntactic sequence 에서는 '$V+N$'의 경우 'N(주어)＋V(술어)'가 되나(예 : 가는 사람＞사람이 가다) 상례에서는 이것이 불가능하다.

   (2) V=부사형 예 : 풀쳐－생각, 비켜－덩이, 살아－생전
   (3) $V=V_1+V_2$ 예 : 든난－별(V_1, V_2 모두 관형사형)

3. $A+N$

   (1) N=단일형태 예 : 깜박－불, 뽀족－구두, 딱－총, 건듯－팔월, 마주－나무
   (2) N=복합형태
      (a) $N=D+N$ 예 : 마치－한가지
      (b) $N=Rb+N$ 예 : 거듭－닿소리
      (c) $N=N+Sxd$ 예 : 거듭－이름씨
      (d) $N=Stb+Sxd$
         ① N=명사 예 : 따로－풀이
         ② N=명사형 예 : 두루－치기, 마구－잡이, 더－받이, 두루－말이, 마주－ 잡이, 바로－꽂이

4. $S_{tb}+N$

(1) N=단일형태
  (a) $S_{tb}=V_{st}$ 예 : 깎 - 낮, 닿 - 소리, 날 - 벌레, 날 - 짐승, 들 - 손, 묵 - 밭, 노느 - 몫, 굳 - 기름, 늙 - 바탕
  (b) $S_{tb}\neq V_{st}$ 예 : 부슬 - 비, 어둑 - 새벽, 절름 - 발 - ('절름발 - 이'에서 '절름 - 발'은 명사형이다.) 후릿 - 그물, 나눗 - 셈
   '후릿 - , 나눗 - ' 등은 Vst인 '후리 - , 나누 - ' 등의 allomorph이다.
(2) N=복합형태
  a. $N=S_{tb}+S_{xd}$ 예 : 넓 - 다듬이 흔들 - 비쭉이

3.3. 복합명사의 구조

1. $N+S_{xd}$

  A. N=단일형태

    예 : 눈 - 짓, 멋 - 장이, 끝 - 장, 넋 - 두리, 몸 - 뚱이, 강 - 아지, 서울 - 나기

  B. N=복합형태

(1) $N=N_1+N_2$
  (a) N=명사 예 : 애꾸눈 - 이, 뒷걸음 - 질, 샀팔잇 - 군, 밤나무겨우살이 - 과
  (b) N=명사형 예 : 굴젓눈 - 이, 됨됨 - 이
(2) N=D+N 예 : 네눈 - 이 (N=구)
  (3) $N=R_b+N$ 예 : 딸깍발 - 이, 질름발 - 이, 절뚝발 - 이 (N=명사형)
(4) $N=N+S_{xd}$
  예 : ① 되새김 - 질, 줄달음 - 질, 게으름 - 뱅이
  예 : ② 귀퉁 - 배기, 몸뚱 - 어리, 거짓부렁이(/거짓불+엉이), 몰잇 - 군
  ①에서는 N가 명사이며 ②에서는 N의 의존이형태다.

(5) N=P$_x$+N

　(a) N=명사　예 : 막일－군, 막대패－질, 군것－질

　(b) N=명사형　예 : 헛손－질

2. V+S$_{xd}$

(1) V=관형사형　예 : ① 못난－이. 늙으신－네, 덴－둥이. 앉은－뱅이, 늙은
　　　　　　　　　　　　－이

　　　　　　　　② 젖을－개, 앉을－뱅이

(2) V=부사형　예 : 말라－깽이, 짤라－뱅이[12]

3. S$_{tb}$+S$_{xd}$

(1) S$_{tb}$=V$_{st}$

　(a) S$_{tb}$=단일형태　예 : 열－매, 이쁘－둥이, 지팡이, 놀－이, 느리－광이, 넓
　　　　　　　　　　이, 빨가－숭이

　(b) S$_{tb}$=복합형태　예 : 다잡－이, 받아쓰－기, 띄어쓰－기, 받고차－기, 통
　　　　　　　　　　메－장이

(2) S$_{tb}$≠V$_{st}$　예 : ① 받낳－이, 꺾꽂－이, 미닫－이, 돌팔－이, 감돌－이, 더덜－
　　　　　　　　이, 굶주림

　　　　　　　② 뚱뚱－보, 어스름, 게걸－장이, 흔들－이, 부엉－이, 멍청－이

　　　　　　　③ 꾀꼬리, 뻐꾸기

　(2)에서 ①은 V$_{st}$은 아니나 형태상 V$_{st}$이고, ②는 V$_{st}$이 될 수 없는 예이
며, ③은 ②와 동궤의 것이겠는데 사전에 자립형태－부사－로 독립시킨
것이다. ③은 따라서 'A+S$_{xd}$'의 구조이겠으나, 이 두 예를 따로 유형을 세
우기도 곤란한 데다가 사전에 하필 '꾀꼴' '뻐꾹'만 부사로 인정한 근거가
약하다. 이들은 역시 의존형태로 봄이 좋을 듯싶어 본항에 넣었다.

4. P$_x$+N

(1) N=단일형태
　　덧－니, 가랑－비, 민－머리, 까막－눈, 뻐드렁－니

---

12) '앉은뱅이'의 방언

  (2) N=복합명사

    (a) N=N_1+N_2 예 : 강 – 조밥

    (b) N=D+N 예 : 매 – 한가지

    (c) N=N+S_{xd} 예 : 맞 – 바느질. 첫 – 손질, 잔 – 주름살

    (d) N=S_{tb}+S_{xd}

      ① N=명사 예 : 잔 – 부끄럼, 맞 – 벌이, 강 – 추위, 헛 – 열매

      ② N=명사형 예 : ① 막 – 깎이, 막 – 잡이, 맏 – 잡이

    (e) N=P_x+N 예 : 잔 – 가랑니, 외 – 할아버지

5. P_x+S_{xd}

    예 : 헛–탕, 풋–나기, 맵–씨, 찰–짜 등

3.4. 직접성분 간의 관계

한 형태론적 구조가 둘 또는 셋의 IC로 구성될 때, IC 상호간에는 유기적인 관계 곧 직능 관계 및 IC 상호간의 관계에서 유기적 결합을 하게 된다.

3.4.1. 한 IC와 전체와의 관계

부분과 전체와의 이 관계는 다시 동심구성(endocentric construction)과 이심구성(exocentric construction)으로 나타난다.[13]

(1) 동심구성

동심구성은 한 전체 구성이 이를 구성하는 IC 전부 또는 IC 중 중심성분과 동일한 기능을 가지는 구성이다. 전자는 IC 전부가 중심부(head 혹은 center)

---

13) Engene A. Nida, op. cit., p.94.

가 되는 구성으로 대등 동심구성(coordinative e.c.)이며, 후자는 종속부(attribute)와 중심부의 구성으로 종속 동심구성(subordinative e.c.)이다. '손-발'은 전자며 '큰-일'은 후자다. 다음에 이를 종합하여 간단히 보이기로 한다.

(1) N_1+N_2 예 : 손-발, 책-상, 두-넛, 첫날-밤
(2) N_1+P+N_2 예 : 쇠-고기, 닭의-장, 옷엣-니
(3) $D+N$ 예 : 요-즈음, 한-벌, 아무-것
(4) $V+N$ 예 : 큰-일, 죽을-병, 든난-벌, 살아-생전
(5) $A+N$ 예 : 마주-나무, 마치-한가지, 마주-잡이, 뾰족-구두
(6) R_b+N 예 : 노느-못, 닿-소리, 부슬-비, 어둑-새벽
(7) $N+S_{xd}$ 예 : 눈-짓, 놀음-군, 막대패-질, 겨우-내
(8) P_x+N 예 : 막-일, 맞-벌이, 잔-주름살, 할-아버지

(2) 이심구조

한 전체 구성이 이를 구성하는 IC 전부 또는 IC 중 중심부와 상이한 직능을 가진 구성이다.

(1) $V+S_{xd}$ 예 : 덴-둥이, 늙은-이, 못난-이 (V=관형사형)
(2) S_t+S_{xd} 예 : 열-매, 놀-이, 부엉-이, 뚱뚱-이, 발가-숭이
(3) P_x+S_{xd} 예 : 핫-퉁이, 풋-나기, 찰-짜, 헛-탕

3.4.2. IC와 IC 상호간의 관계

둘 또는 그 이상의 IC가 상호 작용하는 관계에서 대등 구성(coordinate construction)과 종속 구성(subordinate construction)으로 나뉘진다.

대등 구성은 IC가 서로 대등한 관계에 서 있는 구성인데, 이들 IC는 자연 동일한 외적 분포(external distribution)을 가지게 된다. 대체로 같은 품사의 IC(여기선 명사)로 구성된다. 국어 명사에서는 'N_1+N_2'의 구성 중에 일부 예가 보인다. 손-발, 형-제, 부-모, 동서-남북, 사-제, 논-밭 등 이러한

구성은 IC가 모두 중심부를 이루는 대등 동심구성이다. 'Px+Sxd'(헛-탕, 풋
-나기 등)도 형태상만으로는 일종의 대등 동심구성이라 할 만하나, 앞서
의미를 고려하여 복합어로 정리했으니 다음의 종속 구성이 된다.

　종속 구성은 중심부와 종속부와의 구성으로 대부분의 명사는 이에 포함
된다. 위에서 본 대등 동심구성의 예를 제외한 모든 예가 이에 포함된다.
어간과 접사의 구성인 복합명사도 이에 든다.

3.5. 형태론적 구조의 특징

　형태론적 구조의 최하위 구조는 형태소이며, 최상위 구조는 합성어 및
복합어에 이른다. 구에 이르지 못한다.
　Eugene A. Nida는 형태론적 구조의 두 한계점을 다음과 같이 말하고
있다.

　　　There are two limits of morphological structures : lower, which is the level of
　　the morpheme, and upper, the point at which the structure become syntactic.[14]

　그는 또 형태론적 구조의 한계를 이렇게 규정한다.

　　　The limits of which morphological structures may be defined as : All single
　　morpheme, or combination of morphemes of which at least one immediate con-
　　stituent is a bound form (including bound alternants of free forms) and of which
　　the peripheral immediate constituent is not a clitic, or combination of free forms
　　in nonsyntactic arrangement.[15]

　다음에 명사의 형태론적 구조상에 보이는 특징적인 것을 몇몇 살펴본다.

---

14) Eugene A. Nida, op. cit., p.102.
15) Ibid., p.105.

(1) 음운론적 특징

형태론적 구성에서는 중간 또는 성분 사이에 외부 개방연접(external open juncture) 또는 억양 휴식(intonational pause)를 둘 수 없다. 즉 /책상/을 '책 상' 또는 '책, 상'으로 발음할 수 없다.

일반적으로 성분들이 음운론적으로 밀착 융합된다. /소의 고기/는 통사론적 구성인데, 이것은 /쇠고기/로 융합된다. 또 어떤 형태음운(morphophoneme)의 변동(variation)은 형태론적 구조를 특징지어 주고 있는데, 이런 변동은 결국 성분들이 음운론적으로 긴밀하게 융합돼 있음을 보여 주는 것이기도 하다. 다음은 형태론적 구조를 특징지어 주는 음운의 변동으로, 통사론적 구성에서는 전혀 볼 수 없는 현상이다. 이들 변동은 개별적인 변동일 뿐 필연적 보편적인 변동은 보이지 않는다. 이것은 '형태론적 변동'에서 재론된다.

    (1) /t/ > /l/

      /1−n> /t−n/ : 며칟−날, 사흘−날

      /1−t/ > /t−t/ : 섣−달

      /1−k/ > /t−k/ : 숟−가락

    (2) /t/ > /l/

      예 : 걸음, 달음질

    (3) /p/ > /w.(u)/

      예 : 추위, 더위, 아름다움, 미움

    (4) 음운 및 음절의 탈락

     (A) /1/의 탈락

      /ㅣ/은 /n/, /t/, /s/, /c/ 앞에서 탈락되는 수가 있다.

      예 : /n/ 앞에서 : 부−나비, 따−님

         /t/ 앞에서 : 마−되, 다달이

         /s/ 앞에서 : 부−삽, 마−소

         /c/ 앞에서 : 싸−전, 바느−질

     (B) /h/의 탈락

      예 : 하양, 파랑, 코뚜레, 발가숭이

     (C) /s/의 탈락

      예 : 이음, 버르장이, 여름지이[16]

    (D) /p/의 탈락

        예 : 구이, 시월(십월)

    (E) /k/의 탈락

        예 : 유월(육월)

    (F) 장음의 탈락

        말 : −막말, 검 : 다−검정, 진눈 : −진눈깨비, 굽 : 다−구이, 덥 : 다−

        더위, 대 : 패−막대패, 넘 : 다−줄넘기, 쥐 : 다−쥐엄발이

    (G) 기타의 탈락

        잠, 삶, 막걸리 등−/i/의 탈락

        콩버무리, 지팡막대, 몸뚱어리, 되내기 등−/i/의 탈락

        까막−까치 − /y/의 탈락

이 외에도 '누님, 아버님, 일여덟 등'에서는 각각 '/나/, /지/, /곱/ 등'이
탈락되었다.

    (5) 음운의 첨가

    (A) /ŋ/의 첨가 예 : 강아지, 송아지, 망아지 등

    (B) /h/의 첨가 예 : 수캐, 암탉, 수평아리 등

    (C) /p/의 첨가 예 : 좁쌀, 볍씨, 댑싸리, 찹쌀 등

(2) 분포상의 특징

모든 최소 자립형태(minimal free form)는 형태론적 구조를 보이며, 모든 의
존형태 역시 형태론적 구조를 보인다. 여기에는 접사, 동사 어간, 의존어
근, 기타 자립형태의 의존이형태를 제외한 의존형태가 포함된다.

    접사 : 손−짓, 헛−일, 높−이, 덴−둥이 등

    동사 어간 : 깎−낫, 닿−소리, 묵−밭, 넓−이, 동글−붓

    의존어근 : 뚱뚱−이, 부엉−이 등

    기타 : 절이−김치, 겉−똑똑이, 맞−잡이, 심−돋우개 등

---

16) '농사'의 방언

통사론적 구성에서는 순위(order)에 융통성이 많아 '손 발', '발 손'이 가
능하나 여기서는 /손-발/만이 가능하다. 이렇게 성분의 순위는 고정적이
다. 직접성분에는 수적 제한이 있어 세 개를 넘지 못한다. 예 : /가위-바
위-보/ 통사론적 구성에서는 이런 제한이 없다. 그러므로 형태론적 구성
은 길이에서도 자연 짧게 마련이다.

합성동사의 경우에도 구성이 통사론적 sequence라 해도 성분 사이에 타
형태의 확대(expansion)가 불가능하다. 구에서는 '큰 집'>'큰 돌집'과 같은
확대가 가능하다. 외부상의 확대에도 수식 성분에 있어 통사론적 구성에서
와 크게 다르다. /큰 집/이 구이면 앞에 부사어의 수식을 받으나, 명사이면
관형어의 수식을 받게 된다. 이러한 현상도 결국은 성분 사이의 관계가 긴
밀하게 결합된 데서 기인되는 것이다.

한 형태소 또는 형태소의 결합형이 다른 형태소나 형태소의 결합형과
결합될 수 있는 형태론적 구성에는 제약이 심하다. '사람'이 결합할 수 있
는 형태론적 구성에는 '앞-사람, 뒷-사람, 사람-과(料) 등' 몇몇에 불과
하다. 이것은 굿어상 훨씬 비생산적임을 말해 주는 것이기도 하다.

유일형태소(unique morhpeme)는 형태론적 구성을 보인다.

예 : 뱁-새, 마구-발방

(3) 의미상의 특징

통사론적 sequence인 합성명사의 경우, 그 의미는 동일 성분으로 된 통
사론적 구성 즉 구의 의미에 비해 훨씬 구체화 또는 특수화되고 축소됨이
일반적이다. /돛단배/는 '돛을 단 배'를 가리키는 말은 아니며, /큰집/은 결
코 /큰 집/을 가리키지 않는다. /죽을-병/은 '병'이 죽게 된 것이 아니고
그 병으로 인해 어떤 생물체가 죽게 된 병을 가리킨다. 이것이 물론 구로
서 쓰일 수도 있다. 예 : 나는 죽을 병이 들었다. 그러나 이 때는 반드시
'죽을'의 주체가 드러나 있게 마련이다. 그러므로 형태론적 구성인 한 이

런 구조는 비통사론적인 sequence로 보려 한다.

그런데 이러한 단어와 구의 구성 사이에 분명한 의미상 기준이 있는 것이 아니어서 때로 양자를 구별하기 곤란한 경우도 불소하다. /해질녘/, /새집/, /잔주름살/ 등의 경우 단어인지 구인지 식별하기 힘들다. '국어대사전'의 '새-집'과 '새 집'을 어떻게 구별할 것인가?

4. 형태론적 변동

한 형태소는 의미론적 또는 형태론적 조건에 의해 몇몇의 변이형태(allomorph)를 가지기도 한다. 이 때 이들 이형태의 대립되는 일정한 부분에서 상호 교체되는 음운을 총칭하여 형태음운(morphophoneme)이라 한다. 다음에는 명사의 형태론적 구성 한계 내에서 일어나는 형태음운의 변동을 기술하려 한다. 이러한 형태음운의 변동은 국어 전반에서 나타나는 형태음운의 변동과 많은 부분에서 일치 공통되고 있음이 사실이며 또 그것이 당연한 일이라 하겠으나, 명사의 형태론적 구성 한계 내에서의 이러한 변동은 이것대로의 변동의 유형과 영감을 가지고 있어 타와 일치되지 않는 형상이 있음을 보여 준다. 이하에 사용되는 음운 기호는 다음과 같다.

k : ㄱ	n : ㄴ	t : ㄷ	l : ㄹ	m : ㅁ	p : ㅂ	s : ㅅ
ŋ : ㅇ	c : ㅈ	ch : ㅊ	kh : ㅋ	th : ㅌ	ph : ㅍ	h : ㅎ
k' : ㄲ	t' : ㄸ	p' : ㅃ	s' : ㅆ	c' : ㅉ	a : ㅏ	ə : ㅓ
o : ㅗ	u : ㅜ	i̵ : ㅡ	i : ㅣ	ɛ : ㅐ	e : ㅔ	ø : ㅚ
y : ㅟ	C : 자음	V : 모음	Ø : 영(zero)			

4.1. 귀착

국어의 자음 중 음절의 말음으로 사용될 수 있는 자음은 오직 k, n, t, l, m, p, ŋ 7뿐이다.

그래서 이들 자음 이외의 자음이나 자음군(consonant cluster)을 말음으로 가지는 형태는 뒤에 휴식(Pause)이 오거나, 자음 초성의 조사나 접미사가 올 때 이상 7자음 중의 하나로 교체된다. 이 현상을 귀착이라 한다.[17] 음절말의 자음군의 귀착현상은 결국 음소의 탈락이 되므로, 이것은 탈락의 항에서 보이기로 한다.

본항의 귀착 현상은 성질상 자연 어간 (또는 어근)과 어간 (또는 어근), 또는 어간과 파생접사 사이에 일어나는 귀착 현상이 그 대상이 되겠다.

    (1) /s/, /c/, /ch/, /th, /h/ > /t/
       /s/ > /t/ : 옷 – 안, 빗 – 질
       /c/ > /t/ : 낮 – 잠, 빚 – 쟁이
       /ch/ > /t/ : 옻 – 칠, 꽃 – 송이
       /th/ > /t/ : 밭 – 언덕, 밭 – 두둑
       /h/ > /t/ : 닿 – 소리
    (2) /k'/, / kh/ > /k/
       /k'/ > /k/ : 깎 – 낫, 꺾 – 쇠
       /kh/ > /k/ : 부엌 – 일, 부엌 – 데기
    (3) /ph/ > /p/ : 옆 – 집, 잎 – 나무

4.2. 동화(assimilation)

(A) /C – C/에서 일어나는 변동

    (1) /k – n/ > /ŋ – n/ : 복 – 날, 속 – 눈썹

---

17) 허웅, op. cit., p.243.

/k－m/＞/ŋ－m/ : 국－말이, 속－마음
(2) /t－n/＞/n－n/ : 꽃－놀이, 첫－날
/t－m/＞/n－m/ : 겉－모양, 겉－말
(3) /p－n/＞/m－n/ : 밥－눈, 입－나무
/p－m/＞/m－m/ : 입－맛, 집－메주
(4) /l－n/＞/l－l/ : 칼－날, 서울－나기

한자어의 경우, 다음과 같은 음운 변동을 볼 수 있으나 고유어에서는 없다.

(5) /k－l/＞/ŋ－n/ : 숙박－료,
/n－l/＞/l－l/ : 군－령(군령), 판단－력
/m－l/＞/m－n/ : 금－력(금력)
/p－l/＞/m－n/ : 수업－료
/ŋ－l/＞/ŋ－n/ : 저항－력
/n－n/＞/l－l/ : 곤난

이상의 변동은 필연적이며, 보편적 변동이다.

(B) /C－V/ 또는 /V－C/에서 일어나는 변동

(1) /t－i/＞/c－i/ : 미닫－이, 맞－받이
(2) /th－i/＞/ch－i/ : 벼－훑이, 맞－붙이

이상은 구개음화(palatalization)로, /－i/는 파생접사다. /i/가 어간(또는 어근)일 때는 이러한 변동은 나타나지 않는다. 위에서 '맞－받이, 벼－훑이, 맞－붙이' 등은 모두 'n₁＋n₂'의 구조로, 제시된 변동은 n₂의 구성에서 나타나는 것이다. 본항의 음운 변동에 있어 /C/에 선행되는 /V/는 이들 변동에 영향력을 가지지 못하기 때문에 다음 항과 유별된다.

(C) /V－C－V/에서 일어나는 변동

(1) /V－t－V/＞/V－l－V/ : 걸－음, 달음－질

(2) /V−p−V/＞① /V−w−V/ : 추위, 더위
         ② /V−u−V/ : 고마움, 미움
         ③ /V−ø−V/ : 구이

본항은 간극 동화로서 개별적인 변동이다. '구이(＜굽이)'는 완전동화인데 이것은 결과적으로 탈락이다. 이런 완전동화의 변동은 '탈락'의 항에서 보이기로 한다.

이러한 변동도 '어간＋접사'의 구성에서만 나타난다.

(D) /V⋯V/에서 일어나는 변동 (⋯는 형태 또는 음운의 불연속)

(1) /ə⋯i/＞/e⋯i/ : 샀−<u>메기</u>
(2) /a⋯i/＞/ɛ⋯i/ : 어간−<u>재비</u>

이것은 'ㅣ모음동화(umlaut)현상'으로 /V−V/에서는 일어나지 않는다.
아이↛애이

4.3. 탈락(loss)

(A) 자음의 탈락

1. 선행 형태소 말의 자음군의 어간(또는 어근)이나 자음 초성의 파생접사 앞에서 자음 하나를 탈락시킨다.

(1) /ks/＞/k/ : 샀−일, 넋−두리
(2) /lk/＞/k/ : 붉−돔, 얽−배기
(3) /lp/＞① /l/ : 넓−잎, ② /p/ : 넓−다듬이
(4) /ls/＞/l/ : 돐−날
(5) /ps/＞/p/ : 값−어치

음운 변동에서 '/lk/>/l/'의 현상도 보이나(예 : malko>malk'o) 명사의 구성에서는 나타나지 않는다. 마지막의 변동 예는 오직 한 예가 있을 뿐이다. 자음군을 말음으로 가진 형태소에 모음으로 시작되는 비어간의 형태소가 후속될 경우 자음군의 어떤 자음도 탈락되지 않음이 일반적인 현상으로 본례는 하나의 예외적 현상이라 할 만하다.

형태소말의 자음군으로 상예 외에도 /nc/, /nh/, /lph/, /lh/ 등이 추가되나 명사를 구성함에 있어서 선행 IC가 이상의 자음군을 말음으로 하는 형태와 타형태와의 결합형은 발견되지 않는다.

2. 경음 또는 유기음 앞에 오는 연음의 탈락

(1) /k−k'/>/−k'/ : 막−깎이
/k−kh/>/−kh/ : 납작−코, 식−칼
(2) /t−t'/>/−t'/ : 꽃−뚜껑, 솥−뚜껑
/t−s'/>/−s'/ : 꽃−쌈, 곁−쐐기
/t−c'/>/l−c'/ : 곁−쪽, 셋−째
/t−ch/>/l−ch/ : 옷−치례, 꽃−차
/t−th/>/−th/ : 웃−통, 꽃−턱
(3) /p−p'/>/−p'/ : 집−뺨, 살립−빵
/p−ph/>/−ph/ : 잎−파랑이

3. 기타 자음의 탈락

다음과 같은 경우에 자음이 탈락되는 수도 있다.

(1) /k/의 탈락
/V−k−w/>/V−ø−w/ : 유월(육월)

이런 변동은 고유어에서는 보기 힘들다. 다만 방언에서 약간의 예를 볼 수 있다.

예 : 비설겆이>비서러지

  (2) /l/의 탈락
    /l−n/>/−n/ : 따−님, 아드−님, 소−나무
    /l−t/>/−t/ : 마−되, 다달−이
    /l−s/>/−s/ : 겨우−살이, 부−삽, 마−소
    /l−c/>/−c/ : 바느−질, 싸−전, 차−조
  (3) /p/의 탈락
    /V−p−V/>/V−ø−V/ : 구이, 시월(십월), <u>혀−짜래기</u>

/−짜래기/는 /−짜르+애기/로 볼 수도 있겠다. /짜르다/는 방언인데, 방언이 다른 형태소(또는 형태소의 결합형)와의 구성으로 표준어가 되는 예가 더러 있다.

    예 : 삯−메기, 맨드리, 몸−맨두리, 이쁘−동이 등
  (4) /s/ 탈락
    /V−s−V/>/V−ø−V/ : 이음, 여름−<u>지이</u>
    /s−c/>/−c/ : 버르−장이

전자는 모음 사이의 /s/이 완전 동화된 현상이며, 후자는 /c/ 앞에서 /s/이 탈락된 현상으로, 이때 /c/에 선행되는 /v/는 /c/의 탈락에 영향력을 가지지 않는다.

  (5) /h/의 탈락
    /V−h−V/>/V−ø−V/ : 하양, 파랑, 노랑

'하양'은 /hajah+aŋ/>/hajaŋ/의 변동이다.

(B) 모음 및 음절의 탈락

모음의 탈락은 자음의 탈락에 비해 그 수도 매우 빈약할 뿐만 아니라, 또한 불규칙하기도 하다. 음절의 탈락 경우도 마찬가지다.

  (1) /i/ 탈락
    ① 어간(동사) 말음이 모음일 때, 파생접사 /im/이 결합되면 /i/는 탈락되며

어간말음이 /l/인 경우에도 그런 수가 있다.
예 : 잠, 삶
② 동사의 어간 말음이 /-li-/이고 여기에 모음으로 시작되는 접사가 결합되면 어간말음 /i/는 탈락되기도 한다.
예 : 막걸리, 갈래
③ 동사의 어간 말음이 /i/이면 여기에 결합되는 접미사 /i/는 탈락되기도 한다.
예 : 지팡-막대, 몸뚱-어리, 귀퉁-머리, 엉덩-춤
④ /i/로 끝난 명사에 다른 형태소가 결합될 때 /i/가 탈락되기도 한다.
예 : 지팡-막대, 몸뚱-어리, 귀퉁-머리, 엉덩-춤
⑤ /y/의 탈락 예 : 까막-까치
⑥ 음절의 탈락
예 : 누님-/나/ 탈락
예 : 아버님-/지/ 탈락
예 : 일여덟-/곱/ 탈락

(C) 장음의 탈락

음의 장단(duration)은 국어에서 하나의 음운으로 모음에 얹히게 된다. 이 음운은 일음절의 단어에서는 그 규칙성을 찾아 보기가 쉬우나, 이음절 이상의 단어에서는 그 규칙성이 크게 동요되고 있다. 장음을 가진 단어가 제 이음절 이상에 놓이게 되면 흔히 장음은 단음화된다. 특히 장음의 용어 어간에 접미사가 결합될 때 이 장음은 탈락됨이 일반적 경향이다.

1. 어간(또는 어근)과 어간(또는 어근)과의 결합에서 장음의 탈락
담 : 배-잎담배
솔 : -칫솔
무 : 당-선 : 무당
2. 어간과 접사와의 결합에서 장음의 탈락
검 : 다-검정
진눈 : -진눈깨비
쥐 : 다-쥐엄발이
굽 : 다-구이

덥 : 다-더위
넘 : 다-줄넘기
살 : 다-머슴살이
둘 : -두서넛
누 : 렇다-누렁
대 : 패-막대패
말 : -막말

특히 용언 말음절의 장음은 접미사 /i/ 앞에서 탈락됨이 현저한 특징이기도 하다.

4.4. 음운의 첨가

(A) /t/의 첨가

형태와 형태가 배합될 때 /t/가 중간에 첨가되는 수가 있다. 첨가되지 않는 그 예도 있으나(예 : 쥐-불, 쥐-구멍 등) 첨가됨이 일반적이다.

(1) 모음과 장애음 사이
/V-k/>/V-t-k/ : 냇-가, 후릿-그물
/V-t/>/V-t-t/ : 뒷-다리, 콧-등
/V-p/>/V-t-p/ : 콧-병, 깃-발
/V-s/>/V-t-s/ : 잇-속, 나눗-셈
/V-c/>/V-t-c/ : 뒷-자리, 나뭇-짐
(2) 모음과 비음 사이
/V-n/>/V-t-n/ : 콧-노래, 콧-날
/V-m/>/V-t-m/ : 잇-몸, 다릿-목

(B) /n/의 첨가

/l/을 첨가한 6개의 종성의 형태소가 다음에 /i/ 또는 /j/로 시작되는 형태

소와 결합될 때 중간에 /n/이 첨가된다.

    (1) 폐쇄음과 /i(j)/ 사이
      /k−i(j)/＞/k−n−i(j)/ : 막−일, 가락−엿
      /t−i(j)/＞/t−n−i(j)/ : 낫−일, 뒷−윷
      /p−i(j)/＞/p−n−j(j)/ : 집−일, 짚−여물
    (2) 유성자음과 /i(j)/ 사이
      /n−i(j)/＞/n−n−i(j)/ : 잔−일, 한−여름
      /m−i(j)/＞/m−n−i(j)/ : 솜−이불, 밤−윷
      /ŋ−i(j)/＞/ŋ−n−i(j)/ : 콩−엿, 땅−임자

유성 자음 중 /l/은 본항에서 제외된다.

    (3) 모음과 /i(j)/ 사이
      /V−i(j)/＞/V−n−i(j)/ : 나뭇−잎, 샛−요기, 예−니레

(C) /l/의 첨가

/l/을 말음으로 가진 형태소가 다음에 모음으로 시작되는 형태소와 결합될 때 /l/을 첨가한다.

/l−V/＞/l−l−V/ : ① 볼−일, 물−엿 ② 빨−래, 갈−래, /갈래/는 어간 /가르−/의 말음 /ɨ/가 탈락되면서 이형태 /갈−/을 낳게 되었다. /래/는 /애/와 이형태가 된다.

(D) /ŋ/의 첨가

형태와 형태의 배합상 그 중간에 /ŋ/을 첨가시키는 예가 몇 있다.

    /ka−aci/＞/ka−ŋ−aci/ : 강아지
    /so−aci/＞/so−ŋ−aci/ : 송아지
    /ma−aci/＞/ma−ŋ−aci/ : 망아지

여기 첨가되는 /ŋ/은 선행, 후행의 어느 형태소에도 귀속시킬 수 있겠으

나 선행 형태소에 속하는 것으로 처리함이 좋겠다.

(E) /h/의 첨가

결합되는 형태소 사이에 /h/을 첨가시키는 예가 있다. '암(雌), 수(雄) (방언에서는 '조(粟)'도 합성됨)'는 다음에 다른 어간 (또는 어근)과 결합될 때 /h/가 덧나는 수가 있다.

/am(su)−kɛ/＞/am(su−h−kɛ/ : 암(수)−캐
/am(su)−talk/＞/am(su−h−talk/ : 암(수)−닭
/co−pap/＞/co−h−pap/ : 조−팝

첨가되는 /h/을 후행 형태소에 귀속시킴을 앞에서 설명한 바 있다.

(F) /p/의 첨가

'조, 차, 저, 등'이 다른 형태소와 결합할 때 /p/가 첨가되는 예가 있다.

/cha(co)−s'al＞/cha(co)−p−s'al/ : 찹(좁)−쌀
/cə−t'ɛ/＞/cə−p−t'ɛ/ : 접−때

4.5. 경음화

음절 말음으로 올 수 있는 7개 자음 뒤에 연음 초성의 형태소가 올 때 이들 연음은 경음화되기도 하는바, 이런 현상은 연음의 연속, 또는 유성음의 연속을 기피하는 '이화'(dissimilation)라 하겠다.[18]

(A) 폐쇄음 다음의 연음의 경음화

폐쇄음 다음에 오는 연음은 경음화 되는데, 이것은 필연적인 변동이다.

---

18) 허웅, op. cit., pp.269~270.

　(1) /p/ 다음의 연음의 경음화
　　　/p−k/>/p−k'/ : 밥−그릇, 덮−개
　　　/p−t/>/p−t'/ : 밥−도시락, 입−덧
　　　/p−p/>/p−p'/ : 밥−벌이, 밥−배기
　　　/p−s/>/p−s'/ : 밥−상, 시집−살이
　　　/p−c/>/p−c'/ : 집−짐승, 겁−장이
　(2) /k/ 다음의 연음의 경음화
　　　/k−k/>/k−k'/ : 두둑−고양이, 뾰족−구두
　　　/k−t/>/k−t'/ : 넓적−다리, 막−동이
　　　/k−p/>/k−p'/ : 깜박−불, 막−벌이
　　　/k−s/>/k−s'/ : 어둑−새벽, 약−수건
　　　/k−c/>/k−c'/ : 닭−조림, 호락−질
　(3) /t/다음의 연음의 경음화
　　　/t−k/>/t−k'/ : 밭−고랑, 옷−깃
　　　/t−t/>/t−t'/ : 밭−두둑, 꽃−대
　　　/t−p/>/t−p'/ : 돗−바늘, 헛−발
　　　/t−s/>/t−s'/ : 꽃−송이, 옷−소매
　　　/t−c/>/t−c'/ : 낮−잠, 돗−자리

(B) 유성 자음 다음의 연음의 경음화

　유성음 다음에 오는 형태소의 초성 연음은 유성음화와 경음화의 두 가
지 변동 현상이 나타난다. 결국 유성음 사이의 폐쇄연음은 유성음화되는데
이 결과로 생기는 유성음의 연속을 기피하는 데서 경음화가 나타난다. 따
라서 이 변동은 임의적이며, 개별적인 변동이다.

　(1) /n/ 다음 연음의 유성음화
　　　/n−k>/n−k'/ : 돈−구멍, 산−길
　　　/n−t/>/n−t'/ : 안−뒤꼍, 손−등
　　　/n−p/>/n−p'/ : 손−바닥, 돈−벌이
　　　/n−s/>/n−s'/ : 눈−사람, 손−수건
　　　/n−c/>/n−c'/ : 돈−지갑, 눈−짓
　(2) /l/ 다음 연음의 경음화
　　　/l−k/>/l−k'/ : 불−길, 돌−길

/l – t/ > /l – t'/ : 굴 – 다리, 돌 – 담
/l – p/ > /l – p'/ : 술 – 병, 솔 – 방울
/l – s/ > /l – s'/ : 물 – 수건, 돌 – 순
/l – c/ > /l – c'/ : 일 – 자리, 물 – 집
(3) /m/ 다음 연음의 경음화
/m – k/ > /m – k'/ : 밤 – 길, 좀 – 것
/m – t/ > /m – t'/ : 좀 – 두둑, 솜 – 덩이
/m – p/ > /m – p'/ : 밤 – 밥, 삼 – 불
/m – s/ > /m – s'/ : 밤 – 송이, 밤 – 사이
/m – c/ > /m – c'/ : 잠 – 자리, 몸 – 짓
(4) /ŋ/다음 연음의 경음화
/ŋ – k/ > /ŋ – k'/ : 장 – 거리(시장가), 장 – 군
/ŋ – t/ > /ŋ – t'/ : 장 – 돌림, 초생 – 달
/ŋ – p/ > /ŋ – p'/ : 방 – 바닥, 상 – 보
/ŋ – s/ > /ŋ – s'/ : 방 – 세간, 창 – 살
/ŋ – c/ > /ŋ – c'/ : 등 – 짐, 병 – 주머니

4.6. 기타 /l/ > /t/

어근과 어간의 결합에서 선행 형태소말의 /l/이 /t/으로 변동되는 예가 약
간 나타난다.

/l – k/ > /t – k/ : 숟 – 가락
/l – n/ > /t – n/ : 며칟 – 날
/l – t/ > /t – t/ : 섣 – 달

5. 결어

이상에서 명사의 형태론적 구성을 살펴보았다. 여기서 얻어진 구성 유

형은 대체로 다음과 같다.

   1. $St_1 + St_2$
    (1) $N_1 + N_2$ (2) $(N_1 + P) + N_2$
    (3) $D + N$ (4) $A + N$
    (5) $V + N$ (6) $R_b + N$
   2. $S_t + S_{xd}$ 혹은 $P_x + S_t$
    (1) $N + S_{xd}$ (2) $V + S_{xd}$
    (3) $S_{tb} + S_{xd}$ (4) $P_x + N$
    (5) $P_x + S_{xd}$

대체적인 유형은 밝혀진 셈이나 세부적인 면에서는 더 검토되어야 할 과제가 여전히 남아 있게 된다. 명사뿐만 아니라 여타의 형태론적 구조가 아직 세부적인 연구가 되지 못한 채이어서 이 방면의 연구가 더 기대되어야겠다.

—『국어교육』 12, 한국국어교육연구회, 1969. 12.

동사류어의 어간 구조와 접사

1. 서언

어간 구조의 기술은 어간과 파생접사의 기술로서, 국어 동사류어(Verb Class)의 경우 굴곡접사의 기술에 비해 훨씬 간편함이 사실이며, 형태론에서 그 비중이 후자에 비해 가볍다면 가볍다고 할 수도 있다. 그러나 이것도 형태론에서 그대로 간과할 수 없는 문제이거나, 또는 후자에 비해 순서상 선행되어야 할 문제이기도 한 점을 고려할 때, 이것도 일단은 정리하고 넘어가야 할 작업임에 틀림없다.

이것은 그간 비교적 소외되어 온 것이 사실인데, 이러한 경시 내지 미비는 단어 구조에 대한 바른 이해를 그르게 했고, 그것은 한 예로 국어 사전 편찬에 있어 직접성분을 분석 표시하는 데 무질서한 혼란을 야기시키는 결과로도 나타났음을 우리는 경험하는 바이다.

국어에서 어간 구조 중 가장 복잡 다양한 구조를 보이는 것은 명사류어와 동사류어로서 후자는 전자에 비해 더욱 심하다. 전자에 대하여는 필자가 졸고 '명사의 형태론적 구조'[1]에서 미흡한 대로 살펴본 바 있다.

이 글에서는 동사류어의 어간 구조를 기술함을 목표로 하고 있기 때문에 자연 굴곡접사는 대상에서 제외되며 편의상 고유어를 주된 대상으로

---

1) 「명사의 형태론적 구조」, 국어교육 12호, 1969.

했기 때문에 한자어는 논외로 되었으나 이것도 마땅히 포함되어야 함은 물론이다.

무릇 모든 '구조'가 그렇듯이 여기의 어간 구조 이해도 바른 성분 분석에서 비롯되며 또한 이에서 가능해진다고 보아 여기 기술의 방법은 주로 IC 분석 방법에 의존하였다. 또한 어간 구조의 기술은 많은 경우 파생접사의 분석과 기술을 필요로 하는 만큼 의의를 가지기에 이것도 장을 따로 하여 고찰하기로 한다. 여기 대상의 접사는 물론 이 글의 성격상 동사류어의 어간을 형성하고 있는 것에 국한되었고, 여타의 것은 일절 제외되고 있다.

2. 성분 분석

한 구조(structure)의 이해는 그것의 구성 성분 분석에서 비롯된다. 즉, 그 구조를 형성하고 있는 궁극적인 단위 성분의 분석을 선행 요건으로 한다. 물론 그 궁극적 성분이란 것은 분야에 따라 상이하다. 이것은 본고의 경우 말할 것도 없이 형태소 분석에서 더 넘을 수 없다.

그런데 한 구조의 이해는 그것이 본고의 경우와 같은 형태론적 구조(morphological structure)든 또는 통사론적 구조(syntactic structure)든 그 최종적 성분의 분석만으로 이해되지 않는다는 것은 주지하는 바다. 바른 이해는 직접 구성 성분(immediate constituents)의 이해 또는 직접성분 분석(IC analysis)의 방법에 의해 가능하게 된다. 그것은 무릇 언어 구조가 단순한 성분 결합이라기보다 확연하고 정연한 계층적 또는 서열적 구조이기 때문이다. 단순한 성분 분석은 구조에 대해 아무 것도 말해 주지 않는다.

다음에는 동사류어(verb class words)의 구성 방법 또는 그 유형을 기술하기에 앞서 직접성분 분석상의 문제 또는 유의점을 밝혀 둠으로써 그 다음 장의 이해를 돕고자 한다. 이들 복잡한 구조를 분석하기 위해서는 일관성 있는 방법 또는 기준을 절대필요로 한다. 우리들이 사용하고 있는 사전들에서 같은 구조형을 상이하게 분석해서 표기하고 있는 예가 불소함은 그의 결여에서 기인된 것이다. 여기서 상논은 피하고 다만 몇몇 유형에 대한 분석의 방법 또는 태도를 밝혀 분석의 기준을 삼고자 한다.

  1. $N+V_1+V_2$(N=명사류어 V=동사류어)

   (가) $N+V_1 \fallingdotseq V$ $V_1+V_2=V$
     예 : 땅파먹다 뒤쫓아가다 뒤내려긋다 뒤떨어지다

  ⓐ $(N+V_1)+V_2$ ⓑ $N+(V_1+V_2)$의 분석 방법이 가능하다. 그러나 (가)에 근거해서 볼 때 특별한 이유가 없는 한 ⓑ의 방법을 택한다. 국어대사전(이희승, 이하 '대사전'이라 약칭)에서 이들을 '땅파 – 먹다, 뒤쫓아 – 가다, 뒤 – 내려긋다 등'으로 분석의 일관성을 결하고 있는 것은 납득이 안 가는 일이다. 의미상으로 보아도 위의 분석에 무리가 없다고 본다.

   (나) $N+V_1=V$ $V_1+V_2=V$
     예 : 뒤따라오다 뒤돌아오다

  전항 (가)에서와 같이 두 방법이 여기서는 모두 가능하여 어느 하나가 타를 부정할 만한 결정적 근거가 없다. (가), (나)가 표면상 동일 구조 유형이고 보면 가능한 한 동일한 방법으로 분석함을 원칙으로 삼을 것이다. 여기서도 그러한 원칙은 무리 없이 적용된다. $N+(V_1+V_2)$의 구조로 본다.

  2. $N+Vst+Sx$ (Vst=V(굴곡)어간 Sx=접미사 : 본고에서는 파생접미사로 지칭된다.)

   (가) $N+Vst \fallingdotseq Vst$ $Vst+Sx=Vst$
     예 : 돌잡히다 기막히다 기름먹이다

$N+Vst \fallingdotseq Vst$인 限 $N+(Vst+Sx)$로 분석한다.

   (나) $N+Vst=Vst$ $Vst+Sx=Vst$
     예 : 장가들이다 앞세우다

역시 (N+Vst)+Sx, N+(Vst+Sx)의 두 방식이 가능하나 1.에서 본 바와 동일한 이유로 N+(Vst+Sx)로 분석한다. 뿐만 아니라 언중들의 의식에도 '장가들이다'를 '장가들다'에서 파생된 사동형이라고 보기보다는 '장가 들이다'로 생각함이 훨씬 일반적일 것으로 생각된다.

'더미씌우다, 덧방붙이다 등'에서 '더미-, 덧방-' 등은 의존형태(bound-form)로서 명사에 준할 만한 것인데 이들은 Nb+Vst≒Vst Vst+Sx=Vst (Nb=의존형태의 명사)이기 그 분석은 위의 (가)에 준한다.

  3. Px+Vst+Sx(Px=접두사)

   (가) Px+Vst≒Vst Vst+Sx=Vst
     예 : 덧걸리다 되치이다 되씌우다

(가)에 의해 Px+(Vst+Sx)로 분석한다.

   (나) Px+Vst=Vst Vst+Sx=Vst

지금까지의 분석 방법에 근거해서 (가)와 동일한 방법으로 Px+(Vst+Sx)로 분석한다. 이것이 언중의 의식에도 더 잘 부합되리라 생각된다.

  4. Ad+Vst+Sx(Ad=부사 또는 부사적 어근이나 어간)

   (가) Ad+Vst≒Vst Vst+Sx=Vst
     예 : 거꾸로박히다

'거꾸로-박히다'로 분석된다.

   (나) Ad+Vst=Vst Vst+Sx=Vst
     예 : 번갈아들이다 도두보이다

역시 Ad+(Vst+Sx)로 분석된다.

Ad+V와 같은 경우 그것은 대체로 합성구조(compound)인데, 이런 합성은 원래 구(phrase structure)에서 유래된 것이다. 그래서 '번갈아들이다'가 구 형태인 '번갈아들다'에서 파생되었다기보다는 '번갈다'와 '들이다'의 합성으로 봄이 순리다.

　5. $Px+V_1+V_2$

　　(가) $Px+V_1 \fallingdotseq V$　$V_1+V_2=V$
　　　예 : 되올라가다 헤벌어지다 도다녀가다

　$Px+(V_1+V_2)$로 분석한다. '되-올라가다, 헤벌어-지다, 도다녀-가다'(대사전)와 같이 상이하게 분석할 특별한 근거가 발견되지 않는다.

　　(나) $Px+V_1=V$　$V_1+V_2=V$
　　　예 : 뒤틀어지다 되돌아보다 되돌아가다

　여기서도 (가)와 같이 $Px+(V_1+V_2)$로 분석한다. 이것이 지금까지의 분석 원리에 부합된다. 뿐만 아니라 Px는 대체로 단순 어간(simple stems)이나 파생 어간(derived stems)과 직접구성을 이룬다. 즉, 합성 어간(compound stems)과는 대체로 직접 구성을 기피함이 일반적이다. 여기서도 '뒤틀어-지다, 되-돌아보다'(대사전)로 달리 분석할 이유가 없다. 이들과 유사하게 보이는 '휘둥그러지다, 새파래지다'는 물론 $(Px+V_1)+V_2$로 분석된다. Px/휘-/, /새-/는 형용사와 직접구성을 갖는 접사기 때문이다.

　　(다) $Px+V_1=V$　$V_1+V_2 \fallingdotseq V$
　　　예 : ㉠ 내빼오다 내버려두다 ㉡ 들부셔내다 칩떠보다

　㉠은 의미상 $(Px+V1)+V2$로 분석되어야 한다. ㉡에서는 '들부시-, 칩뜨-'가 직접으로 어간을 구성하지는 못하나 이와 동류의 '들부수-, 치뜨-'가 어간 (Vst)임을 고려하여 ㉠, ㉡ 모두 동일 방식으로 분석한다.

　6. $Px+Stx+Sx$(Stx=비굴곡 의존어간 굴곡어간도 아닌 의존형태를 가칭함)
　　　예 : 해반지르르하다 슬미지근하다 시푸르죽죽하다

　이들은 모두 Px+Stx≒Vst Stx+Sx=Vst이기 때문에 지금까지 위에서 분석해 온 방법으로는 Px+(Stx+Sx)로 분석될 것 같다. 그러나 여기서는 성격이 다르다. 예에서 V(Stx+Sx)를 살펴보면 의미의 중심은 Stx에 있는 것이며, Sx는 단순히 Stx를 Vst화하는 기능의 형태(Verb stem formative)일 뿐이다. 그러므로, 여기서 Px와 직접구성을 갖는 것은 Stx+Sx가 아니고 Stx만으로 보인다. 결국 Px와 Stx와의 복합 형태가 Sx /-하-/에 의해 Vst화하는 것으로 봄이 옳다.

　이것은 Vst+Stx+Sx의 경우(예 : 검푸르죽죽하다)에도 마찬가지다. /검-/은 /푸르죽죽하-/와 결합되는 것이 아니라 /푸르죽죽-/과 결합하여 Sx에 의해 Vst이 된다.

7. Vst₁+Vst₂+Sx

　Vst1+Vst2=Vst의 표면 구조에서 두 Vst 사이의 구조적 관계가 대등한 경우는 양자 모두 Vst으로 보나 Vst1이 Vst2에 대하여 종속적 관계, 즉 수식적인 관계에 있을 때는 Vst1은 접두사로 처리한다. '오가다'는 전자에 속하나 '섞바꾸다, 들앉다'는 후자에 든다. 따라서, 본항은 대체로 '3.'항의 Px+Vst+Sx에 포함된다. 예를 들면 다음과 같다.

  (가)　Vst₁(Px)+Vst₂≒Vst　Vst+Sx=Vst
    예 : 흩날리다
  (나)　Vst₁(Px)+Vst₂=Vst　Vst+Sx=Vst
    예 : 들앉히다 섞바뀌다

8. Px+N+Sx

  (가)　Px+N≒N　　N+Sx=Vst
    예 : 데생각하다

　'데+N'는 불가능하나 '데+V'는 가능한 구조상의 특징에 비추어 (예 : 데-익다 데-삶다 등) '데+생각하-'로 분석한다. 이 경우를 '해반지르르-하다'와 동궤로 '데생각–하다'(대사전)와 같이 보는 것보다는 전자가 나을 듯 싶다.

    (나) Px+N=N N+Sx=Vst
      예 : ⓐ 덧셈하다 ⓑ 날반죽하다

ⓐ는 '덧셈–하다', '덧–셈하다' 모두 구조적 지원이 가능하나(예 : 덧–니 덧옷, 덧–붙다 덧–나다), ⓑ는 '날반죽–하다, 만이 가능하다(예 : 날–고기), 의미를 아울러 고려할 때 본항은 '(Px+N)+Sx'로만 가능하다.

대략 이상에서 고찰해 본바 분석의 방법 또는 원리를 근간으로 다음 장에 나가 어간 구성의 실태를 분석 기술하기로 한다.

3. 어간 구조

어간 구조는 동사류어에서도 역시 이대별(二大別)된다. 하나는 파생 어간(derived stems)이요, 다른 하나는 합성어간(compound stems)이다. 전자는 직접성분(IC)중에 파생접사를 포함하고 있는 구조며, 후자는 IC 모두가 어간(stems) 또는 어근(roots)으로 된 구조다.

3.1. 파생 어간

3.1.1. Px+Vst

Px를 분석해 내는 데 있어 그의 식별은 때로 모호한 때가 있다. 그래서 대체로 다음과 같은 기본 태도를 먼저 생각하고 이에 근거하여 구분하였다.

(1) Vst₁+Vst₂일 때, 내용상 양자가 대등한 관계(coordinate construction)에 있으면(예 : 오가다) 이것은 합성구조로 처리하고, 주종적인 관계(subordinate construction)면(예 : 붙잡다 낮보다) Px로 한다.

(2) 한 자립형태가 줄어서 관용화된 것은 Px로 한다.

    예 : <u>맞-</u>대다 <u>맞-</u>보다 (맞-<마주)

(3) Vst₁+Vst₂에서 Vst₁이 본래의 의미에서 크게 거리가 생겼을 때는 Px로 한다.

    예 : <u>나가-</u>자빠지다(>나-자빠지다)

(4) Vst이 아닌 의존형태가 Vst에 선행될 때는 이것의 어원에도 불구하고 Px로 처리한다.

    예 : 가라-앉다 벌가-벗다 거무충충-하다 쳐다-보다 들이-닥치다(이것은 어원에 관계없이 '드리-'로 표기함이 더 낫다.)

위에서 '거무충충-하다'(기타. 거무칙칙하다)는 '검다'와 '충충하다'의 합성구조(compound)로 볼 수 있다. 이렇게 되면 R(검-)와 R(충충-)의 합성과정에서 보이는 /-우-/(거무충충-하다)의 처리가 문제되는 것으로, 이는 불가불 일종의 연결소(connective element)로 처리할 수밖에 없다. Latin어에서 agricola(farmer)는 agricol에서 온 것으로 agr(<ager'field'), col-(<colere 'to cultivate')과의 합성과정에서 나타나는 i도 connective element로[2] 국어의 /-우-/도 이와 동궤의 것으로 볼 수도 있지 않을까 한다.

그러나 예가 많지도 않거니와, 접두사로 보아도 큰 무리가 없는 바에는 굳이 복잡한 분석을 좇을 것이 없겠다.

  1. Vst=Stsp (Stsp=단일어사 simple stem)

    예 : ⓐ 되-찾다 짓-밟다 비-좁다 헤-무르다
        ⓑ 덩-덩그렇다 빨가-빨갛다 파라-파랗다

---

2) A Course in Modern Linguistics ; Charles F. Hockett, 1966, p.241.

(－은 어간의 IC를 구분한 것이며 편의상 단어 전체로 표기한다.)

ⓑ의 접두사는 어간의 일부가 반복되어 접사가 된 것으로 일종의 반복법(reduplication)에 의한 구조로 생각된다(4.1.2 참조).

  2. Vst＝Stdv (Stdv＝파생 어간)

    a. Vst＝Px＋Vst 예 : 내－박차다
    b. Vst＝Vst＋Sx 예 : 돋－보이다 덧－붙이다 내－부딪뜨리다
    c. Vst＝R＋Sx 예 : 나가－자빠지다 나가－동그라지다

  3. Vst＝Stcd (Stcd＝합성어간)

    a. Vst＝N＋Vst 예 : 내－동댕이치다 내－팽개치다
    b. Vst＝V1＋V2
      예 : 되－올라가다 도－다녀가다 되－벗어지다 나가－떨어지다

접두사에 의한 파생 구조는 이것밖에 없다. 즉 'Px＋St'에서 St은 Vst에 한한다. 이것은 Px가 어간의 문법 기능을 변환시킬 수 없음을 의미함이 된다.

그런데 동일 접두사와 직접구성을 하는 St(Vst)은 그 수에 있어 20을 넘는 예가 있다.

  /되－/ : 갈다 걸리다 넘기다 놓다 뇌다 돌다 돌아가다 돌아들다 돌아보다
       돌아서다 돌아오다 먹다 박다 박이다 살다 벗어지다 새기다 세우
       다 쏘다 찾다 치이다 등
  /맞－/ : 걸리다 걸다 결리다 놓다 닥뜨리다 닥치다 당기다 대다 닿다 대하
       다 들다 먹다 물리다 바꾸다 바라보다 보다 부딪뜨리다 부딪치다
       붙다 붙이다 붙잡다 서다 쐬다 자라다 잡다 등

또한 동일 St(Vst)에 선행되는 Px는 그렇게 많은 것은 아니나 때로 10을 넘는 예도 있다.

  /－보다/ : 깐－ 깔－ 낮－ 되－ 떠－ 맞－ 빗－ 설－ 얕－ 얼－ 쳐다－
        헛－ 휭－ 등

위와 같은 현상은 V류어 중에서 형용사보다는 동사에서 더 현저한 특징이 되고 있다. 결과적으로 Px는 형용사보다 동사에서 더 발달을 보이고 있음을 알 수 있다.

3.1.2. $V+S_x$

1. $V=V_{st}$

   예 : 깨 – 뜨리다 깨 – 이다 높 – 이다

2. $V=V_a$ (V_a=동사류어의 부사형 활용형)

   예 : 끊어 – 뜨리다 들어 – 뜨리다 기울어 – 뜨리다(4.2.4 참조)

3. $V=S_{tdv}$

   예 : 구기박 – 지르다 붙잡 – 히다

3.1.3. $N+S_x$

1. $N=S_{tsp}$

   예 : 일 – 하다 참 – 되다 값 – 지다 참 – 답다

2. $N=S_{tdv}$

   a. $N=N+S_x$
   ㉠ 예 : 덩어리 – 지다 가위질 – 하다
   ㉡ 닦이질 – 하다 낳이 – 하다 쥐엄질 – 하다($N=N_b$)
   b. $N=V_{st}+S_x$ 예 : 놀이 – 하다 되박이 – 하다 가심 – 하다
   c. $N=A_d+S_x$ 예 : 냠냠이 – 대다
   d. $N=R+S_x(R=$어근$)$
      예 : 가동질 – 하다 가댁질 – 하다 ($R=S_{tx}$)
   e. $N=P_x+N$ 예 : 덧셈 – 하다 날반죽 – 하다

3. N=Stcd

  a. $N=N_1+N_2$

    예 : ㉠ 가을일 – 하다　꼴바꿈 – 하다　　꽃맞이 – 하다

       ㉡ 반비알 – 지다　호미씻이 – 하다　꼭뒤잡이 – 하다(N=Nb)

  b. N=V+N

    ⓐ V=Vst 예 : 나눗셈 – 하다

    ⓑ V=Va 예 : 풀쳐생각 – 하다 얼러방망이 – 하다

  c. $N=(N_1+P)+N_2$(P=조사)

    예 : 내발뺌 – 하다

  d. N=Ad+N　예 : 바로꽂이 – 하다　쑥덕공론 – 하다

  e. N=R+N　예 : 어여머리 – 하다

  f. N=Px+N　예 : 잔일 – 하다

  g. N=D+N(D=관형사)　예 : 네모 – 지다

3.1.4. Ad+Sx

1. Ad=Stsp

  예 : 덜 – 하다　깜박 – 거리다 꾸벅 – 이다

2. Ad=Stdv

  a. Ad=Vst+Sx 예 : 달리 – 하다 없이 – 하다 같이 – 하다

  b. Ad=R+Sx 예 : 어름적 – 거리다 가들막 – 거리다

3. Ad=Stcd

  a. ㉠ $Ad=Ad_1+Ad_2$

    예 : 깨갱깨갱 – 하다　까옥까옥 – 하다 깜짝깜짝 – 하다($Ad_1=Ad_2$)

    ㉡ 이리뒤적저리뒤적 – 하다　이러쿵저러쿵 – 하다　본숭만숭 – 하다

  b. Ad=V1+V2 예 : 이랬다저랬다 – 하다

  c. Ad=N1+N2 예 : 이날저날 – 하다

3.1.5. D+Sx

예 : 새 - 롭다

3.1.6. Stx+Sx

1. Stx=R

예 : 빠 - 지다 가든 - 그리다 소담 - 스럽다 닥 - 뜨리다

2. Stx＝R＋Sx

예 : 헤뜨러 - 지다 가든그 - 뜨리다

3. Stx＝Px＋St

예 : 해반지르르 - 하다 시푸르둥둥 - 하다
     엇비뚜름 - 하다   벌버듬 - 하다(St＝Stdv)

4. Stx＝R＋R

예 : 끈끈 - 하다(R＝Stx)

5. Stx＝Vst＋R

예 : 굳건 - 하다

파생어에서 직접성분간의 관계를 보면, 'Px＋St'과 'V＋Px'의 구성에서는 동심적 구조(endocentric construction)를 보이며, 여타의 경우엔 이심적 구조 (exocentric construction)를 보인다.

동심적 구조 : 박 - 차다 맞 - 잡다 해반지르르 - 하다
이심적 구조 : 일 - 하다 잘 - 하다 새 - 롭다

또한 파생 구조는 모두 종속 구조가 된다.

3.2. 합성 어간

합성어간(compound stem)이란 직접성분 중에 파생접사를 포함하지 않은 어간을 지칭한다. 합성 어간은 그 자체 내의 성분 배열(arrangement) 또는 야합(combination)에 따라 형태론적 구조(morphological structure)와 통사론적 구조(syntactic structure)로 구분될 수 있는바, 후자는 실제상 구의 구조(phrase structure)여서 합성어와 구와의 사이에 그리 선명한 구별이 잘 안 되는 것이 사실이다.

> 형태론적 구조 : 돌 - 잡히다 뒤 - 내려긋다 뒤뿔 - 치다
> 통사론적 구조 : 된서리 - 맞다 게으름 - 피우다 떠돌아 - 다니다

더구나 '거슬러 - 올라가다, 우습게 - 여기다, 남의살 - 같다, 깎아지른 - 듯하다' 등(대사전)과 같은 경우에 실로 양자간의 한계를 규정하기 힘들다. 대체로 합성어는 구보다 의미상으로나 형태상으로 제한되고 밀착되는 것이 일반적이다. 구와 합성어와의 관계는 어느 언어에서나 선명한 것이 아닌 것으로 이것은 Eugen A. Nida의 고찰이[3] 크게 참고될 것이다.

합성어를 고찰하면서 위 양자를 구별해 보임이 타당하겠으나 편의상 여기서는 종합적으로 다루기로 한다.

3.2.1. N+V

1. N=Sp V=Sp (Sp=단일형태)

   예 : ㉠ 꼬리 - 치다 글 - 쓰다 뒤 - 돌다 가새 - 지르다
       ㉡ 깍지 - 끼다 동당이 - 치다 두남 - 두다 뒤뿔 - 치다(N=Nb)
       ㉢ 귀에 - 익다(N=N+P)

---

3) Eugene A. Nida, *Morphology*, 1963, p.102.

2. N=Sp V=Dv(파생형태)

예 : ㉠ 기름 – 먹이다   돌 – 잡히다   뒤 – 돌리다
    ㉡ 더미 – 씌우다
    ㉢ 홍에 – 띠다

3. N=Sp   V=Cp(합성형태)

예 : 뒤 – 내려긋다 뒤 – 따라오다 끈 – 떨어지다 뒤 – 떨어지다(V=V1+V2)

4. N=Dv V=Sp

a. N=Px+N
  예 : ㉠ 날밤 – 새우다   된서리 – 맞다   된서방 – 맞다.
      ㉡ 독선 – 잡히다 털썩이 – 잡다(N=Nb)
b. N=Vst+St
  예 : 꿈 – 꾸다 잠 – 자다 곤두박이 – 치다(곤두박이=Nb)
c. N=N+Sx
  예 : 도망질 – 치다 끝장 – 나다 게으름 – 피우다 달음질 – 치다
d. N=Ad+Sx
  예 : 간지럼 – 타다
e. N=Px+Sx
  예 : 허탕 – 치다(/허 – /는 일반적으로 Px이나 여기서는 Root로 볼 만하다.)

5. N=Dv V=Dv

a. N=N+Sx V=Vst+Sx   예 : 뒷짐 – 지우다 눈독 – 들이다.

6. N=Cd V=Sp

a. N=N1+N2   예 : ㉠ 뒤꼭지 – 치다 가위춤 – 추다 가재걸음 – 치다.
                       ㉡ 젖배 – 골리다.(N=Nb)
                       ㉢ 남의달 – 잡다 남의집 – 살다(N=N+P)
b. N=Vst+N   예 : 꺾짓손 – 세다 늦바람 – 나다.
c. N=V+N   예 : 단배 – 주리다 큰일 – 나다.
d. N=D+N   예 : 네모 – 나다 한손 – 잡다 한손 – 놓다.
e. N=R+N   예 : 홍글방망이 – 높다.

7. N=Cd V=dv

    a. N=D+N V=Vst+Sx　　예 : 한풀 – 꺾이다.
    b. N=V+N V=Vst+Sx　　예 : 단배 – 골리다.
    c. N=Ad+N V=Ad+Sx　　예 : 깩소리 – 못하다.
    d. N=N1+N2 V=Vst+Sx　예 : 뒷손 – 벌리다 뒷다리 – 잡히다 거미줄 – 늘이다.
    e. N=Ad+N V=Vst+Sx　　예 : 간질밥 – 먹이다.
    f. N=N1+N2 V=Ad+Sx　　예 : 땅띔 – 못하다.

8. N=Cd V=Cd

    a. N=D+N V=Ad+Vst
    예 : 사족 – 못쓰다.

　　합성어에서의 어간의 직접성분간의 관계도 동심적 구조와 이심적 구조, 대등 구조와 종속 구조로 구분되는 바, 이심적 구조와 대등 구조는 그 예가 그리 많지 못하다. 그것은 선행 성분이 그 뒤에 따르는 성분에 대하여 대체로 수식 성분이 되기 때문이다.

    (1) 동심적 구조 : 도와 – 주다　뛰어 – 가다
    (2) 이심적 구조 : 그만 – 이다 새 – 롭다
    (1) 대등 구조 : 오 – 가다 넘고 – 처지다
    (2) 종속 구조 : 붉디 – 붉다 우습게 – 여기다

3.2.2. V_1+V_2

1. V_1=Sp V_2=Sp

    a. V_1+Vst
    예 : 오 – 가다
    b. V_1=자립형
    예 : 도와 – 주다 우습게 – 여기다 미나 – 밀다 붉디 – 붉다 쌔고쌨다.

2. V$_1$=Sp V$_2$=Dv

   예 : 둘러 – 맞추다 넘고 – 처지다 마지 – 아니하다(V$_1$의 St만은 단일형태임)

3. V$_1$=Sp   V$_2$=Cd

   예 : 뛰어 – 들어오다

4. V$_1$=Dv V$_2$=Sp

  a. V$_1$=Px+V

   예 : 되짚어 – 오다 붙박아 – 놓다(*붙박다) 감싸고 – 돌다 뒤틀어 – 지다 들부
     셔 – 내다 내립떠 – 보다 후 이자의 V$_1$에서 '내립뜨 –, 들부시 –'가 추
     출될 수 있으나 실제는 이들과 동궤의 '내리뜨 –, 들부수 –'가 가능할
     뿐이다.

  b. V$_1$=Vst+Sx

   예 : 긁혀 – 미다 돌려 – 대다

5. V$_1$=Dv   V$_2$=Dv

  a. V1=Px+V   V2=Px+V

   예 : 되돌고 – 되나다

  b. V1=Vst+Sx V2=Vst+Sx

   예 : 넘겨씌우다

6. V$_1$=Cp   V$_2$=Sp

  a. V$_1$=N+V

   예 : 눈감아 – 주다 발벗고 – 나서다 귀담아 – 듣다 귀넘어 – 듣다(*귀넘다)

  b. V$_1$=V$_1$+V$_2$

   예 : 떠돌아 – 다니다 뚫어지게 – 보다

3.2.3. Ad+V

1. Ad=Sp V=Sp

   예 : 잘 – 먹다 가만 – 있다 ㄲ떡 – 없다 꼭 – 차다 얼토당토 – 아니하다

2. Ad=Sp V=Dv

  a. V=Ad+Sx

    예 : 꿈쩍 – 못하다 거꾸로 – 박히다

  b. V=Px+Vst

    예 : 딱 – 부릎뜨다

3. Ad=Dv V=Sp

  a. Ad=Vst+Sx

    예 : 낮추 – 보다 없이 – 살다 나지리 – 보다 나삐 – 알다(낮추 – Vst 낮추+zeroSx)

  b. Ad=Px+Vst

    예 : 되짚어 – 오다

4. Ad=Sp V=Cd

  예 : 떡 – 벌어지다

5. Ad=Cd V=Sp

  a. Ad=N+V

    예 : 번갈아 – 들다

  b. Ad=Ad+Ad

    예 : 팍팍 – 쏘다

6. Ad=Dv V=Dv

  a. Ad=Vst+Sx V=Vst+Sx

    예 : 도두 – 보이다 곧추 – 세우다

7. Ad=Cd V=Dv

  a. Ad=N+V   V=Vst+Sx

    예 : 갈아 – 들이다

3.2.4. N+C (C=지정사 / – 이 – /)

  예 : 그만 – 이다

4. 접사

파생 어간의 기술은 곧 접사의 기술이 되는바 접사는 중요한 의의를 가진다. 여기에 장을 달리해서 접사 ― 접두사, 접미사 ― 에 대해 간단히 고찰하기로 한다.

4.1. 접두사

4.1.1. 접두사의 분포

분포(distribution)란 어떤 형태가 놓일 수 있는 인접 관계 또는 문맥(context)를 의미한다. 'Px' 자체를 단위체로 고찰한다.

(1) /―/+Vst (/―/는 문제의 Px를 가리킨다.)

이것은 다시 Vst의 하위분류 ― 동사(Vact), 형용사(Vdes) ― 에 의해 다시 다음 3가지로 구분해 보일 수 있다.

ⓐ /―/+Vact
  예 : ㉠ 짓―밟다 억―누르다 휘―날리다
    ㉡ 덧―신다 빗―나가다 맞―닿다

㉡은 /―/+N의 분포도 아울러 보인다.

  예 : 덧―신 빗―금 맞―벌이

ⓑ /―/+Vdes 예 : 드―높다 새―하얗다

ⓒ /―/+ { Vact 예 : 데―알다 들이―밀다
        Vdes 예 : 데―익다 들이―곱다

(2) / − / +Stx

　예 : 슬미지근 − 하다

(3) / − / + $\left\{ \begin{array}{l} ㉠ \text{ Vst} \\ ㉡ \text{ Stx} \end{array} \right.$

　　예 : ㉠ 해 − 맑다 시 − 퍼렇다 엇 − 가다
　　　　㉡ 해반지르르 − 하다 시푸르죽죽 − 하다 엇비뚜름 − 하다

4.1.2. 접두사의 분류

1. 분포에 의한 분류
4.1.1. 참조

2. 형태상의 분류

국어 접두사는 어간(또는 어근)의 일부가 반복되어 형성된 것과 그렇지 않은 것과의 두 유형으로 구분할 수도 있다. 즉 반복법(reduplication)에 의한 접사와 기타의 것을 말한다. 대부분의 접두사가 후자에 속하며 극히 제한된 소수의 접두사가 전자에 들고 있다.

　예 : 벋버듬 − 하다 덩덩 − 그렇다 빨가 − 빨갛다 파라 − 파랗다

위에서 벋버듬 − 덩덩 − 빨가빨갛 − 등은 반복법에 의한 어간 구성으로 벋 −, 덩 −, 빨가 − 등은 각각 어근 또는 어근 일부의 반복형이다.
이와 동궤의 반복법은 다른 언어에서도 더러 발견되는 것이다.

　희랍어 : λείp − o/leip − o/ 'I leave' λέ − loτπ?/lé − loip − a/ 'I have left'.
　라틴어 : can − ō 'I sing' ce − cin − ī 'I sang'

희랍어나 라틴어에서 완료형을 만들 때 어간의 내부 변화와 함께 어간

의 일부가 다시 내부 변화를 하여 접두사로 부가된 것이다.[4]

4.1.3. 접두사의 특징

접두사는 대략 200 가까운 수를 보이고 있는데, 이들의 성격을 종합해 보면 대체로 다음과 같다.

(1) 어간의 문법적 기능－품사－을 전환시키지 못한다. '헛－되다'가 'Px+V'의 구조라면 본항의 예외가 되겠으나, 'R+Sx(－되－)'로 봄이 더 타당할 것으로 생각된다.

(2) 분포상 Px에 선행하는 Px는 없다. 즉 Px+Px의 분포는 없다.

(3) 단음절이 우세하며 이음절 이상은 그리 많지 않다.

(4) 대체로 자립형태(free form)와의 직접 구성 관계를 가지지 않는다. 이것은 Px가 굴곡어간 또는 비굴곡의존어간과 직접 구성 관계를 갖기 때문이다.

(5) 대체로 'N+/－하－/'구조의 동사와의 직접구성을 기피한다. '데생각－하다'(대사전)는 '데－생각하다'가 옳은－것으로 본항에서 벗어나는 예다.

(6) 대체로 합성어(compounds)와의 직접구성을 기피한다.

4.2. 접미사

여기 접미사란 어간(또는 어근)에 후행되어 새로운 단어를 파생시키는 파생 접미사(derivational suffix)를 가리키는 것으로, 단순히 문법성만을 가지는 굴곡 접미사(inflectional suffix)와 구별된다.

대체로 양자는 다음과 같이 구별될 수 있다.

---

4) George L. Trager(1942), 김선기 옮김, 언어분석론 : Bernard Bloch, p.85.

파생 접미사

1. 어간과의 밀착도가 강하다.

2. 분포(distribution)가 매우 제한된다. －어간의 대치에 제한이 크다.

3. 실질적 의미를 가진다.

4. 어간의 문법적 기능의 전환을 허용한다. －품사의 전성

5. 수에서 우세하다.

굴곡 접미사

1. 어간과의 밀착성이 약하다.

2. 분포가 광범하다. －어간의 대치가 광범

3. 문법적 의미를 가진다.

4. 어간의 문법적 기능 전환을 불허한다.

5. 수에서 훨씬 열세하다.

파생 및 굴곡의 접사를 논할 때 흔히 문제가 되는 것은 사동과 피동의 접사다. 이들은 문법적 의미를 가진다는 점에서 얼마간 굴곡의 성격을 가지기도 하나, 이들이 위 파생접사의 성격을 가졌다는 것 외에 어간 형성에서 보더라도 완전히 파생의 성격을 가지고 있다. '돌－잡히다, 기름－먹이다' 등에서 이들이 'N+(Vst+Sx)'로 분석된다는 것은(2의 2참조) 이 Sx가 파생임을 의미하는 것이다. 이것이 굴곡접사라면 반드시 '(N+Vst)+Sx'로 분석되어야 한다.

4.2.1. 접미사의 분포

접미사는 접두사에 비해 훨씬 광범하게 나타난다. 본항에서는 물론 접미사 개개의 분포를 기술하려는 것이 아니고, 'Sx' 자체를 한 단위 요소로 본 그의 분포를 살펴려는 것이다.

1. Vst+/−/ (/−/는 문제의 접사를 지칭)

   예 : 깨−뜨리다 높−이다 (/−/가 맨 마지막에 자리했을 때는 그 뒤에 필연적
   으로 굴곡접미사가 오기 때문에 따로 표기하지 않았다.)

2. N+/−/

   예 : 일−하다 값−지다.

3. Ad+/−/

   예 : 덜−하다 꾸벅−이다 깜박−거리다

4. D+/−/

   예 : 새−롭다

5. Stx+/−/

   예 : 빠−지다 가든−그리다 소담−스럽다

6. Va+/−/

   예 : 끊어−뜨리다 기울어−뜨리다

7. Vst+/−/Sx

   예 : 밉광−스럽다 구기박−지르다 허름−하다(/−음−/)

8. Va+/−/+Sx

   예 : 물어−박지르다

9. Sx+/−/

   예 : 널브러−뜨리다 불퉁그러−지다 구저분−하다

10. Sx+/−/+Sx

   예 : 달착지근−하다 보암직−하다 구리터분−하다(/−운−/)

9, 10에서 선행된 Sx도 물론 V류어 형성의 Sx만을 가리킨다.

4.2.2. 접미사의 배합 순위

파생 접미사의 배합 순위(order of combination)는 1로부터 3위에까지 미친다. 그 뒤로는 굴곡접미사의 순위가 따른다.

1. 제1위 접미사

(가) Sx= 폐쇄 파생 접미사 St+/−/

폐쇄 파생 접미사란 한 파생 접미사가 그 다음에 다른 어떠한 파생접미사의 결합도 불허하는 것을 말함이다. 따라서 이 접사 다음에는 반드시 굴곡 접미사가 따르게 된다. 이것은 그 뒤에 다른 파생 접미사의 후행을 허용하는 개방 파생 접미사와 대조를 이룬다. 전자의 예로 '공부−하다'의 /−하−/는 그 뒤에 어떤 파생 접사도 불허한다.

   A. St=Vst

     예 : 엎−디다 수그리다(/−으리−) 일으키다 달−갑다

   B. St=N

     예 : 심술−궂다 꽃−답다 단조−롭다 의심−쩍다

   C. St=Stx

     예 : 뉘우−쁘다 따사−롭다 뚝별−나다

(나) 개방 파생 접미사 St+/−/+Sx

   A. St=Vst

     예 : 엎드러−지다 느지러−지다(/−이러−/) 오긋−하다(/−웃−/) 보얌직−

     하다 휘욹−하다 야틀−하다(/−음−/)

여기서 부언해 둘 것은, 위에서 보이는 /−암−/, /−움−/, /−음−/ 등 Sx가 다 동일 형태소로서, 후자의 /−음−/은 흔히들 명사파생접사로 생각

하지만 그것과는 상이하다는 점이다. '무름하다, 팡파짐 – 하다'에서도 마찬
가지다. 이 Sx는 'St(또는 R) + { – 음 – }+/ – 하 – / 또는 / – 직 – /'의 분포
를 갖는 Sx로 원래 미완, 미흡 등 의미를 가지는 것이었음을 필자가 지적
한 바 있다.[5]

2. 제2위 파생 접미사

(가) 폐쇄 파생 접미사 St+Sx₁+/ – /

 A. St＝Vst
  예 : 구기박 – <u>지르</u>다 수그러 – <u>지</u>다
 B. St＝Stx
  예 : 불퉁그러 – <u>지</u>다

(나) 개방 굴곡 접미사 St+Sx₁+/ – /+Sx

 A. St＝Vst
  예 : 길쯔막 – 하다(/ – 악 – /) 구저<u>분</u> – 하다(/ – 운 – /) 넓적<u>스름</u> – 하다
   보암<u>직</u> – 하다
 B. St＝Stx
  예 : 미적<u>지근</u> – 하다

3. 제3위 파생 접미사

  예 : 뜸지근 – <u>하</u>다 희읍스름 – <u>하</u>다 보암직 – <u>하</u>다 우습광<u>스럽</u>다

제3위의 Sx는 모두 폐쇄 접미사다. 즉 국어 파생 접미사의 순위는 제3위
까지만 허용됨을 의미하게 된다. 그리고 이 제3위의 Sx는 / – 스럽 – / / – 하 – /
등 극소수에 제한되고 있다. 이상에서 보이는 또 하나의 특징은 제2위, 제
3위 Sx는 St(또는 R)을 의존형태로 하는 파생 구조에서만 허용된다는 점이
다. 즉, 명사와 같은 자립형태를 어근이나 어간으로 할 경우에는 제1위 Sx
만이 가능할 뿐, 제2위, 제3위의 Sx는 오지 않는다.

---

5) 졸고, 「국어 접미사 편고」, 이하윤선생 화갑기념논문집, 1966.

이상에서 배합 순위를 소략하게나마 살펴보았는데, Sx에 따라서는 그 본래의 순위에만 오는 것이 아니고 그에 선행되는 Sx없이 나타나기도 한다. 즉 제2위 이상의 Sx라고 반드시 그 앞에 선행 순위의 Sx를 선행시키는 것은 아니다. 그 중 몇 예를 보기로 한다.

/-뜨리-/ : No.2
　　　① St+/-/ : ㉠ 밀-뜨리다 쏜-뜨리다
　　　　　　　　㉡ 기울어-뜨리다 끊어-뜨리다 (No.1에 옴)
　　　② St+Sx$_1$+/-/ : 널브러-뜨리다 오그라-뜨리다 (No.2에 옴)
/-스럽-/ :　No.3
　　　① St+/-/ : 까닭-스럽다 부지런-스럽다
　　　② St+Sx$_1$+/-/ : 밉광-스럽다
　　　③ St+Sx$_1$+Sx$_2$+/-/ : 우습광-스럽다
/-하-/ : No.3
　　　① St(또는 R)+/-/ : 공부하다 쓸쓸-하다
　　　② St(또는 R)+Sx$_1$+/-/ : 맵싸-하다 길쭘-하다 허름-하다
　　　③ St(또는 R)+Sx$_1$+Sx$_2$+/-/ : 야트막-하다 길쯔막-하다

4.2.3. Sx의 분류

1. 기능상의 분류

Sx는 파생되는 어간의 종류에 의해 다음과 같이 구분할 수 있다.

　A. V$_1$+/-/>V$_2$
　　예 : 먹-이다 깨-뜨리다 구기박-지르다

이들 Sx는 곧 동사류어에서 다른 동사류어를 파생시키는 Sx다.

　B. N+/-/>V
　　예 : 운동-하다 값-지다 냠냠이-대다

경우의 명사파생 접사는 /-하-/, /-지-/, /-대-/ 등 정도에 지나지 않으며 그 중에 /-하-/가 절대 다수를 차지하며 /-대-/는 매우 희소하다.

    C. Ad+/-/>V
      예 : 덜-하다 깜박-거리다 꾸벅-이다.

여기 속하는 Sx도 이를 /-하-/, /-거리-/, /-이-/ 등 예에서 크게 넘지 못한다.

    D. D+/-/>V
      예 : 새-롭다

더 이상의 예가 발견되지 않는다.

    E. Stx+/-/>V
      예 : 빠-뜨리다 까라-지다 끈끈-하다

2. 배합상의 개폐에 의한 분류

    A. 폐쇄 접미사
      예 : 운동-하다 먹-이다 꾸벅-거리다 엎드러-지다
    B. 개방 접미사
      예 : 깨뜨러-지다 느지러-지다(/-이러-/) 꺼림칙-하다

3. 분포상의 분류

4.2.1. 참조

4. 형태상의 분류

4.2.1.에서 반복법에 의해 형성된 Px와 그렇지 않은 것을 구분했었다. 이것은 접미사에서도 유사한 방법이 보인다.

'검측측-하다, 얼떨떨-하다' 등에 보이는 /-측-/, /-떨-/(밑줄)은 반복법에 의해 형성된 Sx로 보여진다. 국어에서 이들 예는 매우 희소하여

위 예 이상을 발견하기 어려운 것 같다.

4.2.4. 접미사의 특징

이상에서 고찰해 온 Sx의 특징적인 면을 종합해 보면 대략 다음과 같다.

(1) 어간에 후행하여 다른 또 하나의 어간을 형성한다.
(2) 어간의 문법적 기능을 변화시키는 예가 많다.
(3) 어간에 밀착된다.
(4) 대체로 V의 자립형과 직접 구성을 이루지 않는다.

'물어박지르다, 깨어뜨리다 등'에서 /-물어-/, /-깨어-/ 등은 V의 부사형으로 생각해 왔고, 그렇기 때문에 현재와 같은 표기법이 채택된 줄 안다. 필자도 이런 관례에 따라 기술해 왔다. 그러나 한편 생각해 보면 이들이 부사형이어야 한다는 어떤 근거도 발견되지 않는 것이다. 이런 필자의 견해가 가능하다면 표기도 물론 '무러-'와 같이 써야 할 것이기에 여기 첨언해 둔다.

(5) 배합 순위는 No.3을 넘지 못하며 1, 2, 3위의 Sx의 배합은 어간(또는 어근)이 자립형일 때는 허용되지 않는다.
(6) 동사 어간에 포함되는 Sx보다는 형용사 어간에 포함되는 Sx가 수에서 몇 배로 우세하다.
(7) 동일 어간에 결합이 가능한 Sx의 수는 최대 20을 넘으며, 그 최대한의 St은 /검-/(黑)이다. 동사의 경우는 형용사에 비해 매우 단조로워서 동일 어간에 허용되는 Sx의 수는 서넛을 넘지 못한다.

$$\text{먹} \begin{cases} \text{이다} \\ \text{히다} \\ \text{음직하다} \end{cases} \qquad \text{부딪} \begin{cases} \text{히다} \\ \text{뜨리다} \\ \text{치다} \end{cases}$$

(8) Sx에서 가장 빈도가 높은 것은 /-하-/다

5. 결어

동사류어의 어간 구조를 고찰해 보았다. 이 기술의 작업은 직접 구성 성분의 분석 방법에 의해 진행되었다. 이 방법에 의하지 않고서는 불가능하기 때문에, 분석에 앞서 직접 성분 분석에 절차나 원칙의 고찰이 선행되어야 했다.

동사류어의 어간은 파생 어간과 합성 어간으로 구분되었는바, 전자에서 어간을 형성하는 접사를 아울러 살펴보았다. 동사류어의 어간 구조가 대체로 개괄 기술된 셈이나 세부적인 데서 보완되어야 할 것이 아직도 남아 있으며, 특히 한자어 및 한자어를 비롯한 외래어와 고유어와의 혼합 구조 기술이 반드시 보완되어야만 할 것이고, 이 작업은 앞으로 더 나아가 굴곡 접사의 기술로 발전되어야 할 것이다.

- 김형규박사 송수기념논총, 1971. 11.

경험의 형태 {-었-}에 대하여

1. 서언

국어 문법이 직접 간접으로 서구 문법의 영향 아래 성장되어 온 것은 주지의 사실이다. 그 중에서도 형태론의 분야는 더욱 두드러진다. 이것은 종래의 문법이 통사론보다 형태론에 역점이 주어진 데 기인된 당연한 결과라 하겠다.

우리는 어떤 개별 문법의 연구에서 외국어 문법의 영향 그 자체를 크게 높이 살 필요성이 없는 것과 마찬가지로 가볍게 볼 아무런 이유나 타당성도 없는 것이다. 다만 그 영향이란 것이 개별 언어 현상의 기술에 바람직한 조언자가 되는 데서 머물러야지 이것이 그 기술을 왜곡시키거나 무리를 강요하는 것이 되어서는 안 된다. 더구나 그 영향을 미치는 문법이 어느 한 특정 언어의 개별 문법일 때는 더욱 그렇다. 기술자가 외국 문법의 영향하에 있을 때는 흔히 자국어의 언어 현상에 대한 객관적인 안목이 어둡게 되기 쉬우므로, 언어 자료 저변의 현상을 명료하게 투시하고 나서 기술의 방법론이나 모형을 탐색하는 것이 바람직하다.

종래의 국어 시제의 기술은 외국 문법의 영향 하에서 이루어진 한 전형이라 할 만하다. 근본적으로 시제란 것이 자연 현상으로서 '시(時)'에 대한 개념 또는 현상이 언어에 반영된 것이다. 이런 경우 양자 간에는 결코 일치할 수 없는 거리가 상존하는바, 이것은 언어라는 것이 본질적으로 분단 불가능한 자연 현상을 분단함으로써만 표현 가능하다는 데서 기인되는 것이다. 자연 시간은 논리적으로 현재를 설정하고 이 전후를 각각 과거, 미래라 할 수 있으며, 과거는 다시 어느 시점을 기준으로 전후를 구분하여 전과거, 후과거로, 미래도 똑같은 방법으로 전미래, 후미래로 구분할 수도 있다. 이러한 방법은 논리상 무한히 적용될 수 있다. 그러나 이것이 역사적으로 어느 시기의 언어에 또는 공시적으로 어느 언어에 각각 어떻게 반영되는가는 그 각각에 따라 상이하여 꼭 일치되는 언어는 없다. Otto Jespersen은 '시'를 현재(present), 과거(past), 미래(future)로 나누고 과거의 어느 때를 기준으로 다시 전과거(before-past), 후과거(after-past)로, 미래도 같은 방법으로 전미래(before-future), 후미래(after-future)로 칠(七)구분을 하고 있다.[1] 이러한 방법은 영문법과 아울러 직접 간접으로 국어 시제의 체계화에 큰 영향을 준 것임에 틀림없다. 많은 학자들이 국어 시제를 논함에 있어 그 세부에서는 적지 않은 이견을 보이고 있지만, 현재, 과거, 미래 외에 대과거 또는 과거완료를 설정함에는 상당히 일치 내지 근접되어 있음을 보는데, 이러한 견해들에서 큰 오류를 공통으로 범하고 있으면서도 그런 것을 보면, 이것은 어떤 공통된 영향에서 비롯된 것임을 알 수 있다.

국어 문법의 연구사 또는 그 자체의 중요성에 비추어 볼 때 시제 연구는 적지 않은 논의에도 불구하고 그 얻은 것은 결코 크다고 보기 어렵다. 본고의 주제가 되어 있는 형태 '-었었-'의 문제가 지금껏 이렇다 할 검토도 비판도 없이 무분별하게 방치되어 있다는 것도 그 방증이라면 방증이 된다.

    1. 나는 운동했었다.

이러한 유형의 문례는 많은 문법 교과서 또는 여타의 논문에서 제시되는

---

1) Otto Jespersen, *The Philosophy of Grammar*, London, 1924, p.257.

데, 이에 대한 규정은 거의 한결같이 대과거 또는 과거완료 등으로 되어 있다. 그러나 이것만 가지고 어떻게 대과거가 되며 과거완료가 된단 말인가? 촌분도 납득이 가지 않는 것이다. 더구나 학생들에게 어떻게 이해시키겠는가?

필자는 지금까지 대과거 또는 과거완료 등등의 이름으로 지칭되고 있는 형태 '－었었－'에 대한 자료를 새로이 검토하고, 이것이 대과거나 과거완료 등이 아니라는 것을 규명하는 데 주안점을 두고자 한다. 그리고 이 형태는 '－었$_1$－＋－었$_2$－'[2]의 두 형태소의 연계(sequence)로 보고 특히 '－었$_2$－'의 규명을 중심 과제로 삼으려 한다. 그런데 이 '－었$_2$－'는 시제의 형태가 아니라고 보기 때문에 시제 자체는 본고에서는 보조적인 것임을 미리 밝혀둔다.

본고의 전개에 있어 우선 이들 형태가 언어 실제에 어떻게 구체적으로 실현되고 있는가를 좀 상세히 고찰해 보고 이를 근거로 해서 학자들의 견해 또는 문법서에 나타난 견해들을 검토 반성해 보고, 마지막으로 형태소 '－었$_2$－'의 본질을 밝히고자 한다.

원래 이 문제는 필자가 그 개요를 기왕에 발표한 바 있는 터로,[3] 여기서는 그 일부를 바로 잡음과 동시에 이 문제에 대한 구체적인 논의를 하려는 것이다.

2. 자료의 고찰 {－었$_1$－}과 {－었$_2$－}

본장에서는 '－었$_2$-'의 고찰을 위해서 우선 '－었$_1$-'과의 복합형태인 '－었었－'을 중심으로 자료를 검토해 보고자 한다. '－었$_2$-'는 분포상 '－었$_1$-'에만 후행하기 때문에, 여기서는 이 둘을 묶어서 '－었$_1$－'과 대조하면서 '－었었－'의 성격을 해명함으로써 궁극적으로 '－었$_2$－'의 정체를 밝히려 한다.

---

2) 번호는 본고의 전개에 있어 변별의 편의상 필자가 붙인 것임.
3) 이을환 외 5인, 신국어학강의, 개문사, 1973, pp.188~189.

2. 나는 밥을 먹었었다.

한마디로 '먹었었다'가 이러한 문례만 가지고는 과거완료니 대과거니 무어라 속단할 수 없음을 앞에서 지적했었다. 다음에는 시의 기준이 될 만한 때를 설정하고 이와 관련해서 시간 또는 시제 관계를 살펴보겠다. 편의상 동사와 형용사를 구분해서 설명하기로 한다.

2.1. 동사

2.1a 나는 부산에 **갔**을 때 철수를 만났다.
2.1b 나는 부산에 갔을 때 철수를 만**났었**다.

상례에서 '만났다', '만났었다'의 때의 기준이 설정되어 있다. '부산에 갔을 때'가 그것이다. 시간 관계는 부산에 간 것이 먼저이고 철수를 만난 것은 나중이다. 이것을 도표로 시간상에 표현하면 다음과 같다.

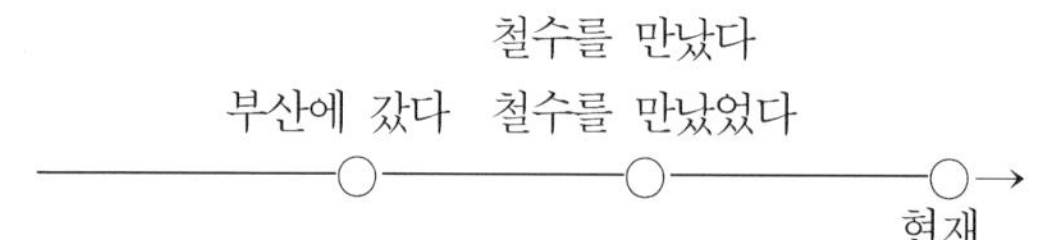

2.1c 나는 부산에 **갔었**을 때 철수를 만났다.
2.1d 나는 부산에 **갔었**을 때 철수를 만**났었**다.

여기서도 앞의 a, b와 똑같이 간 것이 먼저이고 만난 것은 그 뒤의 일이다. 역시 도표로 보이면 다음과 같다.

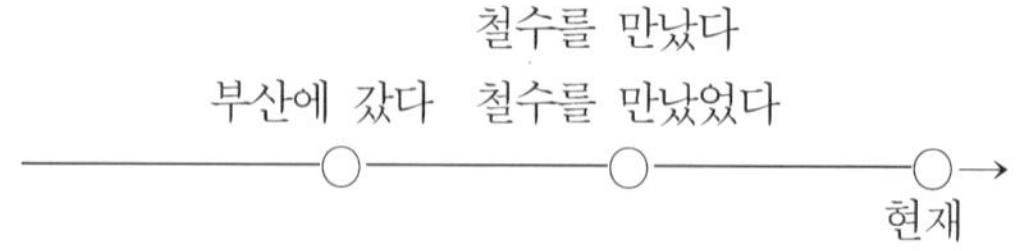

여기서 우리가 분명히 알 수 있는 것은 '-었-' 또는 '-었었-'이 시간 상의 차, 즉 선후에 따라 구별되어 사용되지 않고 있다는 사실이다. 즉 양자 (1) ……-었-……-었-……, (2)……-었-……-었었-……, (3) ……-었었-……-었-……, (4)……-었었-……-었었-…등 어떠한 호응(concord)도 가능함을 보여 주고 있다. 혹 위의 어떤 것 예로 2.1c 또는 2.1b 등은 문법적인 문이 아니라고 하는 이가 있을지 모르나 위 4 문은 의미상의 비논리 또는 문법성의 결여가 전혀 없는 완전한 문임에 틀림없다.

위는 선후 두 동사의 주어가 일치되고 있는데 이번엔 주어가 다른 문례를 보자.

    2.2a 내가 부산에 **갔을** 때 순이는 철수를 **만났다.**
    2.2b 내가 부산에 **갔을** 때 순이는 철수를 **만났었다.**

이와 같이 두 동사의 주어가 상이할 때 양 쪽의 선후 시간 관계가 선명하지 않다. 이럴 때 선후를 어느 하나로 속단해서는 안 된다(이 문제는 뒤에 논의됨). 이런 모호성은 다음 예에서도 동일하다.

    2.2c 내가 부산에 **갔었을** 때 순이는 철수를 **만났다.**
    2.2d 내가 부산에 **갔었을** 때 순이는 철수를 **만났었다.**

어쨌든 주어에 관계 없이 '-었-'과 '-었었-'은 시간차의 제약을 받지 않고 실현된다.

    2.3a 철수는 불 속에서 뛰어 **나왔을** 때 (철수는) 옷이 **탔지?**
    2.3b 철수는 불 속에서 뛰어 **나왔을** 때 (철수는) 옷이 **탔었지?**
    2.3c 철수는 불 속에서 뛰어 **나왔었을** 때 (철수는) 옷이 **탔지?**
    2.3d 철수는 불 속에서 뛰어 **나왔었을** 때 (철수는)옷이 **탔었지?**

2.2의 예들과는 달리 여기서는 대체로 뛰어 나온 것이 나중이고 옷이 탄 것이 먼저로 이해된다. 적어도 뛰어 나왔을 때 그의 옷은 다 탔던 것으로

이해된다. 다음도 이와 동궤의 것이다.

2.4a 우리가 저녁 때 학교에 가 **봤**을 때 김 선생은 결근**했**지?
2.4b 우리가 저녁 때 학교에 가 **봤**을 때 김 선생은 결근**했었**지?
2.4c 우리가 저녁 때 학교에 가 **봤었**을 때 김 선생은 결근**했**지?
2.4d 우리가 저녁 때 학교에 가 **봤었**을 때 김 선생은 결근**했었**지?

위 예에서는 결근한 것이 선행된 것이고 가 본 것이 후행된 것으로만 해석된다. 그 역은 성립되지 않는다.

2.5a 우리가 그 고지를 탈환**했**을 때(는) 우리는 수만의 병력을 잃었어.
2.5b 우리가 그 고지를 탈환**했**을 때(는) 우리는 수만의 병력을 잃었었어.
2.5c 우리가 그 고지를 탈환**했었**을 때(는) 우리는 수만의 병력을 잃었어.
2.5d 우리가 그 고지를 탈환**했었**을 때 우리는 수만의 병력을 잃었었어.

그런데 다음 예는 위와 동일한 구조 유형이지만 시간 관계는 상호 반대적으로 이해된다.

2.6a 그 고지를 탈환**했**을 때 우리는 대원을 점검**했**다.
2.6b 그 고지를 탈환**했**을 때 우리는 대원을 점검**했었**다.
2.6c 그 고지를 탈환**했었**을 때 우리는 대원을 점검**했**다.
2.6d 그 고지를 탈환**했었**을 때 우리는 대원을 점검**했었**다.

다음은 역시 똑같은 구조 유형이지만 양쪽의 시간 관계는 그 선후가 분명하지 않다.

2.7a (우리가) 그 고지를 탈환**했**을 때 우리는 가마니를 다 태웠어.
2.7b (우리가) 그 고지를 탈환**했**을 때 우리는 가마니를 다 태웠었어.
2.7c (우리가) 그 고지를 탈환**했었**을 때 우리는 가마니를 다 태웠어.
2.7d (우리가) 그 고지를 탈환**했었**을 때 우리는 가마니를 다 태웠었어.

이상에서 계속 보아 온 바와 같이 두 개의 동작이 하나의 문에서 시간차를 두고 실현되었을 때, 그 차 즉 선후가 '-었-' 또는 '-었었-'에 의해 변별되어 형태상에 반영되는 것은 결코 아니다. 결국, '-었었-'이 '-었₁-'보다 이전의 시를 나타낸다고 볼 수 없다. '-었었-'에 의해 표현되었다고 하더라도 '-었₁-'로 표현된 동작에 선행할 수도 있지만 후행될 수도 있으며, 때로는 병행적-동시적-일 수도 있다. 이러한 경우 많은 예에서 동일한 문이 위의 3가지 중 어느 것으로도 해석 가능하여 심한 의미의 모호성(ambiguity)에 부딪히게 된다. 그러면 이럴 때 일반적으로 받아들여지는 의미, 즉 여기서는 시간의 후행을 결정하는 것은 무엇인가? 그것은 바로 의미 또는 내용의 논리성 내지 관용성이다.

2.1a~b가 의미가 분명한 것은 내가 부산에 가서 철수를 만난 것이니까 만난 것이 부산에 간 것보다 후일 수밖에 없는 논리성에 근거를 두고 있으며, 2.4a~d도 논리상 방문 전에 결근한 것으로 볼 수밖에 없다. 방문 후에 결근한 것으로는 해석할 수 없다. 2.3a~b는 이론상으로 보아서는 불 속에서 뛰어 나온 후에 옷이 다 타버릴 수도 있고 그 이전에 타 버릴 수도 있겠지만, 이런 경우 후자로 이해하는 것이 일반적 관용이다. 2.5a~d도 이와 동궤다. 이들과 동일한 통사 구조를 가진 2.6a~d는 시간 관계가 반대인데 이것도 이 문이 가지는 관용적 성격 때문이다. 이 관용 또는 관용적 성격이란 어떤 사실의 전개에 있어서 언중에게 일반적으로 이해되는 내용이다. 그러므로 관용성이 결여된 문, 바꾸어 말하면 관용성 자체가 희박 내지 모호한 문에서는 그 의미 또한 모호해질 수밖에 없다.

2.7이 그러한 예다. '고지를 탈환한 것'하고 '가마니를 태운 것'하고는 그 전개상에서 관용성이 결여되어 있다. 그러므로 가마니를 태운 것이 고지를 탈환한 것보다 선행된 것인지 후행된 것인지 또는 동시적인 것인지 전혀 변별할 수 없다. 2.2도 마찬가지다. 이러한 통사상의 의미론적인 문제는 앞으로의 많은 관심을 요하는 바로서 현 단계로는 이들에 대한 체계적이고 합리적인 처리 내지 기술은 모색되고 있지 못한 실정이다.

다음 예를 또 보자.

2.8a 100리 길을 걸었을 때 내 신발은 구멍이 났다.
2.8b 100리 길을 걸었을 때 내 신발은 구멍이 났었다.
2.8c 100리 길을 걸었었을 때 내 신발은 구멍이 났다.
2.8d 100리 길을 걸었었을 때 내 신발은 구멍이 났었다.

여기서 신발이 구멍이 난 것은 100리 길을 걸은 것보다 뒤도 앞도 아니다. 완전히 동시적인 것이다. 즉 100리 길을 걷는 과정에서 신발은 구멍이 난 것이다. 이런 의미적 해석은 논리에 근거되는 것으로서 이것이 형태상에 어떤 특별한 방법으로 반영되는 것은 아니다.

다음 예는 시의 기준이란 것이 더욱 막연하다.

2.9a 나는 과거에 등산을 했다.
2.9b 나는 과거에 등산을 했었다.

'과거'라고 하는 막연한 때가 뒤에 오는 동작에 대한 시의 기준이 되어 있다. 그런데 a나 b 모두 과거의 동일한 시간에 이루어졌는지는 확실하지 않아도 어느 하나가 다른 것에 선행 또는 후행한 것이라고는 볼 수 없다. 예로 a가 b보다 더 선행된 것이라고 볼 수 없다. 어감으로도 전혀 의식되지 않는다. 양자에 보이는 형태상의 차이는 이러한 시간 관계의 차를 변별시키는 것이 아님이 분명하다. 그러면 이들 형태상의 차이는 어떤 내용을 가지는 것인가? 이것은 마땅히 다른 각도에서 고찰 탐색되어야 할 것이다.

다음과 같은 예들은 특별한 주의를 요한다.

2.11a 지난 연말 부산도 물가가 올랐어.
2.11b 지난 연말 부산도 물가가 올랐었어.

위 두 예는 앞에서 누차 본 것이어서 더 설명의 여지가 없는데 이와 대조해 보면서 다음을 보자.

2.12a 부산도 물가가 올랐어.
2.12b 부산도 물가가 올랐었어.

여기서는 어떻게 보면 시간 차가 명백히 인지된다. a는 현재의 사실을 b
는 과거의 사실을 표현한다고도 볼 수 있다. 이들은 다음과 같이 표시된다.

<pre>
        물가가 올랐었어   물가가 올랐어
(가) ─────────────────────────────────────▶
           ↑   ↑
          과거   현재
</pre>

그러면 이러한 시간 차는 어디서 유래하는 것인가? '−었₁−'과 '−었었−'
의 차이인가? 물론 형태상의 차이에서 의미상의 차가 오는 것은 사실이지
만, 그러나 여기서 우리가 깊이 유의해야 할 점은, 이러한 의미의 차를 인
정한다고 해서 바로 a의 '−었−'이 b의 '−었었−'보다 뒤의 사실을 표현
한다고 속단할 수는 없다는 사실이다. 다른 데서 연유될 수도 있다는 것을
유의해야 된다. 만약 이제 위에서 말한 대로 해석한다면 a는 도표(가)가 보
이는 것같이 현재가 될 것이다. 위의 도표는 이런 해석을 만족시키기에 적
합할 것이다.

그러나 관점을 달리해서 a를 단순한 과거, 또는 동작의 완료라고 보면 a,
b의 시간차는 완전히 해소되고 만다. 가령 어떤 사람이 부산에 다녀와서
보고하는 말이라고 가정할 때 이것은 다음 도표로 표시된다.

<pre>
        물가가 올랐어
        물가가 올랐었어
(나) ─────────────○─────────○─────────▶
              과거   현재
</pre>

이상 2.11, 2.12를 종합해 볼 때 '−었었−'이 '−었₁−'보다 선행되는 과
거(또는 완료)라고는 볼 수 없다. 도표 (가)에서 의식되는 시간차는 동사 '오
르다'의 자질 및 기타에서 기인되는 것이다. 동사 중에는 과거형이 과거

또는 완료로 그치지 않고 완료된 결과가 현재의 상태로 지속되고 있음을 보여 주는 것이 있는바 여기에는 '오르다'를 포함하여 '앉다, 서다, 눕다, 깨지다, 부서지다, 가지다 등등' 여러 어휘가 있다. 이런 동사들은 언중이 그 과거형을 때로 단순한 과거 동작이나 완료의 과정으로 보다는 결과된 상태에 더 관심을 가지기 때문에 (가)와 같이 변별되기도 하는 것이다. 그러므로 우리는 항상 형태상의 차이에 너무 의존하지 말고 개개 어휘의 자질을 깊이 탐색하는 데도 주의를 기울여야 할 것이다. '-었$_1$-'을 과거(또는 완료), '-었었-'을 대과거, 또는 과거완료로 보는 것은 너무 형태에만 의존한 데 기인한 결과라 하겠다.

2.2. 형용사

형용사도 기본적으로는 동사와 동일한 원리로 실현된다. 형용사에서는 '-었$_1$-'과 '-었었-'이 동일하다는 주장도 있는데 이 문제는 뒤로 미루고 여기서는 다만 자료만 검토하기로 한다. 물론 양자는 동일하지 않다는 전제에서 출발한다.

> 2.13a 내가 서울에 이사했을 때, 서울은 살기가 매우 좋았다.
> 2.13b 내가 서울에 이사했을 때, 서울은 살기가 매우 좋았었다.
> 2.13c 내가 서울에 이사했었을 때, 서울은 살기가 매우 좋았다.
> 2.13d 내가 서울에 이사했었을 때, 서울은 살기가 매우 좋았었다.

일반적으로 형용사는 상태를 속성으로 하기 때문에 엄정한 의미의 완료적인 의미는 별로 실현되지 않으며 지속적 성격을 띠게 된다. 그리고 형용사는 동사와는 달리 어떤 시의 기준이 주어졌을 때 형용사로 표현되는 시간 관계는 그보다 선행되거나 후행되지 않으며 의례 동시적이 됨이 특색이다. 2.13의 어느 예문도 서울에 이사하기 전에 살기가 좋았다든지 또는 이사한 후에 살기가 좋아졌다든지 하는 의미는 없다. 이사한 것과 살기 좋은 것은 동시적이다. 2.13은 형태상의 차에 관계없이 다음 도표와 같이 동일하게 표시된다.

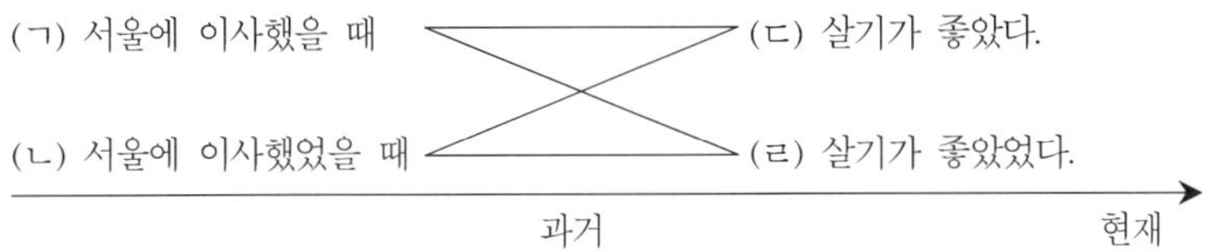

위에서 (ㄴ)이 (ㄱ)보다 선행되지 않는 것과 마찬가지로 (ㄷ)이 (ㄹ)보다 선행되지도 않을뿐더러 (ㄴ)이 (ㄷ)보다 선행되지도 않으며 (ㄹ)이 (ㄱ)보다 선행되지도 않는다.

> 2.14a 영수가 돌아왔을 때 철수는 여기 있었다.
> 2.14b 영수가 돌아왔을 때 철수는 여기 있었었다.
> 2.14c 영수가 돌아왔었을 때 철수는 여기 있었다.
> 2.14d 영수가 돌아왔었을 때 철수는 여기 있었었다.

2.14의 어느 예에서나 철수는 거기 현재하고 있었던 것이다. 가령 b에서 '-었-'이 '-었었-'에 후행되는 것이라면 영수가 왔을 때 철수는 이미 가 버리고 없었어야 타당할 것이다.

한 예만 더 보기로 하자.

> 2.15a 갑 : 철수 1학년 때 어땠어요?
> 2.15b 을 : 철수 1학년 때 부지런했어요.
> 2.15c 병 : 철수 1학년 때 부지런했었어요.

위는 대화체로서 갑의 한 질문에 대한 을, 병 두 사람의 동시적인 대답이다. 여기서 병이 을보다 더 먼 과거의 사실을 말한다고 볼 수 없다. 물론 양자가 똑같은 의미도 아니다.

형용사에서 더 이상 설명할 것도 없다. 서술어로 쓰이는 명사에서도 유사한 현상을 보게 되는바 따로 논의할 필요가 없을 줄 안다.

2.16a 네가 나를 방문했을 때 나는 부재중이었다.
2.16b 네가 나를 방문했을 때 나는 부재중이었었다.
2.16c 네가 나를 방문했었을 때 나는 부재중이었다.
2.16d 네가 나를 방문했었을 때 나는 부재중이었었다.

이상에서 동사와 형용사를 중심으로 '-었-'과 '-었었-'을 대조하면서 특히 시제 내지 시간 관계의 측면에 중점을 두어 살펴보았다. 여기서 얻은 결론은 '-었었-'이 '-었-'보다 시간상으로 반드시 선행되지 않으며 '-었었-'이 때로는 '-었-'에 선행되기도 하고 때로는 후행되기도 하며 또 때로는 동시적으로 병행되기도 한다는 사실이다. 또 양자에서 의미상의 차가 의식되기도 하는데 그것은 이들 형태상의 차에 기인되지 않는다는 것도 지적해 두었었다.

3. 학설의 개념과 검토

{-었었-}으로 표현되는 형태에 대하여 대과거, 과거완료 등으로 광범하게 사용되어 왔는데, 의미나 양자 간의 구별 등에서 막연하게 쓰이고 있음을 본다. 어쨌든 그 내용의 규정, 형태소의 분석, 사용의 범위 등등 여러 면에서 크게 의견을 달리하고 있음을 본다. 이들 제 문제에 대하여 몇몇 대표적인 견해를 소개하면서 잠시 검토해 보고자 한다.

그런데 여기 소개되는 여러 견해들은, 대개 고등학교 문법 교과서에서 인용되었기 때문에 그 자체가 매우 소략한 것이어서 때로 속단하기 어려운 점이 없지 않으나, 여타에서 이 문제에 관한 견해를 볼 수 없는 불가피한 사정이 있었음을 밝혀 둔다.

3.1. 의미

3.1.1. 대과거

근래 가장 널리 받아들여지고 있는 것은 '대과거'인 듯 싶다. 대과거란 대략 다음과 같이 정의되고 있다.

"퍽 오래 전에 행하였든 동작이나 작용을 나타내는 말이니 이와 같이 그전 어느 때에 행하였든 것",[4] "행동이 훨씬 전에 끝난 것",[5] "과거보다 더 이전 에 끝난 것"[6]

이상의 규정들은 이들만으로는 다소 모호한 점이 없지 않으나 대략 동 궤의 것으로 생각되는데, 결국 대과거란 어떤 과거 - 과거의 일정시 - 를 기 준으로 해서 그 이전의 시를 지칭하는 시제(tense)로 보아 큰 차이가 없을 줄 안다. 그러므로 "지난적의 지난적"[7]이란 말도 결국은 대과거와 동일한 것이겠다.

다음에 이들에 대해 잠시 검토해 보자. 본항에 인용되는 예들은 대체로 해당 견해를 보이는 저서나 논문 등에서 인용하는 것으로서 번거로움을 피해 일일이 출전을 밝히지 않기로 한다. 인용 예의 번호는 필자의 편의에 의한 것이다.

3.1a 복동이가 어렸을 적에 젖을 먹었었다.

이것이 '퍽 오래 전에 행하였든 동작이나 작용'이라 하는데, 여기서 '오 래 전'이란 것은 '-었었-'에 의해 표현되는 것이 아니요, '어렸을 적에'

---

4) 이희승, 새고등문법, 일조각, 1965, p.69.
5) 이숭녕, 문법, 을유문화사, 1968, p.110.
6) 강복수, 유창균, 문법, 형설출판사, 1969, p.66.
7) 김윤경, 고등나라말본, 동아출판사, 1957, p.149.

에 의해서 표현되는 것이다. 이를 다음과 같이 바꾸어 보자.

3.1b 복동이가 방금 전에 젖을 먹었었다.

이것은 아주 완전한 문(sentence)인데, 여기에서 '-었었-'은 바로 전의 일을 표현하고 있다. 다음 같은 형용사의 예문도 동일하다.

3.2a 그 사람도 젊었을 시절에는 얼굴이 붉었었다.
3.2b 그 사람도 방금 전에는 얼굴이 붉었었다.

3.2a가 '오래 전'의 일을 가리키고 있지 않음은 3.2b에 의해서 가볍게 부정될 수 있다. '-었었-' 자체가 오래 전을 의미하지 않음을 쉽게 알 수 있다.

3.3 우리는 그 때 밥을 먹었었다.
3.4 나는 그의 손을 잡았었다.

이런 경우 '과거보다 더 이전에 끝난 것'이라 하는데, 여기 기준 되는 과거는 어느 것이며 '이전'이란 무슨 이전인지 도대체 애매하다. 혹 3.3에서는 '그 때'가 기준이 되는 과거요, '먹었었다'가 그 이전이라고 할 수 있겠으나 3.4에서는 '과거'와 그 '이전'을 운위할 아무런 근거도 대상도 없다. 또 3.3에서 '그 때'를 과거의 어느 때라고 보더라도 '먹었었다'가 그 이전이라고만 속단할 수 없다. 바로 그 때에 밥을 먹은 것을 의미할 수도 있다는 것을 간과해서는 안 된다. 즉 '먹었었다'는 '그 때'보다 이전일 수도, 동시적일 수도 있다. 그렇다면 여기서도 '-었었-'이 '과거보다 더 이전에 끝난 것'이란 것은 '-었었-'에 대한 진수를 파악한 것이 못된다.
김윤경 씨는 '-었었-'을 '지난적의 지난적'이라 하고 이를 "앞의 '었'은 어떠한 움직임이 지남을 보이고 뒤의 '었'은 움직임의 지난 결과가 또

지남(사라짐)을 보인다.”라고 하고 구체적으로 다음 두 예의 차이를 이렇게 변별하고 있다.

    3.5 문을 닫았다.
    3.6 문을 닫았었다.

‘닫았다’하면 닫은 결과(닫히어 있는 일)가 남아 있음을 보이지마는 ‘닫았었다’하면 닫은 결과도 사라짐을 뜻하게 된다.”[8]

그러나 이 말이 어느 특정의 환경을 설명할 수는 있겠지만, 어느 하나도 바른 것이 못 된다. 3.5에서 닫은 결과가 남아 있지 않을 수도 있으며 3.6에서는 닫은 결과가 지금 목전에 남아 있는 것을 지칭할 수도 있다. 여기서도 ‘지난적의 지난적’이란 명칭에 관계없이 ‘−었었−’의 바른 면모를 이해하고 있지 못하다.

이익섭 씨는 역시 대과거로 규정하되(대과거 자체에 대한 설명은 없으나 대체로 여타와 동궤의 것으로 본 것 같다.) 다른 사람들과는 다른 하나의 일면을 지적하고 있다. 씨는 「−았, 었−」에 다시 「−었(됐)−」이 연결되면 대과거 시제를 나타낸다고 전제하고, “대과거 시제는 과거의 상태가 현재에 와서는 많이 달라졌을 때 많이 쓰인다”[9] 하고 다음 예들을 제시했다.

    3.8 나는 학생 때 키가 참 작−았−었다.
    3.9 우리는 시골에서 초가집에 살−았−었다.
    3.10a 형은 미국에 갔다.
    3.10b 형은 미국에 갔었다. (갔댔다)(지금은 귀국하였음)

또 씨는 이어서 “동일한 일을 과거 시제로도 쓰고 대과거 시제로도 쓰인 일도 많다”고 하고 다음을 예시했다.

---

8) 김윤경, op. cit., p.147.
9) 이익섭, 새국어문법, 서울대학교 재일교포 예비교육과정부, 1970, pp.71f.

3.11a 6.25 때에 많은 사람들이 죽었다.
3.11b 6.25 때에 많은 사람들이 죽었었다.
3.12a 어제가 내 생일이었다.
3.12b 어제가 내 생일이었었다.

이에 대하여 씨는 "이럴 때 대과거 시제는 회상하는 의미가 더 짙다는 정도의 차가 있는 것 같다"고 덧붙이고 있다.

이상의 견해를 보면 대체로 앞의 것은 '단속적'인 의미가, 뒤의 것은 '회상적'인 의미가 보인다는 것으로 요약할 수 있겠다. 3.8, 3.9에서 과거와 현재의 상태가 달라진 느낌이 드는 것은 사실이나 이것이 '-었었-'의 본질은 아니다. 좀 부자연스럽기는 하나 현재와 같은 상태라 하더라도 위와 같이 표현되어 논리적 모순이 생기지 않으며, 또 다음과 같이 조사를 추가했을 때는 과거와 현재가 완전히 동일한 형태를 의미한다.

3.13 나는 학생 때**도** 키가 참 작았었다.
3.14 우리는 시골에서**도** 초가집에 살았었다.

여기서 물론 '도'라는 조사에 의해서 '역동'의 의미가 표현되기는 하지만, 그렇더라도 이 조사가 '-었었-'의 의미를 근본적으로 변화시켜서는 안 될 것이다.

3.10b도 일반적으로는 (   ) 내의 뜻으로 이해되기 쉽지만 반드시 그런 것도 아니다. 상황에 따라서는 그 반대가 될 수도 있다. 다음과 같은 예를 보자.

3.15 네가 (형을) 찾아 왔을 때 형은 미국에 **갔었다**.

이것은 지금 미국에 가 있는 것으로 해석될 뿐, 갔다가 온 것으로는 해석되지 않는다.

　　3.11, 3.12에서 각각 a, b가 동일하다는 것도 재고해 볼 일이다. 필자는 양자가 상이한 것이라고 생각하는 데, 씨가 말하는 차이 즉 '대과거 시제가 회상하는 의미가 더 짙다는 정도의 차이'에서 그 내용이야 무엇이든 우선 차이 자체를 중시함과 동시에 이것을 객관적이고도 변별적인 것으로 받아들이려는 것이다. 이에 대한 논의는 본고의 핵심이 되는 것으로 뒤에 가서 논하기로 한다.

　　소위 대과거 시제에 대한 단독 논문이 흔하지 않는 중 김승곤씨의 논문이 있기에 간단히 이를 살펴보기로 한다.

　　씨는 '-었었-'을 대과거라 하고 "'대과거'란 '과거'보다 그 이전에 어떤 동작이 일어났다가 그 상태나 자취 같은 것이 이미 사라지고 없어진 것을 나타내는 것"10)이라 하였다. 다음에 필요한 부분을 요약 발췌해 보면 다음과 같다.11)

ㄱ) 과거 강세를 나타내는 경우

　　3.16 그는 수도 탈환을 즐기어 희색이 만면하**였었**다.
　　3.17 나는 왜 평양에 **갔었**나.

ㄴ) 과거 형태소 〈-았-〉 다음의 〈-았-/-었-〉은 조음소의 구실을 한다.12)

　　3.18 나는 어제 그를 만**났었**다.
　　3.19 날은 벌써 저물**었었**다.

　　3.19는 ……그저 「저물었다」로 하면 리듬이 죽어버려서 시로서의 멋이 없어진다. 그래서 여기서 「었」을 하나 더 집어 넣은 것이다.

---

10) 김승곤, 용언의 '대과거 시제에 대한 고찰' 국어국문학, 55~57 합병호, 국어국문학회, 1972, pp.115~128.
11) 김승곤, op. cit., pp.119~121.
12) 과거 형태소 {-었-} 다음에는 항상 단일형태 /-었-/만이 온다.

ㄷ) 대과거를 나타낸다.

　　3.20 그는 파리로 떠났었는데, 그 때까지 아무 연락이 없었다.
　　3.21 철수는 어디 갔었지.

ㄹ) 지지난적 나아감을 나타낸다.

　　3.22 여기 이사하기 전에는 어디서 살았었는가?
　　3.23 만주서 살았었습니다.

　이상에 대하여 씨는 "이상에서 우리는 대과거의 형태소가 쓰이는 경우를 알아 보았다. ㄱ)과 ㄴ)의 경우는 확실히 잘못 쓰인 것이니, 앞으로는 철저한 문법 교육으로 이런 무모한 짓을 않도록 하여야 할 것이다. ㄷ), ㄹ)의 경우는 올바른 경우인데……"[13]와 같이 말하고 있다. 여기는 많은 문제점이 있다. ㄱ)과 ㄴ)이 잘못 쓰인 경우라고 깊이 경계하고 있지만, 이것은 추호도 나무랄 데 없는 완벽한 문이며, ㄱ)의 강조, ㄴ)의 조음소는 아무런 근거도 찾을 수 없다. 3.16이 앞의 대과거 정의에 맞지도 않는다. 어느 것이고 합리화할 수 있는 논거를 가지지 못한다.

　이상에서 '-었었-'을 대과거로 보는 견해들을 살펴보았는데 어떤 것도 바람직한 것이 못 되었다. 각각에서 예시한 예문들 자체가 모두 그러한 전제 내지 내용을 만족시켜 주지 못하고 있음을 보았다. 구체적인 설명은 보이지 않으나 '-었었-'을 '대과거'로 보는 사람들은 이상 외에도 김형규,[14] 김민수,[15] 안병희[16] 씨 등이 이에 포함된다.

　이렇게 '대과거'의 입장을 취하는 것은, 대략 최광옥이 '대과거'를 '이왕과거훈 작용'[17]이라 한 것과 계통을 같이 한다고 볼 수 있다.

---

13) 김승곤, op. cit., p.121.
14) 김형규, 국어학개론, 일조각, 1972, p.158.
15) 김민수, 국어문법론연구, 통문관, 1960, p.185.
16) 어문학연구회, 국어학개론, 수도출판사, 1969, p.131.
17) 최광옥, 대한문전, 안악면학회, 융희 2년, p.30.

3.1.2. 과거완료(또는 지난적끝남)

대과거란 말과 더불어 또 가장 많이 쓰이는 말은 '과거완료' 또는 '지난적끝남'이다.

최현배 씨는 '지난적끝남(과거완료)'라 하고 "지난적끝남은 지난적에 움직임이 막 끝나서 그 결과가 그 때에 들어나아 있음을 보이는 때매김이니 지난적에 움직임을 마쳤기 때문에, 시방은 그 결과가 들어나아 있지 아니함이 예사이다. 지난적끝남은 움직씨의 이적끝남의 꼴(○○었다)에 지난적 때도움줄기 '았'이나 '었'이나 또는 '였'을 더하여 만드느니라"[18] 하고 다음과 같은 예를 들었다.

> 3.24 그도 같이 **갔었다**.
> 3.25 내가 여기 그것을 **두었었다**.
> 3.26 그도 그 때에는 동의하**였었다**.

과거완료 규정에 있어 지난적에 막 끝나서 결과가 그 때는 드러나 있었는데 지금은 드러나 있지 않다는 말이 도시 애매하기 이를 데 없다. 위의 예가 그 모호성을 증명해 준다. 설혹 그 말을 그대로 받아들인다고 하더라도 3.25는 그 결과가 지금 그대로 드러나 있을 수 있다. 이것을 조금 바꾸어 보면 더욱 분명해진다.

> 3.27 내가 그것을 여기 **두었었**는데 지금도 그냥 있어.

결과가 과거에 드러나 있었는데 현재는 그렇지 않다는 말은 도저히 적용될 수 없다.

이인모 씨도 '과거완료'라 하여 최현배 씨와 유사한 정의를 내리면서 다음 예를 들었다.

---

18) 최현배, 우리말본, 정음사, 1959, p.438.

3.28 옛날에는 여기서 임금이 고기를 낚**았었**다.[19]

이 예문은 위에 보인 바와 같은 과거완료의 정의에 합당할는지 모른다. 분명히 과거로 완료된 것이고 현재 결과가 드러나 있지 않다. 그러나 그것은 '-었었-'에 기인되는 것이 아니고 시간 관계 한정어 '옛날에' 조사 '는' 및 동사 '낚다'의 자질(feature)에 기인되는 것임을 각별히 유의해야 한다. 이런 문제는 앞으로 깊이 연구되어야 할 과제라고 본다. 그런데 과거완료를 이상과 같이 보았을 때 다음과 같은 예는 어떻게 설명할 것인가?

3.29 옛날에 여기서 임금이 성을 쌓**았었**다.

이 예에서는 쌓던 자취 또는 결과가 현재 남아 있을 수 있다. 그렇다면 이것은 과거완료인가 아닌가? 아니라면 무엇인가? 과거완료도 '-었었-'을 바로 설명할 수 없음이 쉽게 드러난다.

'-었었-'을 과거완료로 보는 것은 대체로 그 연원이 주시경에서 비롯된다.

3.30 그 마당을 씰**엇엇**다.

이 예를 제시하고 그는 "엇엇은 간 때의 보임이라. 이는 남이 씰이 다 되어 그 씰을 함의 다 됨이 깨끗함으로 잇다가 다시 더럽게 되어 씰을 함의 들어남이 없어진 것이니 몬저 엇은 씰이 다 됨을 보임이요, 알에 엇은 그것이 없어짐을 보는 것이라."[20](구두점과 띄어쓰기는 필자)고 말하였다.

이 설명은 앞에 보인 과거완료의 내용과 동궤의 것이라 할 수 있다.

---

19) 이인모, 새문법, 영문사, 1968, p.86.
20) 주시경, 국어문법, 박문서관, 융희 4년, p.100.

3.1.3. 완료의 완료(1)

허웅 씨는 명칭은 없으나 완료(또는 과거)의 보조어간의 복합으로 보고 완료가 더 먼 옛날에 이루어진 것이라 했으니[21] 말하자면 완료의 완료라 할 만하지 않을까? 예문의 일부를 보면 다음과 같다.

> 3.31 벌써 작년에 왔었어.
> 3.32 그 때는 나도 젊었었지.

'-었었-'이 완료의 복합이라면 위 예문에서 앞의 완료는 구체적으로 무엇을 지칭하며, 뒤의 완료는 또 어떻게 표현된 것인가? 좀체 납득이 가지 않는다. 더구나 3.32를 어떻게 완료의 완료로 합리적인 설명을 할 수 있겠는가? 불가능한 일이다.

3.1.4. 완료의 완료(2)(또는 대완료)

박창해 씨는 '완료의 완료(또는 대완료)'라 하고 "동작이나 기술함이 이미 완료되었음을 다시 거듭 확인하는 것"[22]이라 하면서 다음과 같은 예를 보였다.

> 3.33a 그이는 몇 해 전만 해도 매우 예뻤었다.
> 3.34a 정 선생이 여기에 지금 왔었다.

'거듭 확인'이란 말이 포착하기 매우 어려운 것이다. 여기에 다음 예를 추가해 보자.

---

21) 허웅, 표준문법, 신구문화사, 1969, p.83.
22) 박창해, 한국어 구조론 연구―형태소론 및 형태소 배합론―. 연세대학교 한국어학당, 1964, p.83.

3.33b 그이는 몇 해 전만 해도 매우 예뻤었다.
3.34b 정 선생이 여기에 지금 왔었다.

'거듭 확인'이란 말은 결국 각각에서 a는 b의 거듭 확인이란 뜻이 되는데 과연 그럴까? 전혀 수긍이 안간다.

김석득씨도 '대완료'라 하여 '{ -았(었) -었-}'을 들었는데[23] 이 말이 어떤 내용을 가지는 것인지 밝히지 않았기에 무어라 속단할 수 없다.

3.1.5. 과거분사

이을환 씨는 시제를 현재(간다), 과거(갔다), 과거분사(갔었다), 미래(가겠다)로 구분하고 있는데,[24] 역시 설명이 없어 씨가 말하는 과거분사의 내용을 알 수 없다. 또 과거분사의 '갔었다'와 과거 시제 '갔다'의 완료형 '갔었다'와의 차는 또 어떠한 것인지도 모르겠다.

3.1.6. 단속상

남기심 씨의 단속상은 지금까지 비교적 막연하게 그리고 또 바르지 못하게 이해해 온 '-었었-'에 대해 완전히 새로운 견해다. 그러나 여기에도 여전히 문제점이 보인다. 씨가 "'-았었-'은 과거완료나 대과거가 아니라 완료된 상태의 단속을 보이는 것으로 단속상으로 규정하고자 한다."[25] 하고 다음과 같은 예를 보였다.

---

23) 김석득, 국어형태론—형태류어의 구성요소 분석—. 연세논총, 제4집, 인문과학편, 연세대학교 대학원, 1966, p.13.
24) 이을환, 최신문법, 양문사, 1967, p.65.
25) 남기심, '현대 국어 시제에 관한 문제', 국어국문학 55~57 합병호, 국어국문학회, 1972, pp.213~238.

3.35a 그는 부산에 갔다.
3.35b 그는 부산에 갔었다.

b는 갔다가 온 것으로 간 상태의 지속이 아니요 단속이라고 한다. 이것은 3.8~3.10 등으로 설명하고 있는 이익섭의 견해와 얼마간 일치되고 있는 바로서, 위의 a, b를 비교해 볼 때 다분히 그렇게 생각할 만한 점도 있다. 그러나 b만 놓고 볼 때 반드시 갔다가 온 것으로만 해석되지 않는다. 다음 예를 보자.

3.36 내가 그를 방문했을 때, 그는 부산에 **갔었다**.

여기서 갔다가 왔다는 뜻은 전혀 없다.

3.37 그는 **죽었었다**.

이것을 씨는 다시 살아난 것이라 했지만 반드시 그런 것도 아니다.

3.38 의사가 도착했을 때 그는 (이미) **죽었었다**.

고 하면 이것은 아주 죽어 버린 것이다.

3.39 그는 빨간옷을 **입었었다**.

또 씨의 말대로 현재 빨간 옷을 입지 않음만을 의미한다고는 볼 수 없다. 현재 빨간 옷을 입더라도 이런 표현은 가능하다. 즉 근본적으로 현재와는 무관하다. '－었었－'에서 단속적인 의미가 전혀 의식되지 않은 것은 아니나 다만 그것이 '－었었－'의 본질이 아니라는 점이다. 그것은 다른 데서 부차적으로 연유될 수 있음을 유의해 둠이 좋을 것이다.

3.40a 나는 (그 때) 부산에 살았다.
3.40b 나는 (그 때) 부산에 살았었다.

씨는 여기서 a는 b의 변이로 보는 것이 옳을 듯하다고 했는데 a, b는 의미가 동일하지 않다. a는 단순한 과거 사실의 표현이지만, b는 또 다른 의미가 추가되어 있다고 본다.

이상 3.1.1~3.1.4는 결국 대략 대과거와 과거완료로 요약될 수 있는 바이들 양자는 내용상 하나가 타를 포괄하는 것으로 이들 둘을 하나로 묶어 표현하면 박승빈 씨의 소위 '중과거'[26]에 해당될 만하겠다.

3.2. 형용사와 '-었었-'

형용사에서의 '-었었-'을 '-었-'과 동일시하느냐 구별하느냐의 문제에 대한 견해는 둘로 이분되어 있다. 많은 사람들이 구별한다는 점에서 필자도 같은 의견이기 때문에 더 거론 않기로 하고, 다만 동일시하는 견해에 대해서만 잠시 언급해 두기로 한다.

최현배 씨는 이에 대해 다음과 같이 말하고 있다.

> "움직씨에서는 지난적과 같은 꼴이 이적끝남으로도 쓰히었지마는, 그림씨에서는 도모지 그리되는 일이 없다. 그런데 사람들이 흔히
>
> 나는 몸이 튼튼**했었**다. 그 때에는 그 길이 퍽 좁**았었**다.
>
> 와 같은 형식의 말을 쓴다. 이는 그 형식상으로 보면 지난적끝남 때(과거완료)이지마는, 그 사실인즉 지난적 끝남이 아니요, 다만 지난적일 따름이다. 곧 그것은
>
> 나는 몸이 튼튼**했**다. 그 길이 그 때에는 퍽 좁**았**다.
>
> 와 한가지 뜻을 나타내는 것밖에는 없다. 원체 나아감 때가 없고, 따라서 나아가기끝남 때가 없는데, 어찌해서 지난적끝남 때가 있을 수 있으랴? 그러한즉 이는 지난적을 다만 힘있게 나타내려는 한 관용례에 지나지 아니한 것으로 봄이 옳으니라."[27]

---

26) 박승빈, 조선어학, 조선어학연구회, 1935, pp.f.327.
27) 최현배, op. cit., p.54.

　　이렇게 보면 형용사에서 '-었었-'은 '-었-'의 이형태라는 결론이 가능한데, 양자는 동일한 것이 아니라고 본다. 그렇다고 '-었었-'이 '-었-'의 강조라는 것도 개인의 주관일 뿐 아무런 객관성이 없다.

　　남기심 씨는 형용사에서 '-었-'과 '-었었-'을 동일시하되 그 내용은 최현배 씨와 상이하다. 근본적으로 '-었었-'을 단속의 형태로 보는 씨는 형용사에서도 마찬가지로 보며 '-었-'은 '-었었-'의 변이로 봄이 특이하다. 그리하여 씨는 "형용사의 경우 '-았-'은 언제든지 '-았었-'의 변이다. 따라서 형용사는 완료상이 없다."[28]고 했는데 다음과 같은 예들을 들고 있다.

　　　3.30a 그는 참 착했다.
　　　3.30b 그는 참 착했었다.
　　　3.31a 그 꽃은 붉었다.
　　　3.31b 그 꽃은 붉었었다.

　　이러한 논리는 환언하면 형용사에는 시제 또는 시상으로서의 완료도 과거도 인정되지 않는 것으로서, 결국 국어에는 형용사에 관한 한 형태상 완료나 과거 표현 방식이 결여되어 있다고 볼 수밖에 없는 것이다. 이 점도 다시 반성해 볼 문제이겠으나 이 문제는 별 문제로 하고 위 예들이 단속적이란 말은 곧 지속적이 아니란 말인데 과연 그럴까? 다음과 같은 간단한 대화문을 가상해 보자.

　　　3.32a 갑 : 넌 중학교에 와서 참 착해졌어. 지금은 참 착한 사람이야.
　　　3.32b 을 : 내가 뭐 언젠 고약했냐? 항상 착하지.
　　　3.32c 갑 : 초등학교 때야 좀 고약스러웠지.
　　　3.32d 을 : 야, 그런 소리 마. 내가 초등학교 때 얼마나 착했었다고 내가 그래
　　　　　　도 제일 착했었어.

　　을이 과거나 현재나 다 착한 것으로 표현되어 있다. 그렇다면 d에서 '착

---

28) 남기심, op. cit., p.222.

했었다고', '착했었어'가 단속적이라고 보는 것은 타당성이 없다. 그러므로 '-었었-'에서 의미되는 '단속' 또는 '현재와 과거와의 차이' 등은 '-었었-'의 본질이 아님이 분명하다.

형용사와 마찬가지로 서술어로서의 체언에서도 '-었-'과 '-었었-'은 변별적으로 나타난다. 이것은 형용사의 경우와 매우 혹사하다.

> 3.33a 나는 원래 군인이었다.
> 3.33b 나는 원래 군인이었었다.

3.3. 형태소 분석

'-었었-'의 의미 규정에서 많은 이견이 있었는데, 이 형태의 형태소 분석문제에 가서도 얼마간 이견을 보이고 있다. 이형태를 단일형태(simple form)로 보는 사람이 있는가 하면, 두 형태의 연계(sequence) 즉 복합형태 (complex form)로 보는 사람도 있다. 대부분 문법교과서를 통해 이 '-었었-'의 문제를 언급하고 있으면서 형태소 확인 분석 문제에 가서는 흔히 아무 언급 없이 간과하고 있음을 본다. '-었었-'은 대과거니 과거완료니 했을 때 형태소는 어떠한 것인지 밝히지 않는 예가 많다. 따로 설명이 없는 한 무리한 추단은 어렵다.

먼저 '-었었-'을 단일형태로 보는 견해를 보자. 이희승 씨는 "'대 과거' 를 표시하기 위하여는 어간에 '었었'이나 '았었'이나 혹은 '었었'을 붙여서 쓴다."[29]고 했으니 이것은 단일형태로 본 듯하고, 강복수, 유창균 양씨도 대과거라 하여 '어간+았(었)었다'[30]라 했으니 역시 동궤의 것이 아닐까? '-었었-'을 단속상으로 보는 남기심 씨는 단일 형태소임을 분명히 밝히고 있다.

---

29) 이희승, op. cit., pp.f.69.

30) 강복수, 유창균, op. cit., p.66.

이에 대해 이를 두 개의 형태로 보는 견해가 일반적이다. 이숭녕 씨나 이익섭 씨는 복합형태임을 분명히 하고 있으나,[31] 개개 형태소에 대해서는 아무런 언급이 없다. 김윤경 씨는 "앞의 '었'은 어떠한 움직임이 지남을 보이고 뒤의 '었'은 어떠한 움직임의 지난 결과가 또지남(사라짐)을 보인다."[32]고 했는데, 이것은 동일형태의 복합인지 또는 상이한 형태의 복합인지 분명하지 못하다. 최현배 씨는 '이적끝남꼴'에 '지난적때 도움줄기 "았" "었" 또는 "였"을 더하면 '지난적끝남'이 된다[33]고 했는데 형태 각각에 대한 의미 규정은 분명히 한 셈이나 어디에 논거를 둔 것인지 의문이 따른다. 우선 '−었1었2−'에서 '−었1−'을 현재완료 형태로, '−었2−'를 과거시제 형태로 보는 것에 대해서 근본적으로 납득이 안 간다. 더구나 '−었2−'는 음운형상(phonemic shape)에서 항상 /−었−/으로만 나타나지 않는가?

허웅 씨는 완료의 보조어간 둘이 복합된 것으로 분석하고 있고[34] 박창해 씨도 완료의 형태가 거듭된 것으로 보고 있다.[35]

이상과 같이 '−었었−'을 복합형태로 보더라도 그 각각의 형태 규정에서는 다시 이견을 보이고 있음을 본다.

4. '−었었−'의 의미와 형태 분석

4.1. '−었었−'의 의미

지금까지 2.에서는 자료의 내용을 검토했고, 3.에서는 지금까지의 견해

---

31) 이숭녕, op. cit., p.110. 이익섭, op. cit., p.71.

32) 김윤경, op. cit., p.147.

33) 최현배, op. cit., p.438.

34) 허웅, op. cit., p.83.

35) 박창해, op. cit., p.82.

를 검토 반성해 보았다. 이제는 결론을 내려야 할 단계에 이르렀다. '–었었–'은 어떤 형태인가? 결론부터 말해서 이것은 '과거 경험'의 형태다.

이를 차례로 밝혀 나가기로 한다.

4.1.1. 동사와 '–었었–'

4.1a 나 공부**했었**어.
4.1b 나 공부**했**어.

b의 '–었₁–'은 과거 시제의 형태요, a의 '–었었–'은 단순히 과거 시제만이 아니라 이것은 과거에 대한 경험적 표현이다. 과거에 공부한 사실을 '경험'이라고 하는 측면에 서서 표현하고 있는 것이다. 그러므로 a는 시간 또는 시제상 b와 완전히 동일하되 다만 경험적인 사실로 표현하고 있는 것이다. 그러므로 a의 시제는 b와 동일한 과거다.

다음 4.2도 동일한 것이다.

4.2a 이 개도 밥을 잘 먹**었었**다.
4.2b 이 개도 밥을 잘 먹**었**다.

4.3a 나는 그를 만**났**을 때 욕을 해 주었다.
4.3b 나는 그를 만**났**을 때 욕을 해 주었었다.
4.3c 나는 그를 만**났었**을 때 욕을 해 주었다.
4.3d 나는 그를 만**났었**을 때 욕을 해 주었었다.

여기서 a와 b는 만난 것이 모두 단순한 과거로 표현되었는데, 욕을 해준 것은 각각 달라서 a는 역시 단순한 과거로, b는 과거의 경험적인 의미를 추가해서 표현하고 있다. c, d에서 만난 것은 모두 과거 경험으로 표현하고, 욕을 해준 것은 c에서는 과거로만, d에서는 과거 경험으로 표현했다.

결국 a~d에서 어느 것을 단순한 과거로 표현하고, 어느 것을 과거 경험으로 표현하느냐 하는 것은 어떤 동작 또는 상태의 시간적 우선에 관계없이 전적으로 화자의 의사에 의해 자유로이 결정되고 있는 것이 원칙이다.

4.4a 나는 어제 떡을 먹었었다.
4.4b 나는 어제 떡을 먹었다.
4.5a 그는 물에 빠졌었다.
4.5b 그는 물에 빠졌다.

4.4에서는 a,b의 의미 차가 그렇게 두드러지지 않는데 4.5에서는 현저하게 의식된다. 그렇다고 '-었-' 또는 '-었었-'이 4.4와 4.5에서 상이하게 쓰인 것은 결코 아니다. 그러면 이 양자에서 다른 것은 무엇 때문인가? 그것은 바로 동사 '먹다', '빠지다'라는 어휘 자체의 자질에 기인된 것이다. '-었었-'은 양자에서 모두 과거 경험을 표현하고 있는 것이지만, '빠지다'는 동작의 완료뿐만 아니라 완료된 상태의 지속 현상을 아울러 표현할 수 있기 때문에 '빠졌다'는 동작의 완료에보다는 완료된 상태가 현재까지 지속되어 있음에 더 큰 비중을 주고 있기 때문에 4.5b는 일반적으로 현재 빠져있는 것으로 받아들여지기 쉽다. 즉 '빠졌다'는 '빠지다'의 과거로보다는 '빠져 있다'와 같은 현재의 상태로 해석되기 때문이다. 그러나 조금만 주의 깊이 살펴보면 4.5a도 b와 마찬가지로 완료된 상태의 현재 지속을 나타내는 것으로도 해석될 수 있음을 알 수 있을 것이다(예 2.11, 2.12 참조). 여기에 대해서 '먹다'는 '빠지다'에서 본 것 같은 속성을 보이지 않는다.

4.6 내가 일을 했었을까?
4.7 네가 일을 했었을까?
4.8 그가 일을 했었을까?
4.9 이 자동차가 고장났었을까?

4.6~4.9 모두 현재의 막연한 추측적인 회의다.
이것은 어디까지나 현재의 회의일 뿐 회상적인 것은 아니다. 과거에 실제로 경험한 사실에 대한 지금의 회의라면 또 몰라도 경험도 전혀 없는 사실이라고 할 때는 회상이란 생각하기 어렵다.

'-었었-'이 과거의 경험이라면 다음으로 문제되는 것은 그 경험의 주체가 누구냐 하는 것이 된다.

> 4.10 나 운동 **했었어**.
> 4.11 너 운동 **했었어**.
> 4.12 그이 운동 **했었어**.
> 4.13 이 나무 부러**졌었어**.

여기서 경험의 주체는 누구인가? 말하는 사람인 화자인가? 문의 주어 또는 서술의 주체인가? 어느 것이고 화자의 경험이라고 볼 수 있다. 즉 화자가 그의 과거 사실을 경험적으로 표현한다고 볼 수 있다. 그러나 또 달리 화자가 아니고 여기 문의 주체의 경험적 표현이라고 볼 수도 있다. 이렇게 후자로 볼 때 조금 문제가 되는 것은 4.13이다. '부러졌었다'가 주어 '나무'의 경험적 표현이라고 보는 것보다는 화자의 경험적 표현이라고 보는 편이 더 순리적인 것 같기 때문이다. 경험의 주체가 무생물 '나무'라기보다는 사람 – 화자 – 이라고 보는 편이 더 바람직하기 때문이다. 그러나 나는 무생물의 경험도 충분히 가능하다고 본다. 나무가 부러졌던 일이 있다면 그것도 나무로 보아서는 하나의 경험적 사실임에 틀림없다. 이렇게 볼 때 위와 같은 평서문에서는 경험의 주체를 결정짓기가 곤란하다. 어느 것으로 보아도 그 타당성은 마찬가지다.

그러면 다음에 질의의 문을 보자.

> 4.14 나도 술을 많이 먹었었니?
> 4.15 너도 술을 많이 먹었었니?
> 4.16 그이도 술을 많이 먹었었니?
> 4.17 이 벽이 무너**졌었니**?

이들 예의 질의의 의문문에서는 화자의 경험일 수는 없다. 우선 청자 (hearer)의 경험적 사실일 수 있다. 그러나 반면 평서문에서와 같이 서술 주체 즉 문의 주체의 경험일 수도 있다. 여기서도 가능성은 역시 반반이다. 다시 다른 경우를 살펴볼 수밖에 없다. 4.6~4.9에서 본 것과 같은 추측회의의 의문문을 다시 보자.

    4.18 내가 그렇게 **했었**을까?
    4.19 네가 그를 **때렸었**을까?
    4.20 그이가 돌을 **던졌었**을까?
    4.21 이 책장이 떨어**졌었**을까?

여기서는 평서문에서와 같이 화자가 아니면 서술 주체가 되어야 한다.
그런데 화자로 보는 데는 난점이 있다. 이 예문들이 화자가 전혀 경험하지 못한 사실에 대한 단순한 추측이라고 볼 때, 이것이 화자의 경험적 표현이라고 본다면 자가당착에 빠질 우려가 있기 때문이다. 그러나 반대로 주어로 본다면 이러한 무리는 피할 수 있는 것이다. 감탄문도 이와 동궤의 것이다.

    4.22 나도 그걸 보**았었**구나.
    4.23 너도 그걸 읽**었었**구나.
    4.24 선생님도 오**셨었**구나.
    4.25 이 건물도 금이 **갔었**구나.

남의 말을 통해서 이상의 사실을 알았었다고 가정할 때 화자의 경험은 될 수 없다.
위에서 문의 유형별로 경험의 주체를 살펴보았는바, 문의 주어가 되는 서술의 주체로 봄이 가장 합리적이다. 이를 확인하기 위해서 다음 간단한 대화를 하나 더 보자.

(갑→을)　　4.26 철수도 공부**했었어.**
(을→철수) 4.27 너도 공부**했었대.** (너=철수)

　위에서 4.26, 4.27의 경험의 주체는 동일한 것이다. 4.26에서는 경험의 주체를 갑화자으로 보고 을에서는 청자 '너'로 볼 수는 없다. 만약 양 예의 '했었다'의 경험 주체를 갑이라고 본다면, 4.27에서는 모순이 따른다. 4.26은 그대로 갑의 말이고, 4.27은 그 말을 간접적으로 표현한 것 – 간접인용 – 인데, 을의 말 속의 갑의 경험적 표현을 재현시킨다는 것은 불가능한 일이며 비논리적인 일이다. 이렇게 보아 4.27이 화자 갑의 경험적 표현이 아니라고 본다면 부득불 이것은 서술의 주체인(청자가 아닌) '너'의 경험이라고 보지 않을 수 없으며 동시에 4.26도 제자(諸者)가 아닌 철수의 경험적 표현이라고 보지 않을 수 없게 된다.

　지금까지 '－었었－'으로 표현되는 과거 경험의 주체는 행위자 또는 서술주체임을 밝힌 셈이다. 필자는 전에 이것을 평서문에서는 화자(諸者)의 경험으로, 의문문에서는 서술 주체의 경험으로 본 일이 있는데,36) 이것은 자료의 검증이 미흡한 데서 기인된 것이었기에 아울러 이를 밝혀 여기 바로잡는다.

4.1.2. 형용사와 '－었었－'

　3.에서 본 바와 같이 형용사의 과거 경험적 표현에는 이견이 많았다. '－었었－'을 인정하는 경우, 따로 인정하지 않고 과거(또는 완료) '－었$_1$－'의 이형태로 보는 경우, '－었었－'을 인정하되 단속으로 보고 '－었$_1$－'을 '－었었－'의 이형태로 보는 경우 등등이 있었다. 그러나 나는 동사고 형용사고 구별할 것 없이 '－었$_1$－'은 과거, '－었$_1$었$_2$－'은 과거 경험으로 보고자 한다.

---

36) 이을환 외 5인, op. cit., p.189.

4.28a 철수는 부지런**했었**다.
4.28b 철수는 부지런**했**다.

a가 b보다 더 먼 과거의 표현이라고 볼 아무런 논거도 없다. 더구나 a가 과거완료란 것은 매우 부당하다. 역시 지속이나 회상이 아닌 것도 물론이다. 그렇다고 b가 동일하냐 하면 그렇지도 않다. 나는 이들 양자가 어감에서만이라도 동일하다는 사람을 별로 보지 못했다. 결국 이 차이는 변별적인 것이며 객관적인 것으로 받아들여야 된다. 역시 a는 b에 대하여 그와 동일한 과거 시제를 가지되 경험적 표현인 것이다.

4.29a 나는 돈이 없었었다(있었었다).
4.29b 나는 돈이 없었다(있었다).

a와 같은 표현이 현실적으로 가능하냐 또는 그것은 b와 동일한 것이 아니냐 하고 회의 내지 의문을 가지는 사람이 있을지도 모르나 이것은 현실적으로 가능하며 또 b와 변별되는 것이 분명하다.

4.30a 철수는 학교에 갔었다(현재).
4.30b 철수는 학교에 갔다(지금 부재).

형용사에서는 위의 동사에서와 같은 의미적인 차가 의식되는 경우가 없다. 그러나 그것은 동사와 형용사의 자질차에서 연유되기도 하지만 동사 '가다'의 어휘적인 자질에 연유되는 것이다. 동사는 본질적으로 동작이 일단 일회 동작으로 완료되어 단락이 생기지만 형용사는 주로 상태 표현이기 때문에 그러한 구분이 별로 명시되지 않는다.

그런데 동사나 형용사에서 때로 '-었₁-'과 '-었었-'이 동일한 것처럼 의식되기도 하는 것은 무엇 때문인가? 4.28, 4.29가 그럴지 모른다. 이것은 각각의 b 즉 과거형으로 표현된 주체가 이미 하나의 경험으로 의식될 수도 있기 때문이다. 이것은 동사에서도 그런 경우가 있다.

4.31a 작년 열차 사고에 많은 학생이 죽었었다.
4.31b 작년 열차 사고에 많은 학생이 죽었다.

b는 '죽었다'는 자체가 이미 경험적인 것으로 받아들여지기도 하기 때문에 b와의 구별이 모호하게 될 수도 있을 것이다. 그러나 b의 '–었–'은 어디까지나 단순한 과거의 시제 표현이지 경험의 표현은 아닌 것이다.

'–었었–'이 결국 '과거'와 '경험'을 동시에 표현하여 과거 경험을 나타내기 때문에 과거 경험은 때로 과거에 대한 회상적인 의미나 어감으로도 이해되기 쉬우며, 또 과거의 경험을 나타내기 때문에 현재와 변별적인 상이한 내용을 의미하는 것같이 –즉 단속적인 것으로– 이해되기도 쉽다.

이것은 모두 '과거 경험'이라는 의미에서 기인되는 것이다.

4.2. 형태소의 확인

나는 '–었었–'을 지금까지 막연히 과거 경험이라고 불러 왔다. 그러면 이 형태가 단일형태(simple form)인가 복합형태(composite form)인가를 밝혀야 한다. 이 문제에도 이견이 있었음을 보였었다. '–었었–'을 단일형태로 처리함으로써 얻는 언어 기술의 장점이 있을 수도 있다. 물론 의미 단위가 형태 단위와 반드시 일치하지 않음은 사실이지만 '–었었–'이 '과거의 경험'을 지칭하는 데, 선행하는 '–었–'이 시제의 과거 형태 '–었–'과 동일한 의미, 동일한 음운형상(phonemic shape)으로 실현되고 있으므로 선행하는 '–었–'은 과거 시제 형태로 보고 후행하는 '–었–'은 경험의 형태로 분석함이 합리적이다. 그래서 '–었었–'을 과거 형태소 {–었₁–}과 경험의 형태소 {–었₂–}로 구분하기로 한다. {–었₁–}은 '–었–', '–았–', '–였–', '–렀–' 등등의 이형태를 가지나 {–었₂–}는 '–었₂–' 외의 이형태를 가지지 않는다. '–었었–'이 '과거 경험'의 형태라 할 때 이에 의해 표현되는 시제가 과거이고 보면 과거의 형태소를 분석해 냄이 역시 타당한 것이다. 그런데 '-었$_2$-'는 그 분포(distribution)가 제약되어 있어 반드시 '-었$_1$-'에만 후행함이 또 하나의 특징이다. 이것은 '-었$_2$-'가 현재나 미래의 경험에 쓰이지 않음을 의미하는 것이기도 하다.

4.3. -었-의 문법 범주

이제 마지막으로 '-었$_2$-'가 어떤 문법성을 가진 형태인가를 생각해 보아야겠다. 지금까지 대체로 '-었었-'을, 대과거로 보든 과거완료로 보든 '-었$_2$-'를 과거형태로 보든 완료 형태로 보든 시제(tense)의 범주에 넣어 왔었다. 다만 '-었$_2$-'를 완료의 형태로 본다면 이것은 엄격히 말해서 시제라기 보다는 상(aspect)으로 봄이 더 합리적일 것이다. 이러한 견해에 대하여 남기심씨만은 '-었었-'을 시제 형태가 아니고 상의 형태임을 밝혔었다. 대체로 시제라면 '시'의 문법범주로서 간단없이 지속되어 가는 시간상의 어느 범위와 관련을 가짐에 대하여, 상은 시제 또는 시간의 특정 시점과 관련되어 실현되는 행위나 서술 등의 양태를 지칭하는 바, 예를 들면 시발, 진행, 완료 등등을 내용으로 하는 것이다.

이렇게 볼 때 경험을 내용으로 하는 '-었$_2$-'는 도저히 시제의 형태가 될 수 없으며, 그렇다고 상의 형태로 보기도 곤란하다. 이것은 차라리 서법(mood)의 형태로 보는 것이 보다 합리적이라고 본다. 서법이란 것이 '문의 내용에 대한 화자의 심적 태도' 또는 '행위의 심리적 분위기' 등으로 규정되는 바, 발화상에 있어서 화자가 그의 의도하는 내용을 어떠한 방법 또는 태도로써 표현할 것인가 하는 것을 반영하는 것이다.

그래서 여기엔 진술, 소원, 의도, 당위, 가능, 추측 등 여러 가지 내용이 포함된다. '-었$_2$-'는 주체-주어-에 의한 경험을 내용으로 하지만, 어디까지나 화자의 의도 여하에 따라 발화상에 실현되는 그의 심적 태도라 할 수 있으므로 서법의 형태로 봄이 바람직하다.

영어의 과거 완료형이 경험적 내용을 가지는 점에서 '-었었-' 내지 '-었$_2$-'에 유사한 점이 있으나 그 완료형은 시제나 상과 깊이 관련되지만, '-었$_2$-' 자체는 경험 이외의 어떠한 문법적 속성, 또는 시간성도 가지고 있지 않은 점에서 크게 유별될 수 있다.

5. 결어

지금까지 이렇다 할 반성이나 비판도 없이 다양하게 처리되어 오고 있는 형태 '-었$_1$었$_2$-' 특히 '-었$_2$-'에 대하여 종래와는 전혀 다른 측면에서 고찰해 보았다. 여기서 얻은 결론은 '-었었-'이 대과거나 과거완료 또는 완료의 확인, 강조, 완료의 완료, 단속상 등 어떤 것도 될 수 없으며, 이것은 과거경험을 내용으로 하는 바, 이 형태는 과거의 '-었$_1$-'과 주체경험의 '-었$_2$-'와의 복합형태로서, '-었$_2$-'는 반드시 '-었$_1$-'에 후행하는 분포상의 특징을 가지고 있으며 문법적으로는 시제나 상이 아닌 서법의 형태라는 것이었다. 그리고 이 형태는 동사, 형용사, 명사에서 아무 차별 없이 한 가지로 실현되고 있음을 보였다.

이 '-었었-'이 '과거의 경험'을 표현하기 때문에 때로는 회상적인 내용을 의식하게도 되며, 또 때로는 현재와는 내용이 다른 과거의 사실, 즉 단속적인 의미로도 의식되나 이것이 그 본질은 아닌 것이다. 대과거니 과거완료니 하는 것은 한 마디로 이렇다 할 논거도 없는 공허한 것이다.

단순 과거 형태 '-었$_1$-'로 표현되는 문과 '-었$_1$었$_2$-'으로 표현되는 두 개의 문을 비교해 볼 때 '경험적'이라고 하는 이외의 의미 차가 때로 의식되기도 한다. 그러나 이것은 '-었$_2$-' 자체에 기인되는 것이 아니고 문의 관용적인 의미에 크게 지배되기도 하며, 때로는 이들 형태를 포함하는 서술어 즉 동사, 형용사, 명사 등 특히 그 중에서도 동사 개개의 어휘 자질에 크게 의존되고 있는 것이다. 뿐만 아니라 때로는 여타의 시간 관계

부사어 및 음조 등까지도 여기에 관여되고 있다.

이러한 의미 내지 어휘 자질 등의 문제는 본고에서는 특별히 취급하지 못했으나 실은 중요한 뜻을 지닌 것들이다.

이러한 점도 우리는 앞으로 크게 주목해야 될 것이다.

이 형태는 동사뿐만 아니라 형용사, 명사에서도 동일하게 실현되는데, 특히 형용사나 명사에서 그 실현이 때로 의문시되는 것은 역시 형용사나 명사의 특성에 연유되는 것이다. 이들의 특성이 바로 이들 어류에서의 '$-었_2-$'의 실현을 얼마간 막연하게 하는 소이가 되고 있다. 그러나 그 근본은 동사에서와 조금도 다를 게 없다.

—『문법연구』1, 문법연구회, 1974. 5.

경험과 추정

— '-겠-'과 '-을 것이-'를 중심으로 —

1

근년에 들어 특히 국어의 문법 형태에 대한 의미 분석 및 이와 관련된 일련의 논의들은, 국어에서 이들 형태가 갖는 문법성에 비추어 보아 매우 뜻있는 일로 생각된다. 어미 '-었었-'이나 '-어-' 및 '-고-' 등에 대한 다각적인 검토는 그러한 좋은 예라 하겠으며, 이제 여기 살펴보려고 하는 '-겠-'과 '-을 것이-'에 대한 일련의 논의들도 그러한 예의 하나라 하겠다.

우선, '-겠-'을 볼 때, 종래 오랫동안 '미래, 추량, 의도, 가능' 등등으로 지칭되어 오다가 신창순(1972, 1975)에서 본격적인 의미 분석이 시도되었고, 이후 남기심(1972), 성기철(1976), 이기용(1977, 1978), 서정수(1977, 1978) 등에서도 검토되어 왔다.

이 '-겠-'과 관련하여 이와 의미상의 공통점을 가지고 있는 '-을 것이-'와의 비교가 몇몇 사람들의 관심 속에 뜻있는 연구가 진행되어 왔다. 이 두 형태의 의미에 관한 비교도 그 발단은 상기 신창순(1972)에서 시작되는 것 같다. 그러나 이 논의는 상기 성기철(1976, 1977)에서 구체화됐고, 그 후 이기용(1977, 1978) 그리고 서정수(1978) 등에서 활발한 논의를 보인다. 특히 이전에 학회 등에서 발표한 내용의 종합적 결론이라 할 수 있는 이기용(1978)과 이에 대한 반론을 겸한 서정수(1978)가 '국어학' 6집에 나란히 수록되어 주목을 끌고 있다. 양자는 어떤 의미에서 상반된 견해를 보여 주고 있어 이 '-겠-'과 '-을 것이-'의 비교는 자못 매우 혼미한 양상을 보여 주는 듯싶기도 하다.

여기에 필자가 다시 이 문제를 거론함은, 우선 이 문제에 대한 필자의 최초의 견해(성, 1976)를 크게 수정한 것(성, 1977)이 구두로만 발표된 후 정리되지 못했기 때문이며, 또 하나는 그 후의 일련의 논의들에서 필자와 상이한 견해를 보이고 있기 때문이다.

다소 진부한 느낌이 들기는 하나, 이글의 전개에 편의를 위해 그 동안의 논의들을 그 개요만 소개하기로 한다.

필자는 여기서 '-겠-'과 '-을 것이-'에 대한 의미 분석에 주안점을 두려는 것이 아니라, 다만 이들 형태에서 공통으로 분석될 수 있는 '추정'의 의미에 초점을 맞추고 양자의 의미를 비교해 보려는 데 목표를 둔다. 따라서 양형태의 여타 의미나 '-을 것이-'의 형태소 분석 등은 일단 고려 밖으로 한다. 다만 여기서 '-을 것이-'를 한 단위로 묶어서 취급함은 이것이 형태소 분석이나 통사적 구조의 합리적인 기술이 용이하지 못한 데다가 '-겠-'과 동궤의 문법 형태로 처리하는 데서 오는 간편 때문이다. 이 형태의 형태소 분석이나 의미 분석 등은 앞으로 계속 연구되어야 할 문제다.

2

다만 어떤 사람들이 「을 것」을 한 단위로 처리함에 대하여 필자가 '-을 것이-'로 처리함은 이 형태가 원래 '-이'가 없이 쓰이는 다른 '을 것'(이것은 '을+것'이 분명함)과 구별되기 때문이다.

우선 신창순(1972)은 "…'겠'이 확실치 못하거나 모르는 일에 관해서 단순히 객관적으로 가능성을 추량하는 것이 아니라 말할이가 여러 자료의 검토로 내린 주관적인 견해를 나타내는 것임을 강조해 둘 필요가 있겠다."라고 하였다. 이러한 '–겠–'의 '추단'에 대하여 '–을 것이–'는 '문자 그대로 추량'이라 하였는데, 이것은 전후의 설명으로 보아 그렇게 객관적인 근거를 필요로 하지 않는 추량을 나타낸다고 본 것이 아닌가 한다. 결국 신 교수는 양자를 판단의 근거 유무에서 구별하고 있는 것으로 보인다. 그런데 이러한 견해, 즉 판단 근거의 유무에 의한 구별은 이기용 교수의 견해에서도 일치점을 보여 주고 있다.

위의 견해에 대해서 필자(1976)는 어떤 판단이든 판단의 근거가 없는 판단이 있을 수 없음을 지적하고, 양형태의 차이에 대하여, 우선 '잠정적으로' 개연성 또는 확신도에 있어서의 정도 차이로 변별되는 것이라 보았었다. 거기서 필자는 다음 예문들이 차례로 확신도가 약해지는 것으로 보았었다.

    (1) a. 그 환자는 곧 죽어.
        b. 그 환자는 곧 죽겠어.
        c. 그 환자는 곧 죽을 거야.

이러한 주장을 뒷받침하기 위해서 필자는 다음 예들을 검토해 보았다.

    (2) a. 너무 웃기지 마세요. 글씨 못 쓰겠어요.
        b. 너무 웃기지 마세요. 글씨 못쓸거에요. (주어=화자)
    (3) a. 돈 좀 주세요. 여비가 없어 못 가겠어요.
        b. 돈 좀 주세요. 여비가 없어 못 갈 거예요.
    (4) a. 갑 : "내 말 알아 듣겠어?" 을 : "예, 알겠습니다."
        b. 갑 : "내 말 알아 듣겠어?" 을 : "예, 알 것입니다."

(2)에 대하여 a는 목전의 현장이기 때문에 b보다 개연성이 높아 '–겠–'

이 쓰였고, (3)도 a가 당장의 일이기 때문에 분명한 일이어서 개연성이 높아 '-겠-'이 쓰였다고 보았다. (4)에 대해서도 b가 불확실한 대답이 되기 때문에 a로 말해야 된다고 보았던 것이다.

이러한 관찰에서 '-겠-'을 현장성과 관련시켜 본 것은 옳은 것이었지만, 이것을 확신도와 연결시킨 근거가 충분하지 못하다. 그런데 위와 같은 현장성은 (1)과 같은 예문을 설명할 만한 뒷받침을 얻어야만 강력해질 수 있을 것이다. 환자를 문병한 두 사람이 얼마 후에 제3자와의 대화에서, 한 사람은 (1)b로, 또 한 사람은 (1)c로 말했다고 가정하자. 둘 다 가능한데 여기서 현장과는 거리가 멀어졌다. 이럴 때 '-겠-이 더 확신성을 가진다고 한다면 이를 뒷받침할 만한 근거를 구해야만 할 텐데 이것은 거의 불가능해 보인다.

우리의 주관적 느낌으로는 '-겠-'이 확신도가 높은 감이 없지 않다. 그러나 이러한 느낌이 객관적으로 증명되지 않는 한 그것은 여전히 느낌으로만 남을 것이다. (4)에 대해서도 b가 불확실한 대답이어서 상대방에게 불쾌감을 주기 때문에 기피된다고 본 것은 아무래도 필자의 주관적인 생각으로서, 이것은 확신의 정도를 뒷받침할 만한 논거가 되지 못한다.

비록 '잠정적인'견해이기는 했지만 이상과 같은 필자의 생각은 자료의 충분한 검토가 모자란 데서 온 잘못된 것이었기에 성기철(1977)에서 수정한 견해를 밝혔었다.

여기에서 필자는 '-겠-'이 현장에서의 자료에 근거한 추정이고, '-을 것이-'는 그 이전의 경험 자료에 근거한 추정임을 밝혔었다.

그 후 이기용(1977)은 "'-겠-'은 어떤 상황 또는 사건의 가능성을 알고 있음을 뜻하고, '-ㄹ것'은 그 가능성을 믿고 있음을 뜻한다."고 하고, "따라서 '-겠-'의 경우는 사실 여부 또는 실현 가능성에 대한 객관적 증거가 있어야 하겠으나 '-ㄹ것'의 경우에는 그런 증거가 필요 없다."라고 하였다. 이것은 그 근본에 있어 위에 소개한 신창순(1975)과 얼마간 일치된다고 할 만하다.

그리고 이기용(1978)에서도 '-겠-'과 '을 것'의 차이를 밝혀 "전자는 강한 짐작을 뜻하고 후자는 약한 짐작도 뜻할 수 있다. 강한 짐작은 화자의 주관적 확신이 곁들여 있음을 뜻한다. '-겠-'이 화자의 의도를 뜻하는 것도 그것이 화자의 확신을 함의하기 때문이다."고 밝혔다. 이러한 견해는 결국 '-겠'은 객관적 증거가 있어야 하니 강한 추정을 나타내고, '-을 것이-'는 그러한 증거가 없어도 되므로 약한 짐작을 나타낸다고 규정한 것으로 요약할 수 있을 것이다. 여기서 양자의 차이를 짐작의 정도차로 본 것은 최초의 필자(1976)와 공통점을 보인다.

이정민(1975)은 '-을 것이-'에 의한 추측은 '좀더 초연한 멀리 떨어진 미래'를 나타낸다고 보면서, 주에서 "이 명사화 미래 구성은 화자가 미래의 사건이 분명히 일어나리라고 믿을 때 성립된다."고 하여 '-겠-'과 구별하고 있는데 전후의 두 인용 내용이 서로 다른 것이어서 어떻게 연관되는 것인지 분명하지 않다.

가장 늦게 발표된 서정수(1978)에서는 이기용(1977)에 대한 반론을 펴면서 "'-ㄹ 것'은 일반으로 객관적인 근거를 바탕으로 짐작을 나타내며 '-겠-'은 화자의 주관을 바탕으로 짐작을 표시한다.", "'을 것'이 '-겠-'보다 더 확실한 추정을 나타낸다."고 밝히고 있어 상호 정반대되는 견해를 보이고 있다.

지금까지 그 동안의 연구 결과를 요약 소개하였다. 다음에는 위의 논의들에 대해서 구체적으로 그 문제점들을 살펴보기로 한다.

3

편의상 이정민(1975)부터 살펴보자.

(5) a. 3월이 오면 진달래가 필 것이다.
    b. 곧 진달래가 피겠다.

‘-을 것이-’에 의한 추측은 ‘좀더 초연한 멀리 떨어진 미래’를 나타낸다고 전제하여 ‘-겠-’과 구별하고 있으면서, 또한 위 예에 대하여 ‘-을 것이-’로 표현되는 추측을 “화자가 미래의 사건이 분명히 일어나리라고 믿을 때 성립된다.”고 말한다.

우선 2에서 지적했듯 ‘멀리 떨어진 미래’라는 말과 미래의 사건에 대한 확신이 어떻게 관계가 있는 것인지 단편적인 설명으로는 이해가 가지 않는다.

여하간 위의 견해는 서정수(1978)에서 부정적인 것으로 받아들여지고 있는데, 필자도 그런 견해에서 크게 의문을 가진다. 그러한 견해는 매우 주관적인 추측의 한계를 벗어나기 어려운 것으로 생각된다. 우리는 이것을 뒷받침할 만한 정도 차이를 찾아 볼 수 없는 것만 보아도 위 5a, 5b의 차이를 시간적 거리차에서 구하기 곤란한 것을 쉽게 알 수 있다.

(6) a. 곧 진달래가 피겠다.
    b. 곧 진달래가 필 것이다.

봄이 오면서 따뜻해지는 날씨를 보고 (6)a와 같이 말할 수도 있는데, 이때는 ‘곧’이 몇 주일의 시간적 거리까지도 예견할 수 있는 것이지만, 남의 집뜰의 진달래가 만발한 것을 보고 우리 집 진달래도 곧 필 거라고 한다면 그것은 불과 며칠의 시간적 거리가 될 수도 있다.

다만 사건이 분명히 일어나리라고 믿는 그 확신성이 어디에서 유래되는 것인가를 뒤에 가서 살펴보겠다. 이것이 옳은 것은 아니라고 하더라도 그와 같은 발상의 근거는 추적해 볼 수 있을 것 같다.

(7) a. 나는 내일 원고를 마치겠다.
    b. 나는 내일 원고를 마칠 것이다.

이기용(1977)은 위 예문을 제시하고서 ‘-겠-’과 ‘-ㄹ 것’을 ‘앎’과 ‘믿음’의 차이로 구별하여 전자는 객관적 증거를 요구하나 후자는 그것을 필요로 하지 않는 것으로 보았다. 따라서 '-겠-'이 강한 짐작을 나타내고, '-ㄹ 것'이 약한 짐작을 나타내는 것으로 해석한다.

그런데 이러한 논의에서 우선 필자에게 회의를 느끼게 하는 것은 두 형태의 차이를 '앎'과 '믿음'의 차이로 보는 논거는, 이 교수의 인식 논리의 바탕 위에서 추정문의 성립 조건을 밝히고 있는데, 이것이 과연 어떻게 위의 논거와 관련되는지 이해하기 곤란하다. 이 교수는 또 확신 없음을 나타내는 '아마', '잘 모르지만', '전혀 모르지만' 등이 '-겠-'과 공기할 수 없음에 대하여 '-ㄹ 것'과는 공기할 수 있음을 지적하여 '-겠-'이 확신성이 강하다고 보고 있다.

다음은 이를 뒷받침하기 위해 제시한 예문이다.

(8) a. 아마 방 선생은 총각일 것이다.
    b. *[?] 아마 방 선생은 총각이겠다.
    c. *[?] 아마 방 선생은 총각이다.
(9) a. 잘 모르지만, 잠실이 홍수에 잠겼을 것이다.
    b. *잘 모르지만, 잠실이 홍수에 잠겼겠다.

'확신성'이란 것이 매우 주관적인 것이어서 두 형태 중 어느 것이 더 확신성이 강한 것인가는 예문이나 사람에 따라 정반대로 인지되기도 한다. 그런데 설혹 느낌으로 보아 '-겠-'이 확신성이 더 강하다는 것을 긍정한다고 하더라도, 위의 예문만으로는 그것을 뒷받침할 만한 객관적 논거가 되기 어렵지 않나 생각된다. 우선 '아마'가 불확실성을 내포하고 있는 것은 분명하지만 이것이 '-겠-'과 함께 쓰이지 못하는 것은 확실성의 정도와 관계없이 다른데 연유할 가능성도 전적으로 배제할 수 없기 때문이다. 이러한 문제는 거꾸로 '-겠-'의 정체가 분명히 밝혀지고 나서 규명될지도 모를 일이다.

다음으로, '잘 모르지만', '전혀 모르지만' 등과 같은 삽입구나 여타 이에 준하는 말들이 '-겠-'과 함께 쓰일 수 없다고 보아 '-겠-'이 강한 확신성을 나타낸다고 보는데, 이것은 다음과 같은 예문에 대한 합리적인 설명이 가능해야 될 것이며, 만약 그렇지 못하다고 하면 이들 례는 오히려 위의 주장에 대한 반증예가 될 수 있지 않을까 한다.

(10) 잘 모르긴 하지만, 잠실도 홍수에 잠겼겠어.
(11) 내가 그이 마음씨를 전혀 모르긴 하지만, 그래도 무척 착하겠더라.
(12) 잘 모르긴 하지만, (설마)철수도 오겠지.

화자에 따라 위의 문장에 대한 허용성에 의문을 가지는 사람이 있을는지 모르겠지만, 필자는 그 성립 가능성에 대해 전혀 주저하지 않는다. 만약에 위의 예문들이 성립 가능하다고 전제하게 되면, 앞에 말한 '앎'과 '믿음'의 차이와 관련시킨 것 자체가 크게 문제가 되며, 아울러서 '-겠-'의 강한 확신성에 대한 논거도 매우 약한 것이 되지 않을까 한다.

다음, (7)a, (7)b의 예와 함께, '-겠-'이 객관적 증거를 필요로 함에 대해 '-ㄹ것'이 그것을 필요로 하지 않는다고 본 점도 크게 의문이 간다. 우선 증거가 없는 판단, 즉 판단의 근거가 없는 판단이라는 것이 원칙적으로 불가능한 것 같으며, 어떤 의미에서 이러한 근거가 없는 판단을 긍정한다고 가정하더라도 이것은 오히려 반대가 되어야 할 것 같다. 즉, '-겠-'보다는 '-을 것이-'가 오히려 더 객관적인(?) 증거를 필요로 하기 때문이다.

논거의 유무 문제는 서정수(1978)에서도 위와 상반된 견해가 보인다. 서 교수는 "'-겠-'은 본래 객관적 증거력이 없는 짐작을 나타내는 데 반해서 '-ㄹ것'은 어느 경우나 본래부터 객관적 근거를 바탕으로 한 짐작을 하는 속성이 있음을 뜻한다고 할 수 있다."고 한다. 좀 더 부연하면 "'-ㄹ것'은 객관적인 근거를 바탕으로 짐작을 나타내며, '-겠-'은 화자의 주관을 바탕으로 짐작을 표시한다. 곧, '-ㄹ것'은 판단 근거가 객관성이 있는 짐작의 표현에 쓰이는 반면에, '-겠-'은 주관성이 강한 짐작의 표현이다."라고 주장한다.

이러한 견해는 어느 면에서 필자도 크게 공감을 가지는데, 무엇보다도 그것은 양 형태의 차이를 확신의 정도 차이에서 구하지 않았다는 점이며, 또

‘객관성, 주관성’의 문제가 필자로서도 얼마간 긍정이 가는 것이기 때문이다.

그러나 서 교수가 양자를 주관, 객관과 관련시킨 점도 여전히 석연치 못한 바가 있다. 우선 ‘주관성, 객관성’이란 말의 내용에서 얼마간 모호함을 느낀다. ‘객관성’이란 것은 여기서 판단의 근거가 객관성이 있는 것을 뜻하는 것으로 보인다. 예로 ‘비가 올 것이다.’라고 했을 때 이러한 추정에는 객관적인 증거가 뒷받침되어 있다는 의미일 것이다. 그러면, ‘주관성’이란 무엇일까? 추정의 근거가 객관성이 없다는 것일까, 아니면 객관성은 있더라도 그것에 관계 없이 화자의 주관대로 판단한다는 것일까? 주관과 객관의 상대성으로 보아서는 전자라야 더 합리적인 것이 될 듯싶은데, 여기서 필자의 의도한 것이 어느 것인지 분명치 못하다. 후자 쪽이 아닌가 생각되는데, 만약 후자를 의미한다면 그것이야말로 화자의 주관적인 것이 되어 버려, 이러한 화자의 심적 작용을 객관적으로 설명하기가 매우 어려울 것 같다.

구체적으로, 객관적인 근거가 있는 것도 ‘-겠-’으로 표시할 때가 있는데, 이 경우 ‘주관적인 판단’이라고 한다면 ‘객관’과 ‘주관’의 구별을 어떻게 해야 될지 의문이 생긴다. 때로는 어떤 상황에서 두 형태가 다 가능하기도 하고, 어떤 때는 어느 하나만이 가능한 경우가 있는데, 이것이 ‘주관성’, ‘객관성’의 차이로 잘 구분될지 의문이다. 다음 예를 하나 보자.

교통 사고 현장에서 금방 죽을 것 같은 치명적인 중상자를 본 사람들의 반응을 생각해 보자.

    (13) a. 저 사람 죽겠어.
           b. 저 사람 죽을 거야.

중상자를 본 사람은 모두 b와 같이 말할 것이다. 모두 다 이렇게 말할 수 있다면 이것은 충분히 객관성이 있다고 할 수 있을 것이다. 그런데도 b로 말하지 않고(b가 불가능한 것은 아니나 여기 적합하지 못하다.) a로 말하는 것은 무엇 때문일까? 판단 근거의 객관성에도 불구하고 화자가 모두 주관적으로 파악했다고 보기에는 무리가 많은 것 같다.

그런데 이 사람들(화자)이 이 사고 후 몇 달 지난 후 아직도 이 중상자가 죽지 않았다는 사실만을 들었다고 하자. 이 때 화자들은 한결같이 b로 말할 것이며(다만 '저'가 '그'로 바뀜), a는 성립 불가능한 것이 된다고 본다. 그렇다면, 이전의 주관성이 어떻게 시간의 경과에 따라 객관적인 것으로 변했다고 볼 수 있겠으며, 이런 현상이 어떻게 모든 화자에게 획일적으로 적용하는 것이라고 볼 수 있을까? 이에 대해 필자는 매우 부정적인 생각을 가진다.

그리고 서 교수가 제시한 다음 두 문장에 대한 설명도 다소 무리가 보인다.

   (14) a. [?]그이가 내일 떠나겠다.
       b. 그이가 내일 떠날 것이다.

a에 대하여 '객관적인 밑받침'이 없기 때문에 문장이 어색하다고 보고 있는데, a가 b보다 특별히 어색할 것이 없는 것 같다. a, b가 똑같이 가능한 문장으로 받아들여지는 것이다. 따라서 "'-겠-'은 일반으로 화자 자신 이외의 의도나 행동에 관하여 짐작 표현을 하지 못하는 데 반해서, '-ㄹ것'은 그것이 가능함을 말해 준다."고 본 것은 긍정하기 어렵다. 어느 형태든 주어의 인칭에 관계 없이 다 쓰일 수 있다. 다음 세 문장들의 어느 것에서도 우리는 조금도 부족한 점을 발견하지 못한다.

   (15) 그이도 곧 죽겠어.
   (16) 너도 시험에 합격하겠어.
   (17) 나는 시험에 떨어지겠어.

또, 서 교수가 말하는 '객관적 여건'에 대한 것은 서 교수의 다음 예문 이해에서도 문제가 따른다.

(18) 그이가 죽겠다.
(19) 그이가 죽을 것이다.
(20) (?)진단 결과에 따르면 그이는 죽겠다.
(21) 진단 결과에 따르면 그이는 죽을 것이다.

필자가 보기로는 (20)이 (21)보다 조금도 어색하지 않으나 이 문제는 일단 접어 두기로 한다. 서 교수는 (18)은 "화자 자신이 환자의 얼굴 따위를 보고 직감적으로 하는 짐작'이라 하고 '진단 결과에 따르면'이라는 객관적 여건을 바탕으로 한 추정'에는 '-ㄹ 것'이 자연스럽게 어울린다고 했는데, 이것은 일면으로는 필자도 공감이 가는 바 있지만 반드시 그런 것만도 아닐 것이다. 바로 진찰을 하고 나간 의사로부터 회생 불능의 말을 들은 사람의 다음 말을 검토해 보자.

(22) 의사의 얘기를 들어 보니, 그이 죽겠어.

위 문장이 조금도 손색없는 문장이며, '-겠-' 추정의 근거가 되는 '의사의 얘기를 들어 보니'는 매우 객관성이 높은 것이라 하겠다.
이렇게 볼 때 '-겠-'과 '-을 것이-'의 차이를 '주관', '객관'과 관련시키는 데 큰 문제점이 있음을 알 수 있다.
그러면, 이상에서 검토해 본 그 동안의 몇 가지 견해들을 염두에 두면서 이 문제의 근본을 밝혀 보도록 한다.

4

구체적인 예증에 앞서 여기 한 가지 분명히 해 두고 싶은 것이 있다. 그것은 필자가 이미 지적했듯, 판단이란 그것이 비록 추정의 판단이라고 하더라도 거기엔 반드시 판단의 근거가 전제되어 있다는 점이다. 만약에 판단의 근거도 없이 판단을 한다면, 그것이야말로 허황한 무의미한 것이 되고 말 것이다.

그러면 다음에 구체적인 자료를 검토하면서 문제 해결에 접근해 보기로 한다.

(23) a. 비가 오겠어.
　　　b. 비가 올 거야.

위와 같이 완전히 고립된 두 문의 비교에서는 별로 얻을 것이 없다. 근본적으로 문이란 것이 홀로 고립되어 쓰일 수도 없는 것이어서, 이 문의 이해를 위해서는 이 문이 쓰인, 또는 쓰이는 상황이 고려되지 않으면 안 된다. 위와 같은 두 문만을 대상으로 확신도에서 a가 높다, 또는 b가 높다 아무리 해 보아야 그것은 도로일 수밖에 없다.

이제 위 문에 다음과 같은 상황을 가정해 보자. 지금 하늘은 쾌청한 날씨인데, 어제 저녁의 일기 예보에서는 오늘 틀림없이 비가 온다고 했다. 오늘의 일기를 추정하는 근거는 이것 외에 아무것도 없다고 하자. 이런 경우에는 b가 적합한 표현이요, a는 쓰일 수 없는 문장이다. 특히 방에서 맑은 하늘을 내려다보면서 하는 말이라고 할 때 이것은 더욱 분명해진다. 더구나 a와는 달리 밖의 날씨는 전혀 보지 않고서도 b는 가능하다는 점이 우리의 주목을 끈다.

여기서 b가 성립됨에 비해, a가 성립되지 못한다고 하는 것은 a, b가 확신의 정도 차이가 아님을 밝혀 준다. 정도의 차이라면 적어도 두 문이 똑같은 허용성을 가지고 성립 가능해야만 될 것이다.

그런데 이보다 하루 전, 즉 일기예보를 한 때의 말이라면 다음과 같이 '-겠-'과 '-을 것이-'의 두 문장이 다 가능해진다.

(24) a. 내일 비가 오겠어.
　　　b. 내일 비가 올 거야.

여기서 두 가지 추정의 근거는 동일하다. 그것은 방금 들은 일기 예보뿐이다. 똑같은 판단 근거 위에서 하나는 객관성을 띠고 다른 하나는 주관성을 띤 것이라고 생각하기 곤란하다. 더구나, 위에서 두 가지가 다 가능했던 추정이 왜 비 오겠다고 예보한 당일에 이르러서는 '‑겠‑' 추정이 불가능해지는 것일까?

다시 (23)의 문으로 돌아가서 상황을 바꾸어 생각해 보자. 하늘에 구름이 가득 끼어 있는 것을 보는 순간에 한 말로서, 이 화자는 현재의 날씨 외에는 일기 예보 등 어떤 정보도 가지고 있지 않다고 하자. 이 경우에는 반대로 a가 더 적합한 문장이 되며, b는 이보다 덜 어울리는 것이 된다.

이들 예에서 우선 잠정적으로 생각해 볼 수 있는 것은 '‑겠‑'의 현장성 및 '‑을 것이‑'의 비현장성이다. '‑겠‑' 추정이 현장을 고려하지 않고서는 곤란하며, 반대로 '‑을 것이‑' 추정이 현장과 별로 관련이 없는 것 같음을 알 수 있다.

(25) a. 이거 맛있겠어.
      b. 이거 맛있을 거야.

여기에도 상황을 부여해 보자. 점심 때 철수와 순이가 친구인 영수를 방문했는데, 영철이는 그들을 음식점으로 안내했다. 아주 희귀한 음식을 대접하겠다고 하면서 자기는 가끔 즐긴다고 한다. 그런데 순이와 영수는 한 번 먹어 본 일이 있다. 얼마 후에 음식이 나왔다. 철수는 정말 보지도 듣지도 못한 이상한 음식이다. 이 때 먹어 본 경험이 전혀 없는 철수로서는 a만이 가능할 뿐 b는 전혀 불가능하다. 그러나 순이와 영수는 a, b 두 문장이 다 가능하다. 그렇지만, a와 같은 철수의 말에 대한 순이와 영수의 반응은 a보다는 a가 훨씬 더 잘 어울린다. 철수의 말에 a로 응대했다면, 그것은 아주 이상한 말로 들릴 것이다.

여기서도 우리는 다음의 분명한 사실들을 확인할 수 있다. 우선 그런 음식의 맛을 추정하는 데 있어, 음식의 외형보다는 먹어 본 경험이 훨씬 객관성이 높을 것이란 점이다. 그런데도 먹어 보지 못한 철수는 '-겠-'으로 추정했고, 먹어 본 사람들은 '-을 것이-'로 반응을 보였다. 이것은 '-겠-'이 객관적 증거를 필요로 함에 대해, '-을 것이-'그런 증거를 필요로 하지 않는다는 입론에 반증이 될 것이다.

다음, 두 추정이 짐작의 정도 차이라고 할 때, 철수의 짐작에도 정도 차이를 생각할 수 있을 것이니, a, b가 다 가능해야 한다. a만 가능하다는 것이 역시 그런 정도 차이와 전혀 관계가 없음을 증명해 주는 것이라 하겠다.

다음에 '주관성'과 '객관성'의 문제를 생각해 보자. 영수와 순이는 전에 먹어본 경험이 있으니까, 그 맛에 대한 추정의 근거는 객관성을 띤 것이라 할 수 있다. 마찬가지로 철수는 지금 목전의 외형만 보고 인상적으로 추정한 것이니 주관적 판단이란 말이 가능해진다. 서 교수의 '주관성', '객관성'에 일부 공감을 가지는 것은 이 점에서다. 그러나 이제 본 그러한 '주관', '객관'이 두 추정을 구별해 주지는 않는다는 점에서 크게 견해의 차이가 보인다.

위 예에서 음식을 본 옆 자리의 제삼자인 두 손님도 현장에서는 '-겠-'으로만 추정할 수 있다. 그러나 그 후 몇 달이 지나서 두 손님이 우연히 다시 만나 이 음식을 얘기하게 될 때는 두 사람 모두 '-을 것이-'의 추정만이 가능해진다. 다음 예의 b가 될 것이다.

> (26) a. 그거 맛있겠어(맛있었겠어).
> b. 그거 맛있을 거야(맛있었을 거야).

이들의 추정의 근거는 처음이나 나중이나 오직 주관적인 음식의 외형적 인상밖에 없는데 어째서 현재에서는 '-겠-'만이 가능했던 것이 뒤에 가서는 '객관성'의 '-을 것이-'만이 가능해지는 것일까? 시간의 경과에 따라 주관적인 인상의 근거가 객관적인 근거로 변했다고 볼 수 있을까?

위의 검토에서 보듯 '-겠-' 추정은 현장 또는 현재의 경험 사실(음식의 모양, 빛깔 등)에 판단의 근거를 두고 있으며, '-을 것이-'는 이전의 경험적 사실(먹어본 경험)에 판단의 근거를 두고 있음을 알 수 있다. 그러므로, 음식이 나오기 전에라도 '-을 것이-' 추정은 가능하지만 '-겠-' 추정은 불가능한 것이다. 보지 않고서도 추정이 가능하다는 것은 그 추정을 뒷받침할 만한 과거의 경험이 있기 때문이며, 듣거나 보지 않고서는 추정이 불가능하다는 것은 그 추정이 현장 또는 현재의 경험에 근거를 두어야 하는 것이기 때문이다. 이와 같이 '-ㄹ 것이-'에 의한 추정이 과거의 경험에 바탕을 두기 때문에, 화자에 따라서는 '-겠-'보다 더 확신성을 느낄지도 모른다. 이정민(1975)에서 '화자가 미래의 사건이 분명히 일어나리라고 믿을 때', '-을 것이-'가 성립한다고 본 것도 이와 관련되지 않을까 한다.

> (27) a₁. A팀이 이기겠어.
> a₂. S팀이 이기겠어.
> b₁. A팀이 이길 거야.
> b₂. S팀이 이기겠어.
> c. (갑)A팀이 이기겠어.
> d. (을)아냐. S팀이 이기겠어.
> e. (병)아냐. A팀이 이길 거야.

위 문들과 관련하여 다음과 같은 상황을 부여해 보자. 축구로는 전혀 알려져 있지 않은 나라에서 A, S의 두 축구 팀이 내한했는데, 이들 팀에 대해서 화자인 갑, 을, 병은 어떠한 정보도 가지고 있지 않다. 이 경우 화자들은 어느 팀이 이길까에 대해서 어떠한 추정도 할 수 없다. 근거없는 추정이 불가능함은 이런 데서도 입증이 된다. 그런데 이제 두 팀이 동시에 같은 운동장에서 가벼운 연습을 시작하는 것을 보았다고 하면 이 때에는 추정이 가능해진다. 연습을 처음 보기 시작하는 사람들은 모두 a의 '-겠-' 추정을 하게 된다. '-을 것이-'의 추정은 거의 불가능하거나 어울리지 않는 것이 된다. 보는 사람에 따라 어느 편이 이길 것인가에 대한 확신도는 서로 다를 텐데도 '-겠-'이 절대적으로 우세한 까닭은 무엇인가? 여기서 추정의 증거가 객관성이 있기 때문에 모두 '강한 짐작'을 하게 된다고 볼 수는 없다.

그러나 같은 자리에서도 얼마간 시간이 경과되어서, 연습 과정을 좀 많이 보게 된 후에는 b와 같은 '-을 것이-'의 추정도 가능해질 뿐만 아니라, c에서 보듯 두 가지 추정이 모두 자연스러운 것이 된다. 여기서 우리는 시간의 경과에 따른 문의 허용성의 변화에 크게 주목을 하게 된다. 객관적 증거의 유무나 짐작의 강약으로 설명하려 할 때, 마음의 모순을 밝힐 수가 없다. 연습을 더 많이 보게 되면 추정의 근거가 더욱 분명해지고 객관성을 띠게 되는데, 처음에는 강한 짐작의 '-겠-'이 쓰이게 되고, 처음에는 거의 불가능하거나 잘 어울리지 않던 '-을 것이-' 추정이 뒤에 가서는 아주 자연스러워지는 점을 어떻게 합리적으로 설명할 수 있을까? 처음에 거의 '-겠-'만이 가능한 것은 그 추정의 근거가 그 현재, 그 현장에 있는 것이기 때문이다. 그리고 좀 시간이 지난 후에는 두 가지가 다 가능해지는데, 그것은 그 현재의 연습 과정에서 추정하기 때문에 '-겠-'이 가능하고, 또 그 추정 이전의 경험 ─ 비록 이것이 매우 짧은 시간의 경험이라 하더라도 ─ 이 근거가 될 수 있기 때문에 '-을 것이-' 추정도 가능해진다고 생각된다. 즉, 시간이 좀 지난 뒤에는 추정의 근거가 그 현재의 경험일 수도 있고, 그 이전의 경험일 수도 있기 때문에 두 가지 추정이 가능해진다고 보는 것이다.

만약, 연습 광경을 보고서 그 장소를 떠나 집으로 돌아가면서 말을 하게 되면, 이 때도 a, b의 두 추정이 가능함을 알 수 있다. 이런 사실로 미루어 보면 '-겠-'이 꼭 현장성을 요구하는 것은 아니다. 그래서 '현장성'이라는 것보다는 '현재성'이란 말이 더 적합할 것 같다. 물론 '현재성'이란 '현장성'을 포괄한다. '현재'라는 것은 화자의 주관이나 여타 상황에 따라 상당한 폭을 가질 수 있기 때문이다. 따라서 연습을 보고 돌아가는 때의 시간까지도 연습을 보는 시간과 함께 현재라는 범위 속에 포함시킬 수 있다. 즉 현장을 떠나 돌아가면서도 '-겠-' 추정이 가능한 것은 그 시간도 연습을 구경하는 시간과 함께 '현재'로 파악할 수 있는 융통성 때문이라 생각한다. 따라서 '-겠-'이 현재의 경험에 기초를 두고 있다는 것에 크게 저촉이 되지 않을 것이다.

만약, 시간이 더 흘러 몇 달 뒤에 오직 그 연습을 본 경험만으로 두 팀의 전력을 추정한다고 하면, 이 때는 거의 '-을 것이-' 추정만이 가능해지고, '-겠-' 추정은 거의 불가능해진다. 이 때에 이르면, 연습하던 때가 완전히 과거가 돼 버렸기 때문일 것이다.

이상의 얘기를 종합해 보면, 처음 현장―처음의 시간으로 이것이 '현재'임―에서는 '-겠-', 조금 시간이 경과된 뒤에는 '-겠-'과 '-을 것이-', 더 시간이 경과된 후에는 '-을 것이-'로 변해간다고 말할 수 있다. 이러한 변화를 추정 근거의 유무나 짐작의 정도, 또는 추정 근거의 객관성이나 화자의 주관성 등으로는 설명하기 곤란할 것이다. 이것은 아무래도 추정을 뒷받침하는 근거가 현재의 경험에 있느냐, 과거의 경험에 있느냐에 따라 결정된다고 보아야 옳을 것 같다. 이것은 다음 예에서도 쉽게 확인될 수 있다. (13)과 유사한 다음 예를 다시 생각해보자.

(28) a. 이 사람 죽겠어.
　　 b. 이 사람 죽을 거야.

주어인 '이 사람'을 교통 사고의 피해자라고 가정하자. 수십 미터의 절벽에서 차가 굴러 승객 대부분이 사망 아니면 중상자들인데, 그 중 오직 예문이 한 사람만이 표면상으로 보아서는 중상이 아니고 의식도 분명하다. 지나가던 두 사람이 이런 현장을 보고 위와 같이 말했다고 하자. 이런 경우 a는 거의 불가능하여 오직 b만이 쓰일 수 있다. 여기서 b(-을 것이-)만이 가능한 것이 죽을 것이라는 객관적 확증이 있기 때문이라고 볼 수 없으며, a(-겠-)가 불가능한 것이 객관적 확증이 없기 때문이라고 보기 어렵다. b 추정은, 교통 사고에서 외형상으로는 경상으로 보이던 환자도 속으로는 병이 들어서 결국은 죽는 것을 경험한 일이 있을 때, 또는 이런 일이

일반적인 현상일 때에만 가능하다. 이러한 과거의 경험이나 일반적 현상
-이것도 과거의 경험 속에 포괄될 수 있다-이 보다 더 강한 객관성을
띤다고 보아야 할 것이다. 이러한 객관성 때문에 오히려 '-을 것이-' 추
정이 강한 추정으로 생각될 수도 있을지 모른다. 그런데 사람에 따라서는
일반적으로 '-겠-' 추정이 더 확신성 있는 추정으로 생각하기도 하는데
그것도 그 까닭을 추적해 볼 수 있을 듯싶다. '-겠-' 추정은 당시의 현
상에서 추리되는 것이기 때문에 그 추정의 근거는 전적으로 화자 자신에
의해서 해석된다. 즉, 여기엔 타인의 의견이 반영될 여지가 전혀 주어져
있지 않다. 이것은 '-을 것이-' 추정에서는 타인의 경험을 들어서 간접
적으로 경험한 것이 추정의 근거가 되기도 하는 점과 다르다. 즉, '-겠-'
추정은 화자가 '현재', '자신만'의 판단으로 내리는 것이기 때문에 확신도
가 더 높은 것으로 생각되는 것 같다.

위 예문에서 이러한 상황도 고려해 볼 만하다. 이번에는 피해자가 아주
의식불명의 중상자일 때, 이 사고 현장을 보는 바로 그 순간에는 반대로 a
만이 가능하고 b는 불가능하다. 그 이유는 분명하다. 보는 순간에는 우선
목전의, 그 당시의 현상만으로 추정을 하게 될 뿐, 과거의 경험까지 들추
어 낼 여유가 없을 것이다. 그러나 그 순간만 지나면 화자는 이와 관련된
과거의 경험도 회상하게 되고, 이것이 또 다른 추정의 근거를 마련해 주게
되어 b의 '-을 것이-'의 추정도 가능하게 된다. 즉, 조금만 시간이 지나
면, 추정의 근거가 두 가지가 된다. 하나는 화자가 보고 있는 현장의 상황
이고, 다른 하나는 화자의 과거의 경험이다. 이렇게 상이한 경험에서 각각
'-겠-' 추정과 '-을 것이-' 추정이 연유되는 것이다.

이런 경우에도, 위 현장을 목격한 사람이 몇 달 후에, 그 중상자가 아직
도 살아 있다는 소문을 들었을 때의 반응은 다음 b라야만 된다.

(29) a. 그 사람 아무래도 죽겠어.

b. 그 사람 아무래도 죽을 거야.

이때는 추정의 근거가 이미 현재의 경험이 아니요, 과거의 경험이 되어 버렸기 때문이다.

> (30) a. 내가 철수한테 애기를 직접 들어 보았어요. 철수는 가야 되겠어요.
> b. 내가 철수한테 애기를 직접 들어 보았어요. 철수는 가야 될 거예요.
> c. 내가 철수한테 애기를 직접 들어 보았어요. 철수는 가야 되겠데요.

위에서 a, b 추정은 둘 다 그 추정의 근거가 동일하다. 즉, 화자가 직접 철수에게 애기를 들어 본 것이 그것으로 현재의 경험이 아니요, 과거의 경험인데도 '-겠-'과 '-을 것이-'가 다 쓰일 수 있다. 그러나 이것도 경험시와 발화시의 거리 차이가 얼마 안 되었을 때는 a가 자연스럽거나 a만이 가능하며, 얼마간 거리가 생겼을 때는 a, b가 모두 가능해지고, 거리가 아주 멀어졌을 때는 b만이 가능하다. 마지막 경우, 굳이 '-겠-'을 쓰고 싶으면 c와 같이 회상 형태 '-더-'와 함께 써야 한다. ('-데'는 '-더-'와 반말의 종결어미가 결합된 복합형태다.) 여기서 '-겠-'이 회상이 형태와 더불어 쓰여야만 하는 것도 이것이 '현재성'과 깊은 관련성을 가지고 있음을 시사해 주는 것으로 보인다.

> (31) a. 한번 찾아 주시면 (저도) 고맙겠습니다.
> b. 한번 찾아 주시면 (저도) 고마울 겁니다.

(31)b가 매우 어색한데, 그 이유를 짐작할 수 있을 것 같다. 화자가 상대방에게 미래의 자신의 마음을 추정해서 말하는 데 있어, 현장에서 발동되고 있는 자신의 마음에 근거를 두는 것이 보다 더 진솔한 태도가 될 것이다. 현재의 자기 마음을 감추거나 외면하고 과거의 경험만을 빌어 표현한다는 것은 상대방에게 좋은 인상을 줄 수가 없고, 따라서 이것은 자연 정중한 표현이 될 수 없을 것이다.

위 예는 이기용(1978) '맺음'에서 시사하고 있는 소위 '완곡어법' 및 '관용어법'과 관련이 있는 것으로 생각된다. '-겠-'이 얼마간 완곡성을 띠고 있는 것 같은데, 이것은 '-겠-'의 현장성과의 관련성에서 유래하는 것으로 보이는데, 이러한 완곡성은 '-겠-'의 지금까지의 논의에 별다른 영향을 미치지 못하는 것 같다. 위 예 (31)과 관련하여 다음 예문들을 보자.

(32) 먼 훗날 한번 찾아 주셔서 만나뵙게 되면 (저는)무척 반가울 거예요.
(33) 한번 찾아 주시면 (철수가) 고마워할 겁니다.

이들 예에서는 '-을 것이-' 추정이 매우 자연스럽다. 이러한 사실은 (31)b가 전적으로 불가능한 문이 아님을 증명해 준다고 볼 수 있으며, 이것은 결국 (31)a, b의 차이도 여타 '-겠-'과 '-을 것이-'의 차이와 근본적으로 다를 것이 없음을 말해 준다고 볼 수 있을 것이다. 아울러서 예의 완곡성이란 것도 화자와 청자 사이에서 이루어지는 것으로서, 이 외에도 매우 한정된 제약 아래서 가능한 것임을 알 수 있다. 뿐만 아니라, 이러한 완곡 표현은 여타의 표현과 그리 확연하게 변별되는 것도 아니어서 이러한 완곡법이란 객관화하기가 매우 모호한 바 있다.

다음 예들은 완곡성의 불분명과 함께, 이것이 '-겠-'과 '-을 것이-'의 차이와 무관한 것을 보여 주고 있다.

(34) 갑 : 내 말 알아듣겠나?
(35) a. 을 : 모르겠어요.
     b. 을 : 모를 거예요.
(36) 갑 : 한번 더 말해 주면 알아듣겠나?
(37) a. 을 : 그래도 모르겠어요.
     b. 을 : 그래도 모를 거예요.

갑이 영어로 말을 하고, 영어에 서툰 을이 이로 청취하는 장면이라고 보자. (34)의 질문에 대해서 얼마간 완곡성을 띤다고 생각할지 모르는 a만이 성립되고 b는 성립되지 않는다. 그런데 그 이유는 갑의 말이 이미 끝난 것이기 때문에 을의 응답이 현장성을 띠어야 하기 때문이다. 이것은 그 이하의 문답에서 더욱 분명해진다. (36)의 질문에 대해서 이번에는 a, b가 다 자연스러운 대답이 된다. 여기서는 갑의 말은 아직 발화되지 않았다. (36)에 대해 대답 a는 현재만이 자기 상황에 의존한 것인 반면, b는 그 이전의 경험에 의존한 것이다. 37에서 a가 b에 비해 얼마만큼이나 완곡성을 띤 것인지 잘 모르겠으나, 아무튼 이 완곡성이 '-겠-'원래의 '현장성' 내지 '현재성'에 영향을 주지 않는 것만은 분명하다. 그 완곡성이란 것이 거꾸로 '-겠-'의 현장에서 기인되는 것이라고 볼 때 그것은 당연한 귀결일 것이다.

이제 마지막으로 '-을 것이-'와 '아마'와의 관련성을 잠시 살펴보자. 불확실을 나타내는 '아마'가 '-겠-'과는 쓰이지 않음에 대해, '-을 것이-'와는 함께 쓰이는 것은, '-을 것이-'가 '-겠-'보다 확실성이 낮다는 증거가 된다는 것이 이기용 교수에 의해 몇 차례 지적되어 왔음을 앞에서 말했었다. 아울러서 필자는 그 논거가 약한 것임을 지적했었다.

이를 뒷받침하는 하나는 역시 불확실성을 나타내는 '추측컨대', '내 짐작으로는' 등이 '-을 것이-'보다 '-겠-'과 더 잘 쓰이는데, 그렇다고 해서 전자가 후자보다 확신도가 높다고 볼 수 없는 점이었으며, 다른 하나는 '아마'가 '-겠-'과 잘 쓰이는 것은 확신도와 관계 없이 다른 데에 기인할지도 모른다는 점이었다. 이제까지의 논의에서 두 추정의 차이가 확신도의 차이에 있는 것이 아니라, 경험의 시간적 차이에 있는 것으로 본 이상, '아마'에 대해서도 다른 측면에서 검토되어야 하리라고 본다. 이 문제는 따로 '아마'의 의미 분석이 검토되어야 분명해질 것으로 보이는데, 다만 이 시점에서 '-을 것이-'와의 관련성으로 보아 고려할 수 있는 것은 '아마'가 과거의 경험에 대한 화자의 불확실한 상기(想起)를 나타낸다고 볼 수 있을 것 같다. 이에 대해서 '추측하다, 짐작하다' 등은 과거보다는 현재의 경험에 근거를 둔 추정의 불확실성과 더 깊은 관련성이 있는 것 같으나, 이 문제도 앞으로 더 검토되어야 할 것이다.

5

  지금까지 '-겠-'과 '-을 것이-'의 두 형태에서 분석되는 추정의 의미가 서로 어떤 차이를 가지고 있는가를 살펴보았다. 우선 두 가지의 추정에서 어느 것이든 그 추정에는 증거가 있어야 할 것이다. 즉 판단의 근거를 필요로 하지 않는 추정을 고려할 수 없음을 전제로 해야 되었었다. 따라서 판단의 근거 유무로는 두 형태의 차이를 밝히기 어려울 것이다. 따라서 판단의 유무와 관련한 확신성의 정도 차이가 둘을 구별해 주지 못하며, 설혹 판단의 근거를 모두 긍정한다 하더라도 결과는 마찬가지임을 알 수 있었다. '-겠-' 추정이 현장에서 화자 혼자만의 판단에 의존하는 것이기 때문에 얼마간 주관성을 인정할 수 있는 것이기는 하나, 이러한 주관성 또는 판단 근거의 객관성 유무 등에 의해서 두 추정이 변별되지 못함도 살펴보았다. 다만, 이러한 '-겠-'의 주관성 때문에 어떤 사람들은 '-겠-'이 '-을 것이-'보다 확신성이 강하다고 생각하게 되는지도 모른다.

  필자는 두 추정의 차이가 경험 시간상의 차이에 따라 변별되는 것으로서 '-겠-'은 경험 당시, 즉 현재의 경험의 판단의 근거를 두고 있는 추정임에 대하여, '-을 것이-'는 과거의 경험에 근거를 둔 추정임을 밝혔다. 이 때의 '현재'란 것은 비록 시간상으로는 과거라고 하더라도, 그것이 가까운 과거여서 화자가 현재로 파악하게 될 때는 이것도 위에 말한 현재 속에 포괄될 수 있었다. 그리고 여기 '경험'이란 것은 자신이 직접 체험은 물론 자기의 여러 가지 지식, 기타 알고 있는 모든 것을 총칭한 말이다.

  위와 같은 시간적 차이에 따라 변별되기 때문에, 경험 당시 그 경험에 근거를 둘 때는 '-겠-', 조금 시간이 경과되어 그 경험이 현재의 경험임과 동시에 또한 과거의 경험이 되고 나면 '-겠-'과 '-을 것이-', 그리고 완전 과거의 경험이 되어 버렸을 때는 '-을 것이-'가 쓰이게 된다. 이를 도표로 간단히 보이면 다음과 같다.

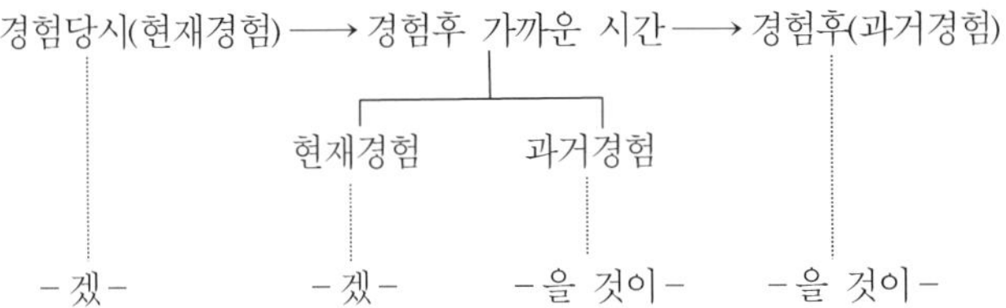

따라서 경험 당시로부터 멀어질수록, 즉 먼 과거의 경험에 의존할수록 '-을 것이-' 추정이 되며, 경험 당시에 가까울수록 '-겠-' 추정이 되는 것을 알 수 있으며, 이 두 추정이 이러한 경험 차이에 따라 변별되는 한, 양자는 절대로 혼란을 일으키지 않음을 알 수 있다. 비록 똑같은 시간과 장소에서 두 추정이 가능하다 하더라도, 그 두 추정의 근거는 전혀 다른 데 있음을 알 수 있는 것이다.

이 글을 마침에 있어, 한 가지 크게 아쉬운 점은 '-을 것이-'가 추정의 의미가 있음은 확실하지만, 여기서 더 분석 가능한 것으로 보이는 형태소 분석(-ㄹ-＋-것-＋-이-)과 그 의미 분석을 고려에 넣지 못한 점이다. 이것은 이미 서두에서 지적했던 바로서 앞으로의 연구에 기대를 가질 수밖에 없을 것 같다.

참고 문헌

서정수(1978), 「'ㄹ 것'에 대하여」, 『국어학』 6, 국어학회.
성기철(1976), 「'겠'과 '을-것이-'의 의미비교」, 김형규교수 정년퇴임기념논문집, 서울대학교 사범대학 국어교육과.
성기철(1977), 「'겠'과 '-을 것이-'에 대하여」, 한국언어학의 여름연구회(구두발표).
신창순(1975), 「현대한국어의 용언보조어간 '-겠-'의 의의와 용법」, 현대국어문법(계명대학) ※이 논문은 원래 「조선학보」 제65집(일본천리 1972)에 게재됐던 것임).
이기용(1977), 「짐작의 뜻 : '겠'과 '-ㄹ것-'을 중심으로」, 합동 연구 발표 논문 요지 II, 한글학회.
이기용(1978), 「언어와 추정」, 『한국어』 6, 국어학회.

-『문법연구』 4, 문법연구회, 1979. 6.

어미 '고'와 '어'에 대하여

1. 서

이 "고"와 "아(어)"의 쓰임의 합법적 설명은 나로 하여금 참 오래 동안에 퍽도 괴롭게 하였다. 세웠다 고치고 세웠다 고치고 하기를 몇 번이나 하여, 위선 이상과 같이 하여 두었다. 그러나 아직도 완전히 해명되었다고 생각하지 못하는 점이 많다. 뒤에 오는 사람은 더 생각할 것이니라.[1]

이렇게도 선배 학자들이 이 문제를 놓고 고심한 까닭은 두 가지 점에서다. 첫째는 이들 어미가 국어문법에서 차지하는 비중이 매우 큰 까닭이요, 둘째는 이들에 대한 체계적이고 합리적인 설명이 매우 어렵고 복잡한 때문이다.

'우리말본'이 이 문제를 놓고 그렇게 고심한 후 지금까지 수십 년에 아직 이렇다할 선명한 해결이나 의견의 일치를 별로 보지 못한 채, 많은 이의 고심의 대상이 되고 있을 줄 믿는다. 최근 {어(서)}에 대한 서정수 씨의 변형생성문법적인 분석은[2] 우리말본의 몇몇 오류를 바로잡고, 새로운 방법론을 적용한 점에 의의가 있다고 생각한다.

이 글은 여러 의미를 가진 어미 '고'와 '어' 중에서 이들 양자가 의

---

1) 최현배, 우리말본, 1959, p.303.
2) 서정수, 국어의 용언 의미 {어(서)}, 한글학회 50돌 기념논문집, 한글학회, 1971.

미 또는 기능상에서 서로 대조를 보이는 두어 용법만을 가리어 각 형태의 의미 내지 기능을 고찰하고, 이들 어미로 유도되는 구 또는 문장(phrase or sentence)의 구조적인 성격을 비교, 연구하려는 데 중점을 둔다. 따라서 이들 형태와 관련이 없거나 관련성이 크지 않은 지엽적인 여타의 문제들은 취급하지 않음을 원칙으로 한다. 물론 이 글은 국어의 어미 '-고', '-어' 전반에 대한 연구를 궁극의 목표로 시도된 것이다. 이 글도 이 문제에 대하여 명쾌한 결론을 얻은 것이라고는 생각하지 않는다. 문제 해결을 위한 하나의 시론으로서 앞으로의 연구결과에 따라 시정 보완될 여지가 있을 것으로 생각한다.

이 글의 전개에 있어서 때로 얼마간의 부분적인 변형생성 이론을 원용하게 되는바, 이는 어디까지나 설명의 편의 또는 이해의 보조를 위한 것이지 그 이론을 국어에 적용시키려는 데 의도가 있지 않음을 밝혀 두며, 아울러 종래 품사론 또는 형태론 연구가 문법 연구의 대부분을 차지했으면서도 품사론 또는 형태론에 대한 한계 집착에서 특히 어미연구가 부진 내지 미흡했었던 점을 돌이켜 보며, 형태론 자체의 연구를 위해서도 통사론 연구에 깊이 주목하지 않으면 안 될 것을 부언해 둔다.

이 글의 전개 과정에서 비판에 대상이 되고 있는 견해들, 특히 '우리말본'은 비판을 위해 인용된 것이기보다 이것이 가장 깊은 연구를 보이고 있는 데 연유하는 것이다. 필자의 이 글도 '우리말본'에 힘입은 바 큼을 여기 밝혀 둔다.

2. 형태소의 확인

2.1. {-고₁}과 {-어₁}

(1) a. 기러기가 <u>울고</u> 간다.(울며)
  b. 농부들이 농악을 <u>울리고</u> 김을 맨다.(울리며)

위 두 문장은 구조상의 모호성(structural ambiguity)이 문제되겠으나, 이 문제는 다음 장에서 논의하기로 하고, 여기서는 일단 괄호 안의 뜻에 비슷한 의미로 간주하기로 한다.

여기서 선행하는 동사 ‘울고’, ‘울리고’는 후행하는 동사 ‘간다’, ‘(김을) 맨다’를 각각 한정하고 있어 한정과 피한정의 구조로 되어 있다. 따라서 이 ‘-고’는 일종의 부사형 어미라고 할 수 있다. 다시 이들 한 문장 내의 두 동사는 필연적으로 동일 주어를 필수 조건으로 하게 되는데, 양동사의 행위는 ‘동시적’이다. 즉 두 동사로 실현되는 행위는 시간적인 선후 서열로 배열된 것이 아니고 동시에 병행되고 있는데, 내용상으로 볼 때 선행하는 동사는 뒤에 오는 동사에 대하여 대략 ‘방법’3)을 보여 준다.

위의 예에서만 보면 ‘-고’는 ‘-며’와 같은 의미로 해석되나 다음과 같은 예에서는 확연히 구별된다.

     c. 철수는 가방을 <u>들고</u> 간다. (*들며 간다)
     d. 철수는 모자를 <u>쓰고</u> 간다. (*쓰며 간다)

여기 c, d에서는 ‘-고’는 ‘-며’와 교체될 수 없다. ‘들고’, ‘쓰고’는 이미 ‘들고 난’, ‘쓰고 난’ 뒤의 결과의 지속을 보여 준다. 즉 ‘완료된 뒤의 지속’을 의미한다고 할 수 있다. 시상면(aspect)에서 보면 동시상이라 할 만하다.

이상에서 살펴본 바에 근거하여 예 (1)의 ‘-고’를 ‘방법·지속’의 어미 형태로 규정하여 {-고₁}4)이라 해 둔다.

    (2) a. 철수는 학교를 <u>걸어</u> 다닌다.
       b. 철수는 지난 밤을 <u>울어</u> 샜다.
       c. 철수는 책상을 <u>끌어</u> 당겼다.
       d. 선수들이 <u>다투어</u> 달린다.

---

3) 이 ‘방법’이란 것은 많은 예에서 확인되나, 때로는 꼭 ‘방법’이라고만 규정하기 곤란한 경우도 있지만 이 말이 가장 보편적일 듯싶어 그대로 사용한다.
4) 형태소의 번호는 설명의 편의상 붙인 것이다.

예 (1)에서와 마찬가지로 동일 문장의 선후 두 동사는 한정과 피한정의 관계로 되어 있으며, 필연적으로 동일 주어를 필수 요건으로 하고 있고, 시간상으로 두 행위는 동시적이어서 선후의 구별은 되지 않는다. 내용상으로는 역시 앞의 동사는 뒤의 동사에 대하여 대략 '방법'을 표시해 준다. 이 모든 점은 앞의 {−고₁}과 일치되는 점이다. 다만 {−고₁}과 구별되는 점은 {−고₁}이 뒤에 오는 동사와 동시적이면서 '지속적'인 뜻을 보이는 데 반해서 이 '−어'는 그런 의미는 전혀 의식되지 않는 점이다. 그래서 이들 예의 '−어'를 '방법·비지속'의 형태소로 규정하고 {−어₁}이라 해둔다.

결국 {−고₁}과 {−어₁}의 차이는 '지속'과 '비지속'의 차이인데, 이들에 대하여 좀 더 예를 들고 비교검토해 보기로 한다.

−고	−어
(3) a. (손)을 잡고 간다	*잡아 간다
b. (눈을) 뜨고 간다	*떠 간다
(4) a. *걷고 간다	걸어 간다
b. *끌고 당긴다	끌어 당긴다
(5) a. 기대고 산다	기대(어) 산다
b. 노리고 본다	노려 본다

예 (3)에서는 지속적인 '−고'만이 가능하고 비지속의 '−어'는 불가능함을 보여 주며, 예 (4)에서는 반대로 '−고'는 불가능하고 '−어'만이 가능함을 보여 주고. 예 (5)에서는 양자가 다 가능함을 보여 주고 있다. 예 (4)에서는 지속적인 '−고'가 사용되지 않고 비지속의 '−어'만이 쓰이는데, 이는 논리상으로 보아도 매우 합리적인 것임을 알 수 있다. 왜냐하면 '걸어 가다'에서 '걷다'와 '가다'는 어의상으로 분명히 구별되면서 이들이 복합형태 '걸어 가다'를 구성하지만 이 말은 별개의 두 행위의 병행적인 것이 아니고, 사실상 동일한 행위이기 때문에 '지속, 병행'의 '−고'로 결합될 수 없는 것으로 보아야 되겠다. '끌어 당긴다, 뛰어 다니다, 기어 다니다' 등 일련의 예도 동궤의 것들이다. 예 (5)는 다 사용되고 있지만 위에서 확인한

바에 의해 의미가 구별된다.

그런데 '-고', '-어'에 의한 구조에서 선행하는 동사가 지속적일 때 '-고'로, 그리고 비지속적일 때 '-어'로 실현되는 것은 충분한 이유가 성립되나, '-고'가 '-어'로 교체불가능한 근거나 또는 선행 동사가 지속 가능한 것이면서도 '-어'로만 실현되는(예 : 앉아 먹다, 서서 하다 등) 근거는 어디에 있는지 밝히기 매우 곤란하다. 현 단계로서는 그저 우리의 언어 실현으로만 긍정하는 데 머무를 수밖에 없다.

필자의 {-고₁}, {-어₁}은 우리말본에서 분류한 '방법'의 '-고', '-어'에 대체로 일치를 보이고 있으나 몇 가지 점에 적지 않은 차이를 보이고 있다.

우선 형태소의 식별 과정에서 이들 '-고', '-어'가 각각 우리말본이 구분한 '끝남'의 '-고'(예 : 밥을 먹고 왔다.) 및 '가짐'의 '-어'(예 : 제장영을 불러 국사를 꾀하다.)와 동일한 형태소인지 아닌지의 여부에 대한 언급이 전혀 없어 속단할 수는 없으나, 아마도 동일 형태소로 처리하고 있는 듯싶은데, 이들은 각각 별개의 형태소로 구별해야 할 것이다. 그리고 '방법'과 '끝남'의 두 '-고' 및 '가짐'과 '방법'의 두 '-어'의 구분의 기준이 무엇인지 그 객관적 근거가 마련되어 있지 않은데, 이것은 우리말본이 든 여러 예에서 보듯이 객관적 분류를 불가능하게 하고 있어 바람직하지 못하다. 이러한 객관적 기준의 결여는 '방법'이란 말이 어디까지가 방법인지 매우 불투명하여 혼란을 면치 못하게 된다. 이 점에 대하여는 필자는 '방법'을 우선 동시적인 것에만 국한시킴으로써 양자의 구별을 분명히 했다.

다음 우리말본에서 방법의 '-고'와 '-아(어)'의 차이에 대하여 이는 우리 말에서 한 미묘한, 설명하기 어려운 점임을 전제하면서 다음과 같이 추정하고 있다. "…그 수(방법)로서의 '-고'와 '-아(어)'와의 다름은 어떠한 점인지? 어떠한 경우에는 '-고'만이 쓰이고, 어떠한 경우에는 '-아(어)'만이 쓰이어서 서로 바꿀 수 없다. 이는 아직 명료히 설명할 수 없으나, 아마도 다 한 가지로 수(방법)을 보이되, '-고'에는 끝남의 뜻이 얼마큼 있고,

'-아(어)'에는 가짐 내지 한덩이 됨의 뜻이 얼마큼 있어서, 언어의식에 서로 구별되는 듯하다."[5]

　그러나 '-고'에 '끝남'의 뜻이 있다는 것은 전혀 수긍이 가지 않는다. '울고 간다, 농악을 울리고(울리면서) 김을 맨다 등'에서 완료의 뜻은 전혀 발견할 수 없다. '손을 잡고 간다'와 같은 예에서 완료같이 생각될지 모르나 방법의 '-고'라면 완료는 아니다. 이 '잡고 간다'같은 것은 모호성이 있어 '잡고 나서 간다'와 같은 뜻일 수도 있어 이 경우의 완료에 끌려 그렇게 생각되기 쉬운 것 뿐이다. '-어'에 가짐의 뜻이 있다는 것도 부분적인 예에 대한 피상적인 관찰의 결과라 본다. '걸어 가다, 끌어 당기다, 흘러 가다 등'에서는 가짐의 뜻은 조금도 의식되지 않으며, '한덩이 됨의 뜻'도 없다. 그것이 '일어나다, 들어가다'와 같이 통사론적 연계(syntactic sequence)가 아니고 순전히 형태론적 연계(morphological sequence)인 경우에는 그렇게 생각될지 몰라도 구(phrase)로서는 그런 의미가 내포돼 있지 않다. '한덩이 됨의 뜻'을 의식하는 것은 많은 사람들에게 의식적이든 무의식적이든 다소 공통되는 것 같다. 많은 사람들이 이 '-어'에 의한 복합 구조를 단어[합성어 (Compound word)]로 처리함을 보나 '-고'에 의한 구조는 별로 단어로 보지 않는 것은 이것을 뒷받침한다고 본다. '들고 가다, 울고(울면서) 가다'가 한 단어가 아니라면 '걸어 가다, 뛰어 가다'가 한 단어될 근거도 미약하다.

2.2. {-고₂} {-어₂}

(6) a. 밥을 먹고 가라.
　　b. 상추쌈은 손을 닦고 먹어라.

　{-고₁}과 마찬가지로 동일 문장의 두 동사는 반드시 주어가 동일하여

---

5) 최현배, op. cit., p.299.

야 하는데, 두 행위는 동시적이 아니고 시간적 서열에 의해 배열되고 있다. 그런 까닭으로도 선행하는 동사의 '-고'에 완료적인 뜻이 예상되는데 실제 의미상으로도 완료적인 뜻을 가졌다. 시상의 측면에서 볼 때 완료상이라 할 만하다. 이런 뜻은 {-고₁}의 '지속·방법'과 대조되는 점이다. 이들 형태를 '완료'의 형태로 규정하고 {-고₂}로 규정한다.

> (7) a. 나는 계란을 삶아 나누어 주었다.
>   b. 나는 부산에 가 범인을 잡았다.

앞에서 본 형태소들과 마찬가지로 역시 동일주어여야 하는데, 두 행위가 시간적으로 선후해서 실현되므로 전자는 역시 완료적인 뜻이 있어 이것도 {-고₂}에 일치되나 {-고₂}에서와 같이 확연하지 않다. 그것은 이 '-어'의 의미 중심이 완료에 있지 않고 다른 데 있는데 연유하는 것 같다. 여기서 '-어'의 의미를 규정짓기가 용이하지 않다. {-고₁}이 대체로 '-고 나서'로 자유로이 교체되는 점이 완료적인 의미를 뒷받침함에 비추어, 이 '-어'가 대체로 '-어 가지고'로 교체될 수 있는 점은 이의 의미를 밝히는 데 매우 시사적이다.

> 계란을 삶아 먹다 → 계란을 삶아 가지고 먹다
> 학교에 가 공부하다 → 학교에 가 가지고 공부하다
> 그를 만나 부탁했다 → 그를 만나 가지고 부탁했다

그래서 우리말본에는 '…그 움직임의 결과를 가지고서 그 다음의 움직임을 비롯함을 보이는 것이니 이를 "가짐"(지속)이라 하며, …'6)라고 풀이했다. 여기 '가짐'이란 말은 상당히 근리(近理)한 것으로 생각되어 그대로 좇기로 하나, 그것이 '지속'이란 말은 적합하지 않다. '-어'가 '가짐'이되 지속의 뜻은 가지지 않는다. 이런 전제하에서 '가짐'이란 말은 쓰기로 한다. 그래서 나는 일단 '-어'='-어 가지고'로 보고 그것이 지칭하는 의미는

---

6) 최현배, op. cit., p.297.

‘완료·가짐’이라 보고 {-어₂}로 표시하기로 한다.

필자의 {-고₂}는 우리말본의 완료에 해당될 만하며, {-어₂}는 우리말본의 예를 종합해 볼 때 "가짐(지속)"에 많은 일치점을 보이는 듯하다. 여기에 '-고'는 크게 논의될 것이 없겠기에 그만두고 '-어'에 대해서만 우리말본을 조금 검토해 보기로 한다. 다음은 우리말본의 예다(p.298).

> (ㄱ) 수(방법)를 보이는 것
> (1) 아이가 어머니를 <u>따라</u>(따라서) 외가로 갔다.
> (2) 무우를 <u>썰어</u>(썰어서) 먹었다.
> (3) 아이가 <u>기어</u>(기어서) 마당으로 갔다.
> (4) 저 애는 <u>걸어</u>(걸어서) 어디로 가나? (이상 번호는 필자)

이들 예는 어떤 의미에서 모두 방법으로 볼 수 있을지 모른다. 무릇 동사를 한정하는 많은 말들이 방법적인 뜻을 내포하는 경우가 많기 때문이다.

(1), (3), (4)가 모두 동시적임에 비해서 (2)는 비동시적인데, 이것을 방법이라 본다면 '집어 던지다, 만들어 먹다, 돌아와 먹다' 등도 방법이 될 수 있으며, 우리말본의 '가짐(지속)'의 예 중 '글을 읽어(읽어서) 과거를 하다, 닭을 잡아(잡아서) 보니 등' 예와의 구별은 어떻게 가능한지 알기 어렵다. 나는 그래서 (2)는 방법에서 제외시켜 별개의 형태로 보는 것이다.

또 '늑대를 <u>잡아</u> 가다, 뛰어 <u>가아</u> 잡아 오다'를 한 가지로 '가짐'이라 했는데(p.299) 전자의 경우는 가짐이 될 수 없다. '잡아 가다'의 '가다'는 '간다'는 뜻을 가진 본동사가 아니고 '가져 가다'의 뜻을 가진 일종의 보조동사다. '끌어 가다, 먹어 가다' 등 또한 방법이나 가짐의 '-어'가 모두 '-어서'와 같이 '-서'를 취할 수 있어, 이 점은 '본동사+보조동사'의 구조를 제외하고는 구와 비구(단어)와를 구별하는 한 표지가 될 수 있는데[7] 위 예에서 이것이 불가능함은(예 : 잡아 가다→*잡아서 가다)이를 뒷받침해 준다. 여기 비추어 보더라도 '우리말본'에서 첫째어찌꼴 중 한덩이 쓰힘(합동

---

7) {-고₁}, {-고₂}, {-어₁}, {-어₂}가 모두 자유로 '-서'를 택할 수 있는데, 이것은 일단 별개의 형태로 보아야 되며, 이들 문제는 따로 연구를 요한다.

적 용법)의 대부분의 예가(나아 가다, 들어 가다 등 p.272) 구의 구조가 아니며, 이런 의미에서도 이를 어찌꼴이라고 하는 것은 타당성이 적다.

전체적으로 볼 때 '우리말본'이 근본적으로 착각을 하고 있는 것은 소위 '끝남'의 '-고'와 수(방법)의 '-고' 및 가짐(지속)의 '-어'와 방법의 '-어'를 모두 때벌림의 차례벌림으로 보고 있는 점이다. 끝남과 가짐은 그렇게 보아 옳겠지만 방법의 '-고'나 '-어'를 그렇게 본 것은 잘못이다. 이 점이 바로 '우리말본'에서 이 문제의 해결을 얼마간 혼미에 빠뜨린 이유의 하나가 아닌가 한다.

이상으로 본 논문에서 필자가 의도하는 네 개의 형태소를 다 고찰한 셈이다. 이를 요약해서 종합해 보면 오른편과 같다.

형 태	의 미
{-고$_1$}	방법 지속
{-어$_1$}	방법 비지속
{-고$_2$}	완료 비가짐
{-어$_2$}	완료 가짐

3. 통사론적 고찰

3.1. 문장의 구조적 분류

이 장에서는 앞 장에서 확인한 형태소들로 인도되는 구 또는 문장의 구조적인 성격을 밝히려는 데 주안점을 둔다. 이런 목표에의 접근을 위해서 얼마간 변형생성이론의 도움을 얻고자 하나, 이 이론 자체의 응용이나 해명에 근본적인 뜻을 두지 않음은 이미 서에서 밝힌 바다.

지금까지의 형태소들에 의한 문장은 각각 둘씩의(그 이상일 수도 있다.) 동사로 구성되는 바, 이것은 내면구조(deep structure)에서 두 개의 문장으로 환원되는데, 이들 두 문장 상호간의 또는 전체와 개별 문장간의 구조 관계가 해명되어야 한다.

이들 형태는 몇의 동음이의의 형태를 가지고 있어 때로 구조상의 동음이의(constructional homonymity)를 실현시켜 모호성(ambiguity)을 야기시키며, 동일 형태소에 의한 문장도 의미에 따라 구조적 성격을 달리하는 경우가 있다.

본장 논술의 편의상 문장의 구조적인 분류를 대략 소개하고 나아가기로 한다. 이 분류도 분류 자체에 의도가 있는 것이 아니고 이 글의 전개에 관련되는 범위 내에서 소용되는 것이기에 크게 주의를 기울이지 않는다.

'우리말본'의 분류는 다음 표로 요약될 수 있다.8)

<pre>
        ┌ 홑월(단문)
월(문) ┤
        │   ┌ 가진월(포유문, 유속문)
        └ 겹월(복문) ┤ 벌린월(병렬문)
                    └ 이은월(연합문)
</pre>

서정수 씨는 이러한 분류를 고려하면서 변형생성문법에 입각하여 복문의 대체의 윤곽을 다음과 같이 잡고 있다.9)

<pre>
                      ┌ 내포문을 ┌ 보족문을 내포한 것 ┌ 명사구절 보족문의 것
                      │ 가진 것 └ 관계문을 내포한 것 └ 동사구절 보족문의 것
복문(complex sentence) ┤
                      │   ┌ 대등 접속문
                      └ 접속문 └ 종속 접속문
</pre>

국어 내지 변형문법에서 문장의 구조적인 분류는 아직도 하나의 과제로 남은 문제라 하겠다. 위의 두 분류는 이 글과 관련하여 바람직한 바 있어

---

8) 최현배, op. cit., p.739 '첫째조각' 참조.
9) 서정수, op. cit., p.219.

이를 근거로 하기로 한다.

변형생성이론에서 복문은 내포구조에서 둘 이상의 문장을 가지게 되는데, 이 복문 중 동사 구절 보족문(verb phrase complement)을 가진 문장과 종속 접속문과의 한계는 때로 매우 모호하다. 다 각각 두 개의 문장이 상호관련을 맺고 있어 그 구분이 어렵다. 무릇 어미란 것이 종결 어미, 관형사형 어미, 명사형 어미를 제하고는 대부분이 지속의 기능이 내재되며, 한정어 (부사어)의 기능도 아울러 내재하고 있어 사실상 종래 흔히 본 부사형 어미의 구별이란 확연하지 못한 것이다. 그래서 심지어는 '-게'와 같은 것도 부사어로 보지 않는 분도 있다.[10]

복문에서 부사형 어미로 유도되는 문장은 대체로 내포문으로 보고, 단순한 접속어미로 유도되는 문장은 종속문으로 볼 수 있는데, 부사어 자체의 규정이 모호하고 보니, 내포문과 종속문과의 구별이 어려울 수밖에 없다. 일반적으로 복문에서 어떤 어미에 의해 유도되는 문장이 다음 문장과 직접적으로 관련될 때, 이 때는 어느 한 성분—동사—과 관련되는데, 이런 경우에는 내포문으로 보고 관련이 별로 직접적이 아닐 때, 이 때는 다음 문장 전체와 관련을 가지게 되는데, 이런 경우는 종속문으로 규정된다. 이렇게 볼 때, 사실은 내포문—여기서는 동사구 보족문—일 때 그 동사는 부사어의 성격을, 종속문일 때는 그런 성격이 감소돼 버리는 것으로 거꾸로 생각하는 것이 옳을 것이다. 변형생성 이론의 설명을 빌리면, 동사구(Vp)에 직접으로 지배되는 것을 동사구 보족문이라 한다.

    (8) a. 그는 <u>뼈가 부서지게</u> 일을 한다.
        b. <u>눈이 오면</u>, 나는 기분이 좋다.

a의 밑줄은 '(일을)한다'에 직접으로 관련되는 점에서 모문장(matrix sentence) '그는 일을 한다'에 내포된 문장이며, b의 밑줄은 의미의 관련성이 희박하면서 다음 문장 전체와 관련되기 때문에 종속문으로 본다.

---

10) 허웅, 인문계 고등학교 '표준문법', 신구문화사, 1969, pp.68~69.

3.2. {−고₁}, {−고₂}에 의한 구문

(9) 철수는 과자를 <u>먹고</u> 간다.

이 문장은 매우 모호한 문장이다. 2장에서 보아 온 바에 의하여 우선 이 '−고'는 방법 접속의 형태로 이해된다. 이것은 내면에서 다음과 같은 두 문장을 가진다.

  a. 철수는 과자를 먹고 간다.
   (1) 철수는 과자를 먹는다.
   (2) 철수는 (그러면서) 간다.

(　)는 (1)이 내포되는 자리와 내용을 대략 보인 것이다. 이들 두 문장의 관계는 분명하다. (9)에서 '과자를 먹고'는 '간다'를 직접으로 한정해 준다. 즉 한정과 피한정의 관계다. 그래서 a는 {−고₁}에 의한 구조가 된다. 결국 '과자를 먹고'는 동사 '간다'의 보족문으로 내포된 문장이다. (9)는 '우리말본'의 용어로는 가진월에 포함된다. 위의 내포문은 가진월 중 '어찌마디'에 해당될 만하겠으나, 실제로는 이러한 성격의 예를 제외시키고 있다.

(10) 그 사람이 <u>낯이 뜨뜻하게</u>, 그런 소리를 했어요. (우리말본, p.805)

우리말본에서 밑줄은 '어찌마디'다. '어찌마디는 그 풀이말이 어찌꼴로 되는 것이다'라고 하고 있어 {−고₁}은 제외된다. (이것은 우리말본에서 감목법의 어찌꼴이 아니고, 이음법의 벌림꼴이다.) 그러나 어느 측면에서 보아도 이 '−고'가 어찌꼴이 안 되고 '−게'만이 될 아무런 근거가 없다. 이렇게 볼 때 여기 '−고'를 가진 내포문은 우리말본의 가진월에서 취급됐어야 옳다. 이미 서정수 씨가 지적한 바도 있지만[11] 종래 흔히 말해 온 부사형 어미

---

11) 서정수, 전게 논문.

'-아·-게··-지··-고'는 근본적으로 재고되어야 한다.

(9)는 다시 다음과 같은 의미로 해석된다. '철수는 과자를 먹고 나서 간다.' 이런 의미일 때 (9)는 다음과 같은 두 문장을 생각할 수 있다.

> b. 철수는 과자를 먹고 간다.
>   (1) 철수는 과자를 먹었다.
>   (2) (그리고서)철수는 간다.

b.는 (1), (2)가 각각 별개의 문장으로서 내용상 밀접한 관계 없이 결합돼 있다. {-고₂}에 의한 구조다. 그러므로 b는 (1)이 (2)에 내포된 문장으로는 볼 수 없다. b는 종속 접속문의 구조로 이해되는 것이다. '우리말본'에서 b와 동궤의 문장(예 11)을 '이은월'(종속 접속문에 해당)로 본 것은 합리적이다.

> (11) 봄이 가고, 여름이 온다.
>   해가 지고, 달이 돋았다.(p.819)

주어의 이동은 여기서 큰 문제가 되지 않는다.

구조상으로 볼 때 표면구조에서는 내면의 주어 하나가 생략되었다. 이 것은 물론 변형과정에서 삭제된(deletion) 것인데, 동일한 두 주어 중 하나가 삭제되었으니 어떤 것이 삭제되었다고 꼭 잡아 말할 수도 없으나, 우리의 언어의식으로는 (2)의 주어가 삭제되었다고 보는 것이 더 합리적이다. 시 간적인 차서(次序)로 연합된 문장이고 보면 뒤의 주어가 생략되었다고 보는 것이 순리적이기 때문이다. 이것은 어떤 의미에서 b가 종속 접속문임을 뒷 받침해 줄 수 있다고 본다. 물론 종속문도 형식상 주문에 내포되는 경우가 있어 이것을 일반적인 기준으로 받아들이기 어렵다. 그리고 종속문의 경우 에는 그 다음에는 흔히 휴지(pause)가 오며, 때로는 꽤 길게 지속될 수도 있 는데, 그렇더라도 문장 전체의 의미에 별로 영향을 주지 않는 것이 특징인 데, 이것은 b를 뒷받침해 준다. 그렇기 때문에 표기에 있어 흔히 쉼표(,)를 넣기도 한다(예 : 철수는 과자를 먹고, 학교에 갔다).

(9)는 다시 다음과 같은 해석도 가능하다고 본다. '과자를 먹고'가 역시 b에서 같은 {-고₂}이되, 직접적으로 '가다'와 연관을 가진 의미의 경우다. '철수가 가되 밥을 먹고 간다.'는 뜻이다. b에서 양자의 관계가 크게 문제되지 않았으나 여기서는 절대적이다. 이것은 다음과 같이 해석할 수 있다.

    c. 철수는 과자를 먹고 간다.
     (1) 철수는 과자를 먹었다.
     (2) 철수는 (그리고) 간다.

여기서는 (1)은 (2)에 내포된 것으로 보아야 한다. 문의 구조상으로는 a와 동궤의 것이다.

부정문을 만들어 보면, b, c의 차이는 분명히 드러난다.

    b'. 철수는 과자를 먹고 가지 않는다.

이 부정문은 내면에서 b(2)가 부정된 것이다. '과자를 먹고 나서 가지를 않는다'이다. c의 부정문을 보자.

    c'. 철수는 과자를 먹고 가지 않는다.

이것은 내면에서 b(1)이 부정된 것이다. '과자를 안 먹고 간다'는 뜻이다.

b에서는 (1), (2)의 변형 과정에서 (2)의 주어가 삭제되는 것으로 생각되었는데, c에서는 반대로 (1)의 주어가 삭제된 것으로 보아야 한다. b에서는 '먹고'다음에 휴지가 가능했는데, a나 c에서는 전혀 허용되지 않는 것도 b, c의 구별을 방증해 준다고 본다.

그리고 흔히 c에서는 '먹고'에 강세가 온다. 물론 이것도 절대적일 수는 없다. 흔히 강세가 오기 때문에 이것이 문장의 의미를 변동시키는 듯이 생각되지만 적어도 이 문장에서 강세가 결정적 요인이 되는 것은 아니다. Bruce L. Liles는 강세가 문장의 의미 변동의 요인이 될 때, 이것은 내면구조에서 표시되어야 한다고 지적하고 있다.

Since these derivations from normal stress and pitch patterns cause changes in meaning, they must be indicated in the deep structure with morphemes similar to Q so that the semantic component can give the sentences their correct meaning.[12)]

아무튼 b, c와 같은 데서는 강세보다도 휴지가 더 중시되어야겠는데, 이런 것은 어떤 방법으로 표시되어야겠으나 여기서는 접어두기로 한다.

(9)의 b, c는 다음과 같은 문장과 동궤의 것이다.

(12) 나는 철수가 오도록 전화를 했다.

철수가 오게 하기 위해서 전화를 했다면 b와 같고, 철수가 올 때까지 전화를 했다면 c와 같은 것이 된다.

이상으로 {-고₁}, {-고₂}에 대한 고찰을 마치는데, {-고₂}는 (9) b, c에서 본 바와 같이 종속절을 유도하기도 하고, '동사구 보족문' 또는 '가진 월의 딸림마디'를 유도하기도 한다.

3.3. {-어₁}, {-어₂}에 의한 구문

형태소의 확인 과정에서 {-고₁}, {-고₂}와의 대조에서 대략 암시가 되었겠지만, 여기 두 형태에 의한 구문 관계도 3.2에서 본 바와 크게 일치되어 같은 방법의 설명이 가능하다. 이미 말한 바와 같이 이 '-어'의 문제는 서정수 씨가 이미 발표한 바 있어 본고와 직접적으로 관계되는 것만을 아울러 살펴보기로 한다. 예 (2) 중 하나만 떼어 보자.

(2) a. 철수는 학교를 걸어 다닌다.

---

12) Bruce L. Liles, An Introductory Transformational Grammar, Prentice—Hall, Inc., Englewood Cliffs, N.J., 1971, p.155.

‘걸어 다니다’는 한 개의 복합어로 볼 수도 있겠으나 그것은 일단 접어 두고 통사론적 분석과 해명에 주목하기로 한다.

우리말본에서 ‘걸어왔소’는 어찌꼴로 보면서(어찌꼴이라 하면서 이것을 단어로 보는 자체도 좀 재고되어야 한다.) 다음 예에서는 벌림꼴의 차례벌림이라 했다.

(13) 저 애는 걸어(서) 어데로 가나.

이것이 차례벌림이 될 수도 없지만, ‘어찌꼴’이란 말은 그만 두고라도 이것이 (2)a의 ‘걸어’와 다르게 처리될 이유가 전혀 없다. (13)이 어찌꼴이라면 (2)a도 어찌꼴이 되어야 할 것이다. a는 {-어$_1$}에 의한 구문으로 a의 ‘걸어’는 ‘다니다’에 직접 관여되는 한정어로 볼 수 있다. 이 문장은 내포문 ‘철수는 걷는다’를 내면에 가진 문장이다. (9) a와 똑같은 구조다. 여기서는 {-고$_1$}과 {-어$_1$}은 좋은 대조가 된다. 이들에 의한 구문은 동일한 형태로 실현된다.

(14) 나는 계란을 삶아서 먹었다.

이 문장은 {-어$_2$}에 의한 문장이다. 이러한 문장은 흔히 그 모호성이 지적되어 ‘나는 계란을 삶아 가지고 먹었다.’, ‘나는 계란을 삶기 때문에 먹었다.’와 같은 두 가지 의미로 해석되었다. 후자라면 ‘-어’는 이유 원인의 형태다. 전자는 필자의 가짐의 {-어$_2$}다. 그러나 나는 여기서 원인의 ‘-어’는 문제시하지 않는다. 이것은 ‘-고’와 관련해서 아무런 대조도 안 되는 것으로 문제 밖의 것이다. 문제는 전자의 의미로서의 (14) 자체가 다시 모호성을 가진다는 점이다. 이 점에 대하여는 별 논의가 없었던 것으로 생각되는데, 나는 여기에도 모호성이 있다고 보아 이를 중시하고, 이와 관련된 구문 관계의 해명이 중요하다고 본다.

(14)는 다음과 같은 내면의 두 문장을 가진다.

  a. 나는 계란을 삶아서 먹었다.
  (1) 나는 계란을 삶았다.
  (2) (그러고서) 나는 계란을 먹었다.

우선 이렇게 의미를 생각할 수 있다. (1)과 (2)가 별로 내용상의 관련 내지 제약 없이 연합하는 경우다. ‘삶아’서 다음에 다른 말을 확대시켜 보면 의미가 분명해진다.

(15) 나는 계란을 삶아서 우리 집에 오는 손님들에게 대접한다.

양자는 형식상으로 결합된 경우다. 이것은 (9)b의 ‘－고’에서 본 것과 동궤의 것이다. 여기서도 ‘삶아서’ 다음에는 휴지가 가능하다. 부정문을 만들어 보자.

  a'. 나는 계란을 삶아서 먹지 않았다.

여기서 부정되는 것은 a(2)다. 이것은 종속 접속문의 한 자질이다. 결국 a는 종속접속문으로, a(1)은 a(2)에 내포되는 동사구절 보족문으로는 되지 않는다.

다음으로는 ‘계란을 삶아서’가 직접 동사 ‘간다’를 한정하는 경우의 의미다. 이 때는 양자의 관계는 절대적이다.

  b. 나는 계란을 삶아서 먹었다.
  (1) 나는 계란을 삶았다.
  (2) 나는 계란을 (그렇게 해서) 먹었다.

이러한 의미로 해석될 때 (1)은 (2)에 내포되는 보족문이다. b에서는 a에서와 달리 ‘삶아서’ 다음에 휴지가 올 수 없으며, (1), (2)의 변형 과정에서 (1)의 주어가 생략된다고 봄이 논리적인데, 이것은 언어 의식과 부합된다. b는 (9)의 c {－고$_2$}와 대조되는 것이다. 여기서는 부정문을 만들어 보면 뜻이 분명해진다.

    b'. 나는 계란을 삶아서 먹지 않았다.

부정되는 것은 내면의 (1)이 되어 a'와 구분된다. 이것은 계란을 삶지 않고 먹는다는 뜻이 된다. 동사구절 보족문을 내포한 문장의 부정은 내포문 부정에 한하며 모문장을 부정하지 않음을 볼 수 있다.

이상에서 보아 온 바에 의하여 '－고'와 '－어'는 구문상에서도 좋은 비교가 되는 바, 형태소 자체의 의미에서만 대립될 뿐 구문 구조상에서는 완전히 일치함을 보았다.

'우리말본'에서는 앞마디의 풀이말이 이음법의 벌림꼴(얼안벌림꼴) 밖의 이음법의 여러 꼴로 되는 것이라고 규정하고 있어[13] (14)의 a, b와 같은 구별 없이 모두 연합문(종속접속문에 해당)으로만 보고 있다. 이상에서 보아 온 대로 이것은 다시 구분되어야 했던 것이다.

이와 관련해서 서정수씨의 견해를 살펴본다.

우선 '－어(서)'의 구실에 대하여

（ⅰ) 내포보족물 중 동사구절보족문의 보족문 표시(complementizer)

（ⅱ) 종속 접속문 중 "이유, 원인"을 유도하는 접속 기능

이라고 규정했는데[14](ⅰ)은 필자의 {－어$_2$}에 해당할 만한 것으로 생각되나, 필자가 이를 두 가지로 구분한 데 대해 여기서는 한 가지 구실로만 보고 있는 점이 크게 다르다. 이것은 {－어$_2$}를 우리말본이 모두 접속 기능만을 인정하는 점과 또 매우 대조적이다.

예문을[15] 옮기고 생각해 보자.

---

13) 최현배, op. cit., p.808, 810.
14) 서정수, op. cit., p.220.
15) 서정수, op. cit., p.220.

a. 민수는 학교에 가서 공부했다.

b. { 민수는 학교에 간다.
거기서 민수는 공부한다.

c. 하략 ―성―

a가 (i)에 해당되는 예인데, 필자의 두 가지에 대하여 여기서는 한 가지로 통일시키고 있어 무어라 말하기 어려우나, 이 경우 서정수 씨가 '학교에 가서' 다음에 의식적으로 긴 휴지를 둘 수 없고 이 경우 양자는 밀착된 관계를 맺고 있는 것으로 느껴진다고 한 점에 비추어 보면, 이 예만은 필자의 (14)b와 동궤한 것이 될 듯싶다.

필자는 인용 예를 대략 다음과 같이 구분하여 전자는 종속 접속문으로 후자는 동사구절 보족문을 내포한 것으로 보려는 것이다.

a. { (1) 민수는 학교에 간다.
(2) (그리고서) 민수는 공부한다.

b. { (1) 민수는 학교에 간다.
(2) 민수는 (그렇게) 공부한다.

4. 결어

어려움을 의식하면서 붓을 들었고, 또한 어려움을 의식하면서 일단 끝을 맺는다. 우리는 무엇보다도 이 문제의 근본적인 구명에 먼저 집착해야 될 줄 안다.

형태소를 분석함에서도 무리를 생각했으며 구문론적 해명에도 무리가 없지 않은 것으로 안다. 다만 분류나 각 형태소의 의미 규정보다도 이들을 내포하고 있는 구문을 어떻게 이해하느냐가 무엇보다도 선행되어야 한다는 점에서 이를 밝혀 보려고 했었다. 아울러서 많은 '-어', '-고'의 형태소들 중 본제의 '-고'와 '-어'가 의미상으로 좋은 대조를 보이면서, 구문 구조에서 완전히 일치되고 있는 것은 매우 흥미로운 사실이었다. 이러한 양자에 대한 대조 연구는 흥미롭고 바람직한 것이라 생각한다.

누구의 것이든 앞으로의 연구 결과에 따라서는 여기의 견해를 되돌아보고 반성하는 데 인색하지 않을 것이다.

아무튼 여기서 본 문제들 및 이들과 관련되는 많은 문제들이 우리들의 과제로 남아 있기에 이 방면의 활발한 연구가 있어야 될 줄 믿는다.

—『국어교육』 18~20 합병호, 한국국어교육연구회, 1972. 12.

어미 '-기에'에 대하여

1. 머리말

어미 '-기에'는 '-으니', '-어서' 등과 함께 주로 이유를 나타내는 접속어미의 하나로서, 그 이형태 '-길레'와 함께 비교적 사용 빈도가 낮은데, 특히 '-길레'는 상당한 제약이 수반되는 어미이다. 또한 이들 어미는 그 의미나 용법 또는 통사적 제약 등이 일부 중요한 점에서 '-어서'와 일치되는 것도 그 특성 중의 하나이다. 이러한 특수성 때문인지, 이들 어미는 지금까지 별로 관심의 대상이 되지 못하였다. 이들 어미에 대한 논의나 연구 실적이 별로 눈에 띄지 않는 것이 이를 입증한다 하겠다. 이는 동계의 다른 어미, 가령 '-으니'나 '-어서' 등에 대한 많은 관심과 연구에 대조적이라 하겠다. '-으니'나 '-어서'의 연구가 그 양적 노력에 비해 성과가 미진한 것임을 고려하면, '-기에'가 소외되었던 저간의 사정을 이해함 직도 하다.

기본적으로 어미와 같은 문법 형태의 의미란 것이 때로는 매우 추상적이고 복잡하다. 여기에 둘 이상의 형태가 유사한 의미나 통사적 특성을 가지는 경우의 변별적 의미를 분석하는 작업은 더욱 힘든 일이어서, 거기에 기울이는 노력에 비해 얻는 성과는 흔히 빈약하게 마련이다. 특히 어미 '-기에', '-길레'와 같은 경우는 그 사용 빈도가 낮은 때문인지, 아니면 이들 어미 자체의 고유 특성 때문인지, 이들 어미가 실현된 문의 문법성 판단이 어느 어미보다도 어려움을 보인다. 특히 지금까지 '-기에'의 방언 또는 이형태처럼 처리되어 온 '-길래'(또는 '-길래')는 통사적 제약이 더욱 심해서 이들 어미에 관심을 가지는 연구자를 매우 당혹스럽게 한다.

본고는 '-기에'와 '-길래'의 문법적 특성을 규명하고 그 의미 또는 용법을 살펴보는 데 목표를 둔다. 이러한 목표에 접근해 나가는 과정에서 무엇보다도 먼저 부딪히는 난제는 관련 문의 문법성 판단이었다. 필자는 솔직히 여기에 무척 어려움이 있었음을 고백하지 않을 수 없다. 이것은 앞에 시사되었듯이 연구자의 언어 직관에 책임을 돌릴 일만은 아닐 듯싶다. 결국 미흡한 대로 필자의 주관에 크게 의존할 수밖에 없었다. 이러한 사정은, 언어 연구에서 드물지 않게 경험하듯이, 자칫 자료에 대한 지나친 주관적 해석이 무리하거나 잘못된 결론을 유도하게 되지나 않을까 우려하게 한다. 이에 본고는 어떤 만족할 만한 결론에 이르렀다기보다 몇 가지 특성을 규명함과 동시에 여러 가지 문제를 개방해 놓는다는 점으로 자족하고자 한다.

2. 형태 분석

본고는 머리에서 이미 '-기에'가 어미임을 전제로 하였었다. 이 문제의 해명에 접근하기 위하여 우선 한두 예를 보자.

  (1) 기차는 없<u>기에</u>, 나는 버스로 왔다.
  (2) 비가 많이 왔<u>기에</u>, 도로가 파손되었다.

이 형태를 처음 대할 때 무엇보다도 먼저 문제가 되는 것은 이 형태의 문법성 문제이다. 즉 어미 형태 여부의 문제가 먼저 제기된다. 이것은 자연 이 형태의 형태소 분석 문제가 된다. 이것이 어미라면 어떤 종류의 어미이며, 만약 어미가 아니라면 또 어떤 성격의 형태인가? 우선 생각할 수 있는 것은 두 가지 방안이다. 우선 '-기에' 전체를 하나의 접속 어미로 해석하는 것이 한 가지이고, '-기에'를 명사형 어미 '-기'와 조사 '-에'의 복합으로 분석하는 것이 다른 한 가지일 것이다. 후자는 이익섭·임홍빈(1983 : 262), 유목상(1985 : 72~73), 고영근(1989 : 420)에서 제시된 분석이기도 하다. 이러한 분석부터 돌아보기로 한다.

'-기에'가 명사형 어미 '-기'와 조사 '-에'의 복합 형태로 쓰이는 예를 우리는 쉽게 찾아볼 수 있다.

    (3) 이 연장은 <u>쓰기</u>에 편하다.

여기서 조사 '-에'에 선행된 '쓰기'는 '사람들이 이 연장을 쓰다'라는 문에서 명사화의 과정을 거쳐 결과되었을 것이다. 따라서 '쓰기'는 명사형 어미 '-기'로 유도된 명사절로 해석할 수 있을 것이다. 그리고 이 명사절은 조사 '-에'를 취하여 부사어의 기능을 가지게 된다. 물론 (3)의 '-기에'가 (1), (2)의 '-기에'와 동일한 형태는 아닐 것이다. (1), (2)의 '-기에'가 이유나 원인의 의미임에 비하여 (3)에서는 그런 의미가 나타나지 않는다. '-기'가 명사형 어미임에서는 동일하다 하여도, 조사 '-에'의 의미가 다르다는 해석이 가능할 것이다. 조사 '-에'가 이유나 원인의 의미로 실현되는 것은 결코 드문 일이 아니다.

    (4) 이 나무는 <u>바람</u>에 쓰러졌다.

그렇다면 (1), (2)의 '-기에'는 명사형 어미 '-기'에 이러한 이유나 원인의 조사 '-에'가 결합된 복합 형태라는 해석이 가능해 보일지도 모른다. 그러나 조금만 신중히 살펴보면, 그런 해석이 용이한 것이 아님을 알 수 있게 된다.

　　(5) 이 나무는 바람이 <u>불기에</u> 쓰러졌다.

　‘바람이 불기’를 명사절로 해석하기 위해서는 (4)와 (5)의 대비에서 명사 ‘바람’과 명사절 ‘바람이 불기’, 그리고 두 조사 ‘-에’의 대응이 전제되어야 한다. 그러나 여기에서 ‘바람이 불기’라는 명사절이 ‘바람’에 대응된 의미를 가지지 못한다. 우선 (5)에서 나무가 쓰러진 원인이 명사절 ‘바람이 불기’라고 해석하기에는 우리의 언어 직관이 따르지 못한다. 다음과 같은 예문들을 검토해 보자.

　　(6) a. 이 나무는 <u>바람에도</u> 쓰러진다.
　　　　b. *이 나무는 <u>바람에 불기에도</u> 쓰러진다.
　　(7) a. 이 나무는 <u>바람에는</u> 쓰러지지 않는다.
　　　　b. *이 나무는 <u>바람이 불기에는</u> 쓰러지지 않는다.

　(6)a, (7)a가 보여 주듯이 원인의 의미가 파악되는 조사 ‘-에’ 뒤에는 ‘-는, -도, -만, -야’ 등 보조조사가 따를 수 있다. 그러나 (6)b, (7)b와 같이 ‘바람이 불기에’뒤에는 어떠한 보조조사도 실현되지 못하는 것이 큰 특징이다. ‘바람에’와 ‘바람이 불기에’가 동일 유형의 명사구절(NP) 구조라면 이렇게 현저한 차이가 나타날 수 없을 것이다. 이러한 사실은 (6)b, (7)b의 ‘-기’가 명사형 어미로 해석되기 곤란함을 말해 준다. 그리고 조사 ‘-에’가 주로 원인의 의미를 가지는 데 비하여, 어미 ‘-기에’는 원인이라기보다는 이유의 의미를 가지는 점에서도 차이가 드러난다.
　‘-기에’는 지금까지 막연한 대로 어미로 이해되어 왔는데, 이와 같은 또 다른 형태로 ‘-길레’, ‘-길래’가 있다. 한글학회에서는 ‘-길레’로 잡아 ‘-기에’의 비표준형으로 해석하였으며[1] 이희승 국어대사전에서는 ‘-길래’로 잡아 ‘-기에’와 동일한 어미로 해석하였다.[2] 후자의 해석에 따르면 ‘-기에’와 ‘-길레’는 동일 형태소의 이형태라는 해석이 가능할 듯싶다.

---

1) 한국학회(1991), 우리말 큰사전, 어문각.
2) 이희승(편)(1961), 국어대사전, 민중서관.

여기에 문제되는 것은 '‒길레', '‒길래' 어느 것이든 이들이 명사형 어미 '‒기'와 조사 '‒ㄹ레(또는 ‒ㄹ래)'로 분석될 수 없다는 점이다. '‒ㄹ레', '‒ㄹ래'라는 조사는 없기 때문이다. 물론 '‒길레', '‒길래'를 '‒기에'와는 전혀 다른 단순 어미로 해석하는 것이 가능할지 모른다. 그러나 '‒길레', '‒길래'가 '‒기에'의 방언형이든 이형태이든, 동일한 성격의 구조를 가진 것으로 해석하는 것이 우리의 언어 직관이로나, 문법 기술의 합리성에 더 부합되는 것이라 생각한다.

　문제의 '‒기에' 절은 전통적으로 종속절로 이해되어 왔는데, 근래 종속절에 대한 문제 제기와 함께, 이들 종속절을 부사절로 해석하는 경향이 두드러져 간다. 이익섭·임홍빈(1983 : 262, 268)에서는 '‒기에'를 명사형 어미와 조사의 복합으로 해석하면서, '엄격히는 부사절을 이루는 형식이라 할 수 없다'고 보았으며, 나아가 '종속접속의 범주는 부사구라는 것', '종속접속과 동사구 보문의 차이도 큰 것이 아니라는 것'을 지적하였다. 어떤 주장을 따르든, '‒기에'는 종속절을 이끄는 형태든가, 아니면 부사절을 이끄는 형태가 되어야 하는데, 어느 쪽에서든 이는 접속성의 어미이어야 한다. 종속절이 명사형 어미로 인도될 수 없으며, 동사구 보문에 해당되는 부사절 역시 명사형 어미로 인도될 수 없다. 바꾸어 말하면, 동사구 보문의 보문소가 명사형 어미일 수는 없다. '‒기'가 명사형 어미일 경우 '‒기에' 절은 부사절이 아니라 명사절이어야 하며, '‒기에' 절이 부사절일 경우 '‒기'는 명사형 어미가 아니라 부사형 어미이어야 할 것인즉, 따라서 '‒기'를 명사형 어미로 보는 한에 있어서는 '‒기에' 절은 종속절이 될 수 없으며, 뿐만 아니라 부사절도 될 수 없다.

　'‒기에'에 대한 이상의 논의는 어떠한 경우에도 이 형태를 '명사형 어미+조사'의 복합 형태로 분석할 수 없음을 보여 주었다. 이러한 전제에서는 우리가 택할 수 있는 것은 '‒기에'를 접속어미 또는 부사형 어미로 해석하는 길 외에 다른 방법이 없다. 여기에 덧붙여 필자는 '‒길레'를 '‒기에'의 비표준형이 아니라 이형태로 처리하고자 한다.3) 차츰 밝혀지듯이 이

형태는 '-기에'와 자유로운 방언적 교체를 보여 주지 않으며, '-기에'에 비해 훨씬 많은 형태 통사적 제약을 보이기 때문이다. 그리고 '-기에'는 때로 '-기'로만 실현되는 경우가 없지 않으나, 이것이 '-기-+-에'의 분석 가능성을 뒷받침해 주지는 않는다. 이 경우의 '-기'는 '-기에'의 단순한 축약형일 뿐이다. 따라서 형태소 '-기에'는 '-기에', '-기', '-길레' 등을 포함해서 세 개의 이형태를 가진 비복합의 단순 어미 형태라 할 수 있다.

3. '-기에'의 통사, 형태적 특성

이 어미는 주요한 몇 가지 통사적 특성을 갖는다. 그것은 이 어미가 명령형이나 청유형 등과 함께 쓰이지 못한다는 점이다.

    (8) 비가 오기에, 너는 나가지 않는다.
    (9) 비가 오기에, 너는 나가지 않니?
    (10) *비가 오기에, 너는 나가지 말아라.
    (11) *비가 오기에, 너도 나가지 말려무나.
    (12) *비가 오기에, 우리 나가지 말자.

이처럼 평서문이나 의문문이 성립되는 데 반해 명령, 허락, 청유 등의 문과는 호응되지 않음을 볼 수 있다. 이러한 현상은 동일 계열의 이유 또는 원인의 어미인 '-어서'와 일치되는 현상임과 동시에, 역시 같은 계열의 어미인 '-으니'와 좋은 대조를 보인다.

---

3) '-길레'와 '-길래' 중 필자는 이희승(편) '국어대사전'과 같이 '-길래'를 표준으로 취하고 싶지만, 최근의 한글학회의 '우리말 큰사전'에 따라 '-길레'를 따르기로 한다.

   (13) a. *비가 와서, 너는 나가지 말아라.
       b. 비가 오니, 너는 나가지 말아라.
   (14) a. *비가 와서, 너도 나가지 말려무나.
       b. 비가 오니, 너도 나가지 말려무나.
   (15) a. *비가 와서, 우리 나가지 말자.
       b. 비가 오니, 우리 나가지 말자.

이처럼 '-기에'가 '-어서'와 주요한 특징을 같이 하면서, 이 둘은 '-으니'와는 상이한 특성의 대조를 보인다. 이처럼 유사한 이유의 어미이면서도 이들 셋은 통사적 특성상 '-기에', '-어서'와 '-으니'로 양대별된다. 형태소 '-기에'는 종결 어미 '-지'와 모종의 관련성을 가지는데, 위와 같은 양구분 현상은 다음과 같이 '-지' 종결형을 가진 문장에서도 똑같이 나타난다.

   (14) a.비가 오기에, 너도 나가지 않지.
       b. 비가 와서, 너도 나가지 않지.
       c. 비가 오니, 너도 나가지 않지.
   (17) a. 비가 오기에, 너도 나가지 않지?
       b. 비가 와서, 너도 나가지 않지?
       c. 비가 오니, 너도 나가지 나가지 않지?
   (18) a. *비가 오기에, 너도 나가지 말지.
       b. *비가 와서, 너도 나가지 말지.
       c. 비가 오니, 너도 나가지 말지.
   (19) a. *비가 오기에, 우리 나가지 말지.
       b. *비가 와서, 우리 나가지 말지.
       c. 비가 오니, 우리 나가지 말지.

평서문, 의문문에서는 모두 성립되는 공통성을 보이지만, 명령이나 청유의 성격을 보이는 (18), (19)에서는 양자 간에 뚜렷한 대립적 차이를 보인다.
다음에는 이형태로 규정한 '-길레'와 함께 이들의 통사적 성격을 좀 더 구체적으로 살펴보기로 한다. 특히 주절의 주어의 인칭 등이 이들 어미와 얼마간의 상관성을 가지는 것으로 보인다.

    (20) a. 커피가 없기에, 나는 대신 홍차를 마신다.
          b. 커피가 없길레, 나는 대신 홍차를 마신다.
    (21) a. 부모님이 안 계시기에, 너는 고생을 많이 한다.
          b. [?]부모님이 안 계시길레, 너는 고생을 많이 한다.
    (22) a. 버스가 안 다니기에, 철수는 자전거를 이용한다.
          b. [?]버스가 안 다니길레, 철수는 자전거를 이용한다.

위 예문들에서 문법성에 대한 판단이 매우 조심스럽다. (20)는 a, b 모두 무리가 없어 보이는 데 반하여, (21), (22)에서는 '–기에'가 실현된 a와는 달리, '–길레'가 사용된 b는 좀 부자연스럽게 느껴진다. 이러한 필자의 직관이 크게 무리가 없는 것이라면, '–길레'는 '–기에'와 달리 상당한 통사적 제약을 받는 것이 된다. 이러한 제약은 의문문에서도 유사하게 나타나는 것 같다.

    (24) a. 철수가 온다기에 내가 자리를 뜨니?
          b. [?]철수가 온다길레 내가 자리를 뜨니?

다음에는 이형태로 규정한 '–길레'와 함께 이들의 통사적 성격을 좀 더 구체적으로 살펴보기로 한다. 특히 주절 또는 모문의 인칭 등이 이들 어미와 얼마간의 상관성을 가지는 것으로 나타난다.

    (24) a. 강의가 없기에, 나는 오늘 학교에 안 간다.
          b. 강의가 없기에, 나는 오늘 학교에 안 가지.
          c. 강의가 없길레, 나는 오늘 학교에 안 가.
          d. 강의가 없길레, 나는 오늘 학교에 안 가지.
    (25) a. 눈이 오기에, 너는 오늘 학교에 안 나간다.
          b. 눈이 오기에, 너는 오늘 학교에 안 나가니?
          c. 눈이 오기에, 너는 오늘 학교에 안 나가지?
          d. [?]눈이 오길레, 너는 오늘 학교에 안 나간다.

    e. [?]눈이 오길레, 너는 오늘 학교에 안 나가니?
    f. 눈이 오길레, 너는 오늘 학교에 안 나가지?

  모문의 주어가 1인칭인 경우 '-기에'와 '-길레'는 한 가지로 잘 성립됨을 (24)a~d가 보여 주고 있다. 그런데 모문의 주어가 2인칭인 경우에는 양자가 완전히 일치되는 것 같지 않다. (25)에서 a~c의 '-기에'가 성립됨에 비하여, '-길레'가 쓰인 d와 e는 완전한 성립이 의심스러워 보인다. 그런데 종결어미 하나만 바꾼 f는 완벽하고도 아주 자연스러운 문장이 된다. 문제는 어미 '-지'에 있다. 이 종결어미만은 전혀 무리 없이 '-길레'와 함께 쓰일 수 있음에 비하여, 다른 종결어미는 성립이 잘 안 되거나, 또는 성립이 가능하다고 해도 자연스럽지 못한 것이 일반적인 경향으로 보인다. 위에서 이러한 현상은 평서문이나 의문문에서 공통으로 나타나는 현상임을 보여 준다.

  그런데 여기서 우리는 (25)a~f에 다시 한 번 눈을 돌려 볼 필요가 있을 것 같다. a, b, c를 보면, '-기에'의 경우 모두 성립이 가능하기는 하지만, a, b보다는 종결어미 '-지'가 쓰인 c가 좀 더 자연스럽다. '-길레'가 쓰인 d, e, f의 경우에는, d, e의 문법성이 얼마간 의심스러울 정도인데 비하여 '-지' 종결어미가 쓰인 f는 아주 자연스럽다. 따라서 분명한 것은, 비록 a~f를 모두 문법적인 것으로 인정한다고 하더라도, 종결어미 '-지'가 쓰인 문장이 여타 종결어미가 쓰인 문장에 비해 더 자연스럽다는 사실이다. 더구나 '-길레'가 쓰인 경우 그러한 현상은 더욱 현저하게 나타나서, '-기에'보다는 '-길레'가 더 제약을 받음을 알 수 있다.

  (25)에서 본 현상은 모문의 주어가 3인칭인 경우에도 대체로 일치되는 현상을 보여 준다.

    (26) a. 영이가 안 오기에, 철수가 밥을 안 먹어.(?)
        b. 영이가 안 오기에, 철수가 밥을 안 먹는다./먹니?
        c. 영이가 안 오기에, 철수가 밥을 안 먹지.(?)
        d. [?]영이가 안 오길레, 철수가 밥을 안 먹어.

e. ?영이가 안 오길레, 철수가 밥을 안 먹는다.
f. 영이가 안 오길레, 철수가 밥을 안 먹지.(?)

(26)에서 a~c는 대체로 성립에 큰 무리가 없어 보인다. 즉 모문의 종결어미에 구애받지 않고 '−기에' 문이 성립된다. 그런데 '−길레'가 쓰이게 되면 역시 사정이 좀 달라진다. 종결어미 '−어'나 '−는다' 등은, 원인절의 '−길레'와 잘 호응되지 않는 듯하다. d나 e가 완전히 자연스러운 문으로는 생각되지 않기 때문이다. d, e를 f와 비교해 보면 그 차이가 쉽게 드러난다. f의 경우에는 종결어미 '−지'가 쓰인 경우인데, 이 문은 전혀 거부감이 느껴지지 않는 완벽한 문장이다. 그리고 (25)에서도 '−기에'보다는 '−길레'가 더 제약이 심한 어미임을 확인하게 된다.

위 예문 (24), (25)에서 살펴본 바를 종합하면, 우선 '−길레'가 '−기에'와는 달리 제약을 많이 받는 어미라는 점을 들 수 있다. 그리고 모문의 주어가 일인칭일 경우에는 이유절의 '−기에', '−길레'가 별 무리 없이 모두 통용될 수 있으나, 모문의 주어가 2인칭, 3인칭일 경우에는 사정이 달라진다. 이유 원인절에 '−기에'가 선택되는 경우에는 모문의 종결어미 '−지'가 선택될 때만 자연스런 문이 될 뿐, 다른 종결어미가 선택될 때는 성립이 곤란하거나 자연스럽지 못한 문이 된다. 또한 '−기에'가 선택되는 경우 어떤 종결 어미가 와도 문법적인 문이 된다고는 해도 종결어미 '−지'가 쓰인 문이 여타 종결어미가 쓰인 문에 비하여 좀 더 자연스러운 느낌을 주는 듯하다.

그런데 '−길레'의 이러한 인칭 제약이 완전히 해소되는 몇 가지 예외적 현상이 있다. 하나는 앞서 보았듯이 모문의 주어가 1인칭일 때 '−길레'는 그러한 인칭 제약이 해소된다.

(27) 커피가 없길레, 나는 홍차를 마셨다.
(28) 나는 소화가 잘 안 되길레, 요즘 매일 산보를 한다.

이 외에도 '−길레'의 제약이 해소되는 경우가 두 가지 더 있다. 하나는 이미 앞서 예에서 시사되었듯이 모문의 종결어미, 즉 해당 문의 종결어미가 반말의 '-지'를 택할 경우, '-길레'는 전혀 거부감을 주지 않는 완벽한 문장이 된다.

(29) a. 비가 온다길레, 내가 외출을 안 했지.(?)
     b. 비가 온다길레, 내가 외출을 안 했어.(?)
(30) a. 책 값이 비싸길레, 너는 그 책을 못 샀지.(?)
     b. ?책 값이 비싸길레, 너는 그 책을 못 사.
(31) a. 철수가 온다길레, 영이가 그렇게 좋아하지.(?)
     b. ?철수가 온다길레, 영이가 그렇게 좋아해.

모문의 주어가 1인칭인 (29)를 제외하고 보면, (30), (31)에서 종결어미가 '-지'일 때, '-길레' 문장이 완벽한 점은 여타의 종결어미가 쓰여서 자연스럽지 못한 각각의 b문과 좋은 대비가 된다. 종결어미에 따라 상당한 제약을 가지는 '-길레'가 종결어미 '-지'의 경우 그러한 제약이 완전히 해소된다는 점은, 앞으로 '-길레'는 물론 '-기에'의 의미 탐색에 주요한 단서를 제공할 것으로 이해된다.

'-길레'의 종결어미 제약이 완전히 해소되는 또 한 가지 마지막 경우는, '-길레' 절에 의문사가 사용되는 경우이다.

(32) a. ?철수가 오길레, 너는 그렇게 바쁘냐?
     b. 누가 오길레, 너는 그렇게 바쁘냐?
(33) a. ?영이가 게장을 먹었길레, 배탈이 났어요?
     b. 영이가 무엇을 먹었길레, 배탈이 났어요?
(34) a. ?철수가 때렸길레, 영이가 화가 났습니까?
     b. 철수가 어떻게 했길레, 영이가 화가 났습니까?
(35) a. ?부산이 상당히 멀길레, 사람들이 비행기를 탑니까?
     b. 부산이 얼마나 멀길레, 사람들이 비행기를 탑니까?
(36) a. ?기차편이 있길레, 그들이 빨리 왔습니까?
     b. 무슨 차편이 있길레, 그들이 빨리 왔습니까?

위 예문들에서 각 a, b가 대조를 보이듯이, 의문사가 없는 a문들의 성립이 시원스럽지 못함에 비하여, 의문사가 쓰인 b문들은 부자연스러움이 없는 온전한 문이 되고 있다. 여기에서 우리는 의문사와 '-길레'의 호응이 모문이 종결어미에 대한 제약을 해소시켜 준다는 것은 매우 흥미로운 현상이 아닐 수 없다.

그런데 위에 쓰인 의문사가 같은 형태이면서도 순수 의문사가 아닌 부정사로 쓰이게 되면, 앞서 보았던 '-길레'의 제약은 그대로 나타나게 된다.

(37) a. [?]누군가 <u>오길레</u>, 네가 그렇게 바빠.
     b. 누가 <u>오길레,</u> 너는 그렇게 바쁘지.(?)
(38) a. [?]철수가 언제 <u>떠나길레</u>, 선생님이 걱정을 하셔.
     b. 철수가 언제 <u>떠나길레,</u> 선생님이 걱정을 하시지.(?)
(39) a. [?]영이가 어떻게 했길레, 철수가 그렇게 화가 났어.(?)
     b. 영이가 어떻게 <u>했길레,</u> 철수가 그렇게 화가 났지.(?)
(40) a. [?]철수가 무얼 <u>먹었길레</u>, 배탈이 났어.
     b. 철수가 무얼 <u>먹었길레,</u> 배탈이 났지.(?)

(37)~(40)의 a에서는 '누구, 언제, 어떻게, 무엇' 등이 의문사가 아닌 부정사이며, 따라서 이 이유절이 초점이 부정사에 놓이지 아니하고 '-길레'를 가진 서술어에 놓이게 되는데, 이 경우 모문의 종결어미에는 제약이 따르게 되어 '-지'를 제외한 여타의 종결어미가 기피된다.

이처럼 '-길레'가 의문사와 관련된 자료를 살펴볼 때, 의문사와 '-길레'의 호응, 그리고 이러한 호응이 모문의 종결어미에 대한 제약을 해소시켜 준다는 것은 매우 흥미로운 사실로 '-길레' 및 '-기에'의 정체 파악에 어떤 기여를 하지 않을까 기대된다.

지금까지 '-기에'와 관련하여 '-길레'가 가지는 몇 가지 제약 현상을 살펴보았다. 이를 통해서 얻을 수 있었던 성과의 또 다른 하나는 '-길레'가 '-기에'의 비표준형이라기보다는 '-기에'와 더불어 동일한 형태소를 이룬다는 점이다.

'-길레'가 '-기에'와 자유로운 방언적 교체를 허용하지 않고, 상당한 통사적 제약을 가지면서 부분적으로 수의 교체를 보인다는 것은 그러한 해석을 뒷받침해 준다.

다음으로 '-기에'와 '-어서'의 관계를 잠시 돌아 볼 필요가 있을 법하다. 앞서 이미 언급했듯이, '-기에'는 그 의미와 함께 통사적 속성까지도 '-어서'와 공통점을 보여 준다. 따라서 이 두 형태의 변별적 특성이 주목의 대상이 되지 않을 수 없다. 우선 주요한 외형적 차이는 그 형태적 특성에서 찾아 볼 수 있다.

> (41) a. 비가 많이 오기에, 나는 산에 가지 않았다.
>   b. 비가 많이 왔기에, 나는 산에 가지 않았다.
>   c. 비가 많이 왔었기에, 저런 다리가 떠내려 갔지.
>   d. 비가 많이 오겠기에, 나는 산에 가지 않았다.
>   e. 비가 많이 왔겠기에, 나는 산에 가지 않았다.

이처럼 '-기에'는 '-었-', '-었었-', '-겠-' 등 시제 또는 서법 형태가 선행할 수 있는데, '-어서-'의 경우는 어떠한 형태도 허용될 수 없다.

> (42) a. *비가 왔어서, 나는 산에 가지 않았다.
>   b. *비가 오겠어서, 나는 산에 가지 않았다.

다음과 같이 통사적 차이도 두드러진 점이 없지 않아서, 이들 어미가 두 번 이상 나타날 적에는 양자 사이의 차이가 드러난다.

> (43) a. 몸이 아파서 학교에 못 갔기에, 나는 과제물을 제출하지 못했다.
>   b. 몸이 아프기에 학교에 못 가서, 나는 과제물을 제출하지 못했다.
> (44) a. 몸이 아파(서) 학교에 못 가서, 나는 과제물을 제출하지 못했다.
>   b. 몸이 아프기에 학교에 못 갔기에, 나는 과제물을 제출하지 못했다.

(43)에서 '-어서'와 '-기에'는 교체가 가능하여, 양자의 통사적 차이를 찾아 보기 어렵지만, (44)에서는 '-어서' 절의 중복이 어느 정도 가능함에 비해, '-기에' 절은 그러한 구성이 불가능함을 보여 준다. 즉 '-어서' 절이 다른 '-어서' 절에 내포될 수 있음에 비하여, '-기에' 절은 후행하는 다른 '-기에' 절에 내포될 수 없다.

(45) a. 너는 몸이 <u>아파서</u> 학교에 못 <u>가도</u>, 집에서 공부를 해야 한다.
     b. ^{??}너는 몸이 <u>아프기에</u> 학교에 못 <u>가도</u>, 집에서 공부를 해야 한다.
(46) a. 내가 몸이 <u>아파서</u> 일어나지 <u>못하면</u>, 큰일이다.
     b. ^{??}내가 몸이 <u>아프기에</u> 일어나지 못하면, 큰일이다.

(45), (46)에서 b문은 아무래도 그 문법성이 의심스러워 보인다. 즉 '-어서' 절과 달리 '-기에' 절은 후속하는 양보절이나 조건절에 잘 내포되지 못 한다.

물론 '-기에' 절도 다른 비종결 성분절에 자연스럽게 내포되기는 하지만, '-어서'에 비해서는 상당한 제약이 수반된다. 다음은 아무런 제약도 받지 않는 예다.

(47) 나는 몸이 아프기에 못 가지만, 너는 왜 그러니?
(48) 비가 오기에 안 나갔더니, 직장에서 야단이 났던가 봐.

4. '-기에'의 의미 특성

'-기에'는 기본적으로 어떤 일의 발생에 작용한 이유를 표현하는 데 쓰이는 어미임을 앞서 지적한 바 있다. 이 형태의 의미에 대하여 최현배(1959 : 286, 289)는 '참일매는꼴(사실구속형)'의 '까닭'이라 하였고, 고영근(1989 : 412)은 '사실구속형'의 '원인'이라 하였다. 기본적으로 양자 사이에 별다른 차이가 없다. 다만 원인이란 것이 주로 인과 관계에서 파악되는 의미란 점을 고려할 때, 이 어미의 의미는 원인의 의미보다는 이유의 의미로 파악된다.

> (49) 어머니께서 권하시기에, 나는 오늘 집에서 쉬려 한다.
> (50) 너는 무얼 잘못 먹었기에 배탈이 났을거야.

(49)에서는 집에서 쉬려고 한 이유가, 그리고 (50)에서는 배탈이 난 이유가 '-기에'에 의해서 표현되고 있다. 이미 앞에서 살펴본 바와 같이 이 어미는 '-어서'로 대치될 수 있는데, 그 의미에서 근본적인 차이가 쉽게 발견되지 않는다.

> (51) 어머니께서 권하셔서, 오늘 나는 집에서 쉬려 한다.
> (52) 너는 무얼 잘못 먹어서, 배탈이 났을거야.

다만 '-기에'와 '-어서'를 비교할 때, 전자가 후자에 비해 얼마간 완곡성(?)을 띠는 느낌 또는 좀 부드러운 주장의 느낌이 든다. 바꾸어 말하면 '-어서'가 '-기에'에 비해서 좀 더 단호한 인상을 주는 것 같다. 그러나 이러한 느낌이나 인상으로는 양자를 구분하기 곤란하다.

우리는 주요한 통사, 형태적 측면과 관련하여 '-기에', '-길레'를 살펴보았었는데, 중복이 되기는 하지만, 편의상 이러한 통사, 형태적 특성을 의미 문제와 관련하여 다시 한 번 이들 사용례를 돌아보기로 한다.

> (53) a. 선생님이 안 계시기에, 나는 혼자서 공부를 해(요).
>   b. 선생님이 안 계시기에, 나는 혼자서 공부를 하지(요).
>   c. 선생님이 안 계시길레, 나는 혼자서 공부를 해(요).
>   d. 선생님이 안 계시길레, 나는 혼자서 공부를 하(지요).
> (54) a. 부모님이 안 계시기에, 너는 고생을 많이 해.
>   b. 부모님이 안 계시기에, 너는 고생을 많이 하지(?)
>   c. ?부모님이 안 계시길레, 너는 고생을 많이 해.
>   d. 부모님이 안 계시길레, 너는 고생을 많이 하지.

(55) a. 부모님이 안 계시기에, 철수는 고생을 많이 해.
　　 b. 부모님이 안 계시기에, 철수는 고생을 많이 하지(?)
　　 c. $^?$부모님이 안 계시길래, 철수는 고생을 많이 해.
　　 d. 부모님이 안 계시길래, 철수는 고생을 많이 하지(?)

우선 모문의 주어가 1인칭인 (53)을 보면, '—기에'와 '—길래'가 모두 성립되는데, '—기에'와는 달리 '—길래'는 화자의 의지적인 행동과 연관되는 것으로 이해된다. 이런 까닭에 1인칭 화자라고 하더라도 비의지적인 서술어는 기피되는 것 같다.

(56) a. 몸이 불편하길래, 나는 오늘 회사에 안 나갔다.
　　 b. $^?$몸이 불편하길래, 나는 오늘 회사에 못 나갔다.
(57) a. 운동이 좀 지나쳤길래, 나는 얼마간 휴식을 취했다.
　　 b. $^?$운동이 좀 지나쳤길래, 나는 좀 피곤하였다.

(56), (57)에서 a와는 달리 b가 부자연스러운 것은 모문의 서술어가 비의지적인 것이기 때문이다.

그런데 모문의 주어가 2인칭이나 3인칭인 경우에는 (54), (55)이 보여 주듯이 주어의 의미와 관계가 없는 것으로 보인다. 이러한 경우에는 앞에서 언급했듯이 모문의 종결어미가 반말의 '—지'나 반말높임의 '—지요'만이 가능하다. 이러한 현상은 '—길래'와 밀접한 관련성을 의미하는 것임이 분명하다. 이에 우리는 잠시 '—지'의 의미 특성을 돌아보지 않을 수 없을 것 같다.

'—지'는 흔히 짐작의 의미로 생각되는 듯싶다. 이에 대하여 장경희(1985)는 이 종결어미의 기본적인 의미를 '이미 앎'이라 하였다. 그리고 그 의미를 구체적으로 분석하여 의견, 짐작, 확인 등을 그 주요한 의미로 해석하였다.

(58) a. 나도 철수를 만나 보았지.
　　 b. 나도 철수를 만나 보았어.

(59) a. 나도 철수를 만나 보았지?
　　b. 나도 철수를 만나 보았어?
(60) a. 나도 철수를 만나 보지.
　　b. 나도 철수를 만나 봐.
　　c. 나도 철수를 만나 볼게.

(58)~(60)은 모두 1인칭 주어의 문으로, ‘-지’와 ‘-어’의 대응을 보인 것이다. 평서문인 (58)a, b에서 의견 또는 판단의 표시가 a는 b만큼 엄격해 보이지 않는다. a는 어떤 의미에서 다소 완곡한 느낌을 준다. (59)의 의문문에서는 b가 단순한 의미 또는 질문임에 비하여, a는 확인한 내용으로 하는 질문이다. 여기의 확인이란 것은 불확실성 또는 미진한 확신을 전제로 하고 있다. (60)은 약속의 문이라 할 수 있는데, ‘-어’에서는 그런 의미가 드러나지 않는다. 전형적인 약속의 어미 ‘-을게’와 비교해 볼 때, a의 ‘-지’는 역시 훨씬 완곡하고 완화된 표현이다. 위의 평서문, 의문문, 또는 약속문에서 공통으로 나타나는 ‘-지’의 의미 특성은 완화된 의견 또는 확신이 완화된 판단과 같은 것으로 모두 완곡성이 나타난다. 이러한 의미 특성은 2인칭 주어의 경우에도 별다른 차이가 나타나지 않는다.

(61) a. 너도 공부는 열심히 하지.
　　b. 너도 공부는 열심히 해.
(62) a. 너도 공부는 열심히 하지?
　　b. 너도 공부는 열심히 해?
(63) a. 너도 공부를 좀 열심히 하지.
　　b. 너도 공부를 열심히 해.

(61)~(62)는 각각 평서문, 의문문, 명령문에 해당되는 것들이다. (61)에서 b가 분명한 단정적 표현임에 비하여, a는 의견, 단정 또는 판단 등이 훨씬 완화된 표현이다. (62)의 의문문에서도 b와 달리 a는 확인을 내용으로 하되, (61)a의 ‘완화성’이 그대로 표현되는 의문문이다. 결국 의문문에 나타나는 확인이란 것은, 거의 대응되는 평서문에서 완화성으로 나타나는 미진한

의견이나 확신, 또는 미흡한 판단 때문에 결과되는 것으로 보인다. 의견의 완화성은 (63)과 같은 명령문에서 두드러지게 나타난다. b가 분명한 명령성을 속성으로 함에 비하여, a는 명령성이 완화되어 권고성을 띠고 있는데, 이는 다름 아닌 명령의 완화에 연유하는 것이라 하겠다.

　이러한 '-지'의 완화성은 3인칭에서도 다를 바 없다.

　　(64)　a.　철수는 착한 사람이지.
　　　　　b.　철수는 착한 사람이야.
　　(65)　a.　철수는 착한 사람이지?
　　　　　b.　철수는 착한 사람이야?

　(64)에서 a는 b와 같은 엄격한 주장 또는 단정이 유보되고 완화성 또는 완곡성을 보여 준다. (65)에서도 a는 역시 b에 없는 확인성과 함께, (64)a에서 볼 수 있는 완화성이나 완곡성이 표현되고 있다.

　이상에서 살펴본 '-지'는 그 기본 의미가 무엇인가에 관계없이 표현의 완곡성 또는 완화성을 주요한 특징으로 한다. 이러한 형태가 종결어미로 쓰이면 자연 의견, 단정, 또는 판정에 있어 그 엄격성이 완화되는 것으로 나타난다. 이러한 비엄격성, 완곡성, 완화성 등은 그 성격상 때로는 겸손의 의미로 나타나기도 한다. 가령 (63)a의 명령 등은 그 완곡성 때문에 명령이라기보다 권유와 같은 의미를 지니는데, 이런 표현은 다른 한편으로 겸손 또는 겸양의 의미를 함께 나타내게 된다. 의문문에서는 확인의 의미를 가지는데, 이 확인이란 것이 확신의 결여 또는 확신의 미흡 등에 연유하는 것으로, 이것은 결국 완곡한 의견이나 완화된 판단과 관련된 것으로 생각된다. '-지'에 대한 전면적인 연구는 앞으로 더 수행되어야 할 것으로 생각되지만, '-지'가 가지는 주요한 특징의 하나는 확신성 또는 확실성이 미진한 의견이나 판단을 나타내는 것이라 할 수 있다.

　'-지'에 대한 의미 특성은 대략 위와 같이 이해하고 보면, 이제는 어미 '-길래'와의 상관성에 눈을 돌려야 될 듯싶다. 이 어미가 '-지' 종결어미와는 예외 없이 잘 호응되면서, 여타의 어미와는 잘 호응되지 않는다는 것은, 결국 '-길레'가 주로 확신성이 미진한 의견이나 판단에 대한 이유를 제공하는 어미라는 말이 성립 가능할 것이다. 바꾸어 말하면 이 어미는 확실한 의견이나 판단을 나타내는 모문의 종결어미와는 대체로 호응이 기피된다고 할 수 있다.

그렇지만 여기에는 대체로 두 가지 예외가 있다. 하나는 주절의 주어가 일인칭인 경우이고, 다른 하나는 '-길레'의 이유절에 의문사가 쓰였을 경우이다. 즉 이 두 가지 경우에는 모문의 종결어미에 별다는 제약이 없어서 '-지' 이외의 다른 종결어미들은 자유롭게 선택될 수 있었다.

모문의 주어가 1인칭일 때 어떠한 종결어미의 선택도 가능한 사실은 이미 거듭 확인되었다. 그런데 다른 인칭과 달리 1인칭 주어만이 그러한 제약에서 자유로운 것은 무슨 까닭인가? 그것은 '-길레'가 확신성이 미진한 의견이나 판단에 사용되는 것이 일반적 속성이지만, 1인칭 주어의 경우는 화자가 자기자신에 대한 언급을 하는 것이기 때문에, 확신성 있는 의견이나 판단에까지 확대 적용된 것이 아닌가 한다.

이제는 두 번째의 예외적 현상에 눈을 돌려 보자.

'-길레'의 특성이 더욱 확연하게 드러나는 것은 '-길레' 절, 즉 이유나 원인의 절에 의문사를 가지는 경우 이 의문문은 모문의 종결어미 선택에 전혀 제약을 가지지 않는다는 점이었다. 이 경우 '-길레' 절은 결국 미지적 이유나 원인을 나타낸다. '-길레'가 모문의 확신성이 미진한 의견이나 판단에 대한 이유를 제공한다고 볼 때, 그 의견이나 판단이란 것이 결국은 '미지적 의견' 또는 '미지적 판단'의 속성을 내용으로 하는 것이라 할 수 있다. 그런데 이미 이유, 원인의 절 자체가 미지적인 것이고 보면, 즉 이유 자체가 미지적인 것이고 보면, 모문의 어미가 또 다시 확신성이 미진한 미지적 의견이나 판단을 나타내는 '-지'만을 선택해야 할 이유가 없을 것 같다. 이렇게 보면, '-길레'가 미지적 이유의 절에 쓰임으로써, 모문의 종결어미 제약이 완전 해소된다는 것은 '-길레'와 '-지'와의 관련성을 이해하는 데 도움이 되는 것으로 생각된다.

이상에서 주로 '-길레'의 형태 통사적 제약과 그 기능 또는 의미 문제를 생각해 보았다. 그런데 이 '-길레'를 '-기에'의 이형태로 이해한다면, '-길레'의 이러한 의미 또는 기능은 '-기에'의 의미나 기능과 일치될 것이 기대된다. 그런데도 '-기에'는 '-길레'에서 보는 바와 같은 제약이나 의미가 발견되지 않는다.

여기서 먼저 분명히 해야 할 점이 하나 있다. 그것은 '-기에'와 '-길레'의 기본적인 의미가 이유라고 전제할 때, '-길레'는 그 특정의 통사적 제약이나 의미상의 특성을 가지는 하나의 이형태로 이해하는 데 큰 무리가 없다는 점이다. 다시 말해서 '-길레'가 가지는 통사 의미적 제약의 특성이 두 형태를 한 형태소로 묶는 것을 막지 않는다는 점이다.

다음에는 두 이형태를 전제할 때, '-길레'가 보여 주는 통사 의미적 제약이 '-기에'와 전혀 무관한 것인가를 생각해 볼 필요가 있다.

(66) a. 주인이 없기에, 도둑놈들이 물건을 훔쳐 갔어.
　　 b. 주인이 없기에, 도둑놈들이 물건을 훔쳐 갔지.
(67) a. *[?]모르기는 해도 철수가 온다고 해서, 영이가 안 왔어.
　　 b. ^{??}모르기는 해도 철수가 온다고 하기에, 영이가 안 왔어.
　　 c. 모르기는 해도 철수가 온다고 하기에, 영이가 안 왔지.

위의 예문들은 우리에게 시사하는 바가 크다. 우선 (66)에서 a, b 모두 성립된다고 하여도, 우리의 느낌은 a보다 b가 좀 더 자연스럽다. 이러한 현상은 (67)에서 더욱 확연하게 드러난다. '모르기는 해도'와 같은 불확신성의 부사구가 수반될 때, '-어서', '-기에'가 종결어미 '-어'와 호응된 a는 불가능하며, b도 성립에 무리가 있어 보인다. 여기에 비해서 같은 '-기에'가 종결어미 '-지'와 호응된 c는 흠잡을 데 없는 완벽한 문장이 된다. 여기에서 우리는 두 가지 사실을 다시 확인할 수 있다. 첫째는 '-지'의 의미가 '불확실성', '미확인성' 또는 '완곡성' 등과 관련된다는 사실이며, 둘째는 '-길레'뿐만 아니라 '-기에'도 '-지'와 연관성을 갖는다는 사실이다. 여기에서 우리는 좀 장황하게 살펴본 '-길레'의 통사 의미적 제약을 '-기에'도 부분적으로 공유하고 있음을 발견하게 된다.

5. 맺음

이유나 원인을 나타내는 어미에는 몇 가지 다른 형태가 있다. 그 중의 하나가 '-기에'이다. 이유 원인의 어미들에 대한 바람직한 연구는 아직 미진한 형편인데, 그 중에서도 '-기에'에 대한 논의는 거의 전무한 형편이다. 더구나 이들 상이한 여러 어미의 변별적 기능에 대한 연구는 그대로 앞으로의 과제로 남아 있을 뿐이다.

'-기에'는 어미 '-기'와 조사 '-에'의 복합 형태로 분석되지 않는다. '-기에' 자체가 하나의 단순 어미 형태로 이해된다. 이 형태는 '-기에', '-길레'와 더불어 하나의 형태소를 형성한다. 이 어미 형태의 기본적 의미는 이유이지만, 이와 유사한 의미를 가진 여타의 어미들과 어떤 변별적 의미를 가지는지는 아직 분명치 않다. '-기에'가 대체로 '-어서'와 같은 통사의미적 특성을 가지지만 그 변별적 차이가 무엇인지도 역시 더 연구되어야 한다. '-기에'가 '-어서'와 같이 명령, 청유, 허락의 문에 쓰일 수 없는 등 통사적 제약을 가지는 것 외에는 별다른 제약을 나타내지 않지만, 모문(또는 주절)의 종결어미 선택에 있어서는 부분적으로 다른 어미보다 '-지'를 선호하는 경향을 보이기도 한다.

'-기에'와 더불어 이형태를 이루는 '-길레'는 '-기에'에 비해서 상당한 제약을 보여 준다.

우선 '-길레'는 모문 주어의 인칭, 그리고 모문의 종결어미와 깊은 관련을 맺고 있는 것이 큰 특징 중의 하나다. 이유 원인 절에 '-길레'가 쓰이는 경우, 모문의 주어가 1인칭일 때, 모문은 대체로 1인칭 화자의 의지적 행위를 내용으로 하는 것이 일반적 경향이다. 따라서 비의지적 행위를 내용으로 하는 모문이 올 경우에는 매우 부자연스럽게 느껴진다. 또 이 경우 모문의 종결어미에는 특별한 제약이 있는 것 같지는 않으나, 그래도 다른 종결어미보다는 '-지'가 조금은 더 선호되는 것 같다.

'-길레' 절이 선행하는 경우, 모문에 2인칭 3인칭 주어가 쓰이는 것은 대체로 기피된다. 다만 종결어미가 '-지'인 경우만은 예외적으로 허용된다. 다시 말해서 '-길레'가 모문에 대하여 가지는 주어의 인칭 및 종결어미에 대한 제약은 종결어미 '-지'의 경우에는 모두 해소된다. '-길레'가 모문에 대하여 가지는 그러한 모문 제약이 해소되는 경우가 하나 더 있는데, 그것은 '-길레' 절에 의문사가 쓰일 때이다. 이 경우에는 모문의 주어나 종결어미에 아무 제약 없이 자유로운 선택이 보장된다.

'-길레' 절이 주로 모문의 종결어미 '-지'와 자유롭게 호응된다는 것은 '-지'의 의미 특성과 연관되는 것으로 보인다. '-지'는 대체로 불확실하거나 미진한 의견이나 판단, 또는 완곡한 의견이나 판단에 쓰이는 것이 중요한 특성이다. 따라서 '-길레'는 그러한 의견이나 판단에 대한 이유를 제공한다고 하겠다. '-길레' 절, 즉 이유절에 의문사가 쓰였을 경우에 '-길레'가 가지는 제약이 해소되는데, 이것은 이유 자체가 이미 미지적인 것이기 때문에 모문에 '-지'만을 선택해야 할 이유가 없어진 것이라 할 수 있다. 그리고 '-길레'의 이러한 주요한 특성은 '-기에'도 부분적으로나마 공유하고 있기 때문에 형태소 '-기에'의 근본적인 의미 특성은 불확실한 판단 또는 완곡한 판단에 대한 이유를 나타내는 데 있는 것으로 보인다.

본고를 통해서 논의된 것은 언어 자료 자체에 대한 문법성 판단에서부터 자료에 대한 제 해석에 있어 객관성이 미흡한 것을 우려하지 않을 수 없다. 앞으로의 더 정밀하고 광범한 체계적 연구가 수행되기를 기대한다.

참고 문헌

고영근(1989), 『국어형태론연구』, 서울대학교 출판부.
이익섭·임홍빈(1983), 『국어문법론』, 학연사.
장경희(1985), 『현대국어의 양태범부 연구』, 탑출판사.
이희승(편)(1961), 『국어대사전』, 민중서관.
유목상(1985), 『연결어미 연구』, 집문당.
최현배(1959), 『우리 말본』, 정음사.
한글학회(1991), 『우리말 큰사전』, 어문각.

— 청하성기조선생 회갑기념논문집, 1993. 6.

어미 '–어서'와 '–니까'의 변별적 특성

1

국어에서도 특히 복잡한 양상을 보이고 있는 용언의 어미들은 체언의 격조사와 함께 그 문법적 기능의 주요성과 그 의미의 추상성으로 하여 더욱 우리의 주목하는 바가 된다. 그 중에서도 이유 및 원인의 의미를 가지는 것으로 알려진 어미 형태가 그 수에서도 여럿인데다가 그 의미 또한 단순하지 않아서 이들에 대한 그 동안의 관심은 매우 컸었다. 그런 만큼 이에 대한 활발한 논의와 함께 얻은 결과도 결코 적은 것이 아니라고 생각된다. 이유, 원인의 어미 중에서 '–어서', '–니까'의 두 형태가 더 큰 관심의 대상이 되어 왔는데, 그것은 이들 두 형태가 우선 그 사용 빈도가 높은데다가, 두 형태 사이의 변별성이 크게 문제되기 때문이었을 것이다. 게다가 '이유'와 '원인'의 의미 또는 그 상관 관계에 대한 이해의 차이도 두 어미에 대한 논의를 촉진시킨 것으로 생각된다.

이 글은 이유, 원인의 어미에 대한 연구의 일환으로 '–어서'와 '–니까'의 의미, 특히 둘 사이의 변별적 의미 기능을 밝히는 데 주된 목표를 둔다. 따라서 이들 형태와 관련된 그 밖의 문제들, 즉 형태소의 분석, 이들 형태가 가지는 여타의 의미나 문법 기능과의 관련성, 통사적 제약과 그 배경 등에 대해서는 일단 접어 두는 것을 원칙으로 한다.

이 문제를 다시 논의하게 되는 것은 그 동안의 논의가 많은 성과를 거두었음에도 불구하고, 실제로는 상당한 혼미를 거듭해 온 데다가 그 성과 또한 많은 사람들이 만족해 할 만한 것이 못 된다는 데 배경을 두고 있다. 그러나 이 글의 논의 성과 또한 매우 미흡하다. 다만 지금까지의 논의와 그 성과를 되돌아 볼 때, 여기에 얼마간 반성과 보탬이 될 수 있으리라는 믿음을 가지는 것뿐이다.

관심의 대상이 추상적인 것일수록 이에 대한 판단이나 해석이 주관적인 것이 되기 쉽다. 이러한 주관적 해석이 객관성을 얻어야 함은 물론이다. 주관적인 해석이 객관적 검증을 얻는 과정이 미진해서, 지속적인 작업이 요구되거나, 아니면 끝내 주관이나 가설에 머물러 버리고 마는 경우가 적지 않음도 보게 된다. 이런 의미에서도 지금까지의 논의를 돌아보는 것은 매우 뜻있는 일로 생각되는바, 이것은 결국 공동의 목표에 도달하는 시간과 작업을 얼마간 단축할 수 있을 것으로 생각된다. 이에 지금까지의 논의를 먼저 간략히 돌아보고자 한다.

2

앞서 지적했듯이, '–어서'나 '–니까'와 관련하여 우리가 주목하여야 할 문제는 단순하지 않다. 먼저 생각할 수 있는 것은 형태소의 분석 문제이다. '–어서'와 '–니까'는 각각 '–어'와 '–니'만으로도 실현되기 때문에, 이들이 단일형태인지 복합형태인지 밝혀지지 않으면 안 된다. 대체로 '–어서'는 '–어'와 '–서'로 분석되는 복합형태임에 비하여, '–니까'는 그 자체가 단일형태라는 지금까지의 일반적인 인식은 무리가 없는 것으로 이해된다. 다만 이 글과도 직접 관련되는 것이지만, '–어'와 '–서'의 의미 분석은 여전히 또 다른 과제로 남게 될 것이다. 이 글에서는 일단 '–어서'와 '–니까'를 각각 하나의 단위로 묶어 그 의미 또는 쓰임을 대비하게 될 것이다.

'-어서'와 '-니까'는 우선 그 형태, 통사적인 측면에서 차이를 드러낸다. '-어서'는 '-시', '-겠-' 등을 제외한 다른 선어말어미를 선행시키지 않는 데 비하여, '-니까'는 '-시-', '-겠-'을 포함하여 시제 형태 '-었-'을 허용한다. 물론 '-니까'도 모든 선어말 어미가 허용되는 것은 아니다. 가령 회상의 '-더-'나 겸양의 '-습(읍)-' 등은 어미와 함께 쓰일 수 없다.

이들 이유 또는 원인의 어미를 가진 절은 하나의 성분절, 즉 부사절(또는 동사구 보문)로 해석되는데, 이들이 그 후행절(또는 모문)과 관련되는 통사적 특성에서도 큰 차이를 보인다.

(1) 비가 오니까 나가지 마.
(2) 비가 오니까 나가지 말자.
(3) *비가 와서 나가지 마.
(4) *비가 와서 나가지 말자.

위 예문이 보여 주듯 '-니까'는 명령형이나 청유형과 함께 쓰일 수 있으며, 약속형 '-(으)마'와도 호응됨에 비하여, '-어서'는 이것이 모두 불가능하다. 이러한 통사적 특성은 이들 형태의 의미 규명에 도움을 줄 수 있을 것이며, 반대로 이들 형태의 의미는 이러한 통사적 특성의 규명에 이바지할 수 있을 것이기에, 이 둘은 순환적 상보 상조 관계를 가질 것으로 보인다.

이들 형태와 관련하여 고려해야 할 점은, 이들 형태가 각각 이유나 원인 외에 또 다른 유사한 의미, 즉 단순히 계기적인 접속의 의미를 가진다는 점으로서, 이들 상이한 의미 사이의 관련성도 소홀히 할 수 없는 문제이다.

(5) a. 내가 들어 가니까 모두 밥을 먹고 있었다.
   b. 내가 들어 가니까 모두 밥을 먹기 시작했다.

  (6) a. 철수는 밤이 오라서(야) 집에 돌아왔다.
      b. 철수는 집에 돌아와서 밥을 먹었다.

위에서 (5)a의 '-니까'는 이유나 원인으로 해석되지 않고, 단순히 전후 절을 계기적 관계로만 접속시키는 기능을 담당하고 있다. 이에 대해 (5)b의 '-니까'는 (5)a와 동일한 기능 외에 이유, 원인의 접속 기능을 더 보여 준다. 이러한 사정은 (6)에서 그대로 나타난다. 즉 (6)a는 단순히 계기적 접속의 기능을, 그리고 (6)b의 '-아서'는 a가 보여 주는 기능 외에 이유, 원인의 접속 기능을 더 나타내고 있다. 그리하여 (5)의 a-b 관계는 (6)의 a-b 관계와 대응되고, (5)의 a와 (6)의 a, 그리고 (5)의 b와 (6)의 b가 서로 대응 관계를 보여 주고 있다.[1] 이에 따라, 이미 앞서 지적했듯이 (5), (6)에서 (5)b와 (6)b의 관계, 즉 이유·원인의 '-니까'와 '-어서'의 관계만 주목하려는 것이다.

이러한 문제는 다음과 같은 예문에서 쉽게 제기된다.

  (7) a. 비가 와서 아무도 안 왔다.
      b. 비가 오니까 아무도 안 왔다.

여기에서 '-어서', '-니까'의 구분은 용이하지 않아서 그 변별성이 별로 드러나지 않는다. 다음도 위와 동궤의 예들이다.

  (8) a. 철수는 부지런해서 성공했다.
      b. 철수는 부지런하니까 성공했다.
      c. 철수는 부지런했으니까 성공했다.

(8)의 a-b관계는 (7)의 a-b 관계와 동일하다. 여기에 (8)의 b, c에서는

---

1) 위에서 5a, 6a의 '-니까', '-어서'에 대하여 계기적 접속이란 말을 했지만, 이 자체로 이들 어미의 기능이나 의미가 되는 것은 아니다. 사실상 이러한 접속 기능은 이유·원인이라고 한 5b, 6b의 경우에도 나타나는 것이기 때문이다. 이것은 a, b를 구별하기 위한 편의일 뿐이다.

‘-니까’ 절의 시제, 즉 현재와 과거의 차이가 추가되었다. 그런데 (8)의 b, c 사이에서도 그것은 명료하게 변별되지 않아서, 이것은 결과적으로 (8)의 a, b, c 삼자 사이의 의미와 변별성을 모호하게 한다.

이러한 문제점 또는 문제 제기에 대하여 그 동안 어떤 논의와 의견이 개진되었는지 다음에 그 몇몇을 간략히 돌아보기로 하자.

먼저 ‘-어서’의 의미를 ‘원인’(혹은 ‘때문’)이라 하고, ‘-니까’의 의미를 ‘이유’(혹은 ‘까닭’)이라고 한 남기심(1978)을 돌아보기로 한다. 결론적으로 남(1978)은 “…‘-니까’는 말하는 이 개인의 추리 판단의 결과를 말한다. 누구나 당연한 이치로 인정하고 있으리라는 전제를 필요로 하지 않는다.” 하고 ‘-어서’에 대해서는 “…주어진 원인과 그 당연한 결과로서의 상관관계가 누구에게나 공인되고 있는 것으로, 말하는 이에 의해 전제되었을 때” 쓰인다고 하였다.

이러한 논의는 이들 형태의 중요한 일면을 지적하고 있는 것으로 이해된다. 그러나 여기 아쉬움이 없지 않다. 다음과 같은 예문을 생각해 보자.

    (9) 저 사람은 성격이 좀 물러서 성공하기 어려울 거야.
   (10) 철수는 수학에서 0점을 맞았으니까 합격을 못했어.

(9)는 ‘말하는 이의 추리 판단의 결과’를 말한 것이며, (10)은 ‘주어진 원인과 그 당연한 결과’를 말한 것이라고 볼 수 있다. 그럼에도 불구하고 (9)에는 ‘-니까’가 아닌 ‘-어서’가 쓰였고, (10)에서는 ‘-어서’가 아닌 ‘-니까’가 쓰였다. 이것은 남(1978)과 정반대되는 결론을 보여 주고 있다. 그리고 ‘이유’와 ‘원인’도 위 예문에 적용되는 것 같지 않다. (9)의 ‘-어서’를 꼭 원인, 그리고 (10)의 ‘니까’를 꼭 이유로 보기도 곤란할 것 같다. 이 경우에는 오히려 이와 반대로 (9)를 이유, (10)을 원인으로 해석하는 것이 더 나을 것으로 생각된다. 그리고 화자와 청자가 공인하고 있는 것으로 전제될 때 ‘-어서’가 쓰인다고 한 점도 다시 살펴봐야 할 것 같다. 청자의 공통 인식 또는 공통 사전 지식을 전제하지 않더라도 ‘-어서’는 얼마든지

쓰일 수 있다.

> (11) 나는 기분이 나빠서, 파티에 안 나갔어.
> (12) 철호는 아무도 짐작 못하는 사정이 있어서, 미국으로 이민 갔어.

이처럼 청자의 공통 인식이 '-어서' 사용의 전제 조건이 되는 것은 아니다. 따라서 위에 지적한 문제들이 함께 고려된 해결 방안이 마련되어야 할 것 같다.[2]

남기심(1978)과 어떤 면에서 정반대되는 의견이 성낙수(1978)에서 보인다. 성(1978)은 '당연한, 필연적인 인과 관계'일 때 '-니까'가 쓰인다고 전제하면서, 이에 대해 '필연적 동기 유발(apodictive motive)을 나타내는 접속사라는 결론'을 내렸다. 아울러 '-어서'에 대하여서는 '-니까'와 달리 '개연적인 동기 유발(problematic motive)을 의미하는 것으로 귀결된다.'고 보았다.(p.32)

성(1978)은 '-니까', '-어서'를 결국 '동기 유발'이라는 공통 속성에다가, 각각 '필연성'과 '개연성'이라는 변별적 특성을 부여하고 있는 셈이다. '동기 유발'이라는 말은 어떤 의미에서 이유나 원인이라는 말과 그리 멀지 않은 것으로 생각되는데, 여기에서는 그 변별적 의미 특성에 주목해 보기로 한다. 여기서 논의된 몇 예문을 검토해 보기로 하자.

> (13) a. 남편이 죽었으니까, 그 여자가 좋아할 겁니다.
>   b. 남편이 죽어서, 그 여자가 좋아할 겁니다.

(13)a에서는 '-니까' 절이 주절의 객관적 필연성을 제공하는 반면, (13)b에서는 '-어서' 절이 주절에 대해 객관적으로 증명이 불가능한 주관적 판단만을 보여 준다고 보는 것이다. 그런데 이러한 해석이 쉽게 객관성을 얻을 수 있을지 의문이다. 가령 거꾸로 (13)b에 객관적 필연성을, 그리고 (13)a에 주관적 개연성을 관련시킨다고 할 때, 이것을 부정할 만한 논거를 가질

---

2) 남(1978)에서 이유를 '까닭', '원인'을 '때문'이라고 한 것도 잘 수긍이 가지 않으나, 이에 대한 논의는 약하기로 한다.

수 있을지 의심스럽다. (13)a, b와 유사한 다음 예문을 보자.

    (14) a. 철수가 죽으니까, 그 여자가 좋아해.
        b. 철수가 죽어서, 그 여자가 좋아해.

화자의 측면에서 볼 때, 철수가 죽으니까 그 여자가 좋아하는 표면적 사실 자체는 확인할 수 있지만, 그 내면적인 이유는 전혀 짐작을 못할 때에도 (14)a의 표현은 가능하다. (14)b의 경우도 성(1978)과 반대되는 상황을 상정할 수 있다. 즉, 철수의 죽음이 그 여자가 좋아하는 필연성을 제공하는 경우에도, 바꾸어 말해서, 철수가 죽음으로 인해서 그 여자가 좋아하게 되는 경우에도 (14)b는 아주 자연스러운 문장이 된다.

김승곤(1980)의 견해는 이들과 또 다르다. 여기에서는 두 어미를 모두 이유와 원인의 어미로 보면서, 둘의 차이를 주관성의 유무와 관련시킨 것으로 보인다. 즉 '-니까'는 '화자의 주관적 판단의 결과'를 이유 또는 원인으로 내세워 말할 때 쓰이는 어미로 이해한 것 같다. 그러나 이 말이 '-어서'를 객관성과 연결시킨 것은 아닌 것 같다. '-어서'가 반드시 공인성을 가지는 것이 아님을 분명히 한 것이 이를 뒷받침한다. 또 김승곤(1980)에서는 이 두 어미를 시점 또는 시간과 관련시켜 구분하기도 하였다. 즉, '-어서'는 '시간상으로 선행된 일'과, 그리고 '-니까'는 화자의 발화 시점과 연관시키고 있다. 김(1980)에서 두 어미를 각각 이유와 원인에 선별적으로 연관시키지 않은 것은 근거가 있는 것으로 생각된다. 그러나 두 어미의 주된 차이를 주관성의 유무에 둔 것으로 보이는데, 이 점은 좀 더 살펴보아야 할 문제다. 주관성의 유무로 구분한 인상을 주는 자체가 주관적인 것일 뿐만 아니라, '-어서'가 반드시 공인성을 특징으로 하는 것이 아니라는 것도 이미 '-어서'에 어느 정도의 주관성을 인정한 것이 된다고 하겠다. 그리고 '-어서'를 주관성과 관련시키지 않은 것만으로는 이 어미에 대한 설명이 되었다고 보기 곤란하다. 또 이들 어미를 시점과 연관시킨 것도 일반화하기 어려운 것 같다. 특히 '-었으니까'와 같은 과거형을 고

려에 넣지 않은 결과로 '-니까'를 현재의 발화 시점과 잘못 연관시킨 것 같다.[3]

위에서 보아 온 해석이나 주장과는 좀 다른 시각에서 해석하는 것을 이정민(1979)에서 볼 수 있다. 이(1979)는 '-어서'에 대하여 '주절이 구체적인 사건을 나타낼 때, 그에 대한 이유를 명시적으로 알리려는 목적으로 쓰인다.' 하고, '-(으)니'에 대하여는 '주로 이미 알려진 것으로 화자가 믿어 마음에 밀착되어 있는 전제된 이유를 댈 때에 쓰인다.'(p.831)고 하였다. 이러한 해석에도 여전히 의문이 따른다. 예문을 놓고 이를 돌아보기로 하자.

    (15) a. 비가 와서 땅이 젖었다.
         b. 비가 오니까 땅이 젖었다.

'구체적인 사건에 대한 이유'가 (15)a의 '-어서'에만 적용될 수 있는 것은 아니며, '전제한 이유'가 (15)b의 '-니까'에만 적용될 수 있는 것도 아님을 쉽게 확인할 수 있다. 그리고 이미 앞에서 지적한 바와 같이, '-니까'는 '이미 알려진', '전제된 이유'에 쓰이는 것도 아니고, '-어서'에 비해서 오히려 그 이유가 알려지지 않은 경우에 쓰일 수 있는 특성이 있다.

    (16) 비가 오니까 모두 나간다.

이 예문은 이유가 아닌 단순한 계기적 접속의 해석도 가능하지만, 이유의 해석도 가능한데, 후자의 경우 화자는 비가 오는데 왜 모두 나가는지 구체적 이유를 모르고서도 이 표현을 쓸 수 있다.

'-어서', '-니까' 등과 관련하여 인과성에 대하여 깊이 있는 논의를 보여 주고 있는 것은 김흥수(1980)인 것 같다. 그러나 결론에서 "⋯인간 행동의 경우⋯ '-니까'는 경험의 관찰로, '-아서'는 행위주의 의도로 인해서

---

3) 김승곤(1980)에서는 또 '-니까'에 대하여 '지정의 의미'가 있다고 보아 이를 '조건' 이라 했는데, 그 배경이 잘 이해되지 않는다.

인과론에 참여하게 되는 것"이라고 한 말은 그 근거나 배경이 잘 이해되지 않는다.4)

논거에 의문이 따르기는 이상복(1981)의 경우도 마찬가지일 듯싶다. 이(1981)는 "'－어서'는 후행절의 상태가 이루어지는(또는 이루어진) 어떤 상태를 보임을 기본적 의미로 하면서… '이유(원인)', '행위 연속', '때'의 의미를 문맥적 의미로 가지고 있는 연결어미"라 하고, "'니까' 구문은 화자가 추측 판단한(추정한) 당연하고도 필연적인 인과 관계를 나타낸다"고 하였다. 여기에서 말한 것 가지고는 '－어서'의 의미가 잘 이해되지 않으며, 두 어미의 비교도 어려워 보인다. 다만 '－니까'의 의미는 분명하게 지적되었지만, 지금까지 살펴본 바에서 드러나듯이 '당연하고도 필연적인 인과 관계'를 나타내는 것이 이 어미의 의미 특성은 아닌 것 같다. 다음 예는 이러한 사실을 뒷받침해 준다.

(17) (그게 무슨 약인지) 그것을 먹으니까 배가 아프다.

두 어미의 쓰임의 차이를 '판단 과정'과 연관시키는 것은 김진수(1987)에서 찾아볼 수 있다. "…'－아서'는 객관적이고 확정된 원인이나 이유를 나타내고, '(으)니(까)'는 말하는 이와 듣는 이의 판단 과정을 거쳐야 하는 접속어미이다."(p.92)고 하였다. 예문에 대한 설명을 살펴보자.

(18) a. 영희는 비가 와서 학교에 가지 않았다.
     b. 영희는 비가 오니까 학교에 가지 않았다.

(18)a에 대하여는 "비가 온 것은 이미 객관적으로 드러난 사실이기 때문에 말하는 사람과 듣는 사람의 판단 과정을 거치지 않아도 바로 후행문의

---

4) 이 논문은 어떤 예문에 대해서 "…'아서'가 새로운 정보 또는 화자의 논리에 쓰이는 반면, '－니(까)'는 청자가 알고 있는 정보 또는 청자의 논리에 이끌리고 있음"이라고 했는데, 역시 이해하기 쉽지 않을 뿐더러, 이것이 일반화될 수 있는 것도 아닌 듯싶다.

사건과 연관된다."고 하고 (18)b에 대해서는 '비과거의 사실이기 때문에 말하는 사람 사이의 사실에 대한 판단 과정이 필요하게 된다.'고 하였다. 그런데 여기서 '비가 와서'가 객관적으로 드러난 사실이라는 점은 물론 분명한 것이지만, '비가 오니까'가 객관적 사실이 될 수 없다는 점에는 수긍이 안 간다. 비가 온 사실에 대한 객관성에 관한 한 (18)a, (18)b에서 차이가 발견되지 않으며, 이에 따라 비오는 사실에 대한 화자, 청자 사이의 판단 과정에 차이가 있을 것으로 생각되지 않는다.

'-어서'를 원인, '-니까'를 이유로 구분하면서, '원인은 이유를 함의하므로 인과 관계 접속어미의 의미 기능을 「원인」이라'고 한 윤평현(1989)의 논의는 우리에게 의미있는 것을 생각하게 해 주는 것 같다. 예문을 인용하고서 살펴보기로 하자.

(19) a. 눈이 많이 와서, 길이 막혔다.(원인)
　　 b. 눈이 많이 오니까, 길이 막혔다.(이유)

윤(1989)은 (19)a는 '당연하고도 자연스러운 이치'이며 따라서 청자가 이를 부인할 사람이 없다고 판단한다. 그리고 (19)b는 '개인적인 사리 판단을 배경으로 한다.'고 보았다. 아울러 '원인은 객관적인데 비하여 이유는 주관적일 수 있다.'고 보았다. 이러한 견해는 자료에 대한 깊은 이해에서 얻어진 결과일 것으로 생각된다. 이러한 해석이 많은 경우 설득력을 가질 것 같다. 그렇지만 이것이 적용되지 않는 경우가 또한 적지 않은 것도 유념해야 할 것 같다. 그러한 해석을 보다 많은 예에 적용시키다 보면 무리가 따를 수 있겠기 때문이다. 이유('-니까')를 '주관적이고 개인적'이라 하면서 '논리적 판단 과정'을 가져야 된다고 본 것은 이 자체가 이미 무리가 아닌가 한다. 가령 '-어서'가 장래의 일에 쓰이면 적격문이 될 수 없다고 한 것도 너무 주관적인 판단인 것 같다.

(20) a. *시험을 봐서 공부를 한다.
　　 b. 시험을 보니까 공부를 한다.

(20)a가 비문이란 것도 문제거니와, 미래의 일에 ‘－어서’가 잘못 쓰였다고 본 것도 재고해야 될 줄 안다. 다음 예문은 미래의 일이지만 ‘－어서’가 자연스럽게 쓰인 경우이다.

> (21) 내일 시험을 보아서 나는 공부하고 있어.
> (22) 내일은 어머니 생신이어서 나는 모임에 못 나가.

그런데 ‘－어서’와 ‘－니까’를 화제의 초점과 관련시킨 것은 다른 데서는 잘 눈에 안 띄는 착상인 것 같다. 즉 ‘－어서’ 구문은 화제의 초점이 선행절에 있고. ‘－니까’의 구문은 이것이 후행절에 있다고 보았다.[5] 이것도 그렇게 일반화할 수 있는 것으로는 보이지 않는다. 다음 예에서 우리는 그러한 현상이 잘 확인되지 않는다.

> (23) a. 영희가 왜 바로 갔어?
>   b. 철수가 와서 갔어.
>   c. 철수가 오니까 갔어요.

b, c에서 초점은 모두 선행절에 있다. 윤(1989)에서 ‘－니까’의 문이 대부분 기피되는 것은 그 이유를 다른 데서 찾아야 될 것으로 이해된다. ‘－니까’는 “왜?”에 대한 대답으로 자연스럽지 못한 경우가 많다.

3

지금까지 이들 두 어미에 대하여, 대체로 별다른 전제 없이 ‘이유’ 또는 ‘원인’이라는 말을 써 오고 있다. 어떤 경우에는 두 어미 각각에 대하여 이

---

5) 이처럼 두 어미의 변별성을 초점과 관련시키는 것을 조오현(1991 : 130~133)에서도 찾아 볼 수 있다.

유 또는 원인이라는 의미 특성을 부여하기도 하고, 어떤 경우에는 이 두 어미 각각에 대하여 이유나 원인의 어느 하나를 의미 특성으로 규정하는 것을 볼 수 있었다. 여기서 분명한 것은 이들 어미가 어떻게든 이유 또는 원인과 관련된다는 공통 인식이다. 이에 두 어미의 변별적 의미 특성을 살피기에 앞서, 이유와 원인의 의미 또는 둘 사이의 변별적 특성을 잠시 돌아보고 중심 과제로 넘어가는 것이 적절한 순서일 듯싶다.

(24) a. 비가 와서, 냇물이 불었다.
     b. 비가 왔으니까, 냇물이 불었다.

위의 두 예문에서 우리는 두 가지 사건 또는 현상이 계기적으로 접속되어 있음을 알 수 있다. 하나는 비가 온 일이요, 다른 하나는 냇물이 불어난 일이다. 그리고 비가 온 것은 냇물이 불어나도록 한 계기가 된 것이다. 즉 비가 왔기 때문에 냇물이 불어난 것이다. 따라서 선행절은 후행절에 대하여 이유 또는 원인이 되는 것으로 생각해 볼 수 있는데, 그것은 바로 어미 '-어서'와 '-니까'로 표현되고 있다.

여기에 잠시 이유와 원인이라는 두 단어의 의미를 생각해 볼 필요가 있을 것 같다. 이 둘은 어떤 사건이나 현상에 선행해서 그것에 대한 발생의 계기를 만들어 준다는 점에서 공통 특성을 지닌다. 그러나 이러한 공통 특성에도 불구하고 둘은 또한 변별적 특성을 가진다. 기본적으로 원인이란 것은 인과 관계 속에서 파악되는 것으로서, 대체로 원인은 결과가 전제되고, 결과는 원인이 전제되기 마련이다. 어느 하나를 배제하고 다른 것을 생각하기 곤란하다. 여기에 비해서 이유는 거기 대응되는 결과가 있을 수는 있지만, 반드시 결과를 전제하는 것은 아니다.

(25) 비가 오니까 나가지 마라.
(26) 비가 오니까 나가지 말자.
(27) 비가 오니까 같이 가마.

(25)~(27)에서 후행절의 명령, 청유, 약속 등은 비가 오는 것이 원인이
되어 결과된 '사건'이 아니라, 다만 명령, 청유, 약속의 문일 뿐이다. 한 예
로 (25)를 다음 (28)과 비교해 보면 이 점이 분명히 드러날 것이다.

    (28) 비가 오니까, 나가지 말라고 명령했다.

여기에서 후행절은 선행절이 계기가 된 하나의 결과적 현상일 수 있다.
이에 비해 (25)의 경우에는 후행절이 '결과적 사건(현상)'일 수 없다. 결국
(25)~(27)에서 후행절이 하나의 결과적 사건이 될 수 없기 때문에, 그 각각
의 선행절을 원인이 될 수 없다. 그러나 선행절은 분명히 그 후행절에 대
한 이유가 되고 있다.[6]

    (29) a. 얘, 철수야 너 나하고 가게에 같이 가지 않겠니?
        b_1. 왜 너는 만날 나를 끌고 다니려고 그러니? 이유가 뭐야?
        b_2. *왜 너는 만날 나를 끌고 다니려고 그러니? 원인이 뭐야?
        c_1. 네가 좋아서 그래.
        c_2. 네가 좋으니까 그래.

(29)에서도 b_2는 성립되지 않는 것 같다. a의 화자는 철수를 좋아하기 때
문에 동행을 하고 싶어서 철수의 의사를 물어 보았을 뿐, 여기에서 어떤
원인과 결과가 나타난 것은 아니다. 따라서 c_1이나 c_2의 선행절도 원인을
나타낸다기보다는 이유를 나타낸다고 보는 것이 더 자연스럽다. 인과 관계
에서는 어떤 원인이 있어서 이것 때문에 거기 대응되는 결과가 나타나는
것이기 때문에, 인과의 과정은 흔히 필연성을 가지게 된다. 이 필연성은
그 성격상 대체로 당위성과 관련되며, 이에 따라 흔히 보편성 또는 객관성

---

6) 김흥수(1980)는 "청자의 인과론적 지식을 전제로 심리적 반응이나 행위를 유도하는
   당위, 명령, 제안의 경우는 '-니까'가 쓰인다."고 하였다. 명령, 청유, 약속 등에
   '-어서'가 쓰이지 못하고, '-니까'가 쓰이는 것은 사실이지만, '청자의 인과론적 지
   식'을 관련시킨 것은 잘 수긍이 되지 않는다.

을 가지게 된다. 이 경우 필연성이니 객관성이니 하는 것은 어떤 원인에 대응하여 반드시 특정의 결과가 실현되어야 하는 것을 의미하는 것은 아니다. 이것은 어디까지나 이미 현실화된 인과 관계에서 필연성 또는 객관성이 나타나 있음을 의미하는 것이다. 가령 다음과 같은 예문을 생각해 보자.

(30) 철수는 밥을 많이 먹어서 배탈이 났다.

위 예문에서 확인되듯이, '밥을 많이 먹는 것'과 '배탈' 사이에 필연성이나 객관성이 있는 것은 결코 아니다. 다만 철수가 밥을 많이 먹고서 배탈이 났다는 특정의 사건에서 원인과 결과 사이에 필연성이 있다는 의미일 뿐이다. 이러한 해석은 어떤 의미에서 당연한 것으로 보인다. 왜냐하면 이미 '실현된' 것이기 때문에 흔히 거기에는 필연성이 개재돼 있을 수 있다. 바꾸어 말하면 여기 말하는 필연성이니 당위성이니, 또는 보편성이니 객관성이니 하는 것은 결과론적인 것이기 때문이다. 원인과 결과에 대한 화자의 판단 자체가 잘못될 수는 있지만, 우리의 관심은 판단에 대한 언어적 표현에 있는 것이지, 판단의 타당성 문제에 있는 것은 아니다.

인과 관계에 있어서 한두 가지 유념해야 할 점이 있다. 위에서도 언급한 바와 같이 인과 관계에 으레 필연성, 당위성, 객관성 등을 관련시키지만, 이것은 어디까지나 주요한 특성일 뿐이지, 반드시 수반되는 불가결한 특성은 아니란 점이다. 다음 A, B의 대화를 보자.

(31) a. (A) 아까 철수가 무슨 과자를 주기에 먹었는데 배탈이 났단 말이야.
  b. (B) 아무려면 과자를 먹어서 배탈이 났을까?
  c. (A) 아냐, 아무래도 그걸 먹어서 배탈이 났어.

c에서 분명히 인과 관계가 나타났지만, 여기의 원인과 결과 사이에 필연성이나 당위성, 객관성 같은 것은 별로 적용되지 않는다. 이처럼 인과 관

계란 것이 화자의 주관적 판단에 따르는 경우가 많기 때문에, 이러한 경우에는 필연성, 객관성 등이 인과 관계의 주요한 특성이 되지 못한다.

그리고 앞서 말한 바와 같이 '-어서' 또는 인과 관계와 관련하여, 이것은 말하는 이나 듣는 이가 함께 인정하고 있는 경우에 쓰이는 것으로 지적되기도 했지만(남기심 1978 : 19), 이는 일부의 경우에 적용되는 것일 뿐, 전체에 일반화될 수 있는 것은 아니었다. 위 예 (31)에서도 이것은 쉽게 입증된다.7)

인과성에 관계없이 다음과 같은 경우, 원인이란 말보다는 이유라는 말이 훨씬 더 자연스럽게 쓰인다.

> (32) a. 너 왜 조퇴하려고 하니? 이유가 뭐야?
>   b. ^{??}너 왜 조퇴하려고 하니? 원인이 뭐야?

위와는 달리 '이유'가 기피되는 반면, '원인'이 선호되는 경우가 있다.

> (33) a. 사고의 원인(규명)
>   b. ^{??}사고의 이유(규명)

어떤 사고가 발생했을 경우, 일반적으로 a를 쓰지 b를 쓰지 않는다. 더구나 무엇을 규명한다고 할 경우에는 b는 쓰일 확률이 매우 낮다.

다음도 같은 유형의 문이다.

> (34) a. 소방서에서는 이번 화재의 원인을 조사하고 있다.
>   b. ^{??}소방서에서는 이번 화재의 이유를 조사하고 있다.
> (35) a. 병은 원인을 알아야 약을 쓸 수 있다.
>   b. ^{??}병은 이유를 알아야 약을 쓸 수 있다.

또한 '이유'가 다음에서 보는 것처럼 '원인'과는 달리 사용되는 경우가 있다.

---

7) 이러한 '청자 공인'의 부적절성은 김승곤(1980)에서도 지적되고 있다.

(36) a. 우리가 공부하는 원인
     b. 우리가 공부하는 이유
(37) a. 그 회사 사장이 부도를 낸 원인
     b. 그 회사 사장이 부도를 낸 이유

　(36)에서 a의 '원인'은 대략 공부를 하도록 만들어 준 계기를 말한다. 이에 비해 b는 첫째로 a와 비슷하게 공부하게 한 그 이전의 계기를 의미하는 것 이외에, 둘째로 앞으로 이루어지기를 기대하는 목표가 공부하는 계기가 되고 있다. 이 두 번째 의미는 '원인'과는 전혀 연계될 수 없는 의미이다. (37)에서도 a가 대략 사장이 부도를 내게 된 계기 또는 배경을 의미하며, 이 경우 부도를 낸 것은 부득이한 것이지 자의적인 것이 아닌 의미를 함축함에 비해, b의 경우에는 a에서처럼 부도를 내게 된 계기나 배경을 의미하는 것 외에 자의성이 함축되어 있을 수 있으며, 또 앞으로 기대되는 어떤 목적성이 함축된 것으로 해석되기도 한다. 이처럼 자의성이나 목적성이 함축된 것으로 해석될 수 있는 경우는 '이유'에만 한정되는데, 이때의 동사는 의지성과 관련된다. 바꾸어 말하면 의지성과 관련되는 동사의 경우에는 주체의 자의성 또는 목적성이 함축될 수 있는데, 이것은 '이유'에 국한될 뿐 '원인'과는 무관하다.

　'이유'와 '원인'은 분명히 변별적인 것이지만, 이 둘은 상당한 의미상의 공통성을 가진다. 다음 문을 보자.

(38) a. 이번 시합에서 빙그레가 진 원인이 뭐야?
     b. 이번 시합에서 빙그레가 진 이유가 뭐야?

　경기에서 졌을 때 흔히 패인, 즉 패한 원인을 생각한다. 그러나 위 예에서 보듯이 a의 '원인'을 b와 같이 '이유'로 대치해도 별 무리가 따르지 않는다. 앞에서 보았던 (24)의 a, b에서도 '비가 온 것'은 냇물이 불어난 원인일 수도 있어 원인과 이유의 상호 교체가 가능하다. 위처럼 이유와 원인이 같은 문맥에서 교체 가능한 것은 매우 흔한 일이다.

(39) a. 철수가 요즘 성적이 나쁜데, 그 원인이 어디 있어?

    b. 철수가 요즘 성적이 나쁜데, 그 이유가 어디 있어?

(40) a. 그 회사가 도산한 원인은 아무도 몰라.

    b. 그 회사가 도산한 이유는 아무도 몰라.

이처럼 '이유'와 '원인'이 상호 교체 가능하다는 것은 상호 배타적인 것으로 물론 그 의미가 동일하지 않음을 의미하기도 한다. 그러나 또 한편 이 둘 사이에 상당한 공통 의미가 있음도 지금까지의 예문에서 확인된다. 그리고 '원인'은 흔히 '이유'로 교체될 수 있지만, '이유'는 '원인'으로 교체되는 폭이 별로 크지 못함도 살펴볼 수 있었다. 윤평현(1989)에서는 원인이 이유를 함의한다고 보고, 이에 따라 원인이나 이유를 나타내는 접속어미의 기능을 '원인'이라 하였는데, 위에서 살펴본 바로는 그러한 근거가 별로 발견되지 않는다.8)

4

이제는 본고의 중심 과제인 두 어미의 변별적 의미 특성에 주목할 단계에 이른 것 같다. 우선 이들 두 어미가 이유나 원인과 어떻게 관련되는가를 생각해 보기로 한다. 이미 앞에서 개관하였듯이 이 점에 대한 지금까지의 논의는 매우 다양한바, 그 몇 가지를 간추리면 다음과 같다.

첫째, 두 형태가 한 가지로 이유와 원인을 나타낸다고 보는 견해(김승곤 1980, 김진수 1987, 김흥수 1980 등), 둘째 '-어서'를 원인, '-니까'를 이유로 보는 견해(남기심 1978), 윤평현(1989) 등), 셋째, 두 어미를 모두 이유로 해석

---

8) '원인'이 '이유'를 함의한다면, 이유란 말이 쓰이는 문맥에서 이를 원인으로 대치하는 것이 허용되어야 할 것이나, 실제로는 그렇지 못한 경우가 많다. 사실은 이와 반대로 원인이란 말을 이유로 대치할 수 있는 경우가 훨씬 더 많다. 대체로 이유와 원인은 상당 부분의 교집합을 갖는 두 집합의 겹침과 같다.

하는 견해(이정민 1979 등), 넷째, 두 어미를 모두 원인으로 보는 견해(성낙수 1979 등) 등이다. 이유나 원인과 관련하여 흔히 언급되는 객관성 또는 필연성 등에 있어서도 대략 상반되는 두 견해로 구분된다. 하나는 '–어서'에 대하여 객관성이나 필연성을 관련시키는 견해이고(남기심 1978, 김진수 1987 등), 다른 하나는 '–니까'에 대하여 필연성을 관련시키는 견해이다.(성낙수 1979, 이상복1981 등)[10]

이처럼 '–어서', '–니까'를 이유나 원인과 관련시키는 면에서 의견이 상이하고, 또 이들 두 어미에 객관성이나 필연성, 보편성 등을 관련시키는 면에서 역시 의견이 다르기 때문에 실제로는 매우 다양한 의견을 보여 주고 있다.

그러면 이러한 다양한 견해와 이에 따르는 문제점에 유의하면서, 예문을 중심으로 주된 관련 문제를 살펴 나가기로 한다.

> (41) a. 철수가 얼굴이 붓는 이유가 뭐야?
>   b₁. 신장이 나빠서 그래.
>   b₂. 신장이 나쁘니까 그래.
> (42) a. 철수가 나한테 화내는 이유가 뭐야?
>   b₁. 철수가 요새 사업이 안 돼서 그래.
>   b₂. 철수가 요새 사업이 안 되니까 그래.

(41), (42)에서 볼 때, '이유'가 '–어서', '–니까' 중 어느 하나하고만 연관되는 것으로 보이지 않는다. 즉, 두 어미 모두 이유를 나타낼 수 있는 것으로 보인다.

> (43) a. 이 개가 죽은 원인이 뭘까?
>   b₁. 원래 병이 있어서 죽었어.

---

9) 윤평현(1989)은 일단 '–어서'를 원인, '–니까'를 이유로 구분하면서도, '원인이 이유를 함의'한다고 보아 이들 두 어미의 '의미 기능'을 '원인'이라 하였기(p.159), 때문에 다음 넷째 유형에 포함될 수도 있겠다.
10) 이정민(1979)도 대략 여기에 포함될 것으로 이해된다.

b₂. 원래 병이 있으니까 죽었어.

(43)에서는 '원인'이 '-어서', '-니까'와 관련성이 있음을 보여 주는 것 같다. 즉 여기에서는 '-어서', '-니까'가 모두 원인을 나타낼 수 있는 것으로 이해된다. 결국 (41)~(43)은 '이유'나 '원인' 어느 것도 두 어미와 반드시 선별적으로 관련되지 않는 것으로 이해하게 된다.

'-어서'는 흔히 원인을 나타내는 것으로 보인다. 그런 까닭에 아예 '-어서'를 원인의 어미로 규정하기도 한다. 그런 견해를 앞에서 보았었다. 그러나 이런 견해는 '-어서'의 일면만을 확대 해석한 데서 연유한 것임을 쉽게 찾아 볼 수 있다.

(44) a₁. 너 왜 자꾸 나를 찾니? 이유가 뭐야?
　　 a₂. *너 왜 자꾸 나를 찾니? 원인이 뭐야?
　　 b₁. 보고 싶어서 그랬어.
　　 b₂. 보고 싶으니까 그랬어.

a₁에서 이유가 성립되는 데 반해서 a₂의 원인이 성립되지 못하는데, 그 응답으로서 '-어서'가 쓰인 b₁과 '-니까'가 쓰인 b₂ 모두 가능하며, b₁, b₂ 중에서도 b₁이 좀 더 자연스럽다. 이러한 사실은 '-어서'를 원인, '-니까'를 이유와 획일적으로 관련시킬 수 없음을 입증해 준다. 이러한 사실과 함께, 이유와 원인이 동일한 의미가 아니라는 점을 고려하면, 이 두 의미는 상당 부분 공통성을 가지고 있음을 의미하는 것이 된다. 이제는 다음과 같은 예문에 주목해 보자.

(45) a. 나는 이것을 먹어서 눈물이 난다.
　　 b. 나는 이것을 먹으니까 눈물이 난다.

a, b 어느 것이든 이유나 원인의 해석이 모두 가능한 것으로 보일 뿐, 둘 사이에 차이가 잘 드러나지 않는다. 그러나 좀 더 자세히 살펴보면, 둘 사이에 분명한 차이가 숨어 있음을 어렵지 않게 발견할 수 있다. 전후절,

즉 전건과 후건의 관계를 살펴볼 때, a에서 화자는 사물의 성격 또는 속성상 그것을 먹으면 눈물이 나게 돼 있거나, 그럴 것으로 판단하고 있다. 따라서 화자는 이에 대한 사전 지식 또는 배후 지식을 가지고 있다. 그런가 하면 b의 경우에는 이와 관련하여 두 가지 해석이 가능하다. 첫째로는 화자가 상황 인식을 이미 하고 있는 경우이고, 둘째로는 화자가 전혀 그러한 지식을 가지고 있지 않은 경우이다. 그렇지만 (45)b의 경우 전자의 해석보다는 후자의 해석이 우선적으로 선택되는 일차적인 해석이다. 위의 사실은 다음과 같은 보충 자료에서 더욱 분명하게 드러난다.

> (46) a. 나는 이것을 먹으니까 눈물이 난다. 왜 그런지 이유(또는 원인)를 모르겠어.
> b. *나는 이것을 먹어서 눈물이 난다. 왜 그런지 이유(또는 원인)를 모르겠어.

(46)에서 a의 내용은 이러하다. 화자는 '이것을 먹었기' 때문에 눈물이 난다는 표면적 연관성을 생각하고 한 말이다. 그런데 이 배후에는 위에서 말한 대로 두 가지 상이한 경우가 상정된다. 하나는 그렇게 되는 배후 지식을 가지고 있거나, 아니면 거기에 대한 믿음 같은 것을 가진 경우이고, 다른 하나는 전혀 그런 것을 가지지 못한 경우다. 전자의 경우라면 a도 비문이 된다. 후자의 경우에 한하여 a의 성립이 가능하다. 여기서 우리가 주목하고자 하는 것은 후자인데, 그것은 이 경우에 '-어서'와의 변별적 특성이 두드러지게 나타나기 때문이다. '-어서'의 경우, 화자의 전후절, 즉 전건과 후건 사이의 연관성에 대한 사전의 지식 또는 믿음을 가지지 못한 경우 절대로 이 어미가 쓰일 수 없다. 그런데 여기에서 문제가 되는 것은 화자의 사전 지식 또는 배후 지식 자체가 아니라 그 이전의 현상이다. 즉 '-어서'가 쓰인 (45)a에서는 전후절 사이의 관계에 필연성이나 객관성 같은 것이 전제되거나 함축되어 있다. 이에 반해 (45)b에서는 전후절 사이에 그러한 전제나 함축된 의미가 있는 것으로 이해되지 않는다. 전후절 사이

의 표면적 관계가 단순히 화자의 추리에 의하여 성립되었을 뿐이다.

다시 다음 예문을 살펴보자.

    (47) a. 철수가 무릎에 손을 대서 아파.
         b. *철수가 무릎에 손을 대서 왜 그런지 아파.
         c. *왜 그런지 이유(또는 원인)는 모르겠지만, 철수가 무릎에 손을 대서
            아파.
    (48) a. 철수가 무릎에 손을 대니까 아파.
         b. 철수가 무릎에 손을 대니까 왜 그런지 아파.
         c. 왜 그런지 이유(또는 원인)는 모르겠지만, 철수가 무릎에 손을 대니
            까 아파.

(47), (48)은 (45), (46)과 다를 바 없다. (47)a에서는 무릎에 손을 대면 아프게 '되어 있음'을 알 수 있다. 즉 전후절 사이에 필연적인 관계가 있음을 알 수 있다. 따라서 전절(전건)은 후절(후건)에 대하여 충분한 이유 또는 원인이 된다. 더 이상의 이유나 원인이 요구되지 않는다. 그렇기 때문에 이유를 모른다는 부사절이 첨가된 b와 c는 자체 모순으로 비문이 될 수밖에 없다. 그러나 '-니까'가 쓰인 (48)의 경우는 사정이 다르다. 우선 a가 두 가지로 해석된다. 하나는 손을 대면 무릎이 아프게 되어 있는 경우로, 이것은 (47)a와 유사한 의미가 되며, 다른 하나는 그렇지 않은 경우 또는 그렇더라도 그것을 사전에 인지하고 있지 않은 경우이다. 전자의 경우라면 b와 c는 역시 자체 모순 때문에 비문이 된다. 그렇지만 후자의 경우라면, b와 c는 모두 바른 문이 된다. (47)에서는 '-어서' 절이 후행절에 대한 충분한 이유 또는 원인이 되었지만 (48)에서는 '-니까' 절이 후행절에 대한 충분한 이유나 원인이 되지 못한다. 여기에서는 선행절이 표면상 후행절의 이유나 원인이 될 뿐, 왜 그렇게 되는가에 대한 내면적 이유나 원인이 되지 못하기 때문에 b와 c문이 성립된다. 바꾸어 말하면, '-어서'가 쓰인 문에서는 후행절이 그 이유나 원인으로 '-어서' 절 이상의 것을 요구하지 않는 반면, '-니까'가 쓰인 문에서는 후행절이 그 이유나 원인으로 '-니

까’ 절 이상의 것을 필요로 하고 있다고 말할 수 있다. 이것을 또 다른 말로 하자면 ‘-어서’는 표면적 연계 현상뿐만 아니라 내면적 과정이 고려된 것이고, ‘-니까’는 내면적 과정에 관계없이 다만 표면적 연계성만이 고려된다고 하겠다. 이러한 속성은 필연적으로 인과 관계를 나타내는 데 ‘-니까’보다 ‘-어서’가 더 적합한 것이 될 수밖에 없게 한다. 인과 관계란 것이 흔히 필연성, 당위성, 객관성 등을 그 속성으로 하기 때문이다. 이와 동시에 ‘-어서’와 대조를 보이는 ‘-니까’의 속성은 ‘-어서’에 비해 화자의 주관이 더 작용하게 마련이며, 아울러 이 어미를 원인보다는 이유와 더 관련을 맺게 한다.

이제는 관점을 달리 해서 예문을 검증함으로써, 앞에서 보아 온 바를 확인해 보기로 한다. 이러한 상황을 상정해 보자. 철수가 영수의 머리를 살짝 때렸더니, 영수가 그 자리에서 기절해 쓰러졌다고 가정하기로 하자.

(49) a. *철수가 영수의 머리를 손으로 살짝 때려서 기절했어.
     b. 철수가 영수의 머리를 살짝 때리니까 기절했어.

(49)a에서 보는 바와 같은 전후절 사이의 상관성은 누구도 생각하기 곤란한 현상이다. 그 필연성이나 그 가능성이 매우 희박하다. 아무리 주관적인 판단이라도 그 상관성은 기대하기 어려운 것이다. 이러한 경우에 ‘-어서’는 쓰일 수 없다. 그러나 ‘-니까’의 경우는 그러한 문제들이 전혀 고려의 대상이 되지 않는다. 아무리 예상할 수 없는 일이라도, 또는 아무리 불가능한 일이라도, 표면상 전건(선행절)과 후건(후행절) 사이에 문제의 관련성이 있다고 생각되기만 하면, 언제라도 ‘-니까’가 쓰일 수 있다. 물론 특수한 경우 영수의 머리를 살짝 때려서 철수가 기절하게 된 기존의 상황이 전제된다면 (49)a의 성립이 가능할 것이다. 그리고 이러한 기존의 상황이 전제된 경우에도 (49)b가 성립되는 것은 이미 앞서 본 바와 다름이 없다.

위에서 원인은 ‘-니까’보다 ‘-어서’와 더 관련된다고 하였는데, 여기서 한 가지 유념할 것은 ‘-어서’가 원인과 관련된다고 하여 ‘-어서’ 절과 후행절 사이에 반드시 필연성이나 당위성 또는 보편성, 객관성이 있는 것은 아니란 점이다. 인과 관계란 것이 그 속성상 필연성, 당위성, 객관성 등을 특징으로 하는 것은 사실이지만, 그렇다고 '−어서'의 경우도 그러한 속성을 특징으로 하여 '−니까' 문과 변별되는 것은 결코 아니다.

(50) a. 비가 와서 옷이 젖었다.
     b. 비가 오니까 옷이 젖었다.

비가 오는 것과 옷이 젖는 것 사이에는 내용상 인과성이 있으며, 여기에는 필연성, 당위성, 객관성 등이 드러난다. 그러나 위 예문이 보여 주듯이 이러한 속성이 '−니까'와는 무관하게 '−어서'와만 관련되는 것은 아니다.

(51) a. 오늘 날씨가 흐려서 난 기분이 좋아.
     b. 오늘 날씨가 흐리니까 난 기분이 좋아.

전후절 사이의 관계와 관련한 필연성 등에서 (51)은 (50)과 상반된다. 즉 (50)에서와는 반대로 (51)에서는 전후절 사이에 필연성이나 객관성 등이 있을 수 없다. 둘 사이의 관계란 것은 전적으로 화자의 주관적 기분에 의한 것일 뿐이다. (50)에서 엄연히 객관적이고 필연적인 관계가 두 어미와 선별적으로 연관되지 않았던 것과 마찬가지로, (51)에서는 철저하게 주관적인 관계가 두 어미와 선별적으로 관련되어 있지 않다. 결국 '−어서'가 원인을 나타냄으로써 인과 관계와 관련되고, 이에 따라 이 어미가 '−니까'와 달리 필연성 당위성, 객관성과 관련된다고 해석하는 것은, 부분 또는 특정 현상을 무리하게 일반화한 것으로 생각된다.

마지막 예 한둘만 더 생각해 보면서 두 어미의 변별적 의미 특성을 정리해 보기로 한다.

(52) a. 이 국에다 고추장을 넣어서 이상한 맛이 됐어.

    b. 이 국에다 고추장을 넣으니까 이상한 맛이 됐어.
    c₁. 이 국에다 고추장을 넣었으니까 이상한 맛이 됐어.
    c₂. 이 국에다 고추장을 넣었으니까 이상한 맛이 됐어. 왜 그렇게 되었는
       지 이유(또는 원인)을 모르겠어.

a, b는 위에서 보아 온 여러 예문들과 동궤의 것들이다. b와 같은 문장에 대해서 우리는 두 가지 다른 의미 내용을 살펴보았었다. 즉 하나는 a처럼 국에다 고추장을 넣으면 왜 이상한 맛이 되는지 그 이유나 원인을 전혀 예견치 못하는 경우이고, 다른 하나는 그 국에 고추장을 넣으면 맛이 변하게 되어 있는 경우, 그래서 화자는 이에 대한 사전 지식을 이미 가지고 있는 경우이다. 앞에서는 주로 전자의 해석에 주목하였지만, 이제는 후자의 해석에 주목하면서, a와의 의미 차이를 생각해 보기로 한다.

우선 a, b 모두 이유나 원인의 두 가지 해석이 가능한데, 둘 사이의 차이는 무엇인가? 즉 a, b에서 모두 국에 고추장을 넣으면 맛이 이상하게 되어 있었고, 그것을 화자가 사전 지식으로 알고 있는 경우에, 하나는 '-어서'가, 그리고 다른 하나는 '-니까'가 쓰였다면 그 차이는 무엇인가 생각해 보아 마땅하다. 이미 앞에서 보았던 두 어미의 차이는 여기에서도 그대로 적용된다. 원인, 이유의 어느 의미로 쓰였든, 선행절(전건)과 후행절(후건) 사이에 인과성 또는 인과적인 관계가 상정될 수 있거나 상정될 수 있는 것으로 판단되어, 이러한 내용을 함축하고자 할 때, '-어서'가 쓰일 수 있다. 이에 반해 이유, 원인의 어느 의미로 쓰이든, 위와 같은 함축 의미를 전혀 고려하지 않고 표면적인 연관성만 고려할 때, '-니까'가 쓰이는 것으로 이해된다. 결국 b의 두 가지 해석을 함께 고려할 때, 어떠한 내면적 전제나 함축도 없이 단순히 표면적인 관계만 고려할 때, '-니까'가 쓰인다고 할 수 있다. 이러한 사정은 c의 경우도 마찬가지이다. 그러나 과거형으로 쓰인 c가 현재형으로 쓰인 b와 분명히 구분되는 특징이 있다. 거듭 언급되었듯이 b는 두 가지 의미 해석이 가능했었는데, 과거형 '-었으니까'가 되면 그러한 가능성은 소멸된다. 국에다 고추장을 넣었을 때 맛이

이상하게 되어 있는 상황에서만 과거형이 쓰일 수 있을 뿐이다. 그러한 상황이 전제되어 있지 않아서 이에 대한 화자의 사전 지식이 없는 경우라면, 현재형과는 달리 과거형이 쓰일 수 없다. c_2가 이 점을 분명히 보여 준다.

이상에서 살펴 온바 두 어미의 변별적 의미 특성을 종합하면 대체로 이렇게 요약할 수 있을 것 같다. 첫째, '-어서'와 '-니까'는 모두 이유 또는 원인을 나타내며, 이들이 각각 '이유' 또는 '원인'과 선별적으로 관련되지 않는다.

둘째 '-어서'는 대체로 이전의 경험이나 지적 인식에 근거하여 이미 전건(선행절, 즉 '-어서' 절)이 후건(후행절)의 계기가 되어 있거나 그렇게 될 가능성이 있다고 판단될 때, 또는 그러한 고려가 전제될 때 쓰인다. 이 경우 이러한 전제에 따라 화자는 거기에 대한 사전 지식 또는 배후 지식을 가지고 있게 마련이다. 셋째, '-니까'는 '-어서'에서 나타나는 그러한 전제에 관계없이 쓰일 수 있다. 따라서 전건 후건 사이에 그러한 연계 관계가 예견될 수 없는 상황, 그래서 거기에 대한 화자의 사전 지식이 전혀 없는 상황에서도 '-어서'와 달리 '-니까'의 사용이 가능하다. 넷째, '-어서' 절은 후행절에 대한 내면적 이유 또는 원인으로 충분하나, '-니까' 절은 이 외에 단순히 화자의 주관적 추리에 의해 연계되는 표면적 이유 또는 원인이 되기도 한다. 다섯째, 위와 같은 이유로 '-어서'는 원인과 더 긴밀하게 관련되고 '-니까'는 이유와 더 긴밀하게 관련된다. '-어서'가 원인, 나아가 인과 관계와 관련되며, 인과 관계가 흔히 필연성, 당위성, 객관성 등을 주요 속성으로 하게 되지만, '-어서'가 반드시 이러한 속성과 관련되는 것은 아니다. 여섯째, 결국 '-어서'와 '-니까'는 원인과 이유의 의미 속성을 공유하면서 형태, 통사, 의미상 변별적인 기능을 가진다.

5

　힘겨운 작업을 일단 마무리하는 단계에 이르렀지만, 사실은 이 마무리가 이 작업의 새로운 시작이 되는 듯하다. 필자 나름대로 꽤 오랫동안 이 문제를 머리에 두고 고심 같은 과정을 겪었지만, 지금까지 얻은 것이라고는 매우 엉성하고 불확실한 것인 듯싶다. 이 글의 앞 부분에서 그 동안 쌓여 온 많은 고심의 연구들을 돌아보면서 미진하고 모자라는 점을 살펴 앞으로의 연구에 보탬이 되게 하고자 했지만, 필자 또한 거기에 얼마나 보탬이 됐는지 모를 일이다.

　필자는 좀 더 도움되는 언어 자료를 발굴하려고 애써 보았고, 이들 자료에 대한 좀 더 바른 해석을 해 보려고 했지만, 실제 문제의 결정적 해결을 위한 자료는 그렇게 많은 것을 새로 얻기도 어려웠고, 손에 든 자료 또한 시원스런 해석이 가능한 것도 아니었으며, 다양하게 쓰이는 많은 자료들을 함께 모두 살필 여유를 가지지도 못하였다.

　형태상 두 어미 모두 선어말어미를 선택적으로 허용하여, ‘-시-’, ‘-겠-’ 등 제한된 것만이 함께 쓰일 수 있는데, 시제 형태 ‘-었-’은 ‘-니까’의 경우에만 허용될 뿐, ‘-어서’의 경우에는 허용되지 못하는 점에서 둘 사이에 차이가 드러난다. 통사론적인 면에서 두 어미의 차이가 더욱 현저하게 드러난다. 특히 ‘-어서’가 명령, 청유, 약속의 문과 함께 쓰이지 못하는 것은 ‘-니까’와 크게 변별되는 점으로, 이러한 차이는 두 어미의 의미 특성을 규명하는 데도 도움이 된다.

　필자는 이 글을 통해서 이유 또는 원인의 의미와 관련하여, ‘-니까’의 배후에 있는 두 가지 화용론적 의미 특성을 찾아내고, 이에 기초하여 이 어미가 ‘-어서’와 어떻게 변별되는가에 주목하였다. 특히 ‘-니까’가 ‘이미 마련된 상황’ 또는 ‘마련 가능한 상황’과 관계없이, 그래서 거기에 대한 화자의 사전 지식에도 불구하고, 이유나 원인에 사용될 수 있다는 사실의 탐색은 이 문제 해결에 중요한 역할을 하리라고 생각한다. 이 점은 ‘-어서'가 화자의 사전 지식 또는 이러한 사전 지식의 배후가 되는 '이미 마련된 상황'이 전제되지 않고는 잘 쓰이지 않은 점과 크게 대조를 보이기 때문이다. '-어서' 절이 후행절에 대한 충분한 내면적 이유 또는 원인이 되는 반면, '-니까' 절은 그렇지 않은 점도 밝혀지고 있는데, 이러한 현상은 방금 앞서 언급한 두 어미의 대조적 차이와 긴밀하게 관련된 것이라 하겠다. 이러한 현상들은 다시, 두 어미가 각각 이유나 원인과 선별적으로 연관되는 것이 아니면서도, '-어서'가 '원인'과, 그리고 '-니까'가 '이유'와 좀 더 가까이 관련될 수 있는 근거를 마련해 준다고 하겠다.

  이들 어미와 관련하여 우리가 앞으로 더욱 검토 분석해야 할 언어 자료는 매우 다양하고 광범하다. 이러한 자료들에 대한 더 정밀한 작업을 통해서, 이들 어미의 공통된 의미 특성과 함께 변별적 의미 특성이 규명되어야 할 것이다. 이러한 광범위한 많은 자료를 그대로 남겨 둔 채로는 어떠한 연구로도 소기의 목표에 도달하기는 어려울 것으로 생각된다. 지금까지의 연구를 다시 돌아보면서 좀 더 적극적이고 좀 더 포괄적인 연구가 활성화되기를 기대한다.

참고 문헌

김승곤(1980), 「연결형어미 '-니까'와 '-아서'의 화용론 재론」, 난정 남광우 박사 화
          갑 기념 논총.
김흥수(1980), 「인과 구문의 해석」, 국어문학 22, 전북대 국어국문학회.
김진수(1987), 『국어 접속조사와 어미 연구』, 탑출판사.
남기심(1987), 「"-아서"의 화용론」, 말 제3집, 연세대.
서태룡(1988), 『국어 활용어미 형태와 의미』, 탑출판사.
성기철(1993), 「어미 '-기에'에 대하여」, 청하 성기조선생 화갑 기념 논문집, 신원문
          화사.
성낙수(1978), 「[이유 원인]을 나타내는 접속문 연구(I)」, 『연세어문학』 11, 연세대학교.
윤평현(1989), 『국어의 접속어미 연구』, 한신문화사.
이상복(1981), 「연결어미 '-아서', '-니까', '-느라고', '-므로'에 대하여」, 『배달말』
          5, 경상대학교.
이정로(1975), 「A Semantic Analysis of (u)ni and (e)se」, 『어학연구』 제11권 제1호, 서울
          대학교 어학연구소.
조오현(1991), 『국어의 이유 구문 연구』, 한신문화사.
최현배(1957), 『우리말본』, 정음사.

-『주시경학보』 11집, 주시경연구소, 1993. 7.

조사 '–는'에 대하여

1. 서론

조사 '–는'의 연구는 우리 문법 연구와 그 역사를 같이할 뿐만 아니라, 국어에 종사하고 있는 모든 사람들의 관심의 대상이 되어 왔다 해도 과언이 아닐 듯싶다. 그만큼 또 이에 대한 많은 연구 성과를 거두어 오기도 했다.

특히 70년대 이후로 오면서 소위 이중 주어 및 주제 구문에 대한 새로운 조명과 함께 이 조사는 또 한번 주요한 논의의 대상이 되어 오고 있는 느낌이다. 따라서 '–는'이 '대조'와 같은 의미를 가지는 형태란 것은 이미 국문법 연구의 초기부터 밝혀져 온 것이지만, 이것이 주제 표지(Topic Marker)라고 하는 것, 또는 이와 관련해서 이것이 소위 '보편 속성(generic)'의 의미를 가진다는 것 등의 논의는 전자에 비하면 그리 오래된 것이 아니다.

문법보다도 Discourse의 개념으로 풀이되는 주제의 문제가 눈에 띄게 부상하면서 '–는' 이 주제 표지라는 데에 많은 의견의 일치를 보여 왔다. 그러나 과연 주제가 무엇이냐에 대해서는 누구도 확고한 대답을 가지고 있는 것 같지 않다. 그 나름대로 주제를 정의하고 있다고 해도, 실제 언어 현실에 부딪혀서는 주제의 한계를 명백히 못하고 있는 형편이다.

아무튼 그 동안의 많은 연구 성과에도 불구하고, 우리는 여전히 주요한

미해결의 과제들을 안고 있다. ‘-는’의 의미만 해도 더 검토되어야 할 여지가 적지 않으며, 특히 주제와의 관련 문제는 그 출발점부터 신중히 재고되어야 할 것으로 보인다. 이들 문제에 대해서, 한편으로는 상당한 의견의 일치를 보이고 있음에 반하여, 다른 한편으로 또 상당한 이견이 대립되고 있는 사실만도, 이들 문제가 재음미의 대상이 되기에 족함을 입증할 것 같다.

필자는 이 글에서 ‘-는’이나 이와 관련된 제 문제를 망라해서 다루려는 것은 아니다. 범위를 좁혀서, ‘-는’의 의미에 대한 지금까지의 몇몇 주요 논의와, 이와 관련해서 소위 주제 또는 주제 표지와 ‘-는’의 문제를 상관시키는 문제에 주안점을 두고자 한다. 따라서, 주제 자체나 주제와 직접 상관성이 없는 ‘-는’의 쓰임 등은 일단 이 글에서 논외로 할 것이다.

국어의 ‘-는’에 병행되는 조사가 일본어에도 있어, 꽤 이른 시기부터 활발한 연구가 있었고, 이것이 구미 학자들에게 소개되면서, 국어의 ‘-는’도 일부 이들 학자들의 주목하는 바가 되어 왔다. 사실상 국어 ‘-는’의 연구도 직접 간접으로 일본어 연구에 의해서 많은 영향을 받아 왔다. 특히 70년대 이후 주제(Topic)와 관련, 이 ‘-는’이 얼마간 이들 구미 학자들의 관심거리가 되기는 했지만 (S. A. Thompson, 1976, G. B. Mathias, 1978 등등). 이들의 경우는 거의 아무런 비판 없이 주제 표지로만 받아들여졌을 뿐이다.

2. 연구 성과의 개관

‘-는’이 적어도 ‘대조’ 또는 이와 가까운 의미를 갖는다는 점에 대해서는 별다른 이의가 없어 보인다.

(1) a. 이 환자가 미음은 먹는다.
    b. 이 환자가 밥은 못/안 먹는다.
    c. 이 환자가 다른 어떤 것은 못/안 먹는다.

    (2) a. 이 환자는 미음을 먹는다.
        b. 저 환자는 밥을 먹는다.
        c. 누군가는 미음을 먹지 않는다.

(1)a는 문맥에 따라 (1)b와 같은 내용을 가질 수 있는데, 이것은 적어도 (1)c를 전제로 하는 해석이 가능하다. 이러한 해석은 (2)a의 예에도 그대로 적용이 될 것이다. 이것은 즉, (1)a와 (1)b, (2)a와 (2)b가 상호 대조되고 있음을 의미한다.

그러나 ‘－는’의 의미로 대조만이 지적되었던 것은 아니다. 주어와 결합되는 경우, 주격조사로 불리기도 했으며, 때로는 주제격 조사로 규정되기도 했었다. ‘－는’을 주제격이라 하지 않고 단순히 주제 표지라 할 때는 주의를 요한다. 주제격과 혼동될 우려가 없지 않기 때문이다. 격조사란 격의 기능을 본질로 하게 되는데, ‘－는’의 본질이 ‘대조’나 여타 격 기능 외의 의미에 있다고 한다면, 이것은 격조사가 될 수 없다.

‘－는’의 또 다른 의미로 흔히 지적되는 것이 소위 ‘generic’이다. Kuroda(1979)의 말을 인용해서 이 말의 의미를 보기로 한다.

> “I call a sentence generic if a statement made by it is a statement about a general, habitual, a constant state of affairs of some sort……’(p.7)

‘보편 속성’으로 풀이될 수 있는 이러한 ‘－는’의 의미는 ‘－는’이 가지는 의미 전부를 나타내는 것은 아니며, 대체로 문두에 쓰이는 경우 나타날 수 있는 의미를 두고 이르는 말이다.

위에서 ‘－는’을 두고 일러 온 일반적인 의미 속성 두 가지를 드러내 보았다. 다음에는 좀 더 구체적으로 몇몇 논의에 나타난 견해들을 소개하기로 한다.

오준규(1971)는 대체로 Kuno(1970)의 일본어 ‘－wa’에 ‘－는’을 대응시켜, ‘주제’와 ‘대조’의 둘로 구분하고 있으며, 소위 ‘generic’은 ‘주제’의 범위에 포함시키는 것으로 이해된다. 그런데 실제 제시된 예문을 보면 위의 두 의미는 상당히 혼란을 보이고 있다. 한 예를 보기로 하자.

> (3) a. 존과 수요일에 학교에 간다.
> b. 존과는 수요일에 학교에 간다.
> c. 수요일에는 존과 학교에 간다.
> d. 학교에는 존과 수요일에 간다.

이 논문에 의하면 b~d는 주제화(topicalisation)에 의해서 a로부터 유도된다는 것인데, b~d의 '-는'은 주제를 나타낸다기보다, 전형적인 대조를 나타내는 것들이다. 한 문장이 두 가지로 해석되는 경우는 매우 흔하지만, 위 예들은 이 논문에서 말하는 주제로는 거의 해석 가능성이 없어 보인다. 또 이 논문에서 구분되고 있는 주제, 대조 또는 'habitual'이나 'generic' 등이 어떤 근거에 의해서 어떻게 구별되는 것인지도 명료한 해명이 없다. 이러한 기본적인 작업은 다른 어떤 문법 절차에 대한 규명보다도 선행되어야 할 것임을 간과해서는 안 될 것 같다.

임홍빈(1972)는 '-는'을 일단 주제 첨사로 보고, 「대조적 대립」의 기능을 가진다고 보면서 주제와의 관련성을 다음과 같이 설명하고 있다.

"주제에 포함되는 가장 근원적인 의미론적 특성은 주제화된 어떤 요소와 주제화되지 않은 그 외의 요소들의 사이에 성립하는 대립 관계인 것이다. 앞서 우리는 {은/는}이 「대조적 대립」의 기능을, {이/가}가 「배타적 대립」의 기능을 가진다고 말한 바 있다. 이 경우의 대립은 바로 주제가 가지는 주제와 비주제와의 대립 관계인 것이다."(P.27)

그런데 여기서 우리는 몇 가지 아쉬움을 가지게 된다.

다른 논문에서도 공통으로 느끼는 것이긴 하지만, 무엇보다도 주제 첨사라는 것이 구체적으로 어떤 성격의 것인지 분명치 않은데, 그것은 더 근원적으로 주제가 무엇인가에 대한 개념 규정 자체에 대한 의문이 아직도 선명하게 풀리지 못하고 있는 점과 관계된다. 인용문에서 볼 때, 우리는 왜 '-는'만을 주제 첨사라 하고, '-이/-가'는 주제 첨사라 보지 않았는지도 잘 이해되지 않는다. 이 글에서 보면, 두 가지 형태가 거의 같은 비중으로 주제를 나타내고 있는 것으로 해석될 수 있기 때문이다.

다음으로 주제와 주제 첨사와의 관련성에도 의문이 가며, '-는'이나 '-가' 등이 대립의 기능을 갖는다고 할 때, 왜 이러한 기능만이 주제와 관련되는지 궁금하지 않을 수 없다. 또 여기서 말하는 정언문과 비정언문에서의 '-는' 및 '-가'의 의미 차이가 주제와 어떻게 관련되는지도 문제가 될 수 있다.

이와 함께, 일부에서 대조의 의미가 전혀 없다고 하는 소위 순수 주제 표지 '-는'에 대해서는 어떻게 설명될지 의문이다. 다음 예문에서 소위 비대조로 해석될 때의 '-는'이 그것이다.

(4) 철수는 공부한다.

양인석(1973)에서는 '-는'의 의미 규정이 일반적으로 말해지고 있는 '대조'와 좀 다르다. 여기서 '-는'은 다음과 같이 요약되어 있다.

"Semmtics of nɨn
Presupposition : (1) The nɨn-attached element is known or registered.
　　　　　　　　(2) Sister members explicitly or implicitly exist.
Assertion : The nɨn attached element is only concerned in an act or event.
Implication : (1) The registered or expected sister members do not have the same
　　　　　　　　value as the nɨn-attached element has.
　　　　　　　　(2) The unregistered or unexpected sister members are neutral.
　　　　　　　　(pp.88~89)

결국 '-는'의 의미는 'only concerned'로서, Implication(1)이 모든 경우에 적용되지 않음을 지적하고 있다. 몇 예문을 우리글로 바꿔 인용해 보자.

(5) a. 존, 빌, 짐은 종합 시험을 치렀다.
    b. 존은 합격하였다.
    c. 빌과 짐은 합격하지 못했다.
    d. 그러나 빌과 짐은 모르겠다.

Impilcation(1)은 b가 c의 의미를 갖고 있음을 가리키는데, 반드시 그런 것은 아니어서, b가 d와 관련되는 경우도 있다는 것이다. 이 점이 '-는'을 대조로 보지 않고 'only concerned'로 보게 된 주된 근거로 생각되는데, 이러한 예문에서는 c 및 d와의 의미 관계를 비교적 무리 없이 설명할 수 있는 일장이 있어 보인다.

그러나 위와 같은 견해에 대하여 우리는 몇 가지 문제점을 생각하게 된다. 우선 Implication(1)이 적용되지 않는 사례가 예외적인 소수가 아니라 매우 흔히 쓰이는 것들이고 보면, 그러한 Implication은 의미 있는 것이 못된다.

다음으로, 'only concerned'라는 의미가 많은 경우 '는'의 의미 해석을 충족시킬 수 없다. 위와 같은 예에서는 가능해 보이지만, 다른 예들에 조금만 시각을 돌린다면 바로 그 허약성이 드러난다.

(6) a. 철수는 담배를 많이 피운다.
    b. 영수는 담배를 많이 피우지 않는다.
    c. 성호는 술을 많이 마신다.

a가 b와 같은 Implication을 가질 때는 또 몰라도, a가 c와 같은 Implication을 가질 때는 'only concerned'의 의미만으로는 해석하기 곤란하다. 굳이 여기서도 이런 해석이 가능하다고 한다면, 이런 해석은 '-는'만의 의미 속성이 아니라 '-가'의 의미 속성도 될 수 있을 것으로 본다. 위 예에서 '-는'을 '-가'로 바꾸어도 'only concerned'의 의미 해석은 충분히 가능할 것이기 때문이다.

이 인용 논문에서 느끼는 또 다른 아쉬움은 위 예문 (4)b가 (4)c 및 (4)d

와 관련될 때 나타나는 의미상의 차이에 관한 것이다. 우리는 이러한 차이 또는 상호 관련성이 어떤 방식으로든 설명되기를 기대하는 것이다.

　다음으로, 주제와 관련해서 양인석(1973)에서는 ‘-는’만이 주제 표지일 수 없다는 점에서 특색이 있다. 이 논의에 따르면, 고유의 주제 표지는 없다. 다음 인용문은 이러한 견해를 잘 나타내 주고 있다.

　　　“This shows that the accusative marker 를 (Jap. o) which usually marks object NP’ s may mark topic or theme ……This shows that any delimiter may mark topic.”(p.87)

　여기서 보조조사 또는 한정사가 주제를 나타내 준다는 것(mark topic)은 잘못된 생각이다. 이런 관점이라면 어떤 한정사도 주제를 나타내 주지 않는다고 이해하는 것이 옳을 것이다. 주제도 차라리 다른 방식에 의해 표현된다고 이해하는 것이 옳을 것이다. 아무튼 ‘-는’이 주제 표지라는 것에 대해서는 얼마간 부정적인 것으로 보이는데, 그렇다면 주제는 무엇이며, 그것은 또 어떻게 표시되는 것인가 등의 문제가 제기되겠으나 여기서 이 문제는 더 이상 거론하지 않기로 한다.

　신창순(1975)에서는 ‘-는’이 다음과 같이 규정되고 있다.

　“「는」은 본래 보조사로서 체언에 연결되어 격을 표시하는 것이 아니라 양태적인 뜻을 더할 뿐이며, 따라서 부사나 용언에 연결될 수도 있다. 「는」의 양태적인 뜻은 「여러 동류 가운데서 하나를 드러내어 화제를 삼는다」는 것이고, 이것을 간추려서 「대조」라 해도 된다.”(p.137)

　또 이 ‘-는’과 주제와의 관련성에 대해서 이렇게 설명되고 있다.

　“「는」의 이같은 어휘적 의미에 「X는」이 문두에 온다는 조건과 덧붙여지면 「X는」은 「X」를 드러내어 말할 것 같으면 ……」 하는 주제로서의 의미를 갖게 마련이다. 말하자면, 주제란 「는」의 어휘적 의미에 의해서 나타내어진 통사적인 관계 의미에 다름없다”(p.137)

　위의 인용을 요약한다면 ‘-는’은 어디서나 ‘대조’의 의미를 가지는데,

이것이 문두에 쓰일 때 주제를 나타낸다는 뜻이 될 것이다. 여기서 비교적 분명하게 이해되는 것은, 우선 '-는'은 하나의 형태일 뿐이며, 문두 성분에 대조성이 주어질 때 이것은 주제화한다는 사실일 것 같다. 여기서도 주제화의 기능을 가지는 것은 '-는'에 그치지 않는다. 소위 '선택 지정'의 '-가'도 동일한 기능을 가진다고 보는 것이다.

"「는」은 격에 관계없이 구성성분을 주제화할 수 있다. 선택 지정인 「X가」의 「가」는 강한 「지정」의 뜻을 가지는바, 이 선택 지정의 통사적인 기능에서 주제를 이루는 것이다. 「가」는 오로지 주격의 성분만 주제화할 수 있다는 것은 전술하였다."(p.165)

이와 같이 '-는'과 '-가'가 주제화의 기능을 가진다고 볼 때, 여기서도 우리는 '주제'가 무엇이냐 하는 원초적인 의문에 부딪히게 된다. 여러 가지 보조조사 중에서 왜 하필 대조의 '-는'과 선택 지정의 '-가'만이 주제화의 기능을 가지는지의 의문과 관계된다. 문두의 대조 성분도 주제요, 선택 지정의 성분도 주제라 한다면, 이 둘은 어떤 조건에 의해서 하나의 주제라는 범주에 통합될 수 있는지 석연치 못하다.

다음 a는 소위 선택 지정의 예로 제시된 것이다.

    (7) a. 장미꽃이 향기가 좋다.
          b. 장미꽃도 향기가 좋다.

선택 지정의 의미를 가진다고 하는 a는 주제화 기능을 가지면서, '역동'의 의미를 가지는 b가 주제화의 기능에서 제외되는 이유를 묻지 않을 수 없다.

위 첫 번째 인용문에서, 어떻게 해서 '여러 동류 가운데서 하나를 드러내어 화제를 삼는'것이 '대조'인지도 좀 더 해명이 있었어야 할 것 같으며, 더 중요한 의문은 '주제화'란 말이 가지는 구체적인 내용이나, 이 인용 논문에서 "국어의 문은 주제-설명어란 구성을 그 기본 구조로 하고 있다고 볼 것이다. 그러나 주제는 문 성립에 있어 「표면 구조」에 의무적으로 나타나야만 되는 것은 아니므로 ……생략되어도 된다."(p.149)라는 말의 내용이 분명치 않다. '주제-설명어'구문은 기저에서 '주어-서술어' 구문과 구별되는 것으로 해석되는 것 같은데, 그들 통사 구조가 어떻게 구별되며, 또 어떻게 상관성을 가지는지의 여부도 의문이 아닐 수 없다. '주제화'란 말은 양 구조의 상관성에서 파악될 수 있는 개념이어야 한다. 위에 인용된 말들은 어떻게 보면 문제의 규명이라기보다는 더 많은 문제의 제기라는 데 더 의미가 있어 보인다.

여기서 좀 장황하게 신창순(1975)를 거론한 것은 '-는' 및 주제와 관련해서 앞으로 재검토되고 해명되어야 할 여러 가지 중요한 문제점들이 숨어 있기 때문이었다.

양동휘(1975)에서는 '-는'이 'contrastive particle'로 규정되고 있다. 이 '-는'은 문두에서 'topic particle'로 쓰이는데, 이것도 contarstive particle '-는'에서 온 것으로, 이 때는 대조성을 상실하는 것으로 설명되고 있다. 그리하여 이 '-는'은 두 개의 상이한 형태라기보다 하나의 형태소로 보고 있는 것이다. 두 '-는'의 분포가 상보적이라는 것을 그 근거로 삼고 있다. 여기서 상보적이라는 것은, 문두에서 주제 표지로 쓰일 때는 대조성이 없고, 따라서 'contrastive focus'를 받지 않음에 대하여, 문중의 '-는'은 대조성을 가지며 이 때는 'contrastive focus'를 받는다고 보는 것이다. 물론 문두에서도 대조성을 나타낼 수 있는데, 이 때는 focus를 수반한다는 견해다. 대략 다음 표와 같이 요약할 수 있을 것 같다.

	문두	문중	contrastive stress
contrastive particle	+	+	+
topic particle	+	−	−

이것이 사실이라면 상보적이라는 것은 수긍이 갈 수 있다. 그러나 우리의 언어 현실은 이를 뒷받침해 주지 않음을 쉽게 확인시켜 준다.

(8) 지구는 둥글다.

우리는 위 예문을 아무 부대 조건 없이 두 가지로 해석하는 데 주저하지 않는다. 하나는 소위 보편 속성(generic)의 해석이요, 다른 하나는 대조의 해석이다. 즉, 대조의 강세(contrastive focus)없이도, 후자의 의미가 충분하다는 사실이다. 위 인용 논문에 의하면 강세가 없는 한, (8)은 전자의 의미로 밖에는 해석이 안 된다는 것이 된다. '–는'이 본래 대조의 형태라면, 강세 없이도 어느 위치에서나 대조의 의미를 가진다고 보는 것이 타당하다.

위 논문에서는 또 대조의 '–는'에서 주제 표지(topic particle)가 유도되는 경위가 명료하지 못하다. 여기서 대조 강세는 강세가 주어지지 않은 다른 대상의 'set'가 있음을 전제로 하는데, 이 set가 'one member set'일 때는 필연적으로 대조성(contrastiveness)이 상실될 수밖에 없으므로, 이렇게 해서 나타난 것이 'topic particle'이라는 것이다. 이것을 바꾸어 말하면 topic이 된 말은 대조의 대상을 가지지 않으며, topic particle '–는'은 대조의 의미가 없다는 뜻이 된다.

그런데 애당초부터 대조 대상을 가지지 않는 'one member set'라면 왜 굳이 대조의 '–는'을 선택했는지 의문이 아닐 수 없다. 당초부터 무색투명한 주제 표지라면, 그 고유의 표지를 따로 가졌을 것이 아닌가? 생각건대, 이것은 위의 두 '–는'이 상보적이라는 오해에서 연유된 것이 아닌가 한다.

손호민(1980)에서는 'topic'이란 말 대신에 'theme'이란 술어를 쓰고 있는데, 여기서는 'theme'이 'case'와는 구별되는 Discourse의 개념으로, 통사 및 의미상으로는 문장의 나머지 부분과 관련을 가지는 것으로 파악하는 점에서는 다른 의견들과 얼마간 공통점을 가진다. 그러나 '–는'에 대한 견해는 결코 일치되지 않는다. 여기서는 특정의 주제 표지를 따로 설정하지 않고 있다. 흔히 주제 표지라고 하는 '–는'도 '–도', '–만' 등의 예사 보조 조사들과 동궤의 것으로 간주하고 있다. 이 점에서는 양인석(1973)과 공통되는 바가 있다. 이들은 모두 그 고유의 의미를 가지면서 주제에 쓰일 수 있다고 보는 것이다. 한 걸음 더 나아가서 '–가'까지도 주격의 의미 특성을 유지하면서 주제와 함께 쓰인다고 보고 있다. '–가', '–는'에 대해서는 다음과 같이 대비해 보이고 있다.

	가/이	은/는
theme relevance	+	+
case sensibility	+	−
contrastiveness	−	+
exhaustiveness	+	−

주제를 Discourse의 개념으로 볼 때, 별도의 주제 표지를 인정하지 않는 것은 공감이 가는 바 있다. 그런데 위의 주장과는 달리 유독 '–는'에 대하여는 주제 표지로서의 의미가 있음을 넌지시 보여 주고 있다.

(9) 이 책은 존의 것이다.
(10) 이 책은 모양이 좋다.
(11) 이 책은 사진이 많다.

위 예문들에서 '이 책은'에 대해, 청자가 '이 책은'이란 말을 들었을 때, 그는 대체로 그 의미가 'as regards or concerning the book'의 의미를 가지는 것으로 이해한다고 말하고 있다. 이 말은 '–는'이 주제 표지의 의미 또는 기능이 있음을 시사한 것으로, 이것은 앞의 말이나 위 도표에 보이는 의미와 얼마간 불일치를 보이는 것으로 해석될 것 같다. 아무튼 이 형태의 의미는 '대조'라는 것인데, 소위 generic이나 순수 주제 표지로서의 '–는'의 의미 문제에 대해 해명이 없는 것은 역시 이 형태의 문제 규명에 아직도 더 여지를 남겨 놓고 있다 하겠다.

대조의 '–는'과 순수 주제 표지의 '–는'을 완전히 구분하는 대표적인 견해가 박승윤(1981)으로 보인다. 여기서 이 형태는 대조와 비대조의 둘로 양분되어 전자는 'deliniter'로 후자는 'topic marker'로 규정된다. 그러나 거듭 지적했듯이 이 대조란 것이 'A 아니면 B'로 엄격히 양분되는 성질의 것이 못된다. 이 논문에서 주제성(topichood)에 대해 'not an all-or-none concept, but a gradient phenomenon'이라 하였는데, 이 말은 여기의 대조성에 대해서도 똑같이 적용되어야 할 것이다. '-는'을 둘로 구분은 했지만, 그 분명한 논거는 보이지 않았다.

다음으로 위 논문에서 주제가 어떻게 규정되고 있는가 보자. "We take it axiomatic that topic is what the speaker is talking about"(p.22)라 하여 주제의 근본 속성을 'aboutness'라 하였다. 여기서도 'aboutness'가 주제의 속성인지 '-는'의 속성인지 분명치 않은데, 아무튼 'aboutness'란 말이 의미론적 개념이고 보면 자칫 주관성에 치우칠 우려가 있게 된다. 이 논문에서도 그런 문제점이 눈에 띈다.

> (12) a. 철수는 학생이다.
> b. 철수는 학생이다.
> c. 철수가 학생이다.
> d. 철수도 학생이다.

위 네 문장에서, 무엇에 대해서 말하고 있느냐고 물을 때, 그 대답은 명약관화하다. '철수'외에 다른 대답의 가능성이 없기 때문이다. a만이 aboutness의 특성을 가진다고 확언할 아무런 객관적 근거를 가지지 못한다. 그러나 지금 필자의 주된 관심사는 주제의 개념 규명에 있는 것이 아니라, a, b의 두 '-는'과 주제와의 관계를 알아보는 데 있다. 강세의 '-는'이나 '-도', '-만' 등 보조조사가 부정대명사와 결합 가능하다는 것이 이들의 'aboutness'를 강력하게 뒷받침하는 것으로는 보이지 않는다.

마지막으로 채완(1983)의 경우를 보자. 여기서도 '-는'은 '대조'와 '주제'의 두 가지로 구분된다.

"어떤 요소가 '-는'을 취하는 데 대해서는 두 가지 해석이 가능하다. 첫째는 그 요소가 문장의 topic이 됨을 표시하는 경우이다. 또 하나는 그

요소가 다른 요소와 대조됨을 표시하는 경우이다."(p.99)

　대조와 비대조의 구분 문제는 여기 중언을 피한다. 다만 여기서는 주제에 대해 엄격한 형태론적 정의가 주어져 있는데, 주제에 대한 것을 좀 더 인용해 보자.

　"2. topic은 화자와 청자가 이미 잘 알고 있는 한정적 요소이며, comment는 화자가 새로이 전달하고자 하는 topic에 대한 정보이다.

　3. topic이 되는 명사나 명사절(구)이 한정적인 개념이 아닐 때, 그 명사(절, 구)는 자신이 속한 류 전체를 대표하며 그 류 전체의 원칙적인 속성을 나타낸다"(p.99)

　다음 예문을 검토해 보자.

　　(13) 두 사람은 합격하였다.
　　(14) 사람은 이성적 동물이다.

　위 두 인용문에서 (13)의 경우에는 '두 사람'이, 이미 화자와 청자가 알고 있는 사람일 때 주제가 되며, (14)의 경우에는 유(類) 개념을 나타낸다. 화자, 청자가 이미 알고 있다는 것은 흔히 말하는 'old(or given) information'인데, 대조와 비대조의 구분은 이와 아무런 관계없이, 여전히 문제로 남는다. 또한 (13)과 (14)의 상이한 '-는'이 하나로 통합될 수 있는 문제점도 앞서 지적했던 바다.

　이상에서 꽤 장황하게 관련 논문들의 문제점을 검토해 보았다. 이들 사이에 때로 적지 않은 일치도 보였지만, 또 한편으로 상당한 차이도 나타났다. 임홍빈(1972)이 '대립성'에서 주제의 본질을 찾으려 했던 점에 대하여, 박승윤(1981) 등은 '비대립성'에서 주제의 특징을 찾으려 했다. 똑같은 언어 현상을 이렇게 양극으로 해석하는 것은 한편 흥미로운 일이기도 하다.

3. '-는'과 주제

1. 이러한 문제를 위해서 우리는 특별한 예문을 필요로 하지 않는다. 다음은 우선 이 형태의 의미 문제를 고려하는 데 충분할 듯싶다.

    (15) 나도 철수는 알아요
    (16) 철수는 남자에요.
    (17) 철수는 지금 숙제해요.

(15)의 '-는'은 '대조'와 '보편 속성'의 두 가지 해석이 모두 가능하다. '대조'와 '보편 속성'은 배타적인 것이 아니다. 예로 (16)에서 '-는'이 대조로 쓰인다고 해서 보편 속성이 보류되는 것도 아니며, 상실되는 것도 아니다.

예문 (17)은 조심스럽게 검토해 보아야 할 문장이다. 우선 눈에 띄는 것은 대조의 의미다. 그러나 때로는 대조의 의미가 별로 드러나지 않을 때가 있다. 이것이 2에서 보았던, 소위 대조도 아니요 generic도 아닌 해석으로, 구정보(old infomation)에 해당될 것이다. 문맥이 주어지면 이런 해석은 쉽게 이해될 수 있다. 가령 외아들 '철수'를 둔 아버지가 외출했다가 들어오면서 아내에게서 묻는 장면을 생각해 보자.

    (18) 걔(는) 어디 갔어?

(17)은 (18)에 대한 응답의 하나로 충분하다. 이런 상황에서 '-는'에 대조의 의미는 그리 드러나지 않는다. 이를 비대조라 해 두자.

이렇게 보면, 예문 (15)~(16)에서 적어도 세 가지 상이한 의미 분석이 가능한 것이다. 대조, 보편 속성 그리고 비대조-비보편 속성이 그것이다. 이 셋을 어떻게 파악하느냐에 따라 세 개 두 개 또는 한 개의 형태소 설정이 결정될 것이다. 그러므로 '-는'에 대한 어떠한 논의도, 이 세 가지 의미에 대한 논의를 소홀히 하고서는 만족스런 목표에 이르지 못할 것이다.

2. 대부분의 사람들이 한결같이 ‘−는’의 의미를 ‘대조’라 하며, 필자도 이 말을 앞에서 썼는데, 도대체 대조란 구체적으로 어떤 성격의 것인가?

(19) 철수가 쇠고기는 먹는다.

이 문장에서는 적어도 ‘쇠고기’가 ‘쇠고기’ 아닌 다른 식품과 대조되는 의미를 갖는다. 그 대상이 실제 무엇이냐 하는 것은 화자와 청자 사이에 결정될 성질의 것이다. 그러나 여기서 유의할 점은 ‘쇠고기’와 ‘쇠고기’ 아닌 것, 즉 ‘쇠고기’와 ‘쇠고기 외의 일체의 것’과의 대조만은 아니다. 바꾸어 말하면, 대조에 포함되는 일체를 한 집합으로 볼 때, ‘쇠고기’에 대조되는 대상은 최소한도 이 집합의 구성원 하나면 족하다. 그러므로 그것은 쇠고기 외의 모든 구성원이 될 수도 있을 것이며, 때로는 한 구성원일 수도 있을 것이다. 소박하게 생각해도, 대조란 것은 그 대상이 최소 둘이 있어야 할 것이며, 또 최소 한도 둘만 있으면 충분하다. 말하자면 대조에 있어, 둘은 최소의 필요 충분 조건이 될 것이다. 이와 같이 대조에 최소 한계선은 있어야 되겠지만 최대 상한선은 반드시 있어야 하는 것이 아니다. 때로는 무한수 또는 부정수일 수도 있다. 이를 결정하는 것은 전적으로 문맥 또는 화자 청자다.

A, B 두 사람의 대화 중에서 다음 한 문장을 뽑아 낸다고 가정해 보자.

(20) a. 오늘은 춥다.

여기서 ‘오늘은’적어도 대조 해석이 가능하다. 이럴 경우 ‘오늘’의 대조 대상은 무엇일까? 우리는 쉽게 ‘어제’를 그 후보로 생각할 수 있다. 그러나 그것은 때로 ‘내일’, ‘모레’ 또는 이들 모두일 수도 있으며, 여타의 다른 날일 수도 있다. 한 사례를 보기로 하자.

A, B 두 사람이 내일 낚시를 가기로 약속을 했는데, 내일 춥지 않겠다는

일기 예보를 들은 A가 B에게 다음과 같이 말했다고 하자.

      b. 그런데 오늘은 퍽 춥다.

여기서 '오늘'은 분명히 '내일'에 대조되는 것으로 해석 가능하다.

위에서 대조되는 대상은 '-은'이 결합된 NP와의 대조였는데, 이것은 NP에 국한되지 않는다. 즉, 그 scope는 때로 VP 또는 S 전체일 수도 있다.

    (21) a. 철수가 담배는 한다.
         b. 철수가 술은 안 한다.

대조의 scope가 NP일 때는, '담배'와 '술'이 대조될 수 있다. 그러나 scope가 VP 전체일 때는 '담배는 한다'일 수도 있다. 이 때의 대조 대상은 다른 VP 전체가 된다.

      c. 철수가 건강 관리에는 철저하다.

이런 문례에서 '-는'이 'only concerned'(양연석 1973)의 의미로 해석되기 곤란함은 2.에서 지적했었다. 그런데 NP의 대조와 달리 VP 대조의 경우에는 대체로 그 대조성이 약화됨을 느끼게 된다. 그것은 대조 대상의 의미 내용이 그만큼 광범하고 복잡해지기 때문일 것이다.

'-는'의 scope가 문장 전체일 때를 보자.

    (22) a. 철수는 담배를 피운다.
         b. 영수는 담배를 피우지 않는다.
         c. 영호는 술을 마신다.

(22)a가 b 및 c와 대조를 보임은 이해가 어렵지 않다. a가 b와 대조됨은 '-는'의 scope가 해당 NP인 경우일 것이며, a가 c와 대조됨은 scope가 문

장 전체인 경우이다. 후자의 경우에는 VP 대조의 경우보다도 더 대조성이 약화됨을 본다. 문장 대조의 경우, 예와 같이 두 개의 문장이 대조를 이룰 때는, 그래도 그 대조성이 약한 대로 분명히 드러나지만, 대조 대상의 수가 많거나 부정수 또는 무한수일 때는 그 대조성이 거의 상실될 정도로 감소된다. 해석 또는 시점에 따라, 극단적인 경우에는 대조성이 아주 상실된 것으로 볼 수도 있을 것이다. 이러한 관점에서는 우리가 그 상실의 의미를 분명히 이해할 수 있지만, 처음부터 대조 대상이 전제되지 않았을 때에 그것이 택한 '−는'이 대조성을 상실했다고 해석하는 것은 자연스럽지 못하다.

  3. 다음에는 일반적으로 'generic'이라고 해석하는 문례를 살펴보자. 다음 예문은 그 전형적인 예의 하나가 될 것이다.

  (23) a. 지구는 둥글다.

이 문장이 generic 외에 대조 해석이 가능함은 물론이다. 여기서는 전자의 의미만 생각해 보기로 한다. 그런데 여기서 generic의 의미가 있는 것은 분명한 사실이지만, 이 의미가 과연 '−는'에서 연유되는 것인가는 재고해 보아야 할 일이다. '지구'와 '둥글다'의 관계는 대체로, '지구'가 취하는 조사에 관계없이 보편적인 속성을 유지한다. 즉, (23)a의 'geneic'성은 '−는'에서 기인된다기보다 문장 전체 즉 'NP+VP'의 관계에서 기인되는 것으로 해석되어야 한다. 다음 예문들에서도 위와 똑같이 보편 속성이 나나타는 것은 역시 이를 입증하리라고 본다.

  b. 지구도 둥글다.
  c. 지구만 둥글다.

  a∼c의 의미상 차이가 오직 '−는', '−도', '−만'에 있는 것임에도 불구하고, generic성은 어디서도 손상을 받지 않고 있다. 'generic'이 오직 '−는'

과만 관계된다면, b, c에서는 그런 의미가 나타날 수 없을 것이다.

이 보편 속성의 문제는 다음 일련의 예문들에서 그 성격이 비교적 분명히 부각될 것으로 보인다.

> (24) a. 철수는 사람이다.
> b. 철수는 학생이다.
> c. 철수는 국민학교 학생이다.
> d. 철수는 금주 주번이다.
> e. 철수는 오늘 청소 당번이다.
> f. 철수는 지금 학급회 임시 의장이다.

a는 전형적인 불변의 보편 속성을 나타내며, f는 불과 1시간 정도의 임시 직분으로, 이 a~f는 철수의 일종의 속성과 관련된 여러 등급의 차이를 보여 주는데, 이 문장들 사이에 훨씬 더 많은 예를 삽입할 수 있을 것이다. 그런데 이들 모두를 대상으로 하면서, 소위 generic과 non-generic으로 양분하려 할 때, 그 경계선을 과연 정할 수 있을까? 전혀 불가능한 작업이 될 것이다. a → f의 방향으로 generic성은 점점 감소될 뿐, 그 경계선은 어디서도 발견되지 않는다. 이러한 사실은 두 가지 의미를 가진다. 첫째 generic이란 말은 그 의미 한계가 그저 선명한 개념의 것이 아니며, 둘째, 'generic'이 '-는'의 고유한 의미 속성도 아니라는 점이다.

먼저 generic과 대조의 문제를 살펴보자. 이 두 가지 의미는 때로 구별되어, 전자는 주제와 후자는 비주제와 관련시키는 사례를 보았었다.

> (25) 영철이는 남자다.

이 문장의 두 가지 해석이 강세에 의해 구분되는 것이 아님을 말했었는데, 설혹 강세가 필수적인 것이라 하더라도 이 강세에 의한 대조가 이 문장의 generic성에 조금도 영향을 주지 않는다. 즉, 그러한 '대조'와 'generic'이 동시에 가능하고 보면 대조를 주제에서 제외시키는 논의는 결정적인 근거를 잃게 된다.

　이제는 범위를 더 좁혀 앞에 인용되었던 두 예를 중심으로 좀 더 이야기를 진행시켜 보자.

　　(26)　a.　철수는 사람이다.(24a)
　　　　　b.　철수는 오늘 청소 당번이다.(24e)

　전형적인 대조의 의미는 일단 잠시 제외하기로 한다. a가 소위 generic임에 반해, b가 generic도 아니요, 전형적인 또는 특징적인 대조도 아니고 보면, b를 순수 주제 표지로 보는 것은 어떤 면에서 수긍이 갈 만하다. 그러나 이럴 경우 두 가지 '-는'이 단순히 주제 표지라는 한 범주에 들어가는 데에 문제점이 있었다. 이것이 합리화되기 위해서는, 서로 상반된 두 의미를 하나로 통합하는 설득력 있는 객관적 근거가 있어야 할 것이다. 설명의 편의상 위의 a를 '+generic', '-, contrastlve', b를 '-generic', '-contrasticve'라고 할 때, 이미 위에서 보았듯 '+generic'과 '-generic'의 구분 문제가 대두된다. 여기에, 우리는 가능만 하다면 다른 측면에서 양자의 관계를 설명하는 방안을 모색해 보고 싶은 것이다.

　필자는 이들 예문의 경우에도 '-는'을 '대조'라는 의미의 테두리 안에서 생각해 보고자 하는 것이다. 이러한 시도엔 두어 가지 이유가 있다. 우선 '-는'을 동음이의의 둘 또는 셋의 개별 형태소로 구분하는 것이 바람직스러워 보이지 않으며, 둘째는 '대조'의 한 개 형태소 범위 안에서도 설명이 전혀 불가능하지 않아 보이기 때문이다. 게다가 지금까지의 연구가 어떤 것도 이 문제를 만족할 만하게 설명하지 못한 것을 들 수 있다.

　우리는 앞에서 '-는'의 대조 scope를 잠시 살펴보았었다. 위의 두 예문은 scope가 문장 전체인 것으로 해석 가능한 것이다. 이러한 사실만도 '-는'의 대조성이 약하게 인식되는 이유임을 역시 언급한 바 있다. 이들에서도 대조성을 전제로 할 때는, 다음으로 고려해야 할 것이 그 대조의 대상이다. 문맥이 없이 주어진 이들 문장만으로 그 대상을 규명할 수 없지만, 그러나 대상이 꼭 지정되어야만 하는 것은 아니다. 대상의 내용이 명시되지 않거나, 또 대략 드러난다고 해도, 그 수가 부정 또는 무한수일 때도 가능한데, 이럴 경우, 그만큼 대조성이 약해질 것은 당연한 귀결이다.

대조의 scope가 해당 NP인 경우에도, 그 대조 대상이 부정수 또는 무한수일 때가 있는데, 여기서도 역시 대조성은 대폭 감소된다. 다음은 그 대표적인 예의 하나가 될 것이다.

(27) 요샌 모든 사람들이 돈이 중한 것을 아는데, 우리 애는 그걸 모르니 큰일이야.

여기서 우리는 W.C.Chafe(1976)의 말이 참고가 될 것 같다. 그가 말하는 대조가, 국어 '-는'의 경우와 꼭 일치하는 것은 아니지만, '대조' 그 자체에 관한 것은 일치하는 바가 있다.

"The only consistent factor seems to be that the speaker assumes that a limited number of candidate is available in the addressee's mind (whether or not the addressee could in fact list all of them). Often the number is one, often the number is larger, but when it is unlimited the sentence fails to be contrastive(p.34)

필자가 보기에 (24)의 두 예문에서 대조성이 약화된 것은 사실이지만 그것이 완전히 상실된 것으로만 해석될지는 의문이다. 설혹, 해석에 따라 대조성이 인식되지 않는다고 하더라도 이러한 우리의 논의에 결정적인 흠이 되는 것은 아니다. 연속체로 파악되는 '대조성'이, 한 극은 전형적인 대조의 정점으로 나타나고, 이것이 점점 약화되어 또 다른 한 극에서는 대조성이 영(zero)으로 나타난다고 볼 때, 여기에 어떤 무리나 불합리가 생기지 않는다. 대조성 영을 'generic' 또는 주제 표지로 구분한다면, 이것은 대조성 영을 분리 가능하다고 전제할 때만 성립되는 것일 텐데, 그 비현실성이 여러번 되풀이되었었다.

4. 이제 마지막으로 생각해 보고자 하는 것은 '－는'과 주제와의 관련 문제다. 이 조사가 흔히 주제 표지로 불려 왔지만, 때로는 어떤 논거의 제시와 함께, 때로는 뚜렷한 논거의 제시도 없이 막연한 대로 그렇게 불려오기도 했다. '－는'과 주제의 관련성에 대한 논의는 대략 두어 가지로 나누어진다. 첫째는 모든 '－는'을 주제 표지로 보려는 견해로 임홍빈(1972), 신창순(1975)이 대략 이에 포함될 것 같고, 둘째는 '－는'의 의미를 대조와 비대조로 구분하여, 후자의 경우만 주제로 보는 견해로 양동휘(1975), 박승윤(1980), 채완(1983) 등이 이에 속할 것이며, 셋째로는, 원칙적으로 '－는'을 아예 주제 표지로 보지 않는 견해로, 양연석(1973), 손호민(1980) 등이 여기에 든다.

필자는 지금까지, '－는'의 의미가 일반적으로 알려져 있듯, ① 대조, ② 보편 속성, ③ 비대조, 비보편 속성의 셋으로 엄격히 구별되는 것이 아니라는 방향으로 이 글을 유도해 왔다. 따라서 주제와의 관련성은 비교적 자명하게 드러날 수밖에 없다. 위의 소위 세 가지 의미가 각각 별개의 것으로 구분되지 않는 한 형태소의 이의에 불과한 것이라면, 이들 세 의미가 선별적으로 주제와 결합될 수는 없을 것이다. 셋 중에서 어느 하나 또는 둘만이 주제 표지이고, 나머지는 주제 표지가 될 수 없다고 하는 것은 그 근거가 매우 약하다는 결론에 이르게 된다. 이것은 '－는'이 주제가 될 수 있느냐 없느냐 하는 것과는 별도의 문제다. 이것은 전혀 따로 생각해야 할 문제다. 위 제인용 논문에 나타난 양자의 상관 관계에 대해서는 각 해당 부분에서 언급되었기 여기서는 중복을 피하기로 한다.

4. 결어

이상에서 필자는 보조조사 '－는'과 주제와의 상관성을 살펴보았다. 주제나 이 형태의 의미 분석 자체는 이 글의 목표가 아니었다. 그러나 이 논의는 그 자체에 중요한 의미가 있다기보다는, 오히려 주제 해명에 궁극적인 의미가 있다 하겠다.

지금까지의 주제에 대한 활발한 논의는 매우 큰 뜻을 지니는 것이지만, 그 내용에서는 거듭 음미를 요하는 주요 부분들이 없지 않다. 필자는 그 중 몇몇 문제점들이 기본적으로 '–는'의 의미에 대한 어떤 편견이나 일종의 오해에서 연유되는 것으로 생각되어 이의 해명에 주안점을 두었었다. 이 문제는 '주제'라는 큰 과제에 접근하기 위한 디딤돌의 구실을 하나 담당하는 의미를 지닌다. 여기에 대한 올바른 이해나 규명이 없이는 주제에 대한 논의는 출발부터 혼미에서 벗어나기 어려울 줄로 안다.

이 글이 만족할 만한 해답을 보여 주었다고는 생각하지 않는다. 앞으로 이 조사에 대한 더 폭 넓은 분석과 검토가 있어야 할 것이다. 그러나 주제의 문제는 이 형태의 정체 규명으로 끝나지 않는 많은 문제점이 가로 놓여 있다. 이 궁극적인 목표에의 도달을 위해 그 앞에 놓인 장애 요인들을 정확하게 찾아 내어 이를 제거해 가는 노력이 거듭 요청된다. '–는'의 어떤 의미를 주제 표지로 보는 것이나, 모든 보조조사들이 주제 표지로 쓰인다고 생각하는 것은, 다 함께 주제 이해에 장애 요인이 되지 않았나 생각되는 것이다. 이제까지의 성과를 되돌아보며, 처음부터 다시 시작해 본다는 겸허한 자세에서 국어의 주제 문제를 재검토해 보아야 할 줄 안다.

참고 문헌

임홍빈(1972), 「국어의 주제 연구」, 『국어연구』, 제28호.

Dong－Whee Yang(1975). 『Topicalization and Relativization in Korean』, Pan Korea Book Corporation.

Charles N, Li(1976). 『Subject and Topic』, Now York, Academic press.

Sung－Yun Bak(1981). 「Studies in Korean Syntax : Ellipsis, Topic and Relative Construction」, Ph. D. Dissertation, Univ. of Hlawaii.

신창순(1975), 「국어의 '주어문제' 연구」, 『문법연구』 제2집.

양연석(1973), 「Semantics of Delimiters in Korean」, 『어학연구』 제2호.

채　완(1983), 「조사 '는'의 의미」, 고영근, 남기심 편(1983) 『국어의 통사·의미론』, 탑출판사.

D.L. Bolinger(1961), Contrastive accent and Contrastive stress, *Language* 37.

C.N.Li and Thompson S.A.(1976). 'A New Typology of Language' in 'Subiect and Topic' ed. by C.N.Li(1976).

G.B.Mathias(1978), 'Subject' and 'Topic' in Korean, Japanese, and English, *Korean Lingnistics* Vol. 1.

Homin Sohn(1980), Theme prominence in Korean, *Korean Linguistics* Vol. 2.

S.Kuno(1970), Notes on Japanese Grammar (Report NSF－27), Cambridge, Mass., Harvard University.

—『논문집』 17, 서울시립대학교, 1984. 2.

주격조사 '−가'의 의미

1

　주격조사 '−가'에 대한 논의를 한다고 하는 것은 어쩌면 새삼스러운 느낌을 가지게 할지도 모른다. 그것은 이 문제에 대한 지금까지의 논의가 매우 깊은 것이었으며, 그 결과 또한 큰 것들이었다는 것을 전제하는 것일 수 있다. 실제 이 격조사에 대한 연구는 꾸준히 계속되어 왔으며, 그만큼 연구 성과도 다양하고 깊이 있는 것이었다고 할 수 있다. 그런가 하면 때로는 생각지 않게 소홀히 했던 측면도 없지 않은 것 같다.

　조사 '−가'가 우리의 큰 관심의 대상이 된 이유 중의 하나는, 이 조사가 주격조사로서의 순수한 문법적 의미 외에, 또 다른 의미, 즉 격 기능이 아니고 보조조사와 유사한 특수한 의미를 더 가진다는 점이다. 더구나 이 형태가 주어에만 결합되는 것이 아니고, 동사나 형용사에도 결합되고 있어, 주격조사로만 해석될 수 없는 것은 분명하여 또 다른 의미의 분석을 도모하게 하는 것이다. 여기에서 이 특수 의미란 것은 그 의미 자체만 고려할 때 넓은 의미에서 어휘적 의미 또는 준어휘적 의미를 가졌음을 뜻한다.[1] 이러한 측면에서 이 조사는 그 동안 여러 가지로 의미 분석이 시도되

---

1) 이러한 의미를 신창순(1975), 임성규(1989) 등에서는 '양태적 의미'라 하였고, 김재윤 (1992) 등에서는 '어휘적 의미'라 하였다.

어 왔다. 그럼에도 이 문제에 여전히 관심을 가지게 되는 것은, 분석된 의미 사이에 때로는 상당한 거리가 발견되고, 특히 문법적인 의미, 즉 격 기능과 소위 특수 의미 사이의 관련성에 대하여 많은 경우 의외로 소홀히 했던 것으로 생각되기 때문이다. 이 조사의 기본적 기능이 주격 표지에 있음은 다시 말할 여지가 없기 때문에, 이 글에서 주목하고자 하는 것도 바로 이러한 점이다. 즉 이 글에서는 이 격조사가 가지는 특수 의미라는 것이 어떠한 것인가, 특히 그 발생적인 측면과 관련해서 이 조사를 다시 한 번 살펴보고, 여기에서 얻어진 의미가 이 조사 본래의 의미인 격조사로서의 의미와 어떻게 관련될 수 있는가에 주목할 것이다. 특히 이 점은 지금까지의 대부분의 연구에서 간과했거나 지나치게 소홀히 했던 것으로 이해된다. 그러한 결과는 어떤 면에서 가장 기본적인 문제에 대한 답을 기피했거나 유보한 인상을 배제할 수 없게 하는 것이다. 조사 '-가'가 두 가지 의미를 가지고 있다고 할 때, 이들이 다의 관계인지 아니면 동의 관계인지, 그리고 그 어느 쪽이든 그렇게 보는 이유는 무엇인지, 또 이와 유사한 성격의 다른 격조사는 어떻게 설명될 것이며, 이들 상호간의 연관성은 어떠한 것인지 등의 제 문제가 명시적으로 밝혀지지 않은 점은 이러한 사정을 뒷받침해 주는 것 같다. 이 글에서는 지금까지의 주요 연구 성과들을 돌아보면서, 상이한 분포로 나타나는 '-가'가 가지는 격 기능 이외의 의미를 다시 생각해 보고자 한다.

2

　'-가'는 물론 주격조사로서 국어에서 쓰이는 가장 전형적인 격조사의 하나다. 격조사란 기본적으로 명사가 동일문 내의 서술어에 대하여 가지는 문법적인 관계를 나타내 주는 표지이다.

   (1) a. 날씨가 차다.
       b. 날씨 차다.
   (2) a. 밥이 다 되었다.
       b. 밥 다 되었다.

위 (1)a에서 조사 '-가'는 순수한 격조사로서의 기능, 즉 주격 표지의 기능을 한다. 이 밖에 다른 어떠한 특별한 의미는 잘 발견되지 않는다. 주격조사 '-가'가 생략되었거나 실현되지 않은[2] (1)b 문의 의미도 a와 차이를 보이지 않는다. 그것은 이 격조사의 의미가 문의 구조에서 이미 쉽게 이해될 수 있기 때문이다. 이러한 현상은 특별한 전제가 없는 한, (2)의 경우에도 그대로 적용된다.

(1), (2)에서 본 현상은 다른 구조의 문, 한 예로 다음과 같은 내포문에서도 아무 차이 없이 나타난다.

   (3) a. 부모가 없는 아이들
       b. 부모 없는 아이들
   (4) a. 공해가 없는 하늘
       b. 공해 없는 하늘

위 (1)~(4)의 예문에서 살펴본 바는 '-가'가 순수한 격 기능으로 쓰였을 뿐, 여타 다른 의미로 해석되지 않는다는 것을 보여 준다. 그것은 이 조사가 쓰이지 않은 대응문과 의미의 차이가 없다는 사실에서도 쉽게 입증된다.

지금까지 살펴본 바와는 달리 '-가'가 격 기능 외의 다른 의미를 가지

---

2) 1b와 같은 경우 주격조사가 생략된 것으로 이해할 것인지 아니면, 부정격의 무표지 주격으로 이해할 것인지 단언을 하기가 용이하지 않다. 통시적으로 후자로 이해하는 것이 온당하다 하더라도, 공시적으로는 전자의 기술 방법 또는 가능하기 때문이다. 이익섭·임홍빈(1983)에서는 전자를 따르고, 신창순(1975), 이남순(1988), 왕문용·민현식(1993) 등에서는 후자를 따르고 있다. 본고에서는 이 문제를 논외로 하고 편의상 '생략', '무표지' 등으로 쓴다.

는 것으로 이해되는 예들 또한 매우 일반적이다.

   (5) a. 철수가 왔다.
      b. 철수 왔다.
      c. 영이, 태현이 등 다른 사람이 아닌 철수가 왔다.
   (6) a. 장미가 비싸.
      b. 장미 비싸.
      c. 백합, 나리 등 다른 것이 아닌 장미가 비싸다.

  (5)에서 '–가'는 앞서 보아 온 경우와 마찬가지로, 단순히 격조사의 기능만을 가진 것으로 해석할 수 있다. 이 때 a의 의미는 b의 기본적 의미와 다를 바 없다. 그러나 a의 의미가 이와는 다른 해석을 가능하게 하는 데 우리의 관심이 놓인다. 즉 a는 적어도 c와 관련된 해석이 가능하다는 점이다. 이러한 의미 해석은 b에서는 잘 드러나지 않는다. 이것은 결국 b가 대체로 주격조사가 생략된 의미의 한 가지로 해석되는 데 반해서, a는 b와 c의 두 가지 의미 해석이 가능하다는 사실을 말해 준다. 이와 같은 현상은 예문 (6)에도 전혀 차이 없이 적용될 수 있다. 각 쌍의 예문에서 b와 다른 a의 의미란 것이 주로 '–가'에서 연유하는 것인데, 그렇다면 이 경우의 '–가'의 의미는 어떠한 것인가? 여기서는 우선 이 형태에서 격 기능 이외의 또 다른 의미가 발견된다는 사실만 확인해 두기로 하고, 이와는 다른 유형의 예문에 눈을 돌려 보기로 한다.

   (7) a. 이 그릇은 단단하지가 않다/못하다.
      b. 이 그릇은 단단하지 않다/못하다.
   (8) a. 이 차는 잘 나가지가 않는다.
      b. 이 차는 잘 나가지 않는다.

  위 두 문에서는 '–가'가 명사에 결합된 것도 아니며, 그렇다고 주어에 결합된 것도 아니다. 격조사로서는 원칙적으로 결합이 불가능한 형용사와 동사에 결합된 매우 특이한 예다.

위에서 본 것처럼 격조사와는 다른 의미를 가지면서, 때로는 격조사와는 전혀 다른 분포를 가지는 경우에 주목하면서, 다음에는 잠시 이 경우의 의미 및 이와 관련된 문제에 대한 지금까지의 몇몇 논의를 돌아보기로 한다.

우선 조사 '−가'의 두 가지 다른 의미를 분명히 구분하는 데는 이제 별다른 이의가 없는 줄 안다. 그리하여 이 형태의 의미는 주격조사의 문법적 의미 외에도, '지적', '지칭', '지정', '배타', '주제화', '선택', '대조' 등 여러 가지로 분석되었다. 남기심(1972)에서는 이 조사의 의미를 '중립적 지칭'과 '배타적 지칭'으로 구분하였으며, 류구상(1986)에서는 주격조사가 문에서 '선행어를 주체가 되게 하는' 외에, '배타적인 뜻'과 '지적인 의미'를 가지고 있다고 하였다. 그런가 하면 신창순(1975), 이필영(1982) 등에서는 '지정', '선택' 등의 의미를 분석해 내었고, 이기동(1981)에서는 이 조사에 '대조', '강조' 등의 의미가 있다고 보았다.

주어 문제와 관련하여 비교적 소상하게 이 조사의 의미를 분석한 한 예를 신창순(1975)에서 볼 수 있다. 일본어 연구에 영향을 받은 이 연구에서 눈에 띄는 첫 번째 두드러진 특징은 '−가'를 격조사와 보조사의 둘로 구분한 점이다. 이러한 구분은 결과적으로 우리가 주격조사로 일컬어 온 '−가'를 동음이의의 두 개 형태소로 해석한 결과가 된다. 그리하여 흔히 특수한 의미라고 하는 것을 보조사의 의미로 해석하는 것이다. 이러한 구분은 격조사로서의 의미와 보조사로서의 의미 사이에 별다른 관련성이 없다는 전제가 있는 것으로 볼 수 있다. 신창순(1975)에서 보여 주는 두 번째 주요 내용은 이 보조사의 의미를 '지정'으로 규정하고, 다시 이를 '선택지정'과 단순한 '지정'의 둘로 나눈 것이다.

위 신창순(1975)의 논의에서 우선 생각되는 것은 동음이의의 '−가'에 대한 문제다. 주격 기능과 소위 '지정'이란 의미 사이의 연관성이 고려되지 않았기 때문에 이러한 결론에 이른 것 같으나, 양자가 그렇게 단절된 의미 관계에 있는 것은 아닌 것 같다. 다음으로 생각해 볼 것은 '지정'이라는 의미의 문제다. '지정'이란 것은 '−가'에 의해서 특정의 것이 지정되었다는 의미일 것으로 짐작되나, 그 의미는 명확해 보이지 않는다. 여기서 왜 '보조사'로 쓰인 경우에 한해서 지정이라 했는지 의문스럽다. 이러한 지정의 의미는 상당히 광범하게 적용될 수 있다고 본다. 만약 보조사로 쓰인 '‐가'가 지정의 의미라면, 주격조사로 쓰인 경우도 주어를 지정한다고 보아 아무 무리가 없을 것 같다. 또한 이뿐만 아니라, 만약에 주격조사가 주어를 지정해 준다고 하면, 다른 조사의 경우, 예를 들면 목적격조사의 경우도 이 조사는 해당 목적어를 지정한다고 볼 수 있을 것이다. 주어든 목적어든 어떤 말이 특정의 성분으로 쓰였다는 것은, 기본적으로 그 자체가 이미 특정의 성분으로 지정된 것이라 할 수 있다.

 (9) a. 나도 커피를 마셨다.
   b. 나도 커피 마셨다.

'지정'이란 의미와 관련하여 고려할 때, 위의 a에서 목적격조사 '‐를'이 가지는 기능 또는 의미는, (1), (2) 등에서 주격조사 '‐이'가 가지는 것과 별로 다를 바가 없는 것으로 이해된다. 다만 본래의 격기능만 다를 뿐이다. 만약에 (1), (2) 등에서 주격조사가 주어를 지정하는 기능이 있다고 한다면, (9)에서도 목적격조사는 목적어를 지정하는 의미가 있다고 할 수 있다. 굳이 '지정'의 의미를 고려한다면, 이러한 의미는 일반적으로 '보조사'로서의 '‐가' 등에 의해서뿐만 아니라, 흔히 격조사 일반에 의해서 실현된다고 보아야 할 것이다. 격조사란 기본적으로 관련 성분의 통사적 문법성을 명시적으로 나타내는 것이 근본일 것이다. 보조조사의 의미 중에서 '선택 지정'과 대응시켜 단순히 '지정'이라고 한 것도 이해가 잘 안 되는 점이다. 가령 '냄새가 좋다'에서 '‐가'에 강한 지정의 의미가 있는 것은 아니나, 말할이는 '‐가'에 의해 '냄새'를 지정하고 있다고 하였다(p.164). 만약에 이 예문에서 '‐가'에 선택적 의미가 나타나지 않았다고 전제한다면, 이것이 위 논문에서 말하는 '순전한 주격조사'와 어떻게 구별되는 것인지 의문이 가지 않을 수 없다. 필자가 보기에는 이 둘 사이에서는 어떠한 차이도 발견되지 않는다. 여타 다른 사람의 논의에서 '지정'이란 말 대신에 '지적' 또는 '지칭'이란 말로 '-가'의 의미를 규정하고 있는 것도 그 문제점은 이와 조금도 다를 바 없다.

이제는 '선택'이란 의미를 생각해 볼 차례인 것 같다. 주격조사 '-가'가 어떤 경우 선택성의 의미를 가진다고 보는 것은 일견 상당히 설득력이 있어 보인다. 실제 이 조사가 선택의 의미를 갖는다고 하는 것은 어떤 의미에서 학계의 상당한 공통 인식으로 이해될 만도 하다. 그러나 이것도 생각해 보면, 의문이 제기된다. 우선 '선택'이라고 하는 의미가 흔히들 말하는 '배타'라는 의미와 그렇게 변별되지 않는다는 점을 지적하고 싶다. '선택'과 '배타'라는 의미가 마치 한 대상의 두 측면과 같은 양면성을 띠고 있어서, 어느 특정한 것 하나가 선택되면 나머지 다른 것들은 자동적으로 배제되게 마련이며, 이와는 반대로 여타의 것들이 배제된다는 것은 어느 특정의 것이 선택된다는 의미를 전제하게 마련이다. 따라서 이 조사의 의미를 '선택'이라고 할 때, '배타' 또는 '배제'라고 하는 다른 의미를 부정하기 어려울 것이며, 그 역(逆)도 또한 마찬가지일 것이다.

그리고 '선택'이든 '배타'든 이러한 의미는 목적어 등과 같은 다른 조사의 경우에도 그대로 나타나는 현상일 뿐만 아니라, 심지어는 조사가 생략된 경우에도 나타나는 것이어서, 이것을 유독 '-가'의 의미로만 규정하는 것은 무리일 것 같다. 잠시 다음의 예를 생각해 보자.

    (10) 철수가 갔다.
    (11) 철수는 커피를 마셨어.
    (12) 철수는 커피 마셨어.

(10)에서 주격조사 '-가'는, 여러 사람 중에서 '철수'가 갔다고 하는 선택적 의미를 가진다고 일단 전제하고 (11)을 살펴보자. 여기에서도 목적격조사 '-를'은 여러 가지 마실 것 중에서 '커피'를 마셨다고 하는 선택성의 의미를 가진다고 생각해 볼 수 있다. 결국 '-가'에서 선택성의 의미를

분석해 낼 수 있다면, ‘-를’에서도 똑같이 선택성의 의미를 분석해 낼 수 있는 것으로 이해된다. 그리고 (12)에서도 만약 목적격조사가 쓰이지 않은 ‘커피’에 강세를 주어 발음한다든지, 아니면 특정의 상황이 전제되기만 한다면, 여기에도 얼마간 선택성의 의미가 나타날 수 있을 것이다. 이러한 점도 ‘-가’의 의미를 선택성과 연결시키는 것을 수긍하기 어렵게 한다. ‘-가’의 의미를 ‘지정’과 관련시킨 예는 이 밖에 이필영(1982)에서도 볼 수 있다. 신창순(1975)과 달리 이 논의에서는 모든 주어에 결합된 이 조사의 의미를 모두 ‘지정’으로 규정하고, 이를 다시 하위 구분하는 방식을 취하고 있다. 순수한 관계 개념으로서의 격 기능을 ‘중립적 지시’라 하여, 이 경우의 ‘-가’는 지정의 의미만을 가진다고 하고, 중립적 지시가 아닌 경우를 선택적 지시라 하여, 이 경우에는 ‘-가’가 ‘지정’의 의미 외에 ‘선택’의 의미까지 포괄한다고 하였다.3) 즉 소위 특수한 의미라고 하는 것을 ‘선택 지정’이라 하여 구분하였다. 이미 신창순(1975)에 대한 앞서의 논의에서 ‘지정’ 및 ‘선택’이라고 하는 의미가 적절한 것이 못된다는 것을 살펴보았다. 이러한 살핌은 이필영(1982)의 경우에도 그대로 적용되는 것이어서 다시 되풀이할 필요가 없을 줄 안다. 다만 신창순(1975)에서와 달리 ‘-가’가 ‘중립적’으로 쓰인 경우에도 ‘지정’의 의미가 있다고 한다면, 이는 좀 이상하게 들리는 것 같다. 왜냐하면 중립적으로 쓰였다고 하면서 지정의 의미가 있다고 한다면, 이 ‘지정’이라고 하는 의미는 이미 순수한 격기능으로서의 의미와 변별되는 것이어야 할 것이기 때문이다. 그리고 여기에서 생기는 또 하나의 의문이 있다. 만약 이 조사와 관련해서 그 의미를 ‘지정’, ‘선택’ 등으로 규정할 때, 이들 의미로 쓰이는 경우와 순수 격 기능으로만 쓰이는 경우, 이 둘은 한 개 형태소인지 아니면 별개의 두 개 형태소인지 의문이 생기지 않을 수 없다.

여기 문제의 조사 ‘-가’의 의미 또는 기능을 선택적 의미로 이해하는

---

3) 이와 같은 ‘지정’, ‘선택’의 의미는 이근영(1992)에서도 ‘임자자리 가리킴’, ‘선택 가리킴’이란 말로 지적되고 있다.

것과 함께, 이 의미를 배타성으로 이해하는 것 또한 학계의 너른 공통 인식이라 할 만하다. 가령 남기심(1972)의 '배타적 지칭', 임홍빈(1972)의 '배타적 대조', 류구상(1986)의 '배타적 의미' 등이 여기에 든다고 하겠다. 그런데 이 '배타'란 것은, 이 조사의 의미와 관련되는 한, 앞서 돌아보았던 바와 마찬가지로 '선택'이란 것과 별로 다를 바 없는 것이며, 이 '배타'라는 것 또한 '선택'이란 것이 제기하는 모든 문제점을 그대로 내포하고 있다고 하겠다. 즉 배타적 의미를 주장할 때, 타의 선택적 의미를 부정할 근거를 찾기 어려울 것이며, 또한 설혹 배타적 의미를 일단 수긍한다 가정하더라도, 이 의미는 여타 여러 격조사에서 공통으로 찾아 볼 수 있는 의미여서, 이 것이 반드시 '－가'의 의미라고 규정하기 어려운 것이다.

주격조사 '－가'의 의미 문제는 이기동(1981)에서도 비교적 정밀하게 논의되고 있다. 이 논문에서는 이 조사의 의미를 '대조', '새 지시항의 도입', '강조' 등 세 가지로 분석하였다. 우선 관련 예문과 함께 생각해 보기로 한다.

 (13) a. 저기 택시 온다.
    b. (아니야) 버스가 온다.
 (14) 그 마을에 심청이가 살았다.
 (15) 내 몸에선 늘 앞치마 냄새가 난다.

(13)에서 b는 a의 잘못된 말에 대한 반응이라고 보고, 이 경우의 '－가'를 '대조'라 하였다. '택시'가 아니고 '버스'라는 뜻에서 이를 '대조'라고 파악한 듯싶다. 이러한 '－가'의 의미는 앞서 보았던 '선택'이나 '배타'의 의미와 별로 다를 바 없다. 둘 또는 여럿 중에서 다른 것이 아닌 어느 하나를 지칭하게 되면, 이것은 '선택'이 될 수도 있고, '배타'가 될 수도 있을 것이며, 또 경우에 따라서는 '대조'도 될 수 있을 것이다. 결국 이 조사의 의미와 관련되는 한, '선택'과 '배타'가 그리 먼 것이 아니었던 것과 마찬가지로, '대조'도 이들과 그리 먼 것으로 이해되지 않는다.4) 따라서 '선택'

---

4) 우리의 관심 문제와 관련되는 범위에서는, 어떤 의미에서는 '선택'이나 '배타'가 '대

이나 '배타'가 가진 문제점은 그대로 '대조'에서도 나타나게 된다. '-가'를 '주제화'(임홍빈, 1972)와 연결시키는 것도 그 성격은 유사한 것으로 생각된다. 기본적으로 주제 또는 주제화의 개념부터가 문제이기는 하지만, 관련 성분이 두드러지게 부각되는 점을 주제화와 연관시킨 것이 아닌가 생각된다. 만약에 이것이 사실이라면 '주제화'란 것도 여타로 해석된 의미와 크게 다를 바 없을 것 같다.

(14)에서 '-가'는 '초점'과 연결하여 '새 지시항의 도입'으로 해석한 예다. 이 조사가 물론 초점을 받을 수도 있으며, 이와 관계없이 새로운 정보를 도입하는 경우에 쓰일 수도 있다. 그러나 이러한 현상이 있다고 해서, 초점이나 새로운 정보의 도입이 그대로 이 조사의 의미가 되는 것만은 아닐 것이다. 이것은 마치 조사 '-는'이 구정보를 제시할 때 쓰인다고 해서 바로 '구정보'가 이 조사의 의미가 되기 어려운 점과 같을 것이다.

(15)의 '-가'는 '강조'의 의미로 제시된 예다. 이 문에서 '-가'는 '무지표'여도 아무 지장이 없다는 이 필자의 견해와는 달리. 잘 생략되지 않는 이 '-가'는 이 예문에서는 단순히 격 기능을 담당한 것으로 이해된다. '-가'가 강조의 의미를 가진다는 것은 동의한다. 그러나 이것은 어떤 방법으로든 실증이 되어야 한다. 그렇지 못하면 주관적 느낌에 머물고 말 우려가 있다.

주격조사의 특수 의미. 즉 격 기능 이외의 다른 의미를 생각해 보고자 할 때, 우리가 간과할 수 없는 것이 있다. 그것은 이미 예문 (7), (8)에서 보았던 것처럼 이 조사가 명사 또는 명사 상당어에 결합하지 아니하고, 동사나 형용사의 활용형과 결합하는 경우를 함께 고려해야 한다는 점이다.

(16) a. 오늘은 춥지 않다.
　　 b. 오늘은 춥지가 않다.
(17) a. 못이 빠지지 않는다.
　　 b. 못이 빠지지가 않는다.

조'를 포괄할 수 있다. 그러나 그 역은 성립되기 곤란하다.

또 하나 이와 연관성이 있어 보이는 경우가 있다. 그것은 이 조사가 명사(구)에 결합되기는 하여도, 그 명사(구)가 언뜻 보기에 주어로 이해되지 않는 경우다.

    (18) a. 나는 백두산이 보고 싶다.
         b. 나는 백두산을 보고 싶다.
    (19) a. 나는 대학교가 가기 싫다.
         b. 나는 대학교에 가기 싫다.

(15)에서는 '-가(이)'가 목적어에 결합되었으며, (19)에서는 이 조사가 부사어에 결합되었다. 종래에는 이 조사의 의미를 분석 검토하는 과정에서 위와 같은 여러 유형의 예문에서 보는 특수한 분포의 '-가'까지를 포함해서 포괄적으로 고려하지 못한 사례가 적지 않으며, 혹 포괄적인 고려를 하였다고 하여도 상이한 분포, 상이한 의미를 설득력 있게 규명한 예를 찾아보기 힘든 것이 사실이다. 그러나 어떠한 경우도 주격조사 논의에서 빼놓을 수 없는 주요한 자료가 아닐 수 없다.

이러한 예문에서 쉽게 제기되는 첫 번째 문제는 말할 것도 없이 여기의 '-가'가 주격조사 '-가'와 동일한 형태인가 아니면 별개의 다른 형태인가의 문제이다. 그런데 전자를 따르든 후자를 따르든, 여전히 문제가 제기된다. 만약 전자라면 용언이나 목적어, 부사어 등에 쓰인 '-가'의 의미가 어떻게 주격조사로서의 문법적 의미와 연관될 수 있는지 설명되어야 할 것이며, 후자라면 거꾸로 양자 사이의 의미상의 연관성을 또 어떻게 처리할 것인가가 밝혀져야 할 것이다. 이제 언급한 이러한 문제들이 규명되지 않고서는, 문제의 조사 '-가'에 대한 어떠한 답도 만족스럽지 못할 것으로 생각된다.

물론 이러한 제 문제를 함께 고려하면서 그 본질을 규명하려는 연구가 없었던 것은 아니다. 가령 김재윤(1992)에서도 그 한 예를 볼 수 있다. 이 연구에서는 '-가'의 특수한 의미라는 것을 초점과 연관하여 해명하고자 하였다. 여기에서는 우선 S. C. Simon의 말을 인용하여 '초점은 화자의 발화 동기에서 연유하는 것으로 보며, 강조의 하위 범주에 포함된다고 할 수 있다.'고 정의하고, 조사 '-이'와 '-를'을 '초점화의 표지'로 규정하면서, 초점화 표지가 탈락될 경우에는 초점화 기능을 상실한다고 보았다. 아울러 조사 '-이', '-을'은 격표지인 동시에 초점화 표지로서, 이 초점화 기능은 이들 조사의 어휘적 의미와 관련된다고 하였다.(pp.13~15) 이 경우의 어휘적 의미에 대하여는 '{-이}의 어휘적 의미는 어떤 대상(사실)을 드러내어 가리키는 것 곧 [+지칭]으로 규정하고자 한다.'5)고 하였다.(p.39) 이 연구에서 특별히 눈에 띄는 것은 주어에 결합된 경우는 물론, '꽃이 곱지가 않다.'에서 보는 바와 같이 형용사에 결합된 '-가'까지도 동일한 초점 표지로 규정하고 있다는 점이다. 무엇보다도 상이한 분포의 '-가'는 물론, 상이한 분포의 조사 '-를'까지를 일관성 있게 한 가지 원리 아래 동일한 의미로 규정하고 이를 해명하기 위해 많은 노력을 기울인 점은 큰 뜻이 있는 것으로 이해한다. 그럼에도 불구하고 이 연구 또한 우리에게 제기하는 문제점들이 없지 않다. 다음에 이러한 몇 가지 문제점을 돌아보기로 한다.

우선 '-이'가 초점 표지여서, 이것이 탈락되면 초점화 기능이 상실된다고 하는 점을 생각해보기로 한다.

> (20) a. 병원엔 어디가 아파서 가는 거야?
> b. 머리가 아파서 가는 거야.
> c. 머리 아파서 가는 거야.

a와 같은 질문에 대해서 청자는 b나 c의 두 가지 대답이 모두 가능하다. 이 때 초점은 물론 '머리'이다. 여기에서 '-가'가 탈락된 c의 '머리'에 초점화의 기능이 소멸됐다고 볼 수 있을까? 대답은 부정적일 수밖에 없다.

---

5) {-이}의 어휘적 의미를 '지칭'이라고 한 것은 신창순(1975)의 '지정'과 다르지 않은 것 같다. 따라서 '지칭'의 부적절함은 '지정', '선택', '배제' 등의 부적절함과 조금도 다를 바 없다.

조사 '-가'의 유무에 관계없이 초점의 기능은 유지되고 있다. c는 물론이지만, b에서조차도 초점화 기능은 '-가'의 형태적 표지뿐만 아니라, '머리'에 놓이는 강세에 의해서도 실현 가능한 것이다. 따라서 이 조사가 결여되었다고 해서 초점화 기능이 반드시 소멸된다고 보는 것은 무리한 해석으로 보인다. 그리고 '꽃이 곱지가 않다.'에서 보듯이 일부 용언에 결합되는 '-가'를 초점과 결합시킨 점에도 의문이 없지 않다.

(21) a. 이 장미꽃이 어떻다고?
     b. 장미꽃이 예쁘지가 않아.
(22) a. (갑)이 장미꽃이 곱지?
     b. (을)장미꽃이 그렇게 곱지 않은데.
     c. (병)이 장미꽃은 곱지가 않아.

예문 (21)에서 '-가'는 얼핏 초점으로 해석될 법하기도 하다. 그러나 이러한 가능성은 22에서 금방 부정적인 것으로 나타난다. 갑, 을, 병 세 사람 사이의 대화에서 볼 때, '-가'는 초점과 전혀 무관하다. 때로 이 형태가 초점과 관련되는 것으로 해석되는 경우가 있다고 하더라도, 이것은 부분적인 예에나 적용될 것으로 이해된다. 용언의 경우에 있어서도 이 형태가 초점 표지로 사용되는 것은 아닐 것이다.

또 '-이'를 초점 표지로 규정하면서, 그것이 나타내는 '어휘적 의미'는 '지칭'이라 한 것도 그 의도하는 바가 석연치 않다. '-이'에 대하여 '격표지인 동시에 초점화 표지'라고 규정했으면 이것으로 족한 것이다. 초점에 대해서 '다른 정보보다 더 두드러지게 전달·통보하는 새 정보'라고 정의했으므로, 초점 표지란 말은 그러한 '새 정보'의 표지이다. 이러한 표지가 더 이상의 다른 어휘적 의미를 가진다는 것은 얼핏 이해되지 않는다. 또 달리 이 조사의 의미를 '지칭'이라는 '어휘적 의미'로 파악했으면, 이것으로 족할 것이다. 여기에 '초점화 표지'라는 또 다른 기능을 부여하는 것은 좀 기이한 것으로 이해된다.

목적격조사 '-를'을 포함하여, 주격조사 '-가'에 대하여 그 상이한 분포의 것까지를 종합적으로 함께 고려한 것으로 주목할 만한 논의를 임성규(1989)에서 볼 수 있다. 이 논문에서는 우선 격조사는 격 기능과 강조의 의미가 있다고 전제하고6) "'-가', '-를' 조사들은, 본질적으로는 격을 표시하며 생략과 출현의 대립되는 위치에서는 '강조'의 의미를 나타낸다. 이 1차적인 기능이 확산되어 격을 표시하지 못하는 위치에서 2차적인 기능을 발휘하는 것으로 본다."고 하였다. 이 논문에서 '-가'가 격 기능 외에 강조의 의미를 가지고 있다는 점에 대해서는 전적으로 동의하지만, 강조 의미에 대한 실증은 이해하기 어렵다. 임성규(1985)는 이들 조사가 격 기능 외에 강조 의미가 있다는 점과 관련하여 "이들이 강조를 실현한다는 증거로 첫째, 문법적인 제약이 약화되었다는 기능상의 차이, 둘째, 격조사의 기능 외에 양태적 의미를 가진다는 차이, 셋째, 정보 이론에 의해 강세와 함께 사용된다는 출현 층위상의 차이를 들 수 있다."(pp.87~88)고 하였다. 그러나 필자가 생각하기에는 이들 중 어느 것도 '-가'나 '-를'이 강조의 의미를 가진다는 것을 명료하게 증명해주는 것으로 이해되지 않는다. 아울러 격 기능과 강조라는 두 가지 이질적인 의미가 어떻게 관련될 수 있는가에 대한 해명이 없는 점도 여전히 아쉬움으로 남으며, 모든 격조사가 격 기능과 강조의 의미를 가진 것으로 해석한 것도 무리한 일반화라 생각된다.

3

위에서는 지금까지 논의 되어 온 주격조사 '-가'의 특수한 의미라는 것 몇 가지를 중심으로 그 문제점을 살펴보면서, 그 적절치 못하거나 충분치 못했음을 생각해 보았다. 이제는 언어 자료를 중심으로 원점에서부터 이 문제를 다시 천착해 보고자 한다. 먼저 이 격조사의 생략과 비생략의 대조

---

6) '강조'의 의미는 왕문용, 민현식(1993)에서도 지적되었다.

를 통해서 여기에 나타나는 관련 의미 문제를 음미해 보기로 한다.

> (23) a. 바람이 분다.
>   b. 바람 분다.
>   c. 바람이 좀 분다.
>   d. 바람 좀 분다.

방 안에서 창 밖을 내다보면서 위와 같은 말을 했다고 가정하기로 한다. 먼저 앞의 두 경우를 보면 a, b 사이에 별다른 의미상의 차이가 드러나지 않는다. 이것은 결국 a의 주격조사에 소위 특수 의미라는 것이 전혀 나타나지 않는다는 말과 같다. 우선 여기서 분명한 첫 번째 사실은 이 조사의 기능으로 순수한 격조사로서의 기능을 들 수 있다는 사실이다. 순수한 격조사의 기능이란 것은 격 기능 외에 어떠한 다른 의미도 해석되지 않는다는 것을 의미한다. 두 번째로 생각해 볼 것은 c와 d의 대비이다. 여기서 c의 주격조사는 a에서와 마찬가지로 격 기능만을 보여 주는데, 이 경우 주격조사의 생략은 실질적으로 별로 자연스럽지 못하다. 따라서 격기능만을 담당하는 경우에도 격조사가 잘 생략되지 않는 경우가 있다는 또 하나의 사실을 유념해 두기로 한다. 세 번째로 생각해 볼 수 있는 것은, 너무도 당연한 말이지만, 주격조사가 실현된 경우는 주어가 명시적으로 나타나는 반면, 주격조사가 생략된 경우는 어순이나 의미 등 다른 방식에 의해 간접적으로 나타나게 된다는 것이다. 즉 a가 형태론적인 직접적인 방식임에 비하여, b는 통사론적인 방식이나 의미론적인 방식의 간접적인 방식에 의하여 주어가 표시되는 것이다. 따라서 주격조사가 명시적으로 실현된 경우가 실현되지 않은 경우보다는 흔히 더 분명하게 주어를 드러내는 효과를 가진다. 특히 간요(簡要)를 한 주요 특징으로 하는 대화에서는 무표지여도 무방한 주격조사를 명시하는 경우, 여기에는 흔히 화자가 주어를 더욱 분명하게 드러내고자 하는 심리적 동기가 작용한 것으로 이해될 수 있다. 다음과 같은 문을 잠시 돌아보기로 한다.

(24) a. 김철수 장관이 미국에 다녀온 후에, 북쪽의 성명이 발표되었습니다.
　　 b. 김철수 장관 미국에 다녀온 후에, 북쪽의 성명 발표되었습니다.
　　 c. 김철수 장관이 미국에 다녀온 후 북쪽 성명이 발표되었어.
　　 d. 김철수 장관 미국 다녀온 후 북쪽 성명 발표되었어.

위 예문에서는 선행한 종속절과 후행한 주절에 주어가 나타나 있다. a, b가 정부 당국의 공식적인 발표라고 가정할 때, 주격조사의 유무가 별다른 의미상의 차이를 가져다 주지 못한다. 다만 b가 대화체의 느낌만을 줄 뿐이나, 격조사가 결여된 b는 a에 비해 훨씬 부자연스러워 공식적인 말로서는 별로 쓰일 가능성이 없다. 여기에 비해서 완전히 대화체로 되어 있는 c와 d에서는 주격조사의 유무가 그 성립이나 허용성에 있어서 전혀 어떠한 차이도 보여 주지 않는다. 다만 주격조사가 실현된 경우, 그 주어는 좀 더 명시적으로 드러나는 효과를 가지게 된다. 사실상 이것은 너무도 당연한 일이다. 명시적인 것이 묵시적인 것보다 더 명시적일 것은 너무나 자명할 것이기 때문이다. 자명한 것이기는 하지만 예문 (24)를 통해서 우리는 한두 가지 거듭 확인해 둘 것이 있는 듯싶다. 첫째로, 주격조사의 생략은 문어체나 격식체의 말에서보다는 대화체에서 두드러지게 나타나는 현상이며, 격식체의 경우 주격조사의 유무가 기본적으로 의미상에 영향을 주지 않는 것이 일반적인 현상이라는 점이다. 둘째로는, 격식체의 경우, 주격조사의 생략이 때로 더 많은 비문을 만들기도 함에 반해서, 대화체의 경우에는 주격조사의 생략이 비문을 훨씬 적게 만든다는 점이다. 셋째로는, 이미 앞서 밝혔듯이, 주어가 격조사에 의해 명시될 때, 그렇지 않은 경우에 비하여 더 두드러지게 나타난다는 점이다.

다시 (23)의 예문들을 머리에 두면서 다음 예문들을 아울러 살펴보자.

(25) a. 비가 온다.
　　 b. 비 온다.
　　 c. 기대했던 눈이 오지 않고 비가 온다.

(25)a, b는 우선 (23)a, b에서와 같은 설명을 할 수 있다. 여기서도 주격조사가 격 기능만을 담당한 것으로 해석되는 것이다. 그러나 (25)a가 경우에 따라서는 c와 같은 의미로 해석될 수도 있다. 이것은 우리가 흔히 배타적이니 선택적이니 하는 말로 규정했던 특수한 의미에 해당되는 것이다. 이 점은 (23)a에서는 볼 수 없었던 다른 점이다. 이에 따라 우선 여기서 생각되는 것은 왜 (25)에서만 그러한 특수한 의미가 해석되는가 하는 의문이다. 이것은 좁게는 서술어 또는 서술부, 넓게는 해당되는 문이 나타내는 현상과 밀접한 관계가 있는 것으로 생각된다. 가령 (23)a, b의 경우, '불다'라는 자동사는 대체로 '바람'이란 현상과 관련되는 것이다. 즉 '부는' 것은 '바람'일 뿐이지 어떤 다른 현상이 될 수 없는 특수성이 있는 것이다. 그러나 (25)에서는 사정이 다르다. '오다'라는 현상은 반드시 '비'와만 관련되는 것이 아니다. '눈'도 올 수 있기 때문이다. 즉 '오다'라는 현상의 대상이 될 수 있는 것은 선택의 여지가 있는 것이어서, '비'가 선택될 수도 있고 '눈'이 선택될 수도 있는 것이다. 다른 말로 표현하면 '비'가 선택되고 '눈'이 배제될 수도 있으며, 반대로 '눈'이 선택되고 '비'가 배제될 수도 있는 것이다. 여기에서 드러나는 현상은 이제 분명해지는 것 같다. '선택적'이니 '배제적'이니 하는 소위 특수한 의미라는 것은 어떤 의미에서 어느 하나가 선택되고 다른 것이 배제될 수 있는 경우에나 나타날 수 있는 의미라는 것이 밝혀지는 것이다. 따라서 선택과 배제라는 현상 또한 그러한 양면성이 고려될 수 없는 경우에는 소위 그러한 특수 의미라는 것은 나타날 수도 없으며, 또 실제 나타나지도 않는다.

　다시 다음 예문을 살펴보자.

　　(26)　a. 지구가 점점 오염돼 간다.
　　　　　b. 지구 점점 오염돼 간다.

　이러한 경우에는 격식체나 비격식체를 가릴 것 없이 주격조사가 쓰인 a가 자연스러운 표현일 뿐, 주격조사가 생략된 b는 쓰일 가능성이 매우 낮다. 그리고 여기 쓰인 주격조사는 선택이나 배타와 같은 의미의 해석 가능성이 거의 보이지 않는다. 그것은 지구와 같은 행성 중에서 오염돼 가는 다른 행성을 생각하기 어렵기 때문이다. 굳이 지구를 다른 행성과 대비해서 말할 경우라면, 이 격조사에서도 선택이나 배타와 같은 특수한 의미가 해석될 수 있는 것은 물론이다. 여기에서 지적하고자 하는 것은 의미 문제가 아니라, 특수 의미가 해석될 수 있는 특수한 조건이다. 즉 특수한 의미라는 것은 주로 비격식체의 문에서 더 두드러지게 나타나는 것이며, 대체로 서술어나 서술부에 의해서 서술되는 대상인 주어가 대비 가능한 동렬의 다른 대상을 가질 때에, 문맥 또는 상황에 따라서 실현될 수 있는 의미인 것이다.

이제는 이 글의 핵심이 될 특수한 의미 문제로 눈을 돌리기로 하겠다. 주격조사가 격기능 외의 의미로 쓰일 때, 그 의미는 기본적으로 무엇일까? 과연 지금까지 흔히 주장해 온 대로 '지정', '선택', '배타', '대조' 등과 같은 것일까? 이러한 의미들이 이 조사의 기본적 의미가 될 수 없음은 이미 앞서 지적한 바다. 기본적으로 이들 의미가 거의 모든 격조사에 해당될 수 있는 것이어서, 주격조사에만 해당되는 의미로 해석할 수 없다. 그리고 '선택'과 '배타'라고 하는 두 가지 의미는 상호 배타적인 의미가 아니라, 상호 수용적인 것이다. 즉 동일 현상의 양면적인 것이어서, 하나가 선택될 때 다른 것이 배제되고, 하나가 배제되면 다른 것은 선택될 수 있는 것이다. 따라서 주격조사의 또 다른 의미가 '배타'라고 한다면, 이는 곧 '선택'의 의미가 될 수 있으며, 반대로 '선택'의 의미라고 한다면, 이는 곧 '배타'의 의미가 될 수 있는 것이어서, 어느 하나가 옳고 다른 하나가 틀린 것이라고 말할 수 있는 성격의 것이 아니다.

필자는 이미 앞에서 주격조사가 주어를 명시적으로 드러내는 기능을 가진 점을 거듭 지적하였다. 이에 필자는 이 점에 주목하면서 문제의 핵심에 접근해 보고자 한다. 유사한 예문이 되풀이되지만, 설명의 편의상 그때 그때 예를 다시 들기로 한다.

(27) a. 철수가 나를 싫어해.
     b. 철수 나를 싫어해.

위와 같은 예문에서 주격조사의 실현에 관계없이 주어는 분명하고, 양자는 그 의미가 동일하게 해석될 수 있다. 그러면서도 '-가'의 또 다른 해석에 이의를 가질 사람이 없다. 위에서와 같이 주격조사가 없이도 주어가 명시적으로 드러나는 상황에서, 주격조사가 주어를 다시 명시적으로 드러낼 여지가 없다고 할 수 있을지도 모른다. 그러나 여기서 우리는 두 가지를 생각해 보아야 할 것 같다. 첫째로는, 성분이 분명한 경우에도 격조사가 쓰이는 것이 한국어의 주요한 특징이며, 둘째로는, 격조사 실현 유무의 상대성이다. 성분의 명시성과는 별도로, 현시된 주격조사는 생략된 경우에 비해 상대적인 의미에서 해당 성분을 더 명시적으로 나타낸다. 바로 이러한 형태상의 장치에 의한 주어의 명시가 격조사의 새로운 의미를 유발하는 것으로 이해된다. 구체적인, 또는 가시적인 형태 '-가'에 의해서 주어가 명시됨으로써, 이러한 명시성이 주어를 강조하는 효과를 유발한 것으로 생각된다. 따라서 우리가 찾고 있는 이 격조사의 특수 의미는 강조이다.

필자는 이러한 발생적인 측면에서 볼 때, 주격조사의 의미가 강조라고 생각한다. 여기에서 분명히 해야 할 사항이 하나 있다. 이 '강조'의 의미는 주격조사에서 부수적으로 실현된 주변적 의미라는 점이다. 그리하여 주격조사란 것이 그 성격상 순수한 문법적 의미 곧 문법적 기능을 담당한 것이면서도, 여기에서는 국어의 보조조사가 보여 주는 어휘적 또는 준어휘적 의미를 또 다른 의미로 가지게 되어 있다. 이처럼 문법적인 형태가 부분적으로라도 어휘적인 의미를 가진 점은 어떤 의미에서 또 하나의 특이한 현상이라 할만하다. 그러나 위에서 본 바와 같이 그 발생적인 과정을 고려하고 보면, 그 가능성이나 실재성을 충분히 이해할 수 있을 것이다.

여기에서 어떤 형태가 문법적인 의미와 (준)어휘적 의미를 함께 가지는 현상에 대하여 혹 의문스러워 할지도 모른다. 그러나 준어휘적 성격을 가진 국어의 보조조사나 파생접사와 같은 것은 물론, 전형적인 어휘의 경우

에도 문법적인 의미와 어휘적인 의미 사이의 구분이 늘 그렇게 명료한 것
만은 아니다. 가령 처소격을 포함한 일부 격조사는, 영어의 전치사에 대응
됨에서도 짐작되듯, 어휘적 의미의 성격이 두드러지며, 또 일부에서는 여전
히 이들을 후치사로 처리하고 있기도 하다. 또 피동 사동의 형태 '-이-',
'-히-' 등에서 보아도 때로는 문법 형태와 파생 형태의 구분이 그 본래
의 의미에만 의존하는 것이 아님을 알 수 있다. '만큼', '같이', '밖에' 등이
조사로도 쓰이고 있는 것 역시 그러한 사정을 잘 말해 준다. 이러한 제 현
상은 격조사와 같은 문법 형태가 보조조사의 의미와 같은 일종의 (준)어휘
적 의미를 함께 가진다고 해도 이것이 결코 기이한 현상이 아님을 이해할
수 있다.7)

　그 동안 이 격조사의 특수 의미를 탐색하면서 간과했던 공통점의 하나
는, 그 의미는 어떻게 분석했든, 주격조사로서의 '-가'와 특수 의미로서의
'-가'의 관련성 문제를 외면해 왔거나 이를 소홀히 했다는 점이다. 가령
'-가'의 의미가 '선택'이든 '배타'이든, 또는 '대조'이든 그 의미는 문법적
인 의미가 아닌 것이 분명하고, 따라서 이러한 용법의 '-가'는 보조조사
와 같은 것이어야 할 것인데, 그렇다면 이것은 주격조사로서의 '-가'와는
변별적인 형태이어야 할 것이 아닌가? 결국 이 상이한 용법으로 쓰인 두
가지 유형의 '-가'가 별개의 형태인가. 아니면 하나의 형태소인가가 분명
히 규명되었어야 할 것이다. 이것은 추상적인 논리나 추리가 아닌, 구체적
이고도 실증적인 방법으로 밝혀졌어야 할 것이었다. 이제 이 문제에 대한
답은 비교적 분명해진 줄 안다. 주격조사가 생략되어도 무방한 자리에 이
조사가 실현됨으로써, 주어가 더 명시적으로 두드러지게 되고, 이것은 결
과적으로 다시 주어를 강조하는 효과를 나타내어, 강조라는 준어휘적 의미

---

7) 복수형태 '-들'도 문법적 의미와 어휘적 의미의 구분이 그렇게 선명한 것이 아님을
　보여 준다. 사실상 '-들'의 근본 의미는 수와 관련된 문법 형태다. 그럼에도 불구하
　고 국어에서는 보조조사와 유사한 성격을 띠고 있다. 그것은 그 의미 때문이 아니라,
　그 분포상의 특성 때문이다. 이 형태는 성격상 명사와 결합되어야 할 것이지만, 실제
　로는 동사, 형용사, 부사 또는 부사어 등에도 결합되어 보조조사로 처리될 만하다.

를 가지게 되었다. 이에 따라 결과적으로 조사 '-가'는 주격조사라는 문법적 기능을 기본 의미로 하면서, 준어휘적 의미인 '강조'라는 주변적 의미를 아울러 가지게 되었다고 보는 것이다.[8]

이미 앞서 언급한 바와 같이, 이 조사의 비문법적 의미를 논의하기 위하여는, 지금까지 살펴보았던 바와 같이 주어와 함께 쓰인 경우만을 고려하는 것만으로는 불충분하다. 그것은 이 조사가 또 다른 유형의 분포를 가지므로, 이에 대한 고려가 병행되지 않으면 안 되기 때문이다.

(28) a. 순이는 예쁘지 않다.
　　 b. 순이는 예쁘지가 않다.
(29) a. 이 못이 흔들리지 않는다.
　　 b. 이 못이 흔들리지가 않는다.
(30) a. 이 돌은 빠지지 않는다.
　　 b. 이 돌은 빠지지가 않는다.
(31) a. 이 옷은 나한테 맞지 않는다.
　　 b. 이 옷은 나한테 맞지가 않는다.
(32) a. 이 차는 잘 나가지 않는다.
　　 b. 이 차는 잘 나가지가 않는다.
(33) a. 누구도 이 못을 흔들지 않는다.
　　 b. *누구도 이 못을 흔들지가 않는다.

위의 예문들은 조사 '-가'의 몇 가지 다른 분포 유형을 보여 주고 있다. 우선 이들 예문이 보여 주는 몇 가지 공통점에 주목할 필요가 있을 것

---

8) 이러한 두 가지 의미의 배경 및 상호 관련성이 이해되지 않는다면, 신창순(1975)에서와 같이 이것은 동음이의의 상이한 두 형태소, 즉 주격조사와 보조조사의 두 형태소로 구분되지 않을 수 없게 된다. 김재윤(1992)처럼 '-가'가 격조사의 기능과 '초점화 기능'을 함께 가지고 있다고 보면서도 격 기능이 두드러질수록 초점화 기능이 약화되고 '초점화 기능'이 강화될수록 주격 기능이 약화된다고 보는 것도 지나치게 주관적인 해석이다. 주어에 결합되는 한, 여기 말하는 두 기능은 언제든지 중첩되게 마련이다. 한 예로 초점화 기능이 아무리 두드러져도 주격 기능 또한 전혀 약화되지 않을 수도 있다.

같다. 가장 두드러지게 눈에 띄는 것은 이들 예문이 모두 동사 또는 형용사 '아니하다'의 부정문이라는 사실이다. 따라서 '-가'는 '아니하다'에 선행하는 서술어와 결합한다는 것을 확인할 수 있다. 다음으로 두드러지는 또 하나의 특징은 서술어의 성격이다. 위에서 '-가'는 형용사와 동사에 모두 분포되었지만, 동사의 경우에는 피동 또는 피동성 동사와 잘 어울리는 것을 알 수 있다. 이 경우의 피동성이란 통사적인 피동성을 의미하는 것이 아니라, 의미적인 피동성을 의미한다. 그렇기 때문에 (29)와 같은 전형적인 피동은 말할 것도 없고, (30), (31)과 같은 어휘적 의미의 피동에도 '-가'는 자연스럽게 결합된다. 이처럼 피동성 서술어에는 별다른 제약 없이 결합된다. 그런데 이 조사는 피동성 동사가 아니면 자동사와 결합되는데, 모든 자동사를 포함하지는 않는다. 즉 자동사의 경우에는 제약이 있어서 선별적으로 결합됨을 쉽게 찾아 볼 수 있다.

> (34) a. 노인들은 많이 자지 않는다.
>   b. *노인들은 많이 자지가 않는다.
> (35) a. 이 아기는 잘 놀지 않는다.
>   b. *이 아이는 잘 놀지가 않는다.

그러면 이들 자동사에 적용되는 제약이란 어떤 것일까? 그것은 비능동성으로 이해된다. 여기에서 비능동성이란 반드시 피동성을 의미하는 것은 아니다. 왜냐하면 이 조사와 결합되는 자동사 중에는 (32)와 같이 전혀 피동성이 없는 자동사도 있기 때문이다. 따라서 (29)~(32)와 같은 예들을 모두 포괄할 수 있는 자동사는 능동성이 없는 것에 한정된다. 물론 능동성이 없는 자동사를 대표하는 것이 피동성의 동사임은 다시 말할 것도 없다. 이제 우리는 한 걸음 더 나아가 형용사까지도 비능동성에 포괄할 수 있다. 형용사에 능동성이 있을 수 없음은 물론이기 때문이다. 이러한 살핌에 따라 주어가 아닌 성분과 결합되는 조사 '-가'는 '아니하다'(때로는 '못하다') 부정문의 비능동성 용언 또는 비능동성 서술어와 결합되는 것을 주요 특징으로 한다는 것을 확인할 수 있다. 전통문법의 용어를 따른다면, 이 조사는 보조용언 '아니하다'에 선행하는 비능동성 본용언에 분포된다고 말할 수 있다.9)

위에서는 주로 동사 또는 형용사와 결합하는 '－가'의 분포를 살펴보았다. 이제는 다시 우리의 주된 관심사인 그 의미 문제를 돌아보아야 할 차례다. 분포상 이러한 특수성을 띤 경우에 그것이 의미하는 바가 주어에 결합된 경우와 기본적으로 동일한 것인가. 아니면 상이한 것인가 분명히 밝혀져야 할 것이다. 이러한 점에 주목하면서 예문 (29)~(32)를 다시 음미해 보기로 한다.

무엇보다도 먼저 눈에 띄는 것은 종래 흔히 '－가'의 특수한 의미로 지적되었던 '지정', '선택', '배타', '대조' 등과 같은 의미는 발견되지 않는다는 점이다. 이러한 의미로는 도저히 이들 예문을 해석할 방도가 없다. 이것은 우리에게 다음과 같은 중요한 사실을 말해 준다. 이 조사의 상이한 두 가지 유형의 분포, 즉 주어와 서술어에 분포되는 이 조사를 상이한 형태의 조사로 간주하지 않는 한, 이 조사의 의미를 '지정', '지적', '배타', '선택' 등으로 해석할 수는 없다는 사실이다. 그러면 앞서 주어에 분포된 경우 분석한 이 조사의 의미인 '강조'는 어떠한가? 우리는 이 강조의 의미가 여기에도 그대로 적용될 수 있을 것으로 기대하는 것이다. 왜냐하면 이 두 경우가 일관성 있게 해석되기를 기대하기 때문이다. 그러나 이러한 일종의 선입견 같은 것이 없다고 하더라도, 서술어에 분포된 위의 예들에서도 이러한 '강조'의 의미는 일관성 있게, 그리고 확연하게 분석될 수 있는 것으로 이해된다. 이 조사가 결여된 경우에 비해서, 이 조사가 실현된 경우에도 해당 서술어의 의미가 상대적으로 강조되는 것을 확인할 수 있다. 한 예를 들면 '예쁘지가 않다'고 하면, '예쁘지 않다'에 비해서 서술어 '예쁘지'가 얼마간 강조되는 것을 알 수 있다. 물론 이러한 서술어에 보이는

---

9) 다음과 같은 예는 좀 특수한 면이 있다.
   a. 쥐가 나오지가 않는다.

'–가'의 강조는 주격조사와 함께 실현되는 강조의 의미가 별도로 분리 적
용된 것이라 하겠다. 이렇게 볼 때, 두 가지 상이한 유형의 분포로 나타나
는 이 조사의 의미를 한결같이 '강조'로 해석하는 데 걸림돌이 될 것은 별
로 없는 것 같다.

　이제 마지막으로 (18), (19)와 같은 자료를 검토해 보고자 한다. 편의상
(18)을 다음에 옮겨 놓고 생각하기로 하겠다.

　　(36) a. 나는 백두산이 보고 싶다.
　　　　 b. 나는 백두산을 보고 싶다.
　　(37) a. 나는 백두산을 보았다.
　　　　 b. *나는 백두산이 보았다.
　　(38) 나는 백두산이 그립다.

　순수 문법적인 측면만을 고려할 때, (36)에서 a보다는 b가 정상적인 문
또는 내면구조에 가까운 문이다. 그러면 a에 쓰인 '–이'의 정체가 무엇인
지 문제가 되지 않을 수 없다. 우선 a, b 두 문을 비교해 볼 때, 의미상으
로 이 형태는 강조를 나타내는 것으로 이해된다. 여기에서 해석에 따라서
는 선택이나 배타와 같은 의미가 분석될 수 있을 법하다. 이것은 주격조사
에서 살펴보았던 의미 현상과 완전히 일치된다. 따라서 이 '–이'의 의미
는 강조일 뿐만 아니라, 주격조사가 함께 가지는 강조의 의미와 동일하다
는 확신을 가지게 된다. 이제 남는 문제는 이 형태가 격 기능과 관계 없이
용언에 결합되는 강조의 '–가'일 뿐인가, 아니면 강조의 의미와 함께 주
격의 기능도 가지고 있는가이다. 만약 이것이 강조의 의미로만 쓰였다면,
(37)b도 성립될 가능성이 있다. 이 문이 불가능하다는 것은 이 형태가 강조
의 의미만을 가진 것이 아닐 것이라는 추리를 가능하게 한다. 결론부터 말
해서 이 '–이'는 격기능과 강조의 의미를 함께 가진 형태이다. 물론 '백두
산'이 내면의 주어가 될 수 없는 것은 자명하다. (36)a는 그 구조 유형이
(38)과 흡사하다. 의미상으로 보아도 '보고 싶다'는 '그립다'와 유사하며,
전자가 구의 형태로 되어 있기는 해도, 순수 통사적 또는 형식적 측면만

고려하면, 전자와 후자 모두 형용사구라는 공통점을 가진다. 바꾸어 말해서 '보고 싶다'와 '그립다'는 의미상의 유사성을 갖는 동시에 동일한 어휘 범주에 드는 것으로 이해할 수 있다. 따라서 (36)a의 '−이'는 (38)의 '−이'와 동일한 형태라는 것, 그리고 나아가 이것은 이미 앞서 보았던 강조의 주격조사와 동일한 것이라는 결론을 얻을 수 있다. 다만 후자는 격 기능만 나타낼 뿐, 강조의 의미는 가지지 않음에 비하여, 전자는 후자와 동일한 격 기능 외에, 강조의 의미를 하나 더 가지고 쓰인 점이 서로 다르다. 이렇게 볼 때, (38)a는 '−이'에 격 기능만 있을 뿐, 강조의 의미는 없는 것으로 해석할 수도 있으며, 또한 격 기능과 함께 강조의 의미를 가진 의미로 해석할 수도 있다.

위에서 살펴본 현상은 예문 (19)에도 그대로 적용된다. 다만 (19)는 앞 예에 비해서 얼마간 더 복잡한 양상을 보인다는 점이 다르다. (19)를 다음에 옮겨 더 살펴보기로 한다.

> (39) a. 나는 대학교에 가기 싫다.
>   b. 나는 대학교에 가기가 싫다.
>   c. 나는 대학교가 가기 싫다
>   d. 나는 대학교가 가기가 싫다.

위에서 c에 실현된 '−가'도 지금까지 검토해 온 문제의 '−가'와 완전히 동일한 것으로, 여기 다시 되풀이할 필요성이 느껴지지 않는다. 여기서도 '가기 싫다'는 형식상 일종의 형용사구의 서술어가 되고, '대학교'가 주어처럼 쓰이게 된 것으로 이해된다. 이것은 마치 b에서 '대학교에 가기'가 주어구가 되고, '싫다'가 그에 대응되는 형용사 서술어로 인식된 것과 일치하는 현상일 것이다. 따라서 b와 c의 '−가'는 한가지로 격 기능과 강조의 의미를 함께 가지고 있다고 하겠다. 여기서 좀 더 생각해 볼 것은 d의 '−가'이다. 여기에는 '−가'가 두 번 나타나기 때문이다. 그러나 그 근본은 하나다. 여기에서는 두 번째의 '−가'에 더 강한 강조가 놓이게 되기 때문에 첫 번째 '-가'에는 강조의 의미가 별로 드러나지 않는다. 이 문에 대한 통사적인 구조 해석은 어떻게 하든 간에, 화자는 적어도 심리적으로는 또는 표면적으로는 '가기'를 주어, 그리고 '싫다'를 서술어처럼 인식한 결과에 따라 '-가'가 쓰인 것으로 생각된다. 결국 (39)에 쓰인 모든 '-가'는 지금까지 살펴 온바 주격 기능과 강조의 의미를 함께 가진 문제의 '-가'와 동일한 형태라고 하겠다.

지금까지의 논의를 다시 종합해 보면, 주격조사 '-가'가 가지는 격 기능 외의 준어휘적 의미는 '강조'라는 결론을 얻게 되었다. 그런데 여기서 종래 이 형태의 의미로 이해되었던 '선택', '배타', '대조' 등은 '강조'라는 의미와 전혀 무관하지 않음도 아울러 다시 유념해 둘 필요가 있다. '-가'의 기본적인 어휘적 의미가 '선택' 등은 아니지만, 특정 성분이 강조되면, 그 부수적인 결과로 '선택'이나 '배타' 등의 의미가 느껴질 수 있기 때문이다. 그러나 여기서 분명히 할 것은 절대로 그 본말이 바뀌어서는 안 될 것이라는 점이다.

4

이상에서 주격조사 '-가'의 격 기능과 이밖의 의미에 대해서 살펴보았다. 먼저 지금까지의 연구 중에서 몇 가지 견해를 돌아보았다. 특히 종래 격 기능 외에 '지정', '지적', '선택', '배타', '대조' 등으로 분석된 의미를 다시 검토해 보고, 그 결과 이러한 의미들은 '-가'의 의미로 적절하지 못한 것들이거나, 본질적인 것들이 아니라는 점을 규명하고자 하였다. 아울러서 격 기능과 그 밖의 의미와의 관련성, 그리고 주어 명사에 결합되는 경우와 서술어의 동사, 형용사에 결합되는 경우 양자 사이의 관련성에 대해서 소홀히 했던 점, 또 둘 사이의 관련성이 전제된 경우에도, 그에 대한 설득력 있는 실증이 결여되거나 미진했던 점 등을 돌아보았다.

필자는 이 논의를 통하여 먼저 '－가'가 일차적으로는 주격조사의 문법적 기능, 그리고 이차적으로는 강조의 준어휘적 의미를 함께 가진 조사로 규정하였다. 강조의 의미는 주로 생략이 가능한 자리에서 생략되지 아니하고 명시적으로 실현되어, 생략되는 경우에 비해 상대적으로 관련 성분을 더 두드러지게 함으로써, 강조의 효과를 나타내게 되었다고 본다. 보기에 따라 이 조사가 '선택', '배타', '대조' 등으로 해석되는 것은 특정 성분이 강조됨으로써, 이차적으로 또는 부수적으로 나타나는 의미이지, 그러한 의미들이 이 조사 본래의 특수 의미는 아니다. 이러한 배경에 따라 하나의 조사가 문법적인 의미와 어휘적인 의미의 두 가지 이질적인 의미를 함께 가질 수 있게 된다.

이 조사는 주어 성분에도 배합되며, 서술어의 동사, 형용사에도 배합되어, 전혀 이질적인 상이한 분포를 보이는데, 두 가지 경우 모두 강조라는 일관된 의미로 해석될 수 있다. 서술어에 배합되는 경우는, 본래 주격조사와 함께 실현되는 강조의 의미가 분리되어 독자적으로 실현된 것이라 하겠다. 이러한 경우 '－가'는 주로 비능동성 용언의 서술어에 분포되는 특성을 나타내고 있는데, 그 구체적인 배경 또는 이유 같은 것은 잘 밝혀지지 않는다.

'－가'는 그 밖에도 내면구조상의 목적어나 부사어에 결합되는 사례가 있는데, 이러한 경우도 예외는 아니어서, 주격조사의 기능이나 강조의 의미로 해석되는 점에서 앞의 경우와 다를 바 없다.

주격조사 '－가'에 대한 이러한 논의 및 결과는 일부 다른 격조사에도 그대로 적용되는 것이어서, 그 타당성을 상호 뒷받침해 줄 수 있다. 이에 대한 살핌은 금후 또 다른 논의에서 계속될 것이다.

참고 문헌

김재윤(1992), 「국어 조사 {-이}, {-을}의 초점화 기능」, 충북대학교 박사학위 논문.
남기심(1972), 「주제어와 주어」, 『어문학』 26.
류구상(1986), 「주격조사에 대하여」, 류목상 공편, 국어학신연구.
신창순(1975), 「국어의 '주제 문제' 연구」, 『문법연구』 제2집.
이근영(1992), 「현대국어 임자자리토씨 연구」, 이승곤 엮음, 한국어의 토씨와 씨끝.
이기동(1981). 「언어와 인식」, 『말』 6, 연세대 한국어학당.
이남순(1988), 『국어의 부정격과 격표지 생략』, 탑출판사.
이필영(1982), 「조사 '가/이'의 의미 연구」, 『관악어문학』 7.
임성규(1989), 현대국어의 강조법 연구.
임홍빈(1972), 「국어의 주제화 연구」, 『국어연구』 제28호.

―『선청어문』 22, 서울대 사범대 국어교육과, 1994. 9.

격조사 '-를'의 의미

1

격조사 '-를'이 목적격 표지로 쓰이고 있고, 이것이 이 조사의 기본적인 기능이요, 의미임은 다시 말할 것이 없다.[1] 그렇지만 실제 언어 현실에서는 이 조사의 쓰임은 그리 단순하지 않아서, 종종 그 의미 해석을 어렵게 하고 있다. 소위 중목적어를 포함하여, 목적어를 규정하는 문제에서부터, 격 기능 외의 의미 문제에 이르기까지 이 조사의 의미와 관련된 몇몇 과제는 그 동안 여러 사람들의 연구와 관심의 대상이 되어 왔다. 특히 마지막 문제와 관련해서는 그 의미 분석이 다양하게 시도되어 왔다.

일반적으로 격조사란 문법적 기능을 주된 의미로 하고 있다. 그러나 문법적 의미란 것도 그리 단순한 것이 아니어서, 흔히 말하는 격조사는 순전히 성분간의 통사적 관계만을 나타내는 것이 있는가 하면, 이러한 통사적 관계와 함께 어느 정도 어휘적인 성격의 의미까지 나타내는 경우가 있고,[2]

---

1) 서정수(1994)에서는 '-가' 등 격조사의 '의미'라는 말을 부정하고 있으나(p.777), 이에 큰 무리가 없다고 생각한다. 문법적인 기능도 넓은 의미의 '의미'일 뿐만 아니라, 격조사 '-가', '-를' 등은 격 표지 기능 외에, '강조' 등의 의미를 나타내기도 하기 때문에, '의미'란 용어 사용에 별다른 문제가 없을 것이다. 실제 '의미'란 말은 널리 쓰이고 있기도 하다(임홍빈 1979a, 신현숙 1982 등 참조).
2) 격조사 중에서 부사어에 결합되는 것을 부사격조사로 해석하기도 한다. 그런가 하면

또 심한 경우에는 격조사의 통상적인 분포를 벗어나 쓰이어서, 격조사의 영역을 벗어나 쓰이는 경우도 드물지 않다. 그렇기 때문에 사례사례에 대한 의미 해석, 그리고 상이하게 분석되는 의미 사이의 상호 연관성에 대한 올바른 해석이 요구되게 마련이다.

이 글은 기본적으로 조사 '-를'의 의미 규명을 목표로 하고 있는바, 특히 격 기능 외의 의미를 밝히는 데 주안점을 두게 될 것이다. 이 조사의 중심 의미가 격 기능에 있기 때문에, 여타의 다른 의미는 어떤 의미에서 특수한 의미라 할 수도 있겠으나, 이러한 의미도 결국은 조사의 의미이고 보면, 굳이 특수한 의미랄 것도 없을 것 같다. 이 글에서는 위의 목표에 접근하기 위해서, 무엇보다도 격조사로서의 의미와 비격조사로서의 의미 사이의 상관 관계를 규명하는 데 또 다른 역점을 둘 것이다. 이를 위해서 먼저 이 조사가 비격조사로서 가지는, 소위 특수 의미란 것이 어떤 배경에서 연유된 것인가를 규명하게 될 것이다. 왜냐하면 상이한 이 두 의미 사이의 관련성이 간과되는 한, 우리는 동음이의의 '-를'을 상정하지 않을 수 없기 때문이다. 이 조사의 두 가지 상이한 기능 또는 의미와 관련하여, 하나의 형태소 또는 두 개의 형태소 중 어느 쪽을 상정하든, 그에 대한 적절한 뒷받침이 따라야 할 것이다. 이것은 이 조사의 의미 해석과 관련해서 반드시 고려해야 할 사항으로 생각되는데, 그 동안의 연구에서 이 점은 지나치리만큼 소외되었던 것 같다.

글의 진행에 따라 자연 밝혀지겠지만, 한 가지 흥미 있는 것은, 그동안의 연구에서 해석된 이 조사의 다양한 의미들이 결코 상호 무관하지 않다는 점이다. 얼핏 보기에는 상당한 거리가 있어 보이는 의미들이 내면적으

이러한 조사를 후치사로 규정하기도 하는데, 후치사라 할 때에도 이것을 어휘적인 것으로 볼 것인가 기능적—문법적—인 것으로 볼 것인가에 따라 다른 해석이 가능하다. 후치사로 규정하는 것은 대체로 격 기능보다는 어휘적인 의미가 고려되기 때문이라 하겠다. 이숭녕(1961)에서는 '격조사는 독립 품사가 아니지만, 후치사는 뜻과 기능을 가지고 있는 독립 품사'라고 하였다. 국어의 후치사는 서정수(1994)에서도 수용되고 있다.

로는 밀접하게 연계되어 있다는 것을 발견하게 되는 것이다. 이러한 현상
은 이 조사의 의미 해석을 위한 또 다른 시도에 직접 간접으로 기여하는
바가 적지 않았음을 지적해 두고 싶다.

2

　다음에는 잠시 조사 '–를'에 대한 그 동안의 몇몇 연구 성과를 돌아보
기로 한다.

　우선 신현숙(1982)의 '주의 집중'을 보기로 한다. 이 논문은 'ø'는 주의
집중이 필요 없음을 뜻하고, '–를'은 '주의 집중'이 필요함을 뜻하는 '대
립 관계'에 있다고 보면서, '청자의 영역에 새로 도입되거나, 대조에 초점
을 맞추거나, 화제의 초점을 전하기 위해 '주의 집중'이 필요함을 뜻한다'
고 하였다. 이 글의 논의에서 우리는 몇 가지 문제를 돌아볼 필요가 있다
고 생각된다.

　첫째로, 'ø'와 '를'의 두 형태는 대립 관계에 있고, 이 두 형태는 서로
다른 의미를 전해 준다고 했는데, 그렇다면 이 두 형태는 상이한 형태소인
지 의문스럽다. 글의 표현으로 보아, 두 형태는 상이한 형태소로 이해되는
데, 그러면 이 두 형태는 전혀 무관한 별개의 형태인지? 이 점은 좀 더 분
명히 밝혀졌어야 좋았을 듯싶다.

　둘째로, 'ø'인 경우에는 애매성을 가지나, '–를'의 경우에는 애매성이
없다고 보았는데, 이것은 지나친 확대 해석이 아닌가 싶다. 다음에 이 논
문에서 예문을 하나 인용해 보자.

　(1) a. 나는 책ø 주인에게 주었다.
　　　 b. 나는 책을 주인에게 주었다.

이 논의에 의하면, a는 주인에게 책 외에 다른 것도 주었을 수도 있지만, b는 책(만)을 준 것으로 해석된다는 것이다. 그러나 b자체로는 그런한 해석의 근거가 없는 것으로 보인다. 다만 화용론적인 측면에서 그러한 해석이 가능하기는 하지만, 그것도 절대적인 것은 아니다. '-를'이 애매성을 갖는 분명한 예를 하나 보기로 한다.

 (2) a. 애들이 우리 아들ø 때렸어.
   b. 애들이 우리 아들을 때렸어.

(2)에서 a는 우선 자연스럽지도 못하거니와, b의 경우 애들이 '우리 아들'만을 때렸다는 해석은 불가능하다. 다른 아이들도 때렸다는 해석을 배제할 수 없다. 따라서 '-를'-이 애매성을 갖지 않는다는 해석은 객관성을 얻기 어려워 보인다.

셋째로, '-를'이 청자의 영역에 새로 도입하거나, 대조에 초점을 맞추거나, 화제의 초점을 전하기 위해 '주의 집중'이 필요함을 뜻한다고 한 것도, 다시 한번 음미해 볼 필요가 있어 보인다. '-를'이 주의 집중과 연계된 근본을 돌아본다면, 위 표현은 그 반대가 되어야 하지 않을까 하는 생각을 해보는 것이다. 즉 '-를'이 '주의 집중'의 의미를 가지기 때문에, 결과적으로 새로운 정보의 도입이나 초점의 기능을 가지게 되었다고 이해하는 것이 더 바른 해석이 아닐까 여겨지는 것이다.

다음으로 '-를'이 목적격조사로 설명되지 않는 여타의 예를 주제 표지로 해석하는 경우를 들 수 있겠다. 임홍빈(1987), 이광호(1988) 등에서 그러한 견해를 보게 된다. 특히 주제와 관련하여 이 연구들에서 볼 수 있는 특징적인 현상은 소위 '성분 주제'이다. 임(1987)의 설명을 보기로 한다.

 (3) 영희가 순진한 철수를 동생에게 모욕을 주었다.

위 예문에서 '철수를'은 목적어로 해석되지 않는다는 전제와 함께, 이를 여격 성분인 '동생에게'에 걸리는 주제, 즉 성분 주제라고 하였다.(p.28) 여기에서 '성분 주제'란 것은 '어떤 성분에 대하여 그 성분에만 해당하는 주제'라 규정되고 있다. 이러한 '성분 주제'의 개념은 대체로 이광호(1988)에서도 그대로 수용되고 있는 것 같다. 우리는 여기에서 주제에 대한 논의에 집착할 많은 여유를 가지지 못한다. 기본적으로 주제란 것이 어떤 명사(구)와 명사(구) 사이에서 상정되는 개념이라기보다는 명사(구)와 서술구 사이에서 상정되는 개념이다. 그렇기 때문에 주제 구조란 대체로 '주제-설명'(Topic-Comment)의 구조로 이해되고 있다. 주제와 관련된 중요한 개념의 다른 하나는 흔히 'aboutness'로 일컬어지는 주제의 의미 특성으로, 이는 곧 서술 대상성이라 할 수 있겠다. 주제의 또 다른 특성 하나는 주제의 문두성이다. 즉 주제는 문두 위치를 지향한다. 일각에서 주제 표지라고 하는 '-는'이 문두 위치에 올 때는 주제를 부각시키지만, 문중에서는 대조의 의미밖에 실현되지 않는 것도 얼마간 이를 입증한다.3) 국내외를 막론하고 주제만큼 그 개념 규정이 다양하고 혼란스러운 것도 흔하지 않을 듯싶지만, 그런 가운데도 이제 말한 주제의 두 가지 특성에 대하여서는 폭넓은 의견의 일치를 보이는 것으로 이해된다. 위에서 규정한 '성분 주제'란 것은, 그 합리화를 위한 논의나, 이것이 전제되었을 경우 얻을 수 있는 장점에도 불구하고, 이제 말한 주제의 기본적 개념을 고려할 때, 선뜻 이해되지 않는다.4)

특히 본고와 관련되는 조사 '-를'에 대하여, 격 표지 기능 외에 주제 표지 기능이 있다고 해석하는 점도 두 논문은 일치를 보인다. 한두 예문을 잠시 돌아보기로 한다. 우선 위의 예문 (3)을 다시 보기로 한다. '철수(를)'가 여격 성분 '동생'의 성분 주제라 할 때, 우선 이러한 두 명사 '철수-동

---

3) 주제가 반드시 문두 위치에 와야 하는 것은 아니다. 대체로 문두 위치로 갈수록 주제성이 더 부각됨을 의미할 뿐이다. '문두성'을 포함한 주제의 일반적 특성에 대하여는 성기철(1985)등 참조.

4) '성분 주제'에 대한 문제점은 한국언어학회 주최 '한국어의 대격'에 대한 주제 토론회에서도 여러 사람에 의해 지적되었다. '언어 19-1'(1994. 6) 참조.

생'의 관계에서 '주제-설명'의 주제 구조를 설정할 수 없게 된다. 따라서 이러한 현상은 주제라고 하는 '철수'가 '동생'의 서술 대상이 될 수 없다고 하는 결과에 귀착되게 한다. 이렇게 볼 때, 적어도 (3)과 같은 예문의 '-를'을 주제 표지로 설명하는 것은 그리 설득력이 있는 것으로 이해되지 않는다. '-를'을 주제와 관련시킨 것은 이전의 임홍빈(1972, 1979a)에서도 거듭되었던 바다. 임(1979a)에서도 다음과 같은 '-를'과 주제의 연계를 볼 수 있다.

(4) 나는 밥이 먹고를 싶다.
(5) 영수가 학교에 가지를 않는다.

위의 예문에 보인 '-를'은 물론 격표지일 수 없는데. 이러한 '-를'과 결합된 성분 '먹고' 및 '가지'를 주제로 파악하고 있는 것이다. 위 두 예문에서 '-를'이 결합된 성분은 전통적으로 본용언으로 해석되어 온 요소이며, 여기에 후속된 성분은 이 본용언에 대한 보조용언으로 이해되어 온 요소로, 이것은 자립적인 서술 기능을 인정받지 못하는 성분이다. 이러한 '본용언+보조용언'의 서술어 구조 안에서 본용언이 보조용언의 주제로 해석되는 것은 아무래도 주제의 본의에서 크게 벗어나는 것으로 생각된다.

다음에는 이광호(1988)에서 한 예를 살펴보기로 한다.

(6) 철수가 영희를 만나지를 않는다.
(7) 마음이 든든을 한다.

먼저 이 논의에서는 '을 하다'에 선행하는 요소에 대하여, "…'명사', '동사 어간+부사형 어미', '동사+보문자', '부사', '형용사 어간' 등을 포함하고 있다."고 하고 이들 '-를' 선행 요소들을 모두 주제로 보았다. (6)에서 '만나지를 않는다'를 하나의 서술구로 해석하고, 이 서술구 안에서 '만나지'를 '않는다'의 주제로 해석하고 있다. '만나지'라는 동사의 이러한 활용형이 보조용언 '아니하다'의 주제라고 할 때, 이것이 과연 주제로서 갖추어야 할 최소한의 기본 조건이라도 갖추었다고 할 수 있을지 의문이다. (7)의 경우도 이와 크게 다를 바 없는 줄 안다. '든든하다'라는 형용사에서 어근이 분리되어 '–를'을 취한 것인데,[5] 이러한 하나의 의존 어근과, 이 어근을 형용사화하는 요소 사이에 주제 구조를 상정한다는 것은 생각하기 어려워 보인다. 그리고 '든든을 하다'에서 주제 표지라고 하는 '–를'이 생략되어 실현되지 않으면, '든든하다'가 된다. 이 때 주제 표지가 생략된 '든든'도 여전히 주제로 해석될 수 있을 듯싶은데,[6] 이러한 해석은 '든든하다'를 하나의 형용사로만 이해하고 있는 대다수 일반의 공통 인식에서 크게 벗어날 것이다. 우리는 여기서 다시 한번 '주제–서술'이라고 하는 주제 구조와, '서술 대상성'(aboutness)이라고 하는 주제의 의미 특성을 상기할 필요가 있을 듯하다. 결국 (3)에서와 마찬가지로, (6) 및 (7)에서도 여기 실현된 '–를' 성분을 주제로 파악하는 것은 무리로 이해된다.

'–를'에 대한 또 다른 해석은 '강조'라 할 수 있다. 즉 목적격조사가 될 수 없는 경우의 의미를 '강조'로 해석하는 것이다. 이와 관련된 '–를'의 분포와 의미는 왕문용(1983)에서 정밀하게 검토·논의되었다. 이 조사의 강조 의미와 관련한 이 연구의 결론은 이러하다.

> '선행 요소(N, V1, Adv)가 동사와 통합되어 하나의 용언처럼 사용될 때 선행요소를 드러내어 강조하려면 {를}을 사용한다. 그러면 선행 요소는 분리되면서 드러내어지고 강조된다. {를}은 이들 선행 요소에 일종의 특별한 관심이 놓이게 한다. 이것이 {를}의 가장 기본적인 의미이며 기능이다(p.252).

위 결론은 '–를'의 의미 기능이 '강조'라는 것, 그리고 그것은 후행 동사에 묻혀 드러나지 않는 선행 요소를 드러내기 위한 수단이라는 것으로 요약될 법하다. 논거와 결론이 명료하면서도 여기에 얼마간 의문이 따른다. 첫째는 '강조'의 배경이고, 둘째는 격 기능과 강조 사이의 상관 관계이

---

5) 임홍빈(1979b)은 이러한 '어근 분리' 현상에 대하여 중점적으로 논의하고 있다.
6) 소위 주제 표지란 것이 실현되지 않은 주제를 어떻게 이해할 것인지는 논자에 따라 이견이 있을 수 있겠으나, 필자의 생각으로는 주제 표지를 인정한다 하더라도, 모든 주제가 반드시 주제 표지를 동반해야 되는 것은 아니라고 생각한다.

다. 먼저 강조의 배경이 시원하게 이해되지 않는다. 과연 '‒를'이 없음으로 해서 선행, 후행 두 요소의 변별이 뚜렷해지지 않는다는 것을 일반화할 수 있을지 의문이다. 가령 '글을 쓰다>글 쓰다>글쓰다' 등에서와 같이 하나의 통사구조에서 격조사가 생략되어 종국에는 통사 구조가 형태 구조로 단어화할 때, 그러한 논의가 설득력이 있어 보이기도 한다. 그러나 여기 말하는 선행, 후행 요소의 변별성이 '‒를'에 의존하는 것이라고는 할 수 없다. 한 예로 '담배를 주세요'와 '담배 주세요'에서 목적어와 서술어 사이의 변별성은 전혀 차이가 없다. 변별 정도에 관한 한, '‒를'의 역할은 발견되지 않는다. 더구나 문어체나 격식체의 긴 문장의 경우, 격조사의 생략은 훨씬 줄어드는데, 이것이 선행, 후행 요소의 변별을 위한 것이라고 보기는 어렵다. 반대로 짤막짤막한 회화체의 말에서는 격조사가 흔히 생략되는데, 이러한 경우 선행, 후행 요소의 변별성이 약화된다고 보기도 어렵거니와 격조사의 생략이 변별성을 조장한다고 보기도 곤란하다.

여타의 여러 논문에서와 마찬가지로, 왕(1983)의 논의에서도 이 조사의 논의에서 간과될 수 없는 문제가 유보되고 있다. 그것은 '‒를'의 두 가지 상이한 의미를 전제할 때, 우리는 이 둘을 한 형태소로 볼 것인가, 아니면 두 형태소로 볼 것인가가 분명히 되어야 할 것이며, 한 형태소라면 '‒를'의 중심 의미는 격기능인가 강조 기능인가, 그리고 그 어느 것이든 그렇게 해석해야 하는 근거는 무엇인가 등이 함께 밝혀져야 할 것이다. 이러한 논의는 아울러 유사한 성격을 보이고 있는 주격조사 '‒가'와의 관련성 또는 공통성도 함께 검토될 때 더 든든해질 것이다.

'‒를'의 비격기능 의미를 '강조'로 해석하는 것은 임성규(1989)에서도 발견된다. 여기에서는 '‒가'와 '‒를'을 함께 묶어 "‒'가, ‒를' 조사들은 본질적으로는 격을 표시하며, 생략7)과 출현의 대립되는 위치에서는 '강조'

---

7) 격조사의 무표지를 생략으로 볼 것인지, 아니면 무표지를 복원적인 것으로 볼 것인지에 대하여는 의견이 일치되고 있지 않다. 이익섭 임홍빈(1983), 서정수(1994) 등은 전자에 속하며, 신창순(1975), 이남순(1988), 왕문용 · 민현식(1993)등은 후자에 서 있다.

의 의미를 나타낸다. 이 1차적인 기능이 확산되어 격을 표시하지 못하는 위치에서 2차적인 화용적 강조 기능을 발휘하는 것으로 본다."(p.87)고 해석 하였다. 그리고 이를 뒷받침하기 위한 증거를 이렇게 말하고 있다. "-이 들이 강조를 실현한다는 증거로 첫째, 문법적인 제약이 약화되었다는 기능 상의 차이, 둘째, 격조사의 격표시 기능 외에 양태적 의미를 가진다는 의 미상의 차이, 셋째, 정보 이론에 의해 강세와 함께 사용된다는 출현 층위 상의 차이를 들 수 있다."고 하였다. 여기에서 앞 부분의 결론에 대해서는 필자도 생각을 같이 한다. 그러나 여기에서 문제되는 중요한 사항은 뒷부 분의 '증거'이다. 이 증거가 온당할 때, 결론이 온당한 것이 될 것은 물론 이다. 첫 번째 증거로 문법적인 제약이 약화되었다고 해서 이것이 의미상 으로 '강조'와 관련될 만한 근거는 찾을 수 없다. 둘째 증거로 격조사의 격 표시 기능 외에 양태적 의미를 가진다는 점을 들었으나, 이것은 순환 논리 의 함정에 들어가는 것으로 우려된다. 왜냐 하면 격표시 기능 외의 (양태 적)의미를 가지고 바로 격표시 기능 외의 의미-강조-를 증명하고 있기 때문이다. 마지막 증거로 강세와 함께 사용된다는 점을 들고 있으나, 이것 은 일부의 현상을 지나치게 확대 해석한 것이다. 왜냐 하면, '-가, -이' 등이 격조사로 쓰이지 않은 위치에서 반드시 강세가 수반되는 것은 아니 기 때문이다. 강세 없이도 강조를 나타내는 경우가 있을 수 있다. 이처럼 '증거'가 온당한 것으로 입증되지 못한다면, 이런 증거에 의해 뒷받침된 결론도 온당한 것으로 이해하기 곤란할 것이다. 임(1989)에서 또 한 가지 남아 있는 문제는 '-가'와 '-를'의 상호 관계이다. 이 둘을 함께 다루었 으면, 당연히 그렇게 한 이유 또는 배경과 상호 관계가 논의되었어야 옳았 을 것이다.

위의 임(1989)와 근접되어 있는 견해로 김재윤(1992)를 들 수 있다. 여기 에서는 격표지로 쓰이지 않는 '-를'을 초점화와 관련시키기도 한다. 김 재윤(1992)는 '-를'의 '어휘적 의미'라 하여 '[+긴밀성], [+의미부각성], [+피영향성]'을 들고, '이와 같은 {-을}의 어휘적 의미가 초점화에 관련된다'고 하였으며, 아울러 '{-을}의 목적어성 기능이 낮을 때 초점화 기능이 상대적으로 높게 나타난다'고 보았다. 여기서 [+피영향성]이란 목적격 표지 기능을 의미한 것이며, [+의미부각성]이란 것은 선행 성분의 의미를 부각시킨다는 의미로, 이것이 초점화와 가장 긴밀히 관련될 것으로 생각된다. 그런데 이 논의에서는 초점화를 이렇게 규정하고 있다. "초점이란 화자가 화용론적 동기에 의해서 다른 정보보다 더 두드러지게 전달·통보하는 새 정보라 할 수 있다. 따라서 초점은 '강조'의 하위 범주로 본다."고 하고 "초점화는 유표적 장치로서 {-이}, {-을}의 실현을 필요로 한다."고 하였다(p.15).8) 본고의 진행과 관련하여 한두 가지 의문점만 생각해 보고자 한다. 먼저 초점을 새 정보하고만 관련시키고 있는데, 위에 인용된 김(1992) 자신의 초점의 개념에서도 짐작되듯이 초점이란 강조되는 요소에 얹힐 수 있는 것이어서, 반드시 새 정보와만 관련되는 것은 아니라고 생각한다. 한 예로 '-를'이 실현된 위 예문 (6)과 (7)을 살펴보면 이러한 사실은 쉽게 확인된다. 이들 예문에서 '만나지'나 '든든'이 새 정보라고는 할 수 없다. 그리고 초점화가 '유표적 장치'로서 {-이} 또는 {-를}을 필요로 한다는 것도 지나치게 일반화된 것이라 하겠다. 초점화가 반드시 이러한 유표적 장치를 필요로 하는 것은 아니기 때문이다. 이렇게 볼 때 '-를'을 초점화와 관련시킨 것은 부분적인 현상을 확대 해석한 데서 연유한 결과일 것으로 짐작된다.

3

이제는 원점에서부터 '-를'의 실체를 다시 살펴보고, 다른 한편으로는 이 조사와 성격을 같이하는 '-가'를 대비해 봄으로써 '-를'의 의미를 규

---

8) 여기에서 {-이}, {-을}은 격 표지 기능 외의 의미를 가지고 쓰였을 경우를 가리킨다.

명하고자 한다. 흔히 인용되는 다음 예를 보자.

(8) a. 담배 주세요.
    b. 담배를 주세요.

화용론적 고려를 하지 않을 때, 또는 문맥을 고려하지 않을 때, 위 두 문장은 의미가 다를 수 없다. '–를'의 생략 여부가 문장의 의미에 별다른 변화를 주지 않는다. 그러나 특정의 문맥을 고려하게 되면, b는 흔히들 말하는 '강조', '주의 집중', '주제화' 등 여러 가지 해석을 가능하게 해 준다. 이것은 b가 쓰일 수 있는 상황이 여러 가지 있을 수 있음을 의미하기도 한다. 결국 이러한 '–를'이 격 기능 외의 다른 해석을 가능하게 해 준다. 여기서 한 가지 분명히 해야 할 점이 있다. 격 기능 외의 해석이 가능한 것은 특정의 문맥에 한정된 것일 뿐, 모든 경우에 가능한 것은 아니란 점이다. 이 점을 분명해야 제한된 부분적 현상을 확대해서 일반화하는 것을 경계할 수 있다. b에서 '–를'을 배타적 의미로 생각해 볼 수 있을지도 모른다. 그것은 곧 예를 들어 '성냥'이나 '라이타' 등 다른 것이 아니라 담배를 달라는 의미로 해석될 수도 있다.

그러나 이러한 의미가 '–를' 본래의 특수 의미인지는 검증을 거치지 않으면 안 된다. 물론 이러한 의미를 받아들인다고 가정하더라도, 그것이 일반화될 수 없는 것은 물론이다.

(9) a. 나는 커피 마셨어.
    b. 나는 커피를 마셨어.

여기서도 강조, 배타, 주의 집중 등 여러 가지 의미 해석이 가능하기도 하다. 문제는 어느 것이든 어떻게 입증되느냐에 있다.

(10) a. 그 회의장에서 위원장께서는 커피 마시고 나서, 조용히 자리 떴습니다.

     b. 그 회의장에서 위원장께서는 커피를 마시고 나서, 조용히 자리를 떴습
     니다.
(11) 그 때 난 커피 마시고 나서 자리 떴어.

  (9)와 (10)을 대비해 보면 매우 의미 있는 것을 발견하게 된다. 우선 (9)에서는 자연스러움에 있어 a와 b 사이에 아무런 차이를 발견할 수 없다. 그러나 (10)에서는 '-를'의 유무에 따라서 자연스러움에 상당한 차이가 발견된다. 즉 이 조사가 생략된 a가 매우 부자연스러운 반면, 이 조사가 실현된 b는 매우 자연스럽다. 그러면 (9)와 (10) 사이에 나타나는 이러한 차이는 어디에 기인하는 것일까? 쉽게 두 가지가 지적될 수 있을 것 같다. 첫째는 외형상 (10)이 (9)에 비해 문이 길고, 둘째는 내용상 또는 문체상 (10)은 (9)에 비해 격식성이 더 두드러진다는 점이다. 여기서 얻을 수 있는 것은 문이 길거나 격식성이 두드러질 경우, 이 조사의 생략은 더 기피된다는 점이다. 이러한 사실은 바로 (11)에서 거듭 확인될 수 있을 것 같다. (10)a에서는 부자연스러웠던 이 조사의 생략이 (11)에서는 매우 자연스럽다. 이것은 문 (11)이 길이가 짧고, 격식성이 적기 때문이다. 길이가 짧고 격식성이 없다는 것은 바로 구어체 또는 회화체 문의 특성이다. 이러한 사실에 비추어 볼 때, 여기에서 얻을 수 있는 결론은, 일반적으로 회화체의 특성이 강할수록 '-를'과 같은 조사의 생략이 두드러지면서도 자연스럽고, 문어체 또는 격식체의 특성이 강할수록 이러한 조사의 생략은 기피되고 부자연스럽다는 점이다. 이러한 현상의 배경은 어렵지 않게 이해될 수 있으리라 생각된다. 대체로 회화체는 상황 또는 장면의 지원을 받는 까닭에, 간요를 지향하게 되어, 상호 이해되는 문 성분이 대담하게 생략되고, 조사도 생략되며, 문의 길이도 짧게 된다. 이에 비해 격식체 또는 문어체는 격식과 무게를 고려하기 때문에 문 성분이나 조사의 생략이 비교적 적고, 문의 길이도 길어지기 쉽다. 따라서 문어체나 격식적인 말에서 문 성분이나 조사가 생략될 경우, 부자연스럽거나 경박한 느낌을 준다. 그러므로 간요를 특징으로 하는 회화체에서 생략해도 좋은 성분이나 조사가 실

현되면, 이것은 해당 성분을 더 두드러지게 드러내는 결과가 되기 쉽다.

이를 뒷받침하기 위해서 다음과 같은 상황을 생각해 보자. 시험을 치르고 나오는 학생에게 가족이나 친구들이 시험을 어떻게 치렀는지 물어 보는 경우를 가정해 보자.

(12) a. 잘 봤니?
      b. 시험 잘 봤니?
      c. 시험을 잘 봤니?
      d. 너 시험을 잘 봤니?
      e. [?]네가 시험을 잘 봤니?

a는 가장 간요한 표현으로 매우 자연스럽다. b가 되면 a에 비해 '시험'이 더 명료하게 드러난다. 생략된 경우보다 실현된 경우가 더 명료할 것은 다시 말할 나위도 없다. c에서는 목적격조사가 드러남으로 해서, 이 조사가 생략된 b에 비해 '시험'이 목적어임이 더 명료하게 드러나게 된다. 다시 d는 c에 비해 주어까지 명료하게 드러나 있다. 이처럼 어떤 성분이나 요소의 생략 여부는 해당 성분의 확연한 명시와 관련된다. 이것은 마치 우리가 사는 집에 문패를 다는 것과 다르지 않다. 즉 문패를 달지 않아도 분명히 우리 집이지만, 여기에 문패를 닮으로써 그것이 누구의 집인가를 더 명시적으로 드러냄과 같다 하겠다. 여기에서 우리의 주된 관심사는 b와 c에 있다. b에서 생략되고 c에서 드러난 '-를'은 강조, 배타 등의 의미가 별로 두드러지게 나타나지 않는다. 여기의 상황 자체가 그렇게 되어 있지 않다. 특히 배타성이라든지 대조 등과 같은 의미는 반드시 이와 다른 상황 또는 다른 대상이 전제될 때만 가능한 것이어서, 위 예에서와 같이 그런 것이 전제되지 않는 경우에는 불가능할 수밖에 없다. 그러나 강조의 경우는 사정이 달라서, 대조 또는 비교될 만한 상황이나 대상의 전제가 없다고 해도 가능하다. 위 예문에서 b에 비해 c에서는 '시험'이 목적어임이 더 명시적으로 나타나고 있는데, 이러한 명시성은 쉽게 '강조'라는 의미와 연결될 수 있을 것으로 생각된다. 바꾸어 말해서, 이 경우 '강조'의 기능 또는

의미는 바로 '명시적으로 드러내는' 기능 또는 의미에서 연유될 수 있다는
것이다. 여기에서 이런 점이 매우 중요하다. 즉 여기서 강조의 의미가 '명
시성'과 크게 다르지 않다는 점, 또는 강조의 의미가 '명시성'에서 연유했
다는 점은 '강조'라는 의미가 기원적으로 어떤 다른 목적을 위해 이용된
것이 아니고, 어떤 사실을 명시적으로 표현하고 보니, 결과적으로 강조가
되었다는 사실을 의미해 준다. 다시 말하면, 발생적인 측면에서 볼 때, 처
음부터 목적어 또는 기타 어떤 성분을 강조하기 위한 수단으로 '-를'이
쓰인 것이 아니고, 목적어 성분을 표시하여 '-를'을 나타내고 보니, 이것
은 '-를'이 나타나지 않은 경우와 대비되어 결과적으로 강조의 효과를 얻
게 된 것이다.

　이처럼 '-를'에서는 명시성에 근거한 강조의 의미가 드러나는 경우가
있는데, 이것이 궁극적으로는 '-를'의 또 다른 하나의 기능 또는 의미가
되었고, 이렇게 수동적으로 강조의 의미가 발생 정착된 다음에, 이 의미가
능동적으로 작용하기에 이른 것이라 생각된다.

　　(13) a. 철수 보내지.
　　　　 b. 철수를 보내지.

　위에서 특정의 전제가 없을 때, a와 b는 동일한 의미로 해석될 수 있는
데, 이 경우에 '-를'은 격조사의 기능을 가질 뿐, 다른 의미는 없다. 이제
다음과 같은 상황을 가정해 보자. 여러 아이들 중에서 한 사람을 선발해서
어디에 보내려고 한다고 해 보자. 이런 상황에서 a가 쓰였다면, 흔히 '철
수'에 강세가 놓이면서 강조될 것이다. 똑같은 상황에서 b가 쓰일 수 있는
데, 이 때에도 강세는 '철수'에 놓이게 된다. a, b가 크게 다를 바가 없지
만, '-를'이 쓰인 b는 a에 비해 '철수'가 더 드러나기도 하고 더 강조되기
도 한다. '강조'의미의 출원을 굳이 강조하는 것은, 첫째로 '-를'의 근본
적인 의미 규명에 큰 단서 또는 길잡이가 되고, 둘째로 상이한 두 의미 사
이의 관련성을 분명히 할 수 있기 때문이다. 그러나 명시성과 강조의 의미

는 기본적으로 전혀 이질적인 것이 아니다. ‘명시성’에서 ‘강조’가 되었는데, 이 ‘강조’는 결과적으로 다시 ‘명시성’을 드러낸다. 바꾸어 말해서, 어떤 대상을 명시하게 되면 강조가 되고, 강조가 되면 명시적으로 드러난다는 사실이다. 따라서 (13)b에서 이번에는 강세에 의해서든, ‘-를’에 의해서든, ‘철수’가 강조가 되고 보니, 이 대상은 더 명시적으로 드러날 수밖에 없다. 이러한 강조 또는 명시가 다른 면으로 배타, 대조, 선택, 주의 집중 등의 의미를 연관시키게 된다. 그러므로 배타 등의 의미는 ‘-를’의 중심 의미가 아니라, 강조의 의미 때문에 부수적으로 드러나게 되는 의미일 뿐이다.

이처럼 ‘-를’이 일반적으로 생략되어 쓰이는 자리에 생략되지 않고 실현됨으로써 결과되는 명시성에 근거해서 ‘강조’의 기능을 가지게 되었다는 것은 이 조사의 성격을 이해하는 데 결정적인 역할을 하게 된다. 그것은 목적격조사로서의 ‘-를’과 강조로서의 ‘-를’이 상이한 형태가 아니라 동일한 형태임을 분명히 뒷받침해 준다는 점이다. 만약에 앞서 소개했던 기존의 연구들에서와 같이 격조사로서의 기능과 무관하게 ‘-를’의 의미를 ‘배타’, ‘대조’, ‘주의 집중’, ‘주제 표지’, ‘강조’, ‘초점’ 등으로 규정한다면, 이러한 의미를 가진 ‘-를’은 격조사와는 무관한 별개의 형태일 수밖에 없다. 종래의 연구에서 간과한 중요한 문제가 바로 이것이라고 생각된다. 의미의 분석에만 무게를 두었을 뿐, 일견 전혀 이질적으로 보이는 두 가지 의미의 상관 관계에는 흔히 주의를 기울이지 못했던 것 같다. 그 결과 상이한 의미를 가진 두 ‘-를’의 동의성 여부 문제는 간과했던 것 같다. 상이한 의미의 상관 관계가 간과되는 한, ‘-를’은 중의성을 가진 동음이의의 형태가 될 수밖에 없을 것이다.

지금까지는 목적어 성분에 분포된 ‘-를’을 대상으로 두 가지 의미의 분석과 상관 관계를 생각해 보았다. 이제는 전혀 다른 분포의 ‘-를’에 눈을 돌려 보기로 한다.

(14) a. 철수는 학원에를(엘) 다닌다.
　　 b. 철수는 학원에 다닌다.
　　 c. 철수는 학원을 다닌다.

위 a, b, c에서 가장 정상적인 표현은 b로 생각되지만, 흔히 c로 말하기도 하고, 때로는 a로 말하기도 한다. a, c 어느 것이든 이처럼 일단 '-를'이 선택되면, 여기에서도 '강조'의 의미가 분석된다. 설혹 c는 표면의 목적격조사로 이해된다 하더라도, a에서는 그럴 수 없다. 목적어에 분포되었을 때에는 '목적격조사'와 '강조'의 두 가지 해석이 가능했지만, 위 예에서처럼 목적어가 아닌 성분에 분포될 때에는 강조의 의미만으로 쓰일 수밖에 없다. 자연 이런 경우에는 중의성은 나타나지 않는다. 위처럼 목적어 아닌 성분에 나타나는 '-를'의 분포는 아래에서 볼 수 있듯이 매우 다양하다.

(15) a. 오늘은 춥지를 않다.
　　 b. 오늘은 춥지 않다.
(16) a. 나도 그걸 먹얼 보았다.
　　 b. 나도 그걸 먹어 보았다.
(17) a. 철수를 열흘만 잡알 두렴.
　　 b. 철수를 열흘만 잡아 두렴.
(18) a. (네가)그것이 먹고를 싶으면, 나를 따라 오너라.
　　 b. (네가) 그것이 먹고 싶으면, 나를 따라 오너라.
(19) a. 철수도 가겔 해 주렴.
　　 b. 철수도 가게 해 주렴.
(20) a. (네가)이걸 가지골 가면, (그가) 이것을 받아 줄 거야.
　　 b. (네가)이걸 가지고 가면, (그가) 이것을 받아 줄 거야.
(21) a. 그가 회사에 들어를 가면, 열심히 일할 것이다.
　　 b. 그가 회사에 들어가면, 열심히 일할 것이다.
(22) a. 가격이 저렴을 하면, 경쟁력이 높아질 수밖에 없다.
　　 b. 가격이 저렴하면, 경쟁력이 높아질 수밖에 없다.

위 예문들은 몇 가지 유형으로 구분될 수 있다. (문법성 문제는 일단 접어

두기로 한다.) 우선 (15)~(19)는 전통문법의 관점에서 서술어가 본동사와 조동사로 구성된 것들로, 조동사에 선행하는 본동사에 '-를'이 결합된 것이다. (20)은 하위문-내포문-의 동사와 상위문의 동사가 이어진 형태로, 이때 하위문의 동사에 '-를'이 결합된 것이다. 해석에 따라서는 (19)도 (20)과 같은 구조로 이해할 수 있다. (21)은 기원적으로 두 개의 서술어 동사가 이어진 것으로 이해될 수 있어 (19), (20)과 동궤의 것으로 이해할 수도 있겠으나, '들어가다'는 하나의 합성동사로 보게 되면, '-를'이 선행 동사에 결합되어 합성동사를 본래의 두 동사로 분리시키는 결과를 가져오게 되었다. (22)도 '명사+형용사'의 구조로 분석될 수 있는데, 여기에서도 선행 요소에 '-를'이 결합되어 어간을 분리하는 결과가 되었다.

위에 보인 예들 외에도 화자에 따라서는 또 다른 분포의 예를 가질 수 있을지도 모른다. 그러한 예를 수용한다 하더라도 여기서 분명한 것은 이들 중 어느 것도 목적격조사로 해석될 수 없다는 사실이며, '강조'라는 의미의 일관된 해석이 가능하다는 점이다.

위에서 '-를'이 가지는 격 기능 외의 의미를 일단 강조로 규정하고, 이를 몇 가지 점에서 입증해 보았다. 그러나 이것만 가지고는 그리 만족스런 입증이 되었다고 말하기 어려운 바가 없지 않다. 위에서 도출한 결론을 뒷받침하기 위해서, '-를'과 유사한 성격을 가진 조사 '-가'와 대비해 보는 것이 큰 도움을 주리라 생각한다. 조사 '-가'가 주격조사의 기능 외에 또 다른 의미를 가지는 것도 그 동안 많이 논의되어 왔다. 이에 대하여 필자도 이 조사가 강조의 의미를 가진다는 것을 밝힌 바 있다.[9] 본고의 논의를 돕기 위해서 다음에 이를 다시 개관하기로 한다.

   (23) a. 바람 분다.
       b. 바람이 분다.
   (24) a. 철수 왔다.
       b. 철수가 왔다.

---

9) 성기철(1994) 참조.

(23)에서 주격조사 '-이'의 유무는 이들 문의 의미에 별다른 차이를 가져다 주지 않는다. a가 좀 더 구어적인 느낌을 주며, 경우에 따라 '-이'가 다소 강조적인 기능을 보여 줄 뿐이다. 그러나 (24)의 경우 '-가'는 주격조사 외에 또 다른 의미를 비교적 선명하게 해석하게 해 준다. 이 때의 의미는 '여러 사람 중에서 철수'가 선택된 의미와 같은 것일 수도 있고, '다른 사람 아닌 바로 철수'와 같은 의미일지도 모른다. 그러나 필자는 이러한 의미를 근본적인 또는 중심적인 것으로 보지 않았다. 그것은 '배타', '대조', '선택' 등의 의미로는 (23)과 (24)에 대한 일관된 해석이 어려워 보이기 때문이다. (23)b의 경우에는 '바람' 외에 선택의 여지가 거의 없으며, 따라서 '배타'나 '대조'의 해석이 거의 불가능할 수밖에 없다. 이런 점에 비추어 볼 때, (23), (24)를 일관성 있게 해석할 수 있는 가장 설득력 있는 방안은 이 형태를 '강조'로 이해하는 것이다.

그러면 위에 말한 강조의 의미는 어디서 유래한 것일까? 이것은 앞서 본 조사 '-를'의 경우와 너무도 일치한다. '-를'의 경우와 마찬가지로 '-가'도 회화체 또는 구어체에서 흔히 생략되는데, 이것은 간요를 주된 특징으로 하는 회화체에서 이미 알려진 또는 이해 가능한 주격 성분에 굳이 격 표지를 부과하는 것은 때때로 일종의 군더더기가 될 수 있기 때문이다. 따라서 이러한 경우에 실현되는 주격 표지는, 주격 표지가 실현되지 않은 경우와 대비해 볼 때, 해당되는 주어 성분을 상대적으로 더 두드러지게 드러내는 강조적 기능을 가지게 되는 것으로 이해된다. 이러한 점은 앞서 보았던 '-를'의 강조적 기능 및 그 배경과 완전히 일치되는 것이다.

조사 '-가'가 주어가 아닌 다른 성분에 분포되는 것 또한 조사 '-를'과 유사점을 보인다.

(25) 오늘은 춥지가 않다.
(26) 이 나무는 흔들리지가 않는다.
(27) 이 차는 잘 나가지가 않는다.

주어가 아닌 성분에 결합되는 '-가'의 분포는 '-를'만큼 넓지 못하다.[10] 그런데 여기에서 분명한 것은 이 '-가'가 주격표지가 될 수 없는 것은 물론이며, 그렇다고 이 조사가 여기에서 '선택', '배타', '대조' 등의 의미로 해석되기도 어렵다는 점이다. 이에 비해 앞서 보았던 '강조'의 의미로 해석하는 데는 별다른 무리가 따르지 않는 것으로 보인다. 더구나 이런 해석만이 모든 분포의 '-가'를 일관성 있게 해석할 수 있는 방안을 마련해 주는 것으로 이해된다.

이해의 편의를 위해, 조사 '-를'과 '-가'가 어떻게 대조를 보이고, 어떻게 일치점을 보이는지, 간단한 예를 살펴보기로 한다.

> (28) a. 철수 커피를 마셨어.
>   b. 철수가 커피를 마셨어.
> (29) a. 철수가 커피 마셨어.
>   b. 철수가 커피를 마셨어.

위의 (28)에서 'ø'와 '-가'의 대립이 보여 주는 의미의 차이는, (29)에서 'ø'와 '-를'의 대립이 보여 주는 의미의 차이와 일치한다.

이러한 현상은 주어나 목적어가 아닌 성분에 분포되었을 때에도 똑같이 나타난다.

> (30) a. 오늘은 춥지 않다.
>   b. 오늘은 춥지가 않다.
> (31) a. 오늘은 춥지 않다(=30)
>   b. 오늘은 춥지를 않다.

---

10) 이 조사는 다음과 같은 두드러진 두 가지 특성을 가진다. 첫째로, '-가'는 부정사 앞에 오는 '-지' 어미의 본용언에 결합되는 특성을 가진다. 둘째로, 이 조사가 분포되는 용언은 대체로 비능동성 용언에 한정된다. 그래서 다음 예문에서와 같은 능동성이 동사에 분포되면 비문을 만든다.

    [?]이 아이는 잘 먹지가 않는다.

(30)에서 보는 조사 '-가'의 유무에서 드러나는 의미 차이는, (31)에서 '-를'의 유무에서 드러나는 의미 차이와 별로 다를 바 없다. 이 두 조사는 한가지로 강조의 의미 기능을 가지기 때문이다. 그렇다고 해서 (30), (31)에 쓰인 '-가'와 '-를'을 동일 형태로 통합할 수는 없다. 이들은 각각 상이한 격표지 '-가'와 '-를'에 통합되는 형태들이기 때문이다.

위의 (30), (31)에 실현된 '-가'와 '-를'은 그 의미나 분포상의 특성으로 볼 때, 보조조사로 규정할 만하다. 그러나 이들이 보조조사로 규정된다면, 이 둘은 각각 격 표지 '-가'와 '-를'과는 동음이의의 별개 형태소가 되어야 할 것이며, 나아가 강조 '-가'와 '-를'이 한 형태소로 통합되어야 할 것이다. 그러나 이미 강조의 의미로서의 '-가'와 '-를'이 각각 상이한 격 표지 '-가'와 '-를'과 동일한 형태소임을 앞서 밝혔다.

위에서 간략히 살펴본 바, '-가'의 분포와 의미는 본고의 주제가 되고 있는 조사 '-를'의 경우와 많은 공통점을 가진다. 특히 '강조'의 의미가 나타나게 된 배경, 그리고 각각의 격 기능과 강조의 의미 사이의 관련성 등에서는 완전한 일치를 보인다. 첫째로, 간요를 하나의 주요 특성으로 하는 회화체에서, 생략해도 무방한 격표지를 실현시킴으로써, 해당 성분을 두드러지게 나타나게 하고, 이렇게 함으로써 이 성분을 강조하는 결과를 낳는 점에서 '-를'과 '-가'는 너무도 혹사하다. 그리고 둘째로, 이렇게 해서 결과된 강조의 의미가 격 기능과 무관하게 주어 외의 한정된 위치에서 순수 강조의 의미만으로 쓰이게 되었다는 점 또한 완전한 일치를 보인다.

이러한 이해는 매우 중요한 의미를 가진다. 첫째로, 이러한 이해가 바탕이 될 때, 비로소 강조 의미의 '-를'과 '-가'가 각각 격 표지 '-를'과 '-가'에서 연유했다는 것을 규명할 수 있으며, 이로써 격 기능과 강조 의미를 가진 각각의 '-를'과 '-가'가 동음이의의 형태가 아니고 동일한 하나의 형태임을 입증할 수 있게 된다. 둘째로, 이러한 이해는 두 조사가 각각 한가지로 강조의 의미를 가졌다고 하더라도, 이 두 형태가 동일 형태소로 통합될 수 없는 근거를 마련해 준다. 과거의 논의에서 크게 미진했던 점의 하나는 격 기능과 강조 기능을 가진 '-를' 또는 '-가'가 각각 하나의 형태소인지 두 개의 형태소인지에 대하여 대부분 대답을 유보하거나 기피했으며, 어느 하나를 따를 경우에도 거기에 대한 근거를 명시적으로 제시하지 못했었다는 점이다. 이전의 논의에서 미진했던 또 다른 하나는 상이한 두 조사 '-를'과 '-가'가 한 가지로 '강조' 또는 여타의 특정 의미를 가졌다고 하면서도, 어떻게 이 둘이 같은 의미를 가지게 되었는지에 대해서 역시 대답을 유보하거나 기피했다는 점이다. 우리는 이 두 조사를 같은 선상에서 고찰함으로써 이러한 문제에 대한 답을 비교적 분명하게 얻을 수 있게 되었다고 생각한다. 따라서 이 두 조사의 특수한 의미에 관한 한, 두 형태를 함께 고려하지 않고서는 소기의 해답에 접근하기 어려울 것으로 판단되는 것이다.

4

조사 '-를'은 국어 문법 연구에서 차지하는 비중이 자못 크다. 특히 그 통사적 성격과 관련해서, 우리 연구자들이 기울여 온 관심과 노력은 매우 큰 것이었다. 여기에 비하면, 이 조사가 가지는 의미 문제의 비중은 훨씬 적은 것일지도 모른다. 그러나 이러한 조사에 관한 한, 통사적 특성과 의미 또는 기능이 늘 무관한 것만은 아니어서, 때로는 양자가 함께 고려될 때, 문제의 해결에 도움을 받을 수 있다. 아무튼 이 글은 이 조사의 의미 또는 기능을 살펴보는 데 주된 목표를 두었었고, 이에 따라 대부분의 통사 관련 문제는 고려의 대상이 되지 못하였다.

이 조사의 의미라고 할 때, 물론 목적격 표지 기능이 그 중심 의미임은 다시 말할 것이 없겠다. 문제는 목적어와 배합된 경우를 포함해서, 비목적어와 배합된 경우에 공통으로 실현되는 비격표지 기능의 정체에 있다. 그 동안에 여러 가지로 그 의미가 천착되어 왔지만, 필자는 그 본질적 의미를 강조로 해석하였다. 필자는 이러한 강조 의미 해석에 객관성을 찾는 데 주안점을 둠으로써, 동의하기 어려웠던 이전의 미진한 분석 및 해석에 변별성을 두고자 했다. 그 객관성을 위해서, 첫째는 이 조사의 격표지 기능과 강조 의미와의 관련성을 밝히는 데 하나의 역점을 두었으며, 둘째는 이 조사와 유사성을 보이고 있는 조사 '-가'와의 대조 분석에 또 다른 역점을 두고자 하였다. 거듭 지적한 바와 같이, 이 조사가 보여 주는 격표지 기능 외의 의미를 규명하는 일은, 이 두 가지가 전제되지 않고서는 불가능하기 때문이다. 아쉽게도 이 점이 늘 간과되어 왔던 것이 사실이다. 이 글을 통해서 자연스럽게 얻을 수 있었던 또 다른 소득은, 과거에 분석되었던 여러 가지 의미 또는 기능이 강조의 의미에 뿌리를 둔 것으로 해석할 수 있다는 점이었다.

필자 나름대로 강조의 의미를 뒷받침하는 몇 가지 근거를 찾아보고자 했지만, 이 조사의 의미 문제와 관련해서 더 살펴야 할 문제가 여전히 남아 있는 것도 사실이다. 격표지 기능에서 강조의 의미가 분화되는 것, 그 결과 동일한 조사가 그 의미에 있어 격표지 기능과 비격표지 기능 사이에 대립을 보이는 것이 왜 주로 '-를'과 '-가'의 두 조사에 국한되어 있는지 그 배경을 이해할 수 없다. 그리고 우리의 이해가 미치지 못하는 또 하나는, 이들 조사의 특징적인 분포다. 격 표지의 자리가 아닌 특이한 분포의 배경은 무엇이며, 그러한 분포가 이들의 의미와 어떤 연관성을 가진 것인지, 그리고 만일 어떤 연관성이 있다면, 그 실체는 무엇인지 등이 앞으로의 더 많은 논의를 기다릴 것 같다.

참고 문헌

김재윤(1992), 「국어 조사 {-이}, {-을}의 초점화 기능」, 충북대학교 박사학위 논문.

서정수(1994), 『국어문법』, 서울 : 뿌리깊은나무.

성기철(1985), 『현대국어 대우법 연구』, 서울 : 개문사

성기철(1994), 「주격조사 '-가-'의 의미」, 『선청어문』 22, 서울대.

신창순(1975), 「국어의 '주제 문제' 연구」, 『문법연구』 2, 문법연구회

신현숙(1982), 「목적격 표지 /-를/의 의미 연구」, 『언어』 7-1, 한국언어학회.

왕문용(1983), 「{를}에 대하여」, 국어교육 46, 47 합병호, 한국어교육학회.

왕문용·민현식(1993), 『국어 문법의 이해』, 서울 : 개문사.

이광호(1988), 『국어 격조사 '을/를'의 연구』, 서울 : 탑출판사.

이남순(1988), 『국어의 부정격과 격표지 생략』, 서울 : 탑출판사.

이숭녕(1961), 『중세국어문법』, 서울 : 을유문화사.

임성규(1989), 「현대국어의 강조법 연구」, 충남대학교 박사학위 논문.

임홍빈(1972), 「국어의 주제화 연구」, 『국어연구』 29, 서울대학교.

임홍빈(1979a), 「{을/를}조사의 의미와 통사」, 한국학논총 2, 국민대.

임홍빈(1979b), 「용언의 어근 분리 현상에 대하여」, 『언어』 4-2, 한국언어학회.

임홍빈(1987), 『국어의 재귀사 연구』, 서울 : 신구문화사.

-『한국말교육』 5, 국제한국어교육학회, 1994. 12.

보조조사 '−까지, −조차, −마저'의 의미 특성

1

한국어학의 발전에 힘입어 한국어 조사의 연구도 많은 연구 성과를 쌓아 왔다. 그 중의 하나는 보조조사의 연구일 것이다. 아직도 의견의 접근을 보지 못하고 있는 '−는'만 해도, 그 중요성이나 다양한 해석에도 불구하고, 아직 적지 않은 문제점을 남겨 놓고는 있지만, 그간의 연구 성과는 적은 것이 아니라 하겠다. 조사나 어미와 같은 문법 형태가 그 의미 또는 기능상의 특성상, 그리고 그 화용론적 특성상 의미의 실체를 선명하게 규명한다는 것이 늘 가능한 일만은 아니다. 의미의 추상성이 그 정체를 가리기도 하고, 상황에 따른 문맥상의 특성과 화자의 심리적 여건이 복합되어, 그 실체를 더욱 흐리게 하기도 한다.

본고에서 잠시 돌아보고자 하는 보조조사 '−까지, −조차, −마저' 등도 그러한 범주에 드는 것들 중의 하나라 할 수 있다. 상당 부분의 공통 의미를 가지고 있는 이들 조사의 의미 문제에 대한 여러 연구 결과가 나왔지만, 온전한 합의에 이르지 못하고 있거나, 부분적인 특성이 잘못 일반화되는 무리가 역력한 것 등은 바로 위에 말한 어려움을 입증하는 한 예라 할 수 있겠다. 우리는 흔히 제한된 자료를 대상으로 하는 데서 오는 부분적 특성의 일반화라는 오류를 범하는 것을 경험한다. 그러하기에 이러한 문제에 대한 연구는 특히 자료에 대한 광범하고도 엄격한 검증이 수반되지 않고는, 자칫 주관적 오류에 안주할 뿐, 그 정체를 정확히 규명하기 곤란하다.

본고에서는 위의 세 조사의 의미 특성을 밝히는 데 주된 목표를 둔다. 그런데 이 세 조사는 상당한 부분의 의미를 공유하고 있기 때문에, 이러한 목표에 접근하기 위해서는 필연적으로 상호간의 의미의 공통성과 차별성을 함께 고려하지 않으면 안 된다. 이러한 대비 연구가 소홀할 때, 자칫 공통성 또는 공통성의 일부를 개별 형태의 의미로 오해하거나 착각하는 오류에 빠지기 쉽다. 이에 본고는 이들 세 형태의 대비에 의해서, 그 각각의 의미의 공통점과 차이점을 함께 찾아 보고자 한다.

미리 말해 두고 싶은 것은, 본고 역시 위에 말한 목표에는 크게 미달한다는 점이다. 다만, 지금까지의 연구의 문제점을 밝히고, 얼마간 보완하는 수준을 크게 넘지 못할 것 같다. 여전히 남는 주요한 문제는 다시 후일을 기다릴 수밖에 없겠다.

2

'-까지, -조차, -마저'의 세 형태가 공통된 의미를 가진 것은 여러 연구에서 언급되었다. 더 나아가 같은 보조조사 '-도'도 이들 세 조사와 공통 의미를 가진 것이 지적되기도 하였다. 한 예로 김석득(1992 : 357)이나 이석규(1992) 등을 들 수 있다. 김석득(1992)에서는 '포함'을 공통 의미로 볼 수 있음을 지적하였고, 이석규(1992)에서는 '[＋선택], [－단독]'을 이들 조사의 공통 자질로 보았다.

   (1) 오늘도 춥다.
   (2) 형님까지(도) 가셨다.
   (3) 영이조차(도) 떠났다.
   (4) 너마저(도) 나를 의심하니?

위에서 이들 조사가 결합된 주어 성분의 명사들은 모두 다른 자매항[1]을 가지고 있다. 즉 각 문장의 서술어는 그 주어 성분의 자매항으로 또 다른 주어 성분의 서술 대상을 전제하고 있음을 알 수 있다. 그 각각의 한두 예를 들면 다음과 같은 것이 될 것이다.

   (1') 어제(/그저께…)도 추웠다.
   (2') 아버지(/어머니/ 동생…)도 가셨다.
   (3') 철수(/아버지/어머니/순이…)도 떠났다.
   (4') 창호(/철수/영수/순이…)도 나를 의심한다.

위에서 상호 대응되는 예들을 대비해 볼 때, 우리는 적어도 다음 몇 가지 사실을 확인할 수 있다.

  첫째, '−도, −까지, −조차, −마저'의 네 조사 모두 적어도 한 쌍의
      자매항을 가지고 있다.
  둘째, '−까지, −조차, −마저'의 세 조사 모두 '−도'로 대치할 수 있다.
  셋째, '−까지, −조차, −마저' 모두 '−도'에 선행할 수 있다.
  넷째, 이들 조사들은 '−도'의 의미라 할 수 있는 '마찬가지(역동)'[2] 또는
      이와 연관된 의미를 공유하고 있다.

  '−도'가 나머지 세 조사와 함께 쓰일 수 있는 점은, 나머지 세 조사끼

---

1) 여기에서 자매항이란 이들 조사의 쓰임으로 해서 이미 전제된 관련항을 가리킨다. 통사론에서 말하는 'sister' 개념과는 구별된다.
2) 최현배(1957 : 619~623)에서는 '−도'의 의미를 '동일'로, 그리고 '−ㄴ들', '−이라도'의 의미를 '마찬가지(역동)'이라 하였다.

리 어느 것도 함께 쓰일 수 없는 점과 대조적이다. 이러한 사실은 아울러 '-도'가 나머지 세 조사와는 크게 성격을 달리함을 입증하는 것이다. 본고에서는 '-도'의 문제는 접어 두기로 한다. 나머지 세 조사와 그 의미가 상당 부분 다르기도 하거니와, 우선 세 조사의 실체 규명이 더 절실히 요구되는 우선 과제로 이해되기 때문이다.

다음에는 이들 세 형태에 대한 그 동안의 논의와 성과를 잠시 돌아보기로 한다. 이들 세 조사에 대한 본격적인 의미 분석이 시도되기는 고영근(1976)에서가 아닌가 싶다.3) 이 논문에서 밝혀진 분석된 내용을 간략히 정리하면 대략 다음과 같겠다.

> 첫째, 화자가 기대하지 않았던 일이 수행된 데 대해 찬의를 표하는 입장일 때
> 둘째, 화자가 기대하지 않았던 일이 수행된 데 대해 찬의를 표하지 않거나 부정적인 입장일 때
> 셋째, 기대했던 일이 여의치 않은 데 대해 찬의를 표하지 않는 입장일 때

'-까지'에 대한 이 논의는 '기대와 다른 결과에 대한 화자의 반응'에서 핵심적인 의미를 찾고 있는 것 같다. 위의 셋을 하나로 통합하면, 대략 기대 또는 예상과 다른 일에 대해 긍정적이거나 부정적인 생각을 나타낸다고 할 수 있는데, '찬의'에 관한 한 별 의미가 없을 것 같다. 찬의를 표하기도 하고 표하지 않기도 하므로, 결과적으로는 '찬의'와는 무관한 것이 될 수밖에 없을 것 같다.

> (5) 아이들은 물론 할머니들까지 눈물을 흘리고 있다.
> (6) 이웃 고을에까지 죄인 잡으라는 방문을 써 붙였다.
> (7) 저 불쌍한 것들이 있는데, 어떻게 아침까지 끓이지 않았느냐?

---

3) 이 논문은 고영근(1992)에 옮겨 수록되었다.

위 세 예는 인용 논문에서 옮겨 온 것이다. 앞의 두 예는 화자가 '기대하지 않았던 일'에 대하여 화자가 긍정적으로 생각하고, 마지막 예에서는 화자가 '기대했던 일'에 대하여 부정적인 생각을 가진다는 설명인 것으로 이해된다. 그런데 화자가 기대했던 일의 결과에 대한 화자의 반응이나 찬의 여부는 이 형태의 의미와 특별한 관계를 가진 것으로 생각되지 않는다. 다음 예문을 검토해 보자.

    (8) a. 아이들까지 갔다.
        b. 아이들까지 갔으니, 얼마나 재미있게 놀겠나?
        c. 아이들까지 갔으니, 얼마나 슬프겠나?

'아이들까지 간' 일이 화자에게 좋은 일이 되고 안 됨은 '-까지'와 무관하다. 또 찬의 여부는 아이들이 가는 문제와 관련한 화자의 기대 여부와도 무관하다. (8)a가 '찬의' 여부와 관련되는 것으로 이해되는 것은 어디까지나 뒤따르는 문장의 의미, 또는 화용론적 문제와 관련될 수 있을 것이다. 이보다는 오히려, 아이들이 가는 것을 화자의 기대와 관련시키는 것이 더 적절해 보인다. 우선은 아이들이 가는 것이 화자의 기대에 어긋나 보이기 때문이다.

이석규(1992)에서는 '-까지, -조차, -마저'의 공통 의미를 '극단'이라 하고, 이 중에서 '-까지'의 의미를 '한계'라 하였다.[4]우선 여기서 '극단'과 '한계'의 의미가 어떻게 구분될 수 있는 것인지 의문스럽다. 이러한 견해는 김석득(1992)에서도 보인다. 여기에서는 이 조사의 의미를 '극한, 한계, 함께 포함의 미치는 한도'(pp.355~356)라고 하였다.[5] 두 논의에서, 세 조사의 의미가 모두 '극단'을 공통 의미로 하고 있다든지, '-까지'의 의미에

---

4) 이석규(1991 : 292)에서 '-까지'는 관련 논의와 무관한 '○○부터 ○○까지'의 '-까지'와 혼동되어 있음. '-까지'의 두 가지 다른 용법은 구별되어야 함.
5) 이 글에서는 '-까지'의 의미를 '범위'와 '한도'의 두 가지로 구분하고, 양자의 공통 의미를 '미침'이라 하였다.

'극단' 또는 '극한'의 의미를 연관시키는 것은 좀 지나친 감이 든다. 일반적으로 '극단'이나 '극한'은 정도를 지나친 경우에 더 적절하게 쓰이는 말이며, '한계'는 '경계'의 의미와 관련되는 것으로 이해된다. 그리고 '극단'과 '한계'가 어떻게 구분될 수 있는 것인지도 의문이다. '–까지'의 의미와 관련하여, 그 어원적 의미를 고려해 볼만도 하지만, 그렇지 않더라도 이 조사에 '한계'의 의미가 해석되는 것은 분명한 것 같다.

서정수(1996)에서는 '–까지'를 '마지막으로 포함되는 것'이라 하였다. '–까지'를 '마지막'과 관련시키는 역시 무리가 있어 보인다. 경우에 따라 마지막일 수도 있지만, 그것이 일반화되는 데는 한계가 있을 것 같다. 그리고 이 조사를 '마지막으로 포함되는 것'이라 할 때, '마지막 남은 대상'의 의미라고 해석한 '–마저'의 의미와 어떻게 구별할 수 있을지는 의문이다. 이러한 해석에서는 '조차'까지도 그 의미를 '마지막으로 포함하는 것'으로 해석할 수 있는 여지를 남겨 두게 된다.

다음에는 '–조차'의 의미에 대한 몇 논의를 돌아보기로 한다. 고영근(1976)에서는 이 형태의 용법을 다음 두 가지로 분석했다.

첫째, 기대했던 일이 잘 안 되는 데 대해 찬의를 표하지 않는 입장에 설 때
둘째, 기대하지 않은 일이 수행됨에 대해 찬의를 표하지 않는 입장에 설 때('–마저의 한 의미와 동일)[6]

위의 두 용법도 하나로 통합해도 무방하리라 생각된다. 어느 하나의 의미가 다른 하나의 의미를 내포할 수 있기 때문이다. 여기에서 '찬의'라는 것은 결국 어떤 결과를 '좋아한다'는 것과 유사할 것일 텐데, 이 문맥에서 이것은 '기대한다'는 것과 크게 다르지 않다. 대체로 기대하지 않은 일이 발생했다는 것은 좋은 일이 될 수 없을 것이다.

---

6) 이러한 용법 또는 의미는 '–마저'의 의미와 동일한데, 고영근(1976)에서 분석된 의미는 이처럼 상당부분이 중복되어 있다.

그런데 '−조차'가 과연 '기대와 그 결과에 대한 화자의 태도'와 직접 관련이 있을지 역시 의문이다. 다음 대화를 음미해 보기로 한다.

> (9) a. 순이는 공부가 시원치 않지만, 영이는 우등생이에요. 놀러 나가는 일이 없어요.
>   b. 뭘. 엊저녁에는 영이조차(도) 극장에 가던데.

위 예에서 b의 화자는 다른 사람의 평가에 대하여, 다소 의문을 가진다. 그렇다고 영이가 극장에 간 사실과 관련해서 화자가 좋고 나쁜 마음을 가지는 것은 아니다. 그저 어떤 사실을 객관적으로 전하는 말로 이해할 수 있다. '기대'나 그 결과와는 무관함을 보여 준다.

김석득(1992 : 356)에서는 '−조차'의 의미를 '잇달아 보탬'이라 하였다.[7] 그러나 이러한 의미가 과연 '−조차'의 의미인지, 또 '−조차'만의 의미인지 단언하기 어려워 보인다.

> (10) a. 기계조차 말썽을 부린다.
>   b. 기계까지 말썽을 부린다.
>   c. 기계마저 말썽을 부린다.

a는 위 인용 논문에서 가져온 것이다 b, c와 대비해 볼 때, 만약 a에서 '잇달아 보탬'의 의미가 분석된다면, 이러한 의미는 b와 c에서도 분석될 수 있을 것으로 보인다. '잇달아 보탬'이 '−조차'만의 의미라고 해석할 근거가 드러나지 않는다. 그리고 '잇달아'라는 의미도 선뜻 이해가 가지 않는다.

> (11) 금년 더위는 수십년래 처음이라고 하는데, 이렇게 에어콘조차 돌아가지 않네.

---

7) 최현배(1957 : 623)에서는 '−조차'를 '더함 도움 토'라 하고 '무엇에다가 또 무엇을 더함을 뜻하는 도움 토씨이니 이에는 "조차" 하나뿐이니라' 하였다.

선행절이 후행절의 자매항이라고 전제할 때, 이 예에서 '잇달아 보탬'이
라는 의미는 거의 드러나지 않는다.

이석규(1992)에서는 매우 독특한 해석을 볼 수 있다.

　　　(12) 그 일은 해결할 생각조차 못했다.

이 예문은 위 논문에서 인용한 것이다. 이에 대한 해석은 대략 이와
같다.

　　…일을 해결하는 것이 기대 정보라면, '생각을 하는 것'은 당연해서 범위영
　역 밖에 있는 것인데, 이 경우는 지나친 것이 아니라 못 미쳐서 영역 밖에
　있는 것이다. 영역을 벗어난 것이 [－기대치]라면, 범위 영역에 못 미친 것은
　당연한 [＋기대치]이다. 이처럼 당연한 기대치가 [－추가](제외)된 것이다. 따
　라서 [조차]는 [＋기대치][－추가]라는 의미 자질을 갖는다8)

이 설명을 이해하기는 그리 용이해 보이지 않는다. '기대치'와 '추가' 등
이 이 형태와 어떻게 관련되는 것인지 좀처럼 이해되지 않는다. 그리고 이
러한 해석이 여타의 '－조차'에 모두 적용될 수 있을 것으로 생각되지도
않는다. 가령 한 예로, 다음과 같은 평범하고 단순한 예문이 똑같은 방법으
로 설명될 수 있을 때라야, 그러한 해석이 설득력을 가질 수 있을 것이다.

　　(13) 철수조차 떠났다.
　　(14) 철수는 음료수조차 안 마신다.

서정수(1996)에서는 '－조차'의 의미를 '본디 그 앞말이 각별한 마지막
대상임'을 나타낸다고 보았다. 여기서 눈에 띄는 것은 '각별한'과 '마지막'
이다. '각별'하다는 것은 어떤 면에서 매우 주관적인 것이 될 수 있는데,
여기서도 실제 이 말이 의미하는 것이 어떤 것인지는 확실하지 않다. 아무

---

8) 이석규(1992), p.294.

튼 잠시 다음 예문을 생각해 보자

(15) 철이조차(까지/마저) 내 말을 듣지 않아요.

위 예문에서 ‘철이'가 과연 각별한 의미를 가지는 것인지 수긍이 가지 않는다. 그리고 설혹 그러한 의미를 갖는다 치더라도, 그것이 꼭 ‘-조차'만의 의미일지 의문이다. 예에서 보듯이 세 조사 중 유독 ‘-조차'만이 그러한 의미를 가지는 것으로는 해석되지 않기 때문이다. 그리고 ‘마지막'이라는 의미는 서(1996)에서 세 조사에 공통된 의미로 분석되었는데, ‘-까지'에서와 마찬가지로, 이 조사에서도 ‘마지막'이 그 근본 의미로 해석되지는 않을 것 같다.

마지막으로 ‘-마저'의 의미 해석에 대한 논의를 돌아보고자 한다. 고영근(1976)에서는 다음과 같은 경우에 이 조사가 쓰이는 것으로 보았다. 이를 요약하면 대략 다음과 같다.

첫째, 화자가 기대하지 않은 일이 수행된 데 대해 찬의를 표하는 입장에 설 때
둘째, 화자가 기대하지 않았던 일이 수행된 데 대해 찬의를 표하지 않는 입장에 설 때
셋째, 기대했던 일이 잘 안 된 데 대해 찬의를 표하지 않는 입장에 설 때

위에서 셋째는 대략 둘째에 통합이 가능할 것으로 보이는데, 첫째와 둘째는 ‘찬의' 여부가 서로 상반된 것이어서 별 의미를 가지기 어려워 보인다. 결국 이 조사는 기대와 다른 일이 발생할 때 쓰인다는 결론이 될 것 같다. 이 논문의 한 예를 인용해 본다.

(16) 우리가 더욱 놀란 것은 어머니가 솥에 이미 뜸마저 들여 놓으셨던 것이다.

인용 논문의 해석과 달리 여기에서 결과된 일에 대한 화자의 '찬의' 여부는 전혀 문제가 되지 않는다. 어머니가 한 일은 상황에 따라 화자에게 좋은 결과가 될 수도 있고, 좋지 않은 결과가 될 수 있을 것이다. 인용 논문의 설명대로 어머니가 한 결과가 화자에게 고마운 일이 될 수도 있겠지만, 그대로 밥을 지어 놓아서는 안 될 상황에서 어머니가 뜸까지 들여 놓았다면, 이것은 오히려 걱정거리가 될 수 있다. 이러한 해석은 인용 논문의 해석과는 정반대가 된다.

또 이 조사를 화자의 '기대'와 관련시킨 것도 적절해 보이지 않는다. 위 인용문에서만 보아도, 어머니가 밥을 지어 놓은 것은 화자의 기대에 부합하는 것일 수도 있고, 기대에 전혀 어긋나는 것일 수도 있다.

(17) 금년에는 막내마저 새 살림을 차렸다.

이 예문에서도 '새 살림을 차린' 것이 화자에게 긍정적인 것으로 이해되겠지만, 상황에 따라서는 부모의 만류를 뿌리치고 떠난 것이 무척 마음에 섭섭해서 하는 말일 수도 있다. 이러한 사실은 이 조사가 화자의 기대 문제나 발생된 일에 대한 화자의 호감 여부 등과는 전혀 무관함을 입증해 준다.

김석득(1992 : 358~360)에서는 다음과 같이 '-마저₁'과 '-마저₂'로 의미를 구분하고, '-마저'의 의미를 '최종성 더 보탬'이라 하였다.

'-마저₁' : 하물며, 더더구나, 더보탬(마지막성을 내포)

(18) (형식뿐만 아니라) 내용마저 불충실하다.

'-마저₂' : 마지막, 남김없는 극한성의 더보탬[9]

---

9) 최현배(1957 : 624)에서는 이 조사를 '끝남 도움 토'라고 하고, '일이나 문의 끝남을 보이는 도움 토씨이니 이에는 "마저" 하나가 있을 뿐니니라' 하였다.

(19) 남은 한 잎새마저 떨어졌다.

우선 이 조사의 의미를 위와 같이 둘로 구분한 것은 그리 객관성이 있어 보이지 않는다. 두 예문 자체가 그러한 차이를 보여 주는 것 같지 않기 때문이다.

이석규(1992)에서 우리는 또 다른 특이한 해석을 보게 된다. 이 조사는 '범위 영역 밖의 대상을 추가시키는 극단을 나타낸다' 하고, 그 의미 자질을 [‒기대치][+추가]라 하였다. 예문을 하나 인용해 본다.

(20) 너(마저/²조차) 포기할 줄은 몰랐다.

'포기하리라고 기대했던 사람의 범주 속에 없던 '너'가 포기하게 되어 [‒기대치]가 [+추가]된 것'이라는 해석인 것 같다.

이 조사에 대한 위의 해석과 관련하여 몇 가지 생각할 점이 있을 것 같다. 우선 (20)에서 '조차'는 완전한 문장을 이룰 수 있다는 점을 지적하고 싶다. 이런 전제에서 (20)에 '조차'가 대치될 경우, 여기에서도 '‒마저'의 경우와 똑같은 [‒기대치][+추가]의 의미 자질을 분석해 낼 수 있다. 그러한 해석은 '‒조차'는 물론 '‒까지'의 경우에까지 적용이 될 수 있다. 이처럼 여타의 조사와 완전히 일치되는 의미란 것은 그 조사의 의미의 일부일지언정, 그 조사만의 의미로 단정할 수 없다. 그러한 결론에 이르기 위해서는 이와는 다른 별도의 논거가 뒷받침되지 않으면 안 된다.

서정수(1996)에서는 '‒마저'의 의미를 '그 앞말이 마지막으로 남은 대상'이라 하였다. 앞에서도 보았지만, 다음에 요약해서 보이는 바와 같이 '마지막'이란 의미는 세 조사 모두에 공통되어 있다.

(21) 까지 : 그 앞말이 마지막으로 포함되는 것
    조차 : 그 앞말이 각별한 마지막 대상임
    마저 : 그 앞말이 마지막으로 남은 대상(pp.926~931)

위에서 그 의미하는 바가 서로 다르다고는 하지만, 결과적으로는 모두가 '마지막의 것'이라는 공통 의미를 가지고 있는 것이라 하겠다. 그런데 각각의 조사의 진정한 의미는 공통 의미가 아닌 변별적 의미가 규명됨으로써만 밝혀진다. 공통 의미는 어디까지나 부분적인 의미가 될 수밖에 없다.

이상에서 몇 편의 앞선 연구를 돌아보면서, 몇 가지 문제점들을 살펴보았다. 특히 공통된 문제점의 하나는 관련 언어 자료를 광범하게 검토하지 못한 데서 오는 오해나 편견이었고, 다른 하나는 자료의 해석에서 보이는 지나친 주관적 판단이었다. 특히 이러한 과제일수록 자료가 얼마나 소중한가를 다시 한번 마음에 새기게 한다. 다음에는 자료를 좀 더 충실하게 검토하면서, 이들 조사의 의미 탐색에 접근해 보기로 한다.

3

설명의 편의상 우선 개별적으로 그 의미를 살펴보고, 그 다음에 이들 조사 간의 의미를 대비해 보도록 하겠다.

먼저 '-까지'에 눈을 돌리기로 한다. 잘 알려진 바와 같이 '-까지'는 다소 이질적인 두 가지 의미를 가진다.

(1) 이 차는 서울에서 부산까지 달린다.
(2) 이 차는 서울에서는 물론, 부산에서까지 영업을 한다.

앞 예에서 '-까지'는 '-에서'와 함께 어떤 영역 또는 범위를 방향성으로 한정하면서, '-에서'가 가리키는 시발에 대하여 종착의 한계를 나타낸다. 그런데 뒤의 예에서는 앞의 것과 마찬가지로 두 개의 영역을 전제로 하면서 한계성의 의미를 공유하지만, 전자에 비해 방향성은 상당히 퇴색되어 있다. 거의 퇴색되기는 했지만 방향성은 여전히 유지되고 있는 것으로 해석될 수 있다. 반면 전자에서 찾아볼 수 없는 '추가성'을 가지고 있다. '추가성'에 의해 둘은 차별화된다. 하나의 공통 의미 자질이라 할 수 있는 '한계성'을 고려하여, 이 둘을 한 형태로 통합하되, 이후 본고에서는 후자의 의미만을 살핌의 대상으로 한다. 전자는 본고에서 함께 대상으로 하는 '조차', '–마저' 등과 무관하기 때문이다.

'–까지'의 기본적인 의미는 '한계'인데, 이 '한계'의 성격을 좀 더 생각해 보고자 한다.

> (3) a. 얘, 영호야, 영이가 갔으면, 철수를 좀 불러와.
>   b. 선생님, 영이도 가고 철수도 갔어요.
>   c. 철수까지 갔어?
>   d. 그럼, 순이라도 불러 오렴.
>   e. 선생님, 순이도 갔던데요.
>   f. 뭐? 아니, 순이까지 갔단 말이야?

위의 대화는 별로 무리가 없어 보인다. '–까지'가 한번 쓰이고(c) 나서 다시 또 한번 쓰이었다.(f) 이것은 '–까지'가 항상 고정된 '한계'를 의미하는 것은 아니라는 것을 보여 준다. 이런 의미에서 보아도 이 조사의 의미를 '극단'으로 보는 것은 적절해 보이지 않는다.

다음 예도 동궤의 것이 될 것이다.

> (4) 나는 곧 둘째 아들까지 결혼시킬 생각이다.

위 예문의 화자가 아들 셋을 두었다고 가정해 볼 때, 둘째 아들의 결혼이 마지막이라고 할 수 없을 것이다. 그렇다고 또 화자의 머릿속에서는 '첫째 아들과 둘째 아들'만이 한 집합을 이루고 있다고 해석하기도 곤란하다. 따라서 둘째 아들이 결혼이 '마지막'이라거나, 또는 '극한'에 있다고 말하는 것은 온당하지 않다. 그저 '둘째 아들'을 결혼시키는 하나의 한계로 여길 뿐이다. 다소나마 '극한'이나 '극단'의 의미로 인식이 된다면, 그것은 아마도 '한계'라고 하는 의미 내용에서 부수적으로 생겨난 하나의 주변적 의미가 될 것이다.

> (5) 야당까지 정부를 지원하였다.
> (6) 미국까지 그런 나라를 지원하였다.

이들 예에서 무엇보다도 먼저 확인되는 것은 '-까지'가 결합된 성분, 즉 이 조사의 직접성분이 그 자매항을 전제로 하고 있다는 점이다. 한 예로 a에서 정부를 지원하는 것이 야당 외에 이미 다른 데가 또 있었다는 것을 전제로 하고 있다.

다른 하나는 이 조사가 예상 밖의 일 또는 평상적이 아닌 일에 쓰이기도 한다는 점이다. (6)에서 '그런 나라'가 어떤 나라인지 알 수 없지만, 미국의 지원은 예상 밖이라는 의미가 드러난다.

다음 예문을 통해서 그러한 사실은 더 분명히 확인될 수 있다.

> (7) a_1. (남편)여보, 할아버지 저녁 진지 잡수셨나?
> a_2. (아내)그럼요. 그리고 할머니도 잡수셨는데요.
> a_3. (아내)그리고 할머니까지 잡수셨는데요.
> b_1. (남편)할머니도 (잡수셨어요)?
> b_2. (남편)할머니까지 (잡수셨어요)?
> b_3. (아내)예. 할머니도 잡수셨어요.
> b_4. (아내)예. 할머니까지 잡수셨어요.

위 대화를 퇴근한 남편이 아내와 하는 것이라고 가정해 본다. 특별한 상황을 전제하지 않는다면, a_1, b_1에 대한 반응으로는 a_2, b_3가 정상적일 것이다. 그러나 어떤 상황에서는 a_2, b_2, b_4 등도 충분히 쓰일 수 있다. 이들이 쓰일 수 있는 상황은 이런 것이 될 수도 있을 것이다. 할머니가 편찮으셔서, 평소 저녁 식사를 안 하시는 경우, 또는 그러한 상황에서 아내가 할머니도 잡수셨다고 말했을 경우에는 '-까지'의 실현이 가능하다. '할머니까지'라고 했을 때, 식사를 했으리라고 생각하는 영역 속에, 또는 식사를 했으리라고 생각하는 사람의 집합 속에 '할머니'는 포함되어 있지 않았다가, 이 집합의 한 구성원으로 추가되는 것을 의미하게 된다. 결국 위 예에서 '-까지'는 평범한 일상적 상황에는 잘 쓰이지 않음을 보여 준다. 즉 이 조사는 흔히 평상을 벗어난 상황 또는 예상이나 기대에서 벗어난 일에 쓰이는 것으로 보인다.

그러나 '-까지'가 항상 그러한 상황에서만 쓰이는 것은 아니다.

(8) 이제 딸까지 결혼시키면, 나는 한 시름 놓게 된다.

위 예문이 딸의 결혼식을 며칠 앞둔 부모의 말이라고 한다면, 이것이 예상 밖이라거나 평상에서 벗어난 일이라고는 할 수 없다. 이런 경우에는 단순히 '한계'와 '추가'의 의미만이 드러난다. 이렇게 보면 '예상 밖의 일'이나 '비평상적인 일'이 이 조사의 중심 의미라고 할 수는 없을 것 같다.

여기서 '추가'의 의미를 잠시 돌아보고자 한다. 이 조사의 '추가' 의미는 조사 '-도'에서도 분석되는 것으로 이해될 수도 있다. 그러나 이 조사의 의미는 '추가'에 있지 않고 '역동'에 있다. 만약 이 조사의 의미가 '추가'에 있다면, 역시 '추가'의 의미를 공통으로 가지고 있는 '-까지도', '-조차도', '-마저도'와 같은 분포 또는 결합을 보이기는 어려울 것이다.

이상의 논의를 종합해 볼 때, 본고의 주 대상이 되고 있는 '-까지'의 주요한 의미 자질은 '한계', '추가'라고 할 수 있고, 이 중에서도 관련된 다른 조사와 구별되는 중심 의미는 '한계'일 것이다.

다음으로는 조사 '-조차'의 의미 특성 문제로 눈을 돌려 보기로 한다.

(9) 철수조차 떠났다.

위는 가장 단순한 문의 하나라 하겠다. 우선 이 문에서 눈에 띄는 것의 하나는 '철수'의 자매항이 있다는 점이다. '철수'에 앞서 떠난 사람이 있음을 전제하고 있다. 따라서 이 문은 이미 떠난 사람에 추가해서 '철수'가 또 떠남을 의미하고 있다. 원래 '-조차'가 '추종'의 의미를 가진 동사 '좇아'에서 문법 형태화한 것임을 아울러 고려할 때, '추가'는 '-조차'의 중심 의미인 것으로 이해된다.

위 예문에서 쉽게 눈에 띄는 다른 하나는 '철수가 떠나는' 것을 화자가 예상하지 않았을 것이라는 점이다. 즉 철수의 떠남은 예상 밖의 일이라는 사실이다. 이러한 사실은 다음 예들에서도 확인된다.

(10) 철이는 노인들한테서조차 인기가 많다.
(11) 여당조차 정부편을 들었다.

그러나 (11)에서 여당조차 정부를 공격하는 것은 화자에게 평상적인 일이 아닌 것으로 생각된 것이다. 그런데 여기서 고려해야 할 점은, 그것이 화자의 마음에 드는 것일 수도 있고, 안 드는 것일 수도 있다는 점이다. 그리고 '예상 밖'이 조사의 주된 의미 특성인지 아닌지는 더 많은 자료에 대한 검증을 요한다. 그러면 이미 예상되거나 계획된 경우에도 이 조사가 쓰이는지 살펴보자.

(12) a. [?]나는 곧 둘째 아들조차 결혼시킬 생각이다.
     b. 나는 곧 둘째 아들까지 결혼시킬 생각이다.

이 예문에서 둘째 아들을 결혼시키는 일은 이미 계획된 일이요, 예상된 일이다. 그런데 a를 비문으로 규정하기는 어렵다 해도, b와 대비해 볼 때 그 허용도는 훨씬 떨어지는 것으로 느껴진다. 즉 이런 경우 a보다는 b가 더 자연스럽다. 만약 이러한 필자의 직관이 어느 정도 받아들여진다면, '-조차'는 '계획된 것'이나 '예상된 것'에는 잘 허용되지 않는다고 말할 수 있다. a에서 느껴지는 또 다른 의미를 생각할 수 있다. 그것은 둘째 아들을 결혼시키는 일이 어딘가 평상적인 일이 아닌 것 같다는 점이다. 이 아들을 결혼시키기에는 어딘가 좀 적절하지 못한 인상을 주고 있다. 그러고 보면 '예상 밖'이라기보다는 '비평상'을 한 의미로 하고 있다고 볼 수 있다. (10), (11)도 그러한 해석이 가능하다. 이들 예가 모두 '추가'의 의미를 공유함은 물론이다.

'-조차'는 흔히 부정문에 잘 실현된다. 예문 (12)에서 a가 이상한 것은 예상되고 계획된 일에 쓰였다는 점 외에, 또 다른 이유로 이 조사가 긍정문에 쓰였다는 점을 들 수 있다. 다음 예문을 음미해 보면, 그러한 사실을 수긍할 수 있을 것 같다.

> (13) a. 철수는 나에게 선물조차 주지 않았다.
>   b. ^{??}철수는 나에게 선물조차 주었다.
> (14) a. 철수는 아픈데도 병원에조차 가지 않았다.
>   b. ^{??}철수는 아픈데도 극장에조차 갔다.

긍정문이 잘 허용되지 않거나, 매우 부자연스러운 것으로 보인는데 반해서, 부정문은 매우 자연스럽다.

대체로 보아, 부정문이 아니라도 이 조사가 사용된 문의 내용이 화자에게 긍정적인 것, 예로 마음에 드는 일 같은 것일 때에는 잘 안 쓰이는 반면, 화자에게 부정적인 것, 예로 화자의 마음에 안 드는 일 같은 것일 때에는 잘 허용되는 것도 위 예문에서와 맥을 같이하는 것이라 생각된다.

> (15) a. [?]철수가 내 선물조차 사 왔다.
>   b. 철수가 내 선물조차 빼앗아 갔다.

나한테 선물을 사 온 것은 흔히 기분 좋은 일이 되는데, 이 경우에는 '-조차'의 사용이 기피된다. 반면에 내 선물을 빼앗아 간 것은 분명 기분 나쁜 일인데, 이러한 경우에는 이 조사의 사용이 매우 적절하다. 화자의 마음에 안 들거나 덜 드는 것도, 화자의 쪽에서 보면 '부정적인 것'이라고 할 수 있다. 따라서 부정문에 쓰이는 경우나 화자의 마음에 부정적인 결과가 되는 것이나, 이를 모두 '부정적인 것'인 것으로 통합할 수 있을 것 같다.

위에서 살핀 바를 종합해 보면, '－조차'는 '추가'를 핵심적인 의미로 가지면서, 부정적 결과나 비평상적인 일에 쓰인다고 할 수 있다.

다음에는 '－마저'의 의미에 눈을 돌리기로 한다. '－마저'가 부가 '마저'에서 온 것은 어렵지 않게 확인된다.

(16) a. 이것도 마저 먹어라
    b. 이것 마저 먹어라.
    c. 이것마저 먹어라.

a, b에서 '마저'는 부사이다. 이들 사이에는 공통 의미가 그대로 존속하고 있다. '이것' 외에 먹은 것이 전제되고 있음이 그 하나요, '이것'이 '마지막 것'이라는 것이 다른 하나이다.(주6) 이처럼 조사 '－마저'에는 부사 '마저'의 의미가 그대로 유지되고 있다고 할 수 있다. 그러나 다음 예에서와 같이 둘은 또 분명히 변별되기도 하여, 조사로서의 '－마저'의 설정 근거를 마련해 준다.

(17) a. 이것마저 나를 괴롭힌다.
    b. *이것(이) 마저 나를 괴롭힌다.

위 예에서 보듯이, 이 형태가 주어에 후속될 때, 조사 '－마저'는 뒤에 오는 동사와 아무런 통사적 관련이 없으나, 부사로서의 '마저'는 반드시 피수식어를 가지기 때문에, 조사 '－마저'와 확연히 변별된다. 또한 부사로서는 선행 성분이 조사 '－까지, －조차' 등을 가지더라도 무관하지만, 조사로서는 어느 것끼리도 통합될 수 없으므로, '－마저'에 여타 조사가 선행할 수 없다.

(18) a. 이것까지 마저 먹어라.
    b. *이것까지마저 가져가라.

이제 이 조사의 의미를 생각해 보자.

　　(19) 철수마저 나를 괴롭힌다.

여기에서도 조사 '–마저'는 부사 '마저'의 의미와 마찬가지로 '마지막으로 남은 것(사람)'을 의미한다. '마지막'이라는 것은 어떤 의미에서 순서와 연관되는 말이다. 즉 연속선상에서 맨 끝 순서에 있는 것을 의미한다고 할 수 있다. 이렇게 보면 이 조사도 어떤 의미에서 '한계'를 나타낸다고 할 수도 있다. 그러나 이 조사의 의미의 본질적 특성은 '마지막'이란 데 있는 것이지, 어떤 영역에서 '한 쪽 끝'이라는 데 있는 것으로는 보이지 않는다.
　이 조사의 경우도, '–까지'의 경우와 마찬가지로 그 자매항을 가진다. 즉 이미 '나를 괴롭히는' 사람이 있는데, 여기에 추가해서 '철수'까지 또 '나를 괴롭히는' 것이다. 이처럼 자매항을 갖는 점과 추가의 의미를 가지는 점은 '–마저, –까지, –조차'가 나누어 가지는 의미상의 공통점이다.
　'–까지'나 '–조차'에서 보았던 '예상 밖', '비평상' 등의 의미가 이 조사에서도 드러나는 것처럼 보일 때가 있다.

　　(20) 철수마저 나를 안 믿어.
　　(21) 이제 대통령마저 거짓말을 한다.

이러한 예를 대상으로 하면, 그러한 의미가 쉽게 드러나 보이는 것 같다. 그러나 이러한 의미가 이 조사의 참된 의미인가도 고려해야 하며, 그런 의미 해석이 안 되는 예가 많은 것 또한 주목해야 한다. 다음과 같은 예에서는 그러한 의미가 드러나지 않는다.

　　(22) 오는 봄에는 딸마저 결혼을 시킬 예정이다.
　　(23) 나는 처음부터 이것마저 너에게 주려고 생각하고 있었다.

여기에서 '딸을 결혼시키는' 일이나 '이것을 너에게 주는' 것이 평상이나 어떤 예상을 벗어난 것이라고 할 수 없다. 어찌 보면 화자가 처음부터 마음에 계획하고 있던 일일 수 있다. 이러한 의미 특성은 앞서 보았던 '-까지'와 크게 변별되는 점이다. 따라서 때로 '예상 밖'이나 '비평범'의 의미를 드러내는 경우가 있다고 하더라도, 이것을 일반화할 수 없으며, 그러한 의미 해석이 조사의 근본 의미에 연유한다기보다는 없지는 다른 이유, 한 예로 화용론적 해석에 따르는 것일 수 있음을 유의해야 할 것 같다.

이상에서 살펴본 바를 종합해 보면, '-마저'의 의미 특성은 '마지막', '추가'에 있다고 하겠다. '추가'는 여타의 조사와 공유하는 의미이므로, 이 조사의 변별적 의미는 '마지막'이라 하겠다.

다음에는 이들 세 조사를 한 데 묶어 그 쓰임을 대비해 보고자 한다. 여기에 '철수, 영호, 영이, 혜순'의 네 사람을 한 집합으로 하는 무리가 있다고 가정하자.

> (24) a. 철수까지 데리고 가자. / 데리고 가라.
>   b. ?철수조차 데리고 가자. / 데리고 가라.
>   c. 철수마저 데리고 가자. / 데리고 가라.

위 예들에서 보듯이, '-까지'와 '-마저'는 청유문이나 명령문에 모두 쓰일 수 있는 반면, '-조차'는 자연스럽지 못하여 그 문법성이 매우 의심스럽다.

이들 조사는 그 분포에서도 차이를 보여, '-까지'가 분포상의 제약이 적은 반면, 나머지 둘은 이에 비해 훨씬 제약이 심하다. 몇 예를 보이면 대략 다음과 같다.

> (25) a. -에서까지, -어(서)까지, -고까지, -게까지, -으면서까지 …
>   b. -에서조차, *-어(서)조차, *-고조차, *-게조차, ?-으면서조차 …
>   c. -에서마저, *-어(서)마저, *-고마저, *-게마저, *-으면서마저 …

이들 세 조사의 공통 의미 특성으로 제일 먼저 드러나는 것은 자매항을 갖는 점이다.

  (26) 철이까지/조차/마저 우리를 돕기로 하였다.

  위에서 어느 조사가 선택되든 '우리를 돕기로 한' 사람은 '철이' 외에
또 있음을 알 수 있다. 이와 관련된 이들 조사의 공통 의미를 '추가'라 할
수 있을 것이다. '추가'를 시각을 달리 해서 보면, '포함'이라고 할 수도 있
을 것이다. 이들은 모두 기존의 집합에 한 원소를 더하는 결과를 가져오기
때문이다. 그러므로 '추가'와 '포함'은 한 사물의 표리에 불과한 것이다.

  이들에서 공통으로 해석될 듯한 의미는 '예상 밖' 또는 '비평상'의 의미
이다. (21)에서 '철이가 우리를 돕기로 한' 것은 화자에게 예상 밖의 일이
나 평상적이 아닌 일로 해석될 수도 있을 것이다. 그러나 각각의 조사를
살피는 자리에서도 일부 보았듯이, 이러한 의미가 항상 모두에 일반화되는
것은 아니다.

  (27) 이번에 철이까지 졸업하면, 학비 걱정은 없어진다.
  (28) 이번에 영이조차 시집보내고 나면, 우리 두 늙은이가 무척 쓸쓸하겠지.
  (29) 영이마저 데리고 가지, 한 사람 남겨 놓는다고 뭘 하겠어?

  위의 세 예를 음미해 볼 때, 어느 것에서도 '예상 밖', '기대 밖' 또는
'비평상'과 같은 의미가 뚜렷하게 드러나지 않는다. 물론 그러한 의미가
뚜렷하게 부각되는 사례를 얼마든지 볼 수 있다. 그러므로 그러한 의미를
이들 세 조사에 공통된 의미로 이해하는 것은 온당하지 못하다. 이들 세
조사에서 공통 의미로 느껴지는 것은 '추가'의 의미이다. 이것은 이들 조
사가 모두 자매항을 전제로 하고 있는 것과 관련되어 있다. 이런 측면에서
보면, '-도'도 마찬가지일 것이다. 그러나 '-도'의 핵심적인 의미가 '추
가'에 있지 않고, '역동(亦同)'에 있듯이, '-까지'의 중심 의미도 '추가'에
있는 것은 아니다. '추가'는 '-조차'의 중심 의미인 반면, '-까지, -마

저’의 한 주변적 의미로 이해할 수 있다. 뒤의 둘은 각각 ‘한계’ 및 ‘마지막(의 것)’을 중심 의미로 하고 있다.

또 하나 이들 조사에서 공통으로 느껴지는 의미로 ‘극단’ 또는 ‘한계’를 들 수 있다. 이미 앞서 보았듯이, 그러한 의미를 공통의 중심 의미로, 또는 어떤 조사의 의미로 분석하는 사례가 없지 않다. 이석규(1992), 서정수(1996)에서는 이들 세 조사 모두에서 ‘극단’의 의미를 분석하였고, 김석득(1992)에서는 ‘-까지’에서 ‘극한’의 의미를 분석하였는데, 이러한 의미가 과연 근본 의미인지는 더 검토되어야 할 것 같다.

본고에서도 ‘-까지’의 중심 의미를 ‘한계’로 보았다. 또 ‘-마저’는 ‘마지막’ 또는 ‘마지막의 것’을 의미하기 때문에, 그 의미를 ‘한계’, ‘극단’, ‘극한’ 등으로 이해할 만도 하다. 그러나 이러한 의미는 이 조사의 근본적인 의미라기보다는 ‘마지막’이라고 하는 중심 의미에서 부수적으로 수반되는 의미일 뿐이다. 만약 이 조사의 의미를 ‘극단’ 등으로 이해한다면, 부사 ‘마저’의 의미도 그렇게 해석해야 옳을 것이나, 이 부사의 의미를 그렇게 이해하는 사람은 없을 것 같다. 그리고 이미 지적한 대로 ‘극단’이나 ‘극한’ 등은 정도와 관련되는 것이고, ‘한계’는 ‘경계’와 관련되는 것인데, 문제의 조사들의 의미에 관한 한, ‘경계’와 관련될지언정 ‘정도’와 관련되는 것은 아닐 것이다.

이제는 좀 다른 측면에서 이들 조사가 의미하는 내용을 대비해 보자.

> (30) a. 철수 : 난 쟤들하고 얘기를 못 해. 영이까지 나를 안 믿으니.
>   b. 철수 : 난 쟤들하고 얘기를 못 해. 영이조차 나를 안 믿으니.
>   c. 철수 : 난 쟤들하고 얘기를 못 해. 영이마저 나를 안 믿으니.

a에서 철수를 안 믿는 사람은 영이 외에도 또 있을 수 있지만, 영이를 믿는 사람도 있을 수 있다. 이러한 사정은 b에서도 동일하다. 그러나 c에서는 사정이 다르다. 여기서는 영이를 믿는 사람을 아무도 없는 것으로 보인다. ‘-마저’는 ‘마지막 것’을 의미하기 때문에, 어떤 전제된 집합의 구

성원 전체를 포함하게 되는 반면, '－까지'와 '－조차'는 전체를 포함할 수도 있고 포함하지 않을 수도 있다. 뒤의 둘은 '마지막'과 관련이 없기 때문이다.

때로는 '－까지'와 '－마저'를 '긍정'과 '부정'으로 변별한 연구도 있으나,[10] 이것은 자료에 대한 검토가 미진한 데서 온 결과일 것이다. 이들 중 어느 것도 긍정 또는 부정과 관련되는 것은 없다. 즉 어느 것도 긍정이나 부정에 모두 쓰일 수 있다.

> (31) 학생들까지/마저 우리의 교육을 걱정하고 있다.
> (32) 정부까지/마저 우리의 교육을 돌아보지 않는다.

지금까지 세 조사를 대비해 보면서, 그 의미의 변별성을 생각해 보았다. 비록 상호간의 의미가 변별된다고 해도 때로는 상당 부분 의미를 공유하는 경우가 있기 때문에, 실제로는 변별이 어려운 경우가 많다. 특히 '－까지'와 '－조차'는 더 많은 부분에서 의미를 공유하기 때문에, 거의 변별할 수 없을 만큼 유사한 의미로 사용되기도 한다.[11] 다음에서 그러한 한 예를 볼 수 있다.

> (33) a. 율의까지 그 모임에 나가지 않는다.
>   b. 율의조차 그 모임에 나가지 않는다.

위에서 두 조사를 변별할 수 있다면, 전자에 비해 후자에서 '비평상성'이 더 드러난다는 정도일 것 같다.

지금까지 돌아본 것을 종합해 보면, 이들 세 조사의 의미 또는 의미 특성은 대략 다음과 같이 정리될 수 있을 것이다.

---

10) 이익환(1979).

11) 고영근(1976)에서 분석된 문제의 세 조사의 의미는 실제 거의 일치된다. 이러한 분석을 수용하기는 어렵지만, 그것은 이들 세 조사가 상당 부분의 의미를 공유하고 있음을 입증하는 한 예라 하겠다.

(34) '-까지' : '한계'를 중심 의미로 하면서, 추가성을 주변적 의미로 가진다.
　　 '-조차' : '추가'를 중심 의미로 하면서, 흔히 부정적 결과나 비평상적(비
　　　　　　 평상적)인 경우에 쓰인다.
　　 '-마저' : '마지막' 또는 '마지막 남은 것'에 쓰인다.

'-까지', '-마저'도 흔히 예상 밖의 일이나 비평상적인 경우데 쓰이기
도 하지만, 이러한 의미는 본질적 의미라기보다는 '한계성'이나 '최종성'이
라는 이들의 의미 특성에서 부수적으로 발생되는 주변적 의미라 하겠다.

　　　　　　 4

지금까지는 문제의 조사를 대상으로 그 의미 문제를 살펴보았다. 이제
다음에서는 이들 조사가 쓰일 때, 이들의 의미가 미치는 범위는 어떠하며,
이들의 자매항이 되는 것은 어떠한 것들인가 생각해 보고자 한다. 여기 말
하는 범위란 소위 이들 조사가 결합된 성분의 자매항과 연관되기 때문에,
이들 조사가 미치는 범위와 함께 이들의 자매항의 문제를 아울러 살펴보
기로 하겠다.

(1) a. 영이가 극장에 갔는데, 철수까지/조차/마저 극장에 갔다.
　　 b. 철수까지/조차/마저 극장에 갔다.

여기에서 '-까지'가 미치는 의미 범위는 '철수'라 하겠다. 그리고 '-까
지' 항인 '철수'는 자매항으로 '영이'를 가진다. b에서는 '철수'의 자매항이
명시되어 있지 않다. 다만 어떤 사람이 자매항으로 전제되어 있음만을 알
수 있을 뿐이다.

(2) a. 철이는 음료까지/조차/마저 안 마셨다.

  b. 철이는 술도 안 마셨다.
  c. 철이는 말도 전혀 안 했다.
  d. 철이는 밥도 안 먹었다.

이 문에서 '음료'의 자매항은 한 예로 b에서 볼 수 있듯이, 쉽게 '술' 같은 것을 생각할 수 있을 것이다. 이렇게 보면, '음료'와 '음료' 아닌 어떤 음료의 두 가지가 상호 자매항이 될 것이다. 따라서 이 경우에는 이들 조사가 미치는 의미 범위는 '음료'에 국한된다.

그런데 a가 b와 같은 내용을 전제하고 있는 것으로 해석할 수 있는 것만은 아니다. c나 d와 같은 내용을 전제하고 있을 수도 있다. 이 경우 자매항이 되는 두 쌍은 '음료까지/조차/마저 안 마셨다'와 '말도 전혀 안 했다'가 된다. 이런 해석에서는 '－까지/조차/마저'가 미치는 의미 범위는 이들 조사가 직접성분(immediate constituent)을 이루고 있는 '음료'가 아니라, 이들 조사가 결합된 성분 '음료' 이하의 전체 구성에 미친다.

  (3) a. 아들까지/조차/마저 공부를 않는다.
    b. 딸도 공부를 않는다.
    c. 아버지가 사업도 안 된다.
    d. 어머니까지 몸이 불편하다.

a에서는 이들 조사의 쓰임과 관련해서, 그 자매항을 우선 '아들'이 아닌 다른 자식, 한 예로 b가 보여 주는 바와 같이 '딸'일 수 있다. 이 때 이들 조사의 의미가 미치는 범위는, 이들 조사가 결합된 성분 '아들'과 같은 명사류일 것이다. 그러나 이와는 달리, a는 c나 d와 같은 문 전체를 자매항으로 가질 수 있다. 즉 '아버지 사업도 안 되어 걱정인데, 아들까지 공부를 안 하여 걱정을 더하게 한다'와 같은 의미 해석도 가능한 것이다. 이런 해석에서는 이들 조사가 미치는 범위는 직접성분인 '아들'만 가능한 것이 아니고, 문 전체가 될 수 있는 것이다.

　　이처럼 이들 조사가 결합되는 성분이 '목적어〉주어'와 같이 상위 성분으로 올라갈수록, 이들 조사의 의미가 미치는 범위는 그 직접성분은 물론, 이 직접성분 이하의 전체 구문에까지 미침을 알 수 있다. 그런데 이러한 현상은 비단 이들 조사만이 갖는 특성은 결코 아니다. 다른 조사에서도 똑같은 특성이 나타난다. 가령 대조의 의미를 가지는 보조조사 '-는'도 이와 같은 부류에 속한다. '-는'의 이러한 특성은 성기철(1984)에서 비교적 소상하게 밝혀진 바 있다. 본고의 조사와 어떻게 일치되는가를 다음에 간단히 소개하기로 한다.

　　(4) a. 철이가 커피는 마신다.
　　　　b. 철이가 술은 안 마신다.
　　　　c. 철이가 노래는 부른다. / 함께 가기는 한다.

　　위에서 '-는'의 대조 대상이 되는 '커피'의 자매항은 우선 b에서 보듯이 '술'과 같은 것이 될 수 있을 것이다. 그러나 여기에 머무는 것이 아니고, a의 '-는'은 '커피는 하신다'와 c에서 보는 '노래는 부른다/함께 가기는 한다' 등과 자매항이 되게 하기도 한다. 즉 a에서 '-는'이 미치는 범위는 '커피'에 그치지 않고, '커피를 마신다' 전체에 해당되며, 이에 대응되는 대조의 범위, 또는 자매항은 '노래는 부른다/함께 가기는 한다'가 되는 것이다.

　　(5) a. 철이는 커피를 마신다.
　　　　b. 영이는 커피를 안 마신다.
　　　　c. 영이는 피아노를 친다.

　　a의 '-는'은 우선 그 자매항, 즉 대조의 대상이 그 결합 성분인 '영이'일 수 있다. 이것은 바로 b에서 보는 바와 같다. 또 한편 a의 '-는'에 의해서 대조되는 대상은 '철이가 커피를 마신다'와 '영이는 피아노를 친다'일 수도 있다. 문두의 주어에 결합된 '-는'은 이처럼 주어 성분은 물론,

이하의 문 전체를 이와 같은 유형의 다른 성분과 대조시킨다.

위에서 본 조사 '-는'의 의미가 미치는 대조의 범위가 보여 주는 특성은, 앞서 본 조사 '-까지/조차/마저'의 특성과 완전히 일치하는 것이다. 이러한 특성은 비단 이들 조사에만 머무는 것이 아니라, 다른 여러 조사에서도 나타나는 공통된 특성이다. 그러므로 이들 조사의 의미가 미치는 범위에 한정하는 한 서로 다를 바가 없다. 다음 예에서 다시 한번 이러한 사실을 확인할 수 있다.

    (6) 영이는/까지/조차/마저 그 사람을 싫어한다.
    (7) 영이가 커피는/까지/조차/마저 마시지 않는다.

자매항을 가지는 것은 이들 조사의 공통 특성임에 틀림없지만, 때로는 그러한 자매항을 상정하는 것이 용이하지 않은 경우도 없지 않다.

    (8) 영이는 내일 시험인데, 머리까지/조차/마저 아프다.

위에서 '머리'에 대응되는 자매항은 없다. 얼핏 선명하게 부각되지는 않지만, 대략 한 예로 '공부할 시간도 부족하다'와 같은 것을 상정할 수 있을 것이다.

때로는 자매항을 거의 상정할 수 없는 경우까지 발견된다.

    (9) 김 선생은 속이 상한 나머지, 못하는 술까지/조차/마저 마셨다.
    (10) 너는 어쩌다 낙제까지 했니?

(9)에서 '술'에 대응되는 자매항은 거의 상정하기 어려워 보인다. 자매항의 상정이 어렵다는 얘기는 이 조사에 '추가'의 의미가 선명하지 않다는 말이 된다. 이런 경우는 자매항 또는 '추가'의 의미가 막연할 수밖에 없다. (10)의 경우도 마찬가지다. 그렇더라도 물론 원래의 의미인 '한계'의 의미에는 손상을 입지 않는다. 다만 '추가'의 의미가 약화될 뿐이다.

5

지금까지 보조조사 '–까지', '–조차', '–마저'의 의미 특성과 함께, 이들의 차별성을 찾아 보고자 하였다. 이러한 작업의 배경과 목적을 보이기 위해서, 그 동안의 연구 성과의 일부를 돌아보았다. 여기에서 발견되는 적지않은 문제점들을 보면서, 나름대로 때로는 그러한 문제점을 보완하고, 또 때로는 새로운 해답을 찾고자 노력하였다.

그러나 이러한 시도는 예상했던 것보다 훨씬 더 힘든 작업이었고, 결과적으로는 스스로를 더 복잡한 미로에서 헤매게 하였던 것 같다. 그만큼 이전 성과에 대한 보완이나 해답이라고 하는 것이 이상론에 머문 채, 별로 보태진 것이 없어 보인다. 다만 이들 조사 및 앞선 연구에 대한 문제점이 좀 더 분명히 부각되었고, 이에 따라 우리가 추구해야 할 과제가 좀 더 뚜렷해졌다고는 할 수 있을 것 같다.

때로는 본고의 논의 또한 스스로 경계하고자 한 주관을 크게 탈피하지 못한 형편이지만, 이들 조사의 본질에 접근하는 데 다소나마 보탬이 되었기를 기대한다. 나름대로 찾아 본 이들 조사의 의미 특성을 보면, 대략 다음과 같이 정리할 수 있을 것 같다.

첫째, 이들 세 조사의 공통 의미는 '추가'이며, 각가 자매항을 가진다.
둘째, 이들 세 조사는 상당 부분 의미를 공유하는데, 그 하나는 '추가성
　　　(追加性)이다.
셋째, 이들 각각의 의미 특성은 다음과 같다.
　　　–까지 : 한계, 추가
　　　–조차 : 추가
　　　–마저 : 마지막(의 것)

'–조차'는 '추가'의 의미를 가지면서 주로 부정적 결과나 비평상적인

일에 쓰인다. '-까지', '-마저'도 '추가'의 의미를 드러내기는 하지만, 이것은 이들이 모두 자매항을 가지는 공통점에서 연유하는 것일 뿐, 이들의 중심 의미로 해석되는 것은 아니다. '추가'의 의미를 공유하는 점에서는 이들 세 조사와 '-도'가 공통성을 가진다. 그러나 이들 조사 중 '추가'를 중심 의미로 가지는 것은 '-조차' 하나뿐으로 이해된다. 이렇게 의미를 변별하기는 했지만, 이것이 얼마나 객관성을 얻을지는 스스로 의문이 간다. 여기서 가장 주목해야 할 것은 '-까지'와 변별되는 '-조차'의 의미 특성이다. 더 정밀하고 깊은 천착이 필요할 것 같다. 추가의 의미는 포함의 의미와 표리 관계에 있으며, 때로는 자매항이 선명하게 드러나지 않아서 추가의 의미가 약화되는 경우가 있다. 이 경우에도 그 본래의 의미는 그대로 유지된다.

문제를 다소나마 해결하고자 했던 것이 더 많은 문제를 제기하지 않았나 생각되기도 한다. 시간에 쫓긴 이 논의가 앞으로 더 충실하게 보완되기를 기다리고자 한다.

참고 문헌

고영근(1968), 「특수조사의 의미 분석 : 까지 마저, 조차를 중심으로」, 『문법연구』 3, 문법연구회.

고영근(1989), 『국어형태론연구』, 서울대학교 출판부.

김승곤(1989), 『우리말 토씨 연구』, 건국대학교 출판부.

김승곤 엮음(1992), 『한국어의 토씨와 씨끝』, 서광학술자료사.

성광수(1979), 『국어 조사의 연구』, 형설출판사.

성기철(1984), 「조사 '-는'에 대하여」, 『논문집』 17, 서울시립대.

양인석(1973), 「Semantics of delimiters in Korean」, 『어학연구』 9-2, 서울대 어학연구소.

이석규(1995), 「현대국어 도움토씨의 의미 연구」, 김승곤 엮음, 『한국어의 토씨와 씨끝』, 서광학술자료사.

이익섭·임홍빈(1983), 『국어문법론』, 학연사.

이익환(1979), 「한국어 "까지, 마저"와 부정의 범위」, 『언어』 4-1, 한국언어학회.

정동환(1995), 「현대국어의 도움토씨 연구」, 김승곤 엮음, 『한국어의 토씨와 씨끝』, 서광학술자료사.

채 완(1990), 『"보조조사", 국어 연구 어디까지 왔나』, 동아출판사.

최현배(1957), 『우리말본』, 정음사.

홍사만(1983), 『국어 특수조사론』, 학문사.

윤재원(1989), 『국어 보조조사의 담화 분석적 연구』, 형설출판사.

-『한국어교육』 제8집, 국제한국어교육학회, 1997. 12.

제 2 부 **문법 일반**

국어의 주제 문제

문 서술어 복합문

국어 어순 연구

방송 언어의 문법 변천

한글·문법 파동

국어의 주제 문제

1. 머리말

근년에 들어서 주제(theme 또는 topic)에 대한 관심이 얼마간 높아 가는 인상을 가지게 되는데,1) 이것은 지금까지 대체로 특정 분야에 편중되어 온 느낌을 주는 국어학 연구의 내일을 위해 바람직스러워 보인다. 국어에서 '-는'을 주제와 관련시키는 등, "주제"라는 말이 꽤 널리 쓰이기는 했지만, 필자가 보기로는 이 술어만큼 불투명하게 쓰인 것도 드물어 보인다.

기본적으로는 아직까지 주제에 대한 전문적인 논의도 별로 눈에 띄지 않거니와, 주제의 개념 자체도 정립되지 못했거나 또는 상이한 견해의 차이가 좁혀지고 있지 못한 것으로 생각된다. 이와 관련해서 주제를 순수 담화 개념으로만 볼 것이냐, 아니면 문법 개념으로도 수용할 것이냐 하는 주요한 문제도 우리의 손을 기다리고 있는 문제다.

국어에서 특히 '-는'이라는 조사는 주제와 얼마간의 관련성을 가지고 있는데, 이것이 국어의 주제 이해에 얼마나 보탬이 되었는가 하는 문제도 신중히 되돌아보아야 할 문제의 하나로 보인다. 또 왕성하게 보이었던 변형문법적 접근에도 불구하고, 여전히 골칫거리로 남아 있는 이른바 중주어

---

1) 1984년에 고등학교 국정 문법 교과서 검토본으로 선을 보였던 자료에 주제가 문장의 한 성분으로 제안되었던 것도 그러한 일면을 보여 주는 것으로 이해된다.

문제를 주제와 관련시켜 풀어보고자 하는 노력도 현저했지만, 그러한 노력의 열매도 아직 값진 것으로 여겨지지 않는다.

이 글이 헝클어진 실 같은 이 문제에 대한 답을 기대하는 것은 아니다. 그것보다는 오히려 지금까지의 논의를 한 번 더 되돌아보며, 앞으로의 방향을 잡는 데에 보탬이 되기를 바라는 것뿐이다.

이 글은 먼저 주제의 일반적 성격을 살펴, 국어 주제 이해에 연관시켜보고, 특히 종래의 중주어와 주제의 관련 문제에 주목하면서 국어의 주제가 가지게 되는 특성들을 개관하는 데에 주된 목표를 둔다. 그리고 이 글에서 대상으로 하는 주제는, 담화 또는 회화(conversation) 주제를 제외한, 문장 단위의 주제에 한정하기로 한다.

2. 주제의 일반적 특성

2.1. 주제와 담화

주제 연구는 주어 – 서술어로 구분되는 문장의 통사 구조에 대응되는 주제 – 평언(topic-comment)의 기능적인 담화(discourse)구조 연구와 관련되는 것인데, 이 연구의 주된 전통은 프라그(Prague)학파에서 찾을 수 있겠다.

본래 주제는 담화 개념이지 문법 개념은 아니었으며, 지금도 주제 연구의 그러한 전통은 계속되고 있다. 특히 주제가 '문장의 주제'(topic of sentence)가 아니라 '담화 주제' 또는 '회화 주제'(topic of conversation)일 경우, 이것은 문법과는 거리가 멀다. 더구나 문장의 주제를 기존의 '구정보'(old information)와 관련시킨다든지, 또는 문장의 어떤 성분도 주제가 될 수 있다고 본다든지, 또는 주제를 정도의 개념으로 이해한다면, 이는 기본적으로 담화 분석(discourse analysis)이나 화용론(pragmatics)의 대상이지 문법론 또는 통사론의 개념은 아니다.

담화 개념의 주제가 문법에 수용되어 일반에게 널리 소개되는 계기가 된 것은 촘스키(Chomsky, 1965 : 221) 및 촘스키(1977)를 통해서가 아닌가 한다. 앞엣것이 표면 현상이었던 주제가 뒤엣것에서는 내면 현상으로 해석되기에 이르렀다. 구노(Kuno, 1973)도 일본어에서 기저(base)의 주제 구조를 제안했으며,[2] 리·톰손(Li & Thompson, 1976)도 근본적으로 동일한 주제 구조를 제안했다. 그러면서도 뒤엣것에서는 주제가 여전히 '담화 및 문장 외적인 고려'를 통해서 가장 잘 이해될 수 있음을 지적하고 있다. 디크(Dik, 1978)에서도 주제의 화용론적 기능에 주목하고 있는데, 여기에서도 담화 개념으로서의 주제 개념을 그의 문법 – Functional Grammar – 에 수용한바, 이것도 역시 본래의 담화적 주제 개념을 축소 제한하여 적용시킨 것이라 하겠다.

주제를 내면 구조와 관련시키는 특징적인 예를 건델(Gundel, 1974)에서도 볼 수 있다. 그는 내면의 주제가 표면 구조에서 삭제될 수도 있다고 본다. 이것은 주제가 기본적으로 표면의 현상이 아님을 말하는 것으로서, 일반적으로 말해 온 담화 개념의 주제와는 전혀 별개의 개념이다.

흔히 볼 수 있는 바와 같이, 주제를 담화 개념이라고 명시하더라도, 주제 구조를 기저의 구조로 규정하는 한, 기본적으로는 주제가 문법 또는 통사론의 개념이지 담화 개념이 될 수 없다. 엄격히 말하면, 담화 개념과 기저의 주제를 관련시킨다는 것은 별로 의미가 없는 것이거나 어떤 면에서는 모순을 안고 있는 것이라 할 수 있다. 아무튼 주제를 담화 개념이라고 하는 데는 폭넓은 의견의 일치를 보이고 있는 것이 사실이다.

2.2. 주제와 대하여성

'대하여성'(aboutness)은 주제의 의미 특성과 관련된다. 이 말은 한 문장의

---

2) 그는 주제 구조가 변형으로 설명되지 않음을 밝히고 있다(21장 참조).

정보 구조가, 어떤 주제에 대하여 평언 또는 설명을 하는 것으로 되어 있음을 의미한다. '대하여'가 그대로 주제의 의미가 될 수는 없지만, 의미와 관련된 한 특성을 잘 반영해 주고 있음에 틀림없다. 주제를 논하는 대부분의 사람들이 이를 '대하여성'으로 특징짓고 있는 것은3) 이를 증명해 준다. 결국 주제란 '언급하고 있는 것'(What one is talking about), 또는 '언급되고 있는 것'(What is being talked about)이라 할 수 있다.

주제의 특성 내지 개념을 대하여성으로 규정하는 것은 어떤 면에서 객관성을 얻기 어렵다. "aboutness"의 불명확성을 지적한 디이크(Dijk, 1977 : 114~115)가 제기했던 문제점들은 이러한 사정을 잘 대변해주고 있다. 그는 다음 (1)과 같은 문장에서 주제는 "a man", "his walk", "a beach" 또는 이들 모두가 될지도 모른다고 한다.

(1) A man is walking slowly along a beach.

이러한 사실은 주제의 주요한 일면을 지적해 주고 있는 것이다. 대하여성의 불명확성 또는 이와 관련된 혼란은 실제 여러 사람에게서 발견되는데, 특히 주제와 주어를 모두 대하여성과 관련시키는 데서 두드러지게 나타난다.4) 이것은 '주제−평언'과 '주어−서술어'의 구조와 관련하여 주제와 주어가 가지는 의미적 특성이 유사함을 의미한다. 다만 주어가 그러한 특성을 가지는 것은 주로 문장의 머리에 올 때에 두드러지는 점에 유의할 일이다.

2.3. 주제와 어순

주제는 문두 어순과 긴밀한 관련성을 가지고 있다. 주제의 문두 위치를

---

3) Halliday(1967 : 212), Gundel(1974 : 16), Lyons(1977 : 506~507), Dahl(1977 : 4) 및 기타 참조.
4) Quirk et al(1972 : 34), Dillon(1977 : 7), Dik(1978 : 19) 등 참조.

가장 철저하게 주장한 사람은 핼리데이(Halliday, 1976)다. 문두가 주제의 절대적 위치라고 해서, 주제가 어순에 의하여 개념 규정이 되는 것은 아니다. 주제는 아무래도 무엇보다도 대하여성에 의해서 규정되어야 하는데, 이 속성 때문에 자연적으로 발화의 시발점이 되는 것이고, 이에 따라 문두에 오게 마련일 것이다. 주제의 문두 어순도 많은 사람에[5] 의해 지지를 받고 있는 주제의 주요한 특성이다.

그런데 흥미 있는 사실의 하나는, 주제를 철저하게 통사론의 개념으로 도입하는 경우에도 주제의 문두 어순은 강조되고 있다는 사실이다. 가령 촘스키(1965, 1977)에서 주제를 문두에 오는 요소로 본 것이나, 또는 일반적으로 주제화란 말로 어떤 성분이 문두 위치로 이동하는 것을 의미하는 것을 보면, 문법에서도 주제와 문두 어순을 일치시키는 데는 널리 의견을 같이하고 있다. 그러나 그 밖의 문장 성분들과 달리 주제만은 항상 문두에 와야 한다고 보는 것은, 주제가 여전히 정보 개념 또는 담화 개념임을 강력히 시사해 주는 것이다.

대체로 주제는 일차적으로 그 의미 특성인 대하여성에 의해 규정될 수 있음에도 불구하고, 문두라는 어순은 그 엄격한 객관성으로 말미암아 대하여성에 우선하는 인상을 준다. 그러나 그 우선 순위에 관계없이, 대하여성과 문두성을 주제의 주요 특성 내지 기준으로 삼는 데는 광범한 의견의 일치를 보이는데, 특히 문두 어순으로 인하여 주제는 통사론적 특성을 아울러 가지게 된다.

2.4. 주제와 기존 정보

일반적으로 우리가 말을 한다는 것은 대체로 이미 알고 있는(given, old, 또는 known) 정보(information 또는 knowledge)를 근거로 해서, 여기에 새로운 정

---

5) Qurk et al(1972), Leech and Svartvik(1975), Chafe(1976) 등.

보를 제공하는 형태를 취하게 된다. 그러므로 기존 정보(given information) 또는 구정보라는 것은, 말하는 이에 의해서 상대자(addressee)의 의식 속에 기존의 것으로 이해되는 정보이며, 신정보(new information)란 것은 말하는 이가 상대자의 의식 속에 새로이 도입시키는 것으로 이해되는 정보라 하겠다. 다알(Dahl, 1974)이 "given"의 내용을 '① 이전에 있었던 것, ② 이미 알려져 있는 것, ③ 사실로 전제된 것'이라고 말한 것은 참고될 만한 것이라 하겠다.[6]

우리의 관심은 정보의 신구 문제에 있는 것이 아니라, 이들이 주제와 어떻게 관련되느냐에 있다. 일반적으로 말은 참가자에게 알려진 것은 또는 상황으로부터 예견 가능한 것으로부터 시작된다. 따라서 이러한 것은 대하여성 및 문두성을 띠게 되어 주제가 되기에 충분한 조건을 갖추게 된다.

흔히 주제를 기존 정보에만 국한시키는 예를 본다.[7] 주제를 철저하게 기존 정보와 관련시킨다면, 건델(Gundel, 1974 : 32)의 지적대로 주제가 가장 왼쪽의 성분(Leftmost NP or element)이어야 할 이유도 없으며, 구로다(Kuroda, 1972 : 158~159)에서 보여 주고 있는 바와 같이, 문중의 어떤 성분도 주제가 될 수 있을 뿐만 아니라, 한 문장에서 상이한 성분이 하나의 주제가 될 수도 있다. 주제를 기존 정보로 보는 경우에도 둘이 반드시 일치된다고 보지는 않는다. 다네쉬(Danes, 1974)도 이들 둘이 꼭 일치되지 않음을 밝히면서, 대체로 주제는 기존 정보의 집합(mass of known information)으로부터 어느 하나가 선택되어 이루어진다고 말한다.

그러나 주제를 철저하게 문두 위치와 관련시키는 경우에는, 이것이 기존 정보와 일치될 수 없을 것이 당연하다. 따라서 이런 관점에서 보면, 다음과 같이 주제와 초점이 중복될 수도 있다.

    (2) [Who gave you that magazine?] [Bill gave it to me.] (Quirk, et, al, 1972 : 945)

---

6) 셋 중에서 그가 주제와 관련시키고 있는 것은 (1), (2)뿐이다. (3)은 하나의 문장이 되기 때문에 주제가 되기 곤란하다.
7) Kuon(1972), Gundel(1974) 등은 그 한 예다.

또한 주제를 대하여성과 관련시키는 경우에도, 이것이 기존 정보와 일치되기를 기대할 수는 없다. 새로운 정보도 얼마든지 대하여성을 충족시킬 수 있을 것이기 때문이다.

2.5. 주제와 한정성

주제를 흔히 한정성과 관련시키는 것을 볼 수 있다. 다알(1974)이나, 건델(1974), 리·톰슨(1976) 등에서 주제에 대한 하나의 제약으로 한정성을 들고 있는 것은 그러한 예다. 주제를 한정적인 것으로 보는 것은 주제를 바로 기존 정보와 관련시키는 것과 공통점을 가진다. 한정적인 것 중에서 가장 분명한 것은 이미 언급된 것 또는 이미 알고 있는 것이다. ‘givenness’를 충족시키는 모든 사항은 한정성을 충족시킨다. 그러므로 주제를 기존 정보와 관련시킨다면, 주제는 분명히 한정적인 것이어야 한다. 주제와 한정성의 관계는 전적으로 주제와 기존의 관계에서 상응된다. 물론 주제를 기존적인 것에 제한하지 않을 경우에는 주제는 한정성으로부터 해방된다. 주제의 주요 특성으로 많은 사람들의 일치를 보이고 있는 대하여성, 문두성 등은 그 성격상 실제로 한정성과 꼭 일치될 수는 없다.

3. 국어의 주제 문제

3.1. 담화적 관점

주제에 대한 이해 또는 연구에서 먼저 고려되는 것은 주제를 보는 관점 또는 기준이다. 이것은 주제 연구의 방법론과 관련되는 문제로, 주제의 개

넘 규정과 그 적용에 직결되는 문제다. 이런 점에 주목할 때, 주제를 보는 관점은 담화적 관점과 문법적 관점으로 구분된다.

주제를 담화상의 개념으로 파악하는 관점은 주제 연구의 정통성을 충실히 따르는 입장이다. 주제를 문장 단위의 주제에 국한시키더라도, 여기에는 다시 주제를 기존 정보 또는 한정적인 요소로 제한하는 견해와 그렇지 않은 견해로 대별된다. 정보력(communicative dynamism)에 의해 주제—평언 구조를 이해하는 프라그 학파의 한 입장을 국어에 적용시키고 있는 채완(1976)이 대체로 전자에 속한다 하겠다. 이러한 주제의 파악은 그 시비 또는 정당성 여부에 관계 없이 원칙적인 면에서 문법과는 무관한 것이다. 다만 '국어에서 topic은 조사 '—는'에 의해 표시된다'고 할 때, 주제는 문법과 관련되는 것뿐이다.

주제를 엄격하게 담화 개념으로 한정하는 예를 김영희(1978)에서도 볼수 있다. 여기에서는 전달 구조상의 개념인 주제와 통사 구조상의 개념인 주어가 '동일 층위'에서 다루어질 수 없음을 강조하고 있다. 같은 측면에서 주제를 파악하고 있는 다른 예를 양동휘(1980)에서도 볼 수 있다. 양동휘(1975)의 기저 주제 견해에 대한 전면적인 수정으로 이해되는 이 논문에서는 주제의 특성을 대하여성에 두고, 그 위치나 형태에 따라서 주제성(topicality)의 정도를 달리하는 것으로 파악되었다. 주제성을 결정하는 요인의 한 순위를 다음과 같이 보여 준다.

(3) SUBJECT POSITION>NONESUBJECT POSITION>GENITIVE POSITION(p.108)

이러한 주제는 어떤 면에서 화용론적 기능에 기초를 둔 디크(Dik, 1978)의 'topic'과 상통하는 바가 있는데, 관형격 성분에까지 주제성을 부여하고 있는 것은, 어쩌면 문장의 거의 모든 성분이 주제성을 가질 수 있음을 시사하고 있는 것인지도 모른다.

3.2. 문법적 관점

  문법적 관점의 주제는 필연적으로 문장 단위의 주제에 국한된다. 주제-평언의 구조로 이해하는 점에서는 순수 담화 개념의 주제와 일치되지만, 문법적 주제라고 할 때는, 대체로 주제가 하나의 기저 개념으로 새로운 의미를 부여받게 된다. 대하여성, 문두성 등 일부의 주제 특성이 유지되고 있다는 점 외에는 두 주제는 엄격히 구별되는 개념이다. 담화 개념의 주제를 문법 개념으로 도입해서 사용할 예를 촘스키(1965, 1977)에서 볼 수 있었는데, 국어에서 주제를 기저 구조에 적용시켜 본 것은 임홍빈(1972)이다. 이러한 기저 주제는 신창순(1975)에서도 볼 수 있으나, 모두 주제 개념 설정을 향한 태동의 단계에 있는 것이라 할 만하다.

  주제를 통사론에 도입해서 체계적인 주제 구조의 기술을 시도한 것은 양동휘(1974, 1975)로 생각된다. 이들 연구는 대체로 일본어 주제 구조에 관한 구노(1970)의 기본 가설을 수정 또는 발전시켜 국어에 적용시킴으로써, 국어의 기본 문장 구조 분석에 새로운 대안을 보여 주었다.

  (4) a. 꽃은 장미가 제일이다.
      b. 장미가 꽃은 제일이다.
      c. 꽃이 장미가 제일이다.

  이러한 기저 주제 가설에서 제기되는 주요한 문제의 하나는 어순과 관련된다. 주제를 기저 요소로 보는 경우, 어순을 바꾸어 주제 요소를 문중의 위치로 이동시켰을 때 생기는 문제점이다. 왜냐하면, 기저 주제는 어순에 관계없이 항상 주제여야 할 것이기 때문이다.

  가령 (4)a에서 '꽃'이 주제인데, (4)b와 같이 그 어순이 바뀌었을 때, 인용 논문은 이를 비문법적 문장으로 처리했지만, 필자의 생각으로는 이것도 (4)a와 같은 의미의 문법적인 문장인데, 이런 전제 아래에서는 문두의 성분을 제쳐 놓고 문중의 요소가 주제가 되는 문제성을 면하기 어렵다. 또한

국어의 자유로운 어순을 고려할 때, 주제라는 성분만 문두에 와야 할 이유도 발견되지 않으며, 또 언어 현실 자체가 그렇지도 않다. 이러한 문제점은 대체로 기저 주제 가설에 모두 적용되는 현상이다.

기저 주제 가설을 좀 더 발전시킨 것이 박승윤(1981)으로 보인다. 주제의 기본적인 특성을 'aboutness'에 두고서, 'higer NP position'이라는 통사적 특성과 '-는'이 주제 표지라는 형태적 특성, 그리고 주제는 한정적(definite)이라는 의미적 특성을 종합하여 주제의 개념을 규정하고 있다. 지금까지의 어떤 주제 논의에서보다도 가장 체계적으로 국어 주제의 개념을 명료하게 규정한 것으로 생각된다.

그런데 (4)c에서 보는 바와 같이 상위 NP에 이른바 주제 표지 '-는' 대신 '-이(가)'가 오면, 이것은 주제가 되지 않을 뿐만 아니라 비문법적인 문장이 된다고 본 것은 의문스럽다. 기본적으로 '-은'과 격조사의 교체는 한 문장의 문법성을 완전히 바꾸지 못하는 것이 일반적인 현상이고 보면, 주제라고 해서 '-은' 대신 격조사로 보이는 '-이'를 택했다고 비문법적인 문장이 될 것으로는 이해되지 않는다.

> (5) a. 철수는 자기 자신을 학대하고 있다.
>   b. 철수가 자기 자신을 학대하고 있다.

(5)에서 a와 b의 차이는 '-는'과 '-가'의 차이뿐이다. 이 차이 하나로 해서 b의 "철수"가 주제에서 배제된다든지, b가 비문법적 문장이 된다는 해석은 아무래도 무리해 보인다.

박승윤(1981)에서 우리의 주목을 끄는 더 주요한 문제는, 한 문장에서 주제 현상을, 정도의 차이를 가진 현상 - 'gradient phenomenon' - 으로 해석하고 있는 점이다. 이것은 상이한 문장에서 각각의 주제 요소가 갖는 주제성(topicality)의 차이를 가리키는 말이지만, 이러한 주제성은 한 문장 안의 몇몇 성분들 사이에도 적용 가능하다. 앞서 보았던 양동휘(1980 : 108)는 이러한 점을 잘 반영하고 있는 것이라 하겠다.

어쨌든 주제성을 정도의 개념으로 이해한다는 것은, 어떤 의미에서 주제가 문법적 개념이라는 데에 의문을 가지게 한다. 왜냐하면, 주어, 서술어 등과 같은 문법 개념은 정도의 현상으로 이해하기 어렵기 때문이다.

또한 주제의 가장 기본적인 상위 특성을 대하여성으로 보면서, 주제를 한정적인 것에 제한하는 것도 다시 음미해볼 일이다. 비한정적인 경우, 그러한 특성이 배제되어야 할 결정적 이유를 찾아보기 어렵기 때문이다.

우리는 국어의 주제에 대한 또 다른 해석의 한 예를 손호민(1980)에서 볼 수 있다. 여기에서는 우선 주제를 핼리데이(1967)에 따라 'aboutness'로 특징 짓고, 국어의 주제는 변형으로 유도될 수 있는 것이 아니라, 기저의 성분이어야 한다고 보아 다음과 같은 기저 주제 구조를 보여 주었다.

$$(6)\ \ S \rightarrow NP + \left\{ \dfrac{S}{VP} \right\}$$

이 구조의 특징은 S에 선행하는 NP는 물론, 문장의 모든 주어도 주제가 됨을 의미할 뿐만 아니라, '주어 – 서술어'의 구조가 '주제 – 평언'의 구조와 별개의 것이 아니라는 점이라 하겠다. 이것은 결국 경우에 따라서 기저의 주어와 주제가 일치되는 것을 의미한다.

이러한 논의에서 먼저 문제되는 것은 한 문장의 기저 구조에서 주어와 주제가 중복되는 것을 어떻게 설명할 수 있을까 하는 점이며, 만약 주어가 주제도 되고, 주제가 주어도 될 수 있다고 한다면, 궁극적으로 이러한 논의가 국어의 주제 구문 또는 주제나 주어의 이해에 어떤 기여를 할 수 있을까 하는 의문이다.

3.3. 주제와 한정성의 문제

흔히 주제와 관련시키는 주요한 특성의 하나는 한정성(definiteness)이다.

특히 주제를 기존적인 것과 관련시키는 경우, 이 한정성은 절대적인 것일 수밖에 없다. 양동휘(1974), 채완(1976), 박승윤(1981) 등에서 한결같이 이 한정성은 주제 성립의 요건으로 강조되고 있다. 그러나 주제가 대하여성을 근본 속성으로 하는 한, 이것이 꼭 한정적이라야 한다는 것은 기이한 느낌이 든다. 이른바 중주어 구문에서 상위 NP 중에는 한정적이 아닌 것도 있는데, 이를 한정적인 것과 구분하는 경우, 이들에 대해 상이한 기저 구조를 상정해야 될 것 같은데, 이 문제가 합리적으로 설명될 것 같지 않다.

> (7) a. 철수는 자기가 자기를 미워하고 있다.
>   b. 철수가 자기가 자기를 미워하고 있다.
>   c. 어떤 사람은 자기가 자기를 좋아해.

(7)의 b, c에서 머리의 상위 NP는 한정적이 아닌데,8) 그렇다고 해서 이 두 문장과 a를 상이한 유형의 구조로 해석할 수 있을지 의문이다. b, c의 상위 NP도 대하여성을 충족시키는 면에서는 a의 주제와 별 차이가 없는 것 같다.

물론 주제가 흔히 한정적인 요소인 것은 사실이다. 그러나 그것은 별도의 이유가 있다. 이미 앞에서도 언급이 됐듯이, 일반적으로 발화의 시발점으로 선택되는 것이 주제이므로, 이야기의 머리에 오는 말은 청자가 이미 알고 있는 기존 정보가 되는 것이 상예가 될 수밖에 없다. 그리하여 주제가 한정적이 되는 것은 이러한 특수성에 기인하는 것으로, 한정성이 주제의 절대적 요건이 되는 것으로는 생각되지 않는다.

3.4. '-는'과 주제

국어의 주제 이해에서 큰 문제점으로 대두되는 것은 조사 '-는'의 문제

---

8) b문장은 이를 비문법적인 문장으로 보는 사람도 있을 것이나, 필자는 가능한 문장으로 생각한다.

다. 주제와 '-는'을 곧바로 연관시킨 것이 일찍부터 기정사실로 굳어져 온 느낌이고, 이것이 알게 모르게 역으로 국어의 주제 개념 규정에 큰 영향력을 미친 것으로 보인다. 일반적으로 '-는'은 ① 대조성(contrastiveness), ② 총칭성(generic), ③ 비대조, 비총칭성의 세 가지 의미가 분석되는 것으로 이해되고 있다. 이러한 의미 내용을 중심으로 우리의 논의를 진행시키기로 한다.[9]

3.4.1. '-는'과 대조성

전통적으로 '-는'의 의미는 '대조' 또는 이와 유사한 의미를 가진 것으로 분석되어 왔다. '-는'의 이러한 대조 의미에 필자는 아무런 이의를 가지지 않는다. 그러면, 대조라는 것은 구체적으로 어떤 의미를 갖는 것인가?

　(8) 경희가 콜라는 마신다.

이 예문에서 '콜라'는 '콜라가 아닌 다른 물건'과 대조되는 의미를 갖는다. 여기서 콜라에 대조되는 대상은 최소한도 하나만 있으면 족하다. 대조란 그 대상에서 최소 하나는 있어야 되지만, 최대의 한계선은 꼭 필요한 것이 아니다. 때로는 무한수 또는 부정수일 수도 있다. '-는'이 이처럼 그 고유의 의미를 가지고 있다는 점은, 문법적 기능 표지에 불과한 격조사와는 다른 성격의 것이란 것을 의미하며, 아울러 이것이 고유의 주제 표지가 될 수 없음을 뒷받침해 준다.

3.4.2. '-는'과 총칭성

'-는'과 주제를, 또는 주제와 한정성을 관련시키는 경우, 총칭성도 흔

---

9) '-는' 및 '-는'과 주제의 관련성 문제는 성기철(1984)에서 논의된 바 있다.

히 한정적인 것으로 해석된다. 먼저 총칭성이란 어떤 의미인가? 일반적으로 총칭성이란 보편적이고 반복적이며 항시적(恒時的)인 것을 의미한다. 결국 총칭성이란 어떤 유(類) 전체가 공유하는 보편 속성을 의미한다.

여기서 필자가 총칭성을 문제삼는 것은 '-는'과 주제와의 관련성 문제 때문이다. '-는'이 과연 총칭성의 의미를 가지고 있는가? 예문을 검토해 보기로 하자. 다음 ㄱ은 전형적인 총칭성 문장으로 이해되는 것이다.

(9) a. 상덕이는 사람이다.
　　b. 상덕이가 사람이다.

(9)에서 먼저 a의 총칭성 의미가 어디서 유래하는가 유의해 볼 필요가 있다. b를을 보자. a의 총칭성은 b에서도 그래도 유지된다고 생각된다. 즉, b에도 이미 그러한 a의 의미가 전제되어 있다. '-는' 대신 '-만', '-도' 등 다른 조사가 와도 총칭성에는 변동이 생기지 않는다. 이것은 총칭성이란 것이 '-는'에서 유래되는 것이 아니라, 두 성분 '사람, 동물'의 어휘적 의미 특성이 '주어-서술어'의 통사 구조 속에 실현되었기 때문이다. 다음 문장들을 종합해서 살펴보자.

(10) a. 상덕이는 사람이다. (=9a)
　　 b. 상덕이는 학생이다.
　　 c. 상덕이는 오늘 당번이다.

이들 예문을 보면 a→b→c의 순으로 총칭성이 약화됨을 알 수 있다. 그것은 '-는'과는 관계없이 '사람-학생-오늘 당번'의 순으로 특수화되기 때문이다.

이러한 사실이 명시해 주는 것은 무엇인가? 첫째는 소위 총칭성이란 것이 '-는'의 고유한 의미로 해석될 수 없다는 사실이며, 둘째는 총칭성은 주어 서술어의 어휘적 의미에서 연유되는 것이고, 셋째, 총칭성은 양분성(±총칭성)을 띠는 것이 아니라 정도성을 속성으로 한다는 사실이다. 위 예문에서 총칭성에서는 a, b, c가 차등을 보이지만, 대조의 의미로는 일관성을 보인다. 이것은 총칭성과 달리 대조의 의미는 ‘-는’ 자체에서 유래됨을 의미한다.

우리의 주된 관심사는 ‘-는’의 의미보다 ‘-는’과 주제의 관련성이다. 만약 ‘-는’에 총칭성의 의미가 없다면, 대조의 ‘-는’을 제외하고, 이른바 총칭성의 ‘-는’을 주제 표지(topic marker)로 보아 온 견해들이 재고되어야 할 것이다.

‘-는’에서 총칭성의 의미가 분석되기 어려움을 언급했으므로, 이제는 이른바 주제 표지로서의 기능만이 문제로 남는다. 이를 편의상 ‘비대조’라 부르기로 한다. (10)에서 총칭성이라고 한 것도 결국은 여기 말하는 비대조에 해당되는 것이다.

3.4.3. ‘-는’과 비대조·비총칭성

‘-는’의 의미로 대조나 총칭성 외에 대조도 아니고 총칭성도 아닌 의미를 분석하여, 이러한 ‘-는’을 전형적인 주제 표지로 해석하는 예가 많다. ‘-는’을 주제 표지라고 보는 대부분의 경우가, 이러한 ‘-는’의 의미를 관련시킨 것이다. 만약 주제를 기저의 성분으로 보는 경우, 이 주제 표지는 일종의 격조사와 유사한 성격의 조사, 경우에 따라서는 주제격 조사와 같은 성격의 것이 되어야 할 것이다.

다음 예문은 전형적인 비대조의 문장으로 해석될 수 있다.

(11) 지구는 둥글다.

여기서 비대조란 것은 (10)의 ‘지구’에 대조되는 특별한 대상이 전제되지 않은 경우를 가리킨다.

(12) 상덕이는 지금 방에서 공부하고 있다.

위 (12)는 특정의 상황을 가리키고 있지만 비대조 해석이 가능하다. 특정의 대조 대상을 염두에 두지 않은 경우를 생각할 수 있기 때문이다.

결국, 비대조라고 하는 것도, 어떤 '–는'의 특수한 의미에서 유래되는 것이라기보다는, 대조의 대상이 고정돼 있지 않거나 불투명할 때 이해되는 의미로 생각된다. 즉, 그러한 의미도 본래는 대조의 의미에 뿌리를 두고 있는 것이다.

다음과 같은 문장들에 주목해 보자.

(13) a. 찬식이가 커피를 마시기는 한다.
　　　b. 찬식이가 커피는 마신다.
　　　c. 찬식이는 커피를 마신다.

(13)의 세 문장에서 '–는'은, 우선 이것이 직접 결합된 요소 '마시다, 커피, 찬식이' 등의 대조성을 보여 준다. 그런가 하면, b에서 '–는'은 '커피 외에' 그 상위 성분, 즉 VP(커피를 마신다)의 대조 해석이 가능하며, c에서는 '–는'이 그와의 직접 성분인 '찬식이'의 대조 및 상위 성분인 S전체를 대조하는 해석이 가능하다. '–는'이 왼쪽으로 이동할수록, 즉 '–는'이 상위 성분으로 올라갈수록 '–는'의 대조 작용권(scope)이 확대된다.

이러한 작용권의 확대는 '–는'의 대조성을 약하게 한다. '–는'이 한 단어의 대조에 한정될 때에는 아무런 문제가 없지만, 작용권이 확대될 때에는, 그럴수록 대조 대상의 폭도 넓어지고, 이에 따라 대조의 의미가 약화된다.

위에서 관찰한 바에 따라, 우리는 그 동안 일부에서 주장되어 왔던 이른바 비대조·비총칭성의 주제 표지 '–는'은, 대개의 경우 문두에 위치함으로써, 대조 작용권의 범위가 가장 넓게 되고, 또한 대조 대상이 고정되지 않았거나, 대조 대상이 부정수(不定數) 또는 무한수인 경우에 쓰인 것이다.

대조성이 거의 확인되지 않는 경우도 생각할 수 있겠는데, 극단적으로 대조성이 상실됐다고 가정하더라도, 그 상실의 배경 또는 내용 설명이 가능하다.

3.4.4. '–는'과 한정성

흔히 이른바 주제 표지 '–는'과 한정성을 관련시킨다. 만약 주제가 한정적인 것이고, 주제 표지가 '–는'이라고 한다면, '–는'은 한정적인 것일 수밖에 없다. 그런데 '–는'이 대조의 의미라면 대조와 한정성 사이에도 관련성이 있어야 한다. 필자에게는 한정성이란 것이 대조라는 특성과도 관련되는 것으로 이해된다. 대조란 어떠한 대상이 구체적으로 전제된 것을 의미하며, 이것은 대상이 어떤 면에서 범위에 제한을 받은 것을 의미하고, 이러한 사실은 결국 대조 대상이 한정적인 것이 되도록 한다. 우리의 경험 세계 또는 의식 세계 밖에 있는 대상은 대조의 대상으로 전제될 수 없다. 경험된 것, 인식된 것, 또는 경험이나 인식이 가능한 것이 대조의 대상이 될 터인데, 이처럼 여러 가지로 제한되는 대상은 대체로 넓은 의미에서 한정적인 성격의 것이 될 수 있을 것 같다.

그러므로 대조 대상이 분명할수록 한정성이 뚜렷해지며, 대조 대상이 불분명할수록 한정성도 희미해진다. 따라서 비대조라고 한 것, 또는 이른바 총칭성이라고 한 것들은 그 한정성의 의미가 가장 약한 경우라 하겠다. 이와 같이 '–는'이 대조와 한정성을 특성으로 하는 반면, 격조사 '–이(가)'는 대체로 '특수'를 특성으로 한다. 특수는 대조의 의미나 한정성과 무관하다.

말을 시작할 때 새로운 경험 또는 지식으로 처음 도입되는 것은 대조성이나 한정성을 가지기 곤란하다. 말의 첫머리에 나오는 주어 또는 주제가 때로는 '–는'을 취할 수 없고, 다만 '–이(가)'만 선택되는 것은 이 때문일 것이다. 여기에서 '–는'이 다른 조사들보다 더 강하게 주제성을 띠는 이유가 드러나게 된다. 일반적으로 주제는 이야기의 시발점이 되는데 이런 시발점이 되기에는 기존 정보가 더 적절하다. 이 기존 정보란 것은 한정적인 것이므로, 한정성과 관련이 있는 '-는'이 다른 어떤 형태보다도 주제와 결합되기에 적합할 것이다. '-는'이 다른 조사보다도 주제성을 가장 강하게 드러내는 것으로 해석되는 것은 바로 이 때문일 것이다.

3.4.5. '-는'과 주제의 관련성

'-는'에 대한 지금까지의 논의를 종합해 보면, 첫째, '-는'은 '대조'의 의미 특성을 가지고 한정성과 관련되며, 둘째, 총칭성이라고 하는 것은 '-는' 자체의 의미가 되기 곤란하고, 셋째, 비대조라는 특성은, 대조 대상이 고정되지 않았거나 대조 대상의 수가 부정수 또는 무한수일 때 드러나는 것으로, 이것은 대조 의미의 약화에 불과하다는 것으로 결론지을 수 있다.

이제는 우리의 주된 관심사인 '-는'과 주제의 관련성에 대한 어떤 매듭을 지어야 할 단계인 것 같다. '-는'과 주제에 대한 그 동안의 견해는 대략 두어 가지로 유별될 수 있다. 첫째는 '-는'의 의미와 관계없이 이것을 주제 표지로 보려는 견해로서, 임홍빈(1972), 신창순(1975) 등이 대략 이 범주에 들 것 같고, 둘째는 비대조 및 소위 총칭성의 '-는'만을 주제 표지로 보려는 입장으로서, 양동휘(1975), 채완(1976), 박승윤(1981) 등으로 대표되겠으며, 마지막으로, '-는'을 일체 주제와 관련시키지 않는 견해로, 양인석(1973), 손호민(1980) 등이 여기에 들 것이다.

필자의 입장은 이미 드러났다고 하겠다. '-는'의 기본적인 의미는 '대조'이며, '-는'에서 총칭성, 비대조 등의 고유 의미가 따로 분석되지 않는다는 것이 전제된 이상, 이들 의미가 선별적으로 주제와 관련될 수 없다는 것, 그리고 '-는'이 대조의 형태인 이상, 이것이 순수한 주제 표지가 될 수 없다는 결론이 된다. 그리고 '대조'라는 것이 주제 해석의 대원리라고 할 수 있는 대하여성과 결코 상충되지 않는다는 것도 분명히 하고 싶다.

다만 일반적으로 보아, 주제가 기존적인 것이며, '-는'의 의미인 대조의 대상이 대체로 한정적인 것이 될 수 있다는 점에서 '-는'이 한정성 및 주제와 관련되며, 이런 이유로 다른 어떤 형태보다도 '-는'이 주제를 나타내기에 가장 적합하다고 할 수 있다.

4. 국어의 주제

4.1. 국어 주제의 기본 성격

국어의 주제라고 해서 주제 일반의 보편성과 크게 구별되는 특수한 것이 될 수는 없다. 대체로 언어학에서 주제에 대한 논의가 분분하고, 주제의 개념에 대한 견해들이 엇갈려 있기는 하지만, 가능한 한, 이를 종합 수용하면서, 여기서 도달된 주제의 개념이나 특성이 충실히 반영되도록 국어의 주제가 규정되어야 할 것이다.

국어의 주제 논의에서 무엇보다도 선행되어야 할 것은 주제를 보는 관점이다. 앞에서 잠시 언급이 되었지만 국어의 주제는 순수 담화 개념의 주제여야 한다. 문법 또는 통사 개념의 주제, 특히 기저 주제의 상정이 그리 큰 설득력 있는 것이 못됨을 대략 더듬어 보았었다. 사실상 국어에서 기저 주제의 상정은 종래의 중주어 구조에 대한 대안으로 제기되었던 것이지만, 결과적으로는 그 장점을 찾아보기 어렵다. 만약 종래의 상위 주어를 대부분 주제로 간주하게 된다면, 이것은 단순한 명칭상의 교체에 불과한 것이 되고 말 터이므로 그것도 그리 의미 있는 것이 못 된다. 담화상의 개념이라고 해서, 문법 개념에 수용할 수 없는 것은 아니겠으나, 거기에서 우리가 얻는 것이 무엇인가 깊이 새겨 보아야 할 일이다.

4.2. 주제 결정의 제일 원리

주제의 개념 규정에 있어 그 기본적인 의미 특성을 대하여성(aboutness)으로 보는 데는 언어를 초월해서 거의 의견을 같이하고 있는데, 우리도 이것을 제일의적(第一義的)인 주제의 특성으로 적용시키는 데에 주저할 수 없다. 이것은 주제 문장의 정보 구조가 주제-평언의 구조가 되는 것을 의미하며, 이것은 더 근본적으로 주제가 문법 개념이 아님을 의미한다.

그런데 여기에서 대하여성이란 것은 그 자체가 주제의 의미가 되는 것이 아니고, 주제와 평언 사이에서 해석되는 일종의 관계 의미의 특성을 가진다. 그러므로 이러한 관점에서 볼 때, 주제는 언급되는 대상(what is being talked about) 또는 평언(comment)의 대상이 되는 것이라 하겠다. 이러한 말들이 나타내는 의미는 어떤 점에서 매우 불투명하고, 또 주관성을 배제하기 어려운 흠이 있지만, 그래도 이 기준에 미치지 못하는 것은 일단 주제에서 실격되는 것으로 보아야 할 것이다.

    (14) 이 약이 <u>쓰지는</u> <u>않다</u>.
    (15) <u>다행히</u> 우리는 화를 면하였다.

말할 것도 없이 서술어 성분은 주제가 될 수 없다. 이것은 주제에 대한 평언에 해당되기 때문이다. (14)에서 밑줄 친 두 성분이 배제되는 이유가 여기에 있다. (15)에서 보듯이 부사도 위에 말한 주제의 의미 특성을 충족시키지 못하므로 주제가 될 수 없다.[10]

    (16) 영희의 선물은 큰 성경책이었다.
    (17) <u>의</u> 집은 <u>새</u> 건물이다.
    (18) <u>저</u> 집은 <u>우리 할아버지의</u> 집이다.

---

10) 거의 모든 문두 성분(文頭成分)을 주제로 보고 있는 Halliday(1967) 등에서도 부사의 경우만은 주제로 보지 않았다.

(16)에서 '큰'은 수식 성분으로서, '성경책'에 대한 평언의 내용을 가지기도 하여 주제성을 가질 수 없다. (17), (18)의 밑줄 성분들도 역시 모두 수식 성분들로서 대하여성을 충족시키지 못하고 있다. 양동휘(1980)에서는 'genitive position'에서도 약한 대로 주제성이 있는 것으로 보았으나, 이러한 위치의 성분들에서 대하여성을 찾기는 어려워 보인다.

   (19) a. 한국의 수도는 <u>서울</u>이다.
        b. 우리 아이들은 <u>군인이</u> 아니다.

위에서 밑줄 친 명사구들도 위에 말한 주제의 기준에 미치지 못하는 것으로 보여 주제에서 배제된다.

   (20) <u>서울은</u> <u>교통이</u> 혼잡하다.

(20)과 같은 문장에서 주제의 기준에 미치는 것은 '서울'과 '교통' 둘이다. 다만 주제성에서 차이가 있을 뿐이다. 주제의 문두성(文頭性)에 대해서는 대부분의 사람들이 의견의 일치를 보인다. 이렇게 볼 때, 주제의 대하여성이나 문두성을 모두 충족시키는 것은 '서울'이다.

그러나 '교통'은 비록 문두에 오지는 못했지만, 주제의 제일 원리를 충족시키고 있으므로 그 주제성이 인정된다. 그리하여, 필자는 이러한 문장에서 '서울'을 제1주제 또는 상위 주제라 하고, '교통'을 제2주제 또는 하위 주제라 하여 구분하고자 한다. 주제를 이렇게 이해할 때, 한 문장의 주제는 둘 이상이 될 수 있다. 국어에서 기저에서든 표면에서든 중주어가 인정된다면, 대체로 이들은 담화상 그대로 중주제가 될 수도 있다.

주제가 되는 것, 또는 대하여성을 충족시킬 수 있는 것으로는 명사구(NP)가 가장 적합하지만, 때로는 'NP+조사' 형태의 부사구도 얼마간 이러한 속성을 나타낼 때가 있다.

(21) a. <u>서울은</u> 사람이 많다.
    b. <u>서울에는</u> 사람이 많다.
    c. <u>서울에</u> 사람이 많다.

(21)에서 a의 주제는 '서울(은)'인데, b에서 '서울에는'이라고 하는 부사구는 a의 주제와 같은 주제성이 없지 않다. 사실상 b에서 '사람(이)'을 주제로 보고 '서울(에서)'을 주제에서 배제하기 곤란하다. b에서 조사 '－에'가 '서울'의 주제성을 약화시키는 것만은 분명하지만, '－는'이 이를 보상해 주는 것으로 이해된다. c에서 주제성이 별로 의식되지 않는 것을 보면 '－는'의 그러한 역할이 확실하게 드러난다. 그리하여 위의 세 문장에서는 '서울은〉서울에는〉서울에'의 순서로 주제성에 차이를 둘 수 있을 것 같다.

그러나 문제는 오히려 b의 '서울에는'과 '사람이'에 있다. '사람이'는 비록 문두에 있지는 않지만 이 문장의 주어로서 주제가 될 수 있는데, 이들 두 성분의 주제성을 순서 짓는 일은 그리 용이해 보이지 않는다. 부사구가 문두에 와서 주제성을 가지는 것은 이 부사구가 대체로 장소나 시간을 나타내는 경우인데, 이러한 경우 뒤에 오는 주어와 대비하여 제일 주제를 결정하기 곤란할 때가 있다. 이러한 문제는 여기서 더 이상 들어가지 않고 다음 문제로 넘어가고자 한다.

4.3. 주제 결정의 보조 원리

주제 결정의 최상위 원리를 대하여성이라고 했는데, 나머지 보조 원리라는 것은 사실상 이 기본 원리에 부수되어 있는 것이다. 보조적인 제2원리로 들 수 있는 것은 문두성이 되겠다. 앞서 보았듯이 주제란 것은 대체로 말의 시발점이 되기 때문에 자연 문두에 오게 마련이다. 중주제의 경우 문중에도 주제가 오게 되지만, 대체로 최고의 주제성은 문두의 성분으로부

터 시작된다. 그러므로 주제의 문두성이란 것이 한 문장에서 주제가 반드
시 하나라는 것을 의미하지 않는다. 이렇게 볼 때, 문두성이란 말은 어떤
의미에서 주제의 문두 지향성이란 말이 더 적절할른지도 모른다.

문두의 주어는 항상 주제가 되는데, 이 주어가 어떤 경우에는, 다음 회
화 문장에서 보듯이, 문두 위치가 아닌 문중이나 문말의 위치로 이동될 때
가 있다.

> (22) a. 경희는 술을 안 마셔.
>   b. 술을 경희는 안 마셔.
>   c. 술을 안 마셔 경희는.

(22)의 b와 c에서 주어 '경희는'의 주제성이 부정될 수는 없지만, a에
비해서 약화된 것만은 분명하며, 그 정도는 'a>b>c'의 순서일 것으로 생
각된다.

5. 맺음말

국어의 주제 문제는 연구의 본궤도에도 들어서지 못하였다 해도 과언이
아닐 듯싶다. 사실상 아직 시작의 단계에서 어떤 방향을 탐색하는 단계에 있
다고 해도 좋겠다. 질량에서 모두 그런 단계를 넘지 못하고 있는 느낌이다.

여기에는 그런대로 몇 가지 이유가 있을 줄 안다. 그 동안 우리 국어학
의 짧은 연구사는 아직 주제 문제에 본격적으로 들어설 만큼 성숙해 있지
못한 것이 첫째 이유가 될 만하다. 그 동안 지나치게 변형문법 이론에 편
향되어 있었던 것도 따지고 보면 다 그러한 이유 때문일 것이다. 주제 문
제가 먼저 문법 개념으로 도입된 것도 그러한 사정을 입증하는 것으로 보
인다. 주제는 먼저 담화 개념으로 출발했음에도 불구하고, 이런 방향은 소
홀히 여겨졌다. 화용론이나 담화 분석과 같은 분야가 발을 들여놓기 힘들

었던 것도 우리 학계의 취약점에서 연유된다고 본다. 문법 개념으로 도입된 주제의 기반이 허약한 것도 모두 같은 맥락에서 이해될 듯싶다.

우리의 주제 연구의 기반이 잡히지 못한 또 다른 이유로, 일반적으로 언어학계 자체에서 주제 논의가 상상한 혼선을 빚고 있다는 사실을 들 수 있다. 담화론과 문법의 혼선은 우리들 이전에 저들에게서부터 눈에 띄게 드러나는 현상이었다. 기저 주제를 상정하면서도 여전히 주제는 담화 개념임을 강조하는 것은 그 한 예라 하겠다.

필자는 이 글에서 주제에 대한 어떤 해답을 의도하지는 않았다. 주제에 대한 그 동안의 논의 일부를 소개하는 데 더 큰 비중이 놓여 있었을지도 모른다. 다만, 필자는 적어도 국어의 경우 주제가 기본적으로 담화 개념이어야 하며, 문법 개념으로 수용될 수 있는 성질의 것이 못 됨을 분명히 하고자 했다. 그리고 그 동안 시도되었던 기저 주제 가설이 성공적인 것이 못됨을 소략한 대로 밝히고자 했으며, 국어 주제의 가장 기본적인 특성 또는 원리로 '대하여성'을, 그리고 제2차적인 것으로 '문두성'을 들었다.

그 밖에 주제의 특성으로 정도성을 들 수도 있으나, 이러한 것은 대하여성이나 문두성에서 필연적으로 부수되어 나타나는 것에 불과하다. 흔히 주제의 주요 특성 또는 주요 요건으로 들고 있는 한정성은, 대하여성이나 문두성과 상충되는 것으로, 이것이 주제에 나타나는, 한 주요 경향임에는 틀림없으나 주제의 필수 요건이나 특성으로는 생각되지는 않는다. 이 한정성은 오히려 대조성과 관련되어 나타나는 특성이다.

주제 표지로 알려진 '-는'은 '대조'의 조사일 뿐이고, 총칭성이나 비대조라는 의미는 '-는'의 고유 의미가 될 수 없으며, 주제 표지가 될 수 없음을 지적했다. 주제의 한정성이 '-는'의 이러한 대조성과 깊은 관련을 가졌지만, 이것은 '-는'의 의미도 아니며 주제의 특성도 아니다.

우리는 앞으로 이러한 논의를 심화시키고, 이러한 바탕 위에서 국어 주제에 대한 본격적인 작업이 이루어져야 할 것으로 안다. 이 방면에 큰 관심이 기울여지기를 바란다.

참고 문헌

김영희(1978), 「겹주어론」, 『한글』 제162호, 한글학회.

박승윤(1981), studies in Korean syntax, Univ. of Hawaii 학위논문.

서정수(1977), 「주체 대우법의 문제점」, 『배달말』 2, 배달말 학회.

성기철(1984), 「조사 '－는'에 대하여」, 『논문집』 17, 서울시립대.

신창순(1975), 「국어의 주어 문제 연구」, 『문법연구』 2, 문법 연구회.

양동휘(1974), 「On the Notion of Topic part 1」, 『논총』 24, 이화여대 한국문화 연구원.

양동휘(1975), *Topicalization and Relativization in Korean*, 범한서적.

양동휘(1980), 「Topicality in Anaphora Revisited」, 『언어』 5－2, 한국 언어학회.

양인석(1973), 「Semantics of Delimiters in Korean」, 『어학연구』 9－2, 서울대학교 어학연구소.

임홍빈(1972), 「국어의 주제화 연구」, 『국어연구』 28, 서울대 국어연구회.

채 완(1976), 「조사 '－는'의 의미」, 『국어학』 4, 국어학회.

Chafe, W. L(1976), 「Givenness, Contrastiveness, Definiteness, Subjects, Topics and point of View」, in Li, C. N.(ed) *Subject and Topic.*

Chomsky, N.(1965), *Aspects of the Theory of Syntax.* The M.I.T. press.

Chomsky, N.(1977), 「On Wh－Movement」, in Culicover, P.W.et al,(eds.) *Formal Syntax.*

Dahl, Osten(1974), 「Topic－Comment Structure Revisited」, in Dahl, O.(ed.) *Topic and comment, contextual boundness and focus.*

Daneš, F.(1974), 「Functional Sentence Perspective and the organization of the text」, in Danes, F.(ed.) *Papers on Functional Sentence Perspective.*

Dik, S. C.(1978), *Functional grammar*, North-Holland.

Dijk, V.(1977), *Text and Context,* Longman.

Firbas, J.(1964), 「On Defining the Theme in Functional Sentence Analysis」, *Travaux Linguistigues de prague 2.*

Gundel, J. J.(1974), *The Role of Topic and comment in Linguistic Theory,* Indiana University Linguistic Club.

Halliday, M.A.K.(1967), 「Notes on Transitivity and Theme in English, Part Ⅲ」, *Journal of Linguistics 3.*

Kuno, S.(1972), 「Functional Sentence Perspective : A case study from Japanese and English」, *Linguistic Inquiry 23.*

Kuno, S.(1973), *The Structure of the Japanese Language*, The M.I.T. Press.

Kuroda, S-Y.(1972), 「The Categorical and the Thetic judgement, Evidence from Japanese Syntax」, *Foundation of Language* 9.

Li, C. N.(ed.)(1976), *Subject and Topic*. New York, Academic Press.

Li, C. N and Thompson, S. A.(1976), 「Subject and Topic」, in Li, C.N.(ed.), *Subject and Topic*.

Quirk, R.et, al.(1972), *A Grammar of Contempory English*, Seminar press.

Sohn, H－M.(1980), 「Theme Prominence in Korean」, *Korean Linguistics* 2, ICKL.

－『한글』 188, 한글학회, 1985년 여름치

문 서술어 복합문

1

문 서술어 복합문이란 하나의 문을 서술어로 하는 복합문으로, 소위 중주어문을 가리킨다. 중주어라는 말이 가지는 모순 내지는 오해를 불식시키기 위해서는 표제의 명명이 좀 더 합리적인 듯싶다. 그러나 오랜 동안의 관습을 고려하여 두 가지 용어를 함께 쓰기로 한다.

문 서술어 복합문 문제는 국어의 주요한 구조적 특징과 관련된 것으로, 이에 대한 보다 합리적인 해석을 위해 그 동안 많은 논의가 있어 왔다. 그러나 그러한 노력의 질과 양에도 불구하고 어떠한 해석 또는 대안도 일반의 공감을 얻기에는 거리가 먼 것이었다.

우리의 주된 관심의 대상이 되고 있는 중주어문이란 기저의 문 서술어 복합문을 의미하게 되는데,[1] 변형 이론이 도입되면서 이를 부정하는 경향이 지배적이었다. 이러한 경향은 중주어 구조를 기저의 단순문에 유도된 표면 구조로 해석하는 것이었다.[2] 이해의 편의상 앞의 해석 방법을 중주어 가설, 그리고 뒤의 해석을 변형 가설이라 하여 구분하기로 한다. 이러한

---

1) 우리의 전통적인 문법은 이러한 구조 해석에 뿌리를 둔 것이었으며, 변형 이론을 배경으로 이를 가장 체계적으로 뒷받침하고자 했던 것은 박병수(1973, 1982, 1983)이었다.
2) 이러한 경향은 변형 이론을 기초로 하고 있는 대부분의 논의에서 볼 수 있는 공통점으로서, 서정수(1971), 김영희(1978) 등 참조.

두 가지 구조 해석에 대한 반성과 함께 제3의 대안이 제시되었으니, 이는 중주어 구조 자체는 기저적인 것으로 받아들이되 문두의 명사구(NP1)를 주제로 해석하는 방법이다.[3] 이를 주제 가설이라 하여 앞의 둘과 구분한다.

중주어 가설에 대한 거부는 무엇보다도 먼저 언어 보편성에 근거한다. 문 서술어, 즉 문이 서술어의 기능을 한다는 것은 언어 보편성에 위배된다고 보는 것이다. 이에 대해 중주어 가설은 자연 언어의 개별성을 고려하게 된다. 개별 언어의 모든 현상이 보편성으로 설명될 수 없다는 데 근거를 두게 된다. 이와 함께 의미의 유지를 기본으로 하는 변형 가설의 경우, 변형에 수반되는 의미상의 차이가 문제점으로 지적된다. 주제 가설은 어떤 면에서 중주어 가설과 변형 가설을 절충한 것으로, 중주어문의 구조 자체는 기저적인 것으로 수용하면서 문 서술어를 부정한다. 그러나 여기에도 우선 주제라는 새로운 개념을 문법에 도입해야 하는 부담이 따른다. 어떤 경우에는 중주어 구조와 주제 구조를 모두 받아들이기도 하는데,[4] 이 때에는 두 가설이 갖는 부담을 모두 감당해야 하는 더 큰 어려움이 따른다.

이 글은 어려운 이 문제에 대하여 어떤 결정적인 해답을 의도하지 않는다. 다만 그동안 논의되어 온 변형 가설이나 주제 가설 등이 안고 있는 문제점들을 검토하고 중주어 가설을 좀 더 적극적으로 뒷받침함으로써 앞의 두 가설이 결코 중주어 가설에 대한 더 강력한 대안이 될 수 없다는 점, 바꾸어 말하면 현재로서는 중주어 가설이 다른 대안에 의해 쉽사리 부정될 수 없다는 사실에 주목하고자 할 뿐이다. 중주어에 대한 그 동안의 논의는 여기에 달리 거론할 여유도 없거니와 그럴 필요성도 느끼지 않는다.[5] 다만 이 글의 진행상 필요한 경우에 한해서만 부분적으로 언급될 것이다.

---

3) 주제 구문을 가장 잘 체계화한 연구는 박승윤(1981)이다.
4) 박병수(1982)에서는 기저 중주어 구조와는 별도로 기저 주제 구조를 제기하고 있다.
   예 : 비행기는 747이 크다.
5) 중주어 구조 문제에 대한 논의를 종합한 것으로는 임홍빈(1974) 참조.

2

 전통적인 중주어 가설에 대한 강력한 대안으로 등장한 것이 변형 가설인데, 이는 중주어 구조를 단순문에서 변형으로 유도한다.

> (1) a. 코끼리는 코가 길다.
>   b. 코끼리의 코가 길다.
>   c. 코끼리의 코는 길다.

 변형 가설에서는 전형적인 중주어 구문인 a를 b에서 유도해 낸다. 이것은 자연 의미상 a, b의 동치를 전제하게 되는데, 이 점이 변형 가설의 주된 취약점이었다. 이 가설에 반대하는 쪽에서는 a, b의 의미가 동일하지 않은 근거로, a는 '코끼리'에 대해서 말하고 있지만, b는 '(코끼리의) 코'에 대해서 말하고 있다는 점을 들었다. 아울러 a, b의 진리치가 같다는 지적에 대하여, 이것이 반드시 두 문의 의미가 동일한 것을 의미하지 않는다는 반론을 펴기도 했다.[6]

 우리는 여기에 a, b의 의미가 동일한 것일 수 없는 주요한 근거를 하나 더 생각해 보고자 한다. 그것은 조사 '-는'의 의미 문제다. '-는'은 적어도 대조의 의미가 있고, a와 c에서도 그러한 의미를 확인할 수 있는데, 이들에서 보이는 대조의 대상 -'-는'이 첨가된 명사-은 서로 다르다. b⇒a의 변형을 전제할 때, b에 없는 '-는'이 a에 나타난 사실을 합리적으로 설명하기 어렵다. 설혹 c⇒a의 변형을 고려해도 결과는 마찬가지다. c에서 '코'의 대조를 나타낸 '-는'이 없어지고, a에서는 '코끼리'에 '-는'이 새로 도입된 것을 변형으로는 설명할 수 없을 것 같다. '-는'을 '-만', '-도' 등으로 교체할 때 그러한 현상은 더욱 선명하게 드러난다. 이러한 사실은 결국 a와 같은 문을 유도할 만한 적절한 단순문이 없음을 입증해

---

6) 박병수(1973, 1974, 1983) 참조.

주게 된다.

> (2) a. 철수는 철수가 숙제를 했다.
>   b. 철수는 숙제를 했다.
>   c. 철수는 자기가 숙제를 했다.

a와 같은 문도, 이를 유도해 낼 만한 다른 단순문이 발견되지 않는다. b를 한 후보로 생각할 수 있을지 모르나 둘의 의미가 크게 다르다. a에서는 숙제한 사람이 철수 자신이지만, b에서는 그러한 의미가 없다. 실제 숙제를 한 사람은 불문에 붙이고 있다. 또한 c에서 문의 주어인 재귀대명사 '자기'가 실현된 것도 문두의 '철수'가 전제되지 않고서는 설명될 수 없다.

> (3) a. 꽃은 장미가 좋다.
>   b. 장미가 꽃은 좋다.
> c_1. 꽃으로 말하면, 장미가 좋다.
> c_2. 꽃 중에서는 장미가 좋다.

(3)a는 중주어 문제와 관련하여 크게 주목되는 구조 유형의 문으로, 그동안 몇 차례 화제에 올랐던 유형에 속한다. a를 변형으로 설명하는 데도 두 가지 방향이 있다. 하나는 b⇒a와 같은 단순한 방법이다.[7] 국어 어순의 일반적 특성을 고려할 때 그러한 변형을 예견할 수도 있고, 또 실제 그것을 전제한다고 하더라도, b와는 다른 a의 의미를 먼저 생각하게 한다. 그것은 대략 c와 유사한 의미다. 그리하여 c_1(또는 c_2)⇒a와 같은 변형으로 a를 설명하는 또 다른 방법이 제시되기도 한다.[8] 아무튼 이러한 의미로 해

---

7) 박병수(1982)에서 '꽃은 장미가 예쁘다'는 '장미가 꽃이 예쁘다'에서 변형되었다고 보았는데, 필자의 감각으로는 전자에서 그러한 의미가 거의 파악되지 않는다. 또 박병수(1983)에서는 '꽃은 장미가 예쁘다'를 중주어 구문이 아니라고 보았는데, 위의 변형이 전제된다면 그 어순에 관계 없이 중주어 구문으로 보아야 일관성을 잃지 않을 것 같다.

8) 윤만근(1980)에서는 '꽃은'과 같은 성분을 기저 구조의 부사(구)로 보았다.

석되는 a가 우리의 관심을 끄는 구조인데, 후자의 변형을 고려할 때에도 문제가 제기된다. 우선 c_1, c_2 등이 a에 대한 부연은 될지언정 완전히 동일한 의미는 아니다. 또 한편 a의 '꽃은'은 c_1, c_2의 '꽃으로 말하면', '꽃 중에는' 외에도 '꽃으로 치면', '꽃으로 말할 것 같으면' 등등 여러 가지를 기저 형태로 상정할 수 있을지 모르나, '꽃은'의 기저로 그렇게 많은 기저 구조를 상정한다는 것 자체가 a의 기저 구조 상정에 무리가 큰 것을 의미하며, 아울러 '꽃은'의 기저 구조로 상정 가능하다고 생각하는 위의 여러 구절들의 의미가 결코 동일한 것이 될 수 없다는 보다 근원적인 문제점을 가벼이 볼 수 없다. 이러한 우리의 관찰은 결국 (3)a가 c_1, c_2나 여타의 단순문에서 유도될 수 있는 구조가 아님을 뒷받침해 준다고 하겠다.

여기에서 새삼스럽게 변형 가설의 문제점을 일일이 거론하고자 하는 것은 아니다. 필자는 다만, 지난날의 변형 이론에 근거한다고 하더라도, 단순문에서 변형으로 유도할 수 없는 'NP$_1$ NP$_2$ VP' 유형의 기저 구조를 부정하기 곤란하다는 점을 분명히 하고자 하는 것뿐이다.

변형 가설의 문제점을 극복하기 위한 가장 강력한 대안으로 부각된 것이 기저 주제 가설이다.9) 문제의 중주어 구조를 기저적인 것으로 수용하는 이 가설의 경우, (1)a, (2)a, (3)a의 문두 NP$_1$을 주제로 보고자 한다. 주제의 제일의적(第一義的)인 의미 특성을 'aboutness'라고 볼 때, 이를 주제로 해석하는 것은 충분히 수긍이 간다. 위 예문들에서 NP$_1$과 나머지 문(NP$_2$ VP) 사이에 주제 – 평언(Topic-Comment)의 관계가 성립되기 때문이다.

그런데 주제 가설이란 것이 본래 담화 개념인 주제를 문법에 받아들인 것이기 때문에, 문법적인 측면에서는 새로운 개념의 도입이어서, 이것만으

---

9) 주제에 대한 논의는 박승윤(1981) 외에도 몇을 더 들 수 있다. 양동휘(1974)는 국어의 기저 주제 구조를 선보이고 있고, 양동휘(1980)에서는 앞과는 다른 주제가 제시되어 있는데, 둘의 관계 또는 주제 자체에 대한 논의는 별로 보이지 않는다. 손호민(1980)은 S→NP+$\frac{S}{VP}$ 구조를 제기하여, 문에 선행하는 NP는 물론 일반 주어까지도 모두 주제로 보고 있다. 주제 가설은 서정수(1977), 박병수(1982) 등에서도 수용되고 있다. 이들에 대한 종합적인 논의는 성기철(1985b) 참조.

로도 하나의 부담이 되지 않을 수 없다. 결국 이러한 측면에서도 주제 구문이란 것이 중주어 구문이라는 것과 큰 차이가 없는 부담감을 가지게 된다. 그러나 주제라는 용어를 쓸 때 더 근본적인 문제는 주제의 개념이다. 원래 언어학에서 담화 개념으로서의 주제도 개념 규정에 적지 않은 혼선을 보이고 있는데,10) 이것이 문법에 도입되면서 국어에도 적용되기에 이르렀다. 국어와 관련해서도 주제라는 용어는 상당히 보편화되어 쓰이고 있지만, 그 개념 규정에 대한 논의는 별로 눈에 띄지 않으며, 주제가 문법 개념으로서 국어 문법에 어떤 역할을 할 수 있는가에 대한 검토는 거의 없는 것으로 보인다.

문법과 관련하여 주제에 대한 가장 체계적인 논의를 보여 주고 있는 것은 박승윤(1981)이다. 이 논문은 그런 만큼 의미가 클 뿐 아니라 우리의 주목의 대상이 된다. 대략 그 요점을 보면, 주제는 기저 성분으로서 상위 명사구(Higher NP Position)이며, 주제 표지로 비대조의 '-는'을 취하고, 'aboutness' 및 한정성(definiteness)을 특징으로 하며, 정도의 차이(gradient phenomenon)를 가진다는 점 등이다.

무엇보다도 우리의 눈을 끄는 것은 한정성의 문제다. 한정성과 주제의 관련성은 양동휘(1974), 채완(1976) 등에서도 이미 제기되었던 것인데, 이와 관련하여 다음 예문을 살펴보기로 한다.

(4) a. 철수는 키가 커.
　　b. 누가 키가 커?
　　c. 철수가 키가 커.

여기에서 무엇보다도 a, b, c의 기본 구조가 동일하다는 점을 분명히 할 필요가 있다. a, b, c의 세 문두 NP 중에서 한정성의 의미 해석이 가능한 것은 a의 '철수(는)'뿐이다. 따라서 이것만이 주제로 해석될 수 있고, 자연 b, c의 '누(가)', '철수(가)' 등은 주제가 될 수 없다는 말이 된다.11) 여기에

---

10) 성기철(1985a) 참조.

서 문제되는 것은 a의 '철수'를 주제로 해석하는 데 있는 것이 아니라, b, c의 비한정적 성분을 주제에서 배제하는 데 있다. 주제에서 제외되는 이들 성분을 문법적으로 설명할 또 다른 방법의 제시가 더 중요한 일이다. a의 경우에도 간과할 수 없는 문제성이 있다. '－는'을 주제 표지라고 하는 경우에도, 이 형태가 대조적인 의미를 가질 때는 제외된다.[12] 여기에서도 역시 중요한 것은, a에서 '－는'이 대조의 의미일 때 주제가 될 수 없다고 하는 '철수(는)'의 문법적 해석 방안이다. 우리는 언어 자료를 선택 또는 해석하는 데 있어 어떤 가설을 뒷받침하는 자료에 못지않게 이에 부정적인 자료를 소중히 여기는 세심한 배려가 필요하다. 주제를 정도의 개념으로 규정하는 경우에도 주제 가설은 감당하기 어려운 부담을 가지게 된다. 가령 비대조의 '－는'은 주제를 나타내고, 격조사 '－가'는 주제를 나타내지 못하며 보조조사 '－도', '－만' 등은 그 중간에 드는 것이라고 할 때 이는 주제인가 아닌가?

> (5) a. 영희는 마음씨가 곱다.
>   b. 영희도 마음씨가 곱다.
>   c. 영희가 마음씨가 곱다.

　a에서는 '영희'가 주제이고 c에서는 '영희'가 주제가 아니라는 것도 문제려니와, b의 '영희(도)'가 주제성에서 a, c의 중간 정도라고 할 때 우리는 그 성분을 규정할 방법이 있다. 문법적인 성분에 있어 주어, 목적어, 서술어 등은 그 가부, 진위가 분명해야 된다. 중간성, 즉 주어와 목적어의 중간 또는 주어와 비주어의 중간 등에 해당되는 성분이란 생각하기 곤란하다.

---

11) 박승윤(1981)에서는 문두의 명사(NP₁)가 조사 '－가'를 취할 때는 주제가 될 수 없는 것으로 규정되었다. 오직 '－는'을 택하는 경우만 주제가 될 수 있다.

12) 박승윤(1981)에서 대조의 '－는'이나 '－도' 등 한정사(Delimiter)를 가지는 문두의 명사는 주제성에 있어서 '－는'을 가진 주제와 '－가'를 가진 비주제의 중간 정도에 있는 것으로 보았다. 양동휘(1974)에서는 문두의 '－는'은 비대조의 주제 표식이고 문중의 '－는'은 대조의 것이어서 상보적인 것이라고 보았다. 그러나 문두에서도 대조성은 문중에서나 차이가 없다(성기철 1984 참조).

그러므로 정도의 차이를 가지는 담화 개념으로 주제를 규정하는 한 문법의 주제 가설을 뒷받침하기는 곤란하다.

위의 논의에서 우리는 중주어 구문의 선행 명사(NP1)를 주제로 해석하는 데 따른 문제점을 검토해 보았다. 그 주요 요지는, 문법 개념으로서의 주제에 대한 개념 규정이 모호한 상태에서 쓰이고 있다는 점, 그리고 담화상의 개념과 별로 차이가 없는 주제를 그대로 문법에 도입함으로써 여기에 수반되는 문제점이었다. 주제를 완전히 문법적인 개념으로 재정립하지 않는 한, 주제 가설은 문제를 해결한다기보다 오히려 새로운 문제를 거듭 제기하는 위험에 빠지기 쉬우며, 따라서 소위 중주어문의 구조 해석에 별다른 도움을 주지 못하게 된다. 한 마디로 말해서 지금까지 논의된 주제 가설은 중주어 가설에 앞설 만한 개선된 해석을 보여 주지 못한다고 하겠다. 다만 주제에 대한 문법적 정지(整地) 작업이 원만히 이루어질 때, 중주어 가설의 대안이 될 수 있는 한 가능성을 지적해 두고 싶다. (후술)

3

다음에는 중주어 가설의 핵심을 이루고 있는 소위 문 서술어(Sentential Predicate)의 문제를 생각해 보기로 한다. 문 서술어도 기본적으로 서술어의 한 하위 요소이기 때문에 그 자체의 서술성과 그에 대응되는 주어를 전제로 하게 된다. 이 점을 고려하여 먼저 서술성 또는 주어와 서술의 관계를 잠시 돌아보고자 한다. 주술 관계란 것도 내용에서 다양한 모습을 보여 주는데, 그 전형적인 것은 다음 예문들이 보여 주는 동사문, 형용사문 및 계사문이다.

(6) 두현이는 피아노를 친다.
(7) 문현이는 부지런하다.

(8) 태현이는 중학생이다.

이들 예문에서 볼 수 있는 바와 같이 주술 관계란 결국 주어에 대한 서
술의 형식과 내용을 특징으로 한다. 과거에 주어의 특성을 'aboutness'로
특징짓기도 했던 것은[13) 이러한 주술 관계의 한 면을 대변해 주는 것이다.
그러나 주술 관계가 (6)~(8)에서처럼 늘 전형적인 모습으로만 나타나는 것
은 아니다. 특히 계사문의 경우 주술 관계가 의미상 매우 간접적이거나,
심한 경우 '주어 – 술어'로 설명하기 어려운 사례가 드물지 않다.

(9) 영이는 요새 매일 공부뿐이야.
(10) 선이는 지금 도서관에 가는 거야(것이야).
(11) 나도 이제 운동을 좀 할 테야(=터이야).

이들 예에서 보는 주어 – 서술어 관계는 (6)~(8)에서 본 것과 상당히 성
격을 달리한다. 특히 이들은 모두 형식상 계사문이지만 (8)과는 크게 다르
다. (8)에서 볼 수 있었던 '태현이=중학생'의 등치 관계가 이들에서는 발
견되지 않는다. 여기에서는 '영이=공부뿐', '선이=것', '나=터'와 같은 관
계를 고려할 수 없기 때문이다. 그러나 이러한 특수성에 관계없이 이들 문
에서도 문법상 주부(NP)와 서술부(VP)의 구분은 엄격하고 양자 사이에 서
술과 피서술 대상의 관계 곧 주술 관계가 성립되고 있다.

(12) a. 나도 커피야.
    b. 나도 커피를 마시겠어.(b=a)

a는 그 문법성에 관계없이 널리 쓰이고 있는 유형의 문인데, 주어와 서
술어를 갖추고 있으나, 서술어가 주어의 속성을 설명해주는 것은 아니다.

---

13) 'aboutness'는 주제뿐만 아니라 주어의 특성으로도 지적되었다. '주어 – 서술'의 관계
    와 '주제 – 평언'의 관계가 의미상으로 볼 때 상당히 근사한 것임을 보여 주는 것이
    라 하겠다. Quirk et. al(1972 : 34), Dik(1978 : 18), Dillon(1977 : 7) 등 참조.

(13) 나는 철수가 걱정이야.
(14) 나는 개가 무섭다.
(15) 나는 고향이 그립다.
(16) 물이 얼음이 되었다.

또 한편 위와 같은 예문의 경우, 서술어(V)는 분명하지만 이들의 서술 대상이 되는 주어는 앞의 예들에서와 같이 확연한 것이 아니다. (9)~(16)의 예문들이 보여 주는 것은, 주술 관계란 것이 항상 선명한 것도 아닐뿐더러, 주어에 대한 서술의 방식도 다양하다는 사실이다. 이런 점을 염두에 두고 우리의 주된 관심사인 중주어문에 눈을 돌리기로 한다.

(17) 코끼리는 코가 길다.(=1a)

위 예문에서 '코가 길다'의 성분을 무엇이라고 명명하든 이에 관계없이 이 성분은 문두의 '코끼리'에 대해서 설명을 하고 있다. 이 문에서 볼 수 있는 양 성분(코끼리 – 코가 길다)의 관계는 (6)~(8)의 주술 관계와 동질의 것이어서, (9)~(12)의 주술 관계보다 훨씬 전형성을 보여 준다. 다만 (17)이 이들과 다른 점은 서술부가 문의 형식을 취하고 있다는 것뿐이다. (9)~(16)과 같은 예문에 나타나는 주술 관계를 고려하면, (17)의 '코가 길다'가 문의 구조라고 해서 '코끼리'에 대한 서술성이 배제될 수 없으며, 양자 사이에 주술 구성이 부정될 특별한 이유도 없다.

이러한 주술 구성, 즉 하나의 문이 다른 대상 – 주어 – 에 대한 서술어의 기능을 하는 것은, 문의 구성 및 의미가 하나의 단어로 축약되어 서술어로 작용하는 데서 확연하게 드러난다.

(18) a. 너도 <u>배가 아프냐?</u>
    b. 너도 <u>배아프냐?</u>
    c. 네 배도 아프냐(탈이 났니)?
(19) a. 아이들은 때가 묻지 않았다.

       b. 아이들은 <u>때묻지</u> 않았다.
       c. 아이들에게는 때가 묻지 않았다.
  (20) a. 철수는 <u>책임이 없어.</u>
       b. 철수는 무책임해.
       c. 철수에게는 책임이 없어.
  (21) a. 요새 배추는 <u>값이 헐하다.</u>
       b. 요새 배추는 <u>헐값이다.</u>

(18)에서 '배가 아프다'가 완벽한 문인 것은 c에서 입증되는데, 이것이 b에서는 하나의 형용사로 축약되어 서술어가 되었다. 이것은 a의 '배가 아프다'가 서술어의 기능을 다하고 있음을 확인시켜 준다. (19)는 완전히 (18)과 유형을 같이한다. 다만 각 b의 서술어가 형용사, 동사의 차이를 가지는 것뿐이다. (20)은 특히 주목되는 예다. b의 '철수'가 주어라는 사실은 a의 '철수'도 주어라는 사실을 입증하는 것이며, 이는 a가 c에서 변형으로 유도될 수 있는 가능성 외에, 그 자체가 중주어 구문임을 뒷받침해 준다. (21)의 경우도 의미상으로 보면 '값이 헐하다'가 '헐값이다'로 바뀐 것으로서, 결국 앞의 세 경우와 동궤의 것이 된다. (18)~(21)과 같이 하나의 문이 한 단어로 축약되어 서술어가 되는 예는 이들 외에도 '싹나다, 병나다' 등의 동사, '염치없다, 배부르다' 등의 형용사에서 많은 예를 볼 수 있다.

  문 서술어를 부정하는 근거로 절 표지의 결여, 서술어와 여타 성분 사이에 존재하는 선택 제약의 결여 등이 지적되기도 하였다.[14) 전자는, 명사절이나 관형절 등에서는 '-음, -기'나 '-는, -은' 등의 어미가 수반되는데, 서술절에서는 별도의 어미가 나타나지 않는 점을 말한다. 물론 이러한 지적들은 타당성이 있다. 그러나 우리는 서술절의 특수성을 외면할 수도 없다. 서술절은 이미 문미에 종결형을 가지고 있어 또 다른 종결형을 가지기 어려우며, 선택 제약이란 기본적으로 어휘의 특성에 연유하는 것이지, 문이나 절이 갖는 고유 특성이 아니기 때문에, 그러한 서술절의 특수성을

---

14) 남기심(1986) 참조.

이해할 수 있으리라 생각한다.

이상에서 우리는 하나의 문이 서술어가 될 수 있다는 점, 바꾸어 말하면 한 주어가 문 서술어를 취할 수 있음을 확인할 수 있었다. 따라서 문 서술어가 비록 언어 보편성에 위배되는 것이라고 하더라도, 그것은 의미상으로나 또는 형태·통사 구조상으로나 국어에 엄연히 존재하는 현상임을 외면할 수 없을 것이다.

문이 어떤 대상에 대한 서술 기능을 가진다는 것은 결국 중주어 가설을 긍정하는 결과가 될 수 있다. 본고도 그러한 목표를 향해서 논의가 진행되고 있다. 그러나 여기에서 간과할 수 없는 것은 문 서술어가 반드시 중주어 구문을 전제로 하는 것이어야 하는 것은 아니란 점이다. 그것은 한 예로 새로운 의미의 주제 구문을 연관시킬 수도 있기 때문이다. 의미상의 측면만 고려할 때 주술 관계와 '주제—평언'의 관계는 상당한 공통점을 가지고 있다. 앞서 지적한 바와 같이 이 두 가지의 관계가 모두 'aboutness'로 특징지어지기도 했던 사실이 이를 입증한다. 가령 주제의 의미를 담화 개념으로 규정하지 말고 순수 문법 개념으로 규정하여, 중주어문의 상위 주어에 해당되는 의미로 쓸 수도 있다. 다음과 같은 예문을 음미해 볼 때 여기에서 얻을 수 있는 장점이 있다.

(22) 나는 내일이 생일이다.
(23) a. 너는 이 시계가 비싸냐?
　　 b. 너는 이 시계가 비싸다고 생각하니?

(22)의 경우에는 문두의 성분(NP₁)과 나머지 문 사이에 주술 관계의 상정이 어렵지 않지만, (23)에서 b의 의미로 쓰인 a의 경우에는 그러한 주술 관계의 상정이 용이하지 않다. (23)에서 b⇒a와 같은 변형을 생각할 수도 있으나, (22), (23)a에서 문두 성분을 모두 주제로 보면 일관성 있는 처리가 가능해 보이기도 한다. 그러므로 주제의 특성 또는 개념에서 한정성, 비대조성, 문두 어순 등의 제약을 해소시킬 경우, 지금까지 논의해 온 일체의

문두 성분(NP₁)을 주제로 규정하는 방안이 가능한데, 이런 의미의 주제 구문이라면, 이것은 중주어 구문에 대한 강력한 대안이 될 수도 있을 것이다. 물론 (23)a를 중주어 구문으로 해석하는 것이 전혀 불가능한 것은 아니다. 특수한 구조 또는 의미의 주술 관계를 확대 해석할 경우, (22)는 물론 (23)a 와 같은 유형까지도 중주어 구문에 포함시킬 수 있을 것이다.15)

　새로운 의미의 주제 가설을 제시하면서도 본고에서 굳이 중주어 가설에 집착하는 이유의 하나는, 다음에 논의할 주체 존대 현상이 이를 강력히 뒷받침하고 있기 때문이다.

4

　선어말어미 '-시-'로 표현되는 주체 존대 현상은 간단히 기술될 수 없는 복잡성을 보여 주는데, 이 현상은 중주어 구문과 관련하여 중요한 의미를 가진다.

　(24) 권 선생님은 머리가 좋으시다.

　위에서 '좋으시다'의 주어는 '머리'이지만 '-시-'의 존대 대상은 주어가 아닌 문두 성분 '권 선생님'이다. 이러한 문의 대우 또는 존대 현상을 설명하기 위해서는 이 문을 중주어 구문 즉 문 서술어 복합문으로 보고 '권 선생님'을 상위문의 주어로 이해하는 것이 훨씬 합리적이다. 그것은 주어와 대우의 일치를 보이는 '-시-'가 상위 주어와도 같은 일치를 보임으로써 '-시-'에 대한 일관된 해석, 즉 '-시-'를 주어와만 관련시키는 대우 해석이 가능하기 때문이다. 만약 '권 선생님'을 주제로 해석하는 경

---

15) 본고의 주된 목표가 기저 중주어 구문의 확인에 있으므로, 특정의 문 또는 유형에 대한 개별적인 논의는 유보하기로 한다.

우, '-시-'는 주어[주체] 존대와 주제 존대의 이원적 해석이 불가피하게 되는데, 이 때 주어와 주제의 관련성을 합리적으로 설명하기 곤란하다. 주어와 주제가 한 문법 형태 '-시-'와 대우의 일치를 보인다고 하면, 이것은 일단 양자의 관련성이 전제되는 것으로 이해해야 될 것이고, 나아가 이 관련성이 어떤 방식으로든 설명되는 것이 바람직하다. 물론 주어와 주제 사이에 공통점이 없지 않다. 가령 의미와 관련하여 지적되었던 'aboutness'는 가장 중요한 공통점이 될 수 있을 것이다. 이러한 공통성을 토대로 하여 둘 사이의 관계에 대한 설득력 있는 방안이 마련될 때에는 필자가 제기하는 주제 가설은 중주어 가설에 대한 가장 강력한 대안이 될 수 있으리라 생각한다.

여기에 한 가지 첨언해 둘 것은, '-시-'가 상위 주어와 대우의 일치를 이룬다고 하더라도 거기에는 상당한 제약이 따르기 때문에, '-시-'와 일반 주어 사이에 볼 수 있는 대우 일치와는 얼마간 성격을 달리한다.[16]

다음에 관련 예문들을 좀 더 살펴보기로 한다.

(25) a. 정 선생님은 손자가 있으셔.
　　 b. 정 선생님은 손자가 있어.
(26) a. 정 선생님은 부모님이 있으셔.
　　 b. 정 선생님은 부모님이 계셔.
(27) a. *철수는 부모님이 있으셔.
　　 c. 철수는 부모님이 계셔.

(25)에서는 a가 바른 표현인데, '있으셔'의 주어는 '손자'이지만, '-시-'와 존대의 일치를 보이는 것은 역시 상위 주어인 '정 선생님'이다. 이러한 대우 현상은 (26), (27)에서 확인된다. (26)에서 '있으셔'와 '계셔'는 똑같은 존대형이지만, 앞엣것은 상위 주어 '정 선생님'과 대우의 일치를 이루는

---

16) '-시-'와 상위 주어[상위 주체]의 대우 일치 및 제약 현상에 대하여는 성기철 (1985b) 참조.

반면, 뒤엣것은 (하위)주어 '부모님'과 대우의 일치를 보여 주고 있다. '있다'는 대략 존재 또는 현존과, 소유의 두 가지 의미를 가지는데, 현존의 의미일 때 그 존대형은 '계시다'이며, 소유의 의미일 때 그 존대형은 '있으시다'이다. 따라서 '있으시다'는 반드시 상위문의 주어가 요구되는 반면, '계시다'는 이것을 필요로 하지 않는 점에서 이 둘은 엄격히 구별된다. (27)도 이를 뒷받침하고 있는데, 이러한 '있으시다'와 같은 특수한 존대형의 존재 또는 용법은, 첫째로 (25)a, (26)a와 같은 유형의 구조가 변형으로 유도될 수 없는 기저 구조임을 입증해 주는 또 하나의 근거를 마련해 줌과 동시에, 둘째로 '정 선생님'과 같은 문두의 성분을 역시 주어로 해석하게 하는 근거가 된다.

또 다른 유형의 예문을 하나 더 생각해 보기로 한다.

(28) a. 김 선생님은 철수가 무거우셔요?
   b. 김 선생님은 철수가 무거워요?
   c. 김 선생님은 철수가 무겁게 느껴지셔요?
   d. 김 선생님은 철수가 무겁다고 생각하셔요?

(28)에서 우선 a, b의 의미 해석에 유의할 필요가 있다. a는 대략 c의 의미로서 이때는 김 선생님이 철수를 들거나 업고 있을 때를 생각할 수 있다. 그러나 b는 c와 d의 두 가지 의미를 가진다. d의 의미로는 철수가 존대될 수 없기 때문에 b는 가능해도 a는 성립될 수 없다. 우리의 관심사는 a인데, 여기에서 실현된 '-시-'존대 현상은 기본적으로 (24)~(26)과 다를 바 없다. '무거우셔요'의 존대 대상은 주어인 '철수'가 아니요 상위문의 주어인 '김 선생님'이다. d의 의미가 배제된 a와 같은 유형에서는 서술어의 존대형은 반드시 상위문의 주어를 요구하기 때문에, 필연적으로 문 서술어의 복합문이 전제되지 않을 수 없다.

위에서 주체 존대와 관련하여 중주어문의 성격을 돌아보았다. 주체 존대 현상 자체도 적지 않은 문제점을 가지고 있기는 하지만, 이에 대한 보다 합리적인 해석을 하기 위해서는 중주어문, 즉 문 서술어 복합문을 전제하는 것이 바람직함을 보았다. 바꾸어 말하면, 중주어문을 상정하지 않고는 '-시-'존대 현상을 원만히 해석할 수 없음을 살펴보았다.

5

이상에서 우리는 소위 중주어 구문에 대한 학계의 주요 논의를 돌아보고, 중주어 가설에 대한 좀 더 적극적인 뒷받침을 함으로써, 지금까지의 어떤 대안도 이 가설의 우위에 있지 못함을 밝히고자 했다. 이와 아울러 중주어 가설에 대한 새로운 대안으로 지금까지 학계에서 논의된 것과는 다른 의미의 주제 가설에 대한 가능성을 시사하였다.

중주어 가설이 그 동안 명맥의 보존도 힘겨울 만큼 무력했던 데는 몇 가지 이유가 있다. 무엇보다도 변형 이론의 도입 이후 이에 압도되어 전통적인 중주어 개념을 서둘러 포기했고, 변형 가설에 대한 강력한(?) 대안으로 등장한 주제 가설을 검토할 기반 조성이나 여유가 충분히 마련되어 있지 못했던 것이 가장 큰 원인이다. 둘째로는 중주어 가설 자체가 이를 뒷받침할 만한 충분한 논거를 마련하지 못한 점을 들 수 있다. 이 가설을 확립시키기 위한 몇몇 논의가 없었던 것은 아니지만 일반의 주목을 끌 만큼 강한 설득력을 가졌던 것 같지 않다.

이제 재론하지 않더라도 변형 가설에 집착할 시기는 지난 것으로 이해된다. 주제 가설은 본격적으로 재음미해 볼 필요가 있다. 주제 자체에 대한 논의가 부족했던 위에, 이를 국어 문법에 적용하는 데 있어 문제점의 검토가 미흡했다. 언어학에서 주제 자체에 대한 논의도 분분한 터에, 한정성, 비대조, 문두 어순, 신구정보, 정도성 등을 특징으로 하는 담화상의 주제를 문법에 도입함으로 해서 심각한 문제가 제기되지 않을 수 없게 되었다.

위와 같은 주제의 특성을 배제하고, 주제의 제일의적 특성인 'aboutness

(대하여성)’와 주어-서술어 관계에 대응되는 주제-평언의 성격을 기반으로 하는 문법적인 개념의 주제를 새로이 도입할 때, 이는 중주어 가설에 대한 대안이 될 수도 있다. 이 대안은 국어에 일반화되어 있는, 문제의 ‘NP_1 NP_2 VP’ 구조를 중주어 가설과 달리 훨씬 설득력 있게 설명할 수 있는 장점이 없지 않다. 여기에는 주제라는 새로운 개념 도입의 부담과, 주체 존대를 중주어 가설만큼 합리적으로 설명할 방안이 없다는 난점이 따른다. 이에 비해 중주어 가설, 즉 문 서술어 복합문은 새로운 용어의 도입이 필요 없고, 주체 존대 현상의 설명에 이 이상의 대안이 없다는 장점이 있는 반면, 언어 보편성의 결여 또는 어떤 유형의 문에 있어서는 NP_1과 ‘NP_2 VP’의 관계를 일반적인 주술 관계로 설명하는 데 얼마간의 무리가 수반되는 등 단점이 있다. 이러한 문제는 앞으로 좀 더 다각적으로 연구되어야 할 문제이기 때문에 하나의 과제로 남겨 둔 채 본고에서는 우선 문 서술어 복합문을 좇기로 한 것이다.

중주어 가설을 좀 더 강력하게 뒷받침하려고는 했지만, 그렇다고 이 가설이 절대적인 것임을 의미하는 것은 아니다. 다만 중주어 가설의 대안으로 제기되었던 변형 가설이나 주제 가설의 문제점을 살펴보고, 논거가 든든하지 못했던 중주어 가설을 좀 더 보완함으로써, 현 단계로서는 중주어 가설이 가장 설득력이 앞선 것임을 밝히고자 했을 뿐이다. 앞으로 이들 제 문제에 대하여 더욱 활발하고 뜻있는 논의가 계속되기를 기대한다.

참고 문헌

김영희(1978), 「겹주어론」, 『한글』 162, 한글학회.

남기심(1986), 「'서술절'의 설정은 타당한가?」 국어학신연구, 탑출판사.

박병수(1973), On the Multiple Subject Construction in Korean. *Linguistics* 100.

박병수(1982), The Double Subject Constructions Revisited, *In Linguistics Society of Korea(ed)*, Linguistics in the Morning Calm.

박병수(1983), 「문장 술어 의미론 : 중주어 구문의 의미 고찰」, 『말』 8, 연세대.

박승윤(1983), Studies in Korean Syntax; Ellipsis, Topic and Relative Constructions. Univ. of Hawaii 박사학위 논문.

손호민(1980), Theme Promimence in Korean, *Korean Linguistics* 2.

서정수(1971), 「국어의 이중주어 문제 - 변형생성문법적 분석 - 」, 『국어국문학』 52.

서정수(1977), 「주체 대우법의 문제점」, 『배달말』 2, 배달말 연구회.

성기철(1984), 「조사 '-는'에 대하여」, 논문집 17, 서울시립대.

성기철(1985a), 「국어의 주제 문제」, 『한글』 188, 한글학회.

성기철(1985b), 『현대 국어 대우법 연구』, 개문사.

윤만근(1980), 「국어의 중주어는 어떻게 생성되나?」, 『언어』 5 - 2, 한국언어학회.

임홍빈(1974), 「주격중출론 찾아서」, 『문법연구』 1, 문법연구회.

채 완(1976), 「조사 '-는'의 의미」, 『국어학』 4, 국어학회.

Dik, S.C.(1978), *Functional Grammar*. North-Holland.

Dillon, G.L.(1977), *Introduction to Contemporary Linguistic Semantics*, Prentice Hall INC.

Quirk et al.(1972), *A Grammar of Contemporary English*, Seminar Press.

-『국어학』 16, 국어학회, 1987. 12.

국어 어순 연구

1. 서론

언어를 층형 언어(configurational language)와 비층형 언어(non-configurational language)로 구분하는 논의와 함께 어순 문제가 크게 주목을 받게 된 것 같다. 층형 언어가 영어와 같이 고정 어순을 한 특징으로 하는 반면, 비층형 언어는 한국어나 일본어와 같이 자유 어순을 한 특징으로 한다. 그러나 국어만 해도 그 층형성에 의견이 일치하지 않는다. 이것은 국어의 자유 어순 문제와 깊이 관련된다. 무릇 다른 많은 언어 현상이 그렇듯이, 어순도 기본적으로 특정 기준에 따라 층형/비층형, 또는 고정 어순/자유 어순으로 엄격하게 양분되는 성질의 것이 못 된다. 따라서 어순을 포함한 많은 언어 현상은 상대적이고 등차적(等差的)인 현상임이 전제되지 않을 수 없다. 적어도 국어에 관한 한, 어느 한 쪽에 서기 전에 우리는 국어 어순의 정확한 실상을 탐색해 나가는 것이 중요하다.

국어 어순에 대한 논의도 적지 않은 성과를 거두었다. 특히 언어 이론적인 뒷받침을 얻는 데 값진 논의들이 있었던 것으로 생각된다. 그러나 언어 이론의 적용에 성급한 나머지 언어 자료의 선택이나 해석에 소홀했던 것도 돌아보지 않을 수 없다. 우리는 아직 어순과 관련된 충분한 자료도 정리하지 못한 형편이다. 기본적인 어순에 대하여도 크게 의견을 달리하고 있는 것을 보는데, 이것은 때로 자료에 대한 탐색이 미흡한 데 연유하고 있다.

국어 어순과 관련된 연구 과제도 광범하다. 어순이라고 할 때, 이것은 글자 뜻 그대로 '단어의 순서'라기보다는 '문을 구성하는 통사적 성분의 배합 순서'를 의미한다. 따라서 국어에서 어순 문제를 논의할 때 기본이 되는 것은 명사구를 형성하는 관형어 성분의 어순과, 서술부 및 전체 문 구성과 관련되는 부사어 성분의 어순이다. 이 글은 국어 어순의 기본적인 문제들을 살펴보는 데 목표를 두되, 수식성분들의 자리바꿈에 주안점을 두게 될 것이다. 먼저 국어 어순의 일반적인 특성을 살펴보면서, 그동안의 몇몇 논의를 돌아보고자 한다. 그리고 나서 국어 어순 문제의 골격이 되는 관형어와 부사어의 기본적인 어순 및 자리바꿈 현상에 관심을 기울이게 될 것이다.

2. 국어 어순의 기본 원리

국어 어순에 대한 구체적 논의에 앞서, 한두 가지 먼저 언급되어야 할 것이 있다. 첫째는 어순이란 것이 단어의 순서가 아니라 성분의 배열 순서이어야 한다. 문을 구성하는 통사적 단위는 단어가 아니라 이른바 문의 성분이다. 둘째로는 이에 따라 국어의 기본적인 문 성분이 규정되어야 한다는 점이다. 문 성분의 분류에 여러 가지 이견이 있을 수 있겠지만, 이것은 어순 논의에 결정적 영향을 미치는 것이 아니다. 본고에서는 일반적인 분류 경향에 따라 주어, 서술어, 목적어, 보어의 네 기본 성분과 관형어, 부사어의 두 부속 성분, 그리고 비교적 독립성을 가지는 독립어로 분류한다. 그리고 보조용언은 본용언과 합하여 서술어를 구성하는 것으로 처리한다. 보조용언이 독자적으로 서술어를 구성하지 못하는 것으로 처리해 온 전통적 방법은 충분한 근거가 있기에, 어순 논의에서 보조용언은 제외될 수밖에 없다.

　어떤 자료를 접할 때 무엇보다도 먼저 우리에게 부딪히는 문제는 그것의 자료로서의 적절성 문제이다. 이 적절성은 흔히 문법성의 문제로 나타나는데, 그 판단 주체는 현실적으로 그 언어를 모국어로 하는 연구자 자신이 되는 것이 일반적이다. 우리의 경우 어떤 문에 대한 문법성 판단의 오류로 하여 그릇된 결과가 유도되는 예를 드물지 않게 보지만, 문법성에 대한 객관적 보장을 받는 일이란 실제 거의 불가능한 경우가 많다. 어순의 경우도 예외가 아니어서, 어떤 어순에 대한 문법성 판단이 용이하지 않고, 이에 따라 화자의 주관적 판단에 의존하게 되므로, 다른 사람들의 동의를 모두 받아 내기란 여간 어려운 일이 아니다. 객관성을 얻기 위해 설문 조사의 방법을 이용하기도 하지만(예 : 이기갑 1989), 이 방법 또한 특별한 고려가 전제되지 않는 한 그대로 수용하는 데 문제가 적지 않다. 특히 어순과 같은 문제에서는, 단순한 성분의 문보다는 좀 더 복잡한 문을 대상으로 해야 신뢰도가 높아지며, 문장의 의미 구조, 조사의 선택 등도 충분히 고려되지 않으면 안 된다.1) 설문에 응하는 사람의 여러 가지 성격(지적 수준, 전공 분야, 방언 차이 등)도 고려되어야 함은 말할 것도 없다. 다른 많은 자연 현상들이 그렇듯이, 언어 현상도 엄격하게 판단되고 구분되는 것이 아니며, 많은 경우 정·비(正·非)를 양극에 두고 그 사이에 정도의 차이를 가지는 등차성(等差性)을 특징으로 한다. 이러한 특성은 어순과 관련하여 특정의 문에 대한 문법성 판단에도 큰 이견을 가지게 한다.

　　(1) a. 존이 매리를 만났다.
　　　　b. 매리를 존이 만났다.

---

1) 가령 설문조사를 할 때, (2)를 고려하지 않고 (1)만을 대상으로 하는 경우, 이러한 조
　 사 결과는 별로 의미없는 것이 된다.
　 (1) a. 국회의원이 장관이 되었다.
　　　 b. 장관이 국회의원이 되었다. (b＝a)
　 (2) a. 철수가 반장이 되었다.
　　　 b. 반장이 철수가 되었다. (b＝a)

　　c. 존이 만났다 매리를.
　　d. 매리를 만났다 존이.
　　e. 만났다 존이 매리를.
　　f. 만났다 매리를 존이.

　위 예문은 양(Yang, 1972)에서 인용한 것으로,[2] 이들은 모두 허용되는 것으로 해석되었다. 이러한 해석은 이기갑(1989)의 논의에서도 그대로 발견된다. 동일절 안의 모든 어순은 용인성에만 영향을 미칠 뿐 어떤 어순도 가능한 것으로 해석되고 있다. 용인성에 차등을 둔 것만이 전자와 다를 뿐이다. 그런가 하면, 조(M.J.Jo, 1986)의 논의는 이들과 얼마간 차이를 두고 있다. 여기에서는 자유 어순을 문체적 자유 어순(stylistic free word)과 비표지 자유 어순(unmarked free word order)으로 양분하고 있는데, 이에 의하면 대략 예문 (1)a는 후자에, 그리고 (1)c~f는 전자에 포함될 것으로 보인다. 여기에서도 (1)c~f가 전혀 비문으로 배제된 것은 아니라는 점에서 앞의 두 논의와 일맥상통하는 바가 없지 않은 것 같다. 그러나 이들과 전혀 견해를 달리하는 경우도 없지 않다. 가령 이익섭·임홍빈(1983)의 어순 논의에 의하면 분명히 (1)c~f는 모두가 성립 가능한 것이 아닐 것으로 보인다.[3]

　필자는 어순과 관련된 논의에 적어도 다음 두 가지가 전제되어야 한다고 생각한다.

　첫째는, 문법성의 논의에도 다음 두 가지가 고려되어야 한다. 하나는 문법성의 문제든 허용성의 문제든 거기에는 한 가지로 등차성이 고려되어야 한다. 즉 문법적인 문과 비문법적인 문의 양극 사이에는 분명히 정도의 차이가 있다는 점이다. 다른 하나는 문법적 어순과, 문체적 또는 화용적[4] 어

---

2) 이 예문은 Yang(1972 : 108)에서 인용한 것으로, 다만 설명의 편의를 위해 필자가 한 글로 바꾼 것이다.

3) 이익섭·임홍빈(1983 : 19~21)에서는 다음과 같은 예문들이 비문으로 처리되고 있다.
　*선물을 나에게 형은 주었다.
　*그를 천재로 나는 알았다.
　*갔느냐, 그는 집에?

순이 구별되어야 한다는 점이다. 비록 문법적으로 수용하기 어려워도, 현실적으로 널리 사용되는 어순의 문은 일방적으로 비문으로 폐기될 성질의 것이 아니다. 우리는 이러한 문도 어디엔가 설 자리가 제공되어야 한다고 생각한다. 분명히 비문법적인 어순의 문이지만, 특정의 상황만 주어진다면 널리 수용되는 예를 많이 볼 수 있다. 특정의 상황-문맥 또는 화맥-이 주어지고, 회화체이며, 문의 성분 구조가 매우 단순한 경우라는 조건이 전제되면, (1)e~f와 같은 문장도 현실적으로 수용될 수 있다. 물론 이러한 조건부 허용성이 이들에 문법성을 부여하는 것이 되어서는 안 된다. 어쨌든 (1)e~f과 같은 문들을 동일 수준에 놓고서 문법성이나 허용성의 차이로만 해석하는 것은 온당하지 못하다. 이런 점에서 조(1986)의 문체적 자유 어순과 비표지 자유 어순의 구분은 매우 의미 있는 것으로 생각된다.

둘째는, 보조용언은 본용언으로서의 요건을 갖추고 있지 못하다는 사실이다. 기본적으로 서술어의 핵심 기능인 서술성을 가지지 못하며, 부사 또는 부사어 등 수식 성분을 갖지 못함으로써 용언의 기본적인 기능을 발휘하지 못하는 것이 우선 이를 뒷받침해준다. 이에 따라 본고에서는 '본용언+보조용언'을 하나의 단위 서술어로 간주한다. 그러므로 보조용언을 서술어로 본다든지, 본용언과 보조용언의 관계를 고정 어순으로 해석하는 문제 등은 그 근본부터 여기에서 문제의 대상이 되지 못한다.

국어 어순에서 가장 기본적인 원리는 핵어(head) 후치라 할 수 있다. 이것은 국어에 예외가 없는 절대 원리다. 모든 종류의 수식 성분은 그것의 수식을 받는 피수식 성분, 즉 핵어 성분에 선행해야 한다. 조(1986)나 김승렬(1988) 등에서는 보조용언과 관련하여 각각 다른 견해를 보인 바 있다. 조(1986)에서는 보조용언을 인정하지 않음으로써, 그 자체가 서술어가 되고 있으며, 김승렬(1988)에서는 보조용언을 인정하되 본용언을 보조용언의 핵

---

4) 성기철(1986)에서는 문을 문법적 문과 화용적 문으로 구별한 바 있다. '나도 커피야.'(커피를 시킬 때 쓰는 경우)와 같은 것은 후자의 한 예로 들었다. 본고의 문체적 어순의 문은 곧 화용적 문의 한 부류라 하겠다.

어로 해석함으로써 핵어 전치(核語前置)의 구조를 인정하고 있다. 본고는 보조용언을 본용언으로 해석하는 견해에 동의하지 않으므로, 이 문제의 이 글의 어순 문제와는 큰 관련이 없겠다. 다만 김승렬(1988)에서의 핵어 전치는 분명히 해야 할 문제가 아닐 수 없다. 본용언이 중심이 되고, 보조용언이 보조적이란 것은 그 명칭에서도 분명히 드러난다. 그러나 이것은 어디까지나 의미의 문제이지 통사적인 문제는 아니다. 통사적으로 또는 형식상으로는 오히려 보조용언에 중심이 있는 것처럼 보인다. 우리는 전통적으로 '-아, -게, -지, -고'를 흔히 부사형 어미라 불러 왔다. 그것은 이들 어미를 가진 성분(본용언)이 다음에 오는 용언, 즉 보조용언에 대하여 부사어적 성격을 가진다는 해석 때문이었다. 이를 바꾸어 생각하면, 통사적 구조 면에서 보면 본용언이 보조용언을 수식하는 형식을 취하고 있는 점이다. 이런 관점에서만 생각하면 핵어는 오히려 보조용언이 되어야 할 것이다.5) 그런데 해석에 따라서는 서술어를 서술부 및 문의 핵어로 볼 수 있다. 서술어는 문에서 가장 중심이 되는 성분이므로, 서술어는 목적어나 보어를 포함한 서술부 및 문 전체의 핵어로 해석할 수 있다. 따라서 이러한 해석을 따른다면, 서술어 후치라는 어순 원리는 앞의 핵어 후치 원리에 통합할 수도 있다. 이것은 어순 기술을 훨씬 더 간명하게 할 것이다.

두 번째, 국어 어순에서 기본이 되는 서술어 후치이다. 앞에서도 양(1972) 등에서 서술어가 문말에 오지 않는 문을 문법적인 것으로 수용하는 것을 보았지만, 이러한 견해는 최현배(1959 : 764~5), 김민수(1971 : 228), 남기심 · 고영근(1980 : 250~3) 등에서도 볼 수 있다. 뒤의 두 경우에는 '강조적 표현'을 위해서 서술어를 문두로 끌어 낼 수 있음을 밝히고 있다. 이에 따라 뒤의 두 논의는 각각 다음과 같은 어순들을 문법적인 것으로 수용하게 된다.

---

5) 이러한 필자의 생각을 김승렬(1988 : 59)이 '피상적 생각'이라고 지적한 것은 오해거나 잘못된 해석일 것으로 보인다. 그러한 순수 통사적 구조 해석과 보조용언을 본용언으로 간주하는 것과는 전혀 별개의 문제이다.

(2) a. 진다 해가.
　　b. 희냐 눈이?
　　c. 참말, 식물이군 풀은. (김민수 1971)
(3) a. 철수가 신문을 찢어 버렸다.
　　b. 철수가 찢어 버렸다, 신문을.
　　c. 신문을 찢어 버렸다, 철수가. (남기심 · 고영근 1980)

그러나 앞에서도 이미 지적한 바와 같이 이들 문이 모두 문법적인 문으로 수용되기도 곤란할 뿐더러, 이들이 동일한 수준에서 획일적으로 해석되는 데도 문제가 있는 것들이다. (3)a를 제외한 모든 문은 문체적 어순 또는 화용적 문의 테두리에서 수용이 가능한 것일 뿐, 문법적인 어순으로 수용하기는 곤란해 보인다.

세 번째로, 주요한 것은 주성분 뒤섞기의 원리이다. 즉 서술어를 제외한 주성분의 자유로운 자리바꿈이 허용된다. 상위 어순 원리인 서술어의 문말 고정 어순을 제외하면, 나머지 주어와 목적어, 주어와 보어의 자리바꿈은 기본적으로 자유롭다. 목적어나 보어는 물론 부사어까지도 강조 등 필요한 경우 주어와의 도치가 가능한 것이 원칙이다.

(4) a. 철수는 술을 마시지 않는다.
　　b. 술을 철수는 마시지 않는다.

위에서와 같이 목적어의 문두 어순은 자연스럽다. 그러나 보어의 어순은 사정이 조금 다르다.

(5) a. 물이 금세 얼음이 되었다.
　　b. $^{*?}$얼음이 금세 물이 되었다. (김승렬 1988 : 48)

(5)a의 주어와 보어가 도치된 (5)b는 허용되기 곤란하다. 그렇다면 이것은 보어의 도치 또는 문두 어순이 불가능하고, 결과적으로 보어의 어순이

고정 어순이라는 결론을 가능하게 할 것인가? 실제 조(1986)와 김승렬(1988)은 이 성분에 대한 도치 어순을 부정하고, 그 대신 고정 어순임을 밝히고 있다. 후자에서는 보어를 V 한정사로 규정하고 있지만, 이 성분을 고정 어순으로 보는 점에서 양자 사이에 별 차이가 없다. 보어의 고정 어순은 이미 기정 사실화된 인상마저 갖게 되는데, 이 문제는 신중한 검토가 선행되었어야 옳았을 줄 안다.

조(1986)의 한 예를 인용하기로 하자(한글 표기 : 필자).

> (6) a. 수일이가 회장이 되었다.
>   b. *회장이 수일이가 되었다.
>   c. *수일이가 회장이 만장일치로 되었다.

(6)b, c의 비문 해석은 결과적으로 보어를 고정 어순으로 해석하게 한 것이다.

> (7) a. 철수도 부자야 벌써 됐지.
>   b. 부자야 철수도 벌써 됐지.
> (8) a. 나만 과장이 되었니?
>   b. 과장이 나만 되었니?
> (9) a. 철수가 학급의 반장도 되었고, 대의원회 회장도 되었다.
>   b. 학급의 반장도 철수가 되었고, 대의원회 회장도 철수가 되었다.

주어와 보어가 격조사로서는 구분되지 않아서, 보조사가 쓰인 경우와 다를 바 없다. (6)~(9) 예문들의 문법성에 대해서도 이견이 많을 수 있다. 이들이 허용된다 해도 문체적 어순의 문으로만 수용할지도 모른다. 그러나 필자는 이들 도치 어순을 모두 문법적인 문으로 받아들일 수 있다고 생각한다. 그뿐만 아니라, (7)이 보여 주듯이 보어와 서술어 사이에 부사어가 개입되는 것도 문제가 없어 보인다. 조(1988)는 보어와 서술어 사이에 다른 성분이 허용되지 않는 것으로도 이들의 고정 어순을 입증하려 했지만, 위의 예문들은 이를 뒷받침하지 못하고 있다. 물론 격조사가 격 표지 기능을 담당하지 못할 경우에는 어순이 그 기능을 대신하게 되는 것이 언어 일반적 현상이다. 그러나 격조사의 발달로 자유 어순을 한 특징으로 하는 국어의 경우, 격 표지 기능이 유보되는 경우에도 문의 의미가 어순에만 의존하는 것은 아니다. 많은 경우 어순 외에 성분 사이의 의미 관계가 격 표지 기능을 대신 또는 보완해 주고 있다.[6]

만약 (7)~(9)가 가능하다면 격조사가 실현되는 경우라 해서 반드시 비문이 될 이유가 없을 것이 분명하다.

    (10) a. 이번에는 내가 회장이 됐어.
         b. 이번에는 회장이 내가 됐어.

(10)b의 문법성이 (7)~(9)의 문법성과 조금도 다를 바 없이 인정된다. 이렇게 보면 (6)b가 비문이 된 것은 보어의 도치나 격조사의 동일성에 있는 것이 아니라, 물이 얼음이 되고 얼음이 물이 될 수 있는 일종의 의미상의 호환성(互換性) 때문이라 생각된다.

결국 지금까지의 논의를 정리하면, 보어도 목적어와 마찬가지로 주어와 도치되어 문두 어순을 취할 수 있으며, 보어와 서술어 사이에 서술어의 수식 성분이 개재될 수 있어서 서술어를 제외한 주성분은 한 가지로 자유 어순을 특징으로 한다고 할 수 있다. 따라서 보어와 서술어의 어순을 고정 어순 또는 비분리적 고정 어순으로 해석한 것은 자료의 검증이 미흡한 데서 연유한 결과로 생각된다.

네 번째, 국어 어순의 주요 원리는 병렬 수식 성분의 뒤섞기이다. 즉, 둘 이상의 수식 성분이 각각 독자적으로 핵어 성분을 수식하는 경우, 이들 수식 성분의 자리바꿈은 대체적으로 자유롭다. 이것은 병렬 수식 성분의 자

---

6) 아래 예문에서 성분을 결정해 주는 것은 어순이 아니라, 성분들 사이의 의미 관계이다. b를 비문으로 처리하는 것은 곤란하다.
  a. 나 그것 줘.
  b. 그것 나 줘.

유 어순을 의미한다.

> (11) a. 이 아름다운 조국의 산하
>   b. 이 조국의 아름다운 산하
>   c. 아름다운 이 조국의 산하
>   d. 아름다운 조국의 이 산하
>   e. 조국의 아름다운 이 산하
> (12) a. 천천히 아름답게 위로 솟아오른다.
>   b. 천천히 위로 아름답게 솟아오른다.
>   c. 아름답게 천천히 위로 솟아오른다.
>   d. 아름답게 위로 천천히 솟아오른다.
>   e. 위로 아름답게 천천히 솟아오른다.
>   f. 위로 천천히 아름답게 솟아오른다.

더 많은 성분, 더 다양한 성분이 수식어로 병렬되어도 문법적으로 별 문제가 없다. 여기에는 때로 수식 성분들 사이에 적당한 휴지가 요구될 때도 있다. 어느 정도 부자연스러운 때도 있고, 뒤섞기가 부분적으로 허용되지 않는 경우가 있어 어느 정도의 제약이 따르기는 하나, 원칙적으로는 자유 어순이 허용된다고 보아야 한다.

다섯 번째로, 생각할 수 있는 국어 어순의 원리는 절섬 원리(節島原理)이다. 대체로 자리바꿈은 동일절 안에서 가능하다는 사실이다. 이러한 특성은 이기갑(1989 : 145)의 '뒤섞기는 절 안에서만 가능하며, 결코 절 밖에 벗어나지 못하고…'에서 명시적으로 나타나 있다.

> (13) a. 날씨가 너무 추워서, 나는 산에 가지 않았다.
>   b. 나는 날씨가 너무 추워서 산에 가지 않았다.
>   c. *날씨가 나는 너무 추워서, 산에 가지 않았다.

(13)a의 선행절이 후행절(모문)에 성분절로 내포된 (13)b는 가능하지만, 성분절의 주어가 이 절의 범위를 벗어나 모문의 주어 앞으로 자리를 옮긴

(13)c는 성립되지 않는다. 이처럼 한 절의 성분이, 다른 절의 성분이 되지 못하면서, 그 내부로 자리바꿈을 하는 것은 허용되지 않는 것이 일반적인 경향이다. 그러나 이러한 절섬 제약이 절대적인 것으로는 보이지 않는다. 지금까지 이러한 문제에 대한 부분적인 논의가 없지 않았지만,7) 이 문제도 더 신중한 검토가 요구된다.

> (14) a. 영이가 눈이 크다.
>   b. 눈도 영이가 크다.

소위 중주어 문에 대해서는 많은 이견이 있겠지만, 이러한 구조를 문 서술어 복합문8)으로 해석하는 경우에도 절섬 제약을 받지 않는 결과가 된다. 이익환(1985 : 197~8)에서는 Head Wrapping Operation에 의해서 중주어문에서 내포문의 주어가 문두로 나갈 수 없다고 해석하였고, 조(1986 : 48~9)에서도 상하위 문의 주어가 자리바꿈을 할 수 없다는 견해를 보이고 있지만, 두 주어의 자리바꿈은 어렵지 않게 이뤄진다.

> (15) a. 흔히 많은 사람들은 철수가 학생이라고 생각한다.
>   b. 사람들은 흔히 철수가 학생이라고 생각한다.
>   c. 사람들은 철수가 흔히 학생이라고 생각한다.
>   d. 사람들은 철수를 흔히 학생이라고 생각한다.

(15)a에서 보듯이 '흔히'는 상위문의 부사어인데, 이것이 하위문(보문)의 주어 다음 자리로 어순을 바꾼 것이 (15)c이다. 여기에서 당장 이 어순 또는 문의 문법성이 제기되어 마땅하다. 절섬 제약이 엄격한 것이라면, (15)c은 당연히 비문이 되어야 할 것이다. 또 이것이 현실적으로 가능한 것을 고려하면, 문체적 어순으로 처리하는 것도 가능할 것이다. 이런 경우 문법성의 판단이 매우 어려운 일이나, 필자의 직관으로는 거의 문법적인 문

---

7) Han, Sung-Kook(1991), Lee, IK-Hwan(1985) 등.
8) 성기철(1987) 참조.

으로 수용할 수 있다고 생각된다. (15)c의 문법성에 얼마간 영향을 주었을 것으로 생각되는 (15)d을 고려해도 (15)c의 문법성은 어느 정도 인정될 듯싶다.

> (16) a. 김 선생은 영이가 밥을 짓게 했다.
>   b. ?영이가 김 선생은 밥을 짓게 했다.
>   c. 밥을 김 선생은 영이가 짓게 했다.

이들 예문도 보문의 주어나 목적어가 절의 범위를 벗어나서 모문의 주어 앞으로 자리를 옮김으로써 두 절이 교차 중첩되었다. (14)~(16)의 예문들은 거의 다 문법적인 것으로 생각되는데,[9] 이것은 절섬 원리에 대한 큰 제약이 된다.

어순에서 또 하나 특징적인 현상은 중성분의 어순에서 나타난다. 중성분이란 구조적으로 복잡해서 길이가 길어진 성분으로, 이러한 성분은 대체로 동일 층위의 다른 성분에 선행하는 경향을 보인다. 이것은 중성분이 후치하는 SVO 어순형의 인구어와 대조를 보인다.

> (17) a. 저 맑은 하늘
>   b. 맑은 저 하늘
>   c. 저 우리의 꿈이 숨쉬는 하늘
>   d. 우리의 꿈이 숨쉬는 저 하늘

(17)a, b에서와는 달리 (17)c, d에서는 (17)d가 우위에 오는 어순이 되는데, 이것은 성분절이 관형사에 선행한 중성분 선치 결과 때문이다. 중성분 선치 현상은 다른 측면에서 보면 경성분(輕成分) 후치 현상으로, 그 근본적인 이유는 두 성분이 모두 핵어에 가까이 자리하는 데 있을 것이다. 즉,

---

9) (16)c와 같은 유형은 문장은 Lee(1985), Han(1991) 등에서도 문법적인 문으로 수용되어 논의의 대상이 되었다.

경성분이 전치함으로써 핵어와의 거리가 지나치게 멀어지는 것을 피하려는 데 뜻이 있을 것으로 생각된다.

또 하나, 어순의 주요 특징은 부사어가 대체로 자유로운 어순을 취한다는 점이다. 이 현상은 뒤에 가서 논의하게 될 것이다.

3. 관형어의 어순

관형어와 명사 핵어 사이의 어순은 고정적이어서 핵어의 자리바꿈은 불가능하다. 그러나 핵어에 둘 이상의 관형어가 선행할 때, 이들 사이의 어순은 상당한 폭의 자유로움이 있는가 하면, 또 그렇지 못한 경우도 있어, 여기에 우리의 관심이 놓이게 되는 것이다. 대체로 명사 핵어 앞에 올 수 있는 관형어 성분으로는 동사, 형용사, 명사, 관형사 등을 들 수 있는데, 이 중 명사가 관형격 조사를 가지는 경우, 이들 모든 관형어의 자리바꿈은 비교적 자유롭다.

> (18) a. 저 높은 맑은 가을의 하늘
>   b. 저 맑은 높은 가을의 하늘
>   c. 저 높은 가을의 맑은 하늘
>   d. 가을의 저 높은 맑은 하늘
>   e. 높은 맑은 저 가을의 하늘

위에서 (18)e과 같은 유형의 부자연스런 어순이 있긴 하지만, 적당한 휴지를 두면 모두 불가능하지는 않을 것 같다. 이러한 어순과 관련하여 김승렬(1988 : 102)은 명사구의 구절 구조 규칙을 다음과 같이 제시한 바 있다.

> (19) $\overline{\overline{\text{N}}} \rightarrow (\text{D})\ (\text{V})\ (\text{N} - \text{Poss})\ - \overline{\text{N}}$

(19)는 분명히 (18)과 같은 명사구에 적용될 수 있는 규칙이 될 것이다. (19)는 앞에서 언급했듯이 국어 어순의 주요한 원리가 될 수 있으나 규칙화하는 데는 문제가 없지 않다. 이것은 모든 명사구를 생성할 수 있는 규칙이 되는 것은 아니기 때문이다. 가령 두 관형사 (D)가 동시에 실현될 경우만 해도 위 규칙은 적용이 어려워진다.

    (20) a. 저 헌 값싼 빨간 모자
         b. *헌 저 값싼 빨간 모자

그런데 관형어로 쓰인 명사가 관형격 조사를 가진 경우(N – Poss)에는, (19)와 같은 규칙이 어느 정도 가능하나, 관형격 조사를 가지지 않는 경우에는 사정이 달라진다. 이러한 문제들로부터 자료를 살펴나가기로 한다.

    (21) a. 서울 학생들
         b. 인천 학생들
         c. 서울 인천 학생들
         d. 인천 서울 학생들

위 예는 명사 핵어 앞에 두 개의 명사 수식 성분을 가진 구조로서, 명사 수식어가 모두 접속의 어떠한 문법소도 가지지 않은 것을 특징으로 한다. 즉, 이들 명사는 관형격 조사 ' – 의'를 가지지 않은 것을 공통 속성으로 하고 있다. 위에서 (21)a와 b가 c로 실현될 때, '서울'과 '인천'은 동일 층위, 곧 대등한 병렬 관계에서 각각 핵어 '학생들'을 수식하고 있다. (21)c에서 핵어에 선행한 두 수식 성분의 어순을 바꾼 것이 d인데, (21)c와 d사이에 문체상의 차이는 있을지언정 기본적인 의미는 일치된다.

    (22) a. 서울 인천 대전 학생들
         b. 서울 대전 인천 학생들
         c. 인천 서울 대전 학생들
         d. 인천 대전 서울 학생들

명사 수식어가 둘 이상의 다수인 경우에도 이들이 동일 층위의 병렬관계인 한, 어떠한 어순도 허용되는 자유 어순을 보여 준다.

(23) a. 런던대 교수
   b. 언어학 교수
   c. 런던대 언어학 교수
   d. *언어학 런던대 교수

위 예도 명사만으로 이루어진 명사구만 점에서 앞의 예문과 같다. 그러나 그 내용면에서는 이들이 등질의 것이 될 수 없다. 우선 (23)c가 (21)c와 근본적으로 다른 점은 (21)c와 달리 (23)c에서는 두 수식 성분이 병렬 관계가 아니다. 중의성을 가질 수 있는 (23)c는 다음 두 가지 해석이 가능하다.

(24) a. [런던대 [언어학 교수]]
   b. [[런던대 언어학] 교수]10)

다음으로 (23)c는 (22)c가 보여 주는 바와 같은 자리바꿈이 불가능한 점을 들 수 있다. (23)d가 이를 입증해 준다. (21)c와 (23)c가 보여 주는 이 두 가지 차이는 서로 전혀 무관한 것이 아니다. 그러나 뒤에서 밝혀지듯이, (23)d를 불가능하게 하는 것은 (23)d의 구조적 특성 때문이 아니라, 그 의미 구조 때문인 것으로 이해된다.

(25) a. *[언어학 [런던대 교수]]
   b. *[[언어학 런던대] 교수]11)

'언어학 런던대'가 용인되기 어려움을 고려할 때, (25)b는 쉽게 이해될 수 있다. 그러나 '런던대 교수'가 아무 문제없는 (25)a가 불가능한 것은 이

---

10) (24)b는 현실적으로 무리한 해석이다. 여기서 굳이 의미를 부여하자면, 언어학에 있어 '캠브리지 언어학', '옥스퍼드 언어학' 등과 같은 전제가 있어야 할 것이다.
11) '축구 한국'과 같은 표현이 없지 않으나 일반적인 것은 아니다.

해하기 쉽지 않다. 생각건대 명사만으로 구성된 명사구의 한 특성에 기인하는 것으로 보인다.

    (26) 언어학의 런던대 교수

    관형격 조사 '−의'가 실현될 때는 (25)a와 달리 이처럼 가능한 구조가 된다. 이러한 사정은 (25)a의 불가능이 통사 구조와 관련되어 있지 않다는 점을 시사해 준다. 여기서 우리는 매우 의미있는 현상에 접하게 된다. 관형격 조사 '−의'를 동반한 관형어는 핵어와의 명사구 구성이 훨씬 자유로운 데 비하여, 이 조사를 가지지 않은 명사 수식어는 핵어와의 명사구 구성에 훨씬 큰 제약이 따른다. '−의'가 없는 명사는 핵어와의 결합 관계에 있어 긴밀도가 강하며, 여타 일반적인 구의 경우보다는 합성어적 구조에 접근되어 있다는 점이다. 말하자면 얼마간 준합성어적 성격을 띠고 있다고 하겠다. 다음 예는 이러한 의미상의 차이를 단적으로 입증해 주고 있다.

    (27) a. 언어학의 런던대
         b. *언어학 런던대

    일반적으로 단어의 복합인 합성어의 구조에서 관형격 조사 '−의'가 나타나지 않는 점도 위의 사실을 확인해 준다고 하겠다. (25)b가 허용되지 않는 것은 결국 그러한 준합성어적 성격의 구성이 허용되지 않기 때문이라 할 수 있다.

    그러면 이런 구성이 허용되지 않는 이유는 어디에 있을까? 그것은 전적으로 '런던대'와 '언어학'의 의미 관련성에 연유하는 것으로 보인다. '언어학'과 '런던대'는 의미상 대등한 병렬 관계가 아니라, 일종의 상·하위의 계층적 개념이라는 점이 주목된다.12) 관형어인 두 명사가 상·하위 개념

---

12) 여기서 상·하위 개념이란 매우 포괄적인 의미로 사용된 것이다. 그리하여 전체와 부분, 포함과 피포함, 소유와 소속, 기타 매우 넓은 의미 관계를 상정한 것이다.

일 때의 어순 구조는 '상위어+하위어'의 구성이 일반적인 구조가 되고, '하위어+상위어'의 구성은 대체로 잘 허용되지 않는다. 동궤의 예를 다음에서도 볼 수 있다.

(28) a. 대학 계획
   b. 발전 계획
   c. 대학 발전 계획
   d. *발전 대학 계획

(24)~(28)에서 수식어 간의 교체가 불가능한 경우를 보았다. 이와는 다소 성격이 다른 문제로 넘어가 보자.

(29) a. 청소년 학교
   b. 교포 학교
   c. 청소년 교포 학교
   d. 교포 청소년 학교

(29)에서는 a, b가 전제된다고 해서 c나 d가 그대로 a와 b의 대등 접속 개념이 되지는 않는다. 우선 c는 다음과 같은 두 가지 구조를 가진다.

(30) a. [청소년 [교포 학교]]
   b. [[청소년 교포] 학교]

어떤 구조의 것이든 관계없이 (29)c에서 두 개의 명사 관형어가 자리바꿈을 하면 (29)d가 되는데, 이 역시 일단 다음과 같은 두 가지의 해석이 가능하다.

(31) a. [교포 [청소년 학교]]
   b. [[교포 청소년] 학교]

위 (30)a, b와 (31)a, b를 대비해 볼 때, 외형상 자리바꿈이 가능해 보이지만, 어느 것끼리도 의미가 동일한 것은 발견되지 않는다. 기본적으로 (30)에서는 a, b 모두 '교포 학교'의 의미를 가지고 있고, (31)에서는 a, b 모두 '청소년 학교'의 의미를 가지므로, 둘 사이에 의미상 일치는 가능하지 않다. 이와 같이 의미가 전혀 유지되지 않는 어순의 변환은 여기서 우리가 주된 대상으로 하는 어순과는 무관한 것이다. 국어 어순에서 우리가 주목하는 것은 기본적인 의미를 유지하는 범위 내에서 성분들이 자리바꿈을 하는 현상인 것이다. 결국 (29)~(31)의 논의는 (29)의 c, d가 각각 독자적인 의미를 가지고 있고, 이와 함께 성분 간의 자리바꿈이 불가능하다는 것을 보여 준다. 따라서 (31)의 a, b는 (30)의 a, b와 전혀 무관한 별개의 구조인 것이다.

(21)의 명사구 예시 이후 (31)까지에서는 관형격 조사를 가지지 않은 두 수식어 명사의 어순 관계를 살펴보았다. 즉, [NP₁ NP₂ NP₃]의 명사구 구조에서 두 선행 NP 어느 것도 관형격 조사 '-의'를 가지지 않을 경우 이들의 자리바꿈은 불가능하다.

다음에서는 [NP₁ NP₂ NP₃] 구조에서 NP₁, NP₂ 중 어느 하나가 관형격 조사 '-의'를 취할 경우를 살펴보기로 한다. 앞서 잠시 언급한 바와 같이, '-의'의 유무는 의미 및 통사 구조와 직접적인 관련성을 가진다.

 (32) a. 언니의 생일 선물
   b. *생일 언니의 선물

(32)a는 중의성을 가진 명사구인데, 그 의미에 관계없이 (32)b와 같은 자리바꿈은 성립되지 않는다. 그것은 의미상 '생일 언니'의 복합 구성이 허용되지 않을뿐더러, '생일'이 '언니의 선물'과도 복합 구성을 이루지 못하며, 또한 (32)a, b 어느 것의 관형어와 성분도 병렬의 선형 구조가 아니기 때문이다. 그러나 이와 유사한 다음의 경우는 사정이 좀 다르다.

 (33) a. 언니 생일의 선물
   b. 생일의 언니 선물

 외형상 (33)b는 a의 수식어 명사를 도치시킨 것으로 보인다. 그러나 (33)a와 b는 의미상 관련성이 있는 것이 분명하지만 그것은 구조적 관련성과는 무관하다. (33)b는 a와는 무관한 별개의 구조와 상이한 의미를 가진 것이지, a에서 자리바꿈에 의해 이루어진 것은 아니다. 만약 (33)b가 a와 같은 의미를 가진다면, 그것은 (33)a, b에서 관형어가 모두 병렬의 구조가 전제될 경우이다. 그러나 여기서 그런 구조 해석은 잘 용인되지 않는 것으로 보인다. (32), (33)에서 살펴본 바에 의하면, 두 개의 관형어 명사 중 어느 하나가 관형격 조사를 가질 경우, 그 구조 형태는 관형어들의 병렬 구조가 될 수 없고, 이에 따라 관형어 명사 사이의 자리바꿈은 이루어질 수 없다. 이러한 구조상의 차이는 (33)에서 관형격 조사를 가지지 않은 '언니'가 바로 인접하는 명사를 핵어로 하는 데서 기인한다. (33)a, b의 수식 성분들이 각각 병렬의 구조로 해석된다면, 둘은 의미가 같게 되고, 이에 따라 자리바꿈이 인정되게 마련이다. 그러나 (33)b에서는 관형어들의 병렬 구조 해석이 가능하다 해도, ㄱ에서는 그런 해석에 얼마간 무리가 따른다.
 다음과 같은 경우에는 각각 3중의 구조적 중의성을 가진다.

 (34) a. 언니의 생일의 선물
   b. 생일의 언니의 선물
 (35) a. [[언니의] [생일의 선물]] ([[언니의] [생일 선물]])
   b. [[언니의 생일의] [선물]] ([[언니 생일의] 선물])
   c. [[언니의 [생일의] [선물]]

 (35)는 (34)의 중의성을 보인 것인데, (34)b도 물론 동일한 유형의 중의 구조를 가진다. (34)에서 a, b의 수식 성분들이 각각 병렬의 구조, 즉 (35)c와 같은 구조를 가질 경우, b는 a와 의미가 동일하다. 이 때 두 수식 성분

의 자리바꿈은 자유롭다. 그러나 (34)a, b가 각각 (35)a, b와 같은 구조로 해석될 경우에는, 그 의미상의 관련성에 관계없이 두 수식 성분의 자리바꿈은 불가능하다. 여기에서 한 가지 더 확인되는 것이 있다. 그것은 'N(P) – 의'의 성분은 다른 성분을 격해서 핵어를 수식할 수 있으나, 'N(P) – ø'의 성분은 대체로 핵어와의 사이에 대등한 다른 수식 성분의 개입을 기피하는 경향이 있다는 사실이다.

지금까지 위에서 살펴본 (32)~(35)의 논의를 정리하면 그 결과는 매우 간명하다. '[NP –] [NP –] [NP –]'와 같이 하나의 핵어 명사 앞에 둘 도는 그 이상의 성분이 올 때, 이들이 병렬 구성이 돼서 핵어를 각각 수식하는 경우에는 이들 두 수식 성분끼리의 자리바꿈은 가능하다. 그러나 그 밖의 경우에는 어떠한 경우에도 수식 성분끼리의 자리바꿈은 잘 허용되지 않는다. 요컨대, 수식 성분들이 병렬 구조일 때를 제외하면, 명사구에서의 자리바꿈은 허용되지 않는다.

명사 관형어의 구성과 관련하여 국어 어순 연구에 기여한 바가 큰 김승렬(1988 : 102)의 다음 구절 구조 규칙을 잠시 돌아보는 것이 의미가 있는 것 같다.

(36)   a. $\overline{\overline{N}} \rightarrow$ (D) (V) (A) (N – Poss)   – $\overline{N}$ (= (2))
         b. $\overline{N} \rightarrow$ (N) – N

위에서 (36)a는 명사 핵어($\overline{N}$) 앞에 관형어 (D), 동사(V), 형용사(A), '명사 – 의'(N – Poss) 등이 자유롭게 어순을 바꿀 수 있음을 보여 준 것이며, b는 명사 핵어 앞에 명사 관형어가 오는 경우로, 이때의 명사 관형어는 핵어 명사와 분리될 수 없음을 보인 것이다. 이러한 논거로 제시된 예가 다음과 같은 것들이다.

(37) a. 마을 회관(?) ($\overline{N}$ – spec [N])
     b. 저 마을 회관

    c. 작은 마을 회관
    d. *마을 저 회관
    e. *마을 작은 회관

그러나 (N)의 규정이나 (36)b의 규칙이 매우 제한된 자료에 근거하였고, 이에 따라 이것이 불완전한 규칙임을 다음 예들이 입증해 주고 있다.

  (38) a. 새 동네 회관
      b. 동네 새 회관
  (39) a. 신축 노인회 회관
      b. 노인회 신축 회관
  (40) a. 제주도의 우리 별장
      b. 우리 제주도의 별장

이들 예에서는 각각 a의 명사 관형어(동네, 노인회, 우리)가 핵어와 분리되어 다른 관형어 앞으로 자리를 바꾸었지만 비문이 되지 않는다. 규칙 (36) 특히 (36)b와 같은 규칙은 위와 같은 예문에 적용할 수 없을 것이다. 결국 (36)의 규칙들로는 (38)~(40)과 같은 것들을 포괄할 수 없으며, (37)과 (38)~(40)의 차이에 대해서도 설명해주는 바가 없다. 따라서 이러한 현상들이 규칙화되기 위해서는 자료에 대한 면밀한 작업이 선행되어야 할 것이다.

이번에는 명사구에서 관형사와 관련된 관형어 성분 사이의 어순 문제를 살펴보기로 하겠다. 기본적으로 두 개의 관형사가 있는 경우, 이들의 자리 바꿈은 상당한 제약을 받는다.

  (41) a. 저 새 건물
      b. *새 저 건물
  (42) a. 그 무슨 말
      b. *무슨 그 말
  (43) a. 이 두 사람
      b. *두 이 사람

(41)에서 지시 관형사 '저'는 성상 관형사 '새'에 선행할 수는 있어도 후행할 수는 없음을 보여 준다. (42)에서도 역시 지시 관형사 '그'가 의문사 '무엇'에, 그리고 (43)에서도 지시 관형사 '이'가 수 관형사 '두'에 각각 후행함은 불가능함을 보여 준다. 즉, 지시 관형사는 후행하는 다른 관형사와 자리바꿈이 허용되지 않는다. 여기서 우리는 이런 현상을 이해하게 된다. 즉, 지시 관형사 '이, 그, 저' 등은 여타 관형사에 선행한다는 사실이다.

여기에 예외로 보이는 다음 예에 눈을 돌려보자.

(44) a. 이 헌 집
     b. ?헌 이 집
(45) a. 이 새 집
     b. *새 이 집

'헌'이 '새'와 동일한 성격의 관형사임에도 불구하고 (44)b가 성립 가능해 보이는 것은 (45)b와도 상충되며, 지시 관형사가 다른 관형사에 선행한다는 일반 원리에도 상충된다. 여기에는 '헌'의 특수성이 있다. 이것은 '헌'이 관형사로 쓰이지만, 본래 동사 '헐다'의 활용형이어서 실제 양자의 구별이 선명하지 않을 때가 많다. 그런데 형용사나 동사의 관형형 수식어는 지시 대명사와 자리바꿈이 가능하기 때문에(예 : 낡은 이 집), '헌'이 관형사라면 성립이 곤란하지만, 동사로는 성립 가능하기 때문에, (44)b의 성립에 혼선이 생길 수 있는 것이다.

(46) a. <u>다 헌 이</u> 책을 누가 사겠어?
     b. <u>이 다 헌</u> 책을 누가 사겠어?

의문사 또는 부정사(不定詞)인 관형사 '어느', '어떤', '무슨' 등은 대체로 지시 관형사를 뒤따르면서 성상 관형사와 수 관형사에 선행한다.

(47) a. 어느 옛 마을
     b. *옛 어느 마을

(48) a. 무슨 새 방안
    b. *새 무슨 방안
(49) a. 어떤 두 집
    b. *두 어떤 집
(50) a. <u>무슨 두 근</u>이 이것밖에 안돼?
    b. *<u>두 무슨 근</u>이 이것밖에 안돼?

수 관형사는 의문사 또는 부정사에 선행할 뿐만 아니라, 성상 관형사에도 후행함이 일반적 경향이다.[13]

(51) a. 새 두 집
    b. [?]두 새 집
(52) a. 딴 세 사람
    b. [?]세 딴 사람
(53) a. 헌 다섯 집
    b. [?]다섯 헌 집

이상에서 살펴본 관형사들의 어순은 종합해 보면, 관형사는 대략 다음과 같은 어순을 따르면서, 상호 자리바꿈을 잘 허용하지 않는 것으로 보인다.

(54) 관형사의 어순
    지시 관형사 – 의문 관형사 – 성상 관형사 – 수 관형사 – 명사(핵어)

이러한 어순을 종합적으로 보이는 예를 찾아 볼 수 있다.

(55) <u>그 어떤 새 두 건물</u>에 유령이 나타났었다고 한다.

---

13) 다음과 같이 그 반대 어순이 더 자연스러운 예가 없지 않으나, 이러한 것은 다소 예외적인 것으로 보인다.
    a. 한/두 옛 건물
    b. [?]옛/한 두 건물

이러한 어순은 요컨대 지시 관형사가 명사 핵어에서 가장 먼 거리에 자리하고, 수 관형사는 핵어에 가장 가까이 위치함을 보여 준다.

관형사가 동사, 형용사의 관형어와 함께 쓰일 때에는 대체로 상호 간의 자리바꿈이 비교적 자유롭다.

(56) a. 그 어떤 힘든 일
     b. 힘든 그 어떤 일
(57) a. 저 맑은 하늘
     b. 맑은 저 하늘
(58) a. 착한 두 어린이
     b. 두 착한 어린이
(59) a. 우는 두 아이
     b. 두 우는 아이

용언의 경우와는 달리 명사 관형어가 관형사와 함께 쓰일 때는 대체로 두 가지 경향을 나타낸다. 우선 이 명사가 관형격 조사를 가지지 않을 경우에는, 관형사가 선행함으로써 명사가 핵어에 가까운 어순이 선호된다. 그러나 명사가 관형격 조사를 가질 때에는 반대로 이것이 관형사에 선행하는 것을 선호한다.[14]

(60) a. 옛 사회 관습
     b. ?사회 옛 관습
     c. 사회의 옛 관습
(61) a. 두 기독교 지도자
     b. ?기독교 두 지도자
     c. 기독교의 두 지도자

---

14) 이러한 현상은 물론 절대적인 것이 아니어서, 어느 어순도 절대적인 비문으로 단정하기 곤란하며, 또 어떤 경우에는 어순의 우열을 가리키는 어려운 경우도 있다.
   a. 어떤 영국 지방
   b. 영국 어떤 지방
이 경우에도 '영국'이 '어떤'에 우선하는 일종의 상위 개념이어서 a보다는 b가 더 자연스러워 보인다.

(58)~(61)과 같은 문례에서 우리는 다음과 같은 현상을 확인하게 된다. 즉, 관형격 조사를 가진 명사가 핵어 명사에 선행하는 경우의 통사적 구조에 비해, 이 격조사를 가지지 않은 명사가 핵어 명사에 선행하는 경우의 구조는 훨씬 응집력이 강하다. 그리고 관형격 조사를 가진 명사 관형어는 용언의 관형어와 똑같은 성격으로 핵어와 더불어 명사구를 구성한다.

지금까지의 논의에서, 둘 이상의 관형어 수식 성분이 핵어 명사에 선행하는 경우 이들의 어순을 살펴보았다. 관형어 수식 성분들이 병렬의 동격 관계에서 각각 핵어를 수식하는 경우에는 기본적으로 자리바꿈이 가능하다. 이것은 대체로 국어 어순의 기본 원리이기 때문에 여기에서도 예외가 될 수는 없다. 그러나 관형어가 격조사를 가지지 않은 명사나 관형사인 경우에는 상당한 제약을 받아서 자유 어순이 허용되지 않는 점이 주목되었다.

4. 부사어의 어순

문의 구성 성분 중에서 부사어만큼 어순이 자유로운 성분이 없다. 국어의 어순이 자유롭다고 할 때, 첫째는 서술어를 제외한 문의 기본 성분들이 상호간에 자리바꿈이 가능하고, 둘째는 부사 또는 부사어의 자리바꿈이 매우 자유롭다는 것을 의미함을 앞서 지적한 바 있다. 다만, 여기서 부사와 부사어의 자리바꿈이 매우 자유롭다고 말할 때, 그것은 물론 모든 부사가 자유 어순을 취한다는 것이 결코 아니다. 자유 어순을 취하는 부사어가 있지만, 자리바꿈의 정도가 부사에 따라서는 상당한 제약이 수반되기도 한다. 이러한 제약에도 차이가 있어서, 비교적 자유 어순을 근본 속성으로 하는 부사어류가 있는가 하면, 때에 따라 자유 어순이 되기도 하고 때에 따라 부분적인 제약 또는 전면적인 제약을 받는 부사어도 있다. 요컨대, 국어의 부사어가 전반적으로 비교적 자유로운 어순을 보이는 것이 주요 특징이면서도, 세부적으로는 매우 복잡한 양상을 보여 그 체계화가 용이하지 않다.

　다음에 예문을 중심으로 이러한 현상을 살펴보기로 한다. 간단한 구조의 문장에서도 전혀 제약이 없이 자유로운 어순을 취하는 것으로 보이는 어순도, 주어나 목적어 등 기타 성분의 길이가 길어지는 경우, 그 어순의 자유로움이 어느 정도 제한을 받는 경우가 많다. 그러므로 좀 복잡한 구조의 예문을 대상으로 하는 것이 신뢰도를 높인다.

(62)　a. <u>어제</u> 영국에 유학을 갔던 초등학교 동창생이 미국을 경유해서 서울에 돌아왔다.
　　　b. 영국에 유학을 갔던 초등학교 동창생이 <u>어제</u> 미국을 경유해서 서울에 돌아왔다.
　　　c. 영국에 유학을 갔던 초등학교 동창생이 미국을 경유해서 <u>어제</u> 서울에 돌아왔다.
　　　d. 영국에 유학을 갔던 초등학교 동창생이 미국을 경유해서 서울에 <u>어제</u> 돌아왔다.

(63)　a. <u>서울에서</u> 시골로부터 무작정 상경한 근로자들이 그들의 귀중한 건강을 잃어 가고 있다.
　　　b. 시골로부터 무작정 상경한 근로자들이 <u>서울에서</u> 그들의 귀중한 건강을 잃어 가고 있다.
　　　c. 시골로부터 무작정 상경한 근로자들이 그들의 귀중한 건강을 <u>서울에서</u> 잃어 가고 있다.

(64)　a. <u>과연</u> 오늘날의 대학 지성들이 난국에 처한 우리의 현실을 근심하고 있을까?
　　　b. 오늘날의 대학 지성들이 <u>과연</u> 난국에 처한 우리의 현실을 근심하고 있을까?
　　　c. 오늘날의 대학 지성들이 난국에 처한 우리의 현실을 <u>과연</u> 근심하고 있을까?

　위 예문에서 시간 부사어 '어제'나 처소 부사어 '서울에서' 등은 대체로 자리바꿈에 별다른 문제가 없어 보이는 자유 어순의 부사어들이다. 이들은 주어의 앞·뒤 어순, 또는 서술부 앞이나 목적어 다음 위치 등 서술부 내부에서 자유로운 어순을 취할 수 있는 것들이다. 이러한 부사어들을 편의상 '문 자유어순 부사어'라 부르기로 한다. 많은 시간 부사어 및 장소 부사어를 포함해서 '다행히' 등 문 부사들이 이러한 유형의 부사어에 포함된다.

외형상으로 얼핏 보면 위와 매우 유사한 특성을 가진 듯하면서도 이러한 유형의 부사어들과는 다소 상이한 성격을 보여 주는 부사어의 유형이 있다. (62)~(64)의 부사어들과는 달리 어순에 좀 더 제약이 많은 부사어들을 볼 수 있다.

(65) a. *<u>조금</u> 내가 만났던 친구는 바둑을 좋아하였다.
　　 b. 내가 만났던 친구는 <u>조금</u> 바둑을 좋아하였다.
　　 c. 내가 만났던 친구는 바둑을 <u>조금</u> 좋아하였다.
(66) a. *<u>매우</u> 팔순이 넘으신 우리 할아버지는 한학을 좋아하신다.
　　 b. 팔순이 넘으신 우리 할아버지는 <u>매우</u> 한학을 좋아하신다.
　　 c. 팔순이 넘으신 우리 할아버지는 한학을 <u>매우</u> 좋아하신다.

위에서 부사어 '조금'이나 '매우'는 대체로 문두 어순이 불가능해 보인다. 그런가 하면 서술부 앞, 또는 목적어의 선·후 어순에서는 별다른 제한이 발견되지 않는다. 바꾸어 말하면 이들 부사어는 서술부 안에서는 비교적 자유로운 어순이 허용되는 것이다. 앞서 살펴보았던 문 자유 어순 부사어들과 대비되는 이러한 유형의 부사어들을 '서술부 자유 어순 부사어'로 불러 앞엣것과 구분하기로 한다.

물론 이러한 서술부 자유 어순 부사어들도 단순한 구조의 짧은 문에서는 문 자유 어순 부사어들과 같은 모습을 보여 주기도 한다.

(67) a. <u>조금</u> 비가 마당을 적셨다.
　　 b. 비가 <u>조금</u> 마당을 적셨다.
　　 c. 비가 마당을 <u>조금</u> 적셨다.

(65)와 (67)의 대비에서 우리가 확인할 수 있는 것은 성분들의 어순을 규명함에 있어, (67)과 같은 단순한 구조의 문보다는 더 복잡한 문을 대상으

로 하며 이들의 자리바꿈 현상을 살펴야 된다는 사실이다. 바꾸어 말하면, 이것은 또 성분의 바른 어순 또는 가장 바람직한 어순은 복잡한 문에서 검증된 것이라야 함을 말해 준다.

(68) a. 저 부인은 아기를 <u>금방</u> 낳았다.
    b. 저 부인은 <u>금방</u> 아기를 낳았다.
    c. <u>금방</u> 저 부인은 아기를 낳았다.
(69) a. 저 여자는 아기를 <u>갓</u> 낳았다.
    b. 저 여자는 <u>갓</u> 아기를 낳았다.
    c. *<u>갓</u> 저 여자는 아기를 낳았다.

(68)에서 시간 부사 '금방'은 지금까지 보았던 대부분의 부사어와 유사한 어순의 자유를 보여 주나, 같은 시간 부사일 뿐만 아니라 그 의미까지도 매우 유사한 '갓'은 (69)에서 보는 바와 같이 서술부나 서술어에 선행할 수는 있어도, 문두 어순은 잘 허용되지 않는 서술부 자유 어순의 특성을 보여 준다. '깊이, 많이, 다, 잘, 고루' 등 많은 부사들이 대체로 같은 유형의 부사에 속한다. 의성어, 의태어도 흔히 이러한 유형에 속한다.

(70) a. 부지런한 철수는 돈을 <u>많이</u> 벌었어.
    b. 부지런한 철수는 <u>많이</u> 돈을 벌었어.
    c. *<u>많이</u> 부지런한 철수는 돈을 벌었어. (c=a=b)
(71) a. 영이는 노래를 <u>잘</u> 부른다.
    b. 영이는 <u>잘</u> 노래를 부른다.
    c. *<u>잘</u> 영이는 노래를 부른다.

(70), (71)에서 부사 '많이', '잘'은 문두 어순이 잘 허용되지 않는다. 그 뿐만 아니라 이들 부사는 각각 b의 어순보다도 a의 어순을 선호한다. 이러한 현상은 이들 부사가 서술부 자유 어순의 부사이면서도 대체로 서술어 지향적 어순을 특성으로 함을 보여 주는 것이다.

부사 중에서 어순의 제약을 가장 크게 받는 전형적인 예는 부정의 부사

'아니'와 '못'이다. 이 두 부사는 핵어의 바로 앞 어순만 허용되는 것이 특징이다.

    (72) a. 나는 술을 안 마신다.
        b. *나는 안 술을 마신다.
        c. *안 나는 술을 마신다.
    (73) a. 철수는 대학에 못 간다.
        b. *철수는 못 대학에 간다.
        c. *못 철수는 대학에 간다.

이러한 소수의 부사 또는 부사어들은 서술부 안에서도 그 어순이 극히 제한되어 서술어에 인접 선행하는 특성을 가진다. 즉 핵어에 인접하는 어순만이 허용되는 것이다. 이러한 유형의 부사어들은 '서술어 인접 부사어' 또는 '핵어 인접 부사어'라 부르고자 한다.

이상에서 어순과 관련하여 부사어의 유형을 크게 세 가지로 구분해 보았다. 하나의 문 안에서 문두를 포함하여 비교적 자유로운 어순을 취하는 문 자유 어순 부사어, 대체로 문두 어순을 기피하고 서술부 안에서만 자유로운 어순을 취하는 서술부 자유 어순 부사어, 그리고 서술어 바로 앞의 어순만 허용되는 서술어(또는 핵어) 인접 부사어가 그것이다. 그러나 이러한 구분은 대체적인 일종의 골격일 뿐, 세부적인 데 가서는 매우 복잡한 양상을 보여 주고 있어 간단히 체계화하기는 곤란하다. 다음에 한두 가지 좀 구체적인 세부 사례들을 돌아보기로 한다.

한 예로 부사 중에서도 정도 부사 '더'는 어순에서 흥미로운 모습을 보여 준다.

    (74) a. 우리들은 서울에 더 머물겠다.
        b. 우리들은 더 서울에 머물겠다.
        c. *더 우리들은 서울에 머물겠다.

(74)에서 '더'가 보여 주는 어순상의 특성은 대체로 앞서 보았던 '많이, 잘, 고루' 등과 유사한 서술부 또는 서술어 지향성의 서술부 자유 어순의 부사어다. 그러나 이 부사어가 비교의 기준이 되는 부사어 성분을 동반할 때에는 반드시 그 후순만이 허용된다.

(75) a. 백두산이 한라산보다 더 높다.
　　 b. *백두산이 더 한라산보다 높다.

이처럼 '더'가 비교 대상의 성분을 앞에 가질 때는, 그 어순이 상당히 자유로운 모습을 보여 준다.

(76) a. 내가 철수보다 일을 더 많이 했다.
　　 b. 철수보다 내가 일을 더 많이 했다.
　　 c. 철수보다 내가 더 일을 많이 했다.
　　 d. 내가 철수보다 더 일을 많이 했다.
　　 e. 철수보다 더 내가 일을 많이 했다.

대부분의 부사가 서술어 바로 앞 어순, 즉 서술어 인접 어순 또는 선서술어(先敍述語) 어순을 취할 수 있는데, 어떤 부사는 이 자리가 허용되지 않는다. 가령 '마치'와 같은 부사는 반드시 비교의 대상이 되는 명사 부사어를 동반해야 하는데, 이 때의 어순은 이 부사가 반드시 선행하는 어순이라야 한다.

(77) a. 저런 남자는 마치 여자와 같다.
　　 b. ?마치 저런 남자는 여자와 같다.
　　 c. *철수는 여자와 마치 같다.

위 예문이 보여 주듯이 '마치'는 대체로 비교의 대상이 되는 부사어(여자와)에 바로 선행하는 (77)a의 어순을 따른다. 이것은 부사의 어순이 서술어에 인접해서 선행하는 선서술어 어순을 취할 수 없을 뿐만 아니라, b와 같은 문두 어순도 흔히 기피함을 의미한다.

부사 중에는 의미상으로 선행하는 명사를 한정하는 것이 있다. '모두', '각각', '서로' 등이 이에 속한다.

> (78) a. 그들은 <u>모두</u> 영어를 잘한다.
> b. 그들은 영어를 <u>모두</u> 잘한다.
> c. ^{??}<u>모두</u> 그들은 영어를 잘한다.
> (79) a. 그들은 <u>모두</u> 술을 마셨다.
> b. 그들은 술을 <u>모두</u> 마셨다.
> c. 그들은 술을 남기지 않고 마셨다.

위에서 수량사 '모두'는 의미상으로는 선행하는 명사를 한정하면서, 통사적으로는 부사어로서 후행하는 서술부 또는 서술어를 수식하는 특성을 가진다. 그런데 (79)에서 보는 바와 같이, 이 부사는 서술부 내에서 비교적 자유로운 어순을 취하기 때문에, 때로는 (79)b와 같은 중의문을 만들기도 한다. 여기에서 b는 a와 c의 두 가지 해석을 가능하게 한다.

다음에는 역시 부사어의 다른 유형인 부사절의 어순을 살펴보기로 한다. 여기 부사절이란 것은 종래의 부사절에다 종속절로 명명된 것을 함께 포괄하여 지칭하는 것으로, 이들의 어순에 대한 고찰은, 이 둘이 그렇게 선명히 구분되는 것이 아님을 보여 줌과 동시에, 종래의 종속절이란 것이 부사절과 다를 바 없음을 보여 주게 될 것이다.

먼저 종래의 부사절이 보여 주는 어순을 살펴보고 나서, 다음에 소위 종속절의 문제를 돌아보기로 하겠다. 부사절로 대표되어 온 것은 부사형 어미 '-도록', '-게' 등을 가진 절이다.

> (80) a. <u>날이 새도록(아침까지)</u> 철수는 국어를 공부하였다.
> b. 철수는 <u>날이 새도록(아침까지)</u> 국어를 공부하였다.
> c. 철수는 국어를 <u>날이 새도록(아침까지)</u> 공부하였다.
> (81) a. <u>밥을 먹고(식후에)</u> 철수는 일을 시작하였다.
> b. 철수는 <u>밥을 먹고(식후에)</u> 일을 시작하였다.
> c. 철수는 일을 <u>밥을 먹고(식후에)</u> 시작하였다.

위에서 '날이 새도록'이나 '밥을 먹고'가 부사절이 되는 것은 이들이 문, 서술부, 또는 서술어를 수식하기 때문이다. 그것은 이들 절을 각각 괄호 안에 있는 부사어 '아침까지', '식후에' 등으로 자연스럽게 대치할 수 있는 것으로도 쉽게 확인할 수 있다. 이러한 현상은 다음과 같은 부사절에서도 그대로 확인된다.

(82) a. <u>영이가 일어나게</u> 철수는 소리를 질렀다.
    b. 철수는 <u>영이가 일어나게</u> 소리를 질렀다.
    c. 철수는 소리를 <u>영이가 일어나게</u> 질렀다.

위에서 살펴본 부사절들은 앞서 보았던 문 자유 어순의 부사어들과 성격이 조금도 다를 바 없다. 결국 이들은 절 성분의 부사어와 절이 아닌 부사어 사이에 어순 상 차이가 없음을 보여 준다.

그런데 이와 같은 부사절의 어순상 특성은 종래의 여타 종속절에도 그대로 적용된다.

(83) a. <u>눈이 와서/오니까</u>, 철수는 그에게 차를 내주지 않았다.
    b. 철수는, <u>눈이 와서/오니까</u>, 그에게 차를 내주지 않았다.
    c. 철수는 그에게, <u>눈이 와서/오니까</u>, 차를 내주지 않았다.
    d. 철수는 그에게 차를, <u>눈이 와서/오니까</u>, 내주지 않았다.

'눈이 와서' 또는 '눈이 오니까'와 같은 이유 또는 원인의 종속절은 '그래서', '그 때문에' 등의 부사(어)로 대치가 가능할 뿐 아니라, 양자 사이에 아무런 어순 상의 차이를 보이지 않으면서, 모두가 자유 어순을 공통 특성으로 하고 있다.

(84) a. <u>비가 오더라도</u>, 우리는 이것을 학교에 전해야 한다.
    b. 우리는, <u>비가 오더라도</u>, 이것을 학교에 전해야 한다.
    c. 우리는 이것을, <u>비가 오더라도</u>, 학교에 전해야 한다.
    d. 우리는 이것을 학교에, <u>비가 오더라도</u>, 전해야 한다.

양보의 종속절 '비가 오더라도'도 자유 어순의 특성을 보이며, '그래도' 와 같은 부사와 의미, 어순상의 특성을 같이 한다.

    (85) a. <u>텔레비전을 보면서</u> 영이는 바느질을 하였다.
        b. 영이는 <u>텔레비전을 보면서</u> 바느질을 하였다.
        c. 영이는 바느질을 <u>텔레비전을 보면서</u> 하였다.

위 예처럼 나열형의 종속절에서도 우리는 자유 어순의 특성을 확인하게 된다. 위에서 본 종속절 외에도 가령 목적형의 '-으러', 의도형의 '-으려', 선택형 '-든지', 익심형 '-을수록' 등 몇몇 어미에 의해 인도되는 종속절이 자유로운 어순을 취함으로써, 많은 문 자유 어순의 부사나 부사어와 같은 특성을 가진다. 이러한 사실은 이들 종속절이란 것이 완전히 부사절 또는 부사어와 같은 특성을 가졌음을 입증하는 것이다.

다음과 같은 예문도 우리의 주목의 대상이 된다.

    (86) a. <u>비가 오면서</u>, 눈이 온다.
        b. [?]눈이, <u>비가 오면서</u>, 온다.

(86)b는 어쩌면 다소 성립이 어려운 것으로도 생각되는데, 이것은 동시적 나열형 어미 '-면서'가 주어가 다른 전·후 절을 완전히 대등한 병렬 관계로 접속시키기 때문이다. 그러나 동일한 어미로 접속되더라도 다음과 같은 예문에서는 사정이 달라진다.

    (87) a. <u>라디오를 들으면서</u>, 철수는 밥을 먹었다.
        b. 철수는, <u>라디오를 들으면서</u>, 밥을 먹었다.
        c. 철수는 밥을, <u>라디오를 들으면서</u> 먹었다.

이 예문에서 a의 선행절은 몇 가지 특징을 가지고 있다. 첫째로 이 절은 (86)에서와 달리 소위 종속절이어서 후행절을 주절로 한다는 점이며, 둘째로 이 절은 자유로운 자리바꿈이 가능하다는 점이다. 특히 어순에서 a보다는 b가 더 선호되는데, 이러한 점들은 문 자유 어순 부사어와 완전히 일치되는 점이다. 그리고 셋째로는 양절의 주어가 동일하며, 종속절의 주어는 반드시 생략되어야 한다는 점이다. 이러한 특징들은 이 종속절이란 것이 부사절과 다름이 없음을 분명히 해 준다. 결국 이들 예문에서도 소위 종속절이란 것이 하나의 성분절인 부사절에 불과함을 입증해 준다고 하였다.

물론 절에 따라서는 자리바꿈이 제한되어 자유롭지 못한 것이 없지 않다.

(88) a. *영어를 할뿐더러 철수는 독일어도 잘 한다.
　　 b. 철수는, 영어를 할뿐더러, 독일어도 잘 한다.
　　 c. *철수는 독일어도, 영어를 할뿐더러, 잘 한다.

(88)a는 선행절의 주어가 생략되는 한 잘 성립되지 않는다. 즉 이 경우 종속절은 주절에 선행할 수가 없다. 다만, b와 같이 주어가 생략된 종속절이 주어와 서술부의 사이에 자리할 때만 성립 가능하다. c와 같이 목적어에 후행하는 것도 허용되지 않는다. 이러한 여러 가지 유형의 어순 제약은 일반 부사의 경우에도 적지 않음을 보았었다. 여기에서도 소위 종속절이란 것이 부사절 즉 성분절과 구분되어야 할 근거가 전혀 발견되지 않아서, 결국 일반 부사어나 부사절 또는 소위 종속절이 그 어순과 관련하여 모두 공통 특성을 가지고 있음이 확인되었다.

5. 결론

국어 어순에 관한 연구는 지금 시작 단계에 있다. 지금까지 연구된 성과가 그 양에서 많은 것이 아니지만, 이런 의미에서 그 의미는 큰 것이라 하겠다. 어순과 관련된 연구 과제는 단순한 것이 아니다. 무엇보다도 먼저 뒤섞기의 실상을 바르게 파악하는 일이 우선되어야 할 것이다. 뒤섞기라고는 해도 모든 자리바꿈이 가능한 것은 아니므로, 광범위하고 정밀한 언어 자료에 근거해서 뒤섞기의 실상을 확인하고, 이의 규칙화나 체계화를 모색해야 할 것이다. 아울러 거기에 따르는 여러 제약 현상도 어떤 것인지 규명되어야 할 것이다. 여기에는 의미의 변화 문제도 제기될 수 있으며, 자료 해석의 객관성 및 문법성, 허용성 등의 문제도 제기될 수 있을 것이다. 이러한 작업과 함께 언어 보편성에 기초해서 뒤섞기의 여러 현상을 체계화하고 설명할 수 있는 이론적 뒷받침을 얻는 작업이 병행되어야 할 것이다.

필자는 이 글을 통해서 국어 어순과 관련된 세 가지 기초적인 문제에 눈을 돌렸었다. 하나는 국어 어순의 일반적 특성으로서, 그 동안 이견을 보여 온 몇 가지 기본 문제를 돌아보았다. 그 중에서도 핵어 후치, 서술어 후치(핵어 후치에 통합 기능), 주성분 뒤섞기, 병렬 수식어 뒤섞기, 절섬 제약 등의 기본 원리에 무게를 실었었다. 그리고 명사구와 서술부에서 각각 핵어에 선행하는 관형어와 부사어의 어순, 특히 이들의 자리바꿈 현상에 주목하였다.

그 중에서도 특히 관형사는 대체로 '지시 관형사 – 의문 관형사 – 성상 관형사 – 수 관형사 – (명사 핵어)'의 어순으로 나타났다. 그리고 부사어는 문 안에서 비교적 자유로운 어순을 취하는 문 자유 어순 부사어, 서술부 안에서 자유로운 어순이 허용되는 서술부 자유 어순 부사어, 그리고 서술어에 인접 선행하는 어순만 허용되는 서술어 인접 어순 부사어의 세 유형이 구분될 수 있었다.

이 글에서 살펴본 것은 매우 제한된 것이었고 또 소략한 것이었다. 여기 논의된 것은 물론, 많은 여타 어순 문제가 앞으로 본격적으로 천착되어야 할 것이다. 한 문에 부사가 둘 이상 실현될 경우의 어순 문제도 이 글이 남겨 놓은 과제 중의 하나임을 지적해 두고 싶다.

참고 문헌

김승렬(1988), 『국어 어순 연구』, 한신 문화사.

박병수(1976), 「양태부사에 대하여」, 『언어』 1 – 1, 한국 언어학회.

서정수(1978), 「국어의 보조동사」, 『언어』 3 – 2, 한국 언어학회.

성기철(1986), 「문의 문법성과 화용성」, 봉죽헌 박붕배 박사 회갑 기념 논문집, 배영사.

성기철(1987), 「문 서술어 복합문」, 『국어학』 16, 국어학회.

이기갑(1989), 「한국어의 어순 뒤섞기와 용인성 측정법」, 『어학 연구』 25 – 1, 서울대
학교 어학연구소

이승명(1986), 「부사어의 위치와 의미 영역에 대한 연구」, 『수련 어문논집』 13, 부산
여자대학교 국어교육과.

채   완(1986), 『국어 어순의 연구』, 탑출판사.

Choe, Hyon-Sook(1985), <Remarks on Configurationality Parameters>, *Harvard studies In Korean Linguistics*. Department of Linguistics. Harvard University, Cambridge, Massachusetts, U.S.A.

Chomsky, Noam(1982), *Lectures on Geverment and Binding*, Foris Publications.

Comrie, Bernard(19981), *Language Universals and Linguistic Typology*, Basil Blackwell Oxford.

Haig, John, H(1976), <Squibs and Disscussion>, *Linguistic Inquiry* 7 – 2.

Hale, Ken(1982), <Preliminary Remarks on Configurationality>, *NEALS* 12.

Han, Sung-Kook(1991), <Word Order and Its Variations in Korea : A TAG's Approach>, *Language Reserach* 27 – 1, Language Reserach Institute, Seoul University.

Hawkins, John A(1986), *Word Order Universals*, Academic Press.

Huang, Shuan-Fan(1975), *A study of Adverbs*, Mouton.

Jo, Mi-Jeung(1986), *Fixed Word Order and the Theory of the PreVerual Focus Position in Korean,* Hanshin Publishing Co.

Yang, In-Seok(1972), *Korean syntax*, 백합 출판사.

—『한글』 218, 한글학회, 1992. 12.

방송 언어의 문법 변천

1. 서론

우리나라에 라디오 전파 방송이 시작된 것이 1927년의 일이다. 올해로 60돌 회갑을 맞게 되었다. 이 60년의 기간은 우리나라에 있어 실로 격동과 격변의 시기였다. 아울러 우리에게는 이 시기가 근대화 또는 현대화로 특징지어지는 시기로, 이러한 과정에서 이 땅에 라디오 방송이 도입되었던 것이다.

방송의 가장 핵심적인 요소는 언어다. 특히 텔레비전과 같은 영상이나 장소 또는 상황의 보조를 받을 수 없는 라디오 방송의 경우에는, 전적으로 음성 언어 하나에 의존해야 되므로 언어야말로 방송의 생명이라 할 수 있다.

방송이란 그 목표가 기본적으로 전달, 특히 대중 전달에 있다. 그런 만큼 그 수단으로서의 언어는, 우리 일상 생활에서는 의사 표현을 위한 언어와 다를 바 없다. 다만 방송 언어가 우리의 일상적인 생활 언어와 다른 점은, 후자가 표현과 반응으로 나타나는 상호 교호적인 것임에 대하여, 전자는 표현 또는 전달에만 한정되는 일방성을 가진 것이라는 점이다. 그런 만큼 방송에서는 언어의 역할 또는 비중이 더 무거워지는 것이다.

앞서 말한 사회의 격변과 관계없이도 언어는 항상 변천한다. 지나간 60년 동안에도 우리 언어는 끊임없이 변천해 온바, 이것은 곧 방송 언어의 변천을 의미한다. 변천되는 언어의 내용을 어휘, 음운, 문법으로 구분해 볼 때 본고에서 주된 내용으로 하는 문법은 다른 둘에 비하여 변천의 범위와 속도가 훨씬 제한된다. 더구나, 방송 60년의 기간이란 것은 문법 변천이 별로 예견되지 않는 짧은 기간이다. 실제로 이 기간 중 특기할 만한 문법의 변천이 별로 발견되지 않는다.

그러나 언어가 늘 변천하고 있다면 문법이라고 해서 아주 이 변화에 초연할 수는 없다. 다만 문법의 변천 내용이 매우 단편적이고 부분적인 현상에 머무는 것이 대부분일 뿐이다. 편의상 문법을 형태, 통사로 나누어 살펴볼 것인바, 여기에 문체를 일부 덧붙이기로 한다. 원래 문체가 문법 문제는 아니겠으나 방송 언어 변천 서술의 체제 편의상 문체를 문법 분야에서 아울러 다루기로 하였다. 그러나 문체라고는 해도 원칙적으로 문법과 관련성이 있는 범위에 한정시키기로 한다. 따라서 여기 말하는 문체는 단위 문의 범위를 넘어서지 않는다.

60년의 방송 언어사 입장에서 이 기간을, 광복을 분계령으로 전기 후기의 둘로 나누어 살펴보게 될 것인바, 우리의 관심은 주로 전기에 놓이게 될 것이다. 그것은 후기의 방송 언어 문법이란 것이 현재의 우리 문법과 전혀 다를 바 없으며, 현재의 방송 언어에 대하여는 제2편에서 별도로 논의될 것이기 때문이다.

전기의 방송 언어는 그 직접적인 방송 자료가 전혀 없기 때문에 다른 문헌 자료에 의존할 수밖에 없는 특수성이 있다. 그런데 이 시기 문헌 자료의 성격 또한 단순한 것이 아니어서 이들 자료를 근거로 하여 방송 언어를 규정하는 일이 그리 용이하지 않다. 다만 문법의 경우에는 다행히 방송 언어가 일반 문헌 언어와 거의 동일할 것이므로 큰 부담이 없으나, 문체의 경우에는 좀 더 다각적인 배려가 요구된다.

비록 60년이란 기간이 짧은 것이라고는 해도 좀 더 완벽한 문법의 변천사를 기술하기 위해서는 광범한 자료의 수집과 분석이 요구되는데, 매우 제한된 소수 자료에서 얻은 단편적인 현상에 의존하고 있는 본고는 자연

소략하게 되었고, 비체계적일 수밖에 없다. 앞으로 더 많은 보완이 이루어져야 할 줄 안다.

2. 전기 방송 언어 연구상의 문제점

2.1. 방송 언어사의 구분과 문법의 변천 문제

무릇 어떤 현상 또는 분야의 변천사를 다루고자 할 때에는 그 대상이 되는 기간이 있게 마련이고, 또 이 기간을 변천의 내용에 따라 시기를 구분하게 된다. 물론 이러한 시대 구분은 전적으로 내용의 변천에 기초를 두어야 하는바, 이와 관련이 없는 여타 정치, 사회, 문화 등이 변천에 의존하는 일이 없도록 유념하여야 할 것이다. 비록 60년이란 방송 기간이 그리 긴 것이 아니지만, 시대를 구분하는 것이 편리하고 또 합리적이기도 하려니와, 실제로 시대를 구분할 만한 중요한 현상이 있기도 하다.

필자는 1945년 8월 광복을 기준으로 하여 방송 언어사를 전기와 후기로 구분하고자 한다. 방송의 수단이 언어이고 보면, 광복과 함께 우리의 언어를 되찾았다는 것은 실로 획기적인 일이 아닐 수 없다. 광복 이전까지 우리 방송은 국어와 일본어의 두 언어를 이용했었던바, 지금 우리는 그 구체적인 실태에 대하여 아는 바 없다. 이 기간 중에는 우리말이 완전히 배제되고 일본어만으로 방송되었던 시기도 있었을 것으로 생각되지만 현재로는 이를 밝힐 만한 객관적인 자료가 없다. 아무튼 분명한 사실은 우리 방송에서 일본어가 완전히 자취를 감추고 우리 국어만으로 방송이 이루어질 수 있었던 것은 광복을 맞이하고서의 일이다. 따라서 1945년 8월은 우리 방송 언어사에 중요한 전환점이 되었던 것이다.

그런데 본고의 목표와 관련하여 이러한 시대 구분이 얼마나 유효한 것인가 돌아보지 않을 수 없다. 그것은 곧 이러한 시대 구분이 문법 변천의 시대 구분에 상응할 수 있는가 하는 문제다. 엄밀한 의미에서, 위의 시대 구분이 사실상 문법 변천과는 거의 관계가 없다. 광복이라는 사회·정치적 현상이 문법에 아무런 영향을 주지 못한 것이다. 기본적으로 문법의 변천은 정치, 사회적 변천과 무관하다.

방송 60년사의 기간이란 것은 앞서도 지적했듯이 격변의 시기다, 일제 폭압, 해방, 군정, 6·25전쟁, 정국의 악순환 등 외에도 근대화 또는 현대화 과정에서 겪은 사회·문화적 그리고 또 정신적 충격 가운데 격변의 길을 걸었다.

대체로 언어 변천이란 것이 정치·사회적 변동에 둔감한 현상이기는 하나, 이 시기의 격변은 우리 언어에도 적지 않은 변화를 가져 왔다. 가장 현저한 것은 일제 치하에서 보았던 일본 한자어를 포함한 일어의 광범한 침투와 서구 외래어의 유입이다. 이 시기 우리 언어의 변천은 어휘에만 머물지 않는다. 또 다른 하나의 예로 음운상의 변화를 들 수 있다. 우리 국어의 주요 특징이 되는 두음법칙과는 관계없이, [r], [l]이 어두 위치에서 실현되며, 비록 표준 발음으로 인정받지 못했어도 [θ], [ə], [v], [f] 등 서구음이 비표준어 외래어에서 발음되고 있음을 흔히 볼 수 있다. 이들 발음은 이제 단순히 외국어 발음으로만 간과할 단계를 넘어 서고 있다.

우리 사회와 언어가 이처럼 한가지로 변천을 겪었지만, 문법만은 비교적 여기에서 초연할 수 있었다. 이에 대하여 우리는 다음 두 가지 원인을 생각할 수 있다. 첫째, 문법이란 어휘, 음운 등과 달라서 사회 문화적 변천에 쉽사리 동요되지 않기 때문이다. 이것은 어느 언어, 어느 시기에서도 공통으로 나타나는 언어 보편적 현상으로, 우리의 이 시기에도 예외적일 수 없었다. 둘째로는 문법 변천은 단기간에 일어나지 않기 때문이다. 문법의 변천이란 것이 장기간에 걸쳐 일어나는 현상이란 것도 역시 언어 보편적 현상이다. 우리 방송사 60년이란 것은 문법을 변천시키기에는 너무 짧은 기간이었다. 이와 같은 짧은 기간이, 어떤 문법 현상이 변천되는 분계령에 있지 않는 한 결정적인 문법의 변천이란 상상하기 어렵다.

그러므로 이 시기에 발견되는 문법 변천 사항이란 것은 단편적인 것이거나, 언어 사회 일부에서나 볼 수 있는 비보편적인 것이 대부분을 이룬다. 이러한 사실에도 불구하고 필자는 방송 언어사의 전후기 시대 구분에 맞추어 문법 변천을 살펴보고자 한다. 그것은 전체적인 시대 구분과 보조를 맞추기 위한 것 외에 변천사를 다루는 편의상의 문제도 있고, 또 실제로 전후기 사이에 문법상의 차이가 드러나기도 하기 때문이다.

2.2. 전기 방송 언어 자료의 한계성

어느 분야의 어느 시기에 대한 것이든 역사 연구에서 가장 중요한 것은 자료다. 그런데 역사 연구에서 자료의 중요성이 더 강조되고 또 문제가 되는 것은 현재만큼 과거의 자료가 흔하지 않기 때문이다.

방송 언어사 연구에도 가장 긴요하게 요구되는 것은 말할 것도 없이 방송 언어 자료이다. 그러나 우리는 매우 유감스럽게도 방송 60년의 전반기·방송 자료를 전혀 가지고 있지 못하다. 따라서 직접적인 방송자료라고는 한 점도 없는 이 시기의 방송 언어는 자연 여타의 일반적인 문헌 자료를 통해서 간접적으로 추리하는 방식을 취할 수밖에 없다. 그만큼 이 시기의 방송 언어 연구는 제약을 받지 않을 수 없다.

그런데 이 시기 문헌의 언어 자료가, 곧바로 당시 방송 언어의 유형을 재구할 수 있을 만큼 직접적인 것도 아니며, 또 그렇게 단순한 것도 아니다. 가령 문체 문제만 해도 그렇다. 특히 이 시기에는 문어체와 구어체, 격식체와 비격식체 등의 구별이 현저하며 기타 신문체의 문도 매우 특징적이어서 이러한 가운데에서 방송 언어의 문이 갖는 전형적인 문체를 찾는 것이 그리 용이한 작업은 아니다. 이제 말한 여러 가지 문체의 범위나 성격도 현재 우리가 쓰는 말이나 관용을 기준으로 해서 규정할 수도 없다. 가령 한 예로서, 현재 우리의 안목으로는 문어체나 격식체로 이해되는 것이 그 당시로서는 오히려 구어체나 비격식체에 더 가까운 것일지도 모른다.

또 한 가지 우리가 겪게 되는 어려움의 하나를 들면 문헌 자료 자체의 문제점이다. 이 시기는 표준어나 정서법이 널리 보급되지도 못했고, 일반인들에게 익숙한 것도 아니었다. 따라서 방언적인 차이, 개인적인 차이 등이 그대로 문헌에 나타나 있기 때문에 이들 자료의 취사선택에 곤란이 따르며, 이러한 부분적인 현상을 일반화하기 어려운 경우가 많다. 또 어느 경우에는 더 많은 자료의 뒷받침이 없음으로 해서, 어떤 현상이 일반화될 수 있는 것인지 아닌지 좀처럼 판단이 나서지 않을 때가 드물지 않다.

여기에 또 한 가지 지적할 사항은 당시의 방송 언어 자체가 지금과 같이 통일성이 있고 정제·세련된 것이 못 되었으리라는 점이다. 방송에 임하는 일반인은 말할 것도 없거니와, 아나운서와 같은 전문 방송인의 경우에도 그랬으리라 추측된다. 방송 언어가 여러 가지 면에서 정착되었으리라고 생각되는 1950년대 후반기의 방송 언어 실태를 지적한 다음 글은 그러한 추리를 뒷받침해 주고도 남는다.

> 그런데 우리 방송계의 실태는 어떠한가 그 용어의 첫째 조건이라고 볼 수 있는 표준어 사용이 말 아닌 정도라 하겠다. …… 직업적인 아나운서가 방언이나 서투른 말을 쓰는 데는 참으로 놀라지 않을 수 없다(이희승, 방송 용어의 특이성, 「방송」 11월호, 1956, p.7).

이러한 점이나 당시 문헌 언어의 통일성을 얻지 못한 여러 가지 실태를 고려에 넣어 보면, 1920년대, 1930년대는 우리 방송 언어의 한 시험기였을 것으로 이해된다.

끝으로 한 가지 더 첨언하고 싶은 것은, 전기 방송 언어의 실태를 바로 이해하기 위해서는 당시 일본의 방송 언어에 대한 이해가 필요하리라는 점이다. 우리보다 먼저 실시되어 더 많은 연륜을 가진 일본의 방송 언어가 우리 방송 언어에 직접 간접으로 적지 않은 영향을 미쳤을 것으로 이해되기 때문이다.

3. 문법 형태의 변천

3.1. 개관

문법 형태라 함은 어휘적 의미나 그 고유의 실질적 의미를 가진 형태가 아니라 단순히 문법적인 의미를 가진 의존 형태로서 그 어간의 교체가 자유로운 분포상의 특징을 가진다. 국어의 문법 형태는 크게 대별하여 둘로 구분할 수 있으니, 하나는 주로 용언의 어간과 배합되는 어미이고, 다른 하나는 주로 체언을 취하는 조사이다. 어미는 대략 선어말어미('-었-', '-겠-', '-더-' 등), 어말어미('-다', '-어라', '-자' 등), 접속어미('-으니', '-어서', '-고' 등)으로 하위 구분되며, 조사는 크게 격조사('-가', '-를', '-의' 등)와 보조사('-는', '-만', '-도' 등)로 대별된다.[1]

방송 언어 60년사에 있어서 문법 형태는 얼마간의 변화를 보여 준다. 통사적인 변천에 비하면 훨씬 변화를 보인다. 두드러진 문법 형태 중에는 어미, 그 가운데에서도 특히 어말어미 형태의 변화가 더 눈에 띈다. 그것은 현재의 안목에서 보면 어떤 의미에서 고형의 청산[2]으로 특징지을 수도 있다. 어미에 비하면 조사에서는 기본적으로 큰 변화를 겪지 않았다.

문법 형태의 변천 양상은 그 유형을 몇 가지로 나누어 생각할 수 있다. 우선 눈에 쉽게 띄는 것은 형태 자체의 소멸인데, 이 경우 이들 형태가 지니고 있던 문법적인 의미도 대체로 함께 소멸되게 마련이고, 어떤 경우에는 존속되는 다른 형태가 부분적으로 그 의미를 넘겨 맡게 된다. 둘째로 나타나는 변화는 문법 형태의 의미 변화와 관련된다. 기본적으로 그 고유의 문법적 의미는 그대로 유지하되 얼마간의 변화가 따르는 경우인데, 어떤 의미에서 부분적인 용법의 변화라 할 수 있겠다. 셋째로 생각할 수 있

---

[1] 여기에서의 형태 분류는 객관적인 정밀을 기하지 않는다.
[2] 고형의 청산이란 방송 초기에 쓰이던 일부의 형태(예 : 문어체에만 쓰이던 일부 어미)가 후에 소멸된 것 등을 가리킨다.

는 것은 문법 형태의 의미는 전혀 변화가 없고 다만 형태, 즉 음운상에서만 변화를 입는 예다. 그리고 마지막으로는 의미, 음운 등에서 일체 변화가 없되 그 형태의 사용 빈도만이 달라지는 예를 들 수 있다.

　다음에는 형태를 유형별로 나누되, 이제 말한 변화의 유형을 고려하면서 하나씩 살펴보기로 한다. 문법 형태 가운데에서 대우법과 관련된 것은 별도로 장을 달리하여 논의하기로 한다. (5장 참조)

3.2. 선어말어미

　우선 시상 형태[3]를 살펴보기로 한다. 시상 형태 중에서 눈에 띄는 것은 과거 형태다. 여기에는 '-엇-', '-앗-', '-얏-', '-엿-', '-럿-' 등 여러 이형태가 보이는데,[4] '-엇-', '-앗-' 등이 음성적 이형태임에 비하여 '-얏-', '-엿-', '-럿-' 등이 형태적 이형태임은 오늘과 다를 바 없다.

(1) 점자는 태도로 목사를 마젓다. (개벽, 9월호, 1924 : 157)
(2) 국민사상은 아조 혼돈상태에 빠지고 말앗다. (해외문학, 1927 7월호 : 15)[5]
(3) 방의 정돈은 너머나 불규칙하엿다. (해외문학, 창간호, 1927 : 46)
(4) 그는 …… 수인들의 운명을 흠모하엿다. (해외문학, 창간호, 1927 : 74)
(5) 음식을 만이 작만하라 하얏다. (개벽, 9월호, 1925 : 623)
(6) 주지 아니 하얏습니다. (해외문학, 창간호, 1927 : 89)
(7) 그 책임은 내가 지기로 되얏습니다. (개벽, 7월호, 1925 : 623)
(8) 사주간의 예정으로 동지방으로 시행하시기로 결정되얏다. (매일신보, 1926, 10, 28 : 1)[6]

---

3) 국어에서는 시제와 상의 구별이 형태상으로 명백히 구분되지 않으므로 편의상 시제와 통합하여 시상이라 불렀다.
4) 이들 형태는 당시의 표기에 의거한 것으로, 실제는 '-었-', '-았-' 등으로 이형태의 표기가 되어야 한다.
5) '1927 : 15'와 같은 것은 문헌의 출판 연대와 인용 자료가 실린 페이지를 보인 것이다.

(9) 필경 배덕한이 되<u>엿</u>다. (해외문학, 창간호, 1927 : 74)

이상의 예문을 돌아볼 때 '-엇-', '-앗-', '-엿-'은 현재의 '-었-', '-았-', '-였-'과 동일하다. 다만 '-엇-'과 자유변이형으로 보이는 '-얏-'이 현재 전해지지 않는 형태일 뿐이다. '-엿-'과 '-얏-'을 자유변이형이라고는 했지만 통시적 관점에서 보면 '-얏->-였-'의 변천 과정에서 이 시시가 그 과도적 교체기였기 때문에 양 형태의 공존을 보게 되는 것으로, 이 시기에는 두 형태가 모두 일반적이었으나, 문어 쪽에서는 '-얏-'이 우세하였다. 이 형태는 방송 후기에 속하는 1940년대 후반기에 드물지 않게 보이나 50년대 이후 자취를 감추게 된다.

(10) 일즉이 동북(만주) 사람들이 망명을 <u>하야</u>…… (개벽, 5월호, 1948 : 9)
(11) 그들은 일즉이 삼팔선을 철폐하기 위<u>하여</u>…… (관계, 5월호, 1948 : 9)

'-얏-(-엿-)'은 어간 '하-'와만 배합되는 것이 원칙이나 예 (7), (8)에서 보다시피 어간 '되-'를 취하기도 하였다. 이것은 그 용예가 그리 많은 것은 아닌데, 이 형태는 '<u>되엇</u>다>되엿다'와 같은 음운 변화에 의해서 (9)와 같은 '-엿-'이 먼저 형성되고, 이것이 '하얏-'에 유추되어 '되얏'으로 변화된 것이라 생각된다.

방송 전기의 과거 시장 형태로 주목되는 것은 '-앳-'이다.

(12) 그이가 밋치지 안<u>햇</u>다는 것을…… (해외문학, 창간호, 1927 : 46)
(13) 구속치 안<u>햇</u>든 엇던 가면 쓴 형용이…… (해외문학, 창간호, 1927 : 49)
(14) 말성 <u>안햇</u>든 작품의 하나이며…… (해외문학, 7월호, 1927 : 23)
(15) 이째것 기다리다가 몰려 오는 것 가<u>탯</u>다. (개벽, 4월호, 1925 : 703)
(16) 어리석은 짓을 웃는 것 <u>갓햇</u>다. (해외문학, 창간호, 1927 : 48)

---

6) 맨 끝의 숫자는 신문의 면을 표시한 것임.

이 '-앳-'은 대략 어간이 '-같-'이나 '-하-'인 것이 특징인데, 원래 과거 형태가 역사적으로 접속어미 '-아', '-어', '-야'와 어간 '잇-(유)'의 복합형인 '-앳-', '-엣-', '-얫-'에서 유래된 것이다. 그러고 보면, 이 시기의 '-앳-'도 위의 복합형 '-앳-'에서 온 것으로 볼 수 있다. 그러나 이 시기에는 반말 어미 '-아' 또는 기타 복합형태 '-아서', '-아요' 등 대신에 '-애' 및 '-애서', '-애요' 등이 쓰이어서 이 때의 과거형 '-앳-'과 상관성을 보여 주고 있다.

> (17) 달은 적은 화폐와 갓해. (백조 1, 1922 : 122)
> (18) 꿈꾸는 것 가태요……모든 데가 압흔 것 가태요. (개벽, 5월호, 1925 : 104)
> (19) 달님께 실례인 것 갓해서…… (해외문학, 창간호, 1927 : 101)

이러한 형태들이 이 시기 자료에서 가끔 눈에 띄는데, 사실은 현재도 회화에서는 더러 쓰이는 예를 볼 수 있다. 그러나 방송 후기에 오면서 표준어의 보급과 함께 이들 형태는 눈에 띄게 숨어 버리었다.

과거 및 완료를 나타내는 시상 형태인 '-었-'이 때로 현재와는 달리 쓰였던 예가 눈에 띈다.

> (20) a. 의서책을 듸려다 보고 안젓는 자긔 아버지를 불럿다.
>   (개벽, 9월호, 1924 : 153)
>   b. 의서책을 드려다보고 앉아 있는 자기 아버지를 불렀다.

정확히 말하면 a의 '안젓는'은 현재 완료형인데, 이러한 경우의 완료 상태는 당시에도 '-엇-(-었-)'으로 나타내지 않는 것이 일반적인 현상이었으며, 그것은 현재도 마찬가지다. 이러한 예는 하나의 방언적인 형태로 생각해도 좋을 것이다.

시상 형태와 관련하여 우리의 눈길을 끌고 있는 것은 '-고 있(다)'과 '-아 있(다)'의 문제다. 현재 전자는 흔히 진행을 나타내고, 후자는 흔히 완료된 상태를 나타내지만, 그렇게 간단히 의미를 규정할 수 있는 것은 아니다. 1920년대 자료에서 홍미 있는 것은 이들 두 형태의 의미 차이 이전에, 현재와 상이하게 쓰이었던 용법의 발견이다.

> (21) 그것은 간단업시 동하고 잇다. 시대의 정신을 통하야 불가항의 역으로 유동하야 잇다. 시대의 사람들은 강하나 약하나 이 위대한 흘음의 지배를 면치 못한다. (폐허, 1 - 1, 1920 : 58)
>
> (22) 금일과 여히 암흑한 미래를 덥허 잇는 번뇌를 배여 잇는 시대 · 시대에 잇서서는…… (폐허, 1 - 1, 1920 : 57)
>
> (23) 그름 안진 과등이……흡족한 쁠을 쓸쓸하게 <u>비춰 잇섯다.</u> (백조 3, 1923 : 2)
>
> (24) 전국 의계에서 유일무이한 강장제로 <u>추대하여 잇는</u> 부르도 - 제(매일신보, 1926. 10. 2 : 2)

위 예들에서 밑줄 친 부분의 '-어 잇-'의 용법은 현재와 판이하게 다르다. 이들 형태는 각각의 예문에서 한결 같이 완료 상태를 나타내 주고 있다. 이들 형태의 의미가 완료 상태라는 점에서 현재와 다를 바 없다. 그러나 이들 예문에서와 같은 용법은 현재 허용되지 않는다. 즉 현재에는 이 예문들과 같은 경우 완료 상태가 아니라 진행으로 표현된다. 그러므로 현재로는 각 예문의 '-어 잇-'형태가 모두 '-고 있-'으로만 허용될 수 있다. 물론 1920년대에도 '-어 있-'은 거의 모두 현재와 같은 용법으로 쓰이었었고, 위 예와 같은 것은 드문 일이었다. 다음은 오늘과 같은 용법으로 쓰인 예들이다.

> (25) 자긔 부친의 죽엄을 은근히 긔대하는 말이 <u>비치여 잇섯다.</u> (개벽, 10월호, 1924 : 375)
>
> (26) 문지방 우에 한머니의 집행이가 놓이고 그 미테 쏘 신으시든 신이 <u>노혀 잇섯다.</u> (백조 3, 1923 : 4)

위의 예문 (19)~(22)의 '-어 잇-' 형태와는 대조적으로, 현재의 '-어 있-'에 일치되는 '-고 있-'의 특이한 용례를 대하게 된다.

(27) 잿빗 외투를 머리까지 숙여 쓰고 고요히 <u>서고 잇는</u> 것이 보인다. (백조
2, 1922 : 125)

(28) 그 여자의 <u>서고 잇는</u> 곳으로 나아갔다. 영순이 그 여자의 <u>서고 잇는</u> 곳
으로 나아가자…… (백조 2, 1922 : 125)

(29) 영순은 한참 동안 그 자리에 <u>서고 잇섯다</u> (백조 2, 1922 : 125)

위 예들은 비록 동일한 소설 작품에서 인용한 것이기는 해도 여러 번
반복되어 나타나는 것을 보면 우연만은 아닌 듯싶다. 위와 같은 용법은 현
재로는 받아들일 수 없는 비문법적인 것으로서, 이 '-고 잇-'은 현재로
는 응당 '-어 있-'으로 실현되어야 하는 것이다. '-고 있-'은 20년대
에도 현재와 같은 의미를 가졌던 것이므로 이 점에 대해서는 더 이상의
논의가 필요 없을 것이다. 예문 (19)에 쓰인 '동하고 잇다'나 다음 예문의
'-고 잇섯다'는 그러한 예가 된다.

(30) 하로 밧비 씃장 나기를 <u>기다리고 잇섯다.</u> (백조 3, 1923 : 4)

선어말 어미 '-더-'는 방송 전기에도 주로 회상의 의미를 가지는 등
그 의미가 현재와 일치되나, '-더-'와 '-드-'가 자유변이형으로 병용
되었던 바, 그 사용 빈도에 있어서는 '-더-'보다도 오히려 '-드-'가 우
세했던 듯싶다.

(31) 무정한 그를 지금가지 옹호하<u>든</u> 내가…… (개벽, 10월호, 1924 : 361)

(32) 장차 서울을 떠나야 하<u>든</u> 어느날…… (최현배, 1929, 머리말 p.1)

(33) 졋꼭지를 물리<u>더</u>니 …… (폐허 1-1, 1920 : 99)

(34) 그만 책궤 속에 먼지를 친하게 되<u>더</u>니…… (최현배, 1929, 머리말 p.1)

방송 전기의 문법서 중에는 '-드-'를 기본형으로 잡기도 하였었다. 박
승빈(1925 : 192)의 '선생인 사람, 선생이든 사람, 선생일 사람'이나 장지영
(1937 : 40)에서 '-든'을 '과거미완'이라 한 점 등이 그것이다.
'-더-'와 '-드-'의 병용은 상당히 오랫동안 지속되었던 것인데 이희

승 편 '국어대사전'에서 '-드-'를 기본형으로 등재시킨 점은 그간의 사정을 잘 입증해주는 것으로 보인다. 그러나 50년대 이후 표준어 보급과 함께 점점 '-더-'가 '-드-'를 압도하게 되었다.

3.3. 어말어미

모든 어말어미는 문을 종결시킨다는 문법적 기능 외에, 청자에 대한 화자의 대우-존대 또는 하대-의도를 나타낸다. 어말어미의 이러한 기본적인 성격은 전혀 변화가 일어나지 않았다. (대우법에 대하여는 다음 5장 참조) 다음에는 몇몇 형태를 중심으로 변천 상황을 살펴보기로 한다.

• -이

이 종결 형태는 방송 초기에 드물지 않게 쓰이던 것이다. 우선 예를 보자.

> (35) 무엇? 내가 신인의 소질? 여보게 골치가 아프이. (개벽, 10월호, 1924 : 79)
>
> (36) 변변치는 못하나마 아마 그런가 보이. (매일신보, 1926, 10.3 : 3)
>
> (37) 그러이 그분이 헤로드왕의 왕비 헤로듸아쓰라네. (백조 1, 1922 : 118)

이들 예에서 확인되는 것은 '-이'가 형용사의 어미이며, 그 화계[7]가 예사낮춤(하게체)에 해당된다는 사실이다. 그리고 전기 하게체의 일반적 용법에 따라 이 종결형은 20대에서도 사용이 가능했었다. (35)의 경우 화자와 청자는 모두 23세 가량의 남자들이다.

이 형태는 후기에 오면서 급격히 쇠퇴되어 현재는 일부 나이든 계층을 제외하고는 찾아보기 어렵게 되었다.

---

7) 화계에 대하여는 5장 참조.

- ‒습넨다

(38) 귀엽도 남불잔히 바닷습넨다. (폐허이후 1, 1924 : 85)

‘‒습넨다’는 복합형태로서 아주높임의 평서형인데, 이 형태는 방송 전기를 고비로 소멸의 길에 들어서 후기에 오면 거의 자취를 감춘다.

다음에는 주로 문어체의 어미로 쓰이다가 후기에 와서 소멸된 몇 형태들을 간단히 소개하기로 한다. 이들은 그 문어체적 성격으로 보아 사실상 방송 언어로 쓰였을 가능성은 매우 희박하다.

- ‒노라

(39) 셈말이 얼마쯤 바꾸임이 있는지라 아래에 그 대강을 적노라. (강매·김진호, 1925 : 36)

- ‒디어다

(40) 용언에 용언 조사가 첨가된 것과 혼동하디 마을디어다. (박승빈, 1935 : 200)

- ‒더이다

(41) 좋은 꽃나무도 많더이다. (강매·김진호, 1925 : 160)

- ‒나니라

(42) 이는 ㅆ으로 바꾸이나니라. (강매·김진호, 1925 : 16)

- ‒나뇨

(43) 사람도 속이지 못하거든 하믈며 하늘이겠나뇨. (강매·김진호, 1925 : 136)

다음에는 현재와 달리 얼마간 특징적인 차이를 보여 주고 있는 지정사 ‘‒이다’ 및 이와 관련된 종결형에 주목해 보자.

(44) ㅅㅅ로 실현된 것이 안임은 넘어도 명백한 사실일다. (폐허 1‒1, 1920 : 52)

(45) 나는 허무와 싸호는 생명일다.
밤에 타는 불꽂일다. 나는 밤은 아니다. 영원한 싸홈일다. (폐허 1‒1, 1920 : 56)

이들 예의 '-ㄹ다'는 후기에 와서는 그 자취를 찾아 볼 수 없는 형태다.8)

> (46) 당신은 얼마만한 비애가 잇는지 몰으나 나는 이 세상에서 거할 수 없는 상책이를 입은 나외다. 그래서 나는 이 세상을 등지려는 자외다. (개벽, 십월호, 1924 : 373)
> (47) 아니오 그런 말씀 마셔요! 나는 처녀올시다. ……희고 정한 처녀의 몸으로 살고저 하는 나이외다. (백조 2, 1922 : 126)

위에 보이는 '-이외다'는 이 시기 아주높임의 '합쇼체'어미이다. 대명사 '당신'과 대우의 일치9)를 보이는 것이 특이한 것같이 보이지만, 이 시기에는 '당신'이 예사높임뿐만 아니라 아주높임과도 대우의 일치를 이루었었다 ('당신'에 대하여는 '5장' 참조).

> (48) 벌써 부자의 정은 끈어진지 오래올시다 바른 대로 말하면 그것은 계모가 들어온 지 얼마 안 되여서부터 올시다. (개벽, 구월호, 1924 : 155)
> (49) 전하, 그것은 예언자올시다 (백조 1, 1922 : 123)

'-올시다'는 위에서 보는 바와 같이 아주높임의 종결형으로 꽤 널리 쓰이었다. 현재도 노인층에서 쓰이기는 하나 거의 소멸된 것으로 볼 수 있다. '-이다' 자체의 문제는 아니나, 이 형태와 관련된 특징적인 현상이 보이기에 여기에 함께 소개하기로 한다.

> (50) 무는 죄가 잇는 듯이 감히 그 차에 오르지 못하얏다. 혜선의 그 거룩하고도 순실한 얼굴이 강렬한 햇빗과 가티 영순의 영을 바로 쏘앗슴이라. (백조 2, 1922 : 125)
> (51) 꿈마다 소소로처 깨울 때에 문쓱문쓱 깨오쳐지나니 병들은 동생의 소식

---

8) 고영근(1974 : 122)에서 '-ㄹ다'를 '-다'의 이형태로 분석하였다.
9) 특우의 일치라는 것은 특정의 화계 또는 화계와 관련된 형태들이 서로 호응되어 쓰이는 것을 의미한다.

>   이 알 수 <u>업슴이로구나.</u> (백조 3, 1923 : 7)
> (52) 나는 주춤하얏다. 한머니의 알는 것이 애처로왓<u>슴이다.</u> (백조 3, 1923 : 7)

위 예의 '–음이다'는 원인이나 이유를 나타내는 형태로 해석되는바, 이 것은 그 의미가 대략 현재의 '–기 때문이다'에 해당될 만하다. 이러한 용 법은 당시로서도 드문 것으로 방송 전기에 잠시 쓰였던 것 같다.

'–음이다' 형태는 위와 같은 용법 외에도 현재 전혀 쓰이지 않는 또 다 른 용법이 발견된다.

> (53) 때를 꿈임인 고로 이를 때 꿈임이라 <u>함이라.</u> (강만 · 김진호, 1925 : 99)
> (54) 「이리, 저리, 그리」들은 이, 그, 저 들의 자리를 꿈임인 고로 이를 가르
>   침 꿈임이라 <u>함이라.</u> (강만 · 김진호, 1925 : 99)

위 예의 '–함이라'는 대략 '하느니라', '한다'에 해당될 것으로 보이는 데, 당시에도 드물게 보이던 것이다.

3.4. 기타

문법 특히 형태론과 관련된 문제로서 단편적인 현상으로 산견되는 몇 가지 문제들을 일별하기로 한다.

특히 어미와 관련하여 눈에 띄는 것은 '하(다)'의 불규칙 활용이다. 원래 이 형태는 '하야, 하야사, 하얏고' 등으로 불규칙적인 활용을 보인다. 그런 가 하면 이 시기에는 '하여', '하여서', '하엿고' 등의 활용형을 보여 주기 도 한다. 이처럼 '하(다)'는 '–야'형, '–여'형의 두 활용형을 보여 주는데, 이것은 이 시기가 '–야>–여' 변천기의 과도기에 위치한 데서 연유한다.

> (55) 다리가 뻣뻣하<u>야</u> 더 참을 수가 없서…… (개벽, 9월호, 1925 : 487)
> (56) 목사를 청하<u>야</u> 오라 하<u>얏</u>다. (개벽, 9월호, 1925 : 157)

(57) 가거라, 그리하야 신을 악마의 감옥에서 구제하여라! 악마로 하야곰 신
　　의 자비를 강요케 하여라. (해외문학, 창간호, 1927 : 46)

(58) 모든 사람은 일시에 궤좌하엿다. 수만의 군중이……그들의 구조의 갓가
　　움을 고하얏다. (해외문학, 창간호 : 93)

(59) 나의 년내로 몸이 허약하여짐과…… (매일신보, 1926. 9. 26 : 3)

이러한 두 가지 활용형은 전기를 지나 후기에 들어서서도 나타나는데,
이때는 이미 '-여' 형이 압도적으로 우세해지고, 50년대 이후로, '-야'
형은 자취를 감춘다.

(60) 민족은 자멸의 험경에 처하엿다. 그리하야 경술을 회고하는 감회가 업지
　　아니하다. (개벽, 5월호, 1948 : 8)

'-야' 활용형 가운데에서도 가장 일반적이고 또 가장 늦게 까지 지속된
것은 활용형, '하야'이나 그 근거는 확실하지 않다. 아무튼 전기에는 두 활
용형이 함께 일반화되었었으므로, 생각건대 방송 언어에서도 이러한 현상
은 마찬가지였을 것으로 이해된다.
　　다음에는 사동형의 특이한 용례 몇을 돌아보자.

(61) 동경서 일복을 입고 박인 사진이엇다. (폐허 2, 1921 : 124)

(62) 고만 저러케 정신을 일흐신 것을 설명해 듯기었다. (백조 3, 1923 : 4)

(63) 모든 것이 못 니치겟다, 못 니치는 것 뿐이다. (백조 3, 1923 : 142)

위에 보이는 사동형 '듯기-', '니치-'은 현재로는 모두 자취를 감추었
다. 다만 '박이다'는 현재 사전에도 등재되어 있는데, 이것도 거의 쓰이지
않는다. 다만 앞의 둘과는 달리 '박이다'는 후기에 들어와서도 처음 얼마
동안은 꽤 쓰이다가 60년대 이후 급격히 퇴조를 보인 것 같다. 이들 형태
의 퇴조에 따라 자연 '사진을 박이다', '설명해 듯기다', '모든 것이 못 니
치다' 등과 같은 사동문 구조도 현재로는 생각할 수 없게 되었다.

다음에는 전기에 볼 수 있었던 몇몇 조사의 용법에 주목해보자. 기본적으로 별 차이를 보이고 있지 않으나 부분적으로 눈에 띄는 것들이 없지 않다.

주격 조사 및 여격 조사로 '-끠셔', '끠' 등 고형이 아직 남아 있었으나 이들은 바로 사라지고 '-께서', '-께'로 통일된다.

> (64) 공주끠서는 지금 왕의 술잔에 술를 붓는다. (백조 1, 1922 : 118)
> (65) 전하 국왕 끠 가셔는 무엇이라고 말삼을 엿줄가요? (백조 1, 1922 : 130)
> (66) 한으님께서 만물을 창조하시었다. (김희상, 1927 : 109)
> (67) 한으님께 소원을 빌어라. (김희상, 1927 : 109)

이러한 고형은 처격 '-의'에서도 보이나 역시 바로 자취를 감춘다.

> (68) 너의 몸의 나를 대여 주지 안이 하려느냐? (백조 1, 1922 : 128)
> (69) 너의 입살의 입마초어 다오. (백조 1, 1922 : 131)

다음에 보이는 조사 '-에' 또한 그 용법이 다소 특이하다.

> (70) 움즉임말의 쓰임 갈래는, 아홉가지에 낳오나니 …… (강만·김진호, 1925 : 79)
> (71) 일점 효력도 업시 수포에 도라감에야 엇저랴. (개벽, 10월호, 1924 : 362)

여기에 보이는 '-에'는 일반적인 경우 '-로'로 쓰인다. 이러한 용법은 당시로서도 드문 것이었다.

관형격 '-의'는 이미 전기에도 '-에'로 많이 쓰이었다. 현재 표기상으로는 '-의'지만, 거의 '-에'로 발음되고 있다.

> (72) 여보세요, 공연히 실례에 말슴을 하여…… (개벽, 10월호, 1924 : 373)
> (73) 여러 가지 짱 우에 이약이를 하여 주엇는데…… (해외문학, 창간호, 1927 : 99)

(74) 나는 나의 비애를 못 익이여…… (개벽, 10월호, 1924 : 373)

(75) 감정적의 철하는 생각나는 대로…… (백조 1, 1922 : 31)

결국 1920년대에 이미 상당히 보편화되어 있던 '—에' 관형격 조사는 후기로 오면서 그 세력을 크게 확대하여 오다가 후기에 들어서서는 거의 '—의'를 무력화시키기에 이르렀다. 현재 관형격 조사 '—의'는 구어에서 거의 사라져 가고 있다.

시발 또는 출원의 의미를 가진 조사 '—로서'도 후기에서는 찾아보기 어렵다.

(76) 이 째에 병풍 뒤로서 나온 사람은…… (폐허 2, 1921 : 127)

(77) 하날로서는 날개 돗친 선녀 한 분이 왕자의 어엿분 짜님 겻흐로 나려왓습니다. (매일신보, 1926. 9. 5 : 4)

(78) 널분 벌판 저 편으로서 검은 연긔가 피어 올느고…… (매일신보, 1926. 10. 2 : 2)

이러한 용법은 전기에 드물지 않게 쓰였다. 현재 이러한 의미의 '—로서'가 사전에 등재되어 있는 것은 후기에 들어와서도 쓰이었던 사실을 말해 준다. 그러나 현재로서는 '—로서'에 그러한 의미를 거의 찾아볼 수 없다.

다음 예문들에 나타나는 의존명사의 용법 또는 관련된 그 '통사적 구조' 또한 지금과는 현저한 차이를 보인다.

(79) 너무들 떠들어서 하난 사람도 재미가 젹엇슬 터이야. (폐허 2, 1921 : 9)

(80) 그 째의 한머니의 생각에는 꼭 밋고 기두르셧을 터이라. (백조 3, 1923 : 199)

(81) 원룡이는 문과를 하야 백성을 다사리는 정승이 될 터이라고…… (백조 3, 1923 : 199)

일반적으로 '터'는 의지와 관련되어 쓰이는데, 이 점에서 전후기 사이에 별 변화가 없다. 다만 위에서와 같이 비의지적 용법으로 쓰였던 것은 이 시기 뿐인 듯싶다. 위의 ‘터’는 모두 ‘것’으로 대치되는 것이 자연스럽고 문법적인 지금의 용법이다. (81)은 의지적인 것이기는 하나 관련된 문이 상위문에 내포되었고, 이에 따라 ‘터’가 삼인칭의 행위호응됨으로써 기이한 문이 되었다.

기타 어간 구성에서 ‘알력하-’와 같이 현재 쓰이지 않는 단어 또는 어간이 많이 눈에 뜨이나 이 문제는 생략하기로 한다.10)

4. 통사 구조의 변천

4.1. 개관

앞에서도 이미 언급했듯이 통사 구조는 그 변천의 속도가 매우 느리다. 언어의 변천을 크게 음운, 의미, 문법의 변천으로 구분할 때, 셋 중에서 변천에 있어 가장 보수적인 것이 문법인데, 문법에서도 형태상의 변화에 비해 통사상의 변화는 비교가 안 될 만큼 속도가 완만하다. 다시 말하거니와 우리는 방송 언어 60년사를 놓고 볼 때 통사 현상의 변천이란 매우 미미한 것으로 다만 단편적인 몇몇 현상들이 산견될 뿐이다.

4.2. 주어와 목적어의 관형어화

주어와 목적어 관형어화란 내포문[절]의 주어나 목적어가 관형격 조사

---

10) 당시에는 한문 한자의 영향으로 한자어에 ‘하-’를 결합하는 어간 구성이 많이 눈에 뜬다. ‘비인하얏다’(백조 3, 1923 : 202), ‘비탄하고 호교하는’ (개벽, 7월호, 1925 : 416), ‘불만한 것을 보고’(백조 3, 1923 : 202) 등 이러한 어휘는 현재 자취를 감추었다.

'-의'를 취하여 관형어로 바뀌는 현상을 말한다. 앞의 것에 비하여 뒤의 것은 현재 허용되지 않는 비문법적인 현상으로서, 전기에도 그 예는 흔하지 않다.

먼저 주어의 관형어화 현상부터 살펴보기로 하자.

이러한 현상은 물론 현재에도 볼 수 있는 것으로, 전기로 갈수록 더욱 현저하고 다양하게 나타나는 점이 특색이다. 이러한 현상은 본래 중세 국어에서 두드러지게 나타나던 현상으로 점차 쇠퇴되어 온 것이므로, 방송 전후기의 그러한 변천도 이러한 전체적인 변천의 맥락 속에서 이해될 수 있다. 몇몇 예를 들어 보자.

> (82) 경자의 소유한 불가해의 두 샘에 물결을 일으킨 것은······ (폐허 2, 1921 : 124)
>
> (83) 모두 불언중에 모두 한머니의 하로 밧비 꼿장나기를 기다리고 잇섯다. (백조 3, 1926 : 124)
>
> (84) 젊은 일본 여자 하나가 우리의 드러옴을 보더니······ (개벽, 십월호, 1924 : 369)
>
> (85) 나의 년내로 몸이 허약하여짐과······ (매일신보, 1926, 9, 26 : 3)

이러한 구조가 현재도 일반화되어 쓰이는 점에서는 전후기 사이에 대차가 없는데, 그 차이란 것이 단순히 정도의 차이 문제만은 아니란 것을 위 예들이 보여 준다. 왜냐하면 위의 예들이 보여 주는 구조는 현재 거의 허용되지 않는다. 이러한 경우에는 거의 예외없이 주격 조사를 취하여 주어로 실현될 것이다. 이러한 사실은, 주어의 관형어와가 전기에는 질량-빈도와 범위-에서 한가지로 강력했던 점을 입증해 준다. 현재 우리가 애창하는 '나의 살던 고향은······'에 보이는 주어의 관형화 현상도 사실은 현재의 통사적 현상 또는 용법보다는 전기의 특징적 현상을 실증해 주는 예라 하겠다.

다음에는 목적어가 관형어화하여 조사 '-의'를 취하는 예를 보자.

(86) a. 그 날 아침도 눈이 빠지게 연두빗 나븨의 보기를 고대하엿스나 ……
　　　　(매일신보 1925. 9. 5 : 4)
　　b. 나븨를 보기를 ……
(87) a. 쏫의 선퇵하는 데 대하야는 년령과 …… (매일신보, 1926. 12. 25 : 4)
　　b. 쏫을 선퇵하는 데 ……

위에서 '나븨의', '쏫의'는 각각 b에서와 같은 목적어가 관형어화한 것인데, 이러한 통사 구조는 현재 비문법적인 것으로 당시에 있어서도 일반적인 것은 아니었다.11)

4.3. 문의 접속

　문의 접속이라 함은 문과 문을 접속하여 더 큰 단위의 복합문을 구성함을 의미한다. 문이란 것이 전통적인 의미의 문, 즉 표면구조상의 문이든, 또는 변형문법적인 의미의 문, 즉 내면구조상의 문이든 간에, 문이 둘 이상 접속되면 장형화하게 마련이다. 본래 문법에서 문 접속이라 하면 접속의 문법적인 방법 또는 절차가 주된 관심의 대상이 되는데, 이러한 현상에 있어서는 전후기 사이에 별다른 차이가 없다. 가령 다음과 같은 예에서 얼마간의 차이를 발견할 수도 있으나 그리 특징적인 것은 안 될 듯싶다.

(88) a. 불그며 푸르며 하다. (박승빈, 1935 : 200)
　　b. 붉기도 하고 푸르기도 하다.
(89) a. 작고 크고 하다. (박승빈, 1935 : 200)
　　b. 작기도 하고 크기도 하다.

---

11) 목적어의 관형어화의 또 다른 한 유형으로 '노파의 살인(노파를 살인)'과 같은 예를 흔히 볼 수 있는데, 이것은 완전히 문법적인 구조다. 그런데 이 때의 '살인'은 비록 동작성을 띠고는 있지만 완전히 명사인 점이 특징이다. 여기서에서 '살인'이 동사로 교체되어 '노파의 살인하기', '노파의 살인하는' 등과 같이 되면 비문법적인 구조가 된다.

각각의 a는 대략 현재의 b에 가까운 것으로 이해되는데, 현재 a와 같은 접속의 형태는 허용도가 매우 낮다.

여기에서 방송 언어와 관련하여 잠시 생각하려는 것은 문의 장형성 문제다. 특히 전기의 문어는 장형, 즉 다수 단순문의 복합을 한 특징으로 한다. 이것은 사실상 문체상의 문제인데, 문법적으로는 허용성의 문제와도 관련된다. 우선 다음의 예문 하나를 살펴보자.

> (90) 그 사건은 부내에서 누구라고 굴시하는 모 재산가와 밋 시벌가가 다수히 관계된 사건임으로 그 내용을 절대 비밀에 붓치고 말하지 안이하는 대 탐문한 바에 의한즉 전긔부인은 구한국 시대에 일품 재상으로 잇던 모씨의 소실로 지금은 그의 미망인이 된 김씨이라는데 그 남편의 유산 수십만원을 가지고 잇는 것을 긔회를 하야 부내에 고리대금업자로 유명한 류모와 칠팔명의 남자가 공모하고 김씨를 감언리설로 꾀어서 십여만원의 금전을 사긔하엿다는 사건의 증인으로 불러다 심문한 것인바 취죠를 따라 놀랄 만한 범죄 사실이 될 모양이라더라. (매일신보, 1927. 3. 31 : 2)

이것은 신문의 기사문으로 상당한 수의 단순문이 복합된 하나의 문이다. 이러한 장형의 복합문은 신문 기사를 포함하여 여러 유형의 문어에서 흔히 볼 수 있는데, 분명히 문법적인 문이기는 하지만, 현재로서는 그 허용성이 문제가 된다. 현재 구어로서는 전혀 허용성이 인정되지 않지만 문어로서도 그 허용성은 문제가 된다. 당시에는 문어의 장형성이 보편적임에 따라 방송 언어에서도 그러한 성격은 지금에 비해 강했을 듯싶은데, 실제 당시의 문헌에 나타난 구어의 문은 그렇게 장형의 경향을 보이고 있지 않다. 이러한 점을 보면 문의 장형성은 단순히 문어의 특성이었던 것으로 보인다.

그러면 방송의 경우 문의 길이는 어떠했을까 기본적으로 방송 언어도 구어이고, 또 실제적으로 구어체를 근간으로 하고 있지만 문의 길이에 있어서는 비록 위의 인용예와 같은 장형은 아니라고 하더라도 일반 회화에

서 보는 문의 길이보다는 길었을 것이다. 방송 언어가 대체로 다소 격식성
을 띠며, 문맥 의존성 - 화용성 - 이 약하기 때문에 회화에서 보는 단문의
형태는 별로 없었을 것으로 이해된다. 현재 방송 언어의 대표적인 예인 뉴
스의 문도 그러한 특성을 가지고 있다. 다음에 한 뉴스문을 들어 보자.

> (91) 한국은 생산성 제고에 초점을 맞추고 거대한 공장을 짓기 위해 많은 차
> 관을 썼으며, 그 결과 비디오 녹화기, 마이크로 웨이브, 오븐 등 몇 가지
> 상품은 미국 시장에 상당 부분을 점유하는 데 성공했다고 말했읍니다.
> 월 스트리트 저널은 한국의 경우 수출 주도책을 펴면서 종합 상사를 지
> 정해 집중 지원함으로써 일본의 모델을 따랐으나 대만은 빠른 속도보다
> 는 착실한 성장을 시도했다고 비교했읍니다. (1986. 5. 2. KBS 라디오 뉴
> 스 중에서)

4.4. 뉴스문의 통사적 특성

　뉴스문은 방송에서 매우 중요한 몫을 차지하고 있다. 뉴스 방송은 아마
도 방송에서 가장 일관성 있고 정규적인 프로그램이 될 것이다. 그리고 뉴
스의 보도는 전문가에 의하여 사전에 작성되고, 전문적인 아나운서에 의해
발표되는 것이기 때문에 방송에서 이만큼 다듬어지고 세련된 아나운서에
의해 발표되는 것이기 때문에 방송에서 이만큼 다듬어지고 세련된 문도
별로 없을 것이다. 뿐만 아니라 뉴스라는 것은 국민을 상대로 하는 방송국
의 공식적인 공지 사항의 성격을 띠고 있기 때문에, 언어상 상당한 격식성
을 띠게 된다. 이러한 여러 가지 이유로 해서 뉴스문은 방송 언어에서 가
장 전형적이고 규범적인 문이 된다. 다만 뉴스문에서는 종결형에서 아주
높임의 청자 존대형을 쓰는 것 외에는 원칙적으로 존대형을 쓰지 않는데
이것도 뉴스문이 갖는 하나의 특징이다.
　이러한 뉴스문은 통사적으로도 얼마간의 특성을 가지게 된다. 무엇보다
도 특징적인 것은 인용 구문이다. 물론 뉴스문이라고 해서 모두 인용 구문

인 것은 아니지만 상당한 수가 인용의 형식을 취한다. 전기의 뉴스문도 자료가 없기 때문에 역시 가설적인 것이 될 수밖에 없지만, 이 때의 뉴스문도 흔히 인용문의 형식을 취했을 것으로 이해된다. 요즘 신문의 경우도 그 보도의 성격으로 해서 많은 부분이 인용 구조로 되어 있다. 이와 같이 신문과 방송의 문의 통사적 특성이 공통되고 있는 점을 고려할 때, 전기의 경우에도 사정은 비슷했을 것으로 생각된다. 더구나 당시 신문의 문이 그러한 성격이 두드러졌던 점은 위와 같은 추리를 뒷받침해 준다. 다음에 당시 신문의 문이 가졌던 이러한 통사적 성격을 살펴보기로 하겠다.

> (92) 정희손 군은… 우량한 성적으로 륙학년까지 올라왓다 합니다. 더욱 …효성이 지극한 모범성이랍니다. (매일신보, 1927. 3. 29 : 4)

이 예문에서 보이는 두 개의 인용문은 모두 상위문의 서술어가 '합니다'로 되었다. 이러한 인용문의 구조는 그 근본에 있어 사실상 현재까지 변함없이 지속될 뿐만 아니라 현재 방송 언어, 특히 뉴스문의 가장 일반적인 통사 구조 유형이라 하겠다. 그러나 당시 신문 보도의 문을 특징짓는 가장 보편적인 인용문의 구조유형은 상위문의 서술어가 '하더라'와 같은 회상문이라는 점이다. 이것은 신문 보도문의 한 규칙화된 현상이라 할 만하다.

> (93) 그 리면에는 공산주의 혐의가 쥬장되는 리유라더라. (매일신보, 1927. 3. 25 : 2)
> (94) 의복은 그 집에서 이정 가량 격한 곳에 잇는 것을 발견하엿다더라. (매일신보, 1927. 3. 29 : 2)

이러한 상위문의 서술어 '하더라'는 그 형태적인 성격이 특이하여 반드시 '하-'가 생략되고 '-더라'로 실현된다. 그리고 그 인용의 방식에 있어서는 직접 인용과 간접 인용이 모두 쓰이고 있다. 가령 다음과 같은 것은 전형적인 직접 인용의 예다.

(95) 그리고 금후로는 원고료에 대한 방침을 현재 사회 생활의 일반적 경향
    에 좃차서 별로 작정하겟읍니다 <u>말하더라</u>. (매일신보, 1927. 3. 28 : 2)

그러나 때로는 인용문의 형식을 취하지 아니하고, 단순히 회상문의 형
식만을 취한 예도 드물지 않게 보인다.

(96) 오젼 열 한 시까지에 판명된 경도부하 피해는 다음과 <u>갓더라</u>. (매일신보,
    1927. 3. 11 : 2)

물론 이 시기에도 위에서 본 바와 같은 인용문 또는 회상문의 형식을
취하지 않고, 지금과 같이 단순히 객관적 사실로만 보도하는 형식이 안 쓰
인 것은 결코 아니다. 가령 다음과 같은 예들은 오늘 우리가 보는 것과 다
를 바 없다.

(97) 범인을 테포케 되얏다는대 그 자세한 내용 사실은 이러하다. (매일신보,
    1927. 3. 11 : 2)
(98) 생명과 어진영(御眞影)과 중요 서류 등만은 다행히 무사한 사건이 잇섯
    다. (매일신보, 1927. 3. 27 : 2)

1920년대 신문에서 보는 회상문 형식의 통사 구조는 1930년대 무렵에
와서 큰 변혁을 맞이하게 된다. 가령 매일신보와 같은 경우 1930년 2월 4
일자 신문을 마지막으로 그러한 형식의 구조 또는 문체는 완전히 청산되
는 변화를 보게 된다. 이것은 엄격히 말하면 언어 또는 통사 구조 자체의
변화라고 할 수는 없다. 인위적인 신문 기사 작성 방식의 변화일 뿐이기
때문이다. 신문의 이러한 사정은 방송의 보도문 작성과도 상당한 연관 관
계가 있었으리라 생각한다. 방송에 과연 신문에서 보는 회상문 형식이 얼
마나 쓰였는지는 정확히 알 수 없으나, 그래도 방송이 얼마간이라도 신문
과 맥을 같이 했으리라는 추측이 된다. 그렇지만, 어느 시기를 계기로 신
문에서 보는 것과 같은 변화가 있었는가 속단하기는 역시 용이한 일이 아
니다. 다만 방송에서도 그러한 변화가 있었다고 전제할 수 있다면, 방송에

서의 변화가 신문에서보다는 선행했을 것이다. 그것은 구어가 문어보다는 늘 앞서 가기 때문이다.

다음에는 요즘 방송되고 있는 뉴스문의 몇 가지 통사 구조 유형을 살펴보기로 한다. 앞서 지적한대로 주요한 특징의 하나는 인용 구문이어서 뉴스문의 구조 유형은 크게 인용 구문과 비인용 구문의 둘로 구분된다. 어느 유형을 선택하느냐 하는 것은 대체로 보도 내용에 크게 의존하지만 뉴스문의 작성자에 따라서도 달라질 수 있다. 두 가지 유형은 모두가 일반화되어 쓰이고 있는데, 먼저 비인용 구문의 예를 보자.

> (99) 원유값 하락에 따라 해양 석유 시추 설비의 신규 발주가 거의 중단돼 조선업계의 일감 확보가 더욱 어려워지고 있습니다. (KBS, 1986년 4월 26일 보도)
>
> (100) 국정 교과서 남자 탁구팀이 오늘 국내 남자 실업 탁구 네 번째 팀으로 창단됐읍니다. (KBS, 1986년 4월 29일 보도)

이러한 보도문은 보도원을 내용으로 하는 상위의 인용문이 없이 어떤 사실을 객관화한 것이라 하겠다.

> (101) 이 통신은 인도 중부 오리사주 탈처에 있는 핵발전소에서 불이 났으나 90분만에 진화됐다고 전했읍니다.
>
> (102) 고너 의원은 "주미 소련 대리대사 소콜로프씨로부터 데일박사가 멜트다운 참사의 희생자들을 치료할 수 있도록 소련 당국이 허용했음을 통고받았다."고 말했읍니다. (KBS, 1986년 5월 2일 뉴스)

위 두 예 가운데 앞의 것은 간접 인용 구문을 보여 주며, 뒤의 것은 직접 인용구문을 보여 주고 있다. 즉 인용 방식에서 구문상 직접 및 간접의 두 가지가 함께 쓰이고 있다.

> (103) 미국은…아키노 대통령의 필리핀 신정부를 지지하고 있음을 다짐했다고 슐츠 미국무장관이 밝혔읍니다.

(104) 리비아는… 카다피 국가 원수를 포함한 5인 군사 평의회가 조정을 주
　　　도하는 집단지도체제로 전환한 것으로 보인다고 런던에서 발행되는 더
　　　타임즈지가 오늘 보도했읍니다. (KBS, 1986년 4월 23일 보도)

　위의 두 뉴스문은 상위 인용문이 전체로 피인용문의 뒤에 위치하는 구
조를 보여 주고 있다. 이에 비하여 앞의 (101), (102)는 피인용문이 상위 인
용문의 내부, 즉 상위 인용문의 주부와 술부사이에 내포되는 구조로 되어
있어, 상이한 구조 유형을 보여 준다.
　또 하나 눈에 띄는 구조 유형은 상위문이 피동문의 구조로 된 것이다.

(105) 레이건 미국 행정부는……중동 국가에 수십억 달러 상당의 경제 원조
　　　를 제공하는 내용의 제2의 마샬 플랜을 구상하고 있는 것으로 알려졌
　　　읍니다. (KBS, 1986년 4월 23일 보도)
(106) 캐나다의 한 인디언 보호 지역이 한국에 투자를 요청한 것으로 알려졌
　　　읍니다. (KBS, 1986년 3월 8일 보도)

　이러한 상위 피동문의 한 특징은 이 피동문에 대응되는 능동문의 주어
인 행위주와 알림 또는 보고를 받는 여격의 대상 인물이 불분명하거나 또
는 일반성을 띠고 있다는 점이다.
　상위의 인용문을 두는 대신에 이에 상당하는 인용구를 문두에 내세움으
로써 상위 인용문의 효과를 얻는 구문의 유형이 있다.

(107) 보험업계에 따르면 현재 동아생명과 홍국생명이 본사 사옥의 신축이나
　　　매입을 검토하고 있는 등 각 생명보험사는 보험 시장의 대내외 개방에
　　　대비해 본사와 지방 점포의 사옥과 연수원 등의 신축을 추진하고 있습
　　　니다. (KBS, 1986년 5월 2일 보도)

　위에서 문두의 ‘보험업계에 따르면’은 내용상으로 볼 때 ‘보험업계에서
는……라고 한다’와 같은 상위 인용문의 성격을 띠고 있다. 적어도 내용
상으로는 문두의 이 인용구는 완전한 인용문의 축약형과 같다고 하겠다.

인용문에 쓰이는 인용 동사는 특별히 고정되어 있는 것은 아니지만, 그 인용이라는 성격상 대략 제한된 수를 가진다. 가장 수위를 차지하는 것은 '말하다'이며, 기타 '보도하다, 전하다, 밝히다, 폭로하다, 강조하다, 덧붙이다, (분명히)하다' 등이 흔히 인용 동사 또는 이에 준하는 동사들이라 하겠다.

5. 대우법의 변천

5.1. 개관

대우법[12]도 그 기본적인 체계에 있어 1920년대 이후 지금까지 근본적인 변화를 보여 주고 있지는 않다. 방송 후기 특히 현재의 언어를 기준으로 하여 보면 대우의 표현 방식은 그 언어 형태에 따라 크게 두 가지로 구분할 수 있는바, 하나는 문법 형태에 의한 표현이요, 다른 하나는 비문법적인 형태에 의한 표현이다. 전자는 다시 어미에 의한 것과 조사에 의한 것으로 구분되며, 후자는 자립적인 어휘 요소에 의해 표현되는 것과 의존적인 파생접사에 의해 표현되는 것으로 구분된다.

어미에 의한 것도 선어말 어미에 의한 것과 종결형 어미에 의한 것이 있으니, 앞엣것은 '-시-', '-읍(습)-' 등에 의하여, 그리고 뒤엣것은 '-오', '-네', '-다' 등에 의하여 표현된다. 조사에 의한 것도 '-께서', '-께' 등과 같은 격조사에 의한 것과 '-요'와 같은 보조조사에 의한 것의 둘로 나누어진다. 어휘적으로 표현되는 것은 존대 또는 비존대의 어휘가 별도로 구분되어 있어 대우 표현을 달리하는 것으로, 예를 들면, '아버지-춘부장(가친)', '밥-진지', '자다-주무시다', '너-당신' 등과 같은 것

---

12) 대우법이란 용어는 흔히 경어법, 존비법, 존대법 등으로 불리어 왔다.
  대우법 특히 주체존대, 객체존대 및 청자존대 등에 대하여는 성기철(1985) 참조.

이다. 의존적인 파생접사에 의한 것은 '-님', '-씨' 등과 같은 형태에 의해서 표현됨을 말한다. 이상에서 말한 것을 도표로 요약하면 대략 다음과 같다.

(108) 언어 형태에 의한 대우 표현의 방식
    (1) 문법 형태에 의한 방식
      ① 어미
        가. 선어말 어미……-시-, -읍(습)-
        나. 종결 어미……-오, -네, -다
      ② 조사
        가. 격조사……-께서 -께
        나. 보조조사……-요
    (2) 비문법 형태에 의한 방식
      ① 어휘 요소……밥-진지, 자다-주무시다
      ② 파생접사……-님, -씨

다시 대우법을 대우 표현의 대상 인물이 누구냐에 따라 구분해 볼 수 있다. 이러한 관점에서 보면 세 가지 대우법이 구분되는 바, 문의 주어가 되는 인물에 대한 대우를 나타내는 주체대우법과 목적어나 여격어의 인물에 대한 대우 표현인 객체대우법 그리고 청자에 대한 대우 표현인 청자대우법의 세 가지가 그것이다. 이 세 가지 대우법은 국어 대우법의 근간을 이루는 것이라 하겠다. 주체대우는 선어말어미 '-시-'의 유무로 존대와 비존대가 구분되어 실현되며, 객체대우는 동사 '드리다', '모시다', '여쭈다' 등의 특별 어휘에 의해 존대와 비존대가 구분되고, 청자대우는 '-습니다', '-오', '-네', '-다' 등 종결형에 의해서 존대 또는 하대가 구분된다.

전기에서도 확인되는 이러한 세 가지 대우법의 세계는 기본적인 골격을 지금까지 그대로 유지하고 있다. 네 가지 중에서 그래도 얼마간의 변화를 입은 것은 청자대우법이다. 이에 따라 본고에서는 이 대우법을 중심으로 변천 내용을 살펴보기로 한다. 이에 들어가기 전에 주체대우와 객체대우의 예를 한둘 소개하기로 한다.

(109) 그저 아저씨 조흐실 대로 하십시오. (백조 3, 1923 : 28)

(110) 발서 가셔요? 또 오십시오. (최현배, 1934 : 185)

(111) 우리 할머니께서 살아 계실 째에…… (백조 3, 1923 : 198)

(112) 쑥개를 열면 안이된다는 엄중한 명령이 계실 째에 (백조 3, 1923 : 198)

(113) 그러면 K군에 무슨 볼일이 <u>게서요</u>. (개벽, 10월호, 1924 : 372)

(114) 왕자님은 차차 차도가 <u>계시더니</u>…… (매일신보, 1926.9.8 : 3)

위 예문 (109), (110)에서 보는 바와 같이 '-시-'에 의한 주체 존대에서 현재와 전혀 차이를 발견할 수 없다. 그러나 (111)~(114)에서는 생각할 점이 있다. 여기에서 보는 것은 '계시다'의 문제인데, (111)에 관한 한 지금과 다를 바 없다. 어찌 보면 (112)~(114)도 마찬가지다. 그런데 현재 '계시다'는 주체존대의 형태이면서 그 언어는 [+HUMAN]의 자질을 원칙으로 한다. (112)~(114)에서 '계시다'의 직접적인 주어는 '명령', '볼일', '차도' 등으로 '사람'이 아니다. 그렇지만 '계시다'에 의해 실제 존대되는 것은 이들 주어가 아니라 화자 (112)나 청자 (113)나 '왕자님'(114)으로 이들은 소위 중주어문의 상위 주어임을 알 수 있다. 즉 여기에서 '계시다'는 그 주어가 아니라 상위문의 주어를 존대하고 있는 것이다. 현재도 이러한 대우법을 드물지 않게 보고는 있지만, 이러한 경우 '계시다'는 '있으시다'를 쓰는 것이 옳은 방법이다.13) 방송 전기에 어떤 방법이 원칙 또는 보편적인 표현 방법이었는지는 더 자료를 검토해 보아야 하겠지만, 그 때나 지금이나 상당한 혼란이 있었던 것으로 추측된다.

(115) 전하 국왕 끠 가서는 무엇이라고 말삼을 <u>엿줄가요</u>?

(115)에서는 객체존대를 보여 주는데, '엿주-'에 의해서 앞의 객체 '국

---

13) '계시다'는 존재의 의미를 가진 '있다'의 존대어다. '있다'는 존재와 소유의 의미를 가지고 있는데, 소유의 의미일 때 그 존대어는 '있으시다'이다.
 · 철수는 부모님이 계시다. (*있으시다)
 · 김 선생님은 자녀가 있으시다. (*계시다)

왕'이 존대되었다. 이 때 '국왕'을 존대하는 사람은 문의 표면에 드러나 있지 않은 화자이다. 객체존대란 화자에 의한 객체 존대를 의미한다.[14]

5.2. 청자대우와 화계

주체대우나 객체대우가 존대와 비존대로 양분되는 것과는 대조적으로, 청자대우는 존대와 하대로 구분되는 것이 한 특징이다. 하대란 것은 비존대지만, 비존대가 반드시 하대가 되는 것은 아니란 점에서 하대와 비존대는 구별되어야 한다. 청자대우는 존대와 하대로 구분될 뿐만 아니라 이 둘은 또 각각 하위 등분으로 나눠지는데, 이와 같이 문의 종결형에 의해서 청자에 대한 대우의 등분을 구분한 것을 화계라 한다. 방송의 전후기 사이에 화계의 체계는 큰 공통점을 가지면서도 주목할 만한 차이를 보여 준다.

먼저 전기 화계 체계에 대한 당시 문법 학자들의 의견을 한둘 소개하고 이를 참고로 하면서 자료를 살펴보고자 한다.

> (116) (가) 존칭 – 읽었음니다, 읽음니다. 읽겠음니다.
> (나) 평교 – 읽었오, 읽으오, 읽겠오.
> (다) 반하대 – 읽었네, 읽네, 읽겠네.
> (라) 하대 – 읽었다, 읽는다, 읽겠다.
>
> (리필수, 1923 : 66~7)
>
> (117) 아주 낮훔(해라), 적는다, 적느냐, 적어라, 적자.
> 낮훔(하게), 적네, 적는가, 적게, 적세.
> 높임(하오), 적소, 적으오, 적읍세다.
> 아주높힘(합쇼), 적습니다. 적습니가, 적으십시오, 적으십세다
>
> (최현배, 1934 : 41~2)

---

14) 객체존대는 객체에 대한 화자의 존대를 의미하는데, 비의도문─화자의 의미 또는 의도가 표현되는 문─의 경우, 객체가 주체의 상위자가 아닐 경우에는 화자의 객체 존대 표현은 실현되지 않는다.

위의 두 인용 예가 보여 주는 화계 구분은 기본적으로 다르지 않다. 다만 '하오체'를 (116)에서는 평교로 규정한 점이 다소 특이할 뿐이다. 이들 화계 체계는 방송 후기의 '아주높임, 예사높임, 예사낮춤, 아주낮춤'의 구분과 일치된다.[15] 다음에 인용 예의 각 화계에 해당되는 예문을 든다.

• **아주높임**

(118) 명하시는 대로 복종하겟습니다. (백조 3, 1923 : 32)
(119) 나으리의 직업은 대체 무엇입니까. (매일신보, 1930. 4. 23 : 4)

• **예사높임**

(120) 참 마나님 어대 가셋소 나는 모르겟소. (개벽, 10월호, 1924 : 380)
(121) 여보! 이약이는 그만두고 이제부터는 신문합시다. (백조 2, 1922 : 123)

• **예사낮춤**

(122) 내 재미야 늘 그럿치. 그래 자네 자미는 엇더한가? (개벽, 10월호, 1924 : 378
(123) 그래 참 우리 가 보세. (백조 2, 1922 : 123)

• **아주낮춤**

(124) 염불 소리 듯기 실타! 인제 고만 해라. (백조 2, 1922 : 5)
(125) 매달 부양료로 우십원을 지불하여 달라고 하엿다.
(매일신보, 1930. 4. 23 : 2)

화계와 관련해서 우리의 관심을 끄는 문제는 반말과 '-요'종결형이다. 반말에 대해서는 이미 김희상(1911)에서도 언급이 있었지만, 그 화계상의 성격이 본격적으로 규명되기 시작한 것은 그저 오라지 않으며, '-요'가 사람들의 주목을 끌게 된 것은 반말보다도 훨씬 뒤졌다.[16] 반말과 '-요'

---

15) 방송 전기 국어에서 이처럼 네 개의 화계를 구분한 것은 다른 데서도 발견된다. 심의린(1936)에서는 '대하, 대등대하, 보통, 존경'의 넷으로 구분되었고, 장지(1937 : 60~61)에서는 '합쇼, 하오, 하게, 해라'의 넷으로 구분되었다.
16) 반말과 '-요' 종결형의 화계가 체계적으로 규명되기 시작한 것은 성기철(1970)에서부터이다.

는 상호 불가분의 관계에 있는바, '-요'는 원칙적으로 반말에만 후속 배합될 수 있는 분포상의 제약을 가지고 있다. 바꾸어 말하면 '-요' 종결형에서 '-요'를 제거하면 반말 종결형이 남는 것이다. 이러한 형태 배합상의 특징을 고려하여 필자는 '-요' 종결형 또는 '-요' 결합형을 반말높임이라 부르고 있다.

> (126) 숙주 어쩌케 할 테야 어서 빨리 대답하지. (백조 3, 1923 : 31)
> (127) 아니야요, 노아주어요. (백조 3, 1923 : 196)
> (128) 천당에나 오른 것 가티 황홀하엿겟지요. (매일신보, 1930. 4. 22 : 4)

위 예들에서 확인되는 바와 같이 반말과 반말높임은 '-요'의 유무에 의해서 높임과 낮춤으로 구분되었다. 1920년대에도 구어 또는 회화체에서는 반말이 상당히 일반화되어 있었음에도 불구하고 일부에서는 얼마간의 거부감도 없지는 않았던 듯싶다. 다음은 이러한 사실을 뒷받침해주고 있다.[17]

> 이밖에도 반말이라 함이 있어 도움말의 한 가닭이 되니 곳 이리 오아, 고만두어, 어서 가지, 안될걸, 엇디 하엿간듸 들을 쓰나 반말은 쓰지 아니함이 옳은가 하노라. (강만 · 김진호, 1925 : 118)

그러나 후기에 들어와서 반말 자체에 대한 거부감은 찾아볼 수 없다. 이미 매우 보편화되었을 뿐만 아니라 비존대 또는 하대의 대표형으로 확고한 자리를 가지게 되었다.

화계와 관련해서 이제 남은 문제는 앞서 보았던 아주높임, 예사높임, 예사낮춤, 아주낮춤의 네 화계와, 이제 보았던 '-요' 종결형과 반말 종결형으로 나타나는 높임과 낮춤의 두 화계 사이에 어떠한 상관관계가 있느냐 하는 문제다. 바꾸어 말하면, 앞의 네 화계와 뒤의 두 화계가 어떻게 한

---

17) 전기 특히 초기의 여러 문법서에서 반말에 대한 언급이나 논의가 없었던 것은 반말에 대한 거부감도 있었겠지만, 이에 대한 이해 자체의 부족도 한 이유였던 것으로 이해된다.

체계 속에 종합될 수 있느냐 하는 문제다. 이것을 규명하는 데는 지금의 화계와 1900년 무렵의 개화기 화계 연구가 크게 참고될 수 있다. 후기의 반말은 화계상 아주낮춤과 예사낮춤의 두 화계에 두루 통용되는 두루낮춤이며, 반말높임('-요' 종결형)은 아주높임과 예사높임의 두 화계에 두루 통용되는 두루높임이다. 그리고 1890~1910년 무렵의 개화기 화계를 살펴보았던 성기철(1981)에서도 대략 현재와 같은 위의 체계가 이미 자리를 굳히고 있었음을 확인하였었다. 그리고 보면, 우리가 지금 문제로 삼고 있는 방송 전기의 화계 체계는 이들 두 시기의 화계 체계와 대략 일치될 것이라는 예견을 하게 된다.

> (129) 전하 가마를 가주고 오짜요? 저리로 나가시면 달의 경치가 썩 조<u>흡니다</u>. (백조 1, 1922 : 123)
>
> (130) 무엇을 생각하셔<u>요</u>? 어대가 어쩌하<u>십니까</u>? 엇재 오늘은 이러하셔<u>요</u>? (백조 3, 1923 : 192)
>
> (131) 당신의 말씀은 전연 업는 말슴이<u>얘요</u>! 그러니까 [쇠메벌]이 우리 게 아니엿겟<u>소</u> (해외문학, 창간호, 1927 : 168)
>
> (132) 그건 차차 이약이해<u>요</u>, 그런데 길성 어먼네는 무얼하구 잇<u>습듸까</u>. (현대 평론 3, 1928 : 73)

위 예들에서 앞의 둘은 반말높임이 아주높임과 호응을 이루고 있는 예이며, 뒤의 둘은 반말높임이 예사높임과 호응을 이루고 있는 예이다. 이러한 사실은 반말높임이 아주높임, 예사높임의 대상 누구에나 쓰일 수 있는 화계임을 보여 준다. 이러한 현상은, 대체로 아주높임과 예사높임 사이에 호응이 기피되는 것과 대조를 이룬다. 이러한 결과에 따라 이 시기의 반말높임은 후기와 마찬가지로 아주높임과 예사높임에 다 쓸 수 있는 두루높임으로 규정된다.

> (133) 글쎄 누구 누구 달멋다<u>늬</u>? 아버지 달멋<u>나</u>? (개벽, 8월호, 1926 : 538)
>
> (134) 잘 잇섯<u>니</u> 달이 새초롱에 비치거든 악담을 풀어주<u>지</u>. (매일신보, 1930. 3. 11 : 4)
>
> (135) 청춘이 각갑고 하고 애닯기도 하다네, 늙어지면 그것까지 업서지고 다

못 남는 것은 '죽음' 쁜이야……그것이 청춘을 단장하는 아름다운 꽃이
라네. (백조 2, 1922 : 127)
(136) 내 자미야 늘 그러치 그래 자네 자미는 엇더한가?
(개벽, 10월호, 1924 : 378)

앞의 두 예에서 반말이 아주낮춤과 호응을 이루고 있고, 뒤의 두 예에서
는 반말이 예사낮춤과 호응을 이루고 있는바, 이것은 반말이 아주낮춤 대
상에도 쓰일 수 있고, 예사낮춤의 대상에도 쓰일 수 있음을 보여 준다. 즉
이 시기의 반말도 후기의 반말과 마찬가지로 화계상 아주낮춤과 예사낮춤
에 통용될 수 있는 두루낮춤으로 규정된다. 위에 말한 화계의 특성에 의하
며 넷으로 구분된 화계가 격식성을 가짐에 비하여 둘로 구분된 화계가 상
대적으로 비격식성을 띠게 된다.

지금까지의 논의에 따라 전기의 화계는 아주높임, 예사높임, 예사낮춤,
아주낮춤의 넷으로 이루어진 화계와, 두루높임과 두루낮춤의 둘로 이루어
진 화계의 이원적 체계임을 알 수 있다. 이에 편의상 전자를 1차화계 그리
고 후자를 2차화계라 하여 구분하고자 한다. 이러한 체계를 도표로 요약하
면 다음과 같다.

(137) 방송 전기의 화계 체계

	1차화계	2차화계
높임	아주높임(합쇼체)	두루높임(해요체)
	예사높임(하오체)	
낮춤	예사낮춤(하게체)	두루낮춤(해체)
	아주낮춤(해라체)	

이러한 화계가 그대로 받아들여진다면, 그것은 화자, 청자를 불문하고
존대 대상 누구에게나 높임의 두 가지 등분 사용이 모두 가능하고, 또 하
대 대상 누구에게나 낮춤의 두 등분이 가능한 것이 되어야 할 것이다. 그
러나 여기에 얼마간의 제약이 따르고 있다. 무엇보다도 예사낮춤이나 예사

높임의 화계는 아이들에게 적용되지 않는다. 이 점도 후기와 별차이가 없는 것이라 하겠으니, 이 시기 예사높임이나 예사낮춤을 사용할 수 있는 화자 청자의 범위는 지금보다 훨씬 광범했었다. 현재와는 달리 20대의 화자 청자 사이에서도 쓰였을 뿐만 아니라, 하위자 또는 연소자까지도 상위자에게 하오체를 쓸 수 있었던 점은 큰 차이라 하겠다.

> (138) 내 자미야 늘 그렇지, 그래 자네 자미는 엇더<u>한가</u>? (개벽, 10월호, 1924 : 378)
>
> (139) 무엇 내가 신인의 소질? <u>여보게</u> 골치가 아프<u>의</u>. (개벽, 10월호, 1924 : 379)
>
> (140) 청춘이기 각갑도 하고 애닯기도 <u>하다네</u>. (백조2, 1922 : 127)

(138), (139)는 22세의 남자 화자가 23세의 친구에게 하는 말이며 (140)도 그 화자가 20대 남자다. 현재 같으면 이러한 연령의 화자들로서는 하게체를 쓰지 않는 것이 원칙이다. 심의린(1936)에서 하게체를 '대등대하'로 규정하고 있는 것은 당시의 그러한 사정을 뒷받침해 준다. '대하'란 것은 하대에 쓰인다는 의미일 것이며, '대등'이란 평교간에 잘 쓰인다는 것으로 이해된다.

> (141) 그럼 <u>어머니</u>는 얼른 그 나라로 <u>가십시다</u>. (해외문학, 창간호, 1927 : 98)
>
> (142) 그러면 길을 차지러 <u>가십시다</u>. (해외문학, 창간호, 1927 : 98)

위 두 예는 어린 아이가 저의 어머니에게 떼를 쓰듯 조르는 말인데 청유형으로 '가십시다'를 쓰고 있다. 현재도 '갑시다'보다는 존대형으로 쓰이지만, 그것은 주체존대 형태 '-시-'에 의한 것일 뿐, 청자존대로는 둘 다 하오체이다.[18] 위 예문과 같은 용법은 당시로서도 예외적이기는 하지만, 현재와는 달리 어떤 경우 하위자가 상위자에게 하오체를 쓸 수도 있었던

---

18) 같은 하오체 또는 예사높임이면서도 '가십시다'가 '갑시다'보다 존대형이 되는 까닭은 '-시-' 존대의 주체와 '-ㅂ시다'의 존대 대상인 주체가 동일 인물이기 때문이다.

점은 후기에서 볼 수 없는 한 특징적 현상이라 할 만하다.

하오체와 관련하여 한 가지 눈에 띄는 것은 2인칭 대명사 '당신'의 용법이다. 현재 청자대우에서 종결형의 화계는 각각 이에 호응하는 특정의 2인칭 대명사를 가지기도 하여, '너 – 해라', '자네 – 하게', '당신 – 하오', '어르신 – 하십시오' 등과 같은 대응을 보여 주고 있다. 그리하여, '당신'은 기본적으로 하오체에 상당하는 화계성을 가지고 있으면서 때로는 두루낮춤과 호응되는 경우도 없지 않다. 그런데 전기의 경우 '당신'은 하오체와 합쇼체에 모두 호응이 가능하였다. 그리하여, '당신'은 아주높임, 예사높임, 두루높임에 모두 쓰임으로써, 결국 '당신'은 높임[존대]일반에 통용될 수 있었던 대명사다.

> (143) 정순! <u>당신</u>은 무엇을 그리 싯그럽게 쩌들소? (현대평론3, 1928 : 53)
> (144) 여보 <u>당신</u>은 기숙사에서 자미 잇<u>습니가</u>? (해외문학, 창간호, 1927 : 107)
> (145) 애호 호호 난 누구시라고 <u>당신</u>이군요 어서 <u>오서요.</u> (해외문학, 창간호, 1927 : 166)
> (146) 그런데 참 제가 <u>당신께</u> 소원하는 걸 틀임업시 드러주시기를 <u>바랍니다.</u> (해외문학, 창간호, 1927 : 167)

(143)은 현재와 다를 바 없이 쓰인 예이다. (144)는 연인간에 있었던 말이요, (145)는 25세의 여자가 구혼을 뜻을 가진 가까운 이웃집 남자에게 한 말이며, (146)은 이 남자가 그 여자에게 하는 말이다. 이들 예에서 확인되듯 '당신'은 높임 일반에게 광범하게 쓰이다가 후기로 오면서 그 사용 범위와 빈도가 축소되기에 이르렀다.

예사높임의 하오체는 전기에 매우 일반화되어 쓰이던 화계였다. 리필수(1923 : 66~7)에서 하오체를 화계상 '평교'로 구분한 것이나, 심의린(1936)에서 하오체가 '보통'으로 규정된 것도 이것을 뒷받침해 줄 뿐만 아니라, 실제로 당시의 회화에서 많이 쓰였던 것을 볼 수 있다.[19]

---

19) 현재 국어학 논저에서 예문을 들 때 하오체를 쓰는 것을 거의 볼 수 없으나 전기 특히 20년대 30년대에는 하오체의 예문을 많이 볼 수 있다. 한 예로 리필수(1923)

그리고 전기 대우 표현상의 또 하나 특징은 전반적으로 현재보다 상위의 화계가 많이 쓰였다는 사실이다. 즉 후기와 비교해 볼 때 동일한 대상의 인물에 대하여 더 상위의 화계가 선택되었다. 후기의 경우 평교간에서 하오체는 거의 쓰이지 않으며 그 대신 두루낮춤의 해체[반말]가 우세하게 쓰인다. 나이가 든 층에서도 평교간에는 해체가 아니면 간혹 하게체가 쓰인다. 이에 비해 전기에는 앞서도 지적했듯 하오체가 현재보다 월등히 광범하게 쓰이었다. 또한 전기에는 후기에 비해 1차 화계의 사용이 더 두드러졌던 점도 이 시기 청자대우법의 한 특징이다. 1차 화계가 격식성이 강한 반면, 2차 화계가 비격식성이 강해서 양자의 쓰임이 흔히 구별되기는 하지만, 후기에 오면서 전기에 비해 1차 화계의 사용 폭이 감소되는 반면 2차 화계의 사용 폭이 증가되었다. 이러한 사실은 당시 사회가 지금보다 대인 관계가 더 엄격하고 정중했음을 의미하는 것으로 결국은 예절이 더 존중되었던 당시 사회상의 반영이라 하겠다.

방송 후기로 접어들면서 국어의 화계 체계는 적지 않은 변화를 보이기 시작한다. 그 하나는 예사높임, 예사낮춤의 두 화계 사용에 있어 연령층의 상향화 현상이다. 후기 특히 현재로 오면서 20대는 말할 것도 없고, 30대 화자의 경우에도 이 두 화계는 거의 사용되지 않는 형편이다. 20대 청자에게 상위자가 하게체를 쓰는 경우가 없지는 않지만, 이것도 제한된 범위에서 쓰일 뿐이다.[20] 또 후기의 하오체는 전기와 달리 상위자에게는 쓰이지 않는다. 나이가 든 동위자 사이에서 또는 나이가 든 상위자가 하위자를 좀 대우해 주고자 할 때 하오체가 쓰일 뿐이다. 이 점은 하오체가 높임의 화계이면서 높임 일반에 쓰일 수 없는 제약이 된다. 결국 하위자가 상위자에게 쓸 수 있는 높임의 화계는 격식체의 합쇼체와 비격식체의 해요체로 제한되어 있는 셈이다. 이와 유사한 제약이 하게체에도 적용된다. 하게체는 기본적으로 젊은 층 이하에서는 잘 안 쓰인다. 이러한 점들을 고려할 때

의 경우 예문은 대부분 하오체나 해라체로 되어 있다.
20) 가령 대학 사회에서 20~30대 교수도 학생들에게 흔히 하게체를 쓴다.

예사높임과 예사낮춤은 원칙적으로 장년층 이상에서 쓰이는 화계일 뿐, 그 아래의 연령층에서는 잘 쓰이지 않는 것이라고 할 수 있다. 그리하여 앞에 보았던 방송 전기의 화계 체계는 후기에 와서 장년층 이상에 적용되는 화계로 그 범위가 축소되었다고 할 수 있다. 따라서 후기의 화계 체계는 장년층 이상에 적용되는 것과 그 이하의 연령층에 적용되는 것으로 구분되는 것이다. 이에 필자는 앞의 체계를 상층 화계 체계 그리고 뒤의 것을 하층 화계 체계로 구별하고자 한다.[21]

(147) 상층 화계 체계 (=전기의 체계)

1차 화계		2차 화계
높임	아주높임(합쇼체)	두루높임(해요체)
	예사높임(하오체)	
낮춤	예사낮춤(하게체)	두루낮춤(해체)
	아주낮춤(해라체)	

(148) 하층 화계 체계

1차 화계		2차 화계
높임	아주높임(합쇼체)	두루높임(해요체)
낮춤		두루낮춤(해체)
	아주낮춤(해라체)	

위 표가 보여 주듯 하층 체계란 것은 상층 체계에서 예사높임과 예사낮춤의 두 화계가 결여되고 그 자리가 공백으로 남아 있어 좀 기형적으로 보인다. 이 공백은 2차 화계가 대신해 주고 있기 때문에 1차 화계는 결국 2차 화계의 지원을 통해서만 그 기능을 수행할 수 있다.

---

21) 이 화계 체계에 대하여 좀 더 구체적인 것은 성기철(1985) 참조.

5.3. 화계와 격식성

화계라는 것 자체가 격식성과 관련된다. 화계 구분이란 것이 결국은 대우상으로 청자를 구분하여 각각에 따라 대우 표현을 달리하는 것이므로, 이러한 과정에서 자연히 격식성이 생겨나게 마련이다. 누구에게나 똑같은 표현으로 획일화한다면, 여기에 격식성은 나타날 수도 없다.

화계 구분이란 결국 대우상으로는 청자의 등급을 구분하는 것이기 때문에 화계 구분이 많을수록 격식성을 높아지고, 반대로 화계 구분이 적을수록 격식성은 감소하게 마련이다. 따라서 네 등분으로 구분된 1차 화계가 두 등분으로 구분된 2차 화계보다 격식성이 높을 것은 당연한 귀결이다. 더구나 2차 화계의 두루높임이 1차 화계의 아주높임과 예사높임의 두 화계에 통용되고, 두루낮춤이 예사낮춤과 아주낮춤의 두 화계에 통용됨으로써, 두루높임과 두루낮춤은 1차 화계의 격식성을 완화시켜 주게 되고, 이에 따라 이들 2차 화계는 1차 화계에 비해 격식성이 떨어질 수밖에 없다. 따라서 친숙한 사이나 특별히 격식성이 요구되지 않는 경우에는 2차 화계의 사용이나 또는 1차 2차 화계의 혼용 현상이 두드러지게 나타나고, 격식을 요구하는 자리에서는 2차 화계의 사용이 기피되어 1차 화계만이 사용되거나 1차 화계를 중심으로 나타나게 된다.

화계의 격식성과 관련시켜 볼 때, 전후기 사이에 적지 않은 변화가 발견된다. 그것은 간단히 말해서 격식성 자체의 강화 및 격식체 사용의 완화라고 할 수 있다.

(149) 그러치만 엄마 올에 오지 안으면 엇점니가? (해외문학, 창간호, 1927 : 97)

(150) [나타리야] 아 무슨 소원이시애요? 네?

　　　 [르몹 - 의]저는 될 수 있는 대로 짧게 말씀드리랍니다……당신두 아시다시피 저는 어릴째부터 댁 여러 어른들을 친밀하게스리 참 알지요……쏘 도라가신 당신 어머님되시는 어른에게나 그저 참으 서루 존경을 해 오자낫슴니까? (해외문학, 창간호, 1927 : 167)

(149)는 어린아이가 그 '엄마'에게 하는 말인데도 아주높임이 쓰였다. 요즘에는 젊은 층 이하는 말할 것도 없거니와 중년 이상의 연령층에서도 부모에게 아주높임을 쓰는 것은 거의 볼 수가 없지만 전기에서는 흔히 볼 수 있는 일이었다. (150)에서는 두 사람이 가까이 지내는 이웃집 남녀로서, 르몹-으는 나타리야에게 청혼을 하려는 남자이며 나타리야는 25세의 여자이다. 현재로서는 이러한 상황에서 아주높임의 화계를 생각하기 곤란하다. 이러한 현상은 두 가지 사실을 생각하게 해 준다.

첫째는 1차 화계가 후기만큼 격식성을 가지지 못했다는 사실이다. 이 시기만 해도 2차 화계인 두루높임이나 두루낮춤의 역사가 얼마 되지 않았고 이에 따라 이 화계의 사용이 일부에게는 거부감마저 주는 것이었다.22) 그래서 후기에서 보는 바와 같은 1차 2차의 격식성 대립이 두드러지지 못했고, 자연 1차 화계의 격식성이 오늘만큼 강하게 나타나지 못했던 것이다. 이것이 후기로 오면서 2차 화계가 자리를 굳히고 이에 따라 1차 2차의 격식성 대립이 현저해지면서 1차 화계의 격식성은 강화되기에 이르렀다.

둘째는 후기에 비해 전기에는 격식체가 많이 사용되었다는 점이다. 부사, 부부, 친우 사이에서도 지금보다는 훨씬 격식이 요구되었다. 이것은 과거로 소급할수록 더욱 현저하게 나타난다. 따라서 이러한 격식체의 사용은 후기로 오면서 점차 완화되기에 이르렀다. 이 격식성의 문제는 다음 장에서 문체와 관련하여 다시 논의하기로 한다.

6. 문체의 변천

여기에 잠시 논의하고자 하는 '문체' 문제는 본래 문법의 대상은 아니다. 서두에서 밝혔듯이 여기에서 이를 거론함은 순전히 편의상의 문제다.

---

22) 강만·김진호(1925 : 118)에서는 '이리 오아', '어서 가지' 등 반말을 예시하고 나서, 이러한 반말은 쓰지 않는 것이 옳다고 하였다.

문체 문제는 여러 가지 측면에서 접근해 볼 수 있겠지만, 본고에서는 주로 문법과 관련성을 가지는 범위에서 논의하게 된다. 따라서 여기의 문체 문제도 문의 범위 안에 한정되나, 여타의 문제도 얼마간 함께 고려하기로 한다.

우리의 언어 생활 또는 언어 활동은 그 활동의 배경 또는 그 활동의 목적에 따라 문체상의 차이를 가져오게 된다. 문체란 소박하게 말해서 언어를 통하여 자기의 생각을 표현 또는 전달하는 방식이라 할 수 있다. 그러므로, 문체는 내용상의 문제라기보다는 표현 형식상의 문제가 된다. 기본적인 의미 또는 내용은 동일하면서도 이것은 표현하는 방식을 달리할 수 있는데, 이것으로 하여 문체상에 차이가 나타나는 것이다. 이러한 문체상의 차이는 어느 언어, 어느 시기의 언어를 불문하고 나타나게 되는데, 문체를 결정짓는 요인은 여러 가지를 들 수 있겠으니, 말을 하는 또는 글을 쓰는 배경, 목적 및 표현 주체 – 화자 또는 필자 – 등이 가장 주요한 것이라 하겠다.

우리 관심의 주된 대상이 방송 언어라는 점, 특히 단위문을 대상으로 하는 문체라는 점에 유의하면서 문체상의 변천 문제를 살펴보기로 한다. 이러한 사정을 고려할 때 문체는 대략 문어체와 구어체, 그리고 격식체와 비격식체로 구분될 수 있는데, 문어체와 격식체 그리고 구어체와 비격식체가 각각 공통성을 가지기도 한다.

6.1. 문어체와 구어체

문어체는 대략 구어에서는 별로 쓰이지 않고 주로 문어에 쓰이는 어휘의 사용이나 조어 또는 어미 등으로 특징지어지며, 구어체는 그러한 문어적인 요소를 배제하고 일상의 대화 또는 회화에서 쓰이는 요소로 구성되는 문의 구성 및 표현을 의미한다.

(151) 입학난 문제 완화할 방책 여하 금에 전조선 각 지에는 즉히 삼면 일교
가 완성되고 즉히 이면 일교로 진하는 중이다. 금을 거하기 십년전 대
정 사오년 경에 일군에 근히 일개소식 혹은 이개소의 보통학교가 설치
되얏든 당시를 회고하면 학교의 확장 교육의 보급은 실로 오인으로 하
여금 격세의 감을 기케 하는 바이다. (매일신보, 1927. 1. 21 : 1)

(152) 부인의 해방이 아주 완전히 되지 못하엿고 짜라서 진정한 의미의 직업
부인이 싱긴지가 아즉 날이 얼마되지 아니한 현재의 죠선에서 바야흐로
싹터 나오는 이들이 서로 단결하고 서로 도와 나간다는 것은 죠선의 부
인게의 장리를 위하여 몹시 축복할 일입니다. (매일신보, 1927. 1. 21 : 4)

위의 (151)은 논설이고 (152)는 '직업 부인회 창립' 제하의 기사인데, 둘 사이에 문체상의 차이는 매우 현저하다. 한문투 또는 한자어를 이용한 생경한 조어 등을 특징으로 하는 (151)은 당시에도 구어로는 사용되었을 가능성이 거의 없어 보인다. 이에 비하여 (152)는 60년이 지난 지금과 비교해 보아도 별로 차이를 발견할 수 없다. (152)는 당시에 일반화되었던 구어체였을 것으로 이해된다. 따라서 당시 방송에 사용된 언어는 (151)과 같은 유형의 문어체보다는 (152)와 같은 유형의 구어체가 주류를 이루었을 것이다.

그러면 (151)을 문어체라고 할 때 그 구체적인 근거는 어디에 있는가 생각해보자. 우리는 여기에 두 가지 점을 지적할 수 있다. 하나는 순수한 한문식이요, 다른 하나는 각개 한자로 된 것을 우리 한자어로 차용하거나 이를 이용한 생경한 조어다. 가령 '…방책여하'라고 했을 때 이것은 단순히 '여하'라는 단어 하나의 문제가 아니라, 이것이 서술구로서의 통사적 기능까지 하고 있는 것이다.

다음으로 '금', '오인' 등 한자어가 그대로 일종의 외래어로 차용된 것을 볼 수 있다. 그런가 하면, '즉히', '경히', '근히' 등은 국어가 아닌 한자어에 우리 고유의 파생 접사를 첨가시킨 것으로 새로운 조어 현상을 볼 수 있다. 이와 유사한 방법으로 국어가 아닌 한자어를 용언의 어간화하는 조어 과정을 볼 수 있다. (151)에서 '진하는', '기케' 등이 한자어 형태를 어근으로 하여 신조된 동사들이다.

문어체와 구어체의 대조를 위해 한두 예를 더 들도록 하겠다.

> (153) 영계의 소식은 곧 취미의 소식이니 종교의 진정한 미는 영계가 취미에 융해하야 생하는 것이오 진정한 인간미도 기취미의 소산이다. 고로 종교미와 인간미와 여하히 밀접한 관계가 유함을 지할 것이다. (매일신보, 1926. 9. 18 : 2)
> (154) 그만한 점은 오인 역 참고코 잇스미 기여성된 바를 구별하야 말하고자 한다. (매일신보, 1926. 9. 26 : 3)
> (155) 죠선 현대문학을 도라보아 그 발전한 사정을 살피건데 원리 죠선 과거에는 붓그러운 말이나, 이러타는 문학이 업섯고 따라서 문학사가 업섯던 것이다. 이십년 전 아즉 신문학이 그림죠차 드러오지 아니한 죠선에는 문학이라고 내세울 만한 것이라고는 극히 드물고 지나 문학의 세력에 밀니여 순젼한 죠선 문학이 업섯으니, 유림의 일부에서 한시나 을펏고 간혹 시죠장이나 잇섯던 것이다. (매일신보, 1926. 9. 1 : 5)

위에서 (153), (154)와 (155)의 문체를 비교해 보면, 역시 (151)과 (152)의 대비에서 보았던 차이를 다시 확인하게 된다. 가령 (153)에서 '생하는', '유함', '지할' 등에서 볼 수 있는 새로운 동사의 조어라든지, '미', '기'와 같은 명사나 관형사도 문어체에서나 볼 수 있는 것들이다. (154)에서도 '아인', '역', '기'와 같은 어휘들이 이 문을 완전히 문어체로 특징지어 준다. 특히 '역'과 같은 단어는 부사로 쓰이고 있는데, 이러한 어간 형성 또는 조어 방식은 구어에서는 불가능한 일이다.

이에 비하여 (155)는 '건대(살피건대)'와 같은 어미 하나를 제외하면 현재의 구어체와도 완전히 일치된다. 앞서 지적했듯이 방송 전기의 문어체를 특징짓는 것은 어휘와 문법 형태들인데, 후자의 경우는 특히 문어체의 사용이다. 박승빈(1935 : 344)은 '종지조사'에 '문장체에 전용되는 것'이 있다고 하고 그 '주요한 것'으로 다음과 같은 예를 들고 있다.

> (156) 평서나이다, ㅁ, 라(지정사), 노라, 다(동사에), ㄹ디라, ㄹ디어다, ㄹ디니라

의문 - 나잇가
명령 - 소서
감탄 - 도다, 는도다, ㄹ다, 리로다 등

이 시기의 방송 언어의 문체가 기본적으로는 구어체를 근본으로 삼았겠지만, 경우에 따라서는 가령 나이가 든 화자와 같은 경우에는, 특히 문어체 요소가 완전히 불식되지 못했을 듯싶다. 이러한 연령층이나 또는 한문 지식층이 방송 화자가 되는 경우, 일반적으로 이해되는 문어체를 구어체처럼 인식하는 사람도 없지 않아 있었을 것이다. 여기에서 우리가 한 가지 유의할 것은, 이 당시의 문어와 구어를 구분하려 할 때 현재 우리의 감각을 기준으로 삼아서는 안 된다는 점이다. 지금 우리의 안목이 문어로 생각되는 요소들이 당시에는 구어였던 것들이 많이 있을 것이기 때문이다. 가령 예 (153)의 '고로'와 같은 부사가 현재로는 누구에게도 문어로 인식되겠지만, 그 당시로서는 오히려 구어로 인식되었을 가능성이 높은 것이다. 다음 예를 보자.

(157) 아! 암만 싱각하여도 마음이 노이지 않는걸!……긔녀도 돈 한푼 업고 나 역시 돈 한푼 업는 <u>고로</u> 엇지할 도리는 업슬 것이다. (매일신보, 1927. 2. 13 : 3)

당시에는 물론 구어에 문어 요소가 섞여 쓰이는 경우도 흔했을 것으로 이해되지만 위 예의 '고로'와 같은 경우, 그 때에는 오히려 '-는 고로'를 하나의 어미같이 인식하는 사람도 있었을 것으로 이해된다.

6.2. 격식체와 비격식체

우리는 당시 방송 언어의 특징을 일단 구어체로 규정한다. 그런데 같은 구어라도 하도 이것은 다시 격식성이 문제가 된다. 이 격식성은 문법과 관런시킬 때, 이것은 바로 어미 형태에 의한 격식성의 문제가 된다.[23] 이 문제는 이미 대우법 논의에서 보았듯이 청자 대우에서 화계와 관련하여 어미에 의해 구분되는 격식성이 바로 양 문체를 구분하는 결정적인 역할을 한다. 1차 화계의 종결형 어미들이 격식체의 어미들이며, 2차 화계의 어미 및 조사가 비격식체의 어미들이다. 후자가 반말 어미와 보조조사 '-요'의 두 가지로 구분됨에 비해 전자는 네 가지 존비 화계에 따라 네 가지 어미 또는 종결형으로 구분된다.

(158) 「나는 이 산 우에 중인데 신계사 갓다 오는 길에 날이 저물어서 염치 업시 쉬여 가기를 청한 것입니다」
　　　「신계사에는 자조 단이십니까」
　　　「한달에 한번식은 꼭 감니다」
　　　「그러신가요 그러면 이 다음 가실 때도 언제든지 들느십시오. 이 집은 나밧게 아모도 업스니까 조금도 어려워하실 것 업슴니다」
　　　「고맙슴니다 이제부터 째째로 오겟슴니다」
　　　「그러면 편히 주무십시오」 (현대문학, 8월호 호외, 1927 : 16)
(159) 한용 …… 국문의 황서인데 엇더케 생각을 하심닛가?
　　　 긔데. 그것은 정말 중대한 문제입니다.
　　　 병호. 우리는 그다지 찬성할 수 업서요.
　　　 김온. 황서인 외국어를 혼용할 째는 썩 편리한잔슴닛가? (해외문학, 7월 호, 1927 : 62)

(158)은 한 중이 길을 가다가 날이 저물자 어느 집에 들어가 자고 가게 되었을 때 그 집 여주인과 주고 받은 한 도막 대화이며, (159)는 문인들의 좌담회 대화의 일부인데 아주높임 화계의 종결형인 '-(으)ㅂ니다', '-(으)ㅂ닛가' 등이 쓰이고 있다.[24] (158)에서는 처음 만난 사람들인데다가 대화

---

23) 물론 격식성을 규정짓는 것은 어미와 같은 문법 형태에 한정되지 않는다. '아버지 －춘부장(가친)' 등과 같은 어휘 상의 차이, 또는 수사 방법 등 여러 가지가 작용될 것이나, 본고에서는 주로 문법과의 관련성만을 고려하기 때문에 그러한 문제들을 논외로 하였다.

24) 이 좌담회를 보면, 두루높임도 많이 쓰이고는 있으나 아주 높임이 절대적으로 우세하다.

상대가 중과 부인이라는 특수성에서, 그리고 (159)에서는 공식적인 자리라는 특수성에서 아주높임의 격식체가 쓰였다. 그렇지만, 이 시기에는 후기에 비해 전반적으로 격식체가 많이 쓰였다는 사실을 유념해 두어야 한다.

> (160)「그래 무어라고 햇나?」
> 「래일 쩌나기로 햇스니짜 의론해 봐야 하겟다구 햇지……」
> 「그럼 자네 생각에는 엇덕햇으면 조흔가?」
> 「한데 마님말은 그런 게 아니야요……」
> 「그런게 아니라……」
> 「위선 나만 쩌러져 잇다가……」
> 「쩌러져 잇다가 어떡하라구?」 (현대문학 7월호, 문예편, 1927 : 75)
> (161) 그녀 – 얼마나 상쾌한 공긔가 몸에 대이는지요!
> 그 – 외 쩸닛가? 무서워요.
> 그녀 – 아니야요. 한번 더 키쓰해 주세요. 네!
> 그녀 – 아!
> 그 – 조곰 치워젓지요 네……
> 그 – 느저요.
> 그 – 도라갈가요? (해외문학, 창간호, 1927 : 185)

(160)은 부부간의, 그리고 (161)은 연인간의 대화의 일부인데, 철저하게 비격식의 두루낮춤 및 두루높임만으로 이루어져 있다. 둘 다 격식이 전혀 요구되지 않는 상황이기 때문이다.

위의 (158)~(161)에서 보는 바와 같이 격식체와 비격식체가 어미 또는 종결형에 의하여 뚜렷이 구별되었던 것인데 이러한 성격은 전후기 사이에 별다른 차이가 없다. 여기에서 보다시피 비격식체란 것은 대체로 구어체와도 일치되는 점이 크다. 그런데 우리가 근본적으로 문제 삼고 있는 것은 방송 언어의 문체인데, 특수한 경우를 제외하고는 방송 언어는 문어체보다는 구어체, 그리고 비격식체보다는 격식체가 지배적이었을 것이다. 따라서 방송 언어의 문체는 한마디로 구어 격식체였다고 할 수 있겠다.

7. 결어

이상에서 한국 방송사 60년간의 방송 언어의 변천을 소략하게 더듬어 보았다. 필자는 이 60년사를 전기와 후기로 양분한 바, 그 분계령을 1945년 광복에 두었다. 그 근거는 광복 이전에는 국어와 일본어의 두 언어가 방송 언어로 쓰였을 뿐만 아니라, 일제하에서 공식적으로는 일본어가 국어로 인정되었었음에 대하여, 광복 이후에는 방송에서 일본어가 완전히 추방되고 우리 국어가 방송 언어의 자리를 완전히 차지할 수 있었기 때문이다.

본고의 주제가 방송 언어의 변천이었지만, 실제로는 60년 동안의 단순한 국어 변천이었다. 여기에는 대체로 두 가지 이유가 있었다. 하나는 전기의 경우 방송 언어 자료가 전무하기 때문에 여타의 문헌 자료에 힘입을 수밖에 없으며, 다른 하나는 방송 언어란 것이 전국민을 대상으로 하는 것이기 때문에 기본적으로 일상 언어와 큰 차이가 없는 것이어서, 전기의 경우에도 방송 언어와 일상 언어 사이에는 큰 일치가 이루어졌을 것으로 이해된다.

방송 언어의 변천이란 적어도 전기 후기간의 변천 과정을 기술하는 것이어야 할 것이나, 본고에서는 주로 전기 국어 중에서 특히 후기와 다른 현상에 주안점을 두었다. 후기 국어에 대하여는 편을 달리하여 분야별로 별도의 논의가 있을 것이기 때문이다.

60년이란 기간이 언어 변천 특히 문법 변천과 관련하여 볼 때 매우 짧은 기간이기는 하지만, 문법에서도 부분적으로는 얼마간의 변천을 겪었다. 다만 얼마간 문법의 변천을 확인한다 하더라도 이것이 모두 방송 언어와 직접 관련되는 것은 아니다. 가령 문어적인 요소들의 경우, 방송 언어와 크게 관련이 없다고 보면, 그 변천이란 의미가 없는 것이 된다.

문법 형태를 포함한 형태상의 변천에서 우선 눈에 띄는 것은 '-나니라', '-나뇨' 등과 같은 고형이 전기 중에 거의 청산되었으며, '-습넨다', '-일다' 등과 같은 일반적인 형태도 이 기간 중에 자취를 감추는 점이다.

선어말어미도 '-더'를 압도하던 '-드-'는 후기로 가서 '-더-'에 압도되었고, 과거형으로 쓰였던 '-앳-'은 후기에 와서 소멸되기에 이르렀다. '하야', '하얏-'과 같은 어형은 후기로 오면서 문어로 인식되다가 '하어', '하였-'으로 교체되었다. '-어 잇-'과 '-고 잇-'이 현재와 달리 일부에서 엇바뀌어 쓰였던 것도 흥미있는 현상이었으며, 명사형 어미와 '-이다'의 복합형 '-음이다'의 특이한 용법도 후기에서는 찾아볼 수 없다.

통사 구조상의 변천 현상으로는 주어 및 목적어의 관형어화 현상이 후기에 오면서 전자는 쇠퇴의 경향을 보였고 후자는 자취를 감추게 되었다. 방송에서 뉴스문이 갖는 비중은 매우 크다고 하겠으나, '뉴스 문장의 변천'이 별도로 논의되겠기에 본고에서는 구조상 특징적인 것 한두 가지만 지적하는 데 그쳤다. 뉴스문에서 특징적인 현상은 첫째 인용 구문이 많이 쓰였다는 점이며, 둘째는 상위문-주문-이 '-더-'를 취하여 회상문의 형식으로 되었다는 점이다. 이것은 특히 20년대의 특징으로서 30년대 이후로 오면서 인용 구문도 적어지며, 회상문 형식도 사라지게 된다.

대우법에서 전기에 특징적이었던 것은, 청자대우에서 현재 볼 수 있는 바와 같은 세대간의 격차가 적었다는 점이다. 그 때에는 비교적 단일 체계였으나 이것이 후기에 와서는 상층 체계와 하층 체계로 이원화 되었다는 점이다. 그리고 하오체와 하게체가 지금과 달리 매우 일반적이었으나, 후기에 와서 이 두 화계의 사용은 제한을 받게 되었다. 아주높임, 예사높임, 예사낮춤, 아주낮춤의 격식체가 많이 쓰였던 점도 또 하나의 특징적인 현상이다. 후기에 오면서 격식성이 약화되면서 격식체의 사용이 감소되고, 상대적으로 해요체, 해체의 비격식체 사용이 증가하게 되었다.

방송 언어의 문과 관련하여 고려되는 문체는 문어체와 구어체, 그리고 격식체와 비격식체인데, 방송에서는 구어체와 격식체가 주종을 이루었을 것으로 이해된다. 이러한 현상은 전후기 사이에 별 차이가 없었을 것이나, 전기에서 후기로 오면서 문어체 요소가 감소되어 구어체의 세력이 강화되고, 격식체는 다소 완화되는 경향을 보인 것으로 이해된다.

방송 언어 변천사를 논의함에 있어, 광범한 자료를 대상으로 하지 못한 데서 오는 미진함뿐만 아니라, 잘못 해석된 점도 없지 않으리라 생각된다. 따라서 본고는 다만 한 디딤돌의 역할에 머무를 것인바, 앞으로 광범한 자료를 통하여 더 보완되고 확충되어야 할 것이다.

참고 문헌

강만·김진호(1925),『잘 뽑은 조선말과 글의 본』, 한성도서주식회사.
고영근(1974), 「현대국어의 종결어미에 대한 구조적 연구」,『어학연구』10 - 1, 서울대
　　　　학교 어학연구소.
김희상(1911),『조선어전』, 보급서관.
김희상(1927),『울이글틀』, 영창서관.
리필수(1923), 정음문견, 조선정음 부활회, 동문서림.
박승빈(1935), 조선어학, 조선어학연구회, (통문관 1972).
성기철(1970), 「국어 대우법 연구」,『논문집』4, 충북대학교 출판부.
성기철(1981), 「개화기 국어의 화계」,『논문집』14, 서울산업대(현 서울시립대).
성기철(1985), 「현대 국어 대우법 연구」, 개문사.
심의린(1936), 중등학교 조선어문법, 조선어연구회.
이희승(1956), 「방송 용어의 특이성」,『방송』11월호, 1956, p.7.
이희승(1961),『국어대사전』, 민중서관.
장지영(1937), 유즉 [조선어전].
최현배(1934), 중등조선말본, 동광당서점.
최현배(1929), [우리말본] 첫째매, 동광당서점.
개벽(개벽사)
매일신보(축소판, 경인문화사, 1985).
방송(공보실 방송 관리국, 1956~1957).
백조(백조사).
KBS 뉴스 자료, 1986.
폐허(폐허사).
폐허이후.
해외문학(해외문학연구회, 1922~1923).
현대평론(현대평론사).

－ 방송언어 변천사, KBS 한국어연구회, 1987. 2.

한글·문법 파동

1. 머리말

우리 국문학사 또는 문법학사에서 문법과 관련해서 파동이라 부를 만한 사건은 크게 보아 세 가지를 들 수 있다. 그 첫 번째는 1930년대 조선어학회와 조선어학연구회 양진영의 논쟁이요, 두 번째는 1950년대 한글 맞춤법과 관련한 정부측과 학계의 논쟁이요, 마지막 세 번째는 1960년대 문법파와 말본파의 논쟁이다. 이들 중 첫 번째 논쟁은 주로 한글 맞춤법 및 이와 관련한 문법 이론의 논쟁이요, 두 번째의 것은 맞춤법의 문제로, 문법의 체제나 이론과는 다소 거리가 있는 것이었고, 세 번째의 것은 맞춤법과는 무관한 것으로, 문법 용어 및 문법 체재와 관련된 이론적 문제였다. 따라서 두 번째의 것은 문법 논쟁이라기보다는 맞춤법 논쟁으로, 이는 흔히 '한글 파동'으로 불리고 있다. 물론 맞춤법 문제이기 때문에 문법과 관계가 없을 수 없었다. 그리고 문법 파동이라 할 때도 흔히는 세 번째의 문법 논쟁을 의미하는데, 그 논쟁의 성격상 굳이 어느 하나만을 가려서 파동이라 지칭할 이유는 없다. 다만 전자에 비해 후자가 더 치열한 논쟁을 벌인데다가, 그것은 양측 주장의 시비우열을 가리기 곤란한 문제였기 때문이다. 이에 비해 전자의 경우는 양측의 여러 주장에 대한 시비 우열이 비교적 두드러지게 나타났고, 그만큼 세에서도 양측의 차이가 현격했던 것이다.

그런데 이들 문법 논쟁을 굳이 파동이라고 부를 수 있는 것은 이들 논쟁이 단순히 학술적 주장이나 의견 진술에 그친 것이 아니고, 양측이 치열한 공방전을 벌였을 뿐 아니라, 양측이 사회 각계의 지원을 받았으며, 때로는 학술적인 범위를 넘어선 방법에 의존하여 투쟁을 벌였고, 나아가 극한적인 감정의 대립으로까지 치달았기 때문이다. 더구나 세 경우 모두 언어 정책적인 면과 직결된 문제였기에 단순한 학술적 논쟁에 머무르지 않았던 것이다.

본고는 첫 번째 세 번째 논쟁에 주안점을 두고, 두 번째 것은 그 핵심만을 간략히 소개하는데 그치고자 한다. 앞의 두 가지도 한정된 지면 관계로 전모를 살필 여유가 없다. 본고의 내용면에서는 우선 사건의 경위를 간략히 소개하는데 그치고자 한다. 앞의 두 가지도 한정된 지면 관계로 전모를 살필 여유가 없다. 본고의 내용면에서는 우선 사건의 경위를 간략히 소개하면서 특히 관심의 초점이 되었던 몇몇 문제를 살펴보되, 필요에 따라 각 견해에 대한 문제점을 함께 살펴 나가기로 한다. 여기 인용되는 자료는 객관성이 인정되는 경우 간접적인 것을 이용하였으며, 특별히 필요성이 인정되지 않는 경우에는 일일이 출전을 밝히지 않은 것도 있다.

2. 조선어학회와 조선어학연구회

먼저 조선어학회측과 조선어학연구회측의 문법 논쟁을 살펴보기로 한다. 이 논쟁은 그 내용이나 학자들의 학통상 주시경의 문법이나 이 학풍을 따르는 학자들과, 박승빈의 문법이나 이 학풍을 따르는 학자들 사이에 보인 학술적 대립 현상이다. 그러나 그 문법 체재와 이론, 그리고 학자들의 세에서, 후자는 전자에 비교가 될 수 없을 만큼 열세에 있었다. 어떤 의미에서 조선어학연구회란 학문적 성격에 있어 박승빈 개인에 의해 주도된 학회나 다름없었고, 이 편의 이론적 문법 논쟁도 실질적으로 박승빈에 의해 주도된 것이었다고 할 수 있다. 이 논쟁은 그 발단이 맞춤법 통일안 제정과 관련되었기에 그 배경을 간략히 알아보기도 한다.

세종이 훈민정음을 창제했을 때, 그 표기법은 매우 체계화된 음소적 표기법이었다. 이것이 20세기를 향해 내려오는 동안, 15세기의 맞춤법은 그 체계가 흔들리면서 혼란을 더해 갔지만, 일반이든 국가든 이에 대한 관심이나 반성은 거의 없었다. 그러나 19세기말로 오면서 국가 사회가 신문화, 신사상에 접촉하게 되고, 이에 따라 제기되는 여러 가지 현실적 요구와 함께 우리의 언어와 문자에 대한 자각과 반성의 계기를 얻게 되었다.

이러한 배경 가운데 지석영의 신정국문(1905)이 출현하게 되고, 이에 후속하여 1907년 학부 안에 국문연구소를 개설하게 된 것은 우리의 국어학사 및 국어정책사상 매우 뜻 깊은 것이었다.[1] 국문연구소의 여러 위원들의 연구 가운데서 주시경의 연구는 그 양과 질에서 타를 압도하는 것이었다.[2] 이후 주시경을 비롯한 여러 학자들의 연구가 활발하게 진행되었던 바, 이는 앞으로 맺게 될 맞춤법 통일안이라는 큰 열매를 잉태시키고 있었다.

우리의 맞춤법이 하나의 공식적인 규정으로 체계화되기는 1912년에 만들어진 조선총독부의 철자법이었다. 이것은 문자 상으로는 표음주의를 표방하였지만, 여기에 말하는 표음주의란 것은 훈민정음의 음소적 표기 원칙과는 얼마간 다른 것이었다. 상당 부분 15세기의 표음적 표기법이 채택되었지만, 형태음소적 표기법을 지향하는 것이었다. 그러나 이 철자법은 얼마 안 가서 다시 개정이 논의되어 1921년의 제 2회의 개정[3]을 거쳐, 1930년 조선총독부의 제3회 개정에 이르러서 새로운 발전된 철자법을 규정하기에 이른다. 이 철자법은 기본적으로 역사적인 음소적 표기법을 청산하고 형태음소적 표기법을 채택한 것으로, 이 후 통일안의 토대가 된다. 이러한 새로운 철자법의 제정이 크게는 개화기 이후 활발했던 국어 연구, 특히 국

---

1) 국문연구소의 개설 동기는 '신정국문'에 있음을 이기문(1970)은 확인하고 있다.
2) 마지막 연구안을 낸 위원은 모두 8명이었다.
3) 제2회 개정에서는 형태 음소적 표기법이 상당 부분 논의되기는 했지만, 결과적으로는 제 1회 규정에서 크게 벗어나지 못했다.

어 문법 연구의 큰 성과지만, 좁게 보면 주시경과 그 제자 또는 학파에 의한 연구 성과라 하겠다.

조선총독부의 조선 철자법 3차 개정을 전후하여 맞춤법 논의가 활발했던 가운데, 조선어연구회에서는 최현배, 이열승 등 12인의 위원을 위촉하여 독자적으로 새로운 맞춤법을 제정하도록 하였다. 이들의 연구는 2년 동안 계속되어 1932년 새로운 맞춤법 통일안의 시안을 작성하였는데, 이 시안은 총독부의 제 3회 개정 철자법을 더 발전·심화시킨 형태음소적 표기법이었다.

조선어학회[4]의 형태 음소적 맞춤법 통일안이 마무리 단계에 이르면서, 이에 대한 강한 반론이 일기 시작하였다. 문법 체계상의 특성이나 맞춤법 원리 등에서 조선어학회에 대립된 것은 조선어학연구회였다. 이는 박승빈을 구심점으로 이긍종, 백남규, 정규창 등에 의해 1931년 창립된 학회로, '본회는 조선어학의 연구와 기사법의 정리를 목적으로 함'(본회 회칙 제이조)에서 드러나듯, 맞춤법에 지대한 관심을 가지고 출발하여, 실질적으로는 조선어학회의 맞춤법 통일안 원리에 정면으로 도전하게 되었다.

그리하여 조선어학연구회는 독자적인 '한글 철자법'의 원리를 내놓았는바, 이것은 박승빈의 저서인 '조선어학강의필지'(1931)에 밝혀져 있다. 이들이 표방한 '한글철자법'의 원리로 조선어학회와 대립을 보인 주요한 사항은 다음과 같은 것들이었다.[5]

1. 경음의 기사에 된시옷을 습용하고 쌍서식을 배척함. (예 : '꿈' 대신 'ㅅ굼')
2. ㅎ의 바침을 부인함.
3. 한 음절 문자에 2개의 바침을 쓰는 -발음 불능되는- 기사법을 부인함.
   (예 : '값이', '끊어서' 대신 '갑시', '끈허서')
4. 용언의 어미 활용을 시인하고, 단어 고정 어미 불변의 견해를 부인함.
   (예 : '먹으며', '먹자' 대신 '머그며', '먹자'('먹자'는 '머그자'의 촉약음)

---

4) 조선어연구회의 개창(1931).
5) 한글학회(1971), 한글학회 50년사, pp.181~182에서 발췌 요약.

조선어학연구회측이 이와 같은 원리의 표기법을 표방하면서, 조선어학회의 표기법 원리를 공박하고 나서자, 이것은 학계는 물론 사회 각계에 큰 물의를 일으키게 되었다. 이에 동아일보사에서는 1932년 11월 11일 '한글 토론회'를 개최하게 되었다. '사흘 동안 백열전을 계속한' 이 토론회는 쌍서 문제(제1일), 겹받침, ㅎ 받침 문제(제2일), 어미 활용 문제(제3일) 등의 주제를 놓고 조선어학회측에서 이희승, 최현배, 신명균, 그리고 조선어학연구회측에서 박승빈, 정규창, 백남규 등 6인의 토론자가 참여했다.6) 앞쪽이 각자병서식 된소리 표기(예 : ㄲ, ㄸ 등), 겹받침(예 : 값, 없고 등), ㅎ 받침, 그리고 통일안에서 보는 용어의 활용과 표기 방식을 주장한7) 반면, 뒤쪽에서는 ㅅ 된소리 표기(예 : ㅺ, ㅼ 등)를 주장하고, 겹받침과 ㅎ 받침을 부정하였다.

여기에서 된소리 표기에 대한 견해는, 조선어학연구회측의 입론에 부분적인 문제점이 없지 않지만 양측 모두 주장의 근거가 없지 않아서 꼭 어느 하나라야만 될 이유는 없는 것이다. 그러나 ㅎ 받침을 부정하는 논거는 매우 설득력이 없다. 박승빈(1931, p.30)은 ㅎ 받침이 음리상(音理上) 받침이 될 수 없다 하고 그 첫째 이유로 "조어기관(造語機關)의 작용(作用)이 업는 음(音)인즉 바팀되디 못할 것은 자명(自明)의 이치(理致)이라. 더군다나 여음(餘音)8)을 발(發)하디 못하는 조선어(朝鮮語)에서는 ㅎ의 상상(像想)도 되지 못하는 것이라." 하였다. 이에 대하여 이희승은 조목조목 박승빈의 주장을 비판하여 ㅎ 받침의 타당성을 밝히었다.9) 박승빈의 주장에서 음성학상의 문제점은 없지 않으나, 기본적으로 양측의 차이는 음소적 표기와 형태론적 표기의 차이이므로, 그것은 시비가 두드러진 성격의 문제는 아니다. 그런

6) 여섯 명의 토론자의 발표 내용은 '한글 토론회 속기록'이란 제하에 동아일보 1932년 11월 11일자호부터 10여 회에 걸쳐 연재되었음.

7) 이희승, 최현배, 신명균의 발표 요지가 약간 수정되어 '한글' 제1권 제8호에 게재되어 있음.

8) 여음이란 파열음을 발음할 때 폐쇄-지속의 단계에 이어 외파됨을 의미한다.

9) 이희승, 'ㅎ 받침 문제', 한글 제1권 제8호.

데 특히 박승빈의 주장에서 매우 이색적인 것은 그의 단활용설인데, 그 개요를 살피면 대략 이러하다.

그는 용어 어간의 끝 음절을 어미라 하고, 이 어미가 원단과 변동단의 활용을 하는데, 예로 '머그(며), 노프(며)' 등을 원단, 이로부터 변동된 '머거(서), 노파(서)' 등을 변동단, 그리고 '머그, 노프' 등 원음이 변해서 '먹(고), 높(고)' 등의 약음이 된다는 것이다.[10] 풀어서 보자면 일종의 용언의 기본형을 비현실적 어간의 '머그다, 노프다' 등으로 보고, 이것이 활용하되, '고-, -다'와 같은 어미 앞에서는 어간의 '―'가 탈락하여 '먹-, 높-'이 된다는 것이다. 이러한 원리에 따르면, 용언에는 겹받침이 있을 수 없게 된다. 이와 같은 주장은 그 나름대로 논리가 아주 없는 것은 아니나, 그 근본에 대한 이해 부족에서 결과된 것이라 하겠다. 기본형을 '-다'형으로 했을 경우와의 비교 검토가 더 신중했어야 옳았을 것이다.[11]

맞춤법 통일에 대한 양측의 격론 가운데, 조선어학회에서는 그 초안을 검토 수정하여 1933년 10월 29일 한글날[12]을 기하여 역사적인 한글 맞춤법 통일안을 공포하였다. 그 기본 원리는 총론에 밝혀진바 "한글 맞춤법은 표준말을 그 소리대로 적되, 어법에 맞도록 함으로써 원칙을 삼는다."이다. 표면상으로는 소리대로 적는 것이 상위의 원칙으로 됐지만, 실제로는 '어법에 맞도록'이 강력하게 적용되는 형태음소적 표기법의 원리를 채택하게 되었다.

통일안이 공포되자 각계에서는 이를 지지하며 그 의미를 높이 평가하고, 빨리 보급되기를 촉구하였다. 그 한 예를 들어 보기로 한다.

---

10) 그의 '조선어학강의필지' (1931, p.109)에서 관련된 도표를 인용하면 다음과 같다.

```
                ┌ 원 음(원형) ←―――― 승접어 (예 며)
        ┌ 원  단 ┤
어간―어미┤        └ 약 음(음편) ←―――― (예 고)
        └ 변동단 ←――――――――― 승접어 (예 서)
```

11) 조선어학회측의 원리는 현행에 반영된 것이기에 인용을 생략함.

12) 1446년 음력 9월 29일을 양력으로 환산하여 10월 28일로 지키다가, 후에 다시 1446년 음력 9월 10일을 양력으로 환산하여 10월 9일이 되었다.

> ……이번에 한글의 맞춤법을 정리하여, 시대에 맞게 씌우도록 하고저, 조선
> 어학회에서 통일안을 만들은 것은 실로 문화적 가치가 크다 할 것이다. 훌륭
> 한 공적이다. 그러나 이것을 어떻게 해서든지 널리 씌우도록 하지 않는 한에
> 는 그 공적은 또한 헛된 것이 될 것이니, 이제 통일안의 발표를 하루 앞두고,
> 각계 인사의 의견을 들어 널리 보급되기를 도웁기로 하자.[13]

한글 맞춤법 통일안이 이처럼 각계의 호응을 받아 보급되는 가운데도, 조선어학연구회측은 학회가 표방한 맞춤법 원리를 계속 주장하면서, 조선어학회가 이미 공포한 한글 맞춤법 통일안에 대한 지속적인 공격을 하였다. 조선어학연구회측은 조선어학회의 '한글'지에 대응하기 위하여, 1934년 기관 학술지 '정음'을 창간하고, 이를 통하여 학회측의 주장 및 맞춤법 통일안에 대한 비판과 공격을 더 체계적으로, 그리고 더 활발하게 전개하였다.[14] 본지는 마지막 37호를 내기까지 거의 매호에 조선어학회의 통일안에 대한 반대를 포함한 '철자법' 문제를 한 편 또는 그 이상씩 게재하고 있는데, 우선 통일안에 대한 이들의 기본적인 태도를 박승빈에서 찾아볼 수 있다.[15]

> …무조리나 모순이 심히 만흔 이 맞춤법 안의 규정에 당하야 비판의 붓을
> 자브면 그 결과는 거의 전부가 변박의 언사로 충만하게 될 것임이 면할 수
> 없는 사세이다. 쏘 그 논쟁의 목적되는 사항이 다 상당한 학술상 연구문제
> 될 가치가 잇는 사항뿐일디면 그 논쟁이야 실로 고귀하며 유익한 일이며 그
> 것을 쓰는 사람도 흥미잇는 심리로 붓을 움지길 것이디마는 이 비판의 글은
> 그러한 조건으로도 논자에게 만족을 주디 못하는 바이다.

이와 같은 그의 주장이 대변하듯 조선어학연구회측 또는 '정음'지측의 주장에는 매우 학문적 논리나 객관성을 결여한 것이 많았다. 따라서 '한글

---

13) 조선일보, 1933년 10월 28일.
14) 본지는 주로 '조선 언문의 정리와 통일'을 표방하고 출발하였다. (본지 창간호 권
   두언)
15) 박승빈은 ''정음'지 수십 페이지에 걸쳐「한글 맞춤법 통일안」에 대한 비판'을 연재
   하였다.

맞춤법 통일안'에 대한 그들의 비판도 마찬가지일 수밖에 없었다. 이들 주장에 얼마나 학술적 바탕이 결여되어 있는가를 다음 세전교수고명우(世專教授高明宇)의 예에서도 볼 수 있다.16)

> 신철자법(新綴字法)대로 哭(울음), 笑(웃음)……價(값이) 등으로 쓰고 닑기는 우름, 우슴……갑시라고 하면 이는 종성(終聲)을 부인(否認)하고 초성(初聲)의 음(音)으로 발음(發音)하는 것이니 반절문법(反切文法)을 파괴하는 것이다. ……좌기례(左記例)의 갑(甲)에 이서서는 아모 틀림업시 자연(自然) 발음법(發音法)대로 되나 한글철자법(綴字法)으로 쓴 을(乙)에 이서서는 ㄶ, ㄲ 등 바팀이 일정한 발음을 하디 못하게 되는 것이다.
>
> 甲……만하　　만흔……만타　　만치 안소 만케 하오
> 乙　　많아　　많은……많다　　많지 안소 많게 하오
> 甲　　안저　　안즌　　　안지오 안첫소……
> 乙　　앉어　　앉은　　　앉지오 안혓소……
>
> 상례(上例)에 좌(左)하야 많 앉 등 단자(單字)로 표의표음(表意表音)을 하고 또는 활용상(活用上) 아이으이 등(等) 중성(中聲)으로만 조사(助詞)를 만들 것 가트나 많게는 … 안저는 앉어로 써야 한글 철자법(綴字法)에도 일정(一定)한 표음(表音)이 될 터이다. 그리하면 많 앉의 표의자(表意字)를 만들 수 없다.

이상은 결국 음성 형태 분석 등에 대한 이해의 결여에서 기인된 것이다. '통일안' 공포 이후 이에 대한 조선어학연구회측의 반박과 반대 운동은 매우 격렬하였으나, 그들의 주장과 반박에 있어 학문적 뒷받침이나 객관적 합리성은 대부분 매우 빈약하고 때로는 잘못된 것이 많았다. 그리고 그들이 반대 운동을 전해하는 데 있어, 때로는 진실성이 없고 무모한 경우가 없지 않았다. 그리하여 양측의 찬반 논쟁은 상당히 감정적인 양상으로까지 발전되었지만, 결국은 학문적 뒷받침이 단단한 조선어학회측이 논쟁에 훨씬 앞설 수밖에 없었으며, 사회 각계각층에서도 이 안을 지지함으로써, '통일안' 발표 후 몇 해 안 가서 이 논쟁은 사실상 마무리되었다고 하겠다.

---

16) 정음, 창간호, 조선어학연구회, 1934.

3. 한글 파동

앞서 말한 대로, 한글 파동은 물론 문법과 밀접한 관련이 있기는 하지만, 기본적으로는 순수 문법보다 표기법과 관련된 문제이기 여기에서는 간략하게 그 배경과 경위만을 소개하는 데 그치고자 한다.

1933년 조선어학회에 의해서 제정·공포된 '한글 맞춤법 통일안'은 1948년 대한민국 정부 수립에 이어 국가 공식 한글 표기법으로 채택되었다. 그런데 겨우 다음해 10월 9일 한글날에 이승만 대통령은 이 통일안을 반박하며 새로운 개정을 요구하는 담화를 발표하였다.

> 이제 신문계나 다른 문화 사회에서 정식 국문이라고 쓰는 것을 보면, 이전에 만든 것을 개량하는 대신, 도리어 쓰기도 더디고, 보기도 괴상하게 만들어 놓아 퇴보된 글을 통용하게 되었으니, 이후에는 그 습관이 더욱 굳어져서 고치기 극란할 것이매, 모든 언론기관과 문화계에서 특별히 주의하여, 속히 개정되기를 바라는 바이다.[17]

한글파동의 발단이 되는 이러한 망발의 담화와 주장은 그 후에도 되풀이 되었지만, 일반 국민들은 비교적 냉담한 반응을 보이었다. 그러다가 1950년 2월 국무회의 결의로 모든 정부 문서와 정부가 정하는 교과서 등에 구철자법을 사용하도록 하기에 이르렀다.

> 우리 한글은 철자법이 복잡 불편하니, 교과서 타이프라이터에 대하여는 준비상 관계로 다소 지연되더라도, 정부용 문서에 관하여는 즉시 간이한 구철자법을 사용하도록 훈령함.[18]

이 대통령의 결의가 이렇게 공식화되자 사회 각계에서 반대·반박의 여론이 비등하기 시작했다. 그 중에서 한두 사례를 보기로 한다.

---

17) 한글학회(1971), 한글학회 50년사, p.336.
18) 1953년 4월 27일, 국무총리 훈령 제8호('한글학회 50년사' p.337).

전국문화단체총연합회에서는

> 한글 맞춤법을 옛날대로 쓰라고 한 것은 우리 민족 문화뿐 아니라 이성 전반을 교란시키는 위험천만한 정책으로서 천추에 남을 실책이라.[19]

고 반박하였고, 한글학회에서는 다음과 같이 규탄하고 나섰다.

> 과학적으로 법칙이 확립된 현행 맞춤법을 버리고, 구식 맞춤법을 쓰라 함은 학술 진리의 존엄성을 모독하며, 전문 학자들의 총의를 짓밟는 권력의 문화 교살이다.[20]

이러한 여론 가운데, 국회에서까지 교육 용어는 현행 한글 맞춤법에 의하여야 한다는 법률안이 제출되는 등 사태가 심상치 않자, 문교부에서는 문교부령으로 국어심의회를 구성하여 맞춤법을 위시한 여러 가지 국어 문제를 심의하게 하였다. 이에 국어심의회에서는 5분과 위원회가 구성되고, 그 중 한글 분과 위원회에서 맞춤법 문제를 연구하기로 되었다.

한글 분과 위원회에서는 사회 일반으로부터 맞춤법에 대한 의견을 청취하고, '맞춤법 간소화안' 등을 연구 검토하였다. 이처럼 여러 의견을 청취·검토하였지만, 국어심의회는 현행 한글 맞춤법 통일안 외의 어떤 대안도 찾지 못하고 말았다.

이러한 가운데 정부는 계속 대통령의 결의를 추진하려 하였고, 이러한 가운데 1953년에 최현배는 문교부 편수국장직을 사임하고, 1954년에는 문교부 장관이 사임하기에 이르렀다. 대통령은 1954년 3월 담화를 통해 3개월 이내에 현행 맞춤법을 버리고, 구한국 말엽의 성경 맞춤법에 돌아가라고 하였다. 여기에 이르자 사회 일반에서는 또다시 이에 반기를 들고 나서지 않을 수 없었다. 다음에 한 예로 한글학회의 반대 성명 일부를 소개한다.

---

19) 한글학회, 위 책, p.337.
20) 위 책, p.345.

> ……일제 36년의 치하에서 민족 사상, 과학 정신에 입각한 전 민족의 피어
> 린 투쟁의 결과로 이루어진 문화 공탑을 일조에 허물어 버리고, 지리멸렬한
> 비현대적 문자 생활로의 환원 전락을 강요한다는 것은 현대 자유 애호국가에
> 서는 볼 수 없는 일이요, 민주 정신에 위반되는 일이다.[21]

각계각층의 반대에도 불구하고, 정부는 이선근 문교부 장관 지휘 아래 '한글 간소화안'을 만들어, 1954년 7월 국무회의의 결의를 거쳐 공포하였다. 이 안은 'ㄱ, ㄴ, ㄷ, ㄹ, ㅁ, ㅅ, ㅇ, ㄲ, ㄸ, ㄹ' 등 10개의 받침만을 사용하고, 어간과 어미, 체언과 조사 등을 연철하는 등 표음주의를 원칙으로 한 일종의 부분적 절충안이었다.

그러나 이에 반대하는 사회 일반의 비등하는 여론은 국회에까지 파급되었다. 국회에서도 장관을 출석시켜 반박·추궁하고, 정부의 한글 간소화안과 그 강제 추진을 성토하는 등 격렬한 반대 운동이 계속되었다. 1954년 6월 다음과 같은 긴급동의가 국회 본회의에서 만장 일치로 가결된 것은 이러한 그 동안의 사정을 말해 준다 하겠다.

> 한글 간소화안은, 정부와 국회와 문교위원회, 학술원으로써 '특별대책 위원
> 회'를 구성하여, 민중의 의사에 어긋나지 않게 하도록 그 대책을 강구하여 국
> 회에 보고하도록 정부에 건의하자.[22]

그러나 이러한 일반의 여론과 국회의 결의에도 불구하고 이 대통령은 한글 간소화안을 그대로 강행하라는 담화를 발표하였다. 이에 학계 일반의 반대와 정부·여당의 지지 등 찬반이 엇갈렸지만 찬성이란 것은 정부측 일방의 주장에 불과한 것이었다. 자유당에서 정부안 찬성지지 성명을 발표한 데 이어, 국문학 교수단의 성명은 정부와 자유당을 공박하고 나섰다. 다음 갈홍기 공보처장의 성명은 행정 당국자들의 무지무모와 무소신 그리고 권력 횡포의 일단을 보여 준다.

---

21) 위 책, p.345.
22) 위 책, p.357.

정부안의 근본정신을 이해하지 못하고, 자가의 이설만을 고집하는 일은, 시대적인 요청을 무시하여 문화 발전을 저해하는 결과를 가져오게 된 것이다.[23]

정부에서는 간소화안을 강행하는 한편 정경해를 이사장으로 하는 '대한어문연구회'(1954. 8)라는 어용 학회를 급조하여 정부안을 옹호하게 하였다. 이 학회는 바로 '한글 맞춤법 통일안을 환영적이며, 호기적인 표의철법을 숭상하는 경향이 농후하여 언어 의식의 혼란을 조성'하였다는 성명을 발표하기도 하였지만, 회원의 이탈 등으로 조직된 지 일주일도 채 못되어 와해되고 말았다.[24]

그 후 국회 문교 위원회 주도 아래 국회, 문교부, 학술원의 대표로 '한글 특별 대책 위원회'를 구성하여 이 문제를 협의하였으나 별다른 성과를 거둘 수 없었는데, 이는 그 구성원의 성격으로 보아도 이해가 충분하다. 이러한 상황에서 정부는 정부의 간소화안을 강행하려 하였다. 그러나 학계와 국회와의 긴밀한 협조 아래, 사적으로 이 대통령을 설득시키기로 하고, 대통령의 신임이 두터운 표양문 위원을 내세워 드디어 이 대통령을 설득하는 데 성공하였다. 대통령은 정부의 간소화 안이 비과학적이고, 무리한 강행은 자유 민주 국가에서 있을 수 없다는 것을 경청하기에 이른 것이다. 이에 대통령은 1955년 9월 19일 담화를 통해 표기법에 대한 생각의 변화를 발표하여 한글파동에 종지부를 찍게 하였다.

한문 숭상할 적에 무엇이든지 어렵게 만드는 것이 학자들의 고상한 정도로 알던 생각을 버리지 못하고 국문 쓰는 것도 또한 어렵게 한 것이므로 이것을 고치려고 내가 여러 번 담화를 발표하였으나, 지금 와서 보니, 국어를 어렵게, 복잡하게 쓰는 것이 벌써 습관이 돼서 고치기가 대단히 어려운 모양이며, 또한 여러 사람들이 이것을 그냥 쓰고 있는 것을 보면, 무슨 좋은 점도 있기에 그럴 것이므로, 지금 여러 가지 바쁜 때에, 이것을 가지고 이 이상 더 문

제 삼지 않겠고, 민중들의 원하는 대로 하도록 자유에 부치고자 하는 바이
다.25)

한 나라 대통령의 이러한 담화에 접한 모든 사람들은 실소를 금치 못할
것이나, 이러한 대통령의 무지무모와 이를 맹종한 정부 고위 관료들의 의
식과 형태는 수십 년이 지난 지금 생각해도 일종의 분노를 금할 수 없다.
그러한 정부 당국의 조치를 사회적 후진성에 돌리기에는 당시 우리 학문,
우리 문화가 지나치게 개명, 발전되었던 것을 살필 때, 문화 발전에 있어
새로운 형태의 역작용을 보게 된다.

4. 학교 문법 파동

일제시대는 말할 것도 없었지만, 해방 직후에도 국어 문법 교과서에 대
한 특별한 정책적 배려가 없는 상황에서, 특정 저자의 문법서가 학교 임의
로 중·고등학교 교과서로 채택되고 있었다. 이 때 가장 널리 보급되고 있
던 것은 최현배의 중등말본과 고등말본이었다. 그러다가 차츰 교과서에 대
한 문교부의 시책이 적극화되면서 나타난 제도가 검인정 교과서 제도였다.
문교부에 의해 이 제도가 처음 실시된 것은 1949년으로, 이에 8종의 새로
운 문법 교과서가 출연하기에 이르렀다.26) 그런데 이 때의 검인정 문법 교
과서는 문법 내용 일반에 대한 검인정일 뿐, 문법체계나 용어 등에 대한
것은 문교부의 어떤 통일안이나 지침이 주어진 것이 아니었다. 이런 까닭
에 이들 문법 교과서는 체제나 내용뿐만 아니라, 용어 등에서 때로는 대단
히 현격한 차이를 보이기도 하였다. 그 중에서도 가장 심각한 현실적 문제

---

25) 국어의 앞날을 위하여, 한글학회, 1964, p.14.
26) 8명의 저자는 최현배, 이희승, 김윤경, 이숭녕, 정인승, 장하일, 최태호, 김민수 등이
    었다.

로 대두되었던 것은 단어 또는 품사 분류와 용어의 문제였다. 이러한 문제가 심각하게 제기된 직접적인 계기의 하나는 대학 입시의 문법 문제 출제였다. 대학별 자체 고사 제도였던 당시에, 각 대학은 국어 문법 문제를 출제하면서, 특히 일부 명문 대학에서 특정 문법 교과서의 내용만을 정답으로 요구함에 따라, 교육계나 학계나 행정 부국 모두가 한 가지로 문제의 심각성을 인식하게 되었고, 이에 따라 반성과 개선을 위한 논의가 대두되기 시작하였다.

1958년 2월 문교부에서 각 대학에 보낸 '대학 입학 고사 문제 작성에 관한 일'이란 공문의 내용은 위에 말한 당시의 문제성을 그대로 보여 주고 있다.

> 특정한 교과서에만 있는 특수한 문제를 그대로 옮겨 놓은 것과 같은 출제는 이를 피할 것, 개인의 학설 또는 학자에 따라 견해를 달리하는 내용의 문제는 피할 것이나, 만부득이 출제한 경우에 있어서는 각각 다른 체계에 의하여 된 답이라도 동등히 이를 평가할 것. (특히 국문법에 주의)27)

이러한 폐단과 문제성은 문법 교과서 저자 자신들에 의해서도 지적되고 또 비판되었다. 다음과 같은 지적은 매우 구체적이고 신랄하다.

> 서울대학교 입학 문제에서 한정사(限定詞)와 같은 어떤 이의 교과서에만 있는 것을 냄으로 말미암아, 응시하는 전국 고등학교 학생들에게 기막히는 충격을 주었다.28)

최현배의 이 지적과 비판은 주로 서울대학교의 이희승과 그의 문법 출제를 두고 한 말인데, 사실은 이희승 자신도 문법의 혼란과 폐단을 이렇게 지적하였다.

---

27) 국어국문학 20, 국어국문학회, 1959, p.131.
28) 최현배, '학교 말본 통일 시비', 한국일보, 1963년 5월 2일.

> 우리 나라 문법 학계에서 그 체계가 10인 10색이요, 용어도 고유어식가 한
> 자어식의 두 갈래로 갈라져, 18년째 학생만 골탕먹었다.[29]

이숭녕도 학교 문법의 혼란을 이렇게 지적하였다.

> 그 안되었다는 점이 이만저만 안됐다는 것이 아니고 전혀 무질서하고 전체
> 면에서 보면 굉장히 폭이 넓습니다. 적어도 국어 교과 정도는 학교 문법에서
> 통일의 방향으로 가야 합니다.[30]

이처럼 중·고등학교의 문법 문제가 심각성을 더해 가게 되자, 드디어
이 문제는 학계의 공식 논의에 붙여지게 되었다. 1958년 12월 국어국문학
회 주최 '전국 국어국문학 연구 발표 대회'에서는 '학교 문법 체계 문제'를
주제로 토론회를 마련하였다. 여기에서 주된 경향은 학교 문법은 통일되어
야 한다는 것이다. 이희승, 이강로 등 여러 사람이 이러한 견해를 같이하
였다. 그런가 하면 최현배, 이숭녕 등 일부에서는 통일의 필요성은 인정하
면서도 통일의 절차, 방법 등에서 졸속을 경계하는 신중론을 나타내기도
하였다.

이 토론회에서도 단어, 품사 분류 등 문법 체계 및 문법 용어 등에서 발
표자들 사이에 상당한 이견을 보였으며, 특히 문법 용어에서는 순수 고유
어와 한자어 사이에 의견이 팽팽히 맞섰다. 품사, 특히 잡음씨에 대하여
최현배와 이희승이 대립적인 견해를 보였고, 용어에서도 최현배, 정인승
등이 고유어를 내세운 반면, 이희승, 이숭녕 등은 한자어를 주장하였다.

사태의 심각성을 거듭 인식한 문교부는 마침내 학교 문법 통일 문제를
더 이상 지연시킬 수 없음을 깨닫고, 학교 문법 통일을 위한 준비 작업을
추진하기에 이르렀다. 다음에 학교 문법 통일을 위한 심의의 경과를 대략
살펴보기로 한다.[31]

---

29) 한국일보, 1963년 5월 21일.
30) 국어국문학 20, 국어국문학회, 1959, p.134.
31) 이러한 심의 경과 등은 한글학회(1971)의 '한글학회 50년사' 참조.

1962년 3월 김형규, 이응백, 이강백 등 학교 문법 교과서 집필자가 아닌 문법 전문가 13인으로 '학교 문법 통일 준비 위원회'가 발족됨으로써, 처음으로 공식적인 학교 문법 통일 작업이 시작되었다. 이 위원회에서는 품사와 문법 용어에 대한 시안을 대략 다음과 같이 마련하였다.

> 품사 : 9품사(명사, 대명사, 동사, 형용사, 부사, 관형사, 감탄사, 접속사, 조사)
> 용어 : 사회에서 많이 쓰는 것을 골라 절충식으로 한다.

이 품사 체계에서 볼 수 있는 주요한 특징은 최현배 문법의 지정사(잡음씨)와 이희승 문법의 존재사가 인정되지 않은 점이라 할 수 있다.

1963년 2월 문교부는 학계, 교육계 대표로 학교 문법 통일을 위한 간담회를 구성하여 이 문제를 협의하였다. 여기에서의 주요 결정은 문교부 국어과 교육과정 심의회로 하여금 이 문제를 심의하게 하고, 학교 문법 통일 전문 위원회를 둘 수 있게 한 것이다.

1963년 3월 문교부 국어과 교육 과정 심의회는 품사 분류에서 1962년 학교 문법 통일 준비 위원회에서 결정한 9품사 구분을 그대로 채택하였다.

이러한 결정이 일부 학자들의 반대에 부딪치자 동년 3월 제2차 교육과정 심의회는 '학교 문법 통일 전문 위원회'를 구성하여 이 문제를 다시 논의하게 하기로 하였다.

1963년 4월 문교부는 문법 교과서 집필자 8인, 비집필자 8인의 16명으로 '학교 문법 통일 전문 위원회'(이상 전문 위원회)를 구성하였다.

이 때의 위원은 다음과 같다.

> 집 필 자 : 최현배, 이희승, 김윤경, 이숭녕, 정인승, 장하일, 최태호, 김민수
> 비집필자 : 김형규, 이응백, 유제한, 강윤호, 박창해, 이훈종, 이희복, 윤태영

1963년 4월 제3차 전문 위원회에서 조사는 품사로 하되, 어미는 품사에서 제외하기로 결정하였다. 그리고 4~6차 위원회를 통해, 최현배의 잡음씨('이다, 아니다')와 이희승의 존재사는 품사로 인정하지 않기로 결정하고,

수사를 품사로 인정하되, 접속사는 품사로 인정하지 않기로 결정하였다. 결과적으로 품사는 다음의 9품사로 결정되었다.

명사, 대명사, 수사, 동사, 형용사, 관형사, 부사, 감탄사, 조사

1963년 5월 제7차 전문 위원회에서는 문법 용어를 한자 용어와 순 우리말 용어를 절충해서 사용하기로 결정하고, 제9차 전문 위원회에서는 소위원회를 두어 이를 심의하게 하였다. 같은 해 5월 제11차 전문위원회에서는 용어 채택을 투표로 결의하여 다음과 같은 결과를 얻었다.

1. 품사 용어 : 한자 용어
2. 말소리 용어 : 순수 우리말
3. 씨가지 및 기타 용어 : 순수 우리말
4. 문장의 용어 : 한자어
5. 월점의 용어 : 순수 우리말

문교부는 제12차 전문 위원회를 소집하여, 지금까지의 결의 사항을 문교부 국어과 교육 과정 심의회에 올리기로 결정하고 전문 위원회 회의를 마감하였다.

1963년 6월 문법 용어에 대한 찬반양론이 치열한 가운데, 국어과 교육 과정 심의회는 다음과 같은 원칙을 결의하였다.

1. 전문 위원회에서 결정한 대원칙을 살려, 절충식으로 통일한다.
2. 문법 교육상 무리 없는 말을 채택한다.
3. 외국어 문법 교육과의 연관성을 고려한다.
4. 일반 사회의 통용성을 고려한다.
5. 일반 용어와 세부 용어를 정하지 아니한다.
6. 부자연스런 용어는 수정한다.

위와 같은 기본 원칙에 따라 전문 위원회에서 회부된 용어를 일부 수정하여 252개의 문법 용어와 9품사의 학교 문법 통일안을 확정하였다. 이어

문교부는 1963년 7월 25일 '학교 문법 통일안'을 문교부령으로 공포하고 중학교는 1965년부터, 고등학교는 1966년부터 이 안을 따라 시행하기로 하였다. 이렇게 하여 학교 문법 통일 논의가 시작된 지 약 5년만에 드디어 학교 문법 통일의 대단원을 마감하게 되었다.

그러나 학교 문법의 통일은 참으로 난산중의 난산이었다. 이 짧지 않은 기간에 갖가지 이견과 대립, 공박과 방어가 되풀이되면서, 일반 사회와 학계, 교육계가 한가지로 격론의 소용돌이에 빠졌었다. 앞에서 보아 온 바와 같이 그 핵심은 품사 분류와 문법 용어로, 특히 후자가 격전의 대상이 되었었다.

이러한 과정에서, 특히 품사 분류의 문제와 관련해서 뜨거웠던 논의는, 관련 문법 문제에 대한 정밀한 연구 논의로 하여 문법 발전에 기여한 점도 과소평가할 수 없다. 실제로 문법 통일에 대한 격렬한 논의, 논쟁은 통일안이 확정 공포된 이후에도 상당 기간 계속되었는데, 어떤 점에서는 이러한 논쟁이 국어학 발전은 물론 국어 문법 및 국어에 대한 일반의 새로운 인식과 각성에 기여한바 매우 크다 하겠다. 그리고 순수 우리말 용어의 채택이 그 수에서는 비록 열세에 있었지만, 순수 우리말에 대한 지지의 열기는 일반 국민들에게 고유어 애용, 국어 순화 및 이에 따른 국민정신의 계도에 참으로 큰 역할을 했다고 볼 수 있다. 다음에는 격론의 대상이 되었던 한 주요 내용을 잠시 살펴보고, 그 격전의 현장을 얼마간 돌아보기로 한다.

앞서 보았던 8사람의 8종 검인정 문법 교과서에서 품사 분류상 차이를 보인 것은 체언의 하위분류, 잡음씨, 존재사, 그리고 접속사의 문체가 중심 되는 것이었다. 이 중에서 체언을 명사, 대명사, 수사로 분류하고, 이희승의 존재사를 형용사에 귀속시키며, 접속사를 부사로 통합하는 데는 비교적 진통이 적었다. 그러나 최현배의 잡음씨에 대하여는 특히 양측의 논쟁이 격렬하였는데, 이 문제는 문법 논의로서 매우 중요한 의미를 가지는 것이다. 1963년 4월 제3차 전문 위원회에서 있었던 '이다'에 대한 낱말 논의

중 최현배와 이희승의 주장을 그 핵심만 돌아보기로 한다.[32]

우선 이희승의 견해는 다음과 같이 요약될 수 있다.

1. 명사는 서술어가 될 때 어미 '(이)다'를 가진다.
2. '이다'의 '이'는 조음소다.
3. '이다'의 '이'는 생략이 가능한데, 이것이 용언의 어간이라면 생략될 수 없다.
4. 잡음씨라고 하는 '이다'와 '아니다'는 문법적 기능이 달라 한 품사가 될 수 없다.

이에 대하여 최현배의 비판은 이러하다.

첫째, 임자씨에 씨끝[어미]이 붙어서 활용하는 언어는 어떤 언어에도 없으니, '이다'가 어미일 수 없다. 둘째, '이다'의 '이'는 고룸소리[조음소]가 될 수 없다. 자음 아래뿐 아니라, 모음 아래에서도 쓰이며, 또 모음 아래에서 반드시 쓰이는 경우도 있으니, 이것은 고룸소리일 수 없다. 셋째, '이'가 용언의 어간이라도 생략될 수 있다. 어간이 생략되는 예는 '그 사람이 온단다.'와 같은 데서도 발견된다. '온단다'는 '온다 한다'에서 어간 '하'가 생략된 것이다. 넷째, '이다'의 앞에는 조사 '이'나 '가'가 없는 임자씨가 오지마는 (예 : 저것이 범이다), '아니다'의 말에는 조사 '이'나 '가'를 가진 임자씨가 와서 (예 : 저것이 범이 아니다), 서로 다르다. 그렇다고 해서 '이다'가 낱말이 못 된다는 이론은 성립되지 못한다.

양인의 이러한 논의는 사실상 발전된 현대의 언어학 이론으로도 간단히 시비를 가리기 곤란하다. 그러나 이희승이 '-이-'를 조음소로 본 것은 수긍하기 곤란하며, 최현배가 '이다'와 '아니다'를 같은 품사로 처리한 것도 쉽게 수긍하기 곤란하다. 최현배가 잡음씨 '이다', '아니다'의 차이를 '말씨 사실'이라 하여 특수성을 수용하면서, '사람이었었지마는'을 명사라

---

32) 이희승, '체언의 활용에 대하여', 국어국문학 20, 1959.
최현배, '학교 말본 통일 위원회의 경과―씨가름을 중심한 보고와 비평', 현대문학 108, 1963.

하는 데 대해 세계에 그런 이름씨가 없다고 하여 특수성을 부인한 것도 일관성이 결여된 견해라는 인상을 준다. 그럼에도 불구하고, '이다'에 서술성을 부여한 최현배의 해석은 수긍이 갈 만한 것으로 이해된다.

다음에는 학교 문법 통일과 관련해서 일어났던 일반적인 논쟁을 일부 더듬어 보되, 통일안이 확정 공포되기까지의 시기와 확정·공포 후의 시기를 구분하여 살펴보기로 한다.

앞에서 이미 학교 문법 통일에 대한 공식 논의가 1958년 국어국문학회 연구 발표 대회에서 시작되었음을 언급한 바 있다. 여기에서도 이미 상이한 견해가 대립되고 있음을 보여 준다.[33]

우리가 우리말을 설명하느니만큼 우리말의 원리를 풀기 위해서라도 우리말을 설명하는 말본의 술어만은 우리말로써 하는 것이 좋겠다는 생각입니다.[34]

위는 최현배의 견해로, 이는 다음 이희승의 견해와 정반대가 된다.

이 말본이란 말을 퍼뜨려서 그 이튿날부터 「문법」이란 말이 싹없어졌으면 좋을 텐데 그렇지 못하니 우리는 같은 개념의 이중 언어를 써야 하고, 우리 국민 즉 피교육자에게 이중 부담을 주는 것입니다.…… 학문이란 게 고립되어 그것만 똑 떨어져 존립할 수 없는 것입니다. 예를 들어 우리가 말본이라 배워 놓고 그 다음 시간 영어나 독일어를 배울 때는 할 수 없이 명사니 대명사니 합니다. 이 이중 문제를 해소하는 방법으로 나는 더 오래고 역사 깊은 말을 한 가지로 가려서 사용하자는 것입니다.[35]

품사 분류 문제에 있어서도, 특히 최현배의 잡음씨 주장에 대한 이희승의 반론은 매우 강경하다. 최현배는 '사람은 동물이다.'에서 '이다'는 '사람'과 '동물'의 두 개념을 연결하는 것으로 (낱말로서의) 독립성이 있다는

---

33) 문법의 체재, 용어 등에 대한 이견은 이미 이전부터 있었던 현상이다.
34) 국어국문학 20, 국어국문학회, p.130.
35) 위 책, p.132.

것이다. 이에 대해 이희승은 '특별 발표'를 통해 '떡이다'에서 '이다'는 어미로서 체언이 활용하는 것이라고 주장하였다. 이 때는 주장이 서로 달라 서로 비판도 했지만 그 어조는 매우 온건하였는데, 실제 통일 작업이 진행되면서는 그 주장과 비판의 어조가 점점 강경해 가고 또 거칠어 갔다.

1962년 3월 '학교 문법 통일 위원회'에서 9품사안을 마련했고, 1963년 3월 제1차 문교부 국어와 교육과정 심의회에서 이 안을 수용하였다. 이 9품사에서 자신의 잡음씨가 제외된 최현배는 격렬한 논조로 이를 공박하였다.

> 학교 말본 통일을 강행하려는 문교부 사무 담당자의 심리가 정당한 문교 행정의 수행에 있지 않고, 딴 사실 달성의 욕망에 사로잡혀 있음은 누구나가 간파할 수 있는 일이며, '초차 회의'에서 단번에 씨가름을 아홉 가지로 결정하였다는 것은 이 음모적 획책을 증명하는 바이며, 사심스런 어떤 안의 전격적 통과가 아니고 무엇이냐?[36]

제2차 국어과 교육 과정 심의회에 참석했던 최현배는 9품사 채택이 부당하다는 것, 그리고 말본 통일을 논하는 회에 말본 교과서 저자도 빼어 놓고서 한다는 것은 상식에 벗어난 처사라는 것을 지적하고 퇴장하였다. 그리고 제11차 학교 문법 통일 전문 위원회에서는 8 : 7로 품사용어가 한자어로 결의되자, 최현배, 김윤경, 정인승, 유제한의 4위원이 퇴장하는 소동이 벌어졌다. 그런 중에도 이 회의는 속행되어 음성 및 접사 등 용어는 순수 우리말로 하고, 문장 및 문장 부호 등은 한자어 용어로 결의하였다. 이에 한글학회의 말본 용어 시정 촉구 성명, 국어국문학회의 찬성 성명 등과 함께 양측의 찬반양론이 치열하게 전개되었다. 최현배가 "우리말 설명을 한자로 한다는 것은 민족정신에 어긋나는 일"[37]이라고 논박하는가 하면, 이형규 씨는 "이름씨 움직씨 따위는 순수한 우리말이 아니고 고유어식 인조어이며, 조어의 법리에도 맞지 않으며, '씨'는 그 어원조차도 알 수 없

---

36) 최현배, '학교 말본 통일 위원회의 경과', 현대문학 108, 1963.
37) 서울신문, 1963년 5월 23일.

다."38)고 맞섰다. 이런 가운데 1963년 7월, 학교 문법 통일안이 문교부령으로 공포되었다. 그러나 찬반 논전은 그칠 줄 모르고 지속되었다.

해가 바뀌어도 통일안에 대한 찬반은 치열한 가운데, 한글학회 측에서는 국회, 대통령, 국무총리, 문교부 장관 등에 청원서 또는 건의서를 내면서 반대 운동을 펼쳤다. 그리하여 국회는 6월에 '국어 문제의 심의에 더욱 신중을 기하도록' 문교부에 요청하는 결의를 하기까지에 이르렀다.39) 그런가 하면 국어국문학회, 한국국어교육연구회, 한국국어교육학회, 진단학회 등도 국회에 통일안지지 건의서를 내었다. 이처럼 한편으로는 학회를 중심으로 국회나 행정부에 건의나 청원을 하여 찬반운동이 전개되는가 하면, 다른 한편으로는 개인, 기타 단체 등의 이름으로 경향에서 찬반 성명과 논쟁이 잇따랐다. 통일안에 따른 새로운 문법 교과서의 검인정과 관련하여서도 또 다른 문제가 제기되었지만, 이런 것에 관계없이 문법 체재와 용어에 대한 논쟁은 통일한 제정 작업이 준비되기 이전부터 시작하여 통일안이 제정 공포되고, 이에 따라 새로운 교과서가 집필될 때까지도 격렬한 논쟁이 계속되었다. 어떤 의미에서 보면 그러한 논쟁은 지금까지도 계속되고 있고, 앞으로도 지속될 수 있는 성격의 것이라 하겠다.

5. 맺음말

지금까지 한글과 문법과 관련된 세 가지의 파동 현상에 대하여 그 개략의 경위를 살펴보면서 그 내용을 비교 검토하였다.

먼저 한글 맞춤법 통일안의 제정과 관련한 1930년대 조선어학회 조선어학연구회 사이의 문법 및 표기법 논쟁을 돌아보았다. 이 논쟁으로 용언의 활용, 음성 등 여러 가지 문법 문제에 대한 심도 있는 논의가 이루어졌고,

---

38) 동아일보, 1963년 5월 24일.
39) 한글학회(1971), 한글학회 50년사, p.400.

특히 맞춤법 문제와 관련하여 음소적 표기와 형태음소적 표기의 논의가 활발하였었다. 이러한 논쟁을 통해서 양측의 견해에 대한 장단점이 더 분명하게 밝혀짐으로써, 문법 및 표기법 연구와 그 구체적 실용에 크게 이바지하게 되었다. 한글학회 주도의 '한글 맞춤법 통일안'이 개화기 이후 국어 연구의 총 결산과 같은 큰 업적이었고, 박승빈 측의 문법 연구에 잘못되고 미흡한 것, 그리고 체계화 되지 못한 것이 적지 않았지만, 양측의 논의는 결코 적은 의미를 가지는 것이 아니다. 특히 조선어학연구회측이 주장한, 파음 표기나 형태음소적 표기에 대한 견해는 기본적으로 시비의 문제가 아니요, 선택의 문제라 하겠다.

다음으로 이승만 대통령의 구철자법 주장으로 파란을 일으켰던 1950년대의 한글 파동은 그 연원이 학문적 연구나 견해의 차이에 바탕을 둔 것이 아니라, 권력자 또는 행정 당국의 무지와 무모에서 비롯된 것이라 하겠다. 그리고 이 사건은 문법 파동이라기보다는 맞춤법 파동이겠으나, 아무튼 이 일로 당시 맞춤법 및 관련 문법 문제에 대한 얼마간의 재검이 가능했다고 하겠다.

세 번째로 학교 문법 통일과 관련된 문법 논쟁은 그야말로 문법 파동이라 불려야 할 만큼 큰 사건이었다. 우선 여기 관련된 논쟁은, 물론 부분적으로 문제점은 없지 않았지만, 그 나름대로 학문적 논거와 합리성으로 뒷받침되고 있었으며, 또 양측 모두 학계나 사회 일반의 호응과 지지를 받고 있었고, 학교 문법의 체계와 용어가 문법학자들 각각의 것과 연관돼 있어 직접 간접의 이해 문제도 개입돼 있었기 때문에, 그 논쟁의 강경성이나 지지 기반의 광역성에 있어 전무후무한 논쟁이 될 수밖에 없었다. 그럼에도 불구하고, 학교 문법 통일안은 어떤 방법, 어떤 안으로든 결정이 되어야 하는 것이었으므로, 양측을 충족시킬 수 없었던 것은 이미 그 구상 단계에서부터 필연적인 것으로 치부될 수밖에 없던 것이다. 이런 측면에서 볼 때 논쟁은 통일안의 공포와 함께 종식되었어야 바람직했을 것이다. 공포 이후 수년에 이르기까지 격렬한 반대 운동을 편 것은 그리 온당해 보이지 않는다. 왜냐하면 통일안이 반대 방향으로 결정되었더라도 똑같은 현상이 예상되기 때문이다. 통일을 찬성하고서 내 안이 채택 안 되었다고 반대하는 것은 그 저의가 의심스러운 것이 될 수밖에 없다.

결론적으로 위에서 살펴본 문법 파동은 때로 학문적 뒷받침이나 논리의 결여 등으로 부질없는 논쟁이 되기도 하고, 그로 인해 필요 이상으로 시간과 노력을 소모하고 사회적 혼란을 가져오는 등 그 부정적 측면이 적지 않기도 하였다. 그러나 이러한 논쟁을 통해서 때로는 여러 가지 문법 현상이 더 규명되고 또 확인됨으로써 학문 발전에 기여한 점도 과소평가되어서는 안 되겠다. 우리는 그러한 문법 논쟁의 역사를 바르게 살펴, 앞으로의 학문 연구와 국어 정책에 기여하는 긍정적 요소를 발전시켜야 할 것이다.

본고는 그 사전의 제약으로 하여 더 광범하고 구체적인 자료를 대상으로 하지 못했고, 논쟁 쌍방의 견해에 대한 학술적 검증과 비교 비판이 충분히 이루어지지 못하고 매우 제한적일 수밖에 없었음이 매우 아쉬운 점임을 다시 밝혀 둔다.

참고 문헌

김윤경(1985, (1938)), 조선문자급어학사, 연세대 출판사.
고영근(1985), 『국어학연구사』, 학연사.
김석득(1986), 『우리말 연구사』, 정음 문화사.
박승빈(1931), 조선어학강의요지, 조선어학연구회.
박승빈(1935), 조선어학, 조선어학연구회.
이기문(1970), 『개화기의 국문연구』, 일조각.
한글학회(1971), 한글학회 50년사.
한글학회(1964), 국어의 앞날을 위하여.
국어국문학 20, 국어국문학회, 1959.
정음 : 제1호~제37호. 조선어학연구회.
한글 제1권(1~10), 제2권(1~9).
현대문학 108, 현대문학사, 1963.
동아일보.
서울신문.
한국일보.

— 난대이응백박사 고희기념논문집, 1992. 4.

발표 논문 목록

발표 연도	제목	발표 기관지
1973. 3.	국어학신강	개문사
1985. 11.	현대국어 대우법 연구	개문사
1966. 2.	국어 조어론 연구	서울대 석사학위 논문
1966. 5.	국어 접미사 편고	연포이하윤선생 회갑기념논문집
1969. 12.	명사의 형태론적 구조	국어교육 12, 한국국어교육연구회
1970. 10.	존비법의 한 고찰	어문학 23, 한국어문학회
1970. 12.	국어 대우법 연구	논문집 4, 충북대학교
1971. 11.	동사 유어의 어간 구조와 접사	김형규박사 송수기념논총
1972. 12.	어미 '–고'와 '–아'에 대하여	국어교육 18-20 합병호
1974. 5.	경험의 형태 '었'에 대하여	문법연구 1, 문법연구회
1976. 6.	현대국어의 객체존대 문제	어학 연구 12-1, 서울대학교 어학연구소
1976. 8.	'–겠'과 '–을 것이'의 의미 비교	김형규교수 정년퇴임기념논문집
1979. 6.	경험과 추정	문법연구 4, 문법연구회
1980. 4.	15세기 국어의 화계 문제	논문집 13, 서울산업대(현 서울시립대)
1981. 4.	개화기 국어의 화계	논문집 14, 서울산업대(현 서울시립대)
1984. 2.	조사 '–는'에 대하여	논문집 17, 서울시립대
1984. 6.	현대국어 대우법 연구	한글 184, 한글학회
1985. 6.	국어 화계와 격식성	언어 10-1, 한국언어학회
1985. 6.	국어의 주제 문제	한글 188, 한글학회
1986. 11.	문의 문법성과 화용성	봉죽헌박붕배박사 회갑기념논문집
1987. 2.	방송 언어의 문법 변천	방송언어 변천사, KBS 한국어연구회
1987. 8.	언어·방언 – 예산의 방언 –	예산군지, 예산군지편찬위원회 제5편, 제8장
1987. 12.	문 서술어 복합문	국어학 16, 국어학회
1987. 6.	현대국어 대우법	국어생활 9, 국어연구소

1988.	국어의 어휘와 문법	한국어연구논문 제20호, KBS 한국어연구회
1990. 12.	공손법	국어연구어디까지왔나, 국어연구회, 서울대
1991. 9.	국어 경어법의 일반적 특징	새국어생활 제1권 제3호, 국립국어연구원
1992. 4.	한글·문법 파동	난대이응백박사 고희기념논문집
1992. 12.	국어 어순 연구	한글 218, 한글학회
1993. 6.	어미 '-기에'에 대하여	청하성기선생 회갑기념논문집
1993. 7.	'-어서'와 '-니까'에 대하여	주시경학보 11집, 주시경연구소
1994. 9.	주격조사 '-가'의 의미	선청어문 22, 서울사대 국어교육과
1994. 12.	격조사 '-를'의 의미	한국말교육 5, 국제한국어교육학회
1994. 12.	현대국어의 경음화 현상	한국어연구논문 제40호, KBS 한국어연구회
1995. 2.	대우법의 화용론적 특성	인문과학 2, 서울시립대
1995. 12.	반말의 특성	한양어문연구 13, 한양대 한양어문연구회
1996. 12.	현대한국어 대우법의 특성	말 제21집, 한국어학당, 연세대
1997. 12.	보조조사 '-까지', '-조차', '-마저'의 의미특성	한국어교육 제8집, 국제한국어교육학회
1998. 12.	한국어교육의 목표와 내용	이중언어학 제15호, 이중언어학회
1999. 12.	20세기 청자대우법의 변천 -화계의 사회언어학적 변천과 관련하여-	한국어교육 제10권 2호, 국제한국어교육학회
2000. 9.	19세기 국어의 청자 대우법 -화계를 중심으로-	한글 249, 한글학회
2001. 12.	한국어 교육과 문화 교육	한국어 교육 제12권 2호, 국제한국어교육학회
2002. 2.	외국어로서의 한국어 문법 교육	국어교육 107, 한국국어교육연구학회
2002. 6.	국어학과 국어 교육	국어교육 108, 한국국어교육연구학회
2004. 5.	언어와 문화의 접촉	한국언어문화학 창간호, 국제한국언어문화학회
2004. 8.	한국어 어휘 교육과 문화 교육	한국(조선)어교육연구 2호, 중국 한국(조선)어교육연구학회
2004. 11.	언어문화의 보편성과 개별성	한국언어문화학 제1권2호, 국제한국언어문화학회

학술 회의 발표 논문·특별 강의 목록

학술 회의 발표 논문

1970. 10. 존비법의 한 고찰, 어문학 23, 한국어문학회, 대구.

1994. 7. 20-22. 한국어 격조사 '가'와 '를'의 특수 용법, THE 9TH INTERNATIONAL CONFERENCE ON KOREAN LINGUISTICS, The International Circle of Korean Linguistics, Centre for Korean Studies, School of Oriental and African Studies, University of London. London.

1996, 5. 3. 구 내부에서의 경음화 현상, The 3rd Pacific and Asian Conference on Korean Studies, The University of Sydney, Australia.

1996. 5. 27. 한국어 반말의 화계성, THE 10TH INTERNATIONAL CONFERENCE ON KOREAN LINGUISTICS, The International Circle of Korean Linguistics, Griffith University, Brisbane, Australia.

1998. 5. 한국어 근대화 과정의 대우법 변천-청자 대우를 중심으로-, The 4th Pacific and Asian Conference on Korean Studies, Centre for Korean Research, The University of British Columbia. Vancouber, Canada.

1999. 4. 7-11. Sociolinguistic Change of Korean Honorification in the 20th Century-Focused on the Hearer Honorification. The Association for Korean Studies in Europe Conference, Hamburg University, Germany.

1999. 8. 14. 20세기 한국어 대우법의 사회언어학적 변천-청자대우를 중심으로-, 국제한국어교육학회 제9차 국제학술회의, 한양대학교, 서울.

2000. 2. 19-21. 19세기 청자 대우법, 'Critical Issues in Korean Studies in the Millenium', The International Conference of The International Society for Korean Studies. The University of Hawaii, U.S.A.

2000. 7. 13-15. Teaching Korean Grammar to Foreigners in Korea, 12th International Conference on Korean Linguistics, The International Circle of Korean Linguistics, Praha, Czech.

2000. 11. 18-19. 미국 중북부 대학의 한국어 프로그램 실태 분석, 한국어 세계화 추

	진위원회 · 이중언어학회 주최, 한국문화와 한국어교육 정보 구축을 위한 21세기의 과제, 세종문화회관, 서울.
2001. 2. 3.	국어학적 측면에서 본 한국 학교 한국어 교육, Korean Teachers Workshop, Korean Studies Institute, University of Southern California. L.A., U.S.A.
2001. 10. 12-13.	한국어 교육의 몇 가지 과제 – 언어, 문화, 문법의 교육 –, 동아대학교 한국어 교사과정 특강.
2001. 10. 20.	한국어 교육과 문화 교육, 국제한국어교육학회 제16차 추계 학술 대회 주제 특강
2001. 11. 10.	비음성적 언어와 한국어 교육, 국제한국언어문화학회 제1차 해외 워크숍, '일본어 화자를 위한 한국어 교육', (일본)한국어교육학회(학회장 류상희 교수) 공동 주최. 한인 YMCA 청소년 센터, 도쿄, 일본.
2001. 12. 14-16.	한국어 문법 교육, 국제한국어교육학회 해외 한국어 교육자 제1차 워크숍, 한국어 교수법의 실제, 청도대학, 중국.
2002. 4. 27.	국어학과 국어교육, 한국국어교육연구학회 봄 학술회의. 건국대학교, 서울.
2002. 10. 5-6.	한국어 문법 교육, 국제한국언어문화학회 한중 수교 10주년 기념 한국어 교육 해외 워크숍, '한국어 교육의 이해와 실제', 대련외국어대학, 중국.
2002. 12.	한국어 문법교육론, 국제한국어교육학회 주최 '동남아시아 한국어 교육의 오늘과 내일' 학술회의, 호치민시, 베트남.
2003. 8. 20-22.	한국어 어휘 교육과 문화 교육, 중국한국(조선)어교육연구학회 정기 학술대회, 중국 KOREAN 교육 국제 학술 토론 회의, 산동대학교 위해 분교, 중국.
2003. 10. 3-5.	한국어 교육의 언어문화적 접근, 국제한국언어문화학회 제3차 해외 한국언어문화 워크숍, '중국어권 학습자를 위한 한국어 교육의 언어문화적 접근', 화북전력대학, 베이징, 중국.
2004. 5. 22.	언어문화의 보편성과 개별성, 국제한국언어문화학회 제1차 국제학술회의, 비교 문화적 접근을 통한 한국 언어문화, 상명대학교, 서울.
2005. 3. 11-12.	언어문화와 문화간 의사소통, 국제한국언어문화학회 주최 '한일 수교 40주년 기념 '한일 신시대와 일본에서의 한국언어문화' 학술회의. 교토, 일본.
2005. 12. 17-18.	의존구의 문법화 현상과 한국어 교육, 황해권 한중 교류의 역사, 현황과 미래, 중국 해양대학교 한국어과 국제 학술 회의, 청도, 중국.

2007. 5. 25-26.	국제사회에서의 한국 이해 교육의 새로운 방향, 상명 교육 70주년 기념 국제한국언어문화학회·상명대학교 한국언어문화센터 공동 국제 학술 대회, '한국어·한국학·한국문화 다층간 협력을 통한 국제 사회에서의 한국 이해 교육의 새로운 패러다임의 모색', 상명대학교, 서울.
2007. 12. 8.	국어 교재와 문화, 우리말현장학회 학술 회의, 서울시립대학교, 서울.

특별 강의

1996. 1. 12.	외국어로서의 한국어 교육, 아주대학교 인문대학 동계 연수회.
1997. 4. 28.	한국어의 세계화, 선문대학교 한국어교육원.
1997. 8. 5-14.	한글 맞춤법 요강, 교육부 국제교육진흥원 주최 해외 한글학교 및 재외 한국학교 교원 초청 연수회, 국제교육진흥원, 서울.
2003. 9. 27.	국어교육의 정체성 문제, 독서 교육과 수능 언어, 2003 한우리 학술 세미나, 한우리 독서 문화 운동 본부.
2005. 9. 10.	언어지식과 한국어 교육, 한국어교육문화센터, 방콕, 태국.

학회 주요 활동 내용 – 학회장 재임시 개최 국제 회의

국제한국어교육학회(International Association for Korean Language Education, IAKLE)
— 재임 기간(제6대 회장) : 1995. 8.–1997. 9.

(1) 1996. 5. 3. The 3rd Pacific and Asian Conference on Korean Studies(The University of Sydney, Australia.)에 처음으로 국제한국어교육학회(IAKLE) 분과를 개설하고, 다수 회원 참여하여 한국어 교육 관련 논문 발표 기회를 가짐.

(2) THE 10TH INTERNATIONAL CONFERENCE ON KOREAN LINGUISTICS(The International Circle of Korean Linguistics, Griffith University, Brisbane, Australia) IAKLE 분과에 회원 다수 참여하여 논문 발표.

(3) 1996. 6. 25–26. 한글 반포 550주년 기념 한글 문화 파리 국제 학술 대회
  • 주제 : '한글과 한글문화
  • 장소 : UNRSCO 본부, 파리, 프랑스.
  • 후원 : 문화체육부
  • 발표자 : 국내 15명, 해외 11개국 약 30명 등 약 40여명 학자 발표.

(4) 1997. 8. 1.–5. 국제한국어교육학회 · 미국한국어교수협의회(AATK) 공동 주최 한국어 교육 국제 학술 회의
  • 주제 : 한국어 교육의 통합적 접근
  • 장소 : Tempe, Arizona, U.S.A.
  • 발표자 : 한국 24명, 미국 35명, 기타 오스트레일리아, 캐나다, 독일 등 6명 총 60여 명 발표

(5) 1997. 9. 6–7. 국제한국어교육학회 제7차 국제 학술 회의
  • 주제 : 한국어 교수법과 평가
  • 장소 : 연세대학교 한국어학당, 서울.
  • 발표자 : 국내 학자 외 해외 13개국 35명 학자

(6) 1997. 9. 8– 9. 세종탄신 600돌 기념 세종대왕상 시상식 및 국제학술회의
  • 학술 회의 주제 : 문맹 퇴치와 한글
  • 주최 : 대한민국 문화체육부
  • 주관 : 국제한국어교육학회
  • 장소 : 세종문화회관, 서울.
  • 발표자 : 국내 학자 외 13개국 30여 명 외국 학자

국제한국언어문화학회(International Network of Korean Language and Culture, INK)

— 재임 기간 : 2001. 7-2005. 7.

2001년 1월   학회 창립

2001년   국제한국언어문화학회 제1차 해외 워크숍
- 공동 주최 : 국제한국언어문화학회/(일본)한국어교육학회(회장 류상희)
- 주제 : 21세기 일본어 화자를 위한 한국어 교육
- 일시 : 2001년 10월 5일
- 장소 : 도쿄 한인 YMCA
- 후원 : 문화광광부

2002년   국제한국언어문화학회 제2차 해외 워크숍
-한중 수교 10주년 기념 한국어 교육 워크숍-
- 주제 : 한국어 교육의 이론과 실제
- 일시 : 2002년 12월 5일-6일
- 장소 : 대련외국어대학(중국)
- 후원 : 문화관광부/대련외국어대학

2003년   국제한국언어문화학회 제3차 해외 한국 언어문화 워크숍
- 주제 : 중국어권 학습자를 위한 한국어 교육의 언어문화적 접근
- 일시 : 2004년 10월 2일-5일
- 장소 : 화북전력대학(중국 북경)
- 후원 : 문화관광부/화북전력대학

2004년   (1) 국제한국언어문화학회 제1차 국제 학술 회의
- 주제 : 비교문화적 접근을 통한 한국 언어문화
- 일시 : 2004년 5월 22일
- 장소 : 서울(상명대학교)
- 후원 : 한국학술진흥재단
(2) 중앙민족대학 한국어학과 창립 기념 학술 회의
- 주제 : 중국에서의 한국어, 한국 문화
- 일시 : 2004년 10월 9일
- 장소 : 중앙민족대학(북경)
- 후원 : 중앙민족대학

2005년   한일 수교 40주년 기념 국제한국언어문화학회 일본 학술 회의
- 주제 : 한일 신시대와 일본에서의 한국언어문화
- 일시 : 2005. 3. 11-12
- 장소 : 도큐호텔, 교토, 일본.

저 | 자 | 소 | 개

성기철(成耆徹, Kychul Sung)

아호 : 이당(耳堂), 석당(石堂)
전자메일 : sungchul03@yahoo.co.kr
1938년 충남 아산 출생
서울대학교 사범대학 국어교육과 졸업
서울대학교 대학원(국어국문학과) 문학석사, 문학박사
충북대, 서울시립대학교 교수 역임(현 서울시립대 명예교수)
런던대학교, 토론토대학교, 위스콘신대학교(매디슨) 객원교수 역임
대련외국어대학(중국), 연변대학교(중국) 객좌교수 역임
국제한국어교육학회장 역임
국제한국언어문화학회장 역임
저서 :『국어학신강』(공저)
　　　『현대국어대우법연구』
　　　『한국어 대우법과 한국어 교육』

한국어 문법 연구

초판 인쇄 2007년 12월 20일
초판 발행 2007년 12월 31일

저　자 성기철
펴낸이 최종숙
편　집 권분옥 이태곤 이소희 양지숙 김지향

펴낸곳 글누림출판사
주소 서울 서초구 반포4동 577-25 문창빌딩 2층
전화 02-3409-2055
팩스 02-3409-2059
등록 2005년 10월 5일 제303-2005-000038호
홈페이지 http://geulnurim.co.kr

값 28,000원
ISBN 978-89-91990-91-3 93710

* 파본은 교환해 드립니다.